HISTOIRE
DE FRANCE

IV

Cet ouvrage a obtenu
de l'Académie des Inscriptions et Belles-Lettres
LE GRAND PRIX GOBERT;
et il a été ensuite couronné quatre fois
par l'Académie Française.

PARIS. — IMPRIMERIE DUVERGER, RUE DES GRÈS, 11.

HISTOIRE
DE FRANCE

DEPUIS LES TEMPS LES PLUS RECULÉS JUSQU'EN 1789

PAR

HENRI MARTIN

Pateis trierum renovabitur

TOME IV

QUATRIÈME ÉDITION

PARIS
FURNE LIBRAIRE-ÉDITEUR

Se réserve le droit de traduction et de reproduction
à l'étranger

M DCCC LX

HISTOIRE DE FRANCE

DEUXIÈME PARTIE.

FRANCE DU MOYEN AGE.—FÉODALITÉ.

LIVRE XXIII.

FRANCE FEODALE (SUITE).

Suite et fin du règne de Philippe-Auguste. — La philosophie arabe dans nos écoles. — Manichéens. Vaudois. Religion du Saint-Esprit. — Guerre des Albigeois. Innocent III ordonne la croisade contre le Midi. Simon de Montfort. Arnaud Amauri. Saint Dominique. Massacre de Beziers. Prise de Carcassonne. Le roi d'Aragon secourt Toulouse. Il est vaincu et tué à Muret. Toulouse se rend aux croisés. Puissance de Simon de Montfort. Désolation du Midi. — Condamnation des livres d'Aristote et de l'école panthéiste de Paris. — Quatrième concile de Latran. Le principe de la persécution et de l'inquisition consacré. — Fondation des dominicains et des franciscains. — La guerre recommence entre Philippe-Auguste et Jean-sans-Terre. Coalition de l'empereur Othon, du roi Jean et des princes des Pays-Bas contre la France. Double attaque par le Poitou et par la Flandre. Jean est défait en Poitou. Bataille de Bovines. Victoire de Philippe sur Othon. — Révolution en Angleterre. La grande charte. Les barons anglais appellent au trône Louis de France, fils de Philippe-Auguste. Chute et mort de Jean-sans-Terre. Le parti des Plantagenêts se relève. Henri III, fils de Jean-sans-Terre, est couronné. Louis capitule et évacue l'Angleterre. — Soulèvement de Toulouse et de tout le Midi contre Simon de Montfort. Simon est tué. Délivrance du Midi. — Mort de Philippe-Auguste.

1206—1223.

Le treizième siècle s'est levé dans une orageuse et sombre majesté. Dans le monde politique, deux très grands événements ont signalé ses premiers pas, la fondation de l'empire français d'Orient et la conquête plus durable des provinces anglo-normandes par le roi de France. Dans la sphère des idées et de la religion, des tempêtes plus vastes encore présagent à la France méridionale des calamités bien autrement lamentables qu'une conquête politique et qu'un changement de dynastie. Jamais les âmes, non seulement dans notre Midi, mais dans toute la catholicité, n'ont été en proie à de pareils troubles depuis les luttes immenses de l'arianisme. La papauté, l'Église, le dogme chrétien, l'édifice entier de la religion, sont battus en brèche par des tourbillons d'idées sorties de tous les abîmes du passé et de l'avenir. Les débris ranimés des âges éteints s'entreheurtent avec les germes des temps futurs, qui s'efforcent d'éclore sous des formes multiples et bizarres. La science, mal comprise encore, de l'antiquité grecque, les téméraires conceptions du génie arabe, les traditions altérées du magisme persan et des vieilles hérésies mystiques qui ont failli perdre le christianisme à son origine, surgissent pêle-mêle avec de nouvelles interprétations de l'Évangile, audacieusement progressives, et avec des opinions qui cherchent, au contraire, un asile dans la primitive tradition chrétienne contre les nouveautés de Rome.

D'une part, les sectes hétérodoxes grandissent dans des proportions formidables; de l'autre part, un mouvement extraordinaire se déclare dans les écoles. Le vigoureux essor de la première moitié du douzième siècle avait été brisé par la condamnation d'Abélard. L'école, violemment refoulée de la sphère vivante de la théologie dans une stérile dialectique, ou, pour mieux dire, de la sphère des choses dans celle des mots, avait abouti à un scepticisme qui allait du doute académique jusqu'au pyrrhonisme; scepticisme purement logique bien entendu, et qui, se gardant de toucher à la foi et aux mœurs, n'était en réalité, que l'immolation de la raison et de la philosophie. Aussi, presque toute cette génération de docteurs, comme nous l'atteste un des plus distingués d'entre eux[1], avait-elle fini par abandonner la scolastique. Les uns étaient entrés dans les cloîtres, et s'étaient jetés dans les bras du mysticisme, qui avait alors, à Saint-Victor de Paris, une

---

1. Jean de Salisbury, v. *Metalogicus*, l. I, c. III.

éclatante école qui doit compter dans les fastes de l'esprit humain [1]. Les autres s'étaient donnés à la physique et agrégés aux écoles médicales qui florissaient à Salerne et à Montpellier sous l'influence de la science juive et arabe [2]; transformation qui ne fut pas sans fruits pour le progrès des connaissances humaines.

L'abdication de la scolastique n'est pas de longue durée. Ce n'est pas seulement en médecine que les Arabes et les Juifs doivent être nos initiateurs. Ils avaient fait, depuis trois cents ans, d'immenses travaux sur les philosophes grecs, principalement sur Aristote, et la philosophie arabe avait été portée à son plus haut période, au douzième siècle, par le Cordouan Averrhoës.

Les Juifs de Marseille et de Montpellier introduisent en France, sur ces entrefaites, la plupart des traités péripatéticiens traduits du grec en arabe ou en hébreu, et retraduits des langues sémi-

---

1. Les deux hommes les plus éminents de cette école furent Hugues et Richard de Saint-Victor. On trouve en eux toute la puissance de sentiment des plus illustres mystiques anciens et modernes, et toutes ces témérités de la contemplation et de l'extase, qui ne se contentent pas d'enseigner à l'homme à plonger dans les mystères de sa personne immortelle, mais prétendent lui faire franchir les conditions de sa vie actuelle et le lancer immédiatement dans la vie céleste. Ce n'est pas à dire qu'il n'y ait à tenir compte de leur protestation contre la raison pure, à laquelle ils refusent trop, mais qui veut trop envahir. « L'opinion du chanoine de Saint-Victor (Hugues) est que jamais la raison ne fera sortir la vraie lumière des ténèbres confuses de la nature. S'il va parler de Dieu, il commence par fermer ses oreilles aux bruits du dehors, et, les yeux levés vers le ciel, il attend l'inspiration que lui envoie *l'intellect du cœur*. Savoir, c'est croire, et croire, c'est aimer. Il aime, voilà toute sa sagesse; l'amour est la chaîne divine qui unit la créature au Créateur; vivre et penser, agir et connaître, ce ne sont là que des phénomènes divers d'une action unique, l'action d'aimer ». (Hauréau, *de la Philosophie scolastique*, t. I, p. 323). *L'intellect du cœur*: c'est déjà le mot de Pascal : « Le cœur a ses raisons que la raison ne connaît pas ». — « Quelle merveille, dit Richard de Saint-Victor, si notre âme se trouble, si elle est éblouie en présence des mystères de Dieu, souillée comme elle l'est par la poussière des pensées terrestres! Dégage-toi donc de cette poussière, ô Vierge, fille de Sion!... Dressons l'échelle sublime de la contemplation, et, prenant notre vol, comme des aigles, échappons à la terre pour planer dans les espaces des cieux! » *De Trinitate, prologus; ibid.*, p. 325. Ces quelques lignes donnent une idée du grand langage de Richard. Richard est véritablement, au moyen âge, le prototype de tout le symbolisme mystique et de tout l'illuminisme moderne. Il faut bien reconnaître que lui et son école, l'école des réalistes mystiques, trouvèrent au bout de cette route la négation de la volonté, de la liberté, et par conséquent de la personnalité humaine, négation à laquelle le réalisme logique aboutissait par un autre chemin. Les mystiques modernes n'ont pas tous échoué sur cet écueil.

2. Jean de Salisbury avoue naïvement qu'une troisième catégorie, dont il fit partie, passa de l'école à la cour, et « se mit sous le patronage des grands pour acquérir des richesses ». Il y gagna l'évêché de Chartres.

tiques en latin. Au lieu des quelques lambeaux que nous possédions du Stagirite, voici que l'œuvre gigantesque d'Aristote se reconstruit pièce à pièce et se lève de toute sa hauteur devant l'Occident étonné. La révélation de ce prodigieux génie encyclopédique, qui a embrassé le domaine entier de la connaissance humaine et qui présente des principes et des solutions quasi pour toute chose, est d'un effet inouï. C'est comme un appel qui réveille tous les esprits. Cette autorité nouvelle se pose devant l'autorité de l'Église dans la sphère des idées, comme, dans la sphère des lois, le droit civil se pose en face du droit canon. Aristote et le Digeste, ce sont la Grèce et Rome rentrant par la brèche dans la chrétienté; mais Aristote a fait un long détour : il a conquis l'Orient avant l'Occident, et s'est installé dans les chaires de Baghdad, de Bokhara, du Kaire et de Cordoue, avant d'entrer glorieusement dans celles de Paris; magnifique pouvoir du génie, qui, tant de siècles après la ruine de la société où il s'est manifesté, ressuscite avec sa pensée immortelle pour conquérir à la fois deux civilisations ennemies, et servir de lien à des races séparées par de telles oppositions de mœurs, de langues et de croyances !

Aristote relevant la scolastique et s'emparant de l'enseignement, ce serait là, déjà, un phénomène redoutable, pour beaucoup de raisons, à l'Église, si c'était bien le véritable Aristote. Qu'est-ce donc, lorsqu'il s'agit d'Aristote interprété par les commentateurs arabes et juifs, et chargé de la responsabilité de livres étrangers que l'on ajoute à son œuvre ! Parmi ces livres paraît avoir figuré le *Péri-physéón Mérismou* de Jean Scott Érigène[1], qui recommence à se répandre et dont on a oublié l'auteur. Cela dit tout sur l'esprit qui règne. Presque tous les glossateurs arabes et juifs transforment Aristote en chef du néo-platonisme; presque tous, Averrhoès en tête, sont des panthéistes alexandrins. Ce qui se cachait sous les propositions hasardeuses, mais obscures de Guillaume de Champeaux, éclate maintenant à ciel découvert.

Ces innovations philosophiques sont renfermées dans l'enceinte des écoles; la menace des sectes religieuses, des hérésies qui se constituent en religions organisées, et qui agissent sur les masses, est bien autrement immédiate.

1. V. notre t. II, p. 470.

Le mouvement hétérodoxe du douzième siècle a causé de vifs débats, dans les temps modernes, entre les théologiens catholiques et protestants : ces derniers y ont vu surtout une réforme évangélique, mère de celle du seizième siècle ; les autres y ont signalé le manichéisme : on a raison des deux côtés ; dans ce chaos religieux, comme l'a reconnu l'historien du manichéisme (Beausobre), se coudoyaient les héritiers de Manès[1] et les aïeux de Luther. Un historien contemporain, Pierre, moine de Vaux-Cernai, furieux ennemi de l'hérésie, distingue nettement la séparation des hérétiques en deux sectes principales : après avoir exposé les croyances des Albigeois ou manichéens, Pierre de Vaux-Cernai ajoute : « Il y avait encore d'autres hérétiques appelés vaudois, du nom d'un certain *Valdus* (Vaud ou Valdo) de Lyon : ceux-ci étaient mauvais, mais bien moins mauvais que les autres ; car ils s'accordaient avec nous en beaucoup de choses, et ne différaient que sur quelques-unes... Leur erreur consistait principalement en quatre points : en ce qu'ils portaient des sandales à la manière des apôtres ; qu'ils disaient qu'il n'était permis en aucune façon de jurer ou de tuer, et en cela surtout que le premier venu d'entre eux pouvait au besoin, pourvu qu'il portât des sandales, et sans avoir reçu les ordres de la main de l'évêque, consacrer le corps de Jésus-Christ ». Ces *sandales*, qui, suivant quelques auteurs, n'étaient autre chose que des sabots, étaient le signe de la pauvreté volontaire qu'ils s'imposaient, et leur avaient valu le nom d'*ensabottés* (*insabattati*) ou *pauvres de Lyon* : ils niaient la nécessité de l'intervention du prêtre entre le fidèle et Dieu ; tout chrétien était prêtre à leurs yeux ; les femmes mêmes prêchaient, et ils ne reconnaissaient de règle, dans l'interprétation des livres saints, que l'inspiration individuelle sanctionnée par le consentement commun : chacun commentait et expliquait les Écritures, que les principaux de la secte traduisaient en langue vulgaire et propageaient avec une ardeur extrême. C'est la première protestation qui se soit élevée dans le christianisme du moyen âge

---

1. Héritiers indirects, toutefois, comme l'a démontré M. Schmidt dans sa savante *Histoire des Cathares ou Albigeois*. Nous les appelons manichéens pour nous conformer à l'usage, qui attribue ce nom à tous les dualistes ; mais le *catharisme* était, à proprement dire, une nouvelle secte dualiste, et ses dogmes différaient, sur divers points, de ceux de Manès.

contre la séparation des fidèles en deux classes, l'une faite pour commander et enseigner, l'autre pour obéir et croire. L'idéal des *pauvres de Lyon* est l'égalité absolue, l'égalité religieuse, politique et sociale, une communauté universelle, une société sans prêtres, sans nobles et sans riches. La venue du Saint-Esprit est leur dogme fondamental : le Paraclet, annoncé par Jésus-Christ, va réaliser sur la terre les conséquences de l'Évangile. C'est ainsi que l'idée profonde d'Abélard sur le Saint-Esprit est traduite par les pauvres, par les simples, par les opprimés, facilement enclins à opposer, aux individualités dévorantes, des rêves d'unité où toute individualité se perd.

Les *pauvres de Lyon*, qui ont leur foyer dans ce berceau illustre du christianisme gaulois, où l'exaltation religieuse et l'exaltation de l'égalité doivent toujours couver ensemble, ont des ramifications partout, dans le midi, dans le nord, sur le Rhin, en Flandre, en Italie[1]. Néanmoins, ils ne sont qu'une des formes de ce que nous nommerons la protestation chrétienne, pour la distinguer du manichéisme, cette invasion étrangère. Les sectateurs du martyr Arnaldo de Brescia n'admettent pas les principes d'humilité et de passivité absolue des *pauvres de Lyon*, et ne condamnent pas la propriété chez les laïques; ils n'attaquent que les biens d'Église. Pierre de Vaux-Cernai paraît s'être trompé d'ailleurs en faisant dériver le nom de *vaudois* du nom de Pierre, dit Valdo, fondateur des *pauvres de Lyon*. Le nom de *vaudois* (*vaudès*) paraît signifier les gens des *vaux*, des vallées, et l'on ne peut guère douter qu'il n'y ait eu dans les hautes Alpes, sur les confins du Piémont et du Dauphiné, des groupes de populations qui conservaient, de temps immémorial, des traditions et des mœurs bien différentes de celles qui avaient prévalu dans l'église romaine. Ce qui est certain, c'est que Valdo n'a prêché à Lyon que dans la dernière période du douzième siècle, et que les habitants des hautes vallées alpestres, dès les premières années de ce siècle, passaient pour « souillés d'une hérésie invétérée[2]. » Nous avons, de la même

---

1. Les *begghards* de Flandre (*begghin*, prier), très nombreux parmi les artisans des grandes villes industrielles, chez les tisserands surtout, se rapprochaient des *pauvres de Lyon*, avec moins de douceur et de résignation toutefois.
2. Ce sont les termes de la *Chronique de Saint-Tron*, écrite de 1108 à 1136. —

époque, des poésies religieuses vaudoises, écrites non dans le dialecte lyonnais, mais dans le dialecte des Alpes. On peut vraisemblablement faire remonter les vaudois tout au moins à Claude de Turin, cet évêque qui, au neuvième siècle, avait si énergiquement protesté contre l'adoration des images et contre d'autres pratiques romaines. Les vaudois des Alpes, tout en prêchant l'aumône et le mépris des richesses, ne prétendent pas, comme les *pauvres de Lyon*, renouveler l'essai de cette communauté absolue qu'ont rêvée un moment les premiers chrétiens dans l'enthousiasme de la fraternité évangélique. Ils n'annoncent pas le renouvellement du monde par le Saint-Esprit. Ils ont des prêtres qu'ils appellent *barbas* (oncles), mais aussi rapprochés que possible des fidèles, et auxquels le célibat est plutôt recommandé qu'imposé. Ces prêtres s'imposent les mains les uns aux autres. Ils conservent la confession, mais comme acte d'humilité et recherche de conseil, non comme absolution en vertu d'un pouvoir surhumain[1]. Ils enseignent le salut *gratuit* par Jésus-Christ, tout en recommandant essentiellement les œuvres et en reconnaissant le libre arbitre. Leurs tendances sont ascétiques : « La nouvelle loi, disent-ils, conseille garder virginité ». Et ils prêchent la pénitence et le jeûne. Leurs monuments sont d'une extrême simplicité : une théologie purement historique, point de métaphysique,

En 1096, le pape Urbain II avait, dans une bulle, signalé la *vallis Gyrontana* comme un foyer d'hérésie.

1. *La Nobla Leyczon* (la Noble Leçon), le plus important qui nous reste de leurs livres religieux, écrits en vers ou plutôt en lignes à peu près rimées, fait un énergique tableau de ces absolutions *in articulo mortis*, sans vrai repentir ni réparation sérieuse, qui avaient été non moins vivement dénoncées par Abélard.

    Si el a cent livras de l'autruy o encara dui cent,
    Lo prever lo quitta per cent sout o encara per menz, etc.
    « S'il a cent livres du bien d'autrui ou encore deux cents,
    Le prêtre le tient quitte pour cent sous ou encore pour moins...
    Quand il lui donne plus, lui fait plus grand'fête,
    Et lui fait entendre qu'il est bien absous...
    Mais il sera trompé en telle absolution ;
    Et celui qui le lui fait croire y pèche mortellement.
    ... Tous les papes qui furent depuis Silvestre jusqu'à celui-ci,
    Et tous les cardinaux et tous les évêques et tous les abbés,
    Tous ceux-là ensemble n'ont tant de pouvoir,
    Qu'ils puissent pardonner un seul péché mortel.
    Dieu seul pardonne, ce qu'autre ne peut faire. »

La Nobla Leyczon, ap. Raynouard, *Poésies des Troubadours*, t. II, p. 96, 97.

beaucoup de morale, très austère, très fraternelle : le pardon des injures; ne pas tuer; ne haïr personne; une grande répugnance à jurer; des protestations touchantes contre les persécutions religieuses.

« Il ne se trouve en Écriture sainte ni selon la raison que les saints aient persécuté ni mis en prison personne ».

Ils se plaignent douloureusement que, s'il se rencontre encore quelques hommes qui, à l'exemple des apôtres, veulent montrer la voie de Jésus-Christ, les faux chrétiens, et, entre tous, ceux qui devraient être pasteurs, persécutent et mettent à mort les bons et laissent en paix les faux et les trompeurs.

« S'il est quelque bon qui aime et craigne Jésus-Christ,
Qui ne veuille maudire, ni jurer, ni mentir, ni adultérer, ni *occire*, ni prendre le bien d'autrui, ni se venger de ses ennemis,
Ils disent qu'il est *vaudes* (vaudois) et digne d'être puni [1] ».

On peut penser, sans témérité, que les premiers chrétiens, s'ils avaient pu renaître au douzième siècle, n'auraient reconnu leurs pareils que chez ces humbles pâtres des Alpes. C'est la transition du christianisme primitif au protestantisme; mais, si les vaudois sont les devanciers des réformés, ils en diffèrent toutefois grandement par leur esprit d'ascétisme et de douceur.

Malheureusement pour les vaudois, ils sont comme enveloppés et confondus dans la propagande retentissante des manichéens : leur modeste église évangélique s'entrevoit à peine derrière le temple des hommes qui croient « à deux dieux, l'un bon, l'autre mauvais, l'un créateur des choses invisibles et incorruptibles, l'autre créateur de la terre, des corps et de toutes les choses visibles ». (Baronius, *Annal. ecclesiast.*) Nous avons peine aujourd'hui à comprendre qu'une telle religion ait pu entreprendre de disputer l'Occident au christianisme. Il ne sera peut-être pas inutile, pour qu'on ne se figure pas, dans le manichéisme, une espèce de monstre inexplicable, et pour qu'on le voie à sa place dans l'évolution de la pensée humaine, il ne sera pas inutile,

---

[1]. *La Nobla Leyczon*, ap. Raynouard, t. II, p. 94, 95. — *V.* aussi *l'Israël des Alpes, Hist. des Vaudois du Piémont*, etc., par Al. Muston, t. I et t. IV. Pierre de Bruis sortit d'une des vallées vaudoises; mais il avait mêlé les simples croyances des vaudois à des doctrines manichéennes. *V.* notre t. III, p. 455.

disons-nous, de rappeler ici en quelques lignes les doctrines comparées des principales religions sur le mal.

L'Inde brahmanique nous montre Dieu déployant par son Verbe toutes les forces bonnes et mauvaises, les Souras et les Asouras; un Dieu fatal et indifférent; point de moralité dans le principe des choses.

Suivant la Perse, Dieu crée le bien par son Verbe. Ahriman, celui qui dit : Non, et dont on ne dit pas l'origine, suscite les forces mauvaises. Ce monde terrestre n'est pas mauvais, mais il est le théâtre du combat entre le bien et le mal, combat dans lequel l'homme prend parti librement. Ahriman, à la fin, cessera de dire : Non. Le mal a commencé et finira. Il n'est pas éternel. Il n'est ni Dieu ni de Dieu[1].

Pour les juifs, pour les chrétiens, pour les musulmans, Dieu a créé tous les êtres libres, pouvant choisir le bien ou le mal. La chute résulte du mauvais choix. Satan, qui remplace Ahriman, est une créature de Dieu, tombée par sa faute, et qui pousse les autres à le suivre dans la chute. Le mal a commencé, mais ne finira pas. Satan ne cessera pas de dire : Non. Pour les chrétiens, le monde visible, la chair, sont viciés par la chute de l'homme.

Les gnostiques, qui ont failli s'emparer du christianisme primitif, transforment et dénaturent la croyance de certaines religions de l'Asie occidentale et de certaines sectes philosophiques de la Grèce; à savoir qu'il y a deux principes co-éternels des choses, l'esprit et la matière. Ils veulent que de Dieu émanent seulement les forces pures et spirituelles, les *éons;* que la matière, le monde visible soit l'œuvre d'un esprit, d'un *éon*, déchu par sa faute, mais qui peut se relever en se dégageant de son œuvre. Les âmes humaines qui partagent sa chute et son châtiment doivent, comme lui, s'efforcer de se séparer de la matière. Elle est mauvaise par essence.

Les manichéens dénaturent le gnosticisme à son tour et le combinent avec la tradition persane faussée et mutilée, en relevant la tradition gréco-asiatique des deux principes. Les deux principes avaient primitivement un sens tout cosmogonique et non moral.

---

1. Les anciens Gaulois sont d'accord au fond avec les Perses, quoiqu'ils ne personnifient pas le mal.

Chez Platon, il y a une certaine tendance à voir le mal dans la matière. Les gnostiques sont partis de cette tendance, mais en ne faisant plus de la matière qu'un infime produit d'un esprit déchu. Les manichéens la relèvent au rang de principe, mais de principe du mal [1]. Ahriman devient le dieu mauvais, le mal éternel, qui a toujours dit, qui dira toujours : *Non!* C'est lui qui est le Jéhovah des Hébreux ; créateur du monde visible, de tout ce qui change, dieu des ténèbres, éternellement opposé au dieu du ciel invisible et de la lumière, créateur de tout ce qui est pur, de tout ce qui ne change pas. Bien loin d'être le Père éternel que Jésus-Christ a instruit les hommes à invoquer par la grande prière, le *Pater*, Jéhovah est donc le Grand-Satan, mais Satan incréé.

Les habitants du ciel avaient été créés pour l'immutabilité. Chaque homme céleste, formé d'une âme et d'un corps spirituel et inaltérable, était associé à un esprit, à un ange, aussi revêtu d'une forme, d'un corps spirituel : c'était là le seul mariage du ciel ; car il n'y avait point de sexe pour ces existences tout abstraites.

Le dieu mauvais, non content de régner sur son monde matériel, que gouvernaient sous lui des anges de ténèbres, ses créatures, s'introduisit dans le ciel, sous l'apparence d'un ange de lumière, séduisit les hommes et les entraîna sur la terre, qui est l'enfer ; il n'y en a pas d'autre. Leurs associés, les anges, les *esprits saints*, ne les suivirent pas et restèrent au ciel. Les âmes humaines perdirent leurs corps célestes, et furent enfermées par leur nouveau maître dans des corps de terre sujets au changement et à la mort. Tombées toutes à la fois, elles commencèrent à parcourir ici-bas une série d'existences, passant d'un corps humain dans un autre, descendant même parfois jusqu'à prendre des corps de quadrupèdes et d'oiseaux. C'est pour cela que le dieu mauvais a inventé les sexes et la génération. Jéhovah, ou Satan, fit gouverner ses esclaves par des démons revêtus de chair, les patriarches, puis leur donna sa Loi par Moïse, un de ces esprits malfaisants. L'ancienne Loi est la loi d'un dieu jaloux et changeant, qui se venge, qui

---

1. Dans ce qui suit, nous parlons spécialement des manichéens du moyen âge ou cathares. Manès avait émis des idées à la fois platoniciennes et mithriaques qui ne se retrouvent plus ici.

se repent, qui trompe et qui se trompe, qui prescrit l'extermination de ses ennemis, ordonne l'homicide aux prêtres et aux juges, et à tous l'œuvre de la génération, afin de faire durer le monde mauvais. L'Ancien Testament est donc le testament de Satan[1].

Le dieu bon, cependant, n'ayant créé les hommes que pour le bien, ne pouvait les laisser éternellement sous le joug du mal. Il ne saurait y avoir de peines éternelles, et l'enfer terrestre n'est qu'un purgatoire. La double prédestination est une croyance abominable; toutes les créatures du dieu bon sont prédestinées au salut. Ceux-là seulement qui sont issus du mal doivent rester dans le mal, c'est-à-dire les anges de Satan.

Le dieu bon envoya donc au secours de ses créatures le premier des anges de lumière, Jésus-Christ, appelé *Fils de Dieu* à cause de sa prééminence. Le Christ ne pouvait se revêtir en réalité de la matière, qui est maudite. Il ne prit chair qu'en apparence dans le sein de l'ange Marie, descendu avec lui du ciel et revêtu, comme lui, d'un corps fantastique. Il ne souffrit qu'en apparence sur le Calvaire. Ce n'est point par sa passion qu'il a sauvé les hommes : c'est en leur rappelant leur nature et leur origine oubliées, et en leur enseignant le moyen de retourner au ciel.

Ce moyen est la séparation de l'âme d'avec la matière. Point d'*œuvre de chair* : c'est prolonger la durée de l'empire de Satan, que de rappeler des âmes à s'incarner dans le sein des femmes. Point de nourriture animale, cette nourriture provenant de corps produits par la génération, qui est chose impure. Point de propriété : c'est s'attacher aux choses de la terre. Point de communications avec les mondains, si ce n'est pour les convertir. Point d'homicide, même en cas de légitime défense : on ne doit pas plus toucher aux corps pour détruire que pour engendrer. Ne jamais mentir, ne jamais jurer : c'est supposer que la parole simple ne lie pas.

L'église romaine, par la participation aux richesses, aux pompes matérielles, aux ambitions de ce monde, par l'intervention dans le gouvernement de la terre, par les persécutions et les ho-

---

1. Au moins les livres historiques et le livre de la Loi. Les cathares admettent les Prophètes, les Psaumes, etc., mais les supposent écrits dans le monde invisible et ne parlant que du monde invisible.

micides qu'elle prescrit, a quitté Christ pour Satan. Il n'y a de salut que dans l'église des *purs*[1], des *parfaits*.

Quand le disciple, quand le « *croyant* » est bien instruit et décidé à la mortification universelle de la chair, il reçoit, par l'imposition des mains et la prière, le *consolement*, c'est-à-dire le baptême spirituel, opposé au baptême par l'eau, que Jean-Baptiste, un des démons de Jéhovah, a inventé pour décevoir les hommes[2]. Le « *croyant* », alors, est devenu « *parfait* ». L'esprit-saint, l'ange autrefois associé à l'âme déchue qui se réhabilite, descend la rejoindre, et, si elle ne retombe pas dans le péché, il la reconduit au ciel dès que la mort l'a délivrée.

La grande différence que présentent les mœurs des « *croyants* » avec celles des « *parfaits* » a fait croire à certains des adversaires du *catharisme* que cette église tolère toute licence aux simples *croyants*, et leur promet le salut par les mérites des *parfaits*, sans imiter leurs œuvres et à la seule condition d'avoir leur foi[3]. C'est une erreur. La foi n'est rien, pour les cathares, si elle ne fait pratiquer la vie *parfaite*, et la responsabilité est toute personnelle, à tel point que les prières pour les morts sont inutiles. L'intervention du *parfait*, successeur des apôtres, n'a pour but que d'appeler l'*esprit-saint* et de le faire descendre sur le *croyant*, afin qu'il devienne *parfait* à son tour[4]. Ce qui est vrai, c'est que, tant que le *croyant* n'a pas reçu le *consolement*, on lui tolère la vie ordinaire, le mariage, la propriété, les emplois et les pompes de ce monde, mais en le préparant à y renoncer[5]. La foule des *croyants*, ne pouvant se résigner à de si effrayantes austérités[6], ne demande le *con-*

---

1. Cathares, Καθαρός, nom qui indique l'origine grecque de la secte. Ils s'appellent aussi *bons hommes* et *bons chrétiens*.
2. Jean l'évangéliste, au contraire, auteur du plus spirituel des évangiles, est un ange descendu avec Jésus et Marie.
3. Petr. Vall. Cern.
4. Si le *parfait* ne l'était que de nom, s'il était retombé en état de péché, l'*esprit-saint* ne descendrait pas, et le *consolement* serait inefficace. — A défaut de *parfait*, une *parfaite* peut administrer le *consolement*.
5. Ce qui est probable, faut-il ajouter, c'est que, l'*œuvre de chair* étant à leurs yeux un péché en toute circonstance, les *croyants* devaient faire peu de différence entre le péché dans le mariage ou hors du mariage, et qu'un grand relâchement pouvait être la conséquence indirecte d'une doctrine d'ascétisme outré.
6. Les parfaits jeûnent durant trois carêmes de quarante jours, plus trois jours par semaine le reste de l'année.

solement qu'en cas de péril de mort. Si le malade *consolé* revient à la santé, il est engagé à la vie *parfaite*. Ceux qui meurent sans être *consolés* ou qui sont retombés après le *consolement* reprennent, à la mort, un nouveau corps terrestre et recommencent leur carrière de pénitence.

La conclusion logique d'une telle doctrine devrait être de se laisser mourir de faim, les végétaux étant, aussi bien que les animaux et que toute matière, l'œuvre du dieu mauvais. Le suicide devrait être glorifié là, comme chez les druides, bien que par d'autres raisons. Il est, du moins, autorisé dans certains cas. Le *consolé*, qui craint de ne pas être capable de soutenir la vie des *parfaits*, peut cesser de prendre aucun aliment. On peut même se donner une mort violente si l'on craint de faiblir et de renier sa foi sous la main des bourreaux catholiques.

Le culte des cathares est très simple : Les évêques cathares, leurs acolytes [1], leurs diacres et tous les *parfaits* opposent la simplicité et la tristesse de leurs vêtements noirs aux splendides costumes des prélats catholiques. Tout éclat extérieur, tout symbole parlant aux sens, toute forme, pour ainsi dire, sont proscrits comme venant de la matière.

En examinant de plus près cette croyance, si fort qu'elle choque les habitudes philosophiques ou religieuses de notre esprit, nous nous étonnerons moins de sa propagation. Pour qui n'a pas l'idée du progrès, du *changement en bien*, dans l'univers et dans l'âme humaine, et pour qui ne comprend pas que le mal n'est qu'une négation, une privation, un obstacle au progrès, notion supposant un grand développement métaphysique, le *dualisme* est spécieux ; si le bien est l'immuable, si le mal est le changement, et si ce sont deux essences également réelles et positives, ils ne peuvent venir du même auteur ; donc, il y a deux principes. Cette explication superficielle prend facilement les foules [2].

---

1. Chaque évêque a deux vicaires, le *fils majeur* et le *fils mineur* : le premier lui succède à sa mort. Les diacres viennent ensuite. Faute de diacre, les *anciens* administrent la communauté. Nous avons dit, d'après des documents du douzième siècle, que les manichéens avaient un pape. Nous n'avions pas suffisamment étudié le livre de M. Schmidt, qui nous semble avoir démontré que ces prétendus papes n'étaient que des évêques influents, qui occupaient les sièges des églises les plus anciennes de la secte.

2. Elle a pris plus d'une fois de grands esprits. Il s'en trouve des traces jusque chez Rousseau.

L'absence de la notion de progrès est la principale cause des erreurs et des inconséquences des manichéens. C'est là ce qui leur fait altérer et rendre incompréhensible l'admirable symbole zoroastrien des *férouers*, ces types éternels qui habitent le ciel, c'est-à-dire vivent dans la pensée de Dieu, chaque âme ayant ainsi son modèle céleste, son type individuel, dont elle doit tendre à se rapprocher toujours davantage [1]. Le vrai sens du symbole est perdu dans les *esprits saints* des cathares.

La même cause fait méconnaître aux cathares la grandeur de la notion de Jéhovah (*Je Suis celui qui Suis*), qu'ils ne savent pas dégager du langage humain et des passions humaines que lui prête la barbarie juive.

L'idée même d'une série d'épreuves dans le monde inférieur, jusqu'à ce qu'on ait mérité de monter au ciel, étant liée, chez les cathares, à une doctrine non de progrès, mais uniquement de retour, de réhabilitation, procède d'Origène et de Platon, et non de l'antiquité druidique ou persane [2].

De grandes erreurs de l'esprit sont rachetées chez les manichéens du moyen âge par une grande douceur de cœur. Antichrétiens par le dogme, ils sont chrétiens par le sentiment. Il est ici une observation très importante à faire; c'est que les sectes principales de ce temps, manichéens comme vaudois ou pauvres de Lyon, sont opposées en principe à l'emploi de la violence en matière de religion : elles se sont préservées de ce qu'on peut nommer la sanguinaire hérésie ithacienne, que l'apôtre de la Gaule, saint Martin de Tours, a en vain flétrie à son origine, et qui, depuis, a dénaturé le christianisme. Ce sont elles qui, au point de vue chrétien comme au point de vue humain, sont orthodoxes à cet égard contre Rome. Les protestants du seizième siècle, persécuteurs aussi bien que Rome elle-même, seront là dessus fort

---

1. C'est le plus sublime symbole d'individualité qu'ait conçu le monde primitif. Le druidisme a dû le connaître; car nous le retrouvons à l'état de légende populaire chez les peuples celtiques. Les Écossais font apparaître, dans certains cas extraordinaires, l'*esprit* d'un homme vivant, qui est ainsi double.

2. Ils ont raison toutefois, contre Zoroastre, lorsqu'ils disent que, s'il n'y a pas de peines éternelles pour les âmes humaines, il y aura toujours néanmoins du mal. Il y aura toujours, en effet, de nouveaux êtres s'agitant dans les épreuves, sur les degrés inférieurs de la vie. L'erreur des manichéens est de faire de ce mal une personnification, un absolu.

en arrière des sectes du moyen âge. Ceci est très essentiel pour juger sainement les funestes événements que nous allons avoir à raconter[1].

L'exposition des principales doctrines hostiles à l'Église ne donne qu'un aperçu bien incomplet de l'état des esprits au commencement du treizième siècle : il faudrait pouvoir suivre dans leur course errante tous les enthousiastes qui produisaient des effervescences passagères par des rêveries nouvelles ou renouvelées, tous les sectaires indépendants, qui modifiaient le fond des diverses croyances anti-romaines par des variantes aussi illimitées que leur imagination ; il y avait des dualistes mitigés, qui admettaient un seul Dieu créateur du Christ et de Satan ; des judaïsants, qui étaient comme l'antithèse des manichéens ; des matérialistes, qui attribuaient à Dieu un corps matériel, et disaient que la fornication simple n'est pas un péché ; formidable mélange de tous les éléments contraires ! C'était le chaos qui marchait à l'assaut du monde catholique ! Les diverses sectes ne s'accordaient que pour maudire les persécuteurs, et Rome, la « caverne des larrons, la prostituée de l'Apocalypse [2] ».

Les hérésies avaient été constamment en progrès depuis l'avénement de Philippe-Auguste ; les rigueurs de ce prince et du comte de Flandre n'avaient point arrêté, au nord de la Loire, l'essor des doctrines proscrites ; en 1198, le doyen de la cathédrale de Nevers et l'abbé de Saint-Martin de la même ville furent traduits pour hérésie devant un concile provincial assemblé à Sens ; trois

---

1. M. Michelet (*Hist. de France*, t. II, p. 470) s'est trompé sur ce point. Les documents sur les hérésies du moyen âge ont été fort élucidés depuis la publication des premiers volumes de M. Michelet. Le savant ouvrage de Schmidt, décisif pour tout ce qui regarde les *Cathares* ou *Albigeois*, n'avait point paru. C'est à M. Schmidt que nous avons emprunté les éléments de notre analyse. — Les violences des catholiques et des protestants étaient conséquentes à leurs principes ; les violences commises par les hérétiques des douzième et treizième siècles étaient des inconséquences. Il n'y a pas de doctrine au monde qui puisse décider une race vaillante à se laisser égorger comme un troupeau, et à ne pas se défendre ou se venger. Mais nous ne voyons pas citer d'exemple que les *parfaits* aient pris part aux vengeances ni même aux résistances armées les plus légitimes. Ils donnaient le *consolement* aux *croyants* blessés, voilà tout.

2. Les *pauvres de Lyon* n'avaient pas toujours été si hostiles : à leur début, ils avaient eu la simplicité de prier le pape de les autoriser à prêcher. *v.* Gieseler, t. II, p. 20, p. 510, 511.

ans après, le sire Evraud, bailli du comte de Nevers, fut brûlé vif sur la place publique de la cité qu'il avait longtemps gouvernée (1201). Un concile réuni à Paris l'avait condamné comme *boulgre*, suivant la *chronique* de Robert d'Auxerre. C'est la première fois qu'on rencontre cette qualification appliquée aux manichéens; on les nommait *Boulgres* ou Bulgares, parce que la Bulgarie passait pour le berceau de leur secte. Les vaudois, pendant ce temps, affluaient à Metz et en Lorraine; les hérétiques se propageaient largement en Italie, jusque dans Rome, jusqu'au pied du Vatican. En 1199, les manichéens d'Orviéto, poussés à bout par une persécution sanglante, se révoltèrent et massacrèrent le gouverneur de la ville pontificale. La Haute-Italie formait, avec nos provinces de la langue d'oc, les deux grands foyers dont les étincelles s'échangeaient par-dessus les Alpes. Nous répéterons de la Provence, quant à l'hétérodoxie, ce que nous en avons dit relativement à la chevalerie, en comprenant sous ce nom de Provence les régions situées entre la Haute-Garonne, les Cévennes, l'Isère, les Alpes et la mer. La Provence, ainsi que l'Aquitaine, était merveilleusement préparée pour porter les fruits de l'hérésie; sa civilisation supérieure, son extrême liberté d'esprit et de mœurs, sa culture intellectuelle, si brillante et si originale, lui rendaient insupportable le despotisme religieux du pape, et, en général, toute prétention d'imposer des croyances par la force. Les relations intimes de la Provence avec les musulmans et les juifs avaient fait tomber chez elle les préjugés occidentaux, mais, malheureusement, pour la livrer sans défense et sans *criterium* à l'invasion désordonnée de toutes les idées étrangères; au lieu de s'attacher aux éléments gaulois et français, au lieu de travailler à relier le principe religieux avec ce noble idéal qu'offrait la chevalerie, les hommes de méditation et de piété, pour la plupart, ou s'enfermaient dans la croyance pure, mais étroite des vaudois, ou, surtout, se jetaient, avec l'impétuosité du Midi, dans l'église manichéenne. La foule suivait, soit amour des nouveautés, soit haine contre le clergé; l'hostilité contre les clercs avait précédé et facilité les succès de l'hérésie.

Dès le onzième siècle, les sirventes des troubadours défiaient les bulles des papes, et les attaquaient de puissance à puissance, peignant à larges traits les vices de la cour de Rome, les exactions des légats, et poursuivant de leurs railleries les dévots *Romieux*, les *Romipètes*, c'est-à-diré les pèlerins qui portaient leurs oraisons et leurs offrandes aux pieds du pape de Rome. Le clergé provençal avait perdu et mérité de perdre toute considération, toute influence morale : les prélats étaient plus débordés que les seigneurs séculiers; l'archevêque de Narbonne courait les champs des semaines entières, chassant ou faisant pire, avec ses chanoines et ses archidiacres; il entretenait à sa solde une bande de routiers aragonais, qu'il employait à rançonner le pays; les autres évêques et abbés aimaient grandement « les femmes blanches, le vin rouge, les beaux habits et les beaux chevaux, vivant richement, tandis que Dieu a voulu vivre pauvre », dit un troubadour. Quant au clergé inférieur, les nobles et les bourgeois ne mettant plus leurs enfants dans les ordres, il ne se recrutait que parmi les plus grossiers paysans, et il était si méprisé, qu'on disait communément : « J'aimerois mieux être *capelan* (chapelain) que faire telle ou telle chose », comme si c'eût été déshonneur qu'être prêtre. Les clercs n'osaient plus se montrer en public sans cacher leurs tonsures, au rapport du chroniqueur Guilhem ou Guillaume de Puy-Laurens.

Les mœurs sévères des *parfaits* manichéens étaient tout opposées à celles des clercs catholiques; on les admirait pour ce contraste : on les aimait parce qu'ils ne faisaient appel qu'à la persuasion, qu'à la charité. La société provençale leur applaudissait sans leur appartenir. Elle flottait de l'extrême licence à l'idéal chevaleresque, et, de là, à l'extrême ascétisme des manichéens. Son aspect était étrange et indéfinissable comme un rêve. A la surface, ce n'était que richesse, industrie et liberté dans les cités; que fêtes, que chansons, que galanteries, qu'élégantes voluptés dans les châteaux. Toute une poétique et originale civilisation, que nous avons esquissée naguère[1], s'épanouissait au soleil sur les plages de la Méditerranée; mais cette efflorescence ressemblait à la végétation exubérante qui recouvre les volcans : elle accusait l'excitation des feux intérieurs, qui faisaient parfois de menaçantes

---

1. *V.* t. III. p. 372 et suivantes.

explosions; les cris des victimes des routiers éclataient, comme une lugubre dissonance, parmi les chants des troubadours; des passions effrénées couvaient sous les mœurs gracieuses et légères de la noblesse, sous les délicatesses de la chevalerie : on a vu l'affreuse vengeance exercée jadis par le vicomte de Beziers sur les bourgeois de sa capitale. Il y avait de l'ivresse et comme un vertige dans le plaisir. Dans la fameuse fête de Beaucaire, où se réunirent une multitude de chevaliers des pays provençaux, d'Aquitaine, d'Aragon et de Catalogne, les Provençaux semblèrent vouloir rivaliser de faste extravagant avec les despotes asiatiques; le comte de Toulouse gratifia de cent mille sous d'argent le seigneur Raimond d'Agoult, qui les distribua entre tous les chevaliers présents. Bertrand Raimbaud, comte d'Orange, fit labourer tous les environs du château, et y fit semer jusqu'à trente mille sous en deniers. Raimond de Venous fit brûler, par ostentation, trente de ses plus beaux chevaux devant l'assemblée. « Le Midi délirait à la veille de sa ruine[1] ».

De ces fêtes enivrées d'orgueil et de sensualité, la soif des contrastes poussait aux prêches des hérétiques; on ne pratiquait guère leurs maximes, mais on tenait leurs personnes, disent Puy-Laurens et Pierre de Vaux-Cernai, « en si grande révérence,

1. Michelet, *Hist. de France*, t. II, p. 374. — *Hist. du Languedoc*, t. III, p. 37. C'étaient les mœurs des grands chefs gaulois de la dernière période avant la conquête romaine. *V.* les anecdotes de Luern, d'Ariamne, etc.; dans notre t. I, p. 92; — Ces folies sont la dégénération de la libéralité chevaleresque, qu'une anecdote du commencement du douzième siècle montre dans son vrai caractère. Le vicomte Ebles de Ventadour va un jour surprendre à table le duc d'Aquitaine Guilhem IX. Le duc suspend son dîner et en commande un splendide pour son hôte. Le repas se faisant attendre : « Un comte comme vous (comte de Poitiers), dit Ebles, ne devrait pas renvoyer à sa cuisine pour recevoir un petit vicomte comme moi. » Guilhem ne répondit rien; mais, peu de jours après, il arrive à Ventadour avec cent chevaliers à l'heure du dîner. Ebles se lève, et, bientôt après, ses gens couvrent la table d'un tel nombre de plats, « qu'on eût dit les noces d'un prince ». C'était jour de foire à Ventadour, et les sujets du vicomte s'étaient empressés d'apporter tout ce qu'il y avait sur le marché. Le soir, un paysan, à l'insu du vicomte, entre dans la cour avec une charrette à bœufs, en criant : « Que les gens du comte de Poitiers viennent apprendre comment on donne la cire chez le vicomte de Ventadour! » Il coupe les cercles d'un tonneau qui était dans sa voiture, et en laisse rouler une prodigieuse quantité de pains de cire, denrée alors d'un grand prix. Ebles fut si charmé qu'il donna au paysan, en toute propriété, la terre qu'il habitait, et lui fit faire souche de chevaliers. » — *Hist. littér. de la France*, t. XIII, p. 120, d'après Geoffroi, prieur du Vigeois. La nature des rapports entre le seigneur et ses *sujets* n'est pas ici ce qu'il y a de moins remarquable.

qu'ils avoient des cimetières où ils enterroient publiquement ceux qu'ils avoient pervertis : ils recevoient legs plus abondants que les gens d'église et n'étoient astreints ni à guet, ni à gardes, ni à taille. » Toulouse, « qu'on devroit plutôt nommer Toute Dolouse » (toute frauduleuse), ajoutent ces chroniqueurs, Beziers, Albi, Foix, Carcassonne, et leurs territoires, foisonnaient d'hérétiques, et la « contagion » gagnait la Gascogne, la Catalogne et l'Aragon. Esclarmonde, sœur du comte de Foix, reçut solennellement l'imposition des mains d'un *parfait*, en présence du comte son frère, et cet exemple fut suivi par une foule de nobles et de bourgeois. L'autre sœur du comte et sa femme étaient vaudoises.

Toulouse était la capitale du manichéisme; la Septimanie et les seigneuries des Pyrénées étaient ses provinces. On n'y payait plus guère la dîme; on n'y faisait plus d'offrandes aux églises. Bien des gens n'avaient au fond d'autre hérésie que de ne vouloir plus donner leur argent aux clercs. Au comte de Toulouse Raimond V, qui invitait naguère les rois de France et d'Angleterre à venir exterminer les hérétiques du Midi, avait succédé, en 1194, son fils Raimond VI, qui se montrait bienveillant pour les manichéens, au point de passer pour partager leurs croyances. On lui imputait toute sorte de propos hétérodoxes. Un jour qu'il attendait quelques personnes, et qu'elles ne venaient point, il s'écria : « On voit bien que c'est le diable qui a fait ce monde, puisque rien ne nous arrive à souhait! » Il dit une fois qu'il aimerait mieux ressembler à un certain hérétique de Castres, à qui l'on avait coupé les membres et qui traînait une vie misérable, que d'être roi ou empereur. Un autre jour, jouant aux échecs avec un chapelain, il lui dit : « Le Dieu de Moïse, en qui vous croyez, ne vous aiderait guère à ce jeu! » et il ajouta : « Que ce Dieu ne me soit jamais en aide! » Dans un voyage qu'il fit en Aragon, étant tombé gravement malade, il se fit reconduire en litière à Toulouse; et, comme on lui demandait pourquoi il se faisait transporter en si grande hâte, malgré la gravité de son mal, il répondit qu'il n'y avait pas de *bons hommes* en cette terre, entre les mains desquels il pût mourir... « Je sais, dit-il dans une autre occasion, je sais que je perdrai ma terre pour ces *bons hommes;* eh bien! la perte de ma terre, et encore celle de ma tête, je suis prêt à tout endurer ! » Si Raimond avait la foi des « croyants », il n'aspirait point à imiter les œuvres des « parfaits »; sa vie était, prétend-on, abandonnée à une licence effrénée; il divorçait et se remariait à sa fantaisie, et eut à la fois jusqu'à trois femmes vivantes : la sœur du vicomte de Beziers, la fille du roi de Chypre et la sœur du roi Richard d'Angleterre; celle-ci étant morte, il épousa la sœur du roi d'Aragon : ces deux dernières étaient ses cousines à des degrés prohibés. On l'accusait en outre d'inceste avec sa sœur, et d'avoir « dès son enfance, recherché de préférence les concubines de son père ». Nous n'avons toutefois, sur ce point, il faut le dire, que le témoignage, fort suspect, de ses ennemis.

Les hérétiques, si bien traités dans le Toulousain, l'Albigeois, le Querci, le Rouergue, l'Agenais, le marquisat de Provence, domaines de Raimond VI, n'avaient pas moins de liberté dans les seigneuries des Pyrénées, ou sur les terres du jeune vicomte de Beziers, Raimond-Roger, successeur du farouche Roger Trencavel à Beziers, à Carcassonne et dans le Rasez (pays de Limoux). Il n'y avait plus, dans les pays de la langue d'oc, que les princes de la maison de Barcelonne qui affectassent du zèle catholique; les états du grand Alphonse II avaient été divisés entre ses deux fils : l'aîné, Pierre II (Pèdre ou Peyre), régnait sur l'Aragon, la Catalogne, le Roussillon, et réunit un peu plus tard à ce riche héritage la seigneurie de Montpellier, en épousant la fille du dernier seigneur de cette ville; son frère Alphonse était comte de Provence. Pierre II, peu après son avénement au trône, en 1197, avait ordonné à tous vaudois ou autres hérétiques de vider ses états sous bref délai, à peine de mort et de confiscation : il donnait de grands témoignages de respect et de dévouement au pape, et alla, en 1204, se faire couronner et armer chevalier à Rome, de la main d'Innocent III; il soumit même son royaume à un tribut annuel au profit du saint-siége, ce qui occasionna une vive irritation en Aragon et en Catalogne. Les effets, cependant, répondaient faiblement aux protestations : Pierre II s'occupait beaucoup plus de tensons, de sirventes et de belles dames, que de la poursuite des hérétiques; et l'hérésie en était quitte pour prendre quelques précautions et s'envelopper d'un peu de mystère sur les terres d'Aragon [1].

[1]. Sur la situation générale du Midi, *v.* Fleuri, t. XVI, l. 75, 76. — Raynouard,

La crise s'aggravait donc journellement, et, d'un moment à l'autre, il semblait que l'on dût apprendre l'expulsion des évêques de la province narbonnaise et l'installation publique des *parfaits* sur les siéges toulousains et septimaniens ; mais la réaction aussi s'apprêtait à user des forces immenses qui restaient au catholicisme et qu'il n'avait pas eu besoin jusqu'alors d'employer dans l'intérieur de la chrétienté : la masse énorme de l'église orthodoxe s'ébranlait sourdement ; la France et l'Allemagne, qui voyaient à chaque instant les doctrines manichéennes éclater dans leur sein comme des incendies allumés par les étincelles jaillissant du foyer provençal, la France et l'Allemagne s'agitaient en courroux, et menaçaient de loin la terre « impie » de la langue d'oc : déjà circulait partout cette pensée, que les pires ennemis de la foi n'étaient plus aux rives du Nil et du Jourdain ; dans le Midi même, le parti catholique, très nombreux encore, et exaspéré par les progrès et les provocations des hérétiques, appelait l'étranger avec une aveugle furie. A ces éléments de victoire et de vengeance ne manqua pas le génie capable de les coordonner et de les mettre en œuvre : sur la chaire de saint Pierre était assis un de ces hommes dont l'œil d'aigle embrasse d'un regard tous les dangers et toutes les ressources, et dont l'âme inflexible ne recule devant aucune nécessité ; Innocent III, pareil à l'ange exterminateur, prépara durant dix années l'épouvantable orage qu'il précipita enfin sur les pays provençaux.

Au moment d'entamer ce récit de sang et de ruines, l'esprit s'arrête, saisi d'une profonde tristesse. L'issue de la lutte qui va s'engager ne saurait être douteuse. Le Midi est trop évidemment incapable de se concentrer, de s'organiser en un seul corps pour résister victorieusement à la terrible unité qui le menace. Partout règne l'esprit de séparation et d'antagonisme ; dans l'ordre politique, la langue d'oc n'a pu se constituer un centre de nationalité ; Poitiers et Bordeaux sont tombés sous le joug des « deux rois du Nord » ; Toulouse et Barcelone poursuivent leur vieille querelle ; dans l'ordre religieux, on a vu quel chaos succède à

Poésies des Troubadours. — D. Vaissette, *Hist. de Languedoc*, t. III. — Pierre de Vaux-Cernai et Guil. de Puy-Laurens, dans le t. XIX de la collection des *Histor. des Gaules et de la France*; Schmidt, *Hist. des Cathares*, t. I, p. 66 ; 188.

l'ordre catholique : celle des sectes hétérodoxes qui a la prépondérance au milieu de ce chaos est impropre à le débrouiller. Ceux qui maudissent le monde dans son principe ne sauraient gouverner le monde. La victoire de Rome et de la France sur le manichéisme et la Provence est inévitable; mais à quel prix, grand Dieu! Rome et la France doivent-elles vaincre; et combien les calamités que va enfanter la destruction de l'hérésie ne dépasseront-elles pas les périls dont le succès partiel et éphémère du manichéisme pouvait menacer la chrétienté! Ces belles provinces qui ont tant fait pour la renaissance de la civilisation occidentale, ces intelligentes et fières cités où la liberté a pris un si noble essor, cette littérature à l'immortel idéal, cette société sans préjugés où la bourgeoisie traite sur le pied de l'égalité avec la noblesse, et rivalise avec elle dans les cours d'amour et dans les lices de la chevalerie, tout va s'écrouler dans des flots de sang : les hommes du nord vont encore une fois déborder sur la Gaule méridionale, écrasant, sous les pieds de leurs chevaux de guerre, arts, industrie, poésie et liberté!...

La tempête s'amassa lentement sur l'horizon : Innocent III essaya d'abord d'étouffer l'hérésie par les seules forces du catholicisme provençal. Les *moines blancs*, les moines de Cîteaux (*Cistercienses*), furent les premiers instruments dont il se servit; ce choix même était une menace; les *cisterciens* étaient les prédicateurs ordinaires de la croisade. Innocent III, dès l'année de son avénement (1198), délégua dans la plupart des diocèses du midi de la France deux moines de Cîteaux, les frères Gui et Regnier, avec mission de poursuivre et d'extirper l'hérésie : il manda aux prélats de les seconder de tout leur pouvoir; sa circulaire, adressée aux archevêques de Lyon, de Vienne, d'Embrun, d'Aix, d'Arles, de Narbonne, d'Auch et de Tarragonne, et à tous leurs suffragants, se terminait ainsi : « Nous enjoignons à tous princes, comtes et seigneurs de vos provinces, d'assister nos envoyés contre les hérétiques, de bannir ceux que le frère Regnier aura excommuniés, de confisquer leurs biens, *et d'user envers eux d'une plus grande rigueur*, s'ils persistent à demeurer dans le pays après leur excommunication. Nous avons donné plein pouvoir au frère Regnier de contraindre les seigneurs, soit en les excommuniant eux-mêmes, soit en lançant l'interdit sur leurs terres ; nous enjoignons aussi à tous les peuples de vos provinces de s'armer contre les hérétiques, lorsque le frère Regnier et le frère Gui les en requerront, et nous accordons à ceux qui prendront part à cette expédition pour le maintien de la foi, la même indulgence qu'aux pèlerins qui visitent Saint-Pierre de Rome ou Saint-Jacques de Compostelle[1]. »

La mission de Gui et de Regnier n'eut aucun résultat, excepté sur les terres du roi d'Aragon ; les autres princes ne proscrivirent pas les hérétiques, et les peuples ne prirent pas les armes. Le pape, vers la fin de 1203, nomma deux nouveaux légats, Pierre ou Peyre de Castelnau et Raoul, moines de Cîteaux comme les précédents : ceux-ci commencèrent d'agir avec plus de vigueur, sinon d'efficacité ; le pape leur avait donné des pouvoirs extraordinaires, qui allaient jusqu'à suspendre et déposer au besoin les évêques dont la conduite scandaleuse ou l'insouciance aidait les progrès de l'hérésie. Le 13 décembre 1203, Pierre et Raoul assemblèrent les *bayles* (baillis) et *viguiers* (vicaires) du comte de Toulouse, les consuls et notables de cette ville, et, en les menaçant de l'indignation des princes et de la perte de leurs biens, obtinrent d'eux, au nom de toute la cité, le serment de garder la foi catholique et de chasser les *bons-hommes* et albigeois. Mais les Toulousains ne tinrent pas la promesse extorquée à leurs magistrats ; les *parfaits* se mirent seulement à prêcher de nuit au lieu de professer leur doctrine en plein jour. Pendant ce temps, les légats frappaient sans ménagements le haut clergé, et travaillaient à déposséder tous les prélats tièdes ou corrompus, pour leur substituer des hommes animés d'un zèle impitoyable. Ils entamèrent des informations contre l'archevêque de Narbonne, déposèrent l'évêque de Viviers, suspendirent l'évêque de Beziers, qui avait refusé d'excommunier les consuls de sa ville épiscopale, « infectés d'hérésie ». Arnaud Amauri, abbé de Cîteaux, qu'on appelait « l'abbé des abbés », fut bientôt envoyé à l'aide de *ses fils* Pierre et Raoul : c'était un de ces fléaux de Dieu que la Providence envoie dans les jours de colère ; il justifiait à ses propres yeux sa

---

1. Innocent. III, l. I, *epist.* 94.

féroce ambition par la sincérité de son fanatisme ; cet homme avait, sous sa robe de moine, le génie destructeur des Genserik et des Attila.

Arnaud Amauri n'eut pas tout de suite en main le glaive exterminateur qu'il était impatient de saisir. Le pape avait inutilement pressé le roi de France et son fils Louis de forcer les barons de la langue d'oc à proscrire les hérétiques ; le roi Philippe n'était pas homme à lâcher la Normandie, alors à demi conquise, pour aller guerroyer au compte de Rome. Les trois délégués du pape s'adjoignirent un auxiliaire digne de s'entendre avec Arnaud Amauri : ils déposèrent l'évêque de Toulouse pour fait de simonie, et firent élire à sa place Foulques ou Folquet, Génois d'origine, Marseillais de naissance, troubadour converti, qui, après avoir assiégé de ses *cançons* amoureuses la vicomtesse de Marseille, ses deux belles-sœurs, et la dame de Montpellier, après avoir brillé aux cours poétiques et chevaleresques de Poitiers et de Toulouse, s'était enfin jeté dans un couvent de l'ordre de Cîteaux, qu'il édifiait par son ardeur fanatique (février 1206). Folquet ne rencontra chez ses nouvelles ouailles que la plus violente animadversion. Huit années s'étaient écoulées depuis l'envoi des premiers commissaires d'Innocent III, et l'œuvre n'avançait pas. Les pouvoirs laïques ne résistaient pas ouvertement : Raimond de Toulouse et les autres seigneurs, quand ils étaient trop vivement pressés par les légats, faisaient des protestations d'orthodoxie, juraient même d'expulser les hérétiques ; mais ils ne tenaient point parole, et ne prêtaient nullement main-forte aux envoyés de Rome. Les missionnaires, ne pouvant proscrire, tâchaient de persuader et de convertir, mais, « toutes les fois qu'ils *arraisonnoient* les hérétiques, ceux-ci leur objectoient la mauvaise conduite des clercs, en disant que, si les clercs ne vouloient s'amender, les légats devoient s'abstenir de poursuivre leurs prédications ». Sur ces entrefaites, deux clercs castillans, Diégo d'Azebez, évêque d'Osma, et Domingo ou Dominique, chanoine de l'église d'Osma, passèrent par le pays, s'en revenant de Rome : ils rencontrèrent, aux environs de Montpellier, Arnaud Amauri, Pierre de Castelnau et Raoul, si dégoûtés de leur mission qu'ils vouloient y renoncer. Les deux Espagnols ranimèrent la ferveur des légats découragés. « — N'épargnez ni sueurs ni peines, leur dirent-ils, pour répandre avec plus d'ardeur la bonne semence : renoncez à ces somptueux appareils, à ces chevaux caparaçonnés, à ces riches vêtements; fermez la bouche aux méchants, en faisant et enseignant comme le divin maître, en allant pieds nus et *déchaux,* sans or ni argent; imitez la manière des apôtres!

— Oh! ce seroit là une grande nouveauté, répliquèrent les légats, et nous ne pouvons prendre sur nous ces choses; mais, si quelque personne de suffisante autorité nous vouloit précéder en cette façon, nous l'imiterions de grand cœur ».

Don Diégo répondit en renvoyant au delà des monts ses chevaux, ses bagages et ses domestiques, et en commençant sa pieuse campagne pieds nus et sans autre compagnon que Dominique : les légats confièrent à Diégo la direction de la mission, et se mirent avec lui à prêcher et à disputer contre les *parfaits,* par les villes et par les campagnes, sans souci du gîte ni de la subsistance, bien reçus dans quelques endroits, conspués dans d'autres. Arnaud Amauri amena, peu de temps après, un renfort de douze abbés de la règle de Cîteaux. Tout le Midi était remué par ces controverses : il y eut à Montréal, dans le diocèse de Carcassonne, une dispute qui dura quinze jours entre les *parfaits* et les missionnaires; à Pamiers, ce fut aux vaudois que les prélats eurent affaire. Un peuple immense assistait à ces débats. L'évêque d'Osma, mort au bout de peu de mois, eut pour successeur dans la conduite de la mission le Français Gui, abbé de Vaux-Cernai, puis son ancien compagnon, saint Dominique. Ce nom trop fameux n'évoque dans la mémoire populaire que des images de sang et de tortures : un immense anathème pèse sur la tête de ce moine, qui passe pour le génie de l'Inquisition incarné. Dominique pourtant était né avec une âme tendre, avec l'amour de Dieu et des hommes[1] : il s'imagina servir le genre humain en poursuivant sans pitié les « suppôts de l'enfer qui perdaient tant de milliers

---

1. Tandis qu'il faisait ses études à Palencia, une grande famine étant survenue, il vendit ses livres pour en donner l'argent aux pauvres. Il voulut un jour se vendre lui-même pour racheter un captif. *V.* sa vie par Jordan, publiée dans les Bollandistes, et par Fr. Théodore, dans *Surius,* — *Acta SS. Augusti.* Le présent peut aider à comprendre le passé; la révolution française a offert plus d'un exemple de ces contrastes terribles.

d'âmes », et crut obéir à la voix de Dieu en étouffant les murmures de sa conscience et le cri de ses entrailles. C'est un des plus terribles exemples de ce que le fanatisme, c'est-à-dire la foi spéciale qui étouffe le sentiment humain et la conscience naturelle et universelle, peut faire des meilleures natures.

Le temps approchait où l'on allait employer d'autres armes que celles de la parole : l'évêque d'Osma était mort en adjurant le Seigneur « d'appesantir sa main » sur les ennemis de la foi : Dominique avait été vingt fois assailli par des crachats et de la boue ; l'exaspération croissait de part et d'autre. « L'historien latin de *la Guerre des Albigeois* (Pierre, moine de Vaux-Cernai) rapporte que Pierre de Castelnau s'écriait souvent : — L'affaire de Jésus-Christ ne réussira jamais en ce pays, jusqu'à ce que quelqu'un de nous meure pour la défense de la foi : Dieu veuille que je sois la première victime du persécuteur [1] » ! Ils étaient également prêts à verser leur propre sang et le sang de leurs adversaires. Castelnau fut exaucé. Il avait entrepris d'obliger le comte de Toulouse à faire la paix avec les seigneurs des Baux et d'autres barons de Provence, contre lesquels Raimond guerroyait, et de l'unir à eux pour exterminer les ennemis de l'Église ; mais Raimond refusa de déposer les armes et de congédier les bandes de routiers qu'il tenait à sa solde. Pierre de Castelnau excommunia le comte, et Innocent III ratifia la sentence par une lettre où il traitait le comte Raimond de « méchant, d'insensé, d'homme pestilentiel ». (29 mai 1207) [2].

Raimond, étourdi par les foudres de Rome et harcelé par une coalition de barons provençaux, jura d'obéir au pape, et conclut la paix avec ses adversaires ; mais il ne se décida ni à spolier ni à brûler ses sujets, qui étaient peut-être ses frères en religion,

---

1. Saint Dominique exprimait le même sentiment avec une exaltation délirante. « Il traversa un jour, en chantant joyeusement, certain lieu où il soupçonnait qu'on lui avait dressé une embuscade... Plus tard, les hérétiques, informés de cela, et admirant sa constance inébranlable, lui dirent : — N'as-tu donc aucune peur de la mort ? Qu'aurais-tu fait si nous t'eussions pris ? — Je vous eusse requis, répliqua-t-il, de ne me point mettre à mort soudainement, mais de prolonger mon martyre par la mutilation successive de mes membres ; je vous aurais requis d'étaler à mes yeux les tronçons hachés de mon corps, puis d'arracher mes yeux à leur tour, et de laisser enfin le tronc se rouler dans son sang jusqu'à ce que j'expirasse, afin de mériter une plus riche couronne de martyre ! » Jordan. *Acta sancti Dominici*, p. 549.

2. Innocent. III, l. X, *epist.* 60.

et, plusieurs mois encore, il éluda les instances des commissaires du pape. Pierre de Castelnau perdit toute mesure : il vint reprocher en face à Raimond son parjure, et l'excommunia de nouveau avec mille imprécations. Raimond, exaspéré, s'emporta à son tour, et menaça de mort le légat et ses compagnons. L'abbé, les consuls et les bourgeois de Saint-Gilles, où s'était passée cette scène, craignant quelque catastrophe, firent escorter Castelnau jusqu'aux bords du Rhône ; mais, le lendemain matin, au moment où le légat allait traverser le fleuve, il se prit de querelle avec un gentilhomme du comte Raimond, qui tira son épée et l'en frappa entre les côtes. Pierre tomba expirant. « Dieu te pardonne ! dit-il ; quant à moi, je t'ai pardonné (15 janvier 1208) ». Ces hommes, implacables pour « venger Dieu », comme ils disaient dans leur étrange langage, savaient, en effet, pardonner pour eux-mêmes.

Le meurtrier s'enfuit à Beaucaire, et, de là, dans les montagnes du comté de Foix.

Le meurtre de Castelnau, qui renouvelait la catastrophe de Thomas Becket, devait avoir des conséquences bien autrement désastreuses. Avant même « le martyre » de Castelnau, dès le 17 novembre 1207, Innocent III avait écrit au roi de France, au duc de Bourgogne et aux principaux barons de France, pour les exhorter à extirper l'hérésie du Midi, et leur offrir les biens des hérétiques avec les indulgences accordées aux pèlerins de la Terre-Sainte (l. x, *epist*. 149). On peut se figurer sa fureur lorsqu'il apprit la mort de son légat : il poussa un cri de vengeance qui retentit dans l'Europe entière ; il ordonna que Raimond de Toulouse fût chargé d'anathèmes dans toutes les églises. « La foi ne doit point être gardée à qui ne la garde point envers Dieu, écrivait-il ; nous déclarons donc déliés de leur foi tous ceux qui sont astreints au comte de Toulouse par serment de *féauté*, société, alliance ou autre, et octroyons à tout catholique, sauf le droit du seigneur suzerain, la liberté de poursuivre la personne dudit comte, d'occuper et de tenir ses terres. — Sus donc, soldats du Christ ! Exterminez l'impiété par tous les moyens que Dieu vous aura révélés ; étendez le bras au loin, et combattez d'une main vigoureuse les sectateurs de l'hérésie, leur faisant plus rude guerre qu'aux Sarrasins, car ils sont pires. Quant au comte Raimond, lors même qu'il viendrait à rechercher le nom de Dieu, et offrirait de donner satisfaction à nous et à l'Église, ne vous désistez pas pour cela de faire peser sur lui le fardeau d'oppression qu'il s'est attiré : chassez-le, lui et ses fauteurs, de leurs châteaux, et privez-les de leurs terres, afin que des catholiques orthodoxes soient établis dans tous les domaines des hérétiques (10 mars 1208) ».

En même temps, le pape envoya pleins pouvoirs à l'abbé de Cîteaux et à ses religieux pour prêcher la croisade contre « la gent empestée de Provence », et les innombrables moines des mille ou douze cents couvents cisterciens et bernardins se répandirent comme des essaims de furies dans toute la France, l'Allemagne et l'Italie, appelant les populations aux armes.

« Si grand fut le nombre qui se croisa, disent les chroniques, que nul homme ne le sauroit estimer ni dénombrer, le tout à cause des grands *pardons* (indulgences) et absolutions que le légat avoit donnés à ceux qui se croiseroient ». Les *pardons* pontificaux consistaient dans la rémission de tous les péchés commis depuis la naissance du croisé, et dans l'autorisation de ne payer l'intérêt d'aucune dette, l'eût-on promis par serment, pendant la durée de l'entreprise[1]. L'espoir de ne pas payer leurs dettes, et surtout de piller les beaux manoirs et les riches villes de la langue d'oc, était plus que suffisant pour ameuter tous les nobles aventuriers de la chrétienté : qu'on juge de ce que dut soulever le levier du fanatisme ajouté à un si puissant mobile : tout ce que le cœur humain recèle de passions cupides et sanguinaires fut déchaîné avec une épouvantable violence. Avec quelle joie les pèlerins de Palestine n'échangèrent-ils pas les fatigues et les périls presque insurmontables du voyage d'outre-mer contre la nouvelle destination qu'on leur offrait à quelques journées de marche de leur pays ! On ne leur demandait que quarante jours de campagne, à peine le service féodal ordinaire !

« Adonc, raconte l'historien provençal des guerres de Toulouse[2],

---

1. Le pape affranchit, non de l'intérêt, illégitime par lui-même aux yeux de l'Église, mais du serment.

2. *Historia de los faicts d'armas et guerras de Tolosa* (en prose); *ap. Hist. de Languedoc*, t. III; *Preuves*.

vinrent au comte *Ramon* les nouvelles de la croisade, de laquelle il fut fort ébahi, et non sans cause. Étant averti que le légat (Arnaud Amauri) avoit convoqué un grand concile à Aubenas en Vivarais, il prit avec lui une noble et belle compagnie, entre autres son neveu le vicomte de Beziers, et partit pour aller démontrer audit concile que, si on vouloit le charger dudit meurtre ou d'hérésie, il en étoit innocent en tout et pour tout. Le légat et le concile lui répondirent qu'ils n'y pouvoient rien faire; mais qu'il falloit qu'il s'en allât à Rome devers le saint-père, s'il se vouloit réconcilier avec l'Église. Le comte *Ramon* fut fort mal content de cette réponse. Alors le vicomte de Beziers se prit à dire à son oncle qu'il étoit d'avis de mander leurs amis, parents et sujets, contre le légat et son *host* (armée), de mettre bonne garnison par toutes leurs terres et places, et de se bien garder et défendre. Le comte *Ramon* ne voulut point du tout accéder à cette proposition. Le vicomte demeura si courroucé de ce refus, qu'il commença de faire la guerre à son oncle ».

Le faible Raimond chargea l'archevêque d'Auch et l'ex-évêque déposé de Toulouse d'aller porter sa justification à Rome, et d'obtenir l'envoi d'un légat moins hostile pour lui que n'était Arnaud Amauri. Le pape en effet nomma légat *à latere* son *notaire* Milon; mais il lui prescrivit secrètement de suivre en tout point les avis de l'abbé de Cîteaux. Innocent III ne voulait pas encore pousser à bout Raimond : « Il vaut mieux, écrivait-il à ses affidés, ne pas s'en prendre d'abord au comte, et attaquer séparément les autres hérétiques; s'il persévère dans sa méchanceté, on aura plus de facilité à l'attaquer lorsqu'il se trouvera seul et que ses adhérents seront hors d'état de lui fournir aucun secours[1] ».

Le légat Milon, au lieu de gagner directement la Provence, alla joindre l'abbé de Cîteaux à Auxerre, et se rendit avec lui à Villeneuve-sur-Yonne, où le roi Philippe tenait une conférence avec ses principaux barons; mais le roi « répondit au *nonce* (*nuncius*, messager) du seigneur pape qu'il avoit à ses flancs deux grands et terribles lions, savoir : Othon, soi-disant empereur[2], et Jean,

---

1. Innocent. III, l. XI, *ep.* 232.
2. Le parti d'Othon, malgré l'appui du pape, avait eu longtemps le dessous en Allemagne contre le parti de Philippe de Souabe; mais la mort de ce dernier, en

roi d'Angleterre, lesquels, d'un et d'autre côté, travailloient de toutes leurs forces à porter le trouble dans le royaume de France ; par ainsi, qu'il ne pouvoit sortir dudit royaume, ni lui, ni son fils, et que c'étoit bien assez pour le présent qu'il donnât licence à ses barons de marcher *en Narbonne* contre les perturbateurs de la foi [1] ».

Des bords de l'Yonne, le légat Milon se transporta à Montélimart, dans le marquisat de Provence, « et y assembla bon nombre d'archevêques et d'évêques, avec lesquels il convint de la manière de procéder aux affaires de la foi et de la paix, principalement touchant le fait du comte de Toulouse. Après cela, il manda audit comte de venir vers lui en la cité de Valence. Le comte arriva au jour convenu, et promit au légat de faire en toutes choses selon sa volonté. Le légat l'obligea de livrer, pour *pleige* (caution) de sa foi, sept de ses plus forts châteaux à la sainte église romaine ; puis maître Milon et le comte descendirent à la ville de Saint-Gilles, où furent parfaites la réconciliation et l'absolution du comte, en la façon suivante. Le comte fut amené nu devant les portes de l'église du bienheureux Gilles, et là, devant plus de vingt archevêques et évêques, il jura, sur le corps du Christ et sur les reliques des saints, d'obéir en tout aux commandements de la sainte Église romaine. Ensuite on lui mit une étole au cou, et le légat, le tirant par cette étole, l'introduisit dans l'église en le flagellant. Puis le comte, qui craignait que ses terres ne fussent infestées par les croisés de France, demanda lui-même à poser la croix sur sa poitrine [2] ». Les nouveaux croisés portaient la croix sur la poitrine, pour se distinguer des pèlerins de la Terre-Sainte, qui cousaient la croix sur leur épaule. Les consuls des principales villes de Raimond jurèrent d'abandonner leur comte s'il manquait à ses engagements (18 juin 1209).

---

juin 1208, venait de livrer tout l'Empire à Othon, et la nouvelle situation d'Othon inspirait de grandes inquiétudes à Philippe-Auguste, et de grandes espérances au roi Jean.

1. Petr. Vall. Cern. c. 10.
2. Petr. Vall. Cern. c. 12. Le comte, entre autres fautes, se confessa coupable « d'avoir investi des juifs de fonctions publiques ». Il jura d'ôter aux juifs tout maniement d'affaires publiques, de chasser les routiers, aragonais, etc. ; de garantir la sûreté des grands chemins, de punir comme hérétiques ceux qui lui seraient dénoncés par les évêques ou les curés. Les consuls d'Avignon et de Montpellier prêtèrent un semblable serment.

Le malheureux comte ne comprenait pas qu'il venait de renoncer à sa dernière chance de salut, en s'avilissant par cette lâche soumission, au lieu de concerter une résistance désespérée avec son neveu de Beziers.

Il avait cédé à la terreur des vastes préparatifs de la croisade. Outre le principal corps d'armée, *français,* normand, champenois et bourguignon, qui se réunissait à Lyon sous le commandement de l'abbé de Citeaux, l'évêque du Puy et l'archevêque de Bordeaux assemblaient deux autres hordes de croisés : la première, composée de Poitevins, de Berruyers et d'Auvergnats, dans le Velai, et la seconde, formée d'Aquitains et de Gascons, dans l'Agenais ; des milliers de méridionaux, d'hommes parlant la langue d'oc, emportés par le fanatisme ou l'espoir du pillage, s'associaient aux guerriers du Nord pour ravager les provinces de la Méditerranée. L'armée de Lyon descendit le Rhône jusqu'à Avignon, passa le fleuve et entra en Septimanie dans le courant de juin 1209. Le comte Raimond, la mort dans l'âme, était venu joindre à Valence les bandes furieuses qui allaient désoler sa patrie, et qu'il n'avait pas le courage de combattre. Il n'amenait avec lui que deux chevaliers. « L'abbé de Citeaux, dit l'histoire des *Guerres de Toulouse,* ordonna à Ramon de le conduire en la terre du vicomte de Beziers, car il la vouloit prendre et détruire, parce qu'elle étoit pleine d'hérétiques et de routiers. Le comte Ramon obéit, ce dont il eut par la suite mauvaise récompense ». L'armée fit halte à Montpellier, cité catholique et vassale du roi d'Aragon. « Là vint bien accompagné, vers le légat, le jeune vicomte de Beziers, lequel représenta qu'il n'avoit *coulpe* ni tort envers l'Église, et pria le légat et son conseil de le prendre à merci ; car il étoit serviteur de l'Église, et pour elle vouloit vivre et mourir envers et contre tous. Le légat (Arnaud Amauri avait repris son ancien titre, Milon étant mort récemment) lui répondit qu'il ne perdît point ses paroles, et qu'il se défendît du mieux qu'il pourroit et sauroit, parce qu'on ne lui accorderoit point de merci. Le jeune vicomte s'en retourna à Beziers, et réunit les principaux de la ville et les seigneurs d'alentour : tous furent d'avis qu'il mandât au plus vite tous ses parents, alliés ou sujets, pour défendre la terre et vicomté que le légat et son *host* vouloient venir prendre, saisir et piller. Sur le mandement du vicomte, il vint très grand nombre de gens au secours de Beziers. Le vicomte, joyeux et content, mit bonnes et grandes garnisons par toutes ses places et *castels*, puis, choisissant les plus vaillantes gens qu'il put, il alla s'établir en la cité de Carcassonne, qui lui sembla la plus forte ville de sa seigneurie; ce dont furent très *marris* les gens de Beziers. »

Cependant la grande armée croisée marchait de Montpellier sur Beziers, où les habitants de toutes les petites villes et bourgades du plat-pays s'étaient réfugiés avec leurs familles et leurs biens. Les chefs des croisés dépêchèrent l'évêque de la cité vers ses ouailles. « L'évêque assembla les habitants et autres dans l'église cathédrale de Saint-Nazaire, et, leur représentant le grand péril où ils étoient, il leur conseilla de rendre la ville au légat et de livrer entre ses mains les hérétiques, que lui évêque connoissoit bien et avoit couchés par écrit; mais ils refusèrent, et dirent qu'*ils mangeroient plutôt leurs enfants* que de faire telle chose. Le légat, sur cette réponse, jura qu'en Beziers il ne laisseroit pas pierre sur pierre, qu'il feroit tout mettre à feu et à sang, tant hommes que femmes et petits enfants, et que pas un seul ne seroit pris à merci. » L'armée, grossie par les deux bandes arrivées de l'Agenais et du Velai, lesquelles avaient enlevé plusieurs châteaux-forts et brûlé maints hérétiques sur leur passage, planta autour de Beziers ses tentes et ses pavillons innombrables. Là étaient les archevêques de Sens et de Bordeaux, avec huit évêques; le duc Eudes de Bourgogne, Simon, comte de Montfort-l'Amauri, les comtes de Nevers et de Saint-Pol, et une infinité de seigneurs et de chevaliers de France, de Lorraine, d'Allemagne, de Bourgogne, de Lombardie, d'Aquitaine, et même de Provence. Le poëme provençal de la croisade prétend que l'on comptait sous l'étendard de la croix vingt mille hommes d'armes, et plus de deux cent mille vilains ou paysans, sans les clercs et les bourgeois. On sent qu'il ne faut pas prendre ces chiffres pour authentiques.

« Ceux de Beziers, qui avoient pensé jusque-là que tout ce que leur évêque leur étoit venu dire n'étoit que fables, commencèrent à se grandement ébahir. Toutefois, quand ils virent que force leur étoit de se défendre ou de mourir, ils prirent courage entre eux et s'armèrent du mieux que chacun put; puis ils sortirent pour charger les assiégeants. Adonc, l'*host* assiégeante commença de se mouvoir, en telle sorte, qu'elle faisoit trembler et frémir la terre ». Les chevaliers croisés n'eurent pas le temps de prendre part au combat; la multitude des *arlots*[1] et gens de pied se précipita si furieusement sur les bourgeois, qu'elle les rejeta dans la ville et y pénétra pêle-mêle avec eux. En peu d'instants la cité fut inondée par des milliers d'ennemis furieux. « Là eut lieu le plus grand massacre que jamais on eût fait dans tout le monde; car on n'épargna ni vieux ni jeunes, pas même les enfants qui tétoient! » Les vainqueurs avaient demandé à l'abbé de Cîteaux comment ils distingueraient les hérétiques des fidèles : « Tuez-les tous! répondit Arnaud Amauri; tuez-les tous! Dieu connaîtra les siens[2] ».

« Ceux de la ville se retirèrent, autant qu'ils purent, dans la grande église de Saint-Nazaire; les *capelans* (les chanoines) de cette église firent tinter les cloches *jusqu'à ce que tout le monde fût mort;* il n'y eut glas ni cloches, ni *capelans* revêtus de leurs habits sacerdotaux, qui pussent empêcher que tout fût passé au tranchant de l'épée, et il ne s'en sauva point un seul; ce fut la

---

1. *Ribauds*, vagabonds, enfants perdus : ils étaient plus de quinze mille sous un chef appelé *le roi des arlots* ou *des truands*. En kimrique, *erlawd* signifie jeune garçon; et *truant*, vagabond, misérable. (*Cansos de la Crozada*, § 19.)

2. *Cædite eos, novit enim Dominus qui sunt ejus.* — Cæsar. Heisterbach. l. V, c. 21, *in Bibliothecâ Patrum Cistercensium.* — On a contesté, sans aucune raison valable, ces paroles rapportées par un contemporain, moine de Cîteaux lui-même. — Les croisés agirent presque toujours d'après des principes analogues. A Castres, on prit deux hérétiques, un *parfait* et un *croyant* : le *parfait* demeura inébranlable; le *croyant* protesta qu'il était prêt à se convertir. — Brûlez-les tous deux, dit Simon de Montfort; si celui-ci parle de bonne foi, le feu lui servira pour l'expiation de ses péchés; s'il ment, il portera la peine de son imposture. — Le récit du massacre de Beziers est tiré de l'*Historia de los faicts d'armas y guerras de Tolosa*, et du poëme contemporain dont cette histoire en prose n'est qu'une version remaniée et postérieure d'au moins un siècle. On doit à M. Fauriel la publication du poëme de la *Guerre des Albigeois* (*Cansos de la Crozada contr'els ereges d'Albeges*), œuvre d'une émotion que rien ne peut surpasser, composée par un troubadour à mesure des événements, à la lueur des bûchers et au bruit des cités croulantes. Il n'est pas de phénomène moral plus intéressant que de voir le poëte, d'abord ardent catholique, partisan de la croisade, se modifier peu à peu sous l'impression croissante des désastres dont il est témoin, et finir par se faire le chantre enthousiaste de la résistance et de la guerre à mort contre les croisés. Il se nomme lui-même Guilhem de Tudela clerc navarrois. M. Fauriel a pensé que c'était un nom supposé. Nous n'en voyons pas bien la raison. C'était probablement un homme d'outre les monts, établi à Toulouse.

plus grande pitié que jamais on eût vue ni ouïe. La ville pillée, *ils* y mirent le feu de partout, et tout fut dévasté et brûlé, ainsi qu'on le voit encore maintenant; en sorte qu'il n'y demeura chose vivante..... » Le chroniqueur Aubri ou Albéric de Trois-Fontaines prétend que la population égorgée s'élevait à soixante mille personnes, dont sept mille au moins dans la seule église de la Madeleine! Le contemporain Bernard Ithier de Limoges porte le nombre des morts à trente-huit mille. Arnaud Amauri en avoue vingt mille dans la lettre où il rend compte au pape de sa victoire. Tel fut le début des champions de la foi (22 juillet 1209).

Les croisés laissèrent derrière eux l'horrible monceau de ruines et de cadavres qui avait été Beziers, et prirent la route de Carcassonne. Un silence de mort régnait devant eux par toute la terre du vicomte Roger : la population des châteaux, des bourgs, des villages, s'était enfuie, soit à Carcassonne, soit jusque dans les Cévennes. L'armée campa le 1er août devant Carcassonne. Le brave vicomte n'attendit pas l'assaut : il fit sur les croisés de furieuses sorties, qui n'eurent pas si mauvais succès que celle des gens de Beziers, et il disputa vigoureusement les approches de la cité. L'avantage du poste balançait l'avantage du nombre. Carcassonne, placée comme un nid d'aigle au sommet d'une montagne escarpée, dont ses faubourgs couvrent les pentes, était plus forte encore qu'au temps où les rois wisigoths lui confiaient le dépôt de leurs trésors. Le faubourg d'en bas fut toutefois promptement emporté et rasé; mais le second faubourg, bâti sur le penchant de la montagne, résista toute une semaine. Les assiégés l'incendièrent enfin pour empêcher l'ennemi de s'y loger, et s'enfermèrent dans la cité.

Cependant le roi Pierre d'Aragon avait appris, avec autant de douleur que d'alarmes, l'invasion des Français dans les pays provençaux, le massacre de Beziers, et le péril du jeune vicomte, son neveu et son vassal : il accourut au camp des croisés pour tâcher de ménager un accommodement entre les assiégeants et le vicomte; le légat et les barons croisés ne refusèrent pas ouvertement la médiation de ce puissant prince, et lui permirent d'entrer dans Carcassonne afin de conférer avec Raimond-Roger. Le vicomte de Beziers fit grand accueil au roi son seigneur. « S'il n'y avoit que moi et mes gens d'armes, dit-il à Pierre d'Aragon, je vous jure, seigneur, que jamais je ne me rendrois, et me laisserois plutôt ici dedans mourir de *male* faim ; mais le peuple qui est ici enfermé, hommes, femmes et enfants, et qui meurt tous les jours par grandes troupes, me contraint de prendre pitié de lui : c'est pourquoi, seigneur, je me remets moi et les miens en vos mains ; faites comme pour vous-même ».

Le roi retourna vers le légat et les croisés, et leur demanda leurs conditions de paix. L'abbé de Cîteaux répliqua, au nom de tous, que, pour l'amour de lui, Pierre d'Aragon, on laisserait sortir le vicomte et douze des siens à son choix, « armes, chevaux et *bagues* saufs » ; mais que, pour le demeurant, les croisés « en vouloient faire à leur plaisir ». Le roi alla porter au vicomte cette proposition, et le prévint que, s'il la refusait, on ne lui en ferait plus d'autre. « Quand le vicomte eut ouï cette réponse, sans prendre ni demander conseil à homme du monde, il dit au roi qu'avant d'acquiescer à ce que le légat et les seigneurs lui proposoient, il se laisseroit écorcher tout vif plutôt que d'abandonner le plus petit et le plus misérable de sa compagnie, car tous étoient en danger à cause de lui. Le roi pour lors prisa bien plus le vicomte que s'il eût accepté les conditions, et lui dit de penser à se bien défendre ; car qui bien se défend trouve à la fin bonne composition ; puis il se départit en son royaume, très *marri* de n'avoir pu amener d'appointement entre le vicomte et ses ennemis ».

Le siége continua donc : le manque d'eau tourmentait cruellement la garnison et le peuple de Carcassonne. Cependant la constance des assiégés ne se lassait pas ; leur courage et les retranchements presque imprenables de la place avaient triomphé de toutes les attaques à force ouverte. Le légat fit alors une monstrueuse application de la dangereuse maxime d'Innocent III : « On ne doit point garder la foi à qui ne la garde pas envers Dieu ». Il chargea un gentilhomme de s'introduire en parlementaire dans Carcassonne, et d'insinuer au vicomte que les barons croisés étaient tout prêts à lui accorder une capitulation honorable. « Si les seigneurs et princes, répondit Raimond-Roger, me vouloient donner sûreté pour que je pusse aller parler avec eux, il me semble que nous tomberions aisément d'accord. —

Seigneur vicomte, répliqua l'autre, n'ayez crainte ni peur : je vous promets et vous jure, par ma foi de gentilhomme, que, si vous voulez venir au camp et que l'accord ne se conclue point, je vous mènerai et reconduirai sain et sauf, sans nul danger pour votre personne ni votre bien ».

Le loyal jeune homme, sans nul soupçon, sortit de la ville avec cent chevaliers, et s'en alla droit à la tente du légat, où tous les princes et seigneurs s'ébahirent grandement de sa venue. Il exposa comme quoi ni lui ni les siens n'avaient jamais fait partie de la congrégation des hérétiques, et comme quoi il n'avait aucunement mérité qu'on le ruinât et le dépossédât ainsi de ses biens. « Quand il eut fini ses paroles, le légat, tirant à part les princes et seigneurs, lesquels ne savoient point la trahison, convint avec eux que le vicomte demeureroit prisonnier jusqu'à ce que la cité se fût rendue entre leurs mains; ce dont le vicomte et ses gens, qui étoient avec lui, furent grandement marris, non sans cause[1] ». (15 août 1209). Les chefs croisés accordèrent aux habitants de sortir en abandonnant tous leurs biens. On ne leur laissa que « leurs chemises et leurs braies ». Ces pauvres gens se réfugièrent dans le Toulousain, dans la Catalogne, dans l'Aragon[2]. Les croisés se dédommagèrent de leur clémence en pendant ou brûlant comme hérétiques quatre ou cinq cents prisonniers ramassés çà et là dans les campagnes, et plusieurs des chevaliers du vicomte.

L'occupation de Carcassonne et la captivité de Raimond-Roger, qu'on emprisonna dans une tour du château, déterminèrent la soumission des forts castels de Montréal et de Fanjaux, de la ville de Castres et de la plus grande partie de la terre du vicomte : il fallait maintenant décider des fruits de la victoire; le légat assem-

---

1. Tel est du moins le récit de l'historien des *Guerres de Toulouse*; mais il n'est pas sûr qu'une partie des chefs n'aient pas été complices de la perfidie d'Arnaud Amauri. Nous suivons principalement l'histoire provençale en prose et le poëme de la Guerre des Albigeois, en les comparant au récit du contemporain Pierre de Vaux-Cernai, vassal et compagnon de Simon de Montfort. Guillaume de Puy-Laurens contient aussi des détails importants.
2. L'historien de *las Guerras de Tolosa* prétend que les habitants n'eurent aucune capitulation, mais qu'ils s'enfuirent par un souterrain *de trois lieues de long*, qui aboutissait aux tours de Cabardès. C'est de la légende et non pas de l'histoire.

bla en conseil tous les princes et seigneurs pour aviser à qui seraient données la vicomté de Beziers et ses dépendances. Les chevaliers français étaient moins exercés que les clercs, leurs compagnons de croisade, à étouffer la voix de l'humanité et de la conscience : la plupart avaient hâte de quitter ces lieux souillés de tant de sang innocent. Le duc de Bourgogne refusa l'offre qu'on lui fit de la vicomté, et déclara « qu'il avoit bien assez de terres et de seigneuries sans prendre celles-là, ni déshériter le vicomte ; car il lui sembloit qu'on avoit fait assez de mal audit vicomte sans lui ôter son héritage. Les comtes de Nevers et de Saint-Pol dirent comme le duc de Bourgogne ; le légat, fort mal content et embarrassé, offrit en dernier lieu la seigneurie à Simon, comte de Montfort, lequel la désiroit et la prit », après s'être fait toutefois beaucoup prier. L'abbé de Cîteaux et six autres commissaires délégués par les chefs de l'armée se jetèrent aux pieds de Montfort pour le forcer d'accepter ce qu'il souhaitait ardemment au fond de l'âme.

Simon de Montfort fut donc mis en possession de la terre et vicomté de Beziers, Carcassonne et Rasez : il se fit prêter serment de *féauté* par tout ce qui restait d'habitants, et s'obligea envers la cour de Rome à un tribut annuel.

Le légat n'avait que trop bien choisi l'homme qu'il destinait à être le chef permanent de la croisade. Personne mieux que Simon n'eût pu être le bras du système dont Innocent III était la tête. Simon était l'héritier de cette maison de Montfort, qui, tenant du roi de France le comté de Montfort-l'Amauri, du roi d'Angleterre le comté d'Évreux, avait joué un grand rôle dans les luttes des deux couronnes ; il avait hérité, en outre, de sa mère, le comté de Leicester en Angleterre. C'était depuis longtemps un vétéran de la croix ; déjà illustré par ses exploits à la Terre-Sainte, il se croisa de nouveau en 1200 avec l'armée qui prit Constantinople ; mais, lorsque ses compagnons se firent, malgré le pape, les instruments de la politique vénitienne, il se sépara d'eux avec éclat, et s'en alla droit en Palestine, sans se soucier qui le suivrait. Cette inflexibilité dans l'obéissance l'avait recommandé à l'attention de Rome. La *Guerre des Albigeois* révéla tout entier ce redoutable caractère. Il était doué de toutes les qualités militaires et politiques, prudent et intrépide, prévoyant et sagace dans la conception, persévérant et infatigable dans l'exécution ; il joignait la fermeté de l'âme à la vigueur, à la beauté, à l'agilité du corps. Il avait pour tous les croisés, ses compagnons, petits ou grands, cette sollicitude que le dévot a pour ses co-religionnaires, et le capitaine pour ses soldats [1] ; aussi leur inspirait-il un dévouement sans bornes : il exerçait sur ses adversaires eux-mêmes une sorte de fascination ; identifiant son intérêt et sa foi, il puisait dans la conviction de sa fatale mission une force morale terrible ! Étrange moralité, au reste, que celle de ces héros catholiques du moyen-âge ! austères jusqu'à l'abstinence, ils avaient horreur du vice et ne reculaient pas devant le crime, ou plutôt le crime devenait vertu à leurs yeux, s'il servait la cause de la foi.

Le but de l'expédition semblait à peu près atteint : la vicomté de Beziers était conquise ; le comte de Toulouse, le roi d'Aragon, le comte de Provence, l'archevêque et le vicomte de Narbonne avaient rendu contre les hérétiques tous les décrets exigés par le légat. Le comte de Foix, après avoir vu Montfort entrer à Castres, à Albi, à Pamiers, à Mirepoix, se résigna à traiter à son tour. Les princes et barons croisés, qui ne s'étaient engagés que pour une campagne de quarante jours, se crurent plus que quittes de leur vœu, et repartirent successivement avec leurs gens. Le flot qui avait ravagé la Septimanie se retira, laissant Simon régner sur des ruines avec une poignée de soldats. Simon, vers l'automne, n'avait plus autour de lui que quelques chevaliers français, vassaux de sa famille ou de celle de sa femme Alix de Montmorenci, et trois ou quatre mille Bourguignons et Allemands. Les méridionaux commencèrent à revenir de leur stupeur ; l'exécution des cruels décrets lancés contre les hérétiques fut presque partout entravée par les seigneurs et par les magistrats municipaux ; des insurrections éclatèrent en vingt endroits contre le nouveau vicomte de Beziers, dont le roi d'Aragon, suzerain de la vicomté, n'avait pas voulu recevoir l'hommage. L'infortuné Raimond-Roger, qui avait été remis à la garde de son successeur, pouvait redevenir

---

1. Un jour qu'il avait traversé à cheval, avec ses hommes d'armes, une rivière grossie par l'orage, voyant que les pèlerins à pied, « les pauvres du Christ », étaient demeurés à l'autre bord, exposés à l'ennemi, il repassa le torrent, presque seul, pour aller partager leur sort. Petr. Vall. Cern. c. 68.

redoutable : les murs épais du donjon de Carcassonne ne suffisaient pas à répondre de lui. Une *dyssenterie,* survenue tout à fait à propos pour Montfort, emporta soudainement le captif (10 novembre 1209). « Il mourut prisonnier, dit le chroniqueur provençal, dont fut bruit par toute la terre que le comte de Montfort l'avoit fait mourir. — Aussi loin que s'étend le monde, s'écrie le poëte de la croisade, ne fut meilleur chevalier, ni plus preux, ni plus large et plus courtois. Il fut grandement plaint et pleuré de plusieurs, et ce fut chose fort lamentable et piteuse à voir que la douleur que mena le peuple pour ce que le vicomte étoit ainsi mort en prison, et de si triste manière[1] ».

Raimond-Roger laissait un fils en bas âge, Trencavel, au nom de qui une partie des braves du pays continuèrent à lutter contre Simon. Celui-ci reçut, au printemps de 1210, des renforts suffisants pour se soutenir, mais pas encore pour attaquer Toulouse, but final de ses epérances. Le comte de Toulouse avait promis plus qu'il ne pouvait tenir, en jurant d'exterminer ou de bannir les routiers et les hérétiques; c'est-à-dire ses soldats et la moitié de ses sujets. Trois mois après l'humiliante cérémonie de Saint-Gilles, le comte se retrouva dans les mêmes perplexités qu'auparavant : les légats ayant député vers le comte et les consuls de Toulouse, pour les sommer d'avoir à leur livrer, « corps et biens, » tous les suspects d'hérésie, les consuls ou capitouls de Toulouse répondirent qu'il n'y avait point d'hérétiques dans leur cité. Le légat Milon, dans un concile tenu à Valence au mois de septembre 1209, excommunia le comte et les magistrats, et jeta l'interdit sur la ville de Toulouse et sur les domaines de Raimond. Le comte, espérant trouver moins de dureté chez le pape que chez ses ministres, se décida à partir pour Rome, avec plusieurs de ses barons et un des consuls excommuniés; il se rendit d'abord à Paris, obtint une lettre du roi son suzerain pour le Saint-Père, et se présenta à Innocent III devant le sacré collége. Pierre de Vaux-Cernai et les deux histoires provençales ne sont pas d'accord sur l'accueil que reçut le comte : ce qui est certain, c'est

---

1. Le poëte de la croisade, qui, dans cette première partie de son œuvre, est favorable aux croisés, nie le crime imputé à Montfort; *Cansos de la Crozada,* p. 62, 67.

qu'Innocent III releva provisoirement Raimond de la sentence portée contre lui, et le renvoya, pour obtenir son absolution définitive, à un concile que les légats allaient présider à Saint-Gilles sous peu de semaines. Raimond devait s'y purger par serment du crime d'hérésie et du meurtre de Castelnau, et y justifier de l'accomplissement de ses promesses.

Peut-être Innocent III avait-il été réellement touché des soumissions et des prières du comte de Toulouse. Les hautes intelligences sont rarement inaccessibles aux sentiments humains, et l'affreuse catastrophe de Beziers avait produit quelque impression sur l'âme du souverain pontife; mais, comme il arrive toujours en de telles circonstances, les subalternes, absorbés par leurs passions et par leurs intérêts, furent plus impitoyables que le chef, et ne lui permirent pas de s'arrêter dans la voie de sang où il avait mis le pied. Le chanoine génois Théodise, successeur du légat Milon, était complétement d'accord avec Montfort et l'abbé de Cîteaux, et « aspiroit sur toutes choses à trouver dans le droit quelque prétexte pour refuser au comte l'occasion de se justifier, que le pape lui avoit accordée. » Tel est le témoignage du moine de Vaux-Cernai, qui en fait un titre de gloire à Théodise. Lorsque Raimond comparut à Saint-Gilles, Théodise refusa de recevoir ses serments touchant l'hérésie et touchant la mort de Castelnau, parce qu'il n'avait ni détruit les hérétiques toulousains, ni restitué divers droits qu'il avait perçus sur les églises et que Rome qualifiait d'exactions. Les larmes vinrent aux yeux du malheureux comte. « Quelque grand que soit le débordement des eaux, dit ironiquement Théodise, elles n'arriveront pas jusqu'au Seigneur ». Raimond ne remporta, au lieu d'absolution, qu'un nouvel anathème. Il avait eu beau livrer à l'abbé de Cîteaux la citadelle de Toulouse, appelée le Château-Narbonnais; on n'acceptait ses concessions que pour l'écraser plus sûrement. Les légats, suivant l'historien provençal, étaient constamment excités par « le maudit évêque de Toulouse, Folquet, qui ne cessoit de chercher la perte de son seigneur, donnant toujours à entendre que tout son pays étoit plein d'hérétiques, principalement Toulouse ». (Fin septembre 1210.)

Le roi d'Aragon essaya une seconde fois de s'interposer; il

reçut l'hommage féodal de Simon, et fiança à la fille de Simon son fils Jacques ou Jayme, en même temps qu'il fiançait une de ses sœurs au jeune Raimond, fils du comte de Toulouse. Il accompagna le comte Raimond à Arles, où fut faite, en février 1211, une dernière tentative de paix auprès des légats et des évêques. Le roi et le comte attendirent en plein air, « au froid et au vent », que les prélats eussent rédigé les conditions qu'ils consentirent à offrir à Raymond : voici les principaux articles de la charte que les légats remirent aux mains du comte.

« Premièrement, le comte donnera congé incontinent à tous ceux qui lui sont venus porter aide et secours, ou qui lui en viendroient porter, sans en retenir un tant seulement; *item,* le comte chassera de sa seigneurie tous les juifs, et baillera et livrera entre les mains du légat et du comte de Montfort tous les croyants de l'hérésie qui par eux seront désignés, pour qu'ils en fassent à leur plaisir et volonté, et cela dans le délai d'un an; *item,* par toutes les terres du comte, aucun homme, noble ou vilain, ne portera d'habillements de prix, mais seulement de grosses *capes* brunes; *item,* tout ce qu'il y a sur sa terre de *castels* et forteresses, il les fera abattre et démolir jusqu'à terre; *item,* tout chevalier ou gentilhomme du pays ne pourra demeurer ni habiter dans aucune ville ou place, mais vivra dehors par les champs, comme s'il étoit vilain ou paysan; *item,* chaque chef de maison paiera par chacun an, au légat, quatre deniers toulousains; *item,* quand le comte de Montfort ira et chevauchera par les terres et pays du comte Raimond, lui ou quelqu'un de ses gens, petit ou grand, on ne leur demandera rien pour les choses qu'ils prendront, ni ne leur contredira si peu que ce soit, mais ceux du pays s'en remettront sur toutes choses à la loi du roi de France; *item,* tout cela fait et accompli, le comte Raimond s'en ira outremer guerroyer contre les Turcs et infidèles, sans jamais retourner par deçà, que le légat ne lui ait mandé; *item,* tout cela fait et accompli, il entrera dans l'ordre du Temple ou de Saint-Jean, après quoi ses terres et seigneuries lui seront rendues; s'il ne fait pas tout cela, on le dépouillera de tout et il ne lui restera rien [1] ».

---

1. Au milieu de toutes ces clauses tyranniques, une seule est équitable : « Les

Le roi et le comte se firent lire la charte par deux fois : « Comte Raimond, dit le roi Pierre, on vous a bien payé ! Voilà qui doit être amendé, par le Père Tout-Puissant ! »

On avait signifié aux deux princes de ne pas quitter Arles sans la permission du concile ; ils n'en tinrent compte, remontèrent à cheval et partirent sans réponse ni congé. L'indignation donnait enfin quelque énergie à Raimond VI. Il alla, sa charte à la main, à Toulouse, à Montauban, à Moissac, à Agen, et la fit lire à haute voix sur les places publiques de toutes ses villes. Chevaliers et bourgeois s'écrièrent partout que « mieux aimeroient-ils être tous tués ou pris que de souffrir telle chose qui feroit d'eux tous des serfs, des vilains ou des paysans[1] ! » La résolution de se défendre jusqu'à l'extrémité fut prise d'une voix unanime : le comte de Foix et la plupart des seigneurs des Pyrénées françaises relevèrent l'étendard : le comte de Toulouse, pour lors, eût donné ses plus beaux domaines pour rendre la vie à son brave neveu de Beziers et à tant de bons chevaliers qu'il avait laissé périr sans secours : son avant-garde, la vicomté de Beziers, était détruite ; son arrière-garde, l'Aragon, ne pouvait le secourir, attaquée elle-même par un formidable ennemi. Les princes chrétiens d'Espagne étaient obligés en ce moment de réunir tous leurs efforts pour résister à une effrayante invasion des Maures d'Afrique, espèce de contre-croisade qui vomissait les musulmans par cent mille dans la Péninsule.

Les légats travaillaient activement à réaliser la sentence de spoliation lancée contre Raimond à Arles, et confirmée bientôt après par le pape : une multitude de missionnaires, cisterciens et autres, parcouraient de nouveau la chrétienté afin de ranimer le fanatisme de la croisade ; l'évêque de Toulouse avait quitté son diocèse pour courir ameuter les populations de la France contre les hérétiques du Midi ; Simon, dès le printemps de 1211, fut en état d'envahir le pays toulousain. Il avait employé l'année pré-

---

gentilshommes ne lèveront plus de mauvais péages par les chemins, mais seulement les anciens usages ». *Cansos de la Crozada*, p. 100.

1. *Cansos de la Crozada.* — *Historia de las guerras*, etc. Ce passage, entre mille, montre quelle distance existait dans ces contrées entre les paysans et les bourgeois, et quel rapprochement, au contraire, entre ceux-ci et les nobles.

cédente à la conquête des châteaux de sa vicomté qui résistaient encore ou qui s'étaient révoltés : sa femme, Alix de Montmorenci, qui ne lui était pas inférieure en courage et en ambition, et les évêques de Chartres et de Beauvais, lui avaient amené une seconde armée dans l'été de 1210 ; les docteurs des hérétiques et les plus vaillants chevaliers du Carcassez et du Bedarrez (pays de Beziers) s'étaient réfugiés dans les forts châteaux de Minerve, de Termes et de Cabaret ; Simon assaillit d'abord Minerve, forteresse située sur un rocher escarpé, à l'entrée des Cévennes. Les gens de Minerve se défendirent sept semaines avec fureur : le manque d'eau et de vivres les réduisit enfin à capituler ; le châtelain de Minerve obtint la vie sauve pour lui et tous les siens, même pour les hérétiques, « tant parfaits que croyants, pourvu que ceux-ci se convertissent à la foi catholique. » Un « noble homme » de l'armée assiégeante se récria beaucoup, lorsque Montfort et le légat ratifièrent cette capitulation. « Hé quoi ! dit-il, vous voulez sauver les hérétiques, pour la ruine desquels nous nous sommes tous croisés ?—Ne crains rien, lui répondit l'abbé de Cîteaux, car je crois que bien peu se convertiront ». En effet, les hérétiques, tant hommes que femmes, repoussèrent tout d'une voix les exhortations de l'abbé de Vaux-Cernai et du comte de Montfort, et, un grand feu ayant été allumé, cent quarante *parfaits* y furent jetés ensemble. « On n'eut pas besoin de les y porter, car tous se précipitèrent d'un cœur allègre dans les flammes ». Les *croyants* terrifiés se convertirent (23 juillet 1210). Le siége de Termes, sur les confins du Roussillon, coûta encore bien plus de sang et de peines aux croisés : Termes résista quatre mois entiers, et fut enfin évacué par sa garnison, « durant une nuit noire » : Montfort ne trouva dans la place que des femmes ; il épargna leur vie et leur honneur (fin novembre 1210). A cette nouvelle, Albi et Cabaret se soumirent.

Le printemps approchait ; de nombreux renforts arrivaient du Nord : Montfort, avant d'attaquer directement le comte Raimond, mit le siège devant Lavaur, forte place située sur l'Agout, à huit lieues de Toulouse, et appartenant à une dame hérétique, vassale de Raimond. Ce prince semblait déjà retombé dans ses incertitudes : il avait eu l'incroyable faiblesse de laisser rentrer à Toulouse l'évêque Folquet, de retour de son voyage en France ; Folquet reconnut cette tolérance en allumant la guerre civile dans sa cité. Ce fougueux prélat organisa à Toulouse une confrérie dans le but de poursuivre à force ouverte les hérétiques, les usuriers, les routiers et les juifs ; la confrérie s'enhardit bientôt à piller et à démolir les maisons de ses ennemis ; mais beaucoup de personnes se retranchèrent « à l'abri de tours fortifiées ». Les zélés catholiques dominaient dans la *cité*, les hérétiques dans le *bourg*, autour de Saint-Cernin, où les nobles habitaient en grand nombre. Les gens du bourg s'armèrent à leur tour, sous le titre de *Confrérie noire*, contre la bande de Folquet, qu'on appelait la *Confrérie blanche*. « On en vint plusieurs fois aux mains, avec armes et bannières, voire souvent à cheval ». Le légat et l'évêque Folquet requirent *les confrères blancs* de porter aide à l'armée qui assiégeait Lavaur. Ils se rassemblèrent, au nombre de cinq mille, sur la place de Mont-Aigon, franchirent les portes de la ville, malgré le comte Raimond, et s'en allèrent joindre Montfort.

Le timide Raimond éclata enfin : il chassa l'évêque Folquet, défendit de porter des vivres au camp des croisés, et laissa l'élite de ses hommes d'armes entrer en campagne sous le commandement du comte de Foix. Cinq mille croisés allemands et belges, commandés par le duc d'Autriche et les comtes de Mons et de Juliers, se dirigeaient de Carcassonne sur le camp de Montfort : le comte de Foix s'embusqua dans la forêt de Monjoyre, près de Puy-Laurens, et, fondant à l'improviste sur ce corps ennemi, il le tailla tout entier en pièces. Des milliers de paysans étaient accourus prêter main-forte au comte de Foix. Cette victoire ne sauva pas Lavaur, enlevé d'assaut après qu'une redoutable machine, appelée *la chatte* ou *la gate*, eut fait brèche aux épaisses murailles de cette place[1]. Les croisés y trouvèrent environ quatre cents héré-

---

1. Cette machine était une sorte de *bélier* perfectionné ; elle consistait dans une tour roulante, couverte de peaux de moutons pour la mettre à l'abri du feu, et du flanc de laquelle sortait une énorme poutre mise en mouvement avec des poulies, et armée de crochets de fer. On appelait ces crochets les *griffes de la chatte*. La *chatte* ébranlait et arrachait à la fois les pierres des murailles. Les machines de siège jouent un grand rôle dans la guerre des Albigeois ; Simon était très versé dans toutes les ressources de la science militaire, et venait d'ailleurs d'être rejoint par un très habile ingénieur, le chanoine Guillaume, archidiacre de Notre-Dame de Paris, qui lui construisit des *engins* formidables.

tiques *parfaits,* et les brûlèrent « avec une joie infinie », dit Pierre de Vaux-Cernai. « Simon de Monfort fit suspendre à la potence le noble et puissant Aimeri (*Aimerigatz*), seigneur de Montréal et de Laurac, qui avoit défendu le château, avec maints autres chevaliers ; on en pendit quatre-vingts comme on fait les larrons, et on les exposa sur des fourches. Simon fit jeter dans un puits et ensevelir sous des pierres Giraude, dame de Lavaur, sœur d'Aimeri et hérétique comme lui, dont fut grand deuil et pitié, car nul n'étoit de plus haut baronage ni plus large et de cœur plus généreux que le frère et la sœur (5 mai 1211) ».

Les croisés entrèrent enfin dans le domaine immédiat du comte Raimond, brûlant et massacrant tout sur leur passage, et se portèrent sur Toulouse. Les comtes de Toulouse, de Foix et de Comminges, et les routiers navarrois au service de Raimond, leur livrèrent un rude combat dans les jardins, hors la ville, et leur tuèrent beaucoup de monde avant de se renfermer dans la cité et dans le bourg. L'approche du danger avait eu du moins le résultat de réconcilier les factions qui déchiraient Toulouse : les catholiques toulousains, en voyant de près l'armée des croisés au siége de Lavaur, avaient ouvert les yeux sur l'abîme où leur frénétique évêque entraînait leur patrie : ils ne quittèrent Montfort que pour se réconcilier loyalement avec leurs anciens adversaires de la *Confrérie noire,* et pour se ranger avec eux sous les bannières du comte et des consuls. La *Confrérie blanche* ne suivit pas le clergé, lorsque les prêtres, sur l'ordre de l'évêque Folquet, sortirent, pieds nus et processionnellement, de la cité vouée par les légats et par son évêque au sort de Beziers. Dès lors l'expédition était manquée pour cette année : l'armée de Montfort, quoique nombreuse, ne suffisait ni à bloquer ni à emporter d'assaut une si grande ville, pleine d'une population belliqueuse, qu'avait renforcée l'élite des chevaliers et des aventuriers du Midi. Au bout de quinze jours, la disette et les violentes sorties des assiégés obligèrent les croisés à plier bagage (fin de juin 1211). Ils se vengèrent en détruisant autour de Toulouse les vignes, les arbres et les blés, puis allèrent « commettre de grands maux et ravages en la comté de Foix, partout où ils passoient ne laissant rien de ce qui étoit sur terre ». Montfort se dirigea ensuite vers le

Querci, où la ville de Cahors et son évêque renoncèrent à l'obéissance du comte de Toulouse pour se donner à Simon. Ce fut le dernier succès qu'obtint Montfort dans cette campagne : presque tous les croisés le quittaient à l'expiration de leurs « quarante jours », et le flot de la croisade tarissait vers l'automne pour ne revenir qu'au printemps; quelques milliers de gens de guerre demeurèrent toutefois à la solde de Montfort[1].

Le comte de Toulouse et ses alliés mirent à profit l'hiver, qui était la saison du repos forcé pour Montfort : Raimond assembla une puissante armée. Savari de Mauléon, sénéchal du roi Jean d'Angleterre en Guyenne, joignit le comte de Toulouse à la tête d'un bon nombre d'Aquitains et de Gascons, et la population exaspérée se leva en masse dans tous les domaines toulousains et les seigneuries des Pyrénées. Le comte de Montfort se jeta hardiment dans Castelnaudari, un des moins fortifiés de ses castels, et manda à Bouchard de Montmorenci, sire de Marli, qui commandait à Lavaur, de lui amener le reste de ses troupes avec un grand convoi de vivres préparé à Carcassonne. Le comte de Foix courut au-devant de ce renfort et l'assaillit en un lieu dit Saint-Martin-des-Bordes : le convoi fut enlevé après un terrible choc; mais, les routiers espagnols s'étant débandés pour piller, Bouchard et ses compagnons ressaisirent l'avantage; les chevaliers toulousains accoururent à l'aide; Simon s'élança hors des murs de Castelnaudari avec ses hommes d'armes, et l'engagement devint général entre toute la chevalerie des deux partis. Les méridionaux, malgré leur grande supériorité numérique, eurent le dessous en plaine contre les Français du nord : la multitude entassée dans le camp toulousain ne prit point de part à ce combat de cavalerie. Le lendemain, le comte Raimond leva ses tentes et se replia vers l'Albigeois, l'Agenais et le Querci, où il recouvra beaucoup de petites villes et de forteresses; faibles avantages qui ne compensaient pas la triste épreuve de l'infériorité des méridionaux devant ces hommes de fer qui passaient leur vie à développer leur force et leur adresse

---

1. Un riche marchand de Cahors, Raimond de Salvagnac, était le banquier de la croisade : il avançait à Simon de grandes sommes et recevait en paiement les étoffes, les denrées et toute espèce de butin enlevé dans les places conquises. (*Cansos de la Crozada*, § lxxij.)

par le maniement continuel des armes. La levée en masse du Midi n'avait pu accabler en rase campagne une poignée de chevaliers français.

Simon reprit l'offensive au commencement de 1212, aidé par les archevêques de Reims et de Rouen, les évêques de Laon et de Toul, le prévôt de Cologne, etc., qui amenèrent beaucoup de croisés; il envahit l'Agenais, puis les pays de Comminges, de Foix et de Béarn. Il voulait abattre successivement tous les appuis du comte Raimond avant de renouveler l'attaque de Toulouse. Il n'agit pas moins cette année-là par la politique que par les armes, et s'occupa de consolider ses conquêtes en renouvelant la population militaire du pays, et en distribuant à une multitude d'hommes d'armes de la langue d'oïl les fiefs de haubert enlevés aux chevaliers languedociens[1]. Dans un parlement qu'il tint à Pamiers, au mois de novembre, avec ses vassaux, il fit décréter que, pendant dix ans, les femmes pourvues de *francs fiefs* (fiefs ne devant que la foi et hommage simple) ne pourraient prendre pour maris que des gens de la langue d'oïl. Les nobles et bourgeois indigènes furent contraints d'envoyer des délégués à Pamiers pour sanctionner par leur présence les lois décrétées par les conquérants étrangers. Ces lois ne furent pas toutes également tyranniques : Simon tâcha de regagner le menu peuple en interdisant aux nobles toutes exactions et tailles arbitraires sur leurs paysans et vilains, et en abolissant les péages indûment établis. La noblesse, au contraire, était écrasée : on lui interdisait de relever aucun de ses châteaux démantelés, sans le consentement formel du suzerain Simon. Beaucoup des anciens prélats du pays ne figurèrent pas dans l'assemblée de Pamiers : les instigateurs de la croisade avaient recommencé, contre les évêques tolérants ou scandaleux, les hostilités qui avaient précédé l'invasion ; mais, cette fois, ce fut à leur profit personnel ; ils traitèrent les seigneuries d'Église comme les croisés laïques avaient traité les fiefs militaires ; ils les considérèrent comme leur butin. L'abbé de Cîteaux se fit élire archevêque de Narbonne, et prit arrogamment le titre de duc de Nar-

---

1. La plus connue des familles françaises qui s'établirent ainsi dans le Languedoc est celle de Lévis. Gui de Lévis eut la seigneurie de Mirepoix, à laquelle était attachée la dignité de maréchal de la vicomté de Beziers.

bonne, annonçant ainsi ses prétentions à la suzeraineté de toute la province, ce qui ne fut pas plus agréable à Montfort qu'au comte Raimond. Ce titre de duc de Narbonne équivalait à celui de marquis de Gothie. L'abbé de Vaux-Cernai eût l'évêché de Carcassonne : d'autres moines de Cîteaux ne furent pas moins bien pourvus ; l'archidiacre de Paris, l'ingénieur Guillaume, montra presque seul du désintéressement, et refusa l'évêché de Beziers. L'archevêque d'Auch, vassal du roi Jean et ami du comte Raimond, fut aussi déposé, de même que l'évêque de Rhodez.

Les passions cupides des vainqueurs se montraient un peu trop à découvert, et bien des yeux commençaient à se dessiller : le cri d'un peuple entier, déshérité, spolié, décimé, trouvait des échos au dehors, et un grand événement rendait l'espérance aux opprimés. L'obstacle qui avait jusqu'alors empêché le roi d'Aragon de secourir Toulouse n'existait plus : l'immense horde, à la tête de laquelle le khalife d'Afrique et d'Espagne, l'Almohade Mohammed-el-Nasser, s'était précipité sur l'Espagne chrétienne, venait de se briser contre les forces réunies des rois de Castille, d'Aragon et de Navarre. La victoire complète des rois chrétiens, victoire aussi glorieuse pour les Espagnols que celle de Poitiers l'avait été autrefois pour les Franks, permettait désormais au roi d'Aragon d'intervenir efficacement au nord des Pyrénées[1].

1. L'Espagne, depuis la fin du onzième siècle, avait été le théâtre de guerres gigantesques. Au moment où les Européens prenaient l'offensive contre l'islamisme en Asie, les musulmans d'Afrique la ressaisissaient de leur côté en Espagne : la réunion des Arabes-Espagnols et des Berbères, sous la dynastie berbère des Almoravides, arracha aux chrétiens d'Espagne la prépondérance que leur avait value le partage du khalifat de Cordoue en plusieurs états indépendants, et, durant tout le douzième siècle, les tribus de l'Afrique septentrionale ne cessèrent de déborder sur l'Espagne par masses presque aussi énormes que celles que versait l'Occident sur la Palestine. Les chrétiens reperdirent l'Estramadure, une grande partie du Portugal et de la Nouvelle-Castille : l'élévation d'une autre dynastie berbère, les Almohades ou *unitaires*, qui eut pour chef un prétendu *mehdi* ou messie, et qui renversa les Almoravides, raviva le fanatisme musulman et redoubla les périls de l'Espagne chrétienne : la terrible défaite des Castillans à Alarcon, en 1195, semblait présager la ruine des royaumes chrétiens ; enfin, en 1211, le khalife almohade Mohammed jeta pour ainsi dire l'Afrique tout entière sur l'Espagne. Les historiens espagnols, dont l'exagération habituelle est, au reste, assez connue, assurent que Mohammed réunit en Andalousie six cent mille combattants. La prodigieuse armée musulmane fut entièrement défaite, le 16 juillet 1212, à la journée de las Navas de Tolosa (royaume de Jaen), par les rois espagnols qu'avaient renforcés des légions formidables de croisés français. Deux mille chevaliers, dix mille sergents à cheval

Raimond de Toulouse alla trouver le roi Pierre, et remit entre les mains de l'Aragonais ses terres, son fils et sa femme, sœur de Pierre, pour les défendre ou les abandonner à l'usurpateur étranger. Pierre reçut solennellement à Toulouse l'hommage des deux Raimond, le père et le fils, et dépêcha une ambassade à Rome avec des lettres où il dénonçait énergiquement au pape les iniquités de Montfort et des légats, le meurtre du vicomte de Beziers, la spoliation de tant de villes, de châteaux, de particuliers catholiques, la violente invasion des domaines du comte Raimond, qui avait tout perdu, sauf Montauban et Toulouse, quoiqu'il ne demandât qu'à faire la paix avec l'Église et même à aller guerroyer contre les infidèles en Palestine ou en Espagne, pourvu qu'on rendît ses seigneuries à son fils. Pierre réclamait pareillement la restitution de toutes les terres enlevées à ses vassaux, aux comtes de Foix et de Comminges et au vicomte de Béarn.

Innocent III ne pouvait douter de la foi du roi Pierre, et il fut fortement ébranlé, comme l'attestent ses lettres (liv. XV, ép. 212, 213, 214). Il écrivit d'un ton très sévère à ses légats et à Simon, leur reprocha leurs violences et leur avidité, leur enjoignit de s'entendre avec le roi d'Aragon pour terminer l'affaire de Toulouse, et d'évacuer les terres des vassaux de la couronne d'Aragon; il suspendit même, jusqu'à nouvel ordre, la prédication de la croisade contre les Albigeois (janvier 1213). Cette attitude nouvelle que prenait le pape était bien grave; elle semblait indiquer l'avénement d'une politique plus chrétienne. Il n'en fut rien. Les agents de la papauté, les chefs et les soldats de la croisade, les évêques intrus de la province narbonnaise, et leurs amis de Gascogne et de Provence, désobéirent audacieusement au souverain pontife, refusèrent d'admettre la justification du comte Raimond et de ses alliés, et récriminèrent auprès d'Innocent III par des épîtres furibondes où ils représentaient la religion comme perdue dans le Midi, si l'on accordait le moindre répit aux Toulousains et à leurs fauteurs. « Armez-vous du zèle de Phinée, seigneur pape,

---

et cinquante mille hommes de pied français avaient passé les Pyrénées sous la conduite d'Arnaud Amauri, de l'archevêque de Bordeaux et de l'évêque de Nantes. La journée de las Navas décida des destinées de l'Espagne : les musulmans ne s'en relevèrent jamais.

écrivaient les prélats catholiques; anéantissez Toulouse, cette Sodôme, cette Gomorrhe, avec tous les scélérats qu'elle contient; que ce tyran, cet hérétique Raimond, ou même son jeune fils, ne puissent plus relever leur tête déjà écrasée à demi! Ecrasez-la-leur plus fortement encore ! »

A la furieuse clameur que poussèrent toutes ces passions et tous ces intérêts conjurés, Innocent III crut s'être trompé et se reprocha son indulgence : il révoqua ce qu'il avait écrit en faveur de Raimond et de ses alliés, et manda à son « cher fils » le roi Pierre d'Aragon de se séparer du « Toulousain » et de ses adhérents; mais la voix du pontife ne fut point écoutée. Le brillant et chevaleresque « don Peyre » avait le cœur trop généreux pour déserter la cause de ses frères de la langue d'oc; lorsqu'il eut perdu tout espoir d'un accommodement honorable, il envoya défier Simon, le « renonça » pour son vassal, alla chercher ses barons et ses chevaliers au delà des monts, repassa bientôt les Pyrénées avec un millier de lances catalanes et aragonaises, et mit le siége devant Muret, petite ville située sur la Garonne, à quatre lieues sud-ouest de Toulouse, et occupée par une garnison de croisés. Le comte Raimond venait de rentrer à Toulouse avec les comtes de Foix et de Comminges et le vicomte de Béarn, après avoir enlevé d'assaut le château de Pujols, où soixante chevaliers français furent pendus ou décapités par représailles des cruautés de Montfort : il fit crier à son de trompe par la ville, que tout homme eût à s'armer et apprêter pour aller joindre le roi d'Aragon devant Muret. « Tant de gens s'assemblèrent, que personne n'auroit pu compter ni estimer tout ce qui étoit là réuni, et l'on marcha droit à Muret, où Provençaux, Gascons et Aragonois se festoyèrent grandement les uns les autres (10 septembre 1213) ».

Simon apprit à Saverdun l'attaque de Muret : il avait bien moins de gens d'armes que ses ennemis; la guerre alors rallumée entre la France et l'Angleterre l'avait privé des renforts considérables qu'il attendait du Nord; Louis de France, fils du roi Philippe, qui s'était croisé malgré son père, n'avait pu venir, et Simon n'avait été joint que par les évêques d'Orléans et d'Auxerre, et par un petit nombre de chevaliers. Parmi ces chevaliers figurait, à la vérité, le terrible Guillaume des Barres, le Roland de ce siècle, frère utérin de Simon. Avec Montfort était aussi le propre frère du comte Raimond, Baudouin de Toulouse, qui avait abandonné son frère, « parce que celui-ci ne lui donnoit pas de terres ni de châteaux pour soutenir l'honneur de son nom. Les champions du Crucifié, dit Guillaume de Puy-Laurens (c. 21), choisirent pour la bataille le jour de l'Exaltation de la Sainte-Croix : ils confessèrent leurs péchés, se fortifièrent par le pain salutaire de l'autel, et se ceignirent pour le combat. » Simon se dirigea sur Muret avec un millier d'hommes d'armes ; sept évêques et un assez grand nombre de missionnaires, de prêtres et de moines marchaient entre les chevaliers croisés. Tout le monde n'avait pas l'inébranlable confiance de Simon : durant la chevauchée, un clerc essaya de détourner le comte de tenter le combat « avec peu de monde contre une si copieuse multitude d'ennemis. Mais le comte, tirant une lettre de son *aumônière* (bourse de cuir ou d'étoffe qu'on portait à la ceinture) : — Lisez, dit-il, ceci qui m'est tombé entre les mains. » Le prêtre vit que la lettre étoit adressée par le roi d'Aragon à une noble dame, épouse d'un gentilhomme du diocèse toulousain : le roi disoit à cette dame qu'il venoit, pour l'amour d'elle seule, chasser les François de son pays, et lui débitoit mille autres choses de ce genre. « Eh bien ! répliqua le prêtre après avoir lu, que voulez-vous dire par là ? — Ce que je veux dire ! s'écria Simon : c'est que je ne dois guère craindre un roi qui marche contre Dieu pour une femme perdue (*pro unâ meretrice*). » (Guil. de Pod. Laurent.)

Les princes ligués, au bruit de la marche de Simon, avaient suspendu l'assaut de Muret : ils laissèrent les Francais entrer sans obstacle dans la place, afin de « finir le jeu d'un seul coup ». Simon passa la nuit à réfléchir sur les moyens de vaincre : le roi Pierre passa la nuit dans les bras d'une de ses maîtresses, celle peut-être à laquelle il avait écrit la lettre interceptée par Simon. Le lendemain, au point du jour, « les chefs de l'armée du Midi s'assemblèrent en parlement dans un pré » : le comte Raimond, qui avait éprouvé à Castelnaudari ce que valait la gendarmerie de France, ouvrit l'avis de dresser des barrières autour des tentes et d'attendre l'attaque des Français au lieu de les prévenir. — Quand nous les aurons bien *navrés* à coups d'arbalètes, et qu'ils tourneront la face, nous sortirons et nous pourrons les *déconfire* tous. » Mais les chevaliers d'outre les monts, tout fiers de leurs exploits contre les Maures, traitèrent ce sage conseil de *renardise* (*volpila*); on cria aux armes, on courut sus aux Français qui sortaient de la ville pour tâter l'ennemi, et on les força de repasser les portes; mais, là, les Français firent volte-face et repoussèrent l'assaut de telle vigueur, que les assaillants se lassèrent les premiers et « retournèrent à leurs tentes pour dîner ». Simon aussitôt fit seller tous ses chevaux et assembler tous ses hommes; « là vint l'évêque Folquet, la mitre en tête et le bois de la vraie croix en main », et les croisés commencèrent l'un après l'autre à adorer la croix; comme on vit que la cérémonie durerait trop longtemps, l'évêque de Comminges prit la croix des mains de l'évêque de Toulouse, monta sur un tertre, bénit l'armée, et promit, au nom de Jésus-Christ, que quiconque mourrait en cette journée irait droit en paradis, sans passer par le Purgatoire. Puis les gens d'armes se formèrent en trois corps, « en l'honneur de la Sainte-Trinité », et donnèrent de l'éperon, tandis que le clergé rentrait en ville. Pendant que la lutte s'engageait, les évêques et les clercs, parmi lesquels était saint Dominique, retirés dans l'église de Muret, « crioient vers le Seigneur et poussoient au ciel de si grands mugissements, qu'ils sembloient plutôt hurler que prier ».

Les croisés étaient sortis par la porte orientale du château, comme s'ils eussent voulu fuir du côté du Carcassez; mais, tout à coup, d'un mouvement rapide, ils tournèrent bride, et revinrent fondre sur le camp ennemi. « Les Provençaux buvoient et mangeoient sans gardes ni sentinelles. » Les hommes de Toulouse coururent aux armes et s'élancèrent hors du camp « sans écouter roi ni comte », et les croisés n'eurent devant eux qu'une masse confuse au lieu d'une armée en bataille. « Les hommes du comte Simon arrivèrent, disposés en trois rangs, selon l'ordre et l'usage de la discipline militaire : les derniers corps, hâtant leur course, chargèrent en même temps que les premiers, sachant bien que de l'ensemble du choc dépend la victoire, et ils culbutèrent tellement à la première rencontre les cavaliers du comte de Foix, qu'ils les chassèrent devant eux comme le vent fait la poussière; puis, se tournant du côté où étoit le roi d'Aragon, dont ils avoient reconnu la bannière, ils se ruèrent sur lui d'une telle violence, que le *heurt* des armes et le bruit des coups retentirent au loin comme si une forêt entière fût tombée sous la hache. » Tout l'effort des croisés était dirigé contre la personne du roi Pierre : le comte Alain de Rouci, le sire Florent de Ville et plusieurs autres chevaliers français était convenus de ne s'attacher qu'à lui seul jusqu'à ce qu'ils l'eussent mis à mort. Pierre d'Aragon avait pressenti cette manœuvre et changé d'armes et de couleurs avec un de ses gens. Alain et Florent se ruèrent à la fois sur le chevalier qui portait l'armure royale, et le désarçonnèrent au premier choc de leurs lances. » — Ce n'est pas le roi ! s'écria le comte de Rouci ; ce n'est pas le roi, car il est meilleur chevalier. — Non, répondit Pierre, ce n'est pas le roi, mais le voici ! » Et il s'élança sur ses adversaires en poussant son cri d'armes : — *Aragon ! Aragon !* Enveloppé à l'instant, il tomba percé de mille coups. « Les autres, qui le virent, s'estimèrent pour perdus » ; un cri lamentable fit retentir toute la plaine : « Le roi Peyre est mort! » Le combat ne fut plus qu'une déroute : nobles et bourgeois se précipitèrent pêle-mêle vers la Garonne. Plus de quinze mille, dit-on, périrent dans les eaux ou sous le fer des vainqueurs (12 septembre)[1].

« Moult fut grand le dommage et le deuil, s'écrie le poëte provençal, quand le roi d'Aragon resta mort et sanglant avec moult d'autres barons : le monde entier en valut moins, et toute la chrétienté en fut abaissée et honnie. » Pierre de Vaux-Cernai avoue que le cœur farouche de son héros Simon s'attendrit devant le cadavre nu et sanglant du brave roi Pierre. « Simon descendit de cheval et gémit (*planctum fecit*) sur le corps du défunt ». Il oublia bientôt le vaincu pour ne songer qu'aux fruits de la victoire. Il n'eut pas besoin de livrer de nouveaux combats : la fatale journée de Muret sembla aux méridionaux le jugement de Dieu, et les armes tombèrent quasi de toutes les mains. Les princes vaincus placèrent leur dernière espérance dans une soumission absolue

---

1. *Cansos de la Crozada contr'els ereges d'Albèges.* — *Historia de los grans faicts d'armas et guerras de Tolosa.* — Petr. Vall. Cern. — Guill. de Pod. Laurent. — *Comment. del rey en Jacme*, dans l'*Hist. de Languedoc*, III, 249. — *Litteræ prælatorum qui in exercitu Simonis erant*, etc.

à l'Église. L'hiver passé, vers le temps où revenait le flot de la croisade, les comtes de Toulouse, de Foix, de Comminges, le vicomte de Béarn, et les consuls de Toulouse, au nom de la « communauté », se remirent « corps et biens », à la discrétion du nouveau légat, Pierre de Bénévent. Raimond VI et son fils quittèrent le Château-Narbonnais, leur résidence seigneuriale, pour s'établir dans le logis d'un particulier, en attendant la décision du pape et du prochain concile[1]. Douze des vingt-quatre consuls furent livrés en otages, et l'évêque Folquet rentra en triomphe à Toulouse avec son clergé. Le poëte de la croisade assure qu'on agita dans le conseil des chefs si l'on ne détruirait pas Toulouse par le fer et le feu ; l'évêque Folquet était de cet avis ! mais Simon, qui y consentait d'abord, réfléchit « que détruire la ville ne seroit pas à son avantage », et fit décider qu'on se contenterait de combler les fossés, de raser les fortifications, et de désarmer les habitants. Simon, qui comptait se faire adjuger la seigneurie de Toulouse, ne voulut pas détruire son propre bien, et les murs ne furent pas même démolis.

Le concile, qui paraissait devoir décider du sort du pays soumis, se réunit à Montpellier en janvier 1215 ; les archevêques de Narbonne, d'Auch, d'Embrun, d'Arles et d'Aix y siégèrent avec tous leurs suffragants. Simon essaya de mettre à profit la session du concile pour s'emparer de Montpellier. Cette riche et libre cité venait de renoncer à la suzeraineté de la couronne d'Aragon, qui ne pouvait plus la défendre, pour se placer sous la protection du roi de France. Simon, grâce à la connivence du légat, s'introduisit dans la ville avec bon nombre de chevaliers ; mais les bourgeois prirent les armes, élevèrent des barricades, cernèrent l'église où se tenait le concile, et chassèrent le comte de leurs murs. Simon n'osa se venger par une guerre ouverte contre une cité catholique et vassale du roi de France ; mais il fut largement dédommagé de cet échec : le légat et les évêques, à la vérité,

---

1. Raimond VI, avant de se soumettre, tira cependant une terrible vengeance de son frère Baudouin, qui l'avait trahi pour passer du côté de Montfort : il le fit enlever par surprise dans un castel du Querci, et pendre aux branches d'un noyer ; le comte de Foix et son fils lui passèrent la corde au cou de leurs propres mains. Petr. Vall. Cern.

n'estimèrent pas leurs pouvoirs suffisants pour disposer définitivement des seigneuries conquises, mais ils en confièrent la garde à Simon, et prièrent le pape « d'établir ledit Simon prince et monarque du pays ». Innocent confirma la possession provisoire à Simon et suspendit sa résolution définitive jusqu'au grand concile œcuménique qu'il avait convoqué à Rome pour le mois de novembre 1215 ; mais le général de l'armée de la Foi ne doutait pas de la bienveillance du concile œcuménique. Simon avait été reçu sans résistance à Toulouse, à Narbonne, à Montauban : il régnait sur tout le comté de Toulouse, sur toute la Septimanie, sauf Montpellier, et sur la moitié de la Guyenne et de la Gascogne. Tout le Midi faisait silence devant lui, silence de terreur et de mort ! Il prépara la réunion du Viennois à ses vastes états, en mariant son fils Amauri à l'héritière du dauphin Guigues VI. Son œuvre était consommée ; et ce fut avec inquiétude et non plus avec joie qu'il vit au printemps approcher une nombreuse armée de croisés conduite par le prince Louis de France, qui s'acquittait du vœu fait deux ans auparavant. Simon et le clergé craignirent que le prince ne voulût revenir sur les mesures prises par l'Église au mépris des droits de la suzeraineté royale ; mais Louis de France avait le courage d'un soldat sans aucune capacité politique, et ressemblait beaucoup plus à son aïeul Louis VII qu'à son père : il se paya des raisons de Simon et du cardinal de Bénévent, et repartit paisiblement après avoir passé quarante jours dans la province narbonnaise, afin de remplir son vœu.

Le concile universel s'ouvrit, le 11 novembre 1215, dans l'église patriarcale de Latran, plus connue sous le nom de basilique de Constantin. Soixante-et-onze archevêques, parmi lesquels figuraient les patriarches latins de Constantinople et de Jérusalem, quatre cent douze évêques et plus de huit cents abbés et prieurs vinrent s'asseoir autour du chef de l'Église, en présence des ambassadeurs de la plupart des princes chrétiens. Le « quatrième concile de Latran » fut la plus imposante assemblée qu'ait réunie le catholicisme du moyen âge, et sa plus fidèle et sa plus complète expression. Le superbe, l'inflexible Innocent III s'était trouvé moins fort qu'il n'avait compté devant le cri du sang et de l'humanité ; le doute avait pénétré dans son âme ; il avait senti le besoin de raffermir sa conviction par celle des autres, et d'appeler l'Église entière à partager la solidarité de ses actes. Ce concours ne lui manqua pas : la catholicité accepta, par l'organe de ses représentants, cette solidarité terrible.

Le concile commença par traiter les points de dogme avant de s'occuper des questions de fait. Il n'avait pas seulement devant lui les manichéens et les vaudois : auprès du dualisme manichéen et du christianisme dissident, une troisième secte s'était levée : l'unitarisme panthéiste. Le réalisme des écoles, éclairé sur lui-même par le flambeau redoutable des philosophes arabes et juifs, avait enfin porté ses dernières conséquences.

Averrhoès, le grand commentateur arabe d'Aristote, avait nié l'individualité de l'âme, et affirmé une âme universelle, intermédiaire entre Dieu et les individualités apparentes, et seule essence véritable de celles-ci. D'autres avaient été jusqu'au pur panthéisme. Leurs disciples français ont suivi les plus hardis jusqu'au bout. Dès la fin du douzième siècle, un docteur renommé, Amauri de Bène, Chartrain qui enseigne à Paris, a émis la proposition que « tout chrétien est membre du Christ »; et il l'entendait au sens propre; c'est-à-dire que toute âme chrétienne est identifiée à l'âme du Christ; identifiée à Dieu. Condamné à Rome, il s'est rétracté; mais il en meurt de chagrin, après avoir confirmé ses disciples dans sa croyance. « La fin de toutes choses, disait-il, est de retourner en Dieu, pour ne faire qu'un avec lui. Tout est un, et tout est Dieu. Dieu est l'essence de toutes créatures. — Il y a trois choses, ajoutait un autre maître, David de Dinant : le principe indivisible duquel sont faits (*constituuntur*) les corps; le principe indivisible duquel sont faites les âmes, et le principe indivisible dans les substances éternelles, qui est appelé Dieu. Ces trois choses sont une seule et même chose ».

Ces doctrines ont continué de se répandre secrètement après la mort d'Amauri; mais elles ont fait alliance avec un autre élément, comme l'atteste la présence, dans la secte, d'un extatique illettré, d'un prophète artisan, Guillaume l'orfèvre, parmi les clercs et les maîtres ès-arts ou en théologie. « Le corps du Christ, enseignent les sectaires, n'est pas autrement dans le pain consacré que dans tout autre pain ou dans tout autre objet (c'est-à-dire qu'il est partout. Dieu le Père a opéré, dans l'Ancien Testament, sous la forme de la Loi : Dieu le Fils a opéré, dans le Nouveau Testament, sous la forme des sacrements ; de même que la Loi est tombée par l'avénement du Fils, les sacrements vont tomber par l'avénement du Saint-Esprit, qui se manifestera clairement dans les hommes au sein desquels il s'incarnera. Il n'y point de lieux appelés le paradis et l'enfer : le paradis et l'enfer sont en nous. Si quelqu'un, possédant le Saint-Esprit, commet quelque acte d'impureté, il ne pèche pas, car le Saint-Esprit, absolument séparé de la chair, ne peut pécher, et l'homme ne peut pécher tant que l'esprit habite en lui[1]. Quiconque a la connaissance de Dieu est le Christ et l'Esprit-Saint[2] ».

On voit que le panthéisme scolastique s'était ici combiné avec la religion du Saint-Esprit, forme mystique de l'aspiration au progrès dans la religion ; ce mélange adultère produisait des fruits étranges.

L'évêque de Paris employa, pour découvrir les chefs des hérétiques, les moyens immoraux qui avaient déjà été mis en usage contre les manichéens d'Orléans, du temps du roi Robert[3], et qui allaient malheureusement passer en coutume dans l'Église. Deux prêtres s'insinuèrent parmi les sectaires, surprirent tous leurs secrets sous un semblant de fraternité, puis les livrèrent. Quatorze hérétiques, la plupart gens d'église et de science, furent condamnés, à Paris, par un concile de la province de Sens, et remis au bras séculier, c'est-à-dire à la cour du roi, qui en fit brûler dix aux halles de Champeaux (marché des Innocents). (20 décembre 1210). Les restes d'Amauri furent exhumés et jetés sur un fumier. Le concile fit brûler les livres de David de Dinant[4], et suspendit pour trois ans la lecture de la *Physique* d'Aristote et des commentateurs. Cette prohibition temporaire fut rendue définitive, en 1215,

---

1. Certains donnent une explication différente : « Ce qu'on appelle péché n'est point péché, si c'est l'amour qui le fait faire ». Hurter, *Hist. d'Innocent III*, l. XIV.
2. Sur cette secte, *v.* Martin. Polon. *Chronic. Expeditissim.* l. IV. — S. Thomas, *In Secund. Sentent. disq. XVII, quæst.* 1. — Cæsar. Heisterbach. *Illustr. Mirac. et Hist. Memor.* l. V, c. xxij.
3. *V.* notre t. III, p. 53.
4. Il paraît, d'après Rigord et Martin le Polonais, qu'on brûla, avec ces livres, le *Periphyseón* de Jean Scott Érigène, d'autres traités également attribués par erreur à Aristote, et, peut-être, la *Métaphysique* d'Aristote elle-même.

dans les statuts donnés à l'université de Paris par le légat Robert de Courson, qui prohiba, à la fois, la *Métaphysique* et la *Physique* d'Aristote, et n'autorisa que sa *Dialectique*. Nous verrons bientôt que ce définitif ne fut que du provisoire, et que l'Église dut capituler avec le stagirite[1].

Le panthéisme scolastique n'était pas assez fort pour résister à une répression si terrible[2]; la religion du Saint-Esprit, qui s'y était mêlée un moment, était plus vivace. Quoi qu'il en fût, le concile de Latran frappa à la fois tous les adversaires de l'Église.

Ainsi qu'avait fait jadis le concile de Nicée contre l'arianisme, il débuta par une exposition de la foi catholique, destinée à réfuter implicitement les hérésies du temps présent. « Il n'y a qu'un seul Dieu, qui, dès le commencement du temps, *a fait de rien* les esprits et les corps[3]... Il n'y a qu'une Église universelle, *hors de laquelle personne n'est sauvé*... Le corps et le sang de Jésus-Christ sont véritablement contenus au sacrement de l'autel, le pain étant *transsubstancié* au corps et le vin au sang par la puissance divine (le terme de *transsubstantiation* n'avait pas encore été employé jusqu'alors) ». Le concile affirma pareillement les autres principes catholiques contestés par les diverses sectes, puis il condamna collectivement toutes les hérésies contraires à son exposition de foi, et nominalement la secte d'Amauri. Le principe de la persécution, l'ithacianisme, contre lequel venaient de protester, avec une simplicité si évangélique, les humbles chrétiens

1. Hauréau, *de la Philosophie scolastique*, t. I, p. 391-417.
2. Il est à remarquer que, dans le dernier tiers du douzième siècle, les panthéistes et, en général, les philosophes avaient été violemment persécutés dans l'Asie musulmane par les orthodoxes, à la tête desquels étaient Noureddin et le grand Saladin. Ceux-ci ne firent pas une guerre moins acharnée aux sectaires de l'islamisme, soit aux ismaélites, soit à ces apôtres des *mehdis*, qui correspondaient, en Orient, à ce qu'était, en Occident, la religion du Saint-Esprit, mais avec des idées plus arrêtées et une action plus soutenue. Chose très frappante, c'est dans la religion considérée comme anti-progressive, dans l'islamisme, que l'idée du progrès se manifeste, par réaction, durant cette période de l'histoire, avec bien plus d'éclat et de précision que dans aucune secte chrétienne. La Perse, l'Égypte, l'Afrique, sont envahies par la croyance à une série de *mehdis*, messies successifs qui doivent perfectionner de plus en plus l'humanité.
3. Ceci était dirigé à la fois contre les manichéens et contre Aristote, et surtout contre ses commentateurs arabes et juifs, qui n'admettaient pas que « rien eût été fait de rien », et croyaient les êtres particuliers *émanés* de l'Être universel et non créés par lui.

des Alpes, fut solennellement consacré par le concile. Le concile, il faut bien le dire, orthodoxe en métaphysique, fut hérétique en morale. « Les hérétiques condamnés seront abandonnés aux puissances séculières pour recevoir le châtiment convenable; les biens des laïques seront confisqués, et ceux des clercs, dévolus à leurs églises. Les suspects d'hérésie, s'ils ne se justifient convenablement, seront excommuniés, et, s'ils demeurent un an en cet état, condamnés comme hérétiques. — Le seigneur temporel qui, suffisamment admonesté, négligera de purger sa terre d'hérétiques, sera excommunié par le concile provincial, et, s'il ne satisfait dans l'année, le pape déclarera ses vassaux déliés du serment de fidélité, et sa terre dévolue au premier occupant catholique. — Les *croyants*, fauteurs et recéleurs des hérétiques, seront excommuniés, déclarés infâmes, exclus de tous offices, incapables de tester, d'hériter, de porter témoignage, etc. (*frappés de mort civile*, comme nous dirions aujourd'hui). — Quiconque communiquera avec ces excommuniés sera excommunié lui-même. — Quiconque s'attribuera l'autorité de prêcher sans mission sera excommunié. — Chaque évêque visitera, au moins une fois l'an, la partie de son diocèse qui passera pour recéler des hérétiques; ils choisira trois hommes de bonne renommée, ou davantage, et leur fera jurer de lui dénoncer les hérétiques, les gens tenant des conventicules secrets, ou menant une vie singulière et différente du commun des fidèles, dès qu'ils en auront connaissance ».

Ce canon est suivi d'un autre qui règle les formes des enquêtes. On doit rendre cette justice au concile de Latran, qu'en créant l'Inquisition, il n'organisa pas du moins l'infâme procédure dont le souvenir est identifié avec celui de cette institution sinistre: le concile ordonna que le juge d'Église, en entamant l'information, fît connaître à l'accusé les éléments de l'accusation, et lui communiquât les dépositions et même les noms des témoins. On sait que l'Inquisition fit, depuis, tout le contraire, et s'appliqua à tenir l'accusé dans l'ignorance la plus complète touchant la nature des chefs d'accusation et la qualité des témoins.

Le concile rendit beaucoup d'autres décrets importants : il s'efforça de rétablir la liberté et la régularité des élections ecclésiastiques, et décréta qu'elles devraient se faire, ou directement par le scrutin, ou indirectement par le choix de quelques personnes capables auxquelles les autres remettraient leurs pouvoirs. — Tout fidèle est tenu de confesser ses péchés, au moins une fois l'an, à son propre prêtre (à son curé), et de recevoir, au moins à Pâques, le sacrement de l'eucharistie, à peine d'être rejeté de l'Église et privé de la sépulture ecclésiastique (ainsi ce « commandement de l'Église » ne date que du concile de 1215). — Défense à tout prêtre de bénir eau chaude, eau froide ou fer chaud pour tenter le « jugement de Dieu ». L'Église répudiait enfin les *épreuves* superstitieuses qui lui avaient été imposées par les Barbares[1]. — Les empêchements apportés par les canons aux mariages entre parents sont restreints du septième au quatrième degré (cette tardive satisfaction accordée à la raison publique et à l'ordre social avait été provoquée par des résistances croissantes. Innocent III n'avait réussi qu'après une très longue lutte à rompre le mariage du roi de Léon avec la fille du roi de Castille, sa parente, et il avait été obligé de légitimer les enfants issus de cette union). — La publication des bans de mariage, qui existait déjà en France, est généralisée. — On assignera aux curés une portion suffisante (parce que certains patrons ou collateurs s'attribuaient presque tout le revenu des cures). — Tout commerce avec les juifs est interdit, tant que les juifs exigeront des *usures* (des intérêts). — Les bénédictins du Mont-Cassin et ceux de Cluni, tombés dans un grand relâchement, sont soumis à une réforme, sous l'inspection de leurs confrères de Cîteaux.

On ne se contenta pas de réformer les anciens ordres monastiques; on en autorisa deux nouveaux, qui venaient d'éclore tellement à propos pour l'Église, qu'on y crut reconnaître l'inspiration du ciel. Saint Dominique et saint François d'Assise comparurent devant le concile, l'un pour soumettre ses plans au pape et aux évêques, l'autre pour faire ratifier des plans déjà mis à exécution. L'Église avait été ébranlée par la prédication hétérodoxe; Dominique entreprit de la soutenir par la création d'un ordre exclusivement destiné à prêcher la foi catholique, et, sous

---

[1]. Le nom même d'*ordalies*, donné aux *épreuves*, indiquait leur origine germanique.

les auspices de l'évêque Folquet, il jeta les fondements de l'ordre des Prêcheurs dans Toulouse même, la métropole de l'hérésie[1]. L'Église avait été attaquée au nom de l'inspiration mystique et du renoncement évangélique ; François d'Assise transporta le mysticisme et la réalisation littérale de la pauvreté et de l'humilité chrétiennes dans le sein de l'Église ; il fonda un ordre de moines qui renonçaient absolument, non plus seulement à la propriété individuelle, ainsi que les autres moines, mais à la propriété collective, et faisaient vœu de ne vivre que d'aumônes. Le pape et les évêques, d'abord étonnés de l'espèce de délire qui paraissait dans les actions et dans les paroles de François, comprirent bientôt l'utilité de cette issue ouverte aux sentiments exaltés dont les explosions menaçaient incessamment de faire crouler l'édifice catholique, et, assurés du respect de François pour les croyances et la hiérarchie de l'Église, ils permirent à ce chef des religieux mendiants de s'abandonner à tous les écarts de sa brûlante imagination. François foulait aux pieds, dans ses égarements mystiques, la raison et la dignité humaine[2] ; mais bien des aberrations pouvaient être rachetées par sa charité infinie, qui embrassait non-seulement tous les hommes, mais toutes les créatures, mais la nature entière. Ce *pauvre insensé* avait compris l'unité de la création en Dieu, avec son cœur, sinon avec sa raison[3]. L'insti-

---

1. Les dominicains s'établirent à Paris, en 1218, dans une maison de la rue Saint-Jacques, ce qui leur valut le nom de jacobins, sous lequel ils furent connus dans toute la France.
2. François et ses disciples « couraient partout, pieds nus, jouant tous les mystères dans leurs sermons, traînant après eux les femmes et les enfants, riant à Noël, pleurant le vendredi-saint, développant sans retenue tout ce que le christianisme a d'éléments dramatiques..... A Noël, François se préparait, pour prêcher, une étable, comme celle où naquit le Sauveur. On y voyait le bœuf, l'âne, le foin ; pour que rien n'y manquât, lui-même, il bêlait comme un mouton, en prononçant *Bethléem*... Après la vie et la naissance de Jésus, il lui fallut aussi jouer la Passion. Dans ses dernières années, on le portait sur une charrette, par les rues et les carrefours, versant le sang par les côtés, et imitant, par ses stigmates, celles du Seigneur »..... C'était une grande joie pour lui de faire pénitence dans les rues pour avoir rompu le jeûne et mangé un peu de volaille par nécessité. Il se faisait traîner tout nu, frapper de coups de corde, et l'on criait : « Voici le glouton qui s'est gorgé de poulet à votre insu ». Michelet, *Hist. de France*, t. II, p. 540-542 ; d'après Thomas Cellanus et Barthélemi de Pise.
3. C'était le fils d'un colporteur d'Assise en Ombrie : son vrai nom était Jean ; mais on l'avait surnommé *Francesco* (le *François* ou le *Français*), à cause de son goût pour la langue française et de la facilité avec laquelle il avait appris à la

tution de l'ordre des Frères Mineurs (*Minores*, les petits, les *moindres*), ainsi qu'ils se nommèrent eux-mêmes par esprit d'humilité, fit plus pour Rome que les sanglantes victoires des croisés armés par les moines de Cîteaux; elle ramena dans l'Église des milliers d'âmes exaltées qui cherchaient auprès des sectaires un aliment à leurs ardeurs. L'institut de saint François s'ouvrit aux femmes par la fondation du second ordre ou sœurs de Sainte-Claire (*Santa Chiara*), puis aux laïques, par l'établissement du Tiers-Ordre, congrégation à laquelle s'affilièrent une multitude de personnes qui fraternisaient avec les franciscains, en se soumettant à de certaines pratiques et à de certaines obligations, sans quitter le monde ni le mariage et sans renoncer à leurs biens.

Si les franciscains représentaient le sentiment dans la sphère de l'orthodoxie, les dominicains y représentèrent le raisonnement, la science, l'enseignement rigoureux de la théologie [1]. Heureux, s'ils n'avaient en même temps personnifié le principe de persécution, et si l'horreur du nom de l'Inquisition ne prévalait sur la gloire des grands docteurs et des grands artistes [2] qui sortirent de cet ordre, puissant pour le bien comme pour le mal!

Le concile de Latran eut à faire une solennelle application des principes qu'il venait de poser touchant la spoliation des hérétiques et fauteurs d'hérésie. Les princes *faidits* (déshérités, spoliés) étaient accourus demander justice et réparation au nom d'un peuple entier livré à la fureur du glaive; les deux comtes

---

parler. — Il prêchait les oiseaux dans les bois : « Mes frères les oiseaux, leur disait-il, vous devez grandement louer le Seigneur, qui vous donne ailes et plumes et tout ce qu'il vous faut! — Il admonestait les blés et les vignes, les rochers et les forêts, et toutes les belles choses des champs, et la terre et le feu, et l'air et les vents, et les excitait à l'amour divin... Il nommait toute créature son frère ou sa sœur ». *Vita S. Francisci*, ap. Bolland. *Acta SS. octobr.* t. II. La charité des franciscains fit contrepoids au zèle sanguinaire des dominicains, qui ne tardèrent pas à devenir les pourvoyeurs et les suppôts de l'Inquisition. — « Annoncez la paix à tous, disait François à ses disciples, car plusieurs vous paraissent être les membres du diable, qui seront un jour membres de Jésus-Christ ». Il refusa de fondre son ordre avec celui de Dominique, qui lui en avait fait la proposition.

1. Leur général fut créé Maître du sacré Palais (pontifical), et ils y enseignèrent la théologie sous les yeux mêmes du pape.

2. La dialectique ne prévalait pas tellement sur l'inspiration, chez eux, qu'ils n'aient fourni de grands peintres, de grands architectes, etc.

de Toulouse, le père et le fils, récemment revenu de la cour de son oncle le roi d'Angleterre, où son père l'avait envoyé pour le mettre à l'abri de la tempête, les comtes de Foix et de Comminges, et bien d'autres nobles hommes de Septimanie et de Gascogne se présentèrent à la barre du concile, étalant leurs misères et les iniquités de leurs tyrans à la vue des pères de la chrétienté. Vainqueurs et vaincus, oppresseurs et opprimés, étaient là en présence; un long frémissement parcourut l'assemblée, lorsque le comte de Foix reprocha en face à l'évêque Folquet d'avoir fait perdre « la vie, le corps et l'âme » à plus de dix mille de ses ouailles, et lorsqu'un chevalier de la vicomté de Beziers requit merci pour le fils du vicomte, « fidèle chrétien tué par les croisés et par Simon de Montfort », et ajourna le pape au jour du jugement, « s'il ne rendoit à l'enfant sa terre ». La Provence entière élevait sa voix accusatrice contre l'évêque de Toulouse. — « Cet évêque, s'écriait l'archidiacre de Lyon, fait vivre dans le deuil plus de cinq cent mille hommes, *dont l'âme pleure et dont le corps saigne...* » Mais cette émotion fut passagère. En vain plusieurs prélats réclamèrent-ils les droits de la charité et de la justice; en vain le pape lui-même s'attendrit-il à l'aspect du jeune Raimond de Toulouse, cet héritier de tant de seigneuries, qui n'avait plus autant de terre qu'il en « eût pu franchir d'un saut ». Les passions qui avaient enfanté la croisade et les intérêts qui s'appuyaient sur ces passions l'emportèrent : on ne voulut pas déposséder le héros de la foi ni ses compagnons de victoire, et tout l'héritage de la maison de Toulouse fut dévolu à Simon de Montfort, sauf le marquisat de Provence. Innocent III n'avait pu se décider à dépouiller entièrement le fils de Raimond VI, et avait arrêté que les terres à l'est du Rhône seraient séquestrées et remises plus tard au jeune comte, « s'il s'en rendoit digne ». Il fut arrêté que le comte de Foix et ses voisins des Pyrénées recouvreraient leurs fiefs, en rendant hommage à Montfort[1], ce qui ne s'effectua point.

---

1. *v.* Labb. *Concil.* t. XI, l'analyse des canons dans Fleuri, t. XVI, l. 77, et les débats relatifs aux affaires du Midi dans le poëme de la *Croisade*, § 143-152. Le récit ou plutôt le drame du poète provençal est admirable de mouvement et d'éloquence ; mais l'authenticité des détails n'est pas toujours bien assurée.

Ainsi finit la première période de la guerre des Albigeois. Au printemps de l'année suivante (avril 1216), Simon de Montfort se rendit en France près du roi, son seigneur, pour lui demander l'investiture du comté de Toulouse et du duché de Narbonne : dans chaque ville, *châtel* ou bourg qu'il traversait, le clergé et le peuple sortaient en procession à sa rencontre, poussant de longues acclamations, et criant : « Béni soit celui qui vient au nom du Seigneur ! » On s'estimait heureux, dit Guillaume le Breton, de pouvoir toucher le bord de ses vêtements. Dans tous les pays de la langue d'oïl, ce Simon, si exécré des méridionaux, était considéré comme un David, un Judas Machabée. Le roi Philippe n'avait vu volontiers ni les empiétements de l'Église sur ses droits suzerains, ni la prodigieuse fortune du chef de la dangereuse et turbulente famille des Montfort; néanmoins, il ne laissa rien paraître de son mécontentement ni de sa méfiance, et fit grand accueil à l'heureux Simon, qui reprit le chemin de ses états aussitôt après que le roi eut reçu son hommage. Il n'y fut pas accueilli comme dans la France du nord : la désolation de ces contrées, naguère si florissantes, était inexprimable : des campagnes désertes, des ruines noircies par les flammes, des castels écroulés et vides, des villes saccagées et dépeuplées, tel était le spectacle qu'offrait presque partout la terre de la langue d'oc. Çà et là on rencontrait, mornes, abattus, montés sur de méchants roussins de paysans, ces châtelains, ces chevaliers, ces consuls qui brillaient naguère dans les tournois et les cours d'amour. Maintenant ils ne pouvaient demeurer dans leur patrie esclave, ni passer sur les terres qu'ils avaient autrefois possédées, à moins de se soumettre à n'entrer jamais dans une place murée, à ne jamais chevaucher un destrier de combat. Encore la résidence n'était-elle octroyée qu'aux catholiques avérés, qui n'avaient point encouru d'excommunication. Les voix joyeuses et brillantes des troubadours avaient fait silence, ou, si elles s'élevaient parfois encore, c'était pour murmurer des chants de regrets et de douleur. « Ah ! s'écrie l'un d'eux, Toulouse et Provence, et la terre d'Agen, Beziers et Carcassonne, *quelles je vous vis, et quelles je vous vois !* » La Gaule méridionale ne répara jamais les désastres de la Guerre des Albigeois : de nobles efforts furent tentés avec un succès momentané pour délivrer la Septimanie, le Toulousain et la Gascogne de leurs oppresseurs; la Provence proprement dite garda quelque temps encore son indépendance; mais le génie natif de la race méridionale était frappé au cœur; sa féconde littérature ne devait pas survivre à sa liberté; sa langue même, si riche, si harmonieuse, devait s'éteindre peu à peu avec les lumineux foyers littéraires qui en alimentaient les inspirations, et ne laisser après elle que des patois abandonnés aux classes inférieures des populations du Midi.

Tandis que la Provence agonisait dans les flots de son sang, la France royale s'affermissait dans sa nouvelle grandeur. Le gouvernement de Philippe-Auguste se montrait d'année en année plus habile et plus fort; l'action du roi ne s'exerçait plus seulement sur les domaines royaux; Philippe groupait autour de lui les grands vassaux dans de fréquents parlements, où les débats politiques s'entremêlaient aux fêtes chevaleresques, et travaillait, non sans succès, à imprimer une certaine unité au corps de la nation française. Diverses mesures législatives, adoptées dans ces assemblées, furent appliquées sur les terres de tous les seigneurs qui avaient pris part aux délibérations. La monarchie féodale se substituait ainsi réellement à l'espèce de vague fédération dont les rois du temps passé n'avaient été longtemps que les chefs titulaires. On trouve, dans le recueil des Ordonnances des rois de France (t. I, p. 29-39), quelques monuments de ces assemblées législatives. L'un de ces actes, « convenu à l'unanimité » entre le roi, le duc de Bourgogne, les comtes de Nevers, de Boulogne, de Saint-Pol, le sire de Dampierre, etc., défend les sous-inféodations, qui jetaient beaucoup de confusion dans les grandes seigneuries, et statue que, lorsqu'un fief sera aliéné ou partagé entre plusieurs personnes, l'acquéreur ou les co-partageants le tiendront tous directement du suzerain [1]. Un autre acte encore plus important a pour but d'arrêter les usurpations des juges ecclésiastiques, qui tâchaient d'attirer par-devant eux toutes les causes féodales, sous prétexte que, tout vassal étant lié à son sire par un serment, tout procès entre eux supposait un parjure, crime dont il n'appartenait qu'à l'Église de connaître.

---

1. C'est l'abolition du *frérage*. *V.* notre t. III, p. 17.

Le roi et ses vassaux s'engagèrent à ne jamais laisser porter de questions de fiefs devant les tribunaux d'Église. En même temps qu'il réprimait les prétentions des clercs, Philippe les contraignait rigoureusement à remplir leurs devoirs féodaux ; il saisit les revenus des évêques d'Orléans et d'Auxerre, qui n'avaient voulu marcher au ban royal, ni par eux-mêmes, ni par leurs avoués, et qui prétendaient qu'ils ne devaient envoyer leurs hommes à l'armée que lorsque le roi y était en personne. Les deux prélats, quoique soutenus par Rome, furent obligés de se soumettre et de payer l'amende.

Philippe employait les loisirs de la paix à se mettre en état de ne pas craindre la guerre : il continuait à fortifier le territoire, œuvre commencée dès les premières années de son règne. « En l'année 1211, le roi Philippe fit clore de murs la ville de Paris en la partie du midi jusqu'à la Seine, si largement qu'on enferma dans les murailles les champs et les vignes ; puis il commanda qu'on fît maisons et habitations partout, et qu'on les louât aux gens pour *manoir* (demeure), jusqu'à ce que toute la ville fût pleine jusqu'aux murs[1]. Il fit aussi ceindre et renforcer les autres cités et châteaux de grandes tours bien défendables, et, quoiqu'il pût par droit faire tours, murs et fossés sur la terre d'autrui pour le commun profit du royaume, il fit loyale compensation de son bien propre à tous ceux dont il prenoit les terres pour ses cités et châteaux renforcer (Guillelm. Armoric.). » Que ce fût *loyauté* ou politique, c'était une chose nouvelle que ce respect de la propriété chez les princes.

A l'époque où Philippe acheva l'enceinte de Paris, il semblait eu probable que la capitale et les autres villes françaises eussent de longtemps à faire l'épreuve de leurs nouvelles fortifications. Ce n'était pas la France, mais ses adversaires qui se tenaient péniblement sur la défensive. Le roi avait eu quelque inquiétude, lorsque le meurtre de son allié Philippe de Souabe, tombé victime d'une vengeance particulière, eut donné le sceptre de la Teutonie à Othon de Brunswick, en 1208. Mathieu Pâris rapporte

---

1. Chaque toise du mur coûta 100 sous parisis (120 francs) ; chaque porte ou portail flanqué de tourelles, 120 livres (2,880 francs). *Mém. de l'Acad. des Inscriptions*, t. XXXII, p. 801.

qu'Othon et son oncle Jean d'Angleterre, faisant assaut de forfanterie, ne projetaient rien moins que de réduire le roi de France à la possession de Paris, d'Orléans et d'Étampes, comme au temps du bon roi Robert. Ce beau plan n'eût pas été facile à réaliser, mais Jean et Othon furent obligés d'en suspendre l'exécution, et eurent bientôt assez affaire de se défendre eux-mêmes. Othon, s'étant rendu en Italie, dans l'été de 1209, pour recevoir la couronne impériale des mains du pape, voulut enlever la Pouille au jeune Frédéric de Hohenstauffen, roi de Sicile, vassal du saint-siége, et refusa d'accomplir la promesse qu'il avait faite au pape de mettre le saint-siége en possession de la Toscane et des autres domaines autrefois légués à Saint-Pierre par la célèbre comtesse Mathilde, l'amie de Grégoire VII. A peine empereur, Othon se brouilla donc mortellement avec le souverain pontife, qui, depuis dix ans, s'était donné tant de mouvement pour l'élever au trône impérial. C'était dans la force des choses; Othon n'eût pu rester fidèle au pape qu'en sacrifiant les intérêts de l'Empire. Le pape et l'empereur étaient ennemis nés. Cette rupture coûta cher à Othon. Innocent III lança l'anathème sur sa tête, délia ses sujets du serment de fidélité, et, d'accord avec le roi de France, lui suscita un redoutable concurrent dans la personne même du jeune prince qu'il avait voulu dépouiller : Frédéric de Sicile, petit-fils du grand Frédéric Barberousse, fut proclamé empereur, à la fin de 1211, par le parti gibelin, que de singulières vicissitudes rendaient, pour la première fois et pour un moment, l'allié de la papauté.

L'autre ennemi de Philippe-Auguste, le roi Jean, était depuis longtemps aux prises avec la cour de Rome. Le motif de la querelle était le choix d'un archevêque de Canterbury, qu'Innocent III avait fait élire et que Jean croyait son ennemi personnel et refusait de recevoir. L'Angleterre fut frappée d'interdit comme l'avait été naguère la France. Jean n'avait pas tort dans le fond : l'archevêque de Canterbury, le chef de l'église anglicane, le gardien des libertés du pays de Kent, était un si haut personnage, qu'abandonner son élection au saint-siége, c'était quasi, pour le roi, accepter un rival de la main du pape. Mais les brutalités de Jean tournèrent tous les esprits en faveur de Rome:

il chassait les évêques, obligeait les prêtres à officier sous peine
de mort, arrachait aux barons leurs enfants afin de lui servir
d'otages contre le mécontentement public, et prenait prétexte
des signes même de ce mécontentement pour redoubler d'extorsions et de violences : détesté de la noblesse et du peuple, il ne
s'entourait que de bandits sans nom, sans foi et sans loi, et semblait le roi des routiers ; il soldait ces mercénaires, non plus pour
combattre et vaincre à leur tête comme son frère Richard, mais
pour rançonner et tourmenter les sujets que lui avaient laissés
ses ignominieuses défaites. C'était le gouvernement le plus avilissant et le plus hideux qu'on se puisse imaginer. Une révolution
devenait imminente en Angleterre, et le pape, vers la fin de 1211,
résolut d'en précipiter l'issue. Il traita Jean comme Othon, et le
déclara déchu du trône, à la grande joie de Philippe-Auguste,
qui suivait avec une espérance croissante la marche des événements d'Angleterre. Une entreprise plus vaste que toutes celles
que Philippe avait menées à fin préoccupait la pensée de cet
ambitieux monarque.

Le lundi saint, 8 avril 1213, le roi de France convoqua à Soissons un nombreux parlement, auquel assistèrent le duc de Bourgogne, les comtes de Dreux et de Nemours, cousins du roi [1], la
comtesse de Champagne, tutrice de son fils, qui fut depuis le célèbre Thibaud de Champagne, et une foule de grands barons.
Le roi annonça aux seigneurs assemblés, que, d'après le mandement du pape et l'invitation de beaucoup de barons anglais, il
allait passer le détroit pour détrôner le tyran excommunié. Innocent III avait en effet mandé à Philippe qu'il eût à se charger,
« pour la rémission de ses péchés », du châtiment du roi anglais:
il lui avait transféré la souveraineté de l'Angleterre pour lui et
ses successeurs à perpétuité, et avait expédié en France des bulles
octroyant les priviléges des croisés à quiconque s'armerait contre
Jean. Tous les barons promirent au roi leur concours, sauf Ferrand, comte de Flandre, qui se retira en disant « qu'il ne passe-

---

1. Le comte de Nemours, Pierre de Courtenai, était fils d'un fils de Louis le
Gros; le second fils de l'autre cousin-germain du roi, Pierre de Dreux, dit *Mauclerc*, venait d'épouser la jeune duchesse de Bretagne, Alix, sœur du malheureux
Arthur. La Bretagne passa ainsi des mains des Plantagenèts dans celles des Capétiens.

roit point en Angleterre, parce que messire *Loys*, fils du roi, lui retenoit contre tout droit ses châteaux d'Aire et de Saint-Omer, et que d'ailleurs la guerre projetée étoit injuste ». Le roi, transporté de colère, jura, « par tous les saints de France », que Ferrand paierait chèrement sa félonie, « et que la France deviendroit flamande, ou la Flandre, française ». Don Ferrand ou Fernand, prince de Portugal, était devenu comte de Flandre en recevant du roi la main de la comtesse Jeanne, fille de ce fameux Baudouin qui avait conquis le trône de Constantinople, et qui, après quelques mois de règne, avait, disait-on, cruellement péri dans une guerre contre les Bulgares. Le prince Louis de France avait profité de ce mariage pour se faire rendre les villes d'Aire et de Saint-Omer, portion de l'héritage de sa mère, que Baudouin de Flandre lui avait enlevée naguère à la faveur de quelques embarras de Philippe-Auguste. Ferrand, oubliant ce qu'il devait au roi, se laissa entraîner dans une alliance clandestine avec Jean-Sans-Terre et l'empereur Othon, par les conseils de Renaud de Dammartin, comte de Boulogne, ennemi mortel de Philippe. La marche ascendante de la royauté, qui broyait tout ce qui lui faisait obstacle, excitait d'implacables haines. Le roi avait mis à profit les querelles des comtes d'Auvergne et de Boulogne avec les évêques de Clermont et de Beauvais, pour saisir les fiefs de ces deux comtes ; Renaud de Dammartin, hors d'état de résister, avait renoncé à ses cinq comtés de France (Boulogne, Dammartin, et trois comtés en Normandie) pour se faire « l'homme du roi Jean », et ne respirait que vengeance.

Le roi, gardant de son côté grande rancune à Ferrand, somma tous les ducs, comtes et barons, chevaliers et servants d'armes du royaume, de se rendre à Rouen, dans l'octave de Pâques. Il fit assembler une multitude de navires et de barques. Les préparatifs de défense du roi Jean répondaient à la grandeur du péril : Jean réunit jusqu'à soixante mille combattants à Douvres pour repousser l'invasion, et sa flotte était supérieure à la flotte française ; mais il n'ignorait pas la haine que lui portaient ses sujets, et il soupçonnait les complots qu'on tramait au sein même de son armée. A peine se fiait-il aux routiers qu'il engraissait des dépouilles de son peuple. Son neveu Othon, vivement pressé par les forces supérieures du parti gibelin, ne le pouvait secourir. Ne sachant à qui avoir recours, il s'avisa, dit-on, d'expédier une ambassade secrète à Mohammed-el-Nasser, *émir-al-mouménim* ou chef suprême des musulmans d'Espagne et d'Afrique, pour lui offrir d'embrasser l'islamisme et de se reconnaître son vassal, si Mohammed consentait à l'aider contre le roi de France. Le monarque maure aurait reçu cette proposition étrange avec plus de dédain encore que de surprise, et déclaré qu'il ne se souciait aucunement de Jean et ne le voulait point honorer de son alliance [1].

Les angoisses de Jean étaient au comble, lorsque deux chevaliers du Temple lui annoncèrent que Pandolfe, légat du pape, qui se trouvait au camp des Français, souhaitait l'entretenir. Jean chargea ces templiers de repasser aussitôt la mer pour amener le légat à Douvres. Pandolfe révéla nettement à Jean tout ce qu'il ne faisait que soupçonner. « Presque tous les grands d'Angleterre, lui dit-il, ont envoyé au roi Philippe des chartes par lesquelles ils lui jurent « féauté » et obéissance : ils t'abandonneront avant le combat. Hâte-toi, pendant que tu le peux encore, de recouvrer par ta soumission le royaume dont tu as été privé par ta *révolte* ».

Innocent, au moment même où il invitait Philippe à la conquête de l'Angleterre, avait remis secrètement à son légat un projet de paix avec Jean. Le roi d'Angleterre accepta toutes les conditions qu'on voulut. Il jura de réintégrer dans leurs bénéfices, avec une énorme indemnité, les prélats et les clercs qu'il avait dépouillés et bannis; il renonça à toute intervention dans les élections ecclésiastiques; il prit la croix pour la guerre d'Orient; enfin, il signa une charte qui constatait l'éclatant triomphe de la politique papale. « Désirant nous humilier, y disait-il, et attirer sur nous la miséricorde de Dieu et de la sainte Église, notre mère, que nous avons grièvement offensée, nous conférons et concédons, librement et de l'aveu de nos barons, à Dieu et à ses apôtres Pierre et Paul, à la sainte église romaine, au pape Innocent et à ses successeurs catholiques, tout le royaume d'Angle-

---

1. Matth. Paris. p. 169. — Mathieu affirme avoir appris le fait de l'envoyé même de Jean. Ce qui augmente pourtant l'invraisemblance de cette bizarre anecdote, c'est que Mohammed avait perdu, l'année précédente, une bataille décisive en Espagne.

terre et tout le royaume d'Irlande, avec tous leurs droits et dépendances, et, recevant lesdits royaumes comme feudataire dudit seigneur pape et de la sainte église romaine, nous jurons, pour nous et nos héritiers, féauté et hommage-lige au seigneur pape : de plus, nous nous engageons à payer à l'église romaine mille marcs sterling par an ». Puis Jean s'agenouilla, et, mettant ses mains entre celles du légat, prononça la formule de l'hommage féodal (15 mai 1213). C'était le renouvellement fort aggravé des soumissions de Henri II après le meurtre de Thomas Becket.

Aucune humiliation ne fut épargnée au roi d'Angleterre : le légat foula aux pieds l'argent déposé devant lui pour la première année du tribut; ce mépris de pure forme n'empêcha point Pandolfe d'emporter force *sterlings* d'Angleterre : la cour de Rome ramassa précieusement ce qu'elle affectait de fouler aux pieds[1]. Pandolfe retourna de Douvres vers le roi de France, et lui signifia qu'il eût à se désister de son entreprise, « parce qu'il ne pouvoit plus, sans offenser le souverain pontife, envahir la terre d'un roi qui avoit satisfait à Dieu et à la sainte Église. Le roi Philippe entra en grand courroux : il dit que c'étoit à l'invitation du seigneur pape qu'il avoit préparé son expédition, et qu'elle lui avoit déjà coûté plus de soixante mille livres d'argent (environ six millions quatre cent quatre-vingt mille francs), en achat de vaisseaux, de munitions et d'armes ». Il avait été, en effet, cruellement joué par la cour de Rome, qui s'était servie de lui comme d'un épouvantail pour réduire Jean à merci.

Philippe n'eût peut-être point eu égard aux injonctions du légat, si celui-ci n'eût trouvé moyen de détourner sa colère sur le comte de Flandre. L'invasion du plus riche comté du royaume suffisait amplement à indemniser le roi de ses dépenses, et l'espoir de piller ces opulents et fiers bourgeois de Flandre, que les nobles-hommes haïssaient d'instinct, entraîna sans peine la chevalerie française. Le clergé n'aimait pas davantage la bourgeoisie flamande, qui tolérait les hérétiques, et qui n'accordait guère d'influence aux prélats[2].

---

1. Matth. Paris. — Henric. Knyghton. — Guillelm. Armoric.
2. La commune de Gand avait stipulé, en 1193, dans ses priviléges, qu'elle destituerait ses curés et chapelains à volonté, et que nul de ses bourgeois ne pour-

La flotte française partit donc de l'embouchure de la Seine pour les côtes de Flandre, et vint enlever Gravelines presque sans résistance, pendant que le roi en personne envahissait les terres flamandes. Cassel, Ypres, Bruges ouvrirent leurs portes, livrèrent des otages, et Philippe marcha sur Gand, pour « rabattre l'orgueil des Gantois, et les forcer de plier enfin leurs têtes sous le joug des rois [1] ». Mais, tandis qu'il préparait ses machines de guerre, il reçut de mauvaises nouvelles. La flotte avait jeté l'ancre près de Dam, qui, aujourd'hui éloigné de la mer[2], était alors le port de Bruges et le grand entrepôt du commerce de la Flandre avec l'Angleterre. « Là se trouvaient, dit Guillaume-le-Breton (*Philippid.* l. IX), des richesses venues de toutes les parties du monde, lingots d'or et d'argent, étoffes de Syrie, soies de la Séricane (la Chine), tissus des îles de la Grèce, pelleteries hongroises, graines qui produisent la teinture écarlate (cochenilles), radeaux chargés de vins de Gascogne et de La Rochelle, fer, métaux, draps de Lincoln, et mille autres marchandises ». Tant de trésors tentèrent la cupidité des équipages français, que commandaient le Poitevin Savari de Mauléon et le routier gallois Cadoc. Dam fut mis à sac, en dépit d'une capitulation qui garantissait la vie et les biens des habitants. La plupart des matelots avaient déserté leurs navires pour prendre part au butin, lorsque arrivèrent cinq cents bâtiments anglais envoyés au secours de la Flandre. Guillaume-Longue-Épée, comte de Salisbury, frère bâtard du roi Jean, et Renaud, comte de Boulogne, qui dirigeaient cette armée navale, assaillirent la flotte de Philippe et lui enlevèrent trois cents transports chargés de blé, de vin, de farine, d'armes et même d'objets plus précieux. Ils brûlèrent encore cent autres navires après

---

rait être cité devant aucun tribunal ecclésiastique hors de la ville. Oudegherst, *Chroniq. de Flandre*, p. 149.

1. L'auteur de la plus récente *Histoire de Flandre*, M. Kervyn de Lettenhove, fait remarquer que les châtelains de Gand et de Bruges marchaient avec le roi contre leur comte, conformément au serment qu'ils avaient prêté lors du mariage de Ferrand avec l'héritière de Flandre. Ferrand avait, par acte authentique, autorisé tous ses vassaux et toutes ses communes à aider le roi contre lui, s'il cessait de servir fidèlement le roi. *Hist. de Flandre*, t. I, p. 310-317. La royauté profitait de toutes les occasions pour exercer sur les arrière-vassaux une action directe, très contraire aux principes de la féodalité.

2. On a gagné, de ce côté, beaucoup de terrain sur la mer par les endiguements.

s'être emparés de leur cargaison, et bloquèrent le reste dans le port de Dam, tandis que les populations de la Flandre maritime se levaient en masse pour attaquer la ville, occupée par une garnison française. Philippe dépêcha en toute hâte une avant-garde de cinq cents chevaliers, qu'il suivit de très près avec toutes ses forces, et repoussa les milices flamandes; mais il ne réussit pas à sauver sa flotte; il ne put qu'achever de la détruire lui-même, afin que les débris ne tombassent pas aux mains de l'ennemi : tous les bâtiments qui s'étaient réfugiés dans le port de Dam furent livrés aux flammes, après qu'on en eut retiré les chargements.

Philippe vengea les désastres de sa flotte sur les cités flamandes, réduisit Dam en cendres, força Bruges et Ypres à racheter leurs otages au prix de trente mille marcs d'argent, obtint une forte rançon de Gand même, qui consentit à acheter sa retraite, mit garnison dans Oudenarde, dans Courtrai, dans Douai[1] et dans Lille; puis il reprit le chemin de la France. Le temps du service militaire était expiré, et les barons voulaient retourner passer l'hiver chez eux. Mais à peine le roi s'était-il éloigné, que le comte Ferrand, qui s'était retiré au delà de l'Escaut, rentra dans l'intérieur de la Flandre avec un corps de troupes fourni par son allié le comte Wilhelm de Hollande, et s'avança jusqu'à Lille. Les Lillois se soulevèrent et refoulèrent leur garnison dans le château de leur ville. Au premier bruit de cette révolte, le roi Philippe reparut sur les terres de Flandre[2]. Lille, assaillie à la faveur d'un brouillard épais, fut emportée par escalade, brûlée « avec ses maisons flanquées de tours et pleines de marchandises », et tous ceux des habitants qui ne purent s'échapper à travers les marais furent massacrés ou vendus comme serfs. Philippe repartit, après avoir ruiné Lille de fond en comble et démantelé Cassel. Il ne s'était pas conduit de la sorte en Normandie ; mais ses grands desseins avortés le remplissaient d'une fureur sourde ; les obstacles et les revers le rendaient implacable.

Le sac de Dam et de Lille excita parmi les belliqueuses populations flamandes un ressentiment qui se propagea bien au delà

---

1. Il confirma les coutumes de Douai, après avoir pris possession de la ville.
2. Il employa les armes *spirituelles* avec les temporelles. Il fit excommunier les rebelles par l'évêque de Tournai. Kervyn de Lettenhove. *Ibid.*

des limites de la Flandre. Ce puissant comté, quoique relevant du royaume de France, était plus lié d'habitudes et d'intérêts avec les Pays-Bas impériaux qu'avec le domaine royal, et l'invasion de la Flandre avait remué toutes ces contrées, depuis l'Escaut jusqu'au Rhin et à la Moselle. Les grands barons belges et lorrains voyaient avec autant d'inquiétude que de colère le roi de France tourner son ambition vers le Nord : accoutumés à une indépendance presque complète sous la suzeraineté des empereurs, ils ne se souciaient point du tout de renouer les antiques liens du *Lotherrègne* avec la France royale, et s'alarmaient sérieusement des desseins que la renommée prêtait à Philippe. On disait que le roi de France voulait relever l'empire de Charlemagne au profit de son fils, qui descendait du grand empereur des Franks par les femmes. Les commentaires que faisaient sur cette illustre origine les poëtes et les clercs de la cour de Philippe-Auguste motivaient les craintes des seigneurs du Nord : peut-être un vague instinct poussait-il en effet Philippe vers les limites septentrionales de la vieille Gaule; mais cet instinct ne se formula jamais en projets, qui eussent été irréalisables.

Quoi qu'il en soit, l'expédition de Flandre détermina contre le roi de France une puissante réaction : les comtes de Boulogne et de Salisbury passèrent l'hiver à parcourir les deux Lorraines et les bords du Rhin, et à échauffer les têtes des turbulents barons de ces provinces. Renaud de Boulogne, « homme aussi subtil de parole que vaillant de la main », devint l'âme de la coalition; il semblait le génie de la féodalité appelant tous ses enfants aux armes. Après s'être assuré de la noblesse belge, il alla trouver en Saxe l'empereur Othon, alors presque réduit, par son rival Frédéric, allié de Philippe, à la possession de ses domaines héréditaires de Brunswick et de Saxe. Othon fut facile à persuader : grâce au subside de quarante mille marcs d'argent que lui expédia le roi d'Angleterre, il leva pour la guerre de France plus de soldats qu'il n'eût pu faire pour son propre compte en Allemagne; il se rendit en Flandre au commencement de 1214, et toutes les dispositions de la campagne qui allait s'ouvrir furent arrêtées dans un parlement présidé par l'empereur, à Bruges. La plupart des grands de l'ancien Lotherrègne y figurèrent auprès d'Othon et du comte de

Salisbury, représentant le roi d'Angleterre : on y vit Ferrand de Portugal, comte de Flandre et de Hainaut, l'ex-comte de Boulogne, le duc de Limbourg, les comtes de Hollande, de Namur, etc.; les ducs de Brabant et de Lorraine, renonçant à l'alliance du roi de France, quoique le duc de Brabant eût épousé une fille de Philippe-Auguste et d'Agnès de Méranie, vinrent donner leur adhésion à la ligue. L'évêque de Liége était le seul adversaire considérable qu'eût le parti d'Othon dans le nord de la Gaule impériale. Hugues de Boves, baron amiénois devenu un fameux chef de routiers, se mit avec ses bandes à la disposition des coalisés. Il fut résolu que l'armée belge et teutonique, conduite par Othon, attaquerait la France par la Flandre et le Hainaut, tandis que le roi Jean descendrait en Poitou « pour reconquérir son héritage ». L'enthousiasme était universel parmi la chevalerie belge et lorraine ; elle ne parlait de rien moins que de « conquêter » toute la terre du roi Philippe. Quant aux Flamands, leur soif de vengeance, s'il en faut croire les écrivains du temps, était surexcitée par une prédiction qu'un nécromant avait faite à la vieille comtesse Mathilde ou *Mahaut*, belle-mère du comte Ferrand. « On combattra, avait dit le magicien ; le roi sera renversé en la bataille et foulé aux pieds des chevaux, et pourtant n'aura pas sépulture, et Ferrand sera reçu à Paris en grande procession après la bataille ». La prédiction a bien l'air d'avoir été faite ou au moins remaniée après coup.

Philippe voyait approcher l'orage, sans craindre, mais sans se dissimuler le péril : il savait que les mobiles populations de l'Ouest s'apprêtaient à saluer le retour de Jean comme elles avaient salué son expulsion ; que la Normandie s'agitait sous le joug ; enfin que, dans l'intérieur même de la France, plus d'un haut feudataire regardait la cause des coalisés comme celle de tout le baronage. Par l'énergie de son attitude et la célérité de ses préparatifs, il s'efforça de rassurer les fidèles, de décider les incertains et d'intimider les malveillants. Il ne réussit pas quant à l'Ouest, et fut prévenu de ce côté par Jean, qui déploya une activité inaccoutumée, et qui débarqua, dès la mi-février, à La Rochelle, avec une assez belle armée[1].

1. Il avait été empêché de tenter cette expédition, l'année précédente, par la

A cette nouvelle, le roi se hâta de convoquer le ban des provinces de la Loire et d'expédier son fils au devant du roi d'Angleterre. Le prince Louis se mit en marche avec huit cents chevaliers, deux mille sergents à cheval, et sept mille hommes de pied levés dans les milices bourgeoises d'Orléans, de Tours, de Bourges, et des autres villes des deux rives de la Loire; mais, avant que Louis eût pu se mettre en campagne, le roi Jean se rendit maître du Poitou presque entier : les Lusignan, autrefois ses ennemis les plus acharnés, Savari de Mauléon, son ancien sénéchal, qui l'avait récemment abandonné pour passer du côté de Philippe, et presque toute la noblesse de ces cantons, se rangèrent sous sa bannière. Il entra à leur tête dans Angers, se saisit de plusieurs forteresses de la Basse-Loire et voulut s'emparer de Nantes; mais il fut repoussé par le duc de Bretagne, Pierre Mauclerc, qui s'était jeté dans la ville. Il se rabattit sur la Roche-aux-Moines, fort château qui commandait la route de Nantes à Angers, et l'assiégea : ce fut là que le prince Louis le rencontra. Au bruit de l'approche des Français, le roi Jean leva son camp. Louis de France, reconnaissant l'infériorité de ses forces, ordonna un mouvement de retraite; mais ce n'était pas pour marcher à l'ennemi que le roi Jean avait plié ses tentes, et les deux armées firent plusieurs lieues en se tournant le dos. Louis, averti que Jean repassait la Loire, rebroussa chemin et s'élança à la poursuite des Anglo-Poitevins; ceux-ci, à qui leur chef n'inspirait ni estime ni confiance, et qui étaient déjà divisés entre eux, se débandèrent. Jean traversa la Loire sur une barque pour fuir plus vite; « il perdit une grande partie de ses gens, qui, en la fuite, furent occis et noyés; il abandonna pierriers et mangonneaux, tentes, vaisselle, chevaucha dix-huit milles en cette journée, et depuis ne retourna onc en lieu où il *cuidât* (crût) que messire Loys fût ou dût venir ». Presque toutes les places qu'il avait occupées furent recouvrées et démantelées ou munies de garnisons françaises.

La campagne avait été presque terminée dans l'Ouest avant de

coalition de ses barons, qui, sous la direction de l'archevêque de Canterbury, le philosophe scolastique Étienne Langton, célèbre docteur des écoles de Paris, voulaient l'obliger à jurer une ancienne charte de Henri Ier, qui garantissait les libertés féodales. C'est le commencement des grandes luttes *constitutionnelles* d'Angleterre.

commencer dans le Nord. La guerre eut aux bords de l'Escaut un caractère bien autrement imposant que sur les rives de la Loire. Philippe, dans le Nord, avait devancé ses rivaux et convoqué tous ses feudataires et toutes ses communes, avant que la lourde machine de la coalition eût pu se mettre en mouvement. Le rendez-vous général de la chevalerie et des milices françaises avait été assigné à Péronne : le tocsin bondissait dans les beffrois de toutes les communes, et chaque ville, chaque bourgade, chaque manoir se hâtait d'envoyer son contingent à l'armée chargée de défendre le territoire contre l'invasion; la chevalerie ne montrait pas moins de zèle que le menu peuple, et, dans la vieille France, le haut baronage même, contre l'attente des ennemis, était emporté par ce mouvement de nationalité[1]. Une semblable démonstration, au temps de Louis le Gros, avait suffi pour faire reculer l'empereur Henri V; mais, cette fois, les choses étaient trop avancées, et la confiance des agresseurs était trop grande. C'était à Valenciennes, sur les terres du comte Ferrand, qu'Othon avait mandé son armée : là vinrent successivement les lourds gens d'armes de la Saxe et du Brunswick, les communes de Flandre et de Brabant, avec leurs épais bataillons hérissés de piques, la chevalerie des deux Lorraines, la pauvre et guerrière noblesse de la Hollande et des provinces du Rhin, avide de piller le plantureux pays de France, et les routiers endurcis aux armes que conduisait Hugues de Boves, et les chevaliers et archers anglais débarqués avec le comte de Salisbury. L'empereur et ses barons étaient si

---

1. On sait par Guillaume-le-Breton les noms de seize des communes qui joignirent le roi et figurèrent dans la grande bataille : ce sont Arras, Hesdin, Montreuil-sur-Mer, Amiens, Corbie, Montdidier, Roie, Noyon, Beauvais, Compiègne, Soissons, Vesli ou Vailli-sur-Aisne, Crespi-en-Laonnois, Crandelain, Bruyères, Cernai. Plusieurs sont de simples bourgades. On ne saurait douter qu'Abbeville, Péronne, Saint-Quentin, Laon, Senlis, Paris surtout et les grandes villes de la Champagne n'aient aussi fait marcher leurs milices. M. de Sismondi nous paraît avoir diminué au delà de toute mesure la force numérique des deux armées en la rabaissant à quinze ou vingt mille hommes de chaque côté. Il n'est nullement probable que *la plus grande partie de la chevalerie eût suivi le prince Louis* (Sismondi); Philippe-Auguste regardait l'attaque d'Othon comme bien autrement dangereuse que celle du lâche roi Jean, et ne se fût pas dégarni du côté le plus vulnérable. Il faut prendre un milieu entre cette exagération négative et les chiffres des chroniques de Sens et d'Ypres, qui donnent l'une plus de cent, l'autre deux cent mille hommes à Othon.

assurés de vaincre qu'ils se partageaient d'avance les fruits de la victoire : ce n'était plus pour réprimer l'ambition de Philippe qu'ils tiraient l'épée, mais pour traiter le royaume de France comme les Normands avaient traité l'Angleterre. L'empereur Othon devait hériter de la suzeraineté capétienne sur toute la France, et s'attribuait Orléans, Chartres et Étampes; le Vermandois devait appartenir au comte de Boulogne; Paris et l'Ile-de-France, au comte de Flandre, et Hugues de Boves voulait Amiens[1]. Chacun réclamait sa part. On eût épargné le baronage français; mais malheur aux clercs et aux moines! on se proposait de partager leurs bénéfices aux gens de guerre et de ne laisser au clergé tout au plus qu'une portion des dîmes.

Philippe n'attendit pas l'attaque. Il partit de Péronne le 23 juillet, entra en Flandre, brûlant tout *royalement* à droite et à gauche, dit Guillaume-le-Breton, puis vint asseoir ses tentes sous les remparts de sa cité de Tournai, coupant les communications de l'ennemi avec les grandes villes de Flandre. Othon leva son camp de Valenciennes, et s'avança jusqu'à Mortagne, à six milles de Tournai. Les deux armées restèrent quelque temps à deux lieues l'une de l'autre, chacune hésitant à prendre l'offensive. « Le roi, dit Guillaume-le-Breton, proposa d'aller attaquer les ennemis; mais les barons l'en déconseillèrent, pour ce que les avenues étoient étroites et difficiles jusqu'à eux. Il fut donc ordonné qu'on retourneroit en arrière, et qu'on entreroit par autre plus pleine voie en la contrée de Hainaut; mais autrement advint qu'on ne s'étoit proposé, car Othon se mut en cette même matinée (27 août) du châtel de Mortagne, et chevaucha tant comme il put après le roi à batailles ordonnées (en ordre de bataille) ». Tandis que les Français se retiraient ainsi devant l'ennemi sans le savoir, et défilaient par la route de Lille, le vicomte de Melun et Guérin, frère profès de l'hôpital de Saint-Jean-de-Jérusalem, récemment élu évêque de Senlis, « homme de bon conseil et de grande vaillance », s'écartant du gros de l'armée avec trois mille sergents à cheval et arbalétriers, s'en allèrent au hasard devers Othon, et, du haut d'un tertre, découvrirent les *batailles* de l'empereur. Guérin courut prévenir le roi et les

---

1. *Chroniq. de Reims.* — Matth. Paris, p. 715.

barons. « Le roi ordonna que l'on s'arrêtât, et manda les barons pour prendre leur conseil : ils ne s'accordèrent point à la bataille, et voulurent que l'on continuât le chemin. On chevaucha donc jusqu'à un petit pont nommé le pont de Bovines, entre le lieu dit Sanghin et la ville de Cisoing (ce pont traverse la rivière de Marque, affluent de la Lys). Déjà étoit outre ce pont la plus grande partie de l'*host;* le roi n'avoit point encore passé, mais il s'étoit désarmé, et se reposoit sous l'ombrage d'un frêne, proche une petite chapelle dédiée à monseigneur saint Pierre, lorsqu'arrivèrent des messagers de la *dernière bataille* (l'arrière-garde), criant à merveilleux cris que l'ennemi venoit, que le vicomte de Melun étoit en grand péril avec ses cavaliers et arbalétriers, et ne pourroit longtemps soutenir la hardiesse et *forcenerie* des hommes d'Othon.

« Le roi, après une brève oraison à notre Seigneur, se fit armer hâtivement, *saillit* sur son destrier en aussi grande *liesse* (joie) que s'il dût aller à une noce ou à une fête, et lors commença-t-on à crier parmi les champs : — Aux armes, barons; aux armes ! Trompes et *buccines* (clairons) commencèrent à bondir, et les *batailles* à retourner qui avoient déjà passé le pont, et fut rappelée l'oriflamme de Saint-Denis, que l'on a coutume de porter pardevant toutes les autres au front de la bataille. Mais, comme elle tardoit, on ne l'attendit pas ». Le roi partit à grande course de cheval, et se plaça à la première ligne, séparé des ennemis par une petite élévation de terrain.

Othon et les siens firent alors un mouvement sur la droite, et se déployèrent en telle façon qu'ils eurent dans les yeux la lueur du soleil, plus ardent en cette journée qu'il n'avait été de la saison. Le roi rangea ses chevaliers sur une ligne de mille quarante pas de long, à peu près égale à celle du corps de bataille ennemi ; près de lui était Guillaume des Barres, la fleur des chevaliers, avec « nombre d'autres preud'hommes, pour son corps garder » ; à la droite du champ étaient Eudes, duc de Bourgogne, le vicomte de Melun, et l'évêque Guérin de Senlis, qui « ordonna les batailles » (rangea les bataillons). « — Seigneurs chevaliers, criait le bon évêque, le champ est grand : élargissez vos rangs, que l'ennemi ne vous *enclave!* Ordonnez-vous en telle sorte que vous puissiez combattre tous ensemble et tous d'un même front ! »

En face, on apercevait Othon au milieu de ses gens, « avec son aigle dorée, perchée sur un dragon qui tournoit devers les François une gueule béante ». Othon, en guise d'étendard impérial, avait arboré un aigle de bronze doré, tenant un dragon dans ses serres, sur un grand char imité du *carroccio* des républiques italiennes. Au moment d'en venir aux mains, le roi parla simplement et en peu de mots aux barons et à l'armée. « En Dieu, dit-il, est tout notre espoir et notre confiance. Othon et tous les siens sont excommuniés par notre seigneur le pape : ils sont les ennemis de la sainte Église et les destructeurs de ses biens ; leur solde est le fruit des larmes des pauvres, du pillage des clercs et des églises. Mais nous, quoique pécheurs, nous sommes unis à l'Église de Dieu, et défendons, selon notre pouvoir, les libertés du clergé. Ayons donc courage et foi au Dieu miséricordieux qui nous donnera victoire sur nos ennemis et sur les siens. » — Quand le roi eut dit ces choses, les chevaliers demandèrent sa bénédiction, et, élevant la main, il pria Dieu de les bénir tous ; puis les trompettes sonnèrent [1]...

1. La courte, mais caractéristique harangue de Philippe nous a été conservée par son chapelain Guillaume, dit le Breton ou l'Armoricain, qui resta derrière le roi à peu de distance, durant toute la bataille, chantant des psaumes avec un autre clerc et contemplant les grands faits d'armes des guerriers, pour les célébrer ensuite dans ses vers, comme un barde de l'ancienne Gaule. Une chronique de la seconde moitié du treizième siècle, la *Chronique de Reims*, publiée par M. L. Paris, bibliothécaire de la ville de Reims, raconte que le roi, le matin, s'était fait chanter la messe par l'évêque de Tournai, en la chapelle Saint-Pierre, près du pont de Bovines, et, après la messe, avait mangé une soupe au pain et au vin avec messire Enguerrand de Couci, le comte de Saint-Pol, le comte de Sancerre et *moult* d'autres barons, « en remembrance des douze apôtres qui avec notre Seigneur burent et mangèrent. — S'il y a nul de vous qui pense mauvaiseté et tricherie, s'était écrié le roi, qu'il ne s'approche mie ! — Tous les barons s'approchèrent avec si grand'presse, qu'ils ne purent tous advenir jusqu'au hanap (jusqu'à la coupe) du roi. Le roi, *moult liés* (très réjoui), leur dit : — Seigneurs, vous êtes tous mes hommes, et je suis votre sire... et vous ai moult aimés, et ne vous fis onc tort ni déraison, ains (mais) vous ai toujours menés par droit. Pour ce, si prie à vous tous que vous gardiez hui (aujourd'hui) mon corps et mon honneur et le vôtre. Et, si vous voyez que la couronne soit mieux employée en l'un de vous qu'en moi, je m'y octroie volontiers et le veux de bon cœur ». Quand les barons l'ouïrent parler, si commencèrent à pleurer de pitié et lui dirent : — Sire, pour Dieu merci, nous ne voulons roi sinon vous ! Or, chevauchez hardiment contre vos ennemis, et nous sommes tous appareillés (prêts) de mourir avec vous ! »

Ce passage très intéressant renferme, dans sa simplicité primitive, une tradition

Ce furent les vassaux de l'abbé de Saint-Médard de Soissons qui eurent la gloire d'engager la grande bataille : cent cinquante sergents à cheval du Soissonnais, tous roturiers, chargèrent audacieusement les chevaliers de Flandre, qui se trouvaient vis-à-vis d'eux ; ces braves gens furent repoussés et démontés, mais les chevaliers bourguignons et champenois, avec une partie des *Français*, s'élancèrent à la rencontre des Flamands, et en un instant l'aile droite des Français et la gauche des coalisés furent aux prises. L'ordre de bataille fut rompu ; les rangs se mêlèrent en un effroyable tourbillon d'hommes et de chevaux, se heurtant, se renversant, s'écrasant parmi les flots de poussière. Au milieu des cris de mort, un jeune chevalier flamand s'avisa de crier : « Souvenez-vous de vos dames! » comme s'il se fût trouvé dans un joyeux tournoi. Le duc de Bourgogne eut son cheval tué sous lui, et eût péri si ses gens ne l'eussent secouru à temps ; le comte de Saint-Pol (Gauthier de Châtillon) fit des exploits presque incroyables : en butte aux soupçons du roi, qui se défiait d'une bonne partie de ses barons, il avait déclaré « qu'on verroit bien en ce jour qui seroit traître ». Enveloppé par les ennemis, il fut frappé à la fois d'une douzaine de lances, sans qu'aucune le pût blesser, grâce à la bonté de ses armes. « Enfin, après trois heures et plus, tout le faix de la bataille tourna sur Ferrand et les siens : le comte de Flandre fut abattu à terre, blessé et navré de mainte grande

---

qui a joui d'une popularité immense jusqu'à nos jours, et qui se trouve reproduite dans mille monuments d'art et de littérature sous une forme théâtrale et déclamatoire. Il y a loin du récit de la chronique rémoise à la scène absurde de l'abbé Velli, qui représente Philippe-Auguste déposant « une couronne d'or sur l'autel où l'on célébrait la messe pour l'armée », et proposant aux soldats d'adjuger la couronne au plus digne, si l'on croyait quelqu'un plus capable que lui de la porter. L'impossibilité d'une pareille cérémonie, au moment où l'armée en marche est soudainement attaquée par l'ennemi, se démontre assez d'elle-même. Quant aux paroles du roi telles que les rapporte la *Chronique de Reims*, nous nous bornerons à observer que le témoignage de Guillaume-le-Breton est d'une valeur incomparablement supérieure à tout autre, et que cet écrivain, qui ne quitta pas le roi de la journée, n'eût pas manqué de célébrer un trait si fort à la louange de son héros, si ce trait eût été réel. — La *Chronique de Reims* est, du reste, un monument de beaucoup d'intérêt, moins pour les faits historiques, qui y sont presque toujours gravement altérés, que pour les traditions et les sentiments populaires, qui y sont vivement et fidèlement exprimés. C'est le plus ancien livre où se trouve la touchante histoire du trouvère Blondel ou Blondiaus de Nesle, et de son dévouement pour Richard Cœur-de-Lion.

plaie, pris et lié avec maints de ses chevaliers, et tous ceux de son parti qui combattoient en cet endroit du champ s'enfuirent, moururent, ou furent pris ».

Durant cette rude mêlée étaient revenues en toute hâte les milices des communes, qui se trouvaient bien au delà du pont de Bovines, lorsque l'action avait commencé. Les communes de Corbie, d'Amiens, d'Arras, de Beauvais et de Compiègne accoururent « avec l'enseigne Saint-Denis (l'oriflamme) au milieu d'elles », là où elles voyaient l'enseigne royale d'azur semée de fleurs-de-lis d'or [1], que portait un « fort chevalier » de Vermandois, appelé Gales (ou Galon) de Montigni; elles dépassèrent toute la chevalerie, et se mirent entre le roi et Othon. La gendarmerie *thioise* (teutonique) chargea furieusement les communes, les rompit, sans leur faire lâcher pied, et perça au travers, jusqu'à *la bataille* (l'escadron) du roi. Guillaume des Barres et tous les preux « qui gardoient le corps du roi » se jetèrent devant Philippe; mais, pendant qu'ils combattaient Othon et ses chevaliers, des sergents à pied *thiois*, qui avaient poussé de l'avant, cernèrent le roi, et le jetèrent à bas de son cheval avec des lances et des crocs de fer; sans son excellente armure, ils l'eussent mis à mort sur l'instant. Quelques chevaliers demeurés auprès de lui, et Gales de Montigni, qui élevait et agitait son enseigne tant qu'il pouvait pour appeler du secours, hachèrent ou dissipèrent ces gens de pied, et remirent le roi à cheval. Au même moment arrivèrent à l'aide les gens des communes et Guillaume des Barres. Le sire des Barres tenait Othon par son heaume, et le martelait de sa masse d'armes, lorsqu'il avait ouï crier : « Aux Barres! aux Barres! secours au roi » ! et il était accouru, « faisant si grand'place à l'entour, que l'on y pouvoit mener un char à quatre roues, tant il éparpilloit et abattoit de gens devant lui ».

La chevalerie du roi et celle d'Othon se mêlèrent derechef « avec grand abattis d'hommes et de chevaux ». Les Français reprirent le dessus. Othon, à son tour, faillit être tué ou pris, et fut emporté hors de la mêlée par son *destrier* blessé à mort. Il ne retourna point au combat, comme avait fait le roi Philippe :

---

1. *Vexillum floribus lilii distinctum*, dit Rigord.

il s'enfuit, « ne pouvant plus, dit le chroniqueur, endurer la vertu des chevaliers de France ». Les plus braves des chevaliers *thiois* furent pris en essayant de résister encore après le départ de leur chef. Le duc de Brabant, le duc de Limbourg, seigneur des « vaillants *combatteurs* des Ardennes », le chef des routiers, Hugues de Boves, prirent la fuite, à l'exemple d'Othon : le centre de l'armée ennemie se débanda. Le char sur lequel était planté l'étendard impérial fut mis en pièces; le dragon fut brisé, et l'aigle d'or fut déposé tout mutilé aux pieds du roi.

L'aile droite des coalisés, où était Renaud de Boulogne avec les Anglais et bon nombre de routiers du Brabant, soutint quelque temps encore l'effort des vainqueurs. Renaud de Boulogne « batailloit si durement, que nul ne le pouvoit vaincre ni surmonter », et, partout où apparaissait son heaume surmonté d'une double aigrette en fanons de baleine, s'ouvrait un large vide dans la mêlée la plus épaisse. Les Anglais avaient d'abord fait plier les gens de Dreux, du Perche, du Ponthieu et du Vimeux : à ce spectacle, le bouillant évêque de Beauvais, frère du comte de Dreux, se précipita parmi les combattants, une masse d'armes à la main, terrassa d'un coup sur la tête le comte de Salisbury, général des Anglais, puis bien d'autres, recommandant à ses compagnons de dire que c'étaient eux qui avaient fait « ce grand abattis, de peur qu'on ne l'accusât d'avoir commis une œuvre illicite pour un prêtre[1] ». Les Anglais furent mis en pleine déroute, mais le comte Renaud continua de se défendre héroïquement. Avant la bataille, il avait juré, ainsi que l'empereur et le comte de Flandre, de ne s'attacher qu'à la personne du roi, afin de le mettre à mort : seul des trois, il était arrivé jusqu'à Philippe; mais, quand il se trouva près de lui, il eut, dit-on, horreur de tuer « son droit seigneur[2] », et se détourna contre l'aile gauche des Français. Il avait disposé une troupe de sergents à pied en un double cercle hérissé de longues piques : c'était de ce fort qu'il s'élançait sans

---

1. C'était ce même Philippe de Dreux que Richard-Cœur-de-Lion avait pris autrefois dans un combat. Le belliqueux prélat se servait d'une masse d'armes au lieu d'épée, de peur de transgresser les canons, qui défendaient aux clercs de *verser le sang* ; il se contentait d'assommer les ennemis au lieu de les pourfendre.

2. Ceci est très remarquable comme expression du sentiment féodal.

cesse pour promener la mort parmi les Français ; puis il s'y réfugiait quand il était trop pressé ou qu'il voulait reprendre haleine, et la cavalerie qui le poursuivait venait se briser contre un rempart de fer. Enfin le roi Philippe lança contre les sergents du comte de Boulogne trois mille piquiers français, qui les enfoncèrent et les dispersèrent. Renaud se rua en désespéré au milieu des escadrons du roi ; son cheval, blessé à mort, s'abattit sous lui ; un homme des communes lui arracha son heaume, et le frappa d'un couteau sur la tête, lorsque survint Guérin, l'évêque de Senlis, qui empêcha de l'achever et le reçut à merci.

Après que toute la chevalerie ennemie fut tuée, prisonnière ou en fuite, sept cents fantassins brabançons restèrent les derniers sur le champ de bataille, « comme gens grandement preux et hardis » : le sire de Saint-Valeri et les hommes du Vimeux, au nombre de cinquante chevaliers et de deux mille hommes de pied, enfoncèrent enfin ces Brabançons, et les tuèrent ou prirent tous. Ce fut la fin de cette grande journée, dont le souvenir est demeuré à juste titre si national et si populaire. Le peuple, représenté par les milices communales, venait de faire son apparition avec éclat sur le champ de bataille : son début avait été le salut de la France [1].

Le soir, le roi manda devant lui tous les nobles hommes qui avaient été pris en la bataille ; il y avait cinq comtes : Ferrand de Flandre, Renaud de Boulogne, Guillaume de Salisbury, Othon de Tecklenbourg et Conrad de Dortmund, et vingt-cinq barons « portant leur propre bannière au combat [2] ». Le roi leur donna à tous la vie, « quoique tous ceux qui étoient de son royaume et ses hommes-liges, lesquels avoient fait tout leur pouvoir pour l'*occire*,

---

1. Ce récit est presque entièrement tiré de la chronique en prose de Guillaume-le-Breton (*Gesta Philip. August.*), comparée avec les l. X et XI de sa *Philippide*. La narration, si vivante, si colorée, si précise de Guillaume, ne méritait pas d'être traitée avec tant de sévérité par M. Michelet, qui ne veut y voir qu'un calque servile des batailles de l'Énéide. Si les tableaux du poème latin ont une forme un peu trop classique, on ne saurait faire le même reproche à la chronique en prose.

2. Le droit de *lever bannière* et le titre de *banneret* n'étaient point héréditaires : la condition requise était, à cette époque, de pouvoir réunir et équiper au moins cinquante hommes d'armes. On appelait *bacheliers* ou *bas-chevaliers* les chevaliers qui n'étaient pas assez riches pour *lever bannière* ; ils n'arboraient au bout de leur lance qu'un *panonceau* fendu en queue d'hirondelle, au lieu de la bannière carrée des bannerets. — Aux cinq comtes prisonniers cités plus haut, l'*Art de vérifier les dates* ajoute le comte de Hollande.

fussent coupables et dignes de perdre leurs *chiefs* (têtes) selon les lois et coutumes du pays : ils furent enchaînés et chargés en charrettes [1], pour mener aux prisons en divers lieux. La vieille comtesse Mahaut de Flandre avoit fait remplir quatre charretées de cordes pour lier les Français quand ils seroient *déconfits*. Ferrand comptoit prendre pour lui la ville de Paris; Renaud de Boulogne, Péronne et le Vermandois : ils eurent, de fait, l'un Paris, l'autre Péronne, mais à leur honte et confusion ». Philippe envoya Renaud à Péronne, où il fut mis dans une « très dure » prison, avec des chaînes de fer si courtes, « qu'il pouvoit faire à peine un demi-pas »; quant à Ferrand, le roi le traîna enchaîné à sa suite.

« Qui pourroit dire la très grand'joie et la très grand'fête que tout le peuple fit au roi, alors qu'il s'en retourna en France après la victoire ! Les clercs chantoient par les églises doux chants en louanges de Notre Seigneur; les cloches sonnoient à carillon ; les moûtiers étoient ornés dedans et dehors de draps de soie; les rues et les maisons des bonnes villes étoient vêtues et parées de courtines et de riches *garniments;* les voies et les chemins étoient jonchés de rameaux d'arbres verts et de fleurs nouvelles; tout le peuple, petits et grands, hommes et femmes, *vieils* et jeunes, accouroit à grande compagnie aux carrefours des chemins; les vilains et les moissonneurs s'assembloient, leurs râteaux et leurs faucilles sur le col, pour voir Ferrand en liens, lequel ils redoutoient un peu avant en armes. Les vilains, les vieilles et les enfants n'avoient pas honte de le moquer et *gaber* (railler) sur l'*équivocation* de son nom. Les *gabeurs* lui crioient que deux *ferrands* emportoient un troisième *ferrand* [2], et que *Ferrand* étoit *enferré*, lui qui devant étoit si fringant, que de trépigner et de se cabrer contre son seigneur. Telle joie fit-on au roi, et à Ferrand telle honte, jusques à tant qu'ils arrivassent à Paris. Les bourgeois et la multitude des écoliers de l'Université allèrent à la rencontre du roi, et montrèrent par leurs actions la grande joie de leurs cœurs; ils firent une fête sans égale, et, si ne leur suffisoit pas le

---

1. C'était un très grand déshonneur pour tout chevalier. *V.* le roman du *Chevalier de la Charrette*, de Chrestien de Troies.

2. La litière de Ferrand était traînée par deux chevaux bais, et l'on appelait *ferrands* les chevaux de cette couleur.

jour, ils festoyoient la nuit à grands luminaires ; les écoliers dépensèrent moult en festins et bombances, et dura la fête sept jours et sept nuits. » Pendant ces réjouissances, les milices communales, qui s'étaient si bien comportées dans la bataille, vinrent en pompe remettre leurs prisonniers au prévôt de Paris : plus de cent chevaliers étaient tombés entre leurs mains, sans les « petites gens ». Le roi leur en donna une partie pour les mettre à rançon : il enferma le reste au Grand et au Petit Châtelets de Paris. « Ferrand fut emprisonné en une nouvelle tour forte et haute au dehors des murs, laquelle est appelée la *Tour du Louvre*. Après quoi, en mémoire des grandes victoires que Dieu avait données, en même temps, au père contre l'empereur, et au fils contre le roi Jean d'Angleterre, Philippe fonda, près de la cité de Senlis, une abbaye dite *de la Victoire*, sous l'invocation de saint Victor de Paris [1] ».

La *liesse* universelle causée dans le royaume de France par la journée de Bovines atteste assez et la grandeur du péril et la nationalité du triomphe. Toutes les classes de la nation, même le clergé, avaient eu leurs représentants sur le champ de bataille, et prirent part à l'exaltation de la victoire. Les clercs célébraient l'unité de l'Église sauvée des mains d'un empereur excommunié et de barons avides d'usurper les bénéfices ecclésiastiques; les bourgeois, les vilains, et jusqu'aux pauvres serfs des campagnes, se réjouissaient d'être délivrés de l'invasion des farouches *Thiois*. Presque toute la chevalerie avait les mêmes sentiments; le haut baronage seul ne partageait pas franchement la joie commune; car c'était sa cause, celle de l'indépendance féodale, qui avait succombé à Bovines; c'était la royauté qui devait recueillir tous les fruits de la victoire nationale. Fondée par la patience, par le temps, par la lente et mystérieuse force des choses, la royauté venait de se transfigurer et de se consacrer par un baptême de gloire [2].

---

[1]. Guillelm. Armoric. *de Gestis Philippi Augusti*. — *Philippidos*. — *Chronique de Saint-Denis*. — Rad. de Coggeshal. — *Annal. Waverleiens*. — *Chronic. Turon*. etc.

[2]. Tandis que l'élite de la noblesse et de la bourgeoisie était allée combattre ou l'empereur Othon en Flandre, ou le roi d'Angleterre en Anjou, un violent mouvement politique et religieux avait éclaté parmi les serfs et les vilains des provinces centrales. Des milliers de *pastoureaux* (pâtres) se révoltèrent contre les seigneurs,

Philippe ne se montra point enivré du succès : il vieillissait, plus par les fatigues que par l'âge; il borna ses désirs aux vastes et durables avantages qu'il avait obtenus, ne chercha pas à expulser le roi Jean du Poitou et de la Saintonge, et lui vendit 60,000 marcs une trêve de cinq ans. On rentra de part et d'autre dans les limites antérieures à l'invasion de Jean. Les comtes de Flandre et de Boulogne n'en furent pas quittes pour si peu : le roi fit prononcer par la cour des pairs la confiscation de leurs seigneuries, ne voulut jamais relâcher Renaud, et assura à la maison royale la possession de Boulogne et de Calais en mariant Philippe, un des enfants qu'il avait eus d'Agnès de Méranie, avec la fille de Renaud. Quant à la Flandre, ne jugeant pas possible de réunir au domaine royal ce puissant comté sans soulever de nouvelles tempêtes, il consentit d'« ouïr en parlement » la com-

s'armèrent de fourches, de faux, de bâtons, forcèrent plusieurs manoirs, pillèrent les *moûtiers*, et parcoururent ainsi tout le Berri, proclamant l'égalité universelle, à l'exemple des « confrères de la paix », qui avaient « mené si rude guerre contre les cottereaux » trente ans auparavant; mais, cette fois, c'était au nom d'une religion nouvelle que marchait l'insurrection : c'était l'avénement prochain du Saint-Esprit qui allait fonder l'égalité sur la terre! La religion du Saint-Esprit n'en était déjà plus aux pacifiques congrégations vaudoises. La noblesse attaquée courut aux armes. Les villes restèrent neutres devant cette révolte de paysans, et les champions du Saint-Esprit furent écrasés ou dispersés par la gendarmerie couverte de fer qu'ils affrontaient demi-nus.

La délirante exaltation religieuse qui fermentait dans les foules avait produit, l'année précédente, un autre événement beaucoup plus extraordinaire, « une erreur inouïe dans les siècles », dit le chroniqueur Matthieu Pâris. « Un certain jeune *gars*, errant par les villes et les châteaux du royaume de France, comme s'il eût été envoyé de Dieu, chantoit en langue françoise : *Seigneur Jésus-Christ, rends-nous ta sainte croix!* avec beaucoup d'autres choses; et, quand les enfants de son âge le voyoient et l'entendoient, ils le suivoient en foule, abandonnant leurs pères et leurs mères, leurs nourrices et tous leurs amis, sans que rien les pût retenir; ils le suivirent devers la Méditerranée, marchant en une procession innombrable et chantant comme leur maître, qui étoit porté sur un char moult bien orné, et entouré d'une garde d'enfants en armes ». Bernard, fils de Gui, le biographe d'Innocent III, assure qu'il y eut jusqu'à quatre-vingt-dix mille enfants qui s'attroupèrent ainsi pour aller recouvrer la croix du Seigneur, comme ils disaient. Une partie, sur l'ordre du roi et d'après l'avis des docteurs de l'université de Paris, furent obligés de rebrousser chemin et de retourner chez leurs parents; le reste, plus opiniâtre ou plus avancé dans sa route, persista; beaucoup périrent de misère et de fatigue sur les chemins; quelques milliers arrivèrent jusqu'à Marseille, et s'entassèrent sur sept grands navires. Plusieurs des vaisseaux firent naufrage; on assure que les autres furent menés dans des ports musulmans par les armateurs provençaux qui s'étaient chargés de conduire les enfants, et qui vendirent ces malheureuses créatures aux *infidèles*. *v.* Hurter, *Hist. d'Innocent III*, l. XXII.

tesse Jeanne et les députés des villes de Flandre, et accorda main-levée de la confiscation, moyennant la démolition des citadelles de Valenciennes, de Cassel, d'Ypres et d'Oudenarde, et l'interdiction de toutes fortifications nouvelles en Flandre. Il promit de mettre à rançon le comte Ferrand; mais cette promesse ne fut point exécutée. Le gouvernement de la Flandre resta dans les mains de la comtesse Jeanne et des conseillers que Philippe lui imposa, et le comte Ferrand languit plus de douze ans dans les fers[1]. Son allié Othon, à qui le désastre de Bovines avait porté le dernier coup, ne pouvait plus rien pour lui; Othon était allé ensevelir au fond du Hartz sa douleur et son impuissance; il y végéta obscurément trois ou quatre ans encore, et ne reparut plus sur la scène du monde.

Mais ce ne fut ni en Allemagne, ni même en France, que se manifestèrent les plus grands résultats de la défaite des coalisés : les désastres de Jean et de ses alliés amenèrent, ou du moins accélérèrent au delà du Pas-de-Calais des événements qui ont imprimé aux destinées de l'Angleterre une impulsion irrévocable. La conquête normande avait donné à ce pays une organisation à part entre les peuples soumis au régime féodal : la royauté, depuis Guillaume le Conquérant, y avait été bien plus forte, plus active, plus gouvernante que partout ailleurs; tant qu'avait subsisté, dans sa vivacité première, l'hostilité réciproque des Normands et des Saxons, des vainqueurs et des vaincus, la nécessité avait serré les barons anglo-normands autour de leurs rois; mais, les haines s'épuisant avec le temps, cette nécessité s'était affaiblie, tandis que le despotisme royal allait au contraire croissant. La capacité politique de Henri II, les qualités chevaleresques de Richard Cœur-de-Lion avaient longtemps arrêté l'explosion du mécontentement des barons; mais Jean lassa enfin leur patience : ils avaient bien pu se résigner à la brillante tyrannie du Cœur-de-Lion et de son père, mais non pas à l'ignominieuse domination d'un tyran inepte et *couard*, qui n'avait d'audace que pour outrager des femmes et pour piller des sujets désarmés. La facilité des conquêtes de Philippe-Auguste tint en grande partie aux soulèvements

---

1. Oudegherst, *Chron. de Flandre*, c. 105, 106. — Kervyn de Lettenhove, *Hist. de Flandre*, t. I, p. 330 et suivantes.

des seigneurs anglais contre Jean et à leur refus de concours pour la défense ou la *recouvrance* des provinces continentales. L'hommage humiliant que Jean rendit au pape porta au comble le mépris qu'il inspirait; l'archevêque Étienne Langton, qu'Innocent III l'avait forcé d'installer à Canterbury, se mit à la tête du parti qui avait résolu d'arracher au roi le pouvoir arbitraire; Langton fouilla le passé afin d'y trouver des armes contre la tyrannie, et exhuma une vieille charte par laquelle Henri Ier, lors de son avénement au trône, avait promis de corriger les abus introduits sous son prédécesseur Guillaume le Roux[1]. Ce n'est pas sans raison que les Anglais témoignent un pieux respect à ce vieux diplôme; il fut le fondement de leur constitution et le point de départ de leurs libertés.

Le 20 novembre 1214, au retour de Jean après sa malheureuse campagne d'Anjou, les hauts-barons anglo-normands jurèrent, entre les mains de Langton, le rétablissement de la charte de Henri Ier, appelèrent aux armes leurs vassaux et les petits nobles et les francs-tenanciers qui relevaient immédiatement du roi, et signifièrent leur requête à Jean. Afin d'entraîner la population saxonne, ils réclamaient en même temps l'exécution « des bonnes lois du roi Edward », qui avaient été maintenues, au moins en droit, par Guillaume le Conquérant. Dans cet appel des barons à la petite noblesse et au peuple, était en germe la future grandeur de l'Angleterre. Jean refusa de renoncer au despotisme, et s'écria qu'il aimerait mieux abdiquer sa couronne. Les barons abjurèrent leurs serments de fidélité, élurent un chef militaire sous le titre de « maréchal de l'armée de Dieu et de la

---

1. A la mort d'un prélat, le roi envahissait le plus qu'il pouvait des biens de l'église qu'avait régie le défunt. A la mort d'un vassal de la couronne, l'héritier légitime était forcé de racheter son fief à un prix arbitraire au lieu de payer un simple droit de *relief*. Lorsqu'un vassal du roi voulait marier sa fille ou sa sœur, il était obligé d'acheter le consentement du roi. Le roi remariait les veuves contre leur volonté, afin de donner à ses créatures, avec leur main, les fiefs qui leur appartenaient. Le roi prenait dans les villes et comtés des droits de monnayage arbitraires. Il cassait les testaments ou ne les confirmait qu'à prix d'argent, mettait des impôts sur les fiefs de haubert, qui ne lui devaient que le service militaire, etc. Tous ces abus non-seulement n'avaient pas cessé depuis la charte qui en promettait le redressement, mais s'étaient accrus et multipliés sous Henri II et ses fils. *V.* le traité de *l'Origine du système représentatif en Angleterre*, par M. Guizot, à la suite de ses *Essais sur l'histoire de France*.

sainte Église », et entrèrent dans Londres bannières déployées : la désertion fut si générale autour de Jean, qu'il se trouva seul avec sept chevaliers. Il céda ; il signa, le 19 juin 1215, les articles que lui avaient signifiés les seigneurs ligués : c'est là la fameuse GRANDE-CHARTE ; la Grande-Charte sanctionnait les libertés du clergé, garantissait les barons contre le despotisme royal, les arrière-vassaux contre le despotisme des barons, interdisait au roi de lever aucun *escuage* (impôt de guerre) ou aide sans l'aveu du « commun conseil du royaume » (l'assemblée des vassaux de la couronne), ordonnait que la « cour des plaids communs » (la cour suprême de justice) se tînt en lieu fixe et ne suivît plus la personne du roi, réglait la tenue des assises des comtés ou tribunaux secondaires, défendait d'arrêter, bannir, emprisonner ou déposséder aucun homme libre sans le jugement de ses pairs, et protégeait les bourgeois, les marchands nationaux et étrangers, et les vilains, contre toute exaction et *maltôte* (*malè tolta pecunia*, argent levé injustement), etc. Pour la première fois apparaissait au moyen âge l'imposant spectacle d'une nation réunissant ses classes diverses et travaillant en corps à substituer le règne des lois à l'arbitraire. L'unité politique devait se faire en Angleterre par la nation, en France par la royauté. De là, des destinées bien différentes. Toutefois, dans cette première phase, la direction fut exclusivement aristocratique, et, pendant longtemps, les communes d'Angleterre demeurèrent, en importance de fait, au-dessous des communes de France.

Les barons anglais ne jouirent pas en paix de leur victoire : Jean n'avait cédé qu'à la force ; il appela à son aide tous les routiers du continent, leur promit les biens des « rebelles », et réclama l'assistance du pape, son « seigneur suzerain ». Innocent III répondit par un bref qui déclarait la Grande-Charte illicite et inique, la cassait et l'annulait, et défendait, sous peine d'anathème, au roi de l'observer, aux barons d'en réclamer l'observation (24 août 1215). Ainsi la papauté, par l'organe de son plus illustre représentant, abdiquait déjà le patronage populaire, auquel elle avait paru un moment aspirer ; elle permettait la tyrannie aux rois, pourvu que ces tyrans fussent les esclaves de Rome : ainsi, dès l'origine de la Grande-Charte, commençait cette lutte contre

Rome qui a créé le plus fort lien de la constitution anglaise, et germait cette haine nationale qu'on voit poindre avec tant d'énergie dans l'Histoire de Mathieu Pâris, le grand chroniqueur anglais du treizième siècle. Les foudres d'Innocent III s'émoussèrent contre la résolution des insurgés, animés par la conscience de leur droit et par le concours d'une grande partie du clergé anglais, qui désobéit généreusement à Rome, et qui n'observa pas l'interdit; mais les armes des routiers firent plus que les anathèmes du pape. A l'appel du roi Jean, tous les aventuriers de la Gaule s'étaient rassemblés autour de Hugues de Boves, un des vaincus de Bovines; une multitude de mercenaires brabançons, flamands, normands, poitevins, gascons, basques (on prétend qu'ils étaient quarante mille) s'embarquèrent pour aller se partager l'Angleterre; une tempête assaillit dans la Manche cette flotte de brigands et engloutit Hugues de Boves avec plusieurs milliers de ses compagnons; les autres prirent terre, et Jean et son frère, le comte de Salisbury, entamèrent, à la tête de ces intrépides et féroces soldats, réunis aux vassaux poitevins et gascons du roi, une guerre d'extermination contre les barons et contre le peuple anglais; mais les barons étaient résolus à tout plutôt que de reprendre le joug de leur infâme roi, et, vers la fin de l'année 1215, le comte de Winchester et le « maréchal de l'armée de Dieu », Robert, fils de Wauthier (Fitz-Walter), arrivèrent à Paris avec des lettres scellées du grand sceau des barons, et offrirent la couronne d'Angleterre au prince Louis de France, dont la femme, Blanche de Castille, était la petite-fille de Henri II.

Cette offre magnifique couronnait dignement la carrière de Philippe-Auguste : bien que l'âge eût refroidi son ardeur et son ambition, la réunion des deux couronnes sur la tête de son fils éblouit son orgueil de père et de conquérant, et il vit son fils accepter, avec une joie mêlée de quelque crainte. Il se fit livrer vingt-cinq otages en garantie de la fidélité des Anglais à Louis, et laissa celui-ci expédier sur-le-champ outre-mer dix barons avec force chevaliers et servants d'armes. Les seigneurs français furent reçus à bras ouverts dans Londres, et annoncèrent la prochaine arrivée du prince en personne (février 1216).

Mais le pape, qui avait pris parti si vivement pour Jean contre les barons anglais, n'était pas disposé à souffrir la spoliation de son vassal par les Français. Comme Louis se disposait à partir, arriva à la cour de France le cardinal-légat Gualo, qui présenta au roi Philippe des lettres par lesquelles Innocent III le priait d'empêcher que son fils Louis n'envahît le royaume d'Angleterre, ou n'inquiétât en aucune sorte le roi des Anglais, vassal et homme-lige de la sainte église romaine. « Le royaume d'Angleterre, répondit Philippe, n'a jamais été ni ne sera le patrimoine de saint Pierre : aucun roi ne peut donner son royaume, ni le rendre tributaire, sans l'aveu de ses barons. » Les seigneurs présents, rapporte Mathieu Pâris, appuyèrent le dire du roi par un cri unanime. Philippe, avec son habileté ordinaire, évita néanmoins de s'engager dans une lutte directe avec le pape, et renvoya l'affaire à la cour des pairs. « J'ai toujours été fidèlement dévoué au seigneur pape et à l'église romaine, avait ajouté Philippe, et jamais, par mon conseil ou par mon aide, mon fils Loys ne portera préjudice à ladite église ; mais, s'il revendique quelque droit sur le royaume d'Angleterre, il doit être entendu, et obtenir ce qui lui appartient. » La cour des pairs s'assembla donc le lendemain à Melun, en présence du légat. Louis y fit soutenir ses droits par un chevalier qu'il avait choisi pour avocat. Les raisons de Louis, si bonnes qu'elles fussent, ne pouvaient arrêter le cardinal Gualo, qui avait des instructions positives : il défendit au prince, sous peine d'excommunication, de passer en Angleterre, et au roi Philippe d'aider son fils dans cette entreprise. « Loys, les larmes aux yeux, dit alors à son père : Seigneur, quoique je sois votre homme-lige pour les fiefs que vous m'avez donnés en ce pays de France, il ne vous appartient pas de rien statuer touchant le royaume d'Angleterre. Je vous prie donc de ne point empêcher mon projet, parce que je combattrai jusqu'à la mort, s'il le faut, pour l'héritage de mon épouse ». Le roi, « voyant la constance et l'angoisse de son fils », lui donna sa bénédiction et le laissa partir (Mathieu Pâris).

Louis, esprit faible et borné, ne puisait pas cette résolution dans son propre fonds ; il était poussé par « sa dame » Blanche, femme d'un caractère héroïque, qui le forçait à être ambitieux malgré lui et à braver les anathèmes pontificaux, qu'il redoutait ; mais il craignait encore plus sa femme que le pape. Il alla s'embarquer à Calais, avec force gens de guerre, décidés à encourir les excommunications papales, qui commençaient à perdre leur efficacité à force d'avoir été prodiguées. Quatre cents petits transports et quatre-vingts *coques,* navires pontés et à voiles, jetèrent l'armée française sur la côte d'Angleterre (21 mai 1216). Le roi Jean, qui était à Douvres avec tous ses routiers, tourna le dos, et s'enfuit sans combat, comme à la Roche-aux-Moines. Louis marcha droit à Londres, y reçut l'hommage des barons et des bourgeois, et jura sur l'Évangile de garder « leurs bonnes lois, » et de leur restituer leurs patrimoines confisqués par Jean. L'excommunication que le cardinal Gualo, selon sa menace, lança contre Louis et ses adhérents, et dans laquelle il comprit le roi Philippe, comme ayant aidé son fils, produisit peu d'impression ; Louis en appela au pape, et poursuivit, en attendant, le cours de ses succès. Toutes les provinces du sud et de l'est se déclarèrent pour lui, tandis qu'Alexandre, roi d'Écosse, son allié, envahissait le nord. Les villes qui refusaient de reconnaître le nouveau roi étaient saccagées ou rudement rançonnées soit par la chevalerie française et anglaise, soit par les *borderers*[1] et les montagnards écossais. La plupart des routiers brabançons, normands, etc., que Jean avait enrôlés, passèrent du côté de Louis, ainsi que les seigneurs jusqu'alors fidèles à Jean : Salisbury lui-même abandonna son frère.

Le désespoir inspira quelque énergie à Jean, qui se voyait bien près d'être de fait comme de nom *Jean Sans-Terre.* Rassemblant le peu de chevaliers encore attachés à sa cause, et les réunissant aux aventuriers gascons et poitevins, il fit lever le siége de Windsor au comte de Nevers, principal lieutenant de Louis, et se mit à ravager les provinces de Norfolk et de Suffolk ; mais, tandis qu'il traversait une petite rivière près de son embouchure, le flux de la marée et les sables mouvants engloutirent les chariots et les chevaux qui portaient le trésor royal, les vases précieux et toutes les richesses que Jean aimait chèrement et menait toujours avec lui. Jean tomba malade de chagrin, et fut obligé de s'arrêter,

---

1. Gens des marches d'Écosse.

la nuit suivante, dans l'abbaye de Swines-Head. « Là, sa pernicieuse gloutonnerie accrut son mal, et sa fièvre s'enflamma, parce qu'il s'étoit gorgé de pêches et de cidre doux[1] ». Il reprit cependant sa route; mais il n'alla pas loin, et il expira au bout de trois jours, à Newark-Castle, en désignant son fils aîné Henri pour son successeur au trône d'Angleterre (19 octobre 1216). On lui fit, comme à son frère Richard, plusieurs épitaphes; mais elles n'exprimèrent pas la même diversité d'opinions. On voit dans celle-ci quels sentiments le monarque défunt inspirait à tout le monde :

« De même que l'Angleterre reste encore salie des souillures de Jean,

« Par Jean est souillée la sordide *gehenne* (l'enfer) elle-même ».

Le protecteur de Jean, le pape Innocent III, qui n'avait pas craint d'accepter la solidarité des haines qu'inspirait le tyran d'Angleterre, était mort trois mois avant lui, le 16 juillet. Ce redoutable génie laissait une mémoire à la fois éclatante et sombre, une mémoire contestée, orageuse comme la situation de l'église romaine, pour laquelle Innocent avait remporté de ces victoires qui laissent une blessure incurable au flanc du vainqueur[2]. La double mort d'Innocent et de Jean-Sans-Terre semblait devoir assurer l'établissement de Louis sur le trône anglo-normand. Le résultat fut tout opposé : le fils aîné de Jean, Henri Plantagenêt, enfant de dix ans, n'avait point hérité de l'horreur qu'on portait à son père; sa faiblesse et son abandon en faisaient au contraire le roi le plus commode pour les partisans des libertés publiques, tandis que Louis aliénait déjà ses nouveaux sujets par son imprudence. Jean s'était toujours entouré de Gascons et de Poitevins; Louis favorisait exclusivement ses Français, et leur donnait le gouvernement des châteaux, des villes, des comtés, au préjudice des indigènes qui l'avaient appelé au trône. Français et Anglais

---

1. Matth. Paris. — Rad. Coggeshal.
2. Une extatique, sainte Luitgarde, eut révélation qu'Innocent était en purgatoire pour trois motifs, que le biographe de cette sainte ne veut pas faire connaître. Innocent, dans cette vision, avoua même à Luitgarde qu'il eût été damné sans l'intercession de la Vierge, intercession qu'il s'était ménagée en fondant un monastère en l'honneur de Marie. Hurter, *Vie d'Innocent III*, l. XXI. Cependant sa mémoire fut considérée comme sainte par le plus grand nombre des catholiques.

étaient sans cesse en querelle; les Français disaient à leurs alliés que, puisqu'ils avaient trahi le roi Jean, ils trahiraient sans doute aussi le roi Louis, et ces reproches accréditaient le bruit habilement répandu, que Louis et ses barons d'outre-mer avaient juré entre eux de mettre à mort ou de dépouiller tous les seigneurs anglais. Durant tout l'hiver de 1216 à 1217, des défections journalières grossirent le nombre des fauteurs du jeune Henri, qui avait été couronné à Glocester dix jours après la mort de son père. Le nouveau pape, Honorius ou Honoré III, qui venait de succéder à Innocent III, embrassa chaleureusement la cause de l'héritier des Plantagenêts, et menaça de renouveler de sa propre bouche l'excommunication fulminée par le légat Gualo, si Louis ne quittait immédiatement l'Angleterre. Louis, inquiet, et voulant aller lui-même en France chercher un renfort d'argent et de soldats, conclut avec ses adversaires une trêve de quarante jours, durant le carême de 1217; « mais le roi Philippe, en homme très chrétien, ne voulut point communiquer, même de parole, avec son fils excommunié. » Philippe commençait à mal augurer de l'entreprise de Louis, et ne voulait pas se compromettre. Il fournit cependant sous main quelques secours à son fils; mais Louis, de retour en Angleterre, trouva ses affaires bien empirées : pendant son absence, presque tous les grands barons s'étaient tournés vers Henri III, « leur droit sire »; la commune de Londres seule montra un attachement obstiné au prince français, et Louis envoya la milice de Londres, avec six cents chevaliers français et quelques chevaliers anglais, contre les partisans de Henri III. L'armée franco-anglaise fut surprise dans Lincoln même et mise en déroute (19 mai 1217), et Louis se vit bientôt resserré dans Londres par les vainqueurs.

Le roi Philippe, quoique très affligé des revers de son fils, n'osa se brouiller avec le pape; mais il laissa sa bru, Blanche de Castille, rassembler en hâte des renforts pour les envoyer à Louis[1]. Trois cents chevaliers et une foule de sergents d'armes,

---

1. La *Chronique de Reims* raconte à ce propos un trait de Blanche de Castille, où cette altière et courageuse princesse se révèle tout entière : « Comme messire *Loeys* eut *dépendu* (dépensé) tout le sien et lui faillit argent, si manda à son père que il lui aidât et lui envoyât deniers. Et le roi dit, par la lance Saint-Jacques, qu'il n'en

ayant à leur tête Robert de Courtenai, seigneur de race capétienne, s'embarquèrent sur quatre-vingts vaisseaux et beaucoup de barques que gouvernait Eustache-le-Moine, Anglais de naissance et religieux défroqué, qui, par une succession d'aventures romanesques, était devenu un célèbre corsaire. Les marins des *cinq ports* (Douvres, Sandwich, Romney, Hastings et Hythe), qui étaient alors en Angleterre les ports par excellence, vinrent à la rencontre de la flotte française avec une quarantaine de navires, portant, outre les matelots, l'élite des chevaliers anglais. La victoire ne fut pas longtemps douteuse : la supériorité du nombre ne fut d'aucun secours aux Français : inhabiles aux manœuvres nautiques[1] et assaillis par des marins éprouvés, ils résistèrent en vain avec intrépidité ; les galères anglaises, armées d'éperons de fer à la manière des anciens, trouaient et coulaient bas les nefs d'Eustache-le-Moine ; les Français, criblés de dards par les balistes dont les Anglais avaient garni le pont de leurs vaisseaux et aveuglés par la chaux vive qu'on leur jetait du haut des hunes ennemies, étaient taillés en pièces presque sans pouvoir se défendre lorsqu'on en venait à l'abordage. Robert de Courtenai[2] et Eustache-le-Moine furent pris ; le moine défroqué fut décapité, comme traître, par ses compatriotes vainqueurs, et tous ceux des vaisseaux français qui échappèrent aux Anglais furent obligés

---

feroit néant, ni pour lui ne seroit excommunié. Quand madame Blance sut, si vint au roi et lui dit : — Comment, sire, laisserez-vous donc votre fils mourir *en étranges terres* (en terres étrangères) ? Sire, pour Dieu, il doit être héritier après vous ! envoyez-lui au moins les *issues* (les revenus) de son patrimoine. — Certes, Blance, dit le roi, je n'en ferai néant. — Non, sire ! dit la dame. — Non, voir (non, vrai), dit le roi. — Eh bien, je sais, dit la dame, que j'en ferai ! — Qu'en ferez-vous donc ? dit le roi. — Par la benoîte mère de Dieu, j'ai beaux enfants de mon seigneur, je les mettrai en gages, et bien trouverai qui me prêtera sur eux. » Adonc se partit du roi aussi comme *desvée* (exaspérée). Et, quand le roi la vit ainsi aller, si cuida (crut) qu'elle dit vérité ; si la fit rappeler et dit : — Blance, je vous donnerai de mon trésor tout comme vous voudrez, et en faites ce que vous voulez... Mais sachez de voir (de vrai) que je ne lui enverrai rien. — Sire, dit madame Blance, vous dites bien. » Et lors fut délégué grand trésor à madame Blance, et elle l'envoya à son seigneur, et il renforça sa guerre ».

1. Cette infériorité s'explique mal, puisque la couronne de France avait maintenant sous sa domination toutes nos populations maritimes, du Pas-de-Calais jusqu'au delà de la Loire. Il faut admettre que ces populations avaient refusé leur concours à cause de l'excommunication de Louis.

2. Robert de Courtenai quitta la prison pour le trône, et devint, en 1219, empereur de Constantinople.

de chercher un refuge sur les côtes de France (27 août 1217)[1].

Louis, « voyant qu'il n'avoit plus de secours à attendre ni par terre ni par mer », se décida à traiter avec le légat Gualo et Guillaume de Salisbury, grand-maréchal d'Angleterre, qui le tenait assiégé dans Londres. Louis jura de quitter l'Angleterre avec tous ses Français, de n'y jamais revenir en ennemi, et d'engager de tout son pouvoir le roi son père à restituer au roi Henri tous ses droits sur les pays d'outre-mer. Il rendit l'original de la Grande-Charte[2]. Le petit roi Henri III, le légat et le grand-maréchal jurèrent à leur tour de rendre aux barons anglais et à tous autres les droits, héritages et libertés à cause desquels la discorde était née entre le roi Jean et ses hommes, de ne rechercher aucun de ceux qui avaient suivi le parti de Louis, d'amnistier la cité de Londres tout entière, et de rendre sans rançon les gens de guerre pris à Lincoln et dans la bataille navale (11 septembre 1217). Les clercs seuls furent exceptés de l'amnistie et obligés de payer de grosses amendes au pape pour n'avoir pas observé l'interdit ».

Louis, relevé de son excommunication, regagna tristement les côtes de France, ayant, dans l'espace de quinze mois, conquis par les fautes d'un autre, puis perdu par ses propres fautes, le beau royaume d'Angleterre. Eût-il été plus prudent et plus habile, que l'inévitable réaction nationale qui l'expulsa n'eût pas moins éclaté tôt ou tard.

L'œuvre politique de Philippe-Auguste était trop bien consolidée pour que les revers de son fils pussent la compromettre : l'expédition d'Angleterre n'avait été qu'un épisode en dehors de cette œuvre ; les dernières années de Philippe furent paisibles et respectées ; l'Angleterre était tout occupée à se refaire du règne calamiteux de Jean ; l'Empire obéissait à Frédéric II, allié de Philippe ; la papauté était réconciliée avec la maison de France, et le baronage semblait s'habituer à la monarchie nouvelle. Une des grandes familles du royaume, la maison de Chartres, s'éteignit en 1218, dans la personne du jeune comte Thibaud VI. Ce

---

1. Matth. Paris. — Rad. Coggeshale. — Ann. Waverleï.
2. Nous avons omis, à propos de la Grande-Charte, de dire qu'elle décrétait l'unité des poids et mesures. *v.* Matth. Paris, p. 258.

prince eut ses deux sœurs pour héritières, et le comté de Chartres passa par mariage au comte de Beaumont-sur-Oise; le comté de Blois, au comte de Saint-Pol, de la maison de Châtillon-sur-Marne. Chartres fut plus tard réuni à Blois entre les mains d'un Châtillon. Le roi profita de ce partage pour acquérir des héritiers le comté de Clermont en Beauvaisis.

Une violente guerre civile éclata peu de temps après en Bretagne. La duchesse Alix était morte, et son mari, Pierre de Dreux, dit *Mauclerc* (mauvais clerc)[1], continuait de gouverner le pays et de porter le titre de duc, comme *bail* et tuteur de son fils Jean, « le vrai duc »; ses efforts pour étendre le pouvoir ducal lui aliénèrent d'une part le clergé, de l'autre les grandes familles basses-bretonnes, habituées à une indépendance presque absolue vis-à-vis de leurs ducs, qu'elles ne regardaient guère que comme les premiers des comtes ou *tierns* du pays. L'évêque de Nantes, secondé par ses confrères de la province de Tours, excommunia le duc; les vicomtes de Léonnais, que Mauclerc avait dépouillés de leurs seigneuries, soulevèrent contre lui les Rohan, les Avaugour, les seigneurs du Trégorrois, toute la Basse-Bretagne, tandis qu'Amauri de Craon, sénéchal d'Anjou, envahissait la Haute-Bretagne avec une foule d'hommes d'armes des provinces voisines. La noblesse et le peuple de la Haute-Bretagne soutinrent le duc, qui avait travaillé à s'attacher les bourgeois et les paysans par diverses exemptions et priviléges : Pierre détacha de la coalition le vicomte de Rohan et l'évêque de Nantes, défit et prit le sire de Craon, auprès de Châteaubriand, et força les vicomtes de Léonnais à la paix (1222). L'inertie de Philippe-Auguste durant cette lutte entre son sénéchal d'Anjou et son parent Mauclerc attestait l'affaiblissement moral et physique du grand roi de France, qui ne quittait plus guère la tour du Louvre, le palais de la Cité, ou le manoir de Paci-sur-Eure, habitation d'où il avait longtemps surveillé la Normandie. Philippe vivait désormais plus habituellement avec les gens d'église qu'avec les gens de guerre[2]. Il prit plus de part,

---

1. Parce qu'il employait contre le clergé les connaissances qu'il avait acquises dans les écoles de Paris : on l'avait d'abord destiné à l'Église.

2. Le roi faisait force donations aux *moûtiers* et aux prélats : il gratifia l'évêque de Paris de la suzeraineté des Halles-Champeaux, et l'abbaye de Saint-Denis de

toutefois, aux troubles de Champagne qu'à ceux de Bretagne : quand la guerre était en Champagne et en Brie, on pouvait voir les feux des incendies du haut de la tour du Louvre. Érard de Brienne, sire de Rameru, mari d'une tante du jeune comte Thibaud VI, revendiquait le comté au nom de sa femme, en vertu du droit de représentation[1]. La querelle fut poursuivie à la fois par l'épée et par justice. Érard requiert le roi de le recevoir à l'hommage de la Champagne. La cour des pairs le débouta de cette prétention préalable, sans juger au fond (juillet 1216). Il recourut aux armes. La cour des pairs lui interdit toute revendication par voie de droit, jusqu'à ce qu'il eût satisfait à la partie adverse et au roi pour ces violences. Après quatre ou cinq ans de petite guerre et de négociations, Érard et sa femme cédèrent, moyennant des concessions de terres (1220, 1221)[2].

Les guerres de Bretagne et de Champagne étaient peu de chose auprès des furieuses luttes qui avaient recommencé dans le Midi, vers l'époque du départ de Louis de France pour l'Angleterre. Le Midi était bientôt sorti de la stupeur où l'avait plongé le désastre de Muret, et, au moment même où Simon de Montfort allait en France rendre au roi l'hommage féodal de Toulouse et de Narbonne, l'héritier légitime des régions conquises rentrait en Provence pour recouvrer ses domaines et délivrer sa patrie. Le poëte de la croisade prétend qu'après la séparation du concile de Latran, le jeune Raimond VII alla prendre congé d'Innocent III, et en reçut un très bon accueil et force conseils paternels. « Je fais garder pour toi, dit le pape, le Venaissin, Argens et Beaucaire, dont tu pourras te contenter; et le comte de Montfort aura la seigneurie du reste, jusqu'à ce que l'Église ait vu si elle doit te rétablir. — Seigneur, dit l'enfant, il m'est dur d'ouïr parler de

---

maints priviléges et redevances. — Sur la guerre de Bretagne, *v*. Guillelm. Armoric. — *Chronic. Turonic.*

1. Sa femme était fille de Henri II, comte de Champagne, frère aîné de Thibaud V, père de Thibaud VI; mais la légitimité de cette princesse était contestée, Henri II l'ayant eue d'une femme divorcée, et Thibaud V et, après lui, son fils mineur avaient longtemps joui de l'héritage sans réclamation officielle.

2. *V.* dans Tillemont, *Vie de Saint Louis*, t. I, p. 78 et suivantes, cette affaire intéressante pour le droit féodal. La publication du livre de Tillemont par M. de Gaulle, pour la *Société de l'hist. de France*, a été un grand service rendu à l'histoire du treizième siècle.

partage avec Simon... Et, puisque je vois que tout se décide par la guerre, je ne veux demander autre chose, sinon que tu me laisses reconquérir ma terre, si je le puis ». L'*apostoile* (le pape) le regarda et jeta un soupir; puis il le baisa, et le bénit, et lui dit : « Prends garde à ce que tu feras! Tout ce qui est obscurci reprendra sa splendeur : que Dieu Jésus-Christ te laisse bien commencer et bien finir! » Le poëte provençal exagère sans doute la bonne volonté du pape envers Raimond; peut-être, néanmoins, Innocent était-il réellement mal disposé pour Montfort. Il se passait dans la Septimanie des choses qui affaiblissaient beaucoup la force morale de la croisade. Simon et Arnaud-Amauri s'étaient brouillés mortellement à propos du duché de Narbonne, que l'un et l'autre s'attribuaient : Simon était entré de vive force dans Narbonne, et avait démantelé cette ville, qui favorisait Arnaud contre lui, et Arnaud s'était vengé en excommuniant Simon [1].

Innocent ne vécut pas assez pour confirmer ou pour démentir les espérances probablement exagérées que le parti national languedocien avait mises en lui. Le jeune Raimond, en le quittant, était retourné trouver son père à Gênes; les deux comtes se rendirent de Gênes à Marseille, au printemps de 1216. Les habitants de la Provence proprement dite, contenus par leur clergé et par la puissante famille des Baux, ennemie des princes toulousains, étaient restés neutres jusqu'alors dans la guerre de Toulouse, et le vieux Raimond n'avait tiré aucune assistance de ses seigneuries d'outre-Rhône; mais la fermentation avait été croissant, et l'arrivée de Raimond VII, jeune homme de dix-huit ans, beau, séduisant, intrépide, fit éclater une explosion patriotique dans toute la contrée. La république de Marseille, qui n'avait jamais relevé de la maison de Toulouse, présenta ses clefs aux deux comtes, et leur offrit les bras de ses enfants pour la cause du pays. De là, les comtes furent mandés à Avignon par les « meilleurs » de la ville, qui se donnèrent à eux corps et biens, et jurèrent de les aider à recouvrer leurs terres ou de mourir avec eux. Tout le Venaissin, tout le Marquisat, suivirent le mouvement.

---

1. *Hist. de Languedoc*, l. XXII, c. 101, etc.

Le poëte provençal prétend que mille chevaliers « vaillants et accomplis, et cent mille autres hommes », se confédérèrent pour le rétablissement des comtes. Les vassaux du comte de Provence accouraient de toutes parts se joindre à ceux de Raimond[1]. Le vieux Raimond s'embarqua pour Barcelonne, et alla chercher du renfort chez ses alliés, les « riches-hommes » d'Aragon et de Catalogne ; le jeune Raimond, après avoir repoussé la faction des Baux, qui avait armé contre lui Orange, Nimes et quelque chevalerie, entama directement la guerre contre Simon de Montfort : tous les chevaliers *faidits* (proscrits) sortirent des bois et des montagnes pour joindre Raimond VII aux bords du Rhône. Le jeune comte passa le fleuve à Tarascon, entra sans coup férir dans Beaucaire, qui n'est séparée de Tarascon que par la largeur du Rhône, et mit le siége devant le château, occupé par le sénéchal et par les meilleurs chevaliers de Montfort.

Simon était depuis peu revenu de France : à la nouvelle du péril où était son sénéchal, il rassembla à la hâte tout le reste de ses hommes, marcha droit à Beaucaire, et assiégea dans la ville les Provençaux qui assiégeaient le château. On combattit de part et d'autre comme si de la possession de Beaucaire eût dépendu le sort de toute la Provence[2]. Simon et ses compagnons se surpassèrent eux-mêmes ; mais leurs adversaires, maîtres de tout le cours du Rhône, et bien retranchés derrière les murs de Beaucaire, se renforçaient chaque jour ; l'abondance régnait dans la ville, la faim désolait le château ; l'armée de secours eut le dessous dans plusieurs sorties sanglantes, et Simon ne put sauver son sénéchal et ses soldats qu'en les autorisant à capituler et à sortir du château sans chevaux, sans harnais et sans armes. L'étendard de Montfort, la terrible « bannière au lion », recula pour la première fois, et Simon reprit à grandes journées le chemin de Toulouse, après avoir conclu une trêve avec le jeune Raimond : il craignait de perdre plus que Beaucaire. Il avait reçu avis que les Toulousains se disposaient à livrer leur ville au vieux

---

1. Le comté de Provence et le royaume d'Aragon étaient alors entre les mains de deux enfants, Raimond-Bérenger IV, fils du comte Alfonse II, mort en 1209, et Jayme, fils du roi Pierre, tué à Muret.

2. Les Provençaux se servirent du *feu grégeois* contre le château de Beaucaire.

Raimond VI, qui arrivait dans le comté de Comminges avec des troupes catalanes et aragonaises. Le vieux comte se retira devant Montfort, et les Toulousains, effrayés de l'approche de Simon, envoyèrent vers lui « les plus gens de bien » de leur cité pour le prier de ne point venir en ennemi contre eux, et pour lui représenter que, détruire la ville, ce serait perdre son propre bien. Gui de Montfort, frère de Simon, et les autres barons de l'armée, conseillèrent à Montfort de recevoir à merci les Toulousains, et d'exiger d'eux seulement une grande somme d'argent pour soutenir la guerre; mais l'évêque Folquet fut d'un avis opposé. « Une fois en la cité, dit-il, il ne faut épargner biens ni gens, mais prendre ce qui se trouvera; et sachez, seigneur comte, que si vous ne faites ainsi, vous aurez à vous en repentir ».

Le comte, suivant l'avis de l'évêque, commença par arrêter les députés toulousains; puis Folquet, entrant dans la ville, persuada au peuple de sortir au-devant de son seigneur, afin d'apaiser le courroux de Simon. « Le pauvre peuple, se fiant aux paroles de l'évêque, passa les portes en grande multitude; et, à mesure que les notables de Toulouse se rendoient auprès du comte, Simon les faisoit prendre et lier ». Quelques-uns de ceux qu'on avait voulu enchaîner parvinrent à s'échapper, et avertirent du sort de leurs compagnons la foule qui les suivait. Le peuple, saisi de fureur, rentra dans Toulouse : il y trouva l'avant-garde du comte, qui introduite par l'évêque, avait commencé à piller les maisons et à violer les femmes. En un moment, le peuple fut sous les armes; chacun éleva devant sa maison des barricades de bancs, de coffres, de poutres, de tonneaux; on fit pleuvoir sur les gens d'armes une grêle de pierres, de briques et de barres de fer. Gui de Montfort, le frère de Simon, fut rudement repoussé avec ses hommes, et l'évêque, assailli par ses ouailles, eût été la victime de leur juste vengeance, s'il ne fût parvenu à se sauver au Château-Narbonnais. Simon accourut à l'aide avec toute l'armée, se saisit de plusieurs postes avantageux, et fit mettre le feu partout; mais les Toulousains éteignirent les flammes, repoussèrent deux attaques successives dirigées contre eux par le comte en personne, et, après tout un jour de combats, refoulèrent Simon et ses troupes dans le Château-Narbonnais, tandis que le détachement de Gui de Montfort était bloqué dans l'hôtel du comte de Comminges.

Quand le comte et l'évêque virent qu'ils ne viendraient point à bout des Toulousains par les armes, « Folquet imagina une grande et perverse trahison ». Il envoya l'abbé de Saint-Cernin proposer aux citoyens de se remettre à sa merci, leur garantissant, au nom de Dieu, de l'*apostoile* et de tout le clergé, qu'ils ne perdraient ni corps, ni biens, ni liberté; mais que, s'ils refusaient, les otages pris par Simon seraient « occis de male mort ». Les Toulousains ne connaissaient que trop la perfidie de l'évêque; ils ne purent croire pourtant que Folquet osât transgresser les terribles serments qu'il leur faisait, « de par Dieu, la Vierge Marie et le corps du Sauveur », et n'eurent pas le courage de livrer à la mort quatre-vingts ou cent des notables de la cité, que Simon gardait au Château-Narbonnais. Les députés de la « communauté », chevaliers et bourgeois, allèrent donc trouver le comte et l'évêque hors de Toulouse, à Villeneuve. Simon commença par se faire rendre tous ses prisonniers, puis il envoya les députés rejoindre les premiers otages au Château-Narbonnais, fit saisir dans leurs maisons tous les « meilleurs de la ville », jusqu'au nombre de deux mille, les réunit au marché des bœufs (*la Boaria*), et là les força de déclarer qu'ils renonçaient à la garantie de l'évêque. Tous ceux des principaux bourgeois qui ne purent s'échapper de Toulouse dans le premier tumulte furent emmenés captifs, « dispersés en terres étrangères », et entassés au fond de cachots où un grand nombre d'entre eux périrent de douleur et de misère, sans qu'on prît la peine de « séparer les morts des vivants ». La ville fut forcée de livrer ses armes et de se racheter d'une entière extermination par une rançon de trente mille marcs d'argent. Les tours et les murailles de la cité, les maisons flanquées de tourelles (*domus turrales*), et tous les lieux susceptibles de défense dans l'intérieur de la ville, sauf les églises, furent abattus à ras de terre. « Riches et merveilleux palais, somptueux bâtiments, tours antiques et constructions nouvelles » s'écroulèrent sous le marteau des démolisseurs. Simon avait ordonné la levée en masse des artisans dans tout le pays pour détruire « l'honneur » de Toulouse (octobre-novembre 1216)[1].

---

1. *Cansos de la Crozada.*

Le désastre de Toulouse rendit pour un moment la prépondérance à Simon : l'on avait recommencé à prêcher la croisade en France ; au printemps de 1217, l'archevêque de Bourges et l'évêque de Clermont amenèrent de nombreux croisés, à l'aide desquels Montfort obtint quelques avantages sur le comte de Foix, puis reporta la guerre aux bords du Rhône, passa ce fleuve, et envahit une grande partie du marquisat de Provence. Mais, tandis que Montfort guerroyait sur la rive gauche du Rhône, la malheureuse Toulouse réussit enfin à briser son joug. Le vieux Raimond VI, le comte de Comminges, et le fils du comte de Foix, marchant sur cette ville et culbutant un corps de troupes françaises qui essaya de les arrêter, profitèrent d'un brouillard épais pour entrer dans la cité ouverte de toutes parts, trompettes sonnantes, enseignes déployées : le peuple se leva en masse au cri de : « Vive le comte Ramon ! » s'arma de pierres, de bâtons, de couteaux, courut sus aux gens de Simon, et tua tous ceux qui ne purent gagner le Château-Narbonnais (13 septembre 1217). Le comte Gui, frère de Simon, accourut de Carcassonne avec tout ce qu'il y avait « d'hommes du Nord » dans le pays : les Toulousains avaient à la hâte creusé des fossés et planté des palissades pour remplacer leurs murailles ruinées ; Gui de Montfort et ses soldats forcèrent cette faible barrière, et pénétrèrent dans la ville, mais pour en ressortir bientôt « à grand'perte et honniment ». Le comte Simon, apprenant la défaite de son frère et le danger de sa femme, assiégée dans le Château-Narbonnais, quitta le marquisat de Provence et revint sur Toulouse avec un légat du pape, qui ne parlait que d'anéantir la ville et les habitants.

Tous les méridionaux enrôlés par force sous les drapeaux de Simon désertèrent en chemin ; les Toulousains, au contraire, avaient reçu de nombreux secours de l'Albigeois, du Querci, de l'Agenais et des Pyrénées. Simon tenta de reprendre la ville d'assaut, avant que les Toulousains eussent pu relever leurs murailles ; mais, à la première attaque, Gui de Montfort tomba percé d'un trait d'arbalète parti de la main du comte de Comminges ; un fils de Simon, que celui-ci avait fait comte de Bigorre, fut, aussi, grièvement blessé, et les assaillants furent repoussés de telle sorte, que Simon renonça à emporter Toulouse de vive force. Il entreprit de la bloquer en établissant sur les deux rives de la Garonne deux camps retranchés, « deux villes » contre la ville du comte Raimond, et il jura, « par le saint chrême, dont il avoit été baptisé, de tenir Toulouse assiégée jusqu'à ce qu'il eût victoire sur elle ou y perdît la vie » (fin septembre).

La victoire paraissait de moins en moins probable : l'arrivée du comte de Foix avec « une grande compagnie » de Navarrois, d'Aragonais et de Catalans, obligea Simon de lever précipitamment le camp de la rive gauche, du côté de Gascogne. Tandis que les gens de Montfort couraient vers les barques qui devaient les transporter à l'autre bord de la Garonne, les Toulousains et leurs alliés firent sur eux une furieuse sortie ; le désordre fut si grand, que Simon tomba dans l'eau et ne fut sauvé qu'à grand'peine par un de ses compagnons : son bon cheval se noya, et la riche couverture du *destrier* fut reportée au comte de Foix. Montfort courut jusqu'à Muret, y repassa le fleuve, et parvint enfin à regagner le camp de la rive droite, mais en laissant bon nombre des siens gisant sur les bords de la Garonne ou flottant morts au fil de l'eau.

Simon tint néanmoins son serment : il resta devant Toulouse tout l'hiver, dans celui de ses deux camps où il avait concentré toutes ses troupes, pendant que sa femme, l'évêque Folquet et Jacques de Vitri, un des historiens des croisades, allaient parcourir la France et chercher partout des auxiliaires. Ils en ramenèrent plusieurs milliers : le second camp fut rétabli, et la prise et le sac de Montauban, qui s'était révolté, ranima un peu les soldats de Montfort ; mais l'audace et l'espoir de leurs adversaires n'en furent point abattus : les Toulousains, qui avaient relevé toutes leurs fortifications, étaient plus assiégeants qu'assiégés : non-seulement ils battaient incessamment de leurs machines le Château-Narbonnais, mais ils prenaient fréquemment l'offensive contre le camp de la rive droite. Le jeune Raimond VII était venu les joindre à la tête de ses Provençaux, et, le jour de son arrivée, on avait vu tomber du haut d'une tour l'étendard au lion, sinistre présage pour les conquérants. Ce siége homérique, signalé par cent combats, se prolongeait depuis neuf mois entiers. Simon succombait à la tâche ; le découragement s'emparait enfin de cette âme inébranlable. « Malade de fatigue et d'ennui, dit Guillaume de Puy-Laurens, ruiné par tant de dépenses, il n'avait plus son ancienne ardeur, et le légat l'aiguillonnait sans relâche et le taxait d'insouciance et de paresse... Simon priait parfois le Seigneur de lui donner la paix de la mort ».

Simon, ayant échoué dans tous ses efforts pour se rendre maître du cours de la rivière et affamer la ville, était revenu à la force ouverte, et avait mis sa dernière espérance dans une énorme *gate* ou *chatte* de bois doublée en fer, qui devait renfermer dans ses flancs l'élite des hommes d'armes français, et renverser les murs nouvellement rebâtis par les Toulousains. La *gate* fut donc poussée jusqu'au bord du fossé; mais, un matin, avant qu'on eût pu la mettre en œuvre, les gens de Toulouse sortirent en masse pour s'en emparer, et commencèrent à faire un grand carnage des soldats qui la gardaient. Simon entendait la messe lorsqu'on accourut lui porter cette nouvelle; il ne voulut point quitter « les divins mystères ». Un second messager arriva un instant après, en criant : — Hâtez-vous! hâtez-vous, seigneur! vos hommes ne peuvent plus tenir! — Je ne quitterai point, répéta Simon, que je n'aie vu mon Sauveur! » Puis, quand le prêtre éleva l'hostie, il fléchit le genou et tendit les mains au ciel, en s'écriant : « Maintenant, Seigneur, congédiez en paix votre serviteur, selon votre parole »! Il monta à cheval, courut avec toute l'armée vers le lieu du combat, culbuta les Toulousains du premier choc, et les rechassa jusque dans leurs fossés. Là, les assiégés firent ferme, et revinrent à la charge, sous la protection des archers et des machines de guerre, qui, du haut des remparts, faisaient pleuvoir une grêle de traits et de pierres sur les croisés. Gui de Montfort et son cheval roulèrent l'un sur l'autre percés de deux flèches. A l'aspect de son frère étendu sanglant à terre, le comte Simon descendit de cheval, disant amèrement : « Beau frère, Dieu nous a pris en *ire* (en courroux) ». « Tandis qu'il converse et se lamente avec lui, voici qu'il y avoit dans la ville un pierrier sous un sorbier, près de Saint-Cernin, et les femmes, et les filles, et les épouses de ceux de la ville le bandèrent et tirèrent, et *la pierre vint tout droit où il falloit* (e venc tot dreit la peira lai on era mestiers). Elle frappa le comte sur son heaume d'acier, si fort qu'elle lui écrasa les yeux et la cervelle, et le front et la mâchoire lui partirent en quartiers, et il chut en terre mort[1] (25 juin 1218) ».

« Quand ceux de la ville surent que le comte Simon étoit mort, ils furent si joyeux que jamais on n'avoit vu telle joie. Les cloches et beffrois sonnèrent à grands carillons; toute la ville retentit des cors et des trompettes, des tambours et des clairons, et des cris de la commune allégresse. Tous, grands et petits, sortirent et allèrent faire de la *gate* un feu que rien n'éteignit, puis coururent rendre grâces à Dieu dans les églises de ce qu'il les avoit délivrés du comte ». Les croisés, consternés, levèrent le siége de l'autre côté de l'eau, et se concentrèrent dans le principal camp, où ils restèrent plusieurs jours immobiles. Tout à coup, ils s'élancèrent impétueusement hors de leurs pavillons, et tentèrent une attaque désespérée contre la ville; mais ils furent repoussés et menés battant jusqu'à leurs lignes.

Toute chance de succès était perdue. Ces hommes intrépides ne pouvaient pourtant se décider à abandonner la conquête de Toulouse et la vengeance de leur chef. Ils avaient proclamé Amauri de Montfort comte de Toulouse et vicomte de Beziers, à la place de son père. Ils ne décampèrent que le 25 juillet, un mois après la mort de Simon; le Château-Narbonnais fut évacué en même temps, et les Français s'éloignèrent enfin, emportant le corps de Simon, qu'ils ensevelirent à Carcassonne, dans l'église de Saint-Nazaire. On y voit encore sa gigantesque figure sculptée sur sa pierre tumulaire, avec sa cotte d'armes toute semée de croix.

« Son épitaphe dit qu'il est saint et martyr, et qu'il ressuscitera en joie merveilleuse, et héritera du royaume du ciel. Mais moi, j'ai ouï dire que, si, pour occire les hommes et répandre le sang; si, pour perdre les âmes et se complaire aux meurtres; si, pour détruire les barons et honnir *parage*[2], pour ravir les terres et soutenir *orgueil;* si, pour attiser le mal et atteindre le bien; si, pour occire les femmes et massacrer les enfants, un homme peut en ce monde conquérir Jésus-Christ, celui-là doit porter la cou-

---

1. *Cansos de la Crozada*, § 205. — *Historia de las guerras de Tolosa*. — Petr. Vall. Cern. — Guil. de Pod. Laurent.
2. *V.* notre t. III, p. 378, sur ce mot, qui désigne l'ensemble de la civilisation chevaleresque. *Orgueil* est la barbarie égoïste, le contraire de *parage*.

ronne et resplendir au ciel ». Telle est l'oraison funèbre que fait à Simon de Montfort le poète provençal au nom de tous les hommes de la langue d'oc!

La mort de Simon fut le signal d'un soulèvement universel. Le Querci, l'Agénais, le Rouergue, le Condomois, l'Armagnac, le Nîmois, s'insurgèrent à l'appel du jeune Raimond, et les garnisons d'hommes du Nord furent chassées ou exterminées d'une foule de places fortes; la Provence proprement dite reprit les armes; Guilhem, prince d'Orange, chef de la maison des Baux, fut mis en pièces par le peuple d'Avignon, et ses partisans furent poursuivis partout comme ennemis de la patrie et alliés des tyrans étrangers. La puissance des Montfort s'écroula aussi vite qu'elle s'était élevée, et la ruine de la domination *française* dans le Midi sembla bientôt assurée. Mais Rome n'était pas lasse de persécuter la maison de Toulouse : Honorius III n'avait point hérité du retour de bienveillance qu'Innocent III avait montré sur la fin de sa vie aux princes toulousains. Honorius crut voir dans la chute des Montfort la restauration de l'hérésie en vain noyée dans des torrents de sang; il embrassa avec ardeur la cause du fils de Simon, pressa le roi de France de marcher contre les « hérétiques provençaux », et ordonna d'employer à assister Amauri de Montfort la moitié d'un « vingtième » levé sur les biens du clergé français pour les besoins de la guerre d'Orient, qui se poursuivait alors, non plus en Palestine, mais en Égypte.

Le roi Philippe ne se croisa pas, mais ne voulut pas se brouiller avec le pontife romain, et laissa partir son fils Louis, avec le duc de Bretagne, le sénéchal d'Anjou, le comte de Saint-Pol, trente autres comtes, vingt évêques, six cents chevaliers et dix mille archers. Louis, au printemps de 1219, joignit Amauri de Montfort devant Marmande en Agénais, qu'assiégeait Amauri. La garnison obtint une capitulation; mais, lorsque le comte d'Astarac, qui commandait la place, se fut remis en la foi du prince avec ses gens, l'évêque de Saintes et d'autres prélats réclamèrent le comte « pour qu'il fût brûlé ou pendu, et la ville, pour qu'elle fût livrée au glaive et à la mort, parce qu'elle étoit pleine d'hérétiques ». Le vaillant comte de Saint-Pol, le héros de Bovines, et l'archevêque d'Auch s'opposèrent à cette infâme trahison, et sauvèrent le comte et les chevaliers captifs[1]; mais, pendant ce temps, la multitude des croisés, excitée par les prêtres et les moines, se rua de toutes parts dans la ville, et fit une horrible boucherie de la population entière : ce fut la répétition des scènes de Beziers; cinq mille personnes, hommes, femmes et enfants, furent passées au tranchant du glaive.

Le fils du roi et le comte Amauri prirent ensemble la route de Toulouse : on était prêt à les bien recevoir. Tandis que les croisés égorgeaient à Marmande une population sans défense, Raimond VII et le comte de Foix avaient écrasé à Baziéges les principaux lieutenants d'Amauri; puis ils étaient revenus s'enfermer dans Toulouse, où l'on avait appris en même temps le massacre et la victoire. Plus de mille chevaliers accoururent de tous les pays de la langue d'oc pour répondre au ban de guerre du comte Raimond : les braves bourgeois toulousains garnirent leurs tours, leurs murailles et leurs barbacanes de pierriers, de *trébuchets*, de *calabres* et de mangonneaux; « damoiseaux et damoiselles, garçons et filles et petits enfants travaillèrent à l'envi aux clôtures et aux fossés, aux ponts et aux remparts »; puis on attendit de pied ferme les ennemis, qui avaient juré, à l'instigation du légat Bertrand, de démolir la ville et de tuer tous les habitants, pour venger Simon, « le Machabée, le héros de Dieu ». Le siége commença le 16 juin 1219, un an écoulé depuis la mort du comte Simon. Après six semaines de combats sans résultats, la plupart des croisés, ayant dépassé leurs quarante jours de pèlerinage, refusèrent de poursuivre l'entreprise. Le prince Louis, forcé de lever le siége, brûla ses machines de guerre, « et s'en alla comme il étoit venu, à sa grande confusion et dommage (1er août 1219) ».

L'issue de cette campagne, si glorieuse pour les Toulousains, donna au parti national languedocien une supériorité décidée : Amauri perdit Montauban, Castelnaudari, presque tout l'Albigeois, le Toulousain et le Bédarrez : la bannière des Montfort cessa de flotter sur les ruines de l'infortunée ville de Beziers, et fut remplacée par l'étendard de Trencavel; le fils encore enfant

---

1. Le poëte provençal représente « le fils du roi », pendant cette délibération, « accoudé sur un coussin et jouant avec son gant cousu d'or, sans rien dire ». On ne saurait peindre plus énergiquement la nullité de Louis.

du vicomte Raimond-Roger rentra dans la seigneurie paternelle, sous la tutelle du comte de Foix. Amauri réunit tout ce qui lui restait de forces pour reprendre Castelnaudari : il s'obstina huit mois au blocus de cette place, y vit périr à ses côtés son frère Gui, comte de Bigorre, ses plus braves soldats, et fut enfin contraint de se retirer à Carcassonne, seule ville importante qui, avec Agde et Narbonne, lui restât de toutes les conquêtes des croisés (mars 1221). En vain le légat Bertrand fonda-t-il à Carcassonne, sous les auspices du saint-père, « l'ordre de la sainte Foi de Jésus-Christ », espèce de milice religieuse analogue à l'ancienne « compagnie blanche » de l'évêque Folquet ; en vain les moines et les prêtres tentèrent-ils de propager parmi les catholiques français et provençaux cette institution, dont le but était « d'aider et secourir le comte Amauri de Montfort et ses hoirs ; de s'engager à découvrir et à détruire les hérétiques, les rebelles à l'Église, et tous autres, chrétiens ou infidèles, qui guerroieroient contre ledit comte ». Tous les Provençaux, quelle que fût leur croyance, manifestaient la même horreur contre Montfort, et la prédication de la croisade albigeoise ne trouvait plus que tiédeur en France, où les esprits étaient beaucoup plus remués par ce qui se passait au « pays de Babylone[1] » (1220 à 1222).

Amauri, découragé et se sentant hors d'état de recouvrer les conquêtes de son père, se décida enfin à envoyer les évêques de Nîmes et de Beziers à Philippe-Auguste, pour lui offrir la cession de tous les domaines octroyés à Simon par le concile de Latran ; le pape écrivit au roi à ce sujet, et lui enjoignit d'accepter, « et

---

1. L'Égypte. Les chrétiens appelaient le Kaire *Babylone*. L'invasion de l'Égypte, but primitif de l'expédition franco-italienne, détournée en 1204 par les Vénitiens sur Constantinople, avait été effectuée, en 1218, par une croisade qu'Innocent III avait organisée avant de mourir, et qui fut conduite par un légat du pape et par Jean, comte de Brienne en Champagne, qui avait hérité du titre de roi de Jérusalem, en épousant la fille du marquis de Montferrat. Les croisés prirent Damiette, pénétrèrent jusqu'aux portes du Kaire, et se maintinrent trois ans dans le Delta; mais les divisions de Jean de Brienne et de l'arrogant légat Pélage leur firent perdre le fruit de leurs succès, et ils finirent par être trop heureux de pouvoir évacuer l'Égypte par une capitulation très désavantageuse, après avoir, peu de temps auparavant, refusé l'échange de Damiette pour Jérusalem. Les archevêques de Reims et de Bordeaux, les comtes de la Marche et de Bar, et une infinité d'autres grands personnages avaient pris part à cette expédition, et y périrent pour la plupart.

pour sa gloire et pour son salut » (14 mai 1222). Philippe prétexta l'expiration prochaine des trêves avec le jeune roi d'Angleterre, et n'accepta point : épuisé de corps et d'esprit, il n'aspirait plus qu'à mourir en paix. Guillaume de Puy-Laurens prétend que le roi ajouta à son refus ces paroles prophétiques : « Je sais qu'après ma mort les clercs besogneront de tout leur pouvoir pour que mon fils Loys se mêle des affaires des Albigeois ; mais, attendu qu'il est foible et de débile santé, il ne pourra supporter cette fatigue : il mourra bientôt, et alors le royaume restera aux mains d'une femme et de jeunes enfants, si bien qu'il ne chômera de dangers ! »

Amauri, tant que vécut le roi Philippe, fut donc réduit à conserver, malgré lui, ses titres et les débris de sa puissance, et à disputer péniblement ses dernières forteresses contre Raimond VII et Roger-Bernard, comte de Foix, qui venaient de succéder tous deux à leurs pères. Le vieux Raimond VI avait été frappé de mort subite (août 1222), et, quoiqu'il fût mort catholiquement entre les bras de l'abbé de Saint-Cernin et sous le manteau des chevaliers de Saint-Jean, comme il était encore sous le poids de l'excommunication, il ne fut point enseveli, et son corps, privé de sépulture, fut gardé dans la maison des frères hospitaliers de Saint-Jean, à Toulouse. Il y resta trois cents ans dans un coffre de bois.

Un meilleur avenir semblait poindre pour le Midi, et le nouveau comte de Toulouse, le jeune héros qui avait reconquis si glorieusement son héritage, paraissait réservé à de plus heureux destins que son père. Malheureusement pour la terre de la langue d'oc, l'hérésie reparut avec l'indépendance nationale : le manichéisme, qu'on avait cru dévoré par la flamme des bûchers, commença de renaître de ses cendres. Ceux des *parfaits* qui avaient pu échapper à la rage des croisés s'étaient dispersés et cachés dans tous les coins de l'Europe, surtout dans les pays slaves du Danube, centre et point de départ de leur religion. A la nouvelle de la chute des Montfort, ils crurent les jours de la persécution finis, et reprirent de toutes parts le chemin de la Provence ; un de leurs principaux docteurs, Barthélemi de Carcassonne, revint, dit-on, des confins de la Bulgarie, de la Dalmatie et de la Croatie, avec le titre de « serviteur des serviteurs de la sainte Foi »; et se mit en devoir de réorganiser les églises cathares de la langue d'oc. Guillabert de Castres, autre chef de la doctrine, secondait Barthélemi, et ordonna un « évêque de Rasez » dans une assemblée d'une centaine de *parfaits*, tenue au lieu dit Pieussan[1]. Malgré le mystère dont s'enveloppèrent les manichéens, le clergé catholique et surtout les Frères Prêcheurs, que n'avait pas refroidis la mort récente de leur fondateur Dominique[2], avaient trop bien organisé l'espionnage pour n'être pas au courant de tous les mouvements de leurs adversaires : Rome s'émut de nouveau, et réitéra ses efforts auprès du roi avec un mélange de supplications et de colère. Le légat du pape en France, le cardinal Conrad, ex-abbé de Cîteaux, convoqua à Sens un concile gallican, par une circulaire où il exagérait le péril, afin de réveiller le fanatisme français. Philippe ne pouvait se dispenser d'assister à ce concile, qui devait se réunir en juillet 1223, et l'on espérait bien profiter de l'occasion pour entraîner le roi à prendre la croix.

Mais Philippe était dans l'impossibilité matérielle de répondre aux désirs de la cour de Rome : depuis l'été de 1222, ce prince, miné par une fièvre lente, sentait ses forces se retirer de lui; il avait fait son testament au château de Saint-Germain-en-Laie, dès le mois de septembre 1222. Ce testament, publié avec la chronique de Guillaume-le-Breton, dans le recueil des *Historiens des Gaules*, est un curieux monument historique : l'énorme trésor amassé par Philippe atteste son administration économe[3] et l'accroissement de la richesse publique, qui avait augmenté à ce point le revenu du prince[4], sans que les progrès de l'industrie et du

---

1. *Hist. de Languedoc*, l. XXIII, ch. 57. — Matth. Paris. *ad ann.* 1223.
2. Saint Dominique avait, en 1220, interdit à son ordre le droit de propriété, à l'exemple de saint François. Les dominicains devinrent *moines mendiants*, comme les franciscains.
3. Il atteste aussi l'ignorance économique qui stérilisait de telles valeurs; mais cette ignorance était et fut longtemps encore générale.
4. Au commencement du règne de Philippe-Auguste, suivant un état dressé quelques années après son avénement, le domaine royal ne rapportait que 7,197 livres 15 sous de revenu, c'est-à-dire 143,958 francs. Le marc valait 2 livres parisis; la livre parisis valait 20 sous parisis et pesait 4 onces, poids de 27 de nos francs. Le sou parisis valait donc 1 franc 35 centimes. Le sou *tournois* (monnaie de Tours,

bien-être, au moins relatif, fussent, à ce qu'il semble, arrêtés dans leur essor; en même temps, l'emploi que Philippe destine à son trésor fait voir combien cet habile politique, à l'approche de sa fin, était retombé sous l'influence des gens d'église : il laissait à ses exécuteurs testamentaires, Guérin, évêque de Senlis, Barthélemi de Roie, *chambrier* (chambellan) de France, et frère Aimar, trésorier du Temple, cinquante mille livres parisis (1,350,000 francs), pour faire, « suivant le discernement que Dieu leur a donné », restitution de tout ce qu'il aurait perçu, extorqué ou retenu injustement. Il léguait ensuite l'énorme somme de cent cinquante sept mille cinq cents marcs d'argent (8,505,000 francs) au roi titulaire de Jérusalem, Jean de Brienne, et aux deux ordres du Temple et de l'Hôpital, pour qu'ils entretinssent trois cents chevaliers de plus pendant trois campagnes contre les Sarrasins, et pussent reprendre vivement les hostilités outre-mer. Il donnait vingt et un mille livres parisis aux pauvres, aux orphelins, aux veuves et aux lépreux de Paris, dix mille livres à sa femme Ingeburge, dix mille livres à son fils puîné Philippe, deux mille à ses serviteurs, et toutes ses couronnes d'or avec leurs joyaux, ses croix d'or, ses pierres précieuses, à l'abbaye de Saint-Denis, afin que vingt moines célébrassent la messe chaque jour à perpétuité, pour le salut de son âme; plus, à l'Hôtel-Dieu de Paris, vingt sous parisis (27 francs) par jour, à percevoir sur la prévôté de Paris. Le reste des immenses richesses amassées par Philippe durant quarante ans de prospérité devait appartenir à son successeur, Louis, huitième du nom.

Il ne s'agissait dans ce testament que du partage du fisc royal, que les rois regardaient comme leur propriété personnelle, et non du partage des domaines de la couronne. Louis-le-Gros, avec son sens droit et la conscience de ses devoirs de roi, avait fondé à cet égard la politique de la royauté, en n'octroyant à ses fils puînés que de faibles apanages qui les mirent au rang des

---

non moins usitée que la monnaie de Paris) ne valait que 1 franc. La valeur relative des monnaies était infiniment plus considérable. On voit, dans le testament du roi, que 240 livres parisis (6,480 francs) suffisaient à l'entretien de vingt prêtres. C'était 324 francs par tête. Et il ne s'agit pas ici de pauvres vicaires de campagne. Ces 324 francs représentaient peut-être 1,800 francs ou 2,000 francs d'aujourd'hui.

barons du second ordre; Louis VII n'eût sans doute pas eu assez de jugement pour suivre cet exemple; mais le ciel, heureusement, ne lui avait donné qu'un fils. Ce fils n'était pas homme à abandonner la trace de son aïeul, dont il avait continué la mission avec une si grande supériorité de bonheur et de génie. Philippe-Auguste ne détacha du domaine que le petit comté de Clermont en Beauvaisis, pour son second fils Philippe, qu'il avait investi des fiefs du malheureux comte Renaud de Boulogne, toujours captif à Péronne.

Cependant la forte constitution du roi lutta encore plus de dix mois contre la fièvre. Il avait fini par être ébranlé par les instances des prêtres, touchant l'« affaire des Albigeois; » il avait ajouté à son testament un legs de vingt mille livres à Amauri de Montfort, « pour l'aider à l'extirpation de l'hérésie », et il parut désirer vivement assister au concile, que le cardinal Conrad, à sa prière, transféra de Sens à Paris. Le roi, contre l'avis des médecins, partit de Paci-sur-Eure pour Paris; mais il ne revit pas la tour du Louvre. La fièvre redoublant le força de s'arrêter à Mantes, où il expira, le 14 juillet 1223, à l'âge de cinquante-huit ans, après en avoir régné quarante-trois. « Ainsi mourut Philippe, roi des François, homme très prudent et de grand sens, dit le poëte chroniqueur, homme renommé par sa vaillance, magnifique en actions, victorieux dans ses guerres : il élargit merveilleusement les droits de la couronne et la puissance du royaume des François, et enrichit fort le fisc royal; il combattit virilement et *déconfit* beaucoup de princes illustres par leurs terres, leurs soldats, leurs armes et leurs richesses, qui avoient fortement assailli son royaume et sa personne, et il fut un grand protecteur des églises ».

Le roi Philippe fut inhumé à Saint-Denis, ainsi qu'il l'avait désiré. L'œuvre du conquérant de la Normandie et du vainqueur de Bovines ne fut pas ensevelie avec lui dans la tombe.

On raconte qu'en 1185 (Philippe avait vingt ans à peine), ses barons le voyaient, un jour, assis à l'écart, rongeant un rameau vert avec distraction, et jetant autour de lui des regards qui décelaient l'agitation de son âme. « Si quelqu'un pouvoit me dire ce que le roi pense, s'écria l'un d'eux, je lui donnerois mon meilleur cheval ». Un autre s'enhardit à gagner l'enjeu, et interrogea le roi. « Je pense à une chose, répondit Philippe; c'est à savoir si Dieu accordera à moi, ou à un de mes hoirs, la grâce d'élever de nouveau la France à la hauteur où elle étoit parvenue du temps de Charlemagne[1]. »

Il poursuivit cette pensée durant toute sa vie, et en avança la réalisation aussi loin que le permettaient les limites du possible.

1. Hurter, *Vie d'Innocent III*, l. XIX. M. Hurter ne dit pas où il a pris cette anecdote.

LIVRE XXIV.

FRANCE FÉODALE

(SUITE).

Apogée de la monarchie féodale. — Louis VIII. Conquête des pays de la Charente et d'une partie de la Guyenne. — Croisade de Louis VIII contre les Albigeois. Siége d'Avignon. — Louis IX (saint Louis). Régence de Blanche de Castille. Révolte des barons. Blanche et Thibaud. — Fin de la guerre des Albigeois. Le Languedoc assuré à la maison royale. — Nouvelle lutte entre l'Empire et la papauté. Frédéric II, Grégoire IX et Innocent IV. Commencement de décadence morale de la papauté. Progrès moral de la royauté. Mouvements de la noblesse contre le clergé. — Victoire de Louis IX sur Henri III d'Angleterre à Taillebourg et à Saintes. — La Provence passe dans la maison royale. Puissance des Capétiens. — Louis IX part pour la croisade.

1223—1248.

L'héritier de Philippe-Auguste, âgé de trente-six ans lorsqu'il monta sur le trône, était le premier roi capétien qui n'eût point été associé à la couronne du vivant de son prédécesseur : la royauté était désormais trop bien assise pour avoir besoin de cette garantie, et la tradition du principe d'élection n'était plus assez forte pour exiger cette reconnaissance du vieux droit. Louis VIII fut donc le premier roi véritablement héréditaire, et qui succéda au trône comme on succédait à un fief. Son origine carolingienne prêtait une nouvelle force à la dynastie dans l'opinion populaire. « Par le roi Loys, disent les chroniques, le royaume retourna en la lignée de l'empereur Charlemagne, dont ledit roi tiroit son origine par sa mère ».

Louis VIII se fit sacrer à Reims, le 6 août, avec sa femme Blanche de Castille. Il donna la liberté à un certain nombre de serfs, et gracia tous les prisonniers, hormis les *félons* détenus pour avoir pris les armes contre le feu roi Philippe. Les barons, d'accord avec Louis, s'octroyèrent à eux-mêmes une grâce d'une autre nature, à l'occasion de l'avénement du nouveau roi : ils décrétèrent, en parlement général, l'abolition des intérêts de toutes sommes dues aux juifs, avec trois termes fort éloignés pour le remboursement du capital[1]. Peu de temps après, un arrêt d'une tout autre portée, rendu par le roi « en sa cour », attesta les progrès de la puissance royale et porta une première et profonde atteinte au droit féodal. Les grands officiers de la couronne avaient d'abord accompagné le roi lorsqu'il présidait la cour des pairs de France, mais sans participer au jugement. Maintenant ils prétendaient juger à côté des pairs. C'était le renversement du principe même de la pairie. Les pairs protestèrent, à propos d'un procès entre la comtesse de Flandre et le sire de Nesle. La cour ordinaire du roi, incompétente assurément, jugea le débat en faveur des grands officiers, et, désormais, le chancelier, le bouteillier, le chambrier (chambellan) et le connétable siégèrent auprès du duc de Bourgogne ou du comte de Champagne dans les causes de pairie. Le chancelier était un clerc : les autres, des barons du domaine royal. C'était le commencement d'une véritable révolution[2].

A peine Louis VIII était-il assis sur le trône, que la cour de Rome réitéra près de lui les obsessions qui avaient échoué près de son père. Le pape l'exhorta « d'offrir à Dieu les prémices de son règne », en acceptant les offres d'Amauri de Montfort, et en se chargeant de détruire l'hérésie albigeoise. Louis, soit ambition, soit dévotion, n'y était que trop disposé. Il s'était empressé d'acquitter le legs fait par son père à Amauri, qui s'était rendu au concile de Paris, et avait engagé ce seigneur à retourner guerroyer contre Raimond VII, et à rompre toutes négociations avec les Provençaux. La reprise des hostilités[3] réussit mal à Amauri :

---

1. *Ordonnances des rois*, t. I, p. 47.
2. V. le *Mémoire sur l'arrêt de la cour des pairs qui condamna Jean-sans-Terre*, par M. Beugnot, dans la *Biblioth. de l'École des Chartes*, 2ᵉ série, t. V, p. 18-20. Les pairs avaient laissé établir un précédent : en 1216, plusieurs prélats et barons, qui n'étaient pas pairs de France, avaient siégé avec les pairs dans le procès sur la succession de Champagne dont nous avons parlé ci-dessus, p. 99.
3. Il avait été un moment question de terminer la querelle par le mariage de Raimond avec une sœur d'Amauri. Pendant les pourparlers, le comte Raimond eut l'imprudence d'aller visiter Montfort dans Carcassonne, et de se remettre ainsi à la discrétion de son ennemi. Amauri fut plus fidèle aux principes de l'honneur chevaleresque qu'à ceux du fanatisme catholique, et le comte de Toulouse ne fut pas, comme autrefois le vicomte de Beziers, victime de sa loyale confiance. Le traité de mariage, cependant, ne put se conclure : il y avait entre les deux maisons un fleuve de sang qu'on ne pouvait franchir. Guil. de Pod. Laurent. c. 34.

à son retour, Amauri trouva Carcassonne étroitement resserrée par les comtes de Toulouse et de Foix, et par le jeune vicomte Trencavel. Amauri était parvenu à rassembler bon nombre d'hommes d'armes et de routiers, à l'aide des dix mille marcs qu'il avait reçus du roi Louis : il débarrassa Carcassonne et tenta de ressaisir l'offensive. Mais ses mercenaires le quittèrent dès que son argent fut épuisé : tous les Français établis en « terre provençale », renonçant aux biens mal acquis qu'ils ne pouvaient plus défendre, partirent les uns après les autres, et Amauri, abandonné dans Carcassonne avec vingt chevaliers, fut obligé de capituler. Le 14 janvier 1224, il signa un traité par lequel il restituait Carcassonne et les forteresses de Minerve et de Penne-d'Agenais aux héritiers des anciens seigneurs, stipulait un armistice de six mois pour Narbonne et Agde, et s'engageait à employer son intervention afin de réconcilier Raimond VII et ses alliés avec l'Église et le roi de France. Le lendemain, il reprit la route de France avec le faible reste des oppresseurs du Midi : la domination des Montfort avait pesé quatorze années sur la terre de la langue d'oc : elle y laissait d'ineffaçables vestiges, des ruines que nulle main ne devait relever. Les sombres présages d'une nouvelle tempête ne permirent pas aux Provençaux de s'abandonner aux joies de la délivrance.

Le mois suivant, Amauri céda, par acte authentique, à Louis, roi des Français, et à ses hoirs, les priviléges et dons accordés par l'église romaine au feu comte Simon, « de pieuse mémoire », sur le comté de Toulouse et les « autres pays albigeois » (*partes albigenses*). Le roi subordonna son acceptation au succès de pourparlers qu'il avait entamés avec le pape, et promit au comte de Montfort la survivance du connétable Mathieu de Montmorenci[1]. Il paraît qu'Amauri de Montfort ne tint pas ses engagements avec les princes provençaux, et ne tenta nul effort pour dissuader Louis de ses projets contre eux. Le fameux archevêque de Nar-

---

1. La charge de connétable commençait à acquérir beaucoup d'importance. Philippe-Auguste ayant supprimé la grande sénéchaussée, trop dangereuse pour le trône, le connétable, jadis simple inspecteur des haras, avait hérité de la suprématie que le grand sénéchal exerçait sur les forces militaires de la couronne. Dreux de Merlot et Mathieu de Montmorenci, émules de Guillaume des Barres, portèrent haut la gloire de la connétablie.

bonne, Arnaud-Amauri, et les prélats du Languedoc les plus compromis par leurs cruautés, s'étaient retirés dans la ville neutre de Montpellier, et avaient écrit au roi pour le conjurer de ne pas souffrir que « l'esprit immonde relevât sa puissance dans la province narbonnaise », et d'employer la force qu'il tenait de Dieu à conquérir une terre offerte par l'Église. Louis n'avait pas besoin d'excitations étrangères : les prières de Raimond VII, ses protestations, ses requêtes d'être admis à l'hommage-lige du roi ne changèrent pas les intentions de Louis VIII ; Louis pressa le pape d'octroyer indulgences plénières à quiconque prendrait la croix contre les Toulousains, et d'excommunier tous les barons ou autres qui refuseraient de suivre leur royal suzerain « en Albigeois, les barons étant tenus par le serment féodal de servir le roi contre tous les assaillants du royaume, et le royaume n'ayant pires assaillants que les hérétiques ». Louis demandait en outre qu'une bulle papale déclarât Raimond VII, le jeune Trencavel et tous leurs adhérents à tout jamais exclus de leurs domaines, lesquels appartiendraient au roi de France et aux siens à perpétuité ; et il voulait que l'Église lui garantît une trêve de dix ans avec l'Angleterre. Le roi ne doutait pas qu'Honorius III n'accédât sur-le-champ à ces propositions ; cependant, par une péripétie fort inattendue, ce fut le bras du saint-père qui détourna l'orage prêt à fondre sur la tête des seigneurs provençaux.

Le comte Raimond n'avait pu, durant plusieurs années, se décider à livrer ses sujets aux inquisiteurs et aux bourreaux. Les vastes préparatifs de Louis VIII lui firent juger qu'il était perdu s'il ne parvenait à désarmer Rome ; il se résigna, il offrit toutes les soumissions que pouvait réclamer l'Église, et promit de laisser fonctionner l'Inquisition dans tous ses domaines, et de lui prêter main-forte afin de « purger sa terre d'hérétiques ». Honorius III, en tout autre moment, ne se fût pas laissé toucher ; mais il était alors absorbé par l'espérance de reconquérir la Terre-Sainte. Frédéric II, empereur d'Occident et roi de Pouille et de Sicile, fiancé à l'héritière du royaume de Jérusalem, préparait, dans ses ports calabrois et siciliens, un puissant armement pour recouvrer l'héritage de sa femme. Honorius, loin de favoriser la croisade albigeoise, qui eût empêché les Français de prendre part à l'expédition d'Orient, suspendit les indulgences accordées à ceux qui se croisaient contre les hérétiques, signifia par son légat cette suspension au concile convoqué à Paris par le roi, au commencement de mai 1224, et pria Louis de se contenter de surveiller l'exécution des promesses de Raimond.

Louis, ainsi arrêté court au moment d'entrer en campagne, montra beaucoup de ressentiment de la défection du pape. « Puisque le seigneur pape, dit-il, ne juge pas à propos de nous accorder les demandes raisonnables que nous lui avons faites touchant l'*affaire d'Albigeois*, nous protestons, devant tous les prélats et barons de France, que nous n'en sommes plus chargé, et nous signifions au cardinal-légat (Conrad, évêque de Porto) qu'il n'ait plus à nous en parler à l'avenir! » Le roi n'osa poursuivre son entreprise sans l'appui du souverain pontife; mais il ne voulut point avoir fait en vain de si grands apprêts de guerre, et il tourna contre un autre ennemi les forces destinées à écraser Raimond de Toulouse.

Lors de son élévation au trône, Louis avait reçu des ambassadeurs du roi anglais Henri III, lesquels l'avaient instamment prié de restituer la Normandie et les autres terres d'outre-mer, suivant le serment qu'il avait fait à son départ d'Angleterre. Mais Louis répondit qu'il possédait à juste titre la Normandie et les autres terres, comme il était prêt à le prouver devant la cour des pairs, attendu que le roi des Anglais avait violé les conditions du traité de paix, en ne rendant pas les prisonniers de Lincoln sans rançon, en faisant pendre un des principaux citoyens de Londres, partisan des Français, et en foulant aux pieds les libertés de l'Angleterre. Cependant la trêve qui existait entre les deux couronnes n'avait pas été rompue, et, comme elle expirait à la Pâque de 1224, Louis, tout entier à ses projets contre le Midi, négociait même le renouvellement de cette trêve pour dix ans. Henri III, ou plutôt ses conseillers, dont les violences avaient excité de grands troubles en Angleterre, désiraient vivement éviter une guerre contre la France; mais Louis, une fois l'expédition de Provence avortée, rompit brusquement avec le roi anglais, repoussa la médiation du légat, et résolut de compléter les conquêtes de son père. La vigueur avec laquelle fut menée l'entreprise doit être attribuée en grande partie aux conseils d'une femme, de la reine Blanche. Louis partit de Tours, le lendemain de la Saint-Jean, avec douze cents chevaliers « et autres personnes convenables à batailles », et entra sur les terres du vicomte de Thouars[1], chef du parti anglais dans ces contrées. Le vicomte obtint une trêve d'un an, à condition que si, dans ce délai, il n'était pas secouru par le roi Henri, il se reconnaîtrait homme-lige du roi Louis. Louis marcha sur Niort, puis sur Saint-Jean-d'Angéli, enleva rapidement ces deux places, et assaillit ensuite La Rochelle dès le 15 juillet; mais la défense y fut plus sérieuse, et Savari de Mauléon, sénéchal d'Aquitaine pour le roi Henri, avec deux cents chevaliers *souldoyers* (mercenaires), force sergents et les bourgeois de la ville, résista de grand courage au roi. Les principales communes de la Guyenne et de la Gascogne anglaise avaient envoyé des renforts aux Rochelois, et l'on semblait, des deux côtés, estimer la destinée des possessions anglaises du continent attachée à cette importante ville maritime, « où les rois des Anglois et leurs hommes d'armes avoient coutume de prendre terre ».

L'Angleterre, cependant, ne fit rien pour conserver La Rochelle : toutes les forces du roi Henri III étaient occupées contre ses barons, soulevés par de téméraires violations de la Grande-Charte; le péril des provinces d'outre-mer ne rapprocha pas les partis; les barons anglo-normands se souciaient peu que leur roi gardât ou perdît les possessions que leur instinct national leur faisait considérer comme étrangères à l'Angleterre. Peut-être même souhaitaient-ils d'être séparés de ces Poitevins et de ces Gascons qui servaient d'instruments à la tyrannie royale contre eux. Henri n'envoya point de soldats à son sénéchal : Savari espérait au moins qu'on lui fournirait les moyens de payer ses mercenaires; on prétend qu'Hubert du Bourg, *chef-justice* (chancelier) et premier ministre de Henri III, lui expédia en effet des coffres fort lourds; que « lorsqu'on ouvrit ces *huches*, on n'y trouva, au lieu d'argent, que des pierres et du son. » Quoi qu'il en soit de cette singulière anecdote, la garnison et les bourgeois

---

1. La vicomté de Thouars comprenait la moitié occidentale du Poitou entre le Touai et la mer.

se décidèrent à capituler. On dit que Louis acheta les chevaliers de la garnison par « bonne somme et munificence. » Quant à la bourgeoisie, elle stipula le maintien de ses franchises (3 août 1224)[1].

La chute de La Rochelle détermina la soumission immédiate des communes et des seigneurs de la Saintonge, de l'Angoumois, du Limousin, du Périgord et de la moitié du Bordelais : les Français n'eurent qu'à recueillir partout des serments d'allégeance, et ne s'arrêtèrent qu'au bord de la Garonne, vis-à-vis de Bordeaux, que son archevêque parvint à maintenir dans l'obéissance du roi anglais. Toutes les villes conservèrent leurs libertés. En moins de quatre mois, Louis VIII avait enlevé à l'héritier des Plantagenêts tout ce qui lui restait en Gaule, à l'exception de Bordeaux et de la Gascogne. Il était difficile d'obtenir de plus brillants résultats en moins de temps et avec moins de peine.

Les barons d'Angleterre, qui n'avaient pas voulu aider leur roi à défendre ses terres d'Aquitaine, consentirent à l'aider à les recouvrer, moyennant une nouvelle confirmation de la Grande-Charte. Ils accordèrent à Henri III un subside considérable, et ce prince put expédier son frère Richard à Bordeaux avec un corps d'armée vers la Pâque de 1225. Richard, qui portait les titres de comte de Poitou et de Cornouaille, rallia les barons de Gascogne, et reprit La Réole. Mais Louis dépêcha en Guyenne son maréchal, que joignirent le comte de la Marche[2] et beaucoup d'autres barons poitevins et aquitains; les Anglais furent repoussés au midi de la Garonne. Les Français, de leur côté, ne passèrent pas le fleuve; les vues de Louis VIII étaient changées; il paraissait disposé à laisser à Henri III la Gascogne, ce dernier débris de la puissance continentale des Plantagenêts, pour pouvoir porter ailleurs ses armes et retourner à ses projets antérieurs. La guerre d'Aquitaine n'avait été qu'une diversion pour lui, et, aux premiers mots des agents de Rome touchant les « droits de

---

1. *Gesta Ludovici VII.* — *Chronic. Turon.* ap. *Histor. des Gaules et de la France,* t. XVII, p. 305.

2. Ce comte était cependant le beau-père du roi d'Angleterre; il avait épousé la veuve de Jean-sans-Terre, Isabelle d'Angoulême, qui lui avait été autrefois fiancée, et que Jean lui avait ravie.

Montfort », il avait renoncé bien vite à sa résolution de ne « plus rien ouïr sur l'affaire des Albigeois[1] ».

Ce n'était point par esprit de justice et de charité qu'Honorius III avait protégé le comte de Toulouse, mais seulement pour ne pas compromettre le succès de la croisade d'Orient. Diverses circonstances ayant obligé l'empereur Frédéric II de différer de deux ans son voyage d'outre-mer, le pape résolut d'employer ce délai à en finir avec Toulouse. Les progrès des hérétiques en Lombardie, et jusque dans l'état de l'Église, contribuèrent à rendre Honorius implacable. Tout en arrêtant les coups du roi de France, le pape avait traîné de délai en délai, avec une insigne perfidie, la réconciliation définitive des princes languedociens à l'Église.

1. Entre les deux campagnes de 1224 et 1225 avait eu lieu en Flandre un incident extraordinaire, qui préoccupa l'attention publique plus vivement encore que les conquêtes de Louis. Le fameux comte Baudouin, devenu empereur de Constantinople en 1204, avait disparu, l'année d'après, à la suite d'une bataille désastreuse contre les Bulgares. On tenait pour constant que ce prince, tombé au pouvoir du farouche Joannice, roi de Bulgarie, avait terminé sa vie dans des supplices affreux ; mais voici qu'au mois d'avril 1225, apparut en Flandre un vieillard qui déclara qu'il était le comte Baudouin, échappé par miracle de la *chartre* (prison) où les Bulgares l'avaient retenu vingt années. « Plusieurs gens, grands et petits, de la comté de Flandre, voyant qu'il ressembloit merveilleusement audit comte, le reçurent pour leur seigneur, et, pour ce qu'ils avoient en haine la comtesse Jehanne, fille dudit comte Baudouin, ils la rejetèrent et lui *tollirent* presque toute la comté de Flandre. La comtesse, bien *desconfortée*, vint au roi de France Loys, et le pria, pour Dieu, qu'il eût pitié d'elle. Le roi se rendit à Péronne *à grand planté* (avec un grand nombre) de barons et de chevaliers, et manda là celui qui disoit être le comte Baudouin, lui donnant un sauf-conduit pour qu'il pût montrer ses réponses contre la comtesse. Celui-ci, qui bien croyoit avoir gagné la comté, vint à Péronne accompagné d'une grande foison de gens, et fit contenance moult grande et moult orgueilleuse. Le roi lui demanda moult de choses, et spécialement où il avoit fait hommage au défunt roi Philippe, et où il avoit fait chevalier ledit feu roi. Le soi-disant comte se troubla et ne voulut point répondre. Le roi courroucé lui commanda de vider, dedans trois jours, sa terre et son royaume. L'autre retourna au plus tôt à Valenciennes, et là fut délaissé de tous ceux qui le suivoient. Quand il se vit seul et congédié du règne, il se déguisa en marchand et se cacha dans la terre de Bourgogne ; mais il y fut pris et ramené à la comtesse de Flandre. Quand la comtesse le tint, elle le fit jeter en *chartre* ; puis ses gens prirent le faux comte, lui firent souffrir divers tourments, et enfin le pendirent comme menteur et damné (entre deux chiens). De cette exécution procéda entre le peuple un merveilleux murmure, chacun disant et soutenant que la comtesse avoit fait pendre son père ; et fut cette persuasion grandement enracinée aux cœurs de la multitude ». Chroniques de Saint-Denis. — Oudegherst, *Chron. et Ann. de Flandre*. — *Gesta Ludovici VIII*. Plusieurs chroniques du temps affirment que le prétendu Baudouin était un pauvre homme nommé Bertrand, natif de Reims, ou, suivant d'autres, de Rais en Bourgogne.

Raimond VII eut beau signer et confirmer par serment toutes ses promesses et ses satisfactions, on trouva prétexte sur prétexte pour différer la conclusion. Ce ne fut point à Rome qu'elle eut lieu ; un concile du royaume de France fut convoqué à Bourges au mois de novembre 1225, sous la présidence du cardinal-légat Romain de Saint-Ange[1]. Raimond de Toulouse et Amauri de Montfort furent sommés de comparaître en présence du roi, des archevêques de Lyon, de Reims, de Rouen, de Bourges, de Tours et d'Auch (l'archevêque de Narbonne, Arnaud-Amauri, venait de mourir), de plus de cent évêques et de cent cinquante abbés et prieurs. Le comte Raimond renouvela toutes ses offres. Amauri réclama les droits octroyés à son père par le concile de Latran et par le roi Philippe, et somma son rival de subir le jugement de la cour des pairs. « Que le roi reçoive d'abord mon hommage, répliqua Raimond, et je suis prêt à subir ce jugement; autrement je craindrois que les pairs ne me tinssent pas pour un des leurs ».

L'affaire ne fut point déférée au tribunal des pairs : le légat interdit toute discussion publique, enjoignit aux prélats de donner leur avis par écrit, avec excommunication contre quiconque en romprait le secret, et se chargea de communiquer les résolutions du concile au roi. Le comte de Toulouse repartit sans connaître la sentence : ce silence présageait le sort qu'on lui réservait. Le légat venait de déclarer au roi, d'après les avis des pères du concile, « que Raimond ne devoit point être absous en raison de ses offres; que le roi des Français seul seroit chargé par l'Église de cette affaire, personne ne pouvant, aussi bien que lui, purger la terre de la scélératesse des hérétiques, et qu'en dé-

---

1. Ce légat faillit être assommé à Paris par les écoliers, pour avoir pris parti contre l'université en faveur du chapitre de la cathédrale. L'université prétendait avoir un sceau à elle et ne plus sceller ses actes du sceau du chapitre, c'est-à-dire qu'elle vouloit être un corps indépendant (v. Tillemont, *Vie de Saint Louis*, t. I, p. 373). Le roi fut obligé de dépêcher à la hâte son prévôt avec force chevaliers et sergents pour délivrer le cardinal Romain, assiégé dans sa maison. Le pape, à cette occasion, promulgua une constitution qui déclarait criminel de lèse-majesté quiconque ferait violence à un cardinal. Les enfants du coupable devaient être exclus à perpétuité de toute dignité ecclésiastique ou séculière. Les princes et magistrats qui ne feraient pas exécuter cette constitution seraient excommuniés eux-mêmes.

dommagement des dépenses du roi, la dîme de tous les revenus ecclésiastiques lui seroit octroyée pour cinq ans (jusqu'à concurrence de cinquante mille marcs par an), si l'expédition se prolongeoit durant cet espace de temps[1] ».

Une nouvelle assemblée de prélats et de barons fut réunie à Paris deux mois après (28 janvier 1226). Le cardinal de Saint-Ange excommunia Raimond de Toulouse et ses adhérents, les déclara hérétiques condamnés, et adjugea leurs domaines au roi de France et à ses héritiers, en vertu de la renonciation d'Amauri de Montfort, qui reçut la charge de connétable de France; puis le légat expédia des Frères Prêcheurs dans « toute la Gaule » pour exciter les peuples à se croiser contre le Toulousain et ses fauteurs. Vingt-cinq hauts barons, parmi lesquels le duc de Bretagne et le comte de Boulogne, frère du roi, s'engagèrent par lettres-patentes à aider le roi de tout leur pouvoir « dans l'affaire des Albigeois. Le 30 janvier, une grande multitude de clercs et de laïques prirent donc la croix par crainte du roi des François et pour obtenir la faveur du légat plutôt que pour l'amour de la justice; car beaucoup estimoient abusif d'aller assaillir un fidèle chrétien. Personne n'ignoroit qu'au concile de Bourges, Raimond avoit instamment prié le légat de venir, dans chacune de ses cités, s'enquérir de la foi de chacun des habitants, et avoit promis de faire bonne justice de quiconque manifesteroit des opinions contraires au dogme catholique; il avoit offert de subir lui-même l'examen de sa foi; mais le légat avoit méprisé cela, ne voulant point recevoir en grâce le comte, tout catholique qu'il fût, à moins qu'il ne renonçât à son héritage pour lui et ses hoirs (Matth. Paris.). »

Le rendez-vous général des croisés fut fixé à Bourges pour le quatrième dimanche après Pâques. Tandis que les vastes apprêts du roi de France portaient d'avance la terreur dans le malheureux pays dont il menaçait la liberté, reconquise au prix de tant de sang et de larmes, le cardinal-légat préparait les voies aux armes royales par ses intrigues, et détachait successivement du

---

[1]. Les intérêts pécuniaires de Rome ne trouvèrent pas dans le concile la même faveur que ses passions religieuses. Le pape prétendait s'approprier deux prébendes dans chaque chapitre ou abbaye : il essuya un refus net. Tillemont, *Vie de Saint Louis*, t. I, p. 376.

comte Raimond les alliés sur l'appui desquels il aurait dû compter. Le roi d'Angleterre fut menacé d'excommunication s'il ne s'abstenait de toutes hostilités envers Louis VIII pendant la guerre d'Albigeois. Henri III hésitait à obéir, et avait grande envie de tenter une diversion par la Gascogne ; on dit que les prédictions d'un savant « astronome », qui lui annonça que Louis ou ne reviendrait pas vivant de la terre de Languedoc « ou ne s'en départiroit qu'à grand'perte et déshonneur », contribuèrent à déterminer le roi anglais à demeurer neutre. Le comte de la Marche et d'Angoulême, beau-père de Henri III, avait demandé pour son fils une fille du comte de Toulouse ; il renvoya la princesse à son père. Le roi Jayme d'Aragon, fils du roi Pierre tué à Muret, le comte de Roussillon, son vassal, et jusqu'à Raimond-Bérenger, comte de Provence et de Forcalquier, chef de la branche cadette de la maison de Barcelonne, cédèrent l'un après l'autre aux menaces de la cour de Rome, et abandonnèrent leurs parents, leurs alliés naturels ; la maison royale d'Aragon abaissait son étendard devant l'oriflamme de France, et abdiquait ainsi la suprématie des terres provençales. Raimond de Toulouse resta assailli par l'un de ses deux suzerains, délaissé par l'autre, seul avec le comte de Foix et le jeune vicomte de Beziers.

L'armée qui s'assemblait à Bourges « pour exterminer l'hérésie » était incomparablement plus nombreuse que celle qui s'était levée pour sauver la France à Bovines : le catholicisme était encore un levier plus puissant que la nationalité. Quand on sut en Provence que le roi Louis et tous ses grands se mettaient en marche avec cinquante mille cavaliers[1], tant chevaliers qu'écuyers et sergents, sans compter la foule innombrable des gens de pied ; quand le bruit se répandit que le roi de France avait résolu « de détruire de fond en comble la terre du comte Raimond avec tous ses habitants », une terreur inexprimable se répandit dans tous les cantons des deux rives du Rhône : la résistance sembla impossible. Seigneurs et communes se hâtèrent d'envoyer au roi députations sur députations pour se remettre à

---

1. C'est Mathieu Pâris qui porte la cavalerie croisée à cinquante mille hommes. V., pour tout le siége d'Avignon, Mathieu Pâris, et la *chronique de Tours*, dans le t. XVIII des *Histor. des Gaules et de la France*. — V. aussi *Gesta Lud. VIII*.

sa merci et à celle de l'Eglise : les villes les plus attachées à la cause toulousaine, les vassaux les plus fidèles des princes excommuniés, protestèrent de leur soumission aux décrets du concile. Avignon même, qui s'était dévoué si généreusement à Raimond VII, qui avait partagé ses périls et son excommunication depuis dix ans, courba la tête devant l'orage, députa ses *podestats* vers le roi, et lui offrit le passage par le fameux pont d'Avignon, pour lui, le légat, les prélats et cent chevaliers, avec promesse de fournir des vivres à un prix équitable à l'armée, qui passerait le Rhône au-dessus de la ville.

L'armée croisée s'était dirigée de Bourges sur Lyon, et descendit la vallée du Rhône jusqu'auprès d'Avignon. Le marquisat de Provence s'était soumis sans coup férir. Les Avignonnais laissèrent le comte de Blois (Gautier d'Avesnes), qui commandait une avant-garde de trois mille hommes, franchir le fleuve sur un pont de bois construit hors la ville, un peu au-dessus du grand pont de pierre; mais le roi, parvenu en vue des murailles, signifia aux podestats et aux consuls qu'il entendait passer le Rhône sur le grand pont d'Avignon, et traverser la ville la lance sur la cuisse, à la tête de son armée (6 juin 1226). Les magistrats refusèrent, fermèrent les portes, et se préparèrent à la résistance, aimant mieux périr les armes à la main avec tous leurs concitoyens, que de livrer leur cité au légat et à la multitude ameutée par les indulgences du pape : ils savaient trop bien comment les envoyés de Rome gardaient la foi promise aux excommuniés.

Le roi, transporté de fureur, jura qu'il ne s'en irait point qu'il n'eût pris la ville, et fit dresser ses pierriers, ses balistes, ses mangonneaux, ses *chats* (ou *gates*). Le légat enjoignit au roi et aux croisés de « purger Avignon d'hérétiques », et le siége fut entamé le 10 juin. Mais la noble cité, bien munie de vivres et de machines de guerre, bien défendue par ses hautes tours, sa double enceinte, ses larges fossés pleins d'eau vive, sa forte citadelle, et surtout par le courage de ses citoyens et des chevaliers enfermés avec eux dans les remparts, rendit coup pour coup aux agresseurs, « et fit moult grand mal aux hommes de France ».

L'énergie des Avignonnais ne se communiqua point au reste des populations provençales : l'esprit mobile et impressionnable des méridionaux était tellement frappé d'effroi, que la plupart des villes et des châteaux de la Septimanie et plusieurs places du comté de Provence reçurent les garnisons du roi Louis : Saint-Gilles, Beaucaire, Nîmes, Castres, Albi, et, de l'autre côté du fleuve, Orange, Tarascon, Arles, se soumirent; la république de Marseille elle-même renia la cause provençale, et les habitants de Carcassonne, à peine de retour dans la cité d'où on les avait autrefois expulsés en masse, n'osèrent résister aux étrangers, bien que le comte de Foix occupât leur citadelle. Les comtes de Provence et de Comminges, suivis d'une foule d'autres seigneurs, se rendirent au camp du roi de France, le comte de Provence pour promettre assistance fidèle, les autres pour transporter au roi Louis l'hommage-lige qu'ils devaient au comte de Toulouse.

Au milieu de cette défection universelle, quand toutes les bouches juraient *féauté* au conquérant, tous les cœurs appartenaient encore au brave Raimond VII, et ses moindres succès réjouissaient dans l'âme les gens qui semblaient les plus empressés de s'unir à ses ennemis. La résistance des assiégés, dirigée par Guilhem-Raimond et Raimond-Réal, *podestats* de la cité et *bayles* (baillis) du comte de Toulouse, redoublait de vigueur. Le comte Raimond avait « gâté », avant l'arrivée des croisés, tous les environs d'Avignon, emmené au loin tout ce qui était doué de vie, tant hommes qu'animaux, et labouré les prairies pour que les chevaux des ennemis n'y trouvassent point de pâturages. Les fourrages apportés par les Français et ceux qu'ils faisaient venir par le Rhône étant épuisés, il fallut tenter au loin de périlleuses excursions pour renouveler les provisions, et Raimond, qui tenait la campagne avec ce qui lui restait de chevaliers, fondait sans cesse à l'improviste sur les fourrageurs qui s'écartaient du camp. La famine et la mortalité se mirent dans la multitude dénuée de ressources que le fanatisme ou l'espoir du pillage avait attirée à la suite des gens d'armes; bientôt tous les alentours furent jonchés de cadavres d'hommes et de chevaux. « De ces corps épars dans la plaine, s'élevoient, avec un affreux bourdonnement, des essaims de grosses mouches noires, qui venoient, jusque sous les tentes des princes, infecter les plats et les *hanaps*[1], et apporter

---

1. Vase, coupe; mot celtique.

aux vivants la peste engendrée par les morts en putréfaction ». Deux cents barons et vingt mille autres croisés périrent, le plus grand nombre par les maladies, les autres dans les combats. Les violentes sorties des Avignonnais avaient obligé les croisés à creuser un grand fossé entre leurs quartiers et la ville, pour se retrancher comme s'ils eussent été eux-mêmes assiégés. Les croisés avaient tenté une attaque contre Avignon par le pont de bois qui communiquait à l'île sur laquelle s'appuyait le fameux pont de pierre. Le pont de bois s'écroula sous le poids de la masse qui s'y était précipitée, et une multitude d'assaillants furent engloutis dans les flots du Rhône.

Bientôt une nouvelle cause se joignit à l'épidémie et aux combats pour éclaircir les rangs de l'armée : le roi n'avait droit d'exiger de ses feudataires, et le légat des croisés, qu'un service de quarante jours. Plusieurs des grands barons, qui voyaient avec alarme les domaines toulousains passer aux mains du roi, déjà beaucoup trop puissant à leur gré, résolurent de ne pas faire plus que leur devoir strict : le jeune Thibaud VI, comte de Champagne, à qui ses poésies ont valu une renommée si populaire entre les trouvères de la langue d'oïl, et qui ressemblait beaucoup par le caractère et les goûts à ces méridionaux qu'il combattait, s'entendit avec le duc de Bretagne et le comte de la Marche, et alla demander son congé au roi. Louis lui refusa la permission de partir ; Thibaud s'en passa, et partit après une violente querelle avec le roi, dont il brava les menaces.

Les forces du roi, cependant, n'étaient encore que trop considérables pour la cause de Raimond et des Avignonnais : depuis trois mois, le siége était planté devant les murs d'Avignon, et le roi s'opiniâtrait à tenir son serment, quoi qu'il dût en coûter. Les ressources des assiégés s'épuisèrent enfin ; on leur fit espérer un traitement modéré ; ils consentirent à capituler. La Chronique de Tours dit qu'ils s'en remirent à l'arbitrage du légat pour les conditions, espérant l'adoucir par cette confiance ; mais les conditions furent rigoureuses : les Avignonnais furent obligés de livrer trois cents otages et de payer une forte amende : les fossés furent comblés, les remparts furent abattus, les maisons fortifiées de tourelles (*domus turrales*), au nombre de trois cents, furent démolies, et les routiers français et flamands au service de la commune et du comte Raimond furent mis à mort (12 septembre). Le roi et le légat eussent peut-être été plus durs encore sans la considération de l'empereur Frédéric, de qui relevaient Avignon et la Provence, et qui ne voyait pas volontiers l'invasion de ce pays par le roi de France.

Louis VIII, après cette victoire si chèrement achetée, passa le Rhône et parcourut toute la Septimanie sans trouver d'ennemis à combattre ni d'hérétiques à envoyer au bûcher, à l'exception d'un pauvre vieillard appelé Isarn, ancien prédicateur *parfait*, qui fut arraché de sa retraite et brûlé à Narbonne. Le comte Raimond était dans les murs de Toulouse, et tous les hérétiques avaient quitté le pays. Le roi s'avança jusques à quatre lieues de Toulouse, mais il ne pouvait entreprendre, cette année-là, le siége de cette grande ville, et il termina la campagne au mois d'octobre, après avoir reçu à Pamiers le serment des évêques de la province narbonnaise. Il préposa au gouvernement du pays conquis un guerrier de renom, Imbert ou Humbert de Beaujeu, sous le titre de sénéchal, et reprit la route de France, comptant revenir enlever Toulouse au printemps prochain.

Vaine espérance! des germes de mort étaient dans son sein: les fatigues du siége d'Avignon, la fièvre, les chaleurs brûlantes du ciel provençal avaient miné sa frêle constitution; arrivé à Montpensier en Auvergne, il ne put aller plus loin; en quelques jours, il fut à l'extrémité. Réunissant autour de son lit les principaux prélats et barons, il leur fit jurer de rendre hommage après sa mort à son fils aîné Louis, âgé de douze ans, et de le faire couronner le plus tôt possible, et ajouta qu'il confiait à la reine Blanche de Castille la tutelle de cet enfant, qui devait être saint Louis.

Louis VIII vécut encore cinq jours, et trépassa le 8 novembre 1226. « Ce fut, dit Mathieu Pâris, un prince fort dissemblable à son père[1] ». Mathieu Pâris prétend que Louis VIII mourut, non point

---

1. Le surnom de *Lion*, que quelques historiens lui attribuèrent après sa mort, a une origine assez singulière; ce n'était pas qu'on eût cru retrouver le moins du monde en lui un nouveau Richard Cœur-de-Lion, mais on s'avisa de lui appliquer une prophétie de Merlin, qui se rapportait à cette année, et suivant laquelle le *lion*

de la fièvre, mais du poison que lui avait fait prendre le comte de Champagne[1], « qui aimoit la reine Blanche d'un amour charnel et illicite », et qui avait d'ailleurs à craindre la vengeance du roi pour sa conduite devant Avignon. La conduite que tint depuis le comte Thibaud ne laisse pas de doute sur ses sentiments pour Blanche, et, quoique Blanche à cette époque eût environ trente-huit ans, et Thibaud, à peine vingt-cinq, les grâces et l'esprit de la reine, la beauté qu'elle conserva jusque dans un âge avancé, expliquent une passion dont on croit ressaisir la trace dans les chansons amoureuses de ce célèbre trouvère ; mais tout ce qu'on sait du caractère de Thibaud repousse l'odieuse imputation d'empoisonnement, qui fut propagée avec acharnement, dans un intérêt politique, par les ennemis communs de la reine et du comte de Champagne.

Ce n'est pas sans raison que Mathieu Pâris représente le roi Louis comme « très dissemblable à son père » ; Louis ne l'avait que trop prouvé par son testament, rédigé dès le mois de juin 1225 : abandonnant la trace de Louis le Gros et de Philippe-Auguste pour reprendre celle des anciens rois barbares, il avait légué à ses fils puînés, non point des apanages[2], mais des provinces entières : au second, Robert, l'Artois ; au troisième,

---

pacifique devait mourir au ventre du mont. On prétendit que le *lion pacifique* désignait Louis, et que *Montpensier* était la *panse* ou le *ventre du mont. Gesta Ludovic. VIII.* Dans les *Histor. des Gaules et de la France,* t. XVIII.

1. Guillaume de Puy-Laurens attribue à la mort du roi une tout autre cause, et raconte à ce sujet une étrange anecdote : « La maladie du roi, à ce qu'on disoit, pouvoit être guérie par le commerce d'une femme ; ce que sachant le noble homme Archambaud de Bourbon, qui étoit en la compagnie du roi, il fit chercher une belle et noble pucelle, et lui enseigna comme quoi elle s'offriroit au roi et lui diroit comme quoi elle venoit à lui non pas par concupiscence, mais pour porter secours à son infirmité. Il la fit donc introduire dans le lit du roi pendant que celui-ci dormoit, et, quand le roi s'éveilla, elle parla comme on lui avoit montré ; mais le roi la remercia et dit que, pour raison que ce fût, il ne consentiroit à pécher mortellement..... Et il fit appeler Archambaud, et lui manda de marier convenablement la fille ». Ce trait, s'il est vrai, est digne du père de saint Louis.

2. L'apanage (*apanagium, apanamentum*) était la part de revenu que la coutume accordait aux puînés et aux filles, là où le fief ne se divisait pas. Ce n'était, comme le nom l'indique, qu'une *soustenance* pour vivre. L'apanagé ne pouvait élever de forteresses ni exercer les droits seigneuriaux sur les terres de son apanage. Ce terme ne s'applique donc pas avec exactitude aux domaines attribués aux fils puînés des rois, qui y jouirent toujours plus ou moins complètement des droits féodaux ; mais l'usage a prévalu.

Alphonse, le Poitou et l'Auvergne; au quatrième, Charles, l'Anjou et le Maine, démembrant ainsi le beau royaume formé par les conquêtes de son père, et donnant à ses successeurs le funeste exemple de reconstruire d'une main la grande vassalité en l'abattant de l'autre[1].

Le court règne de Louis VIII avait donc été, sous certains rapports, la déviation, sous d'autres, la simple continuation du règne de Philippe-Auguste. Le grand roi Philippe avait laissé la royauté dans un état si prospère, que son faible successeur n'avait eu, pour ainsi dire, qu'à déployer l'oriflamme et à lâcher la bride à son cheval de guerre, pour ajouter province sur province aux conquêtes paternelles. La mort de Louis VIII ne dépouillait pas la royauté de cette force et de cette grandeur, mais en remettait le dépôt dans des mains qui pouvaient difficilement en faire usage, rendait au contraire la liberté et les moyens d'agir aux forces adverses que la royauté avait comprimées sans les détruire, et aggravait le péril d'une crise qui était imminente au moment où mourut Louis VIII. On peut douter que ce prince, s'il eût vécu, eût exécuté ses projets contre Toulouse au printemps de 1227 : sa querelle avec le comte de Champagne eût certainement fait éclater une explosion dans le haut baronage, et, cette fois, les princes appartenant aux branches cadettes de la maison royale n'eussent pas tous, comme en 1214, combattu pour la couronne: leur royale origine ne les empêchait pas de sentir l'identité de leurs intérêts avec ceux des autres barons, et déjà l'habile et courageux Pierre Mauclerc, duc-régent de Bretagne, avait conclu un traité secret avec le roi d'Angleterre en octobre 1225 ; les grandes maisons des pays poitevins recommençaient aussi à négocier

---

1. Les nouveaux grands vassaux ne succédèrent pas intégralement aux droits des anciens titulaires de leurs fiefs. Les évêques d'Angers, du Mans et de Poitiers relevèrent désormais directement du roi. v. Tillemont, *Hist. de saint Louis*, t. I, p. 296. — Après avoir foulé aux pieds l'intérêt de l'État au profit de trois de ses fils, Louis VIII avait violé les droits de la nature au détriment du dernier, appelé Jean, et ordonné que cet enfant fût voué à la cléricature. Jean mourut en bas âge. — Par les diverses donations mentionnées au testament, on apprend qu'il y avait en ce temps-là dans le royaume deux cents *hôtels-Dieu*, deux mille maisons de lépreux ou *ladreries*, quatre-vingts couvents de la règle de Cîteaux, dont vingt de femmes, soixante couvents de la règle de Prémontré et quarante de la règle de Saint-Victor.

outre-mer. C'était en présence de cette situation alarmante que le sceptre venait d'échoir à un enfant de douze ans, sous la tutelle très contestable d'une femme étrangère, qui ne comptait pas un parent, pas un appui naturel parmi les princes du royaume.

Mais cette femme était Blanche de Castille : cette femme, la plus grande qui eût porté la couronne en Gaule depuis sa compatriote Brunehilde, était digne de régir et de défendre l'héritage de Philippe-Auguste; elle avait la soif et le génie du pouvoir au même degré que Philippe lui-même, possédait la vigueur, le courage, la persévérance, toutes les vertus viriles, sans rien perdre de l'adresse ni des grâces insinuantes de son sexe; elle puisait, soit dans l'indépendance de son caractère, soit dans la supériorité de son esprit, la ferme volonté de maintenir la dignité du trône de son fils contre les prétentions de Rome et du clergé, et elle inculqua au jeune roi, touchant cette matière, des convictions qui exercèrent une heureuse influence sur les destins de notre patrie, en même temps qu'elle encourageait la piété exaltée et profonde qui se manifestait déjà chez Louis IX, et qu'elle élevait ses enfants dans les principes de la morale la plus austère[1]; ses ennemis l'accusèrent d'être moins sévère pour son propre compte, et lui imputèrent, calomnieusement, selon toute apparence, des fautes, qui auraient moins été de tendres faiblesses que des calculs politiques. Cette fière et impérieuse créature subjuguait les cœurs plus qu'elle ne les attirait; mais les affections qu'elle imposait étaient inaltérables : elle rencontra une fidélité constante chez les hommes qui se dévouèrent à elle : elle fut aimée autant que crainte du roi son fils, qu'elle éleva avec une inflexible sévérité[2], et qu'elle retint sous sa domination despotique tant qu'elle vécut; elle-même, au reste, aimait violemment, ardemment; mais

---

1. « Ce fils que j'aime sur toutes les créatures mortelles, s'il étoit malade à la mort et qu'il pût être sauvé en péchant une seule fois avec une femme qui ne fût pas sienne, plutôt le laisserois-je mourir qu'offenser son Créateur par un seul péché mortel ».

2. Ses enfants étaient soumis au dur régime des écoles, et « les maîtres du roi le battoient aucunes fois pour lui enseigner chose de discipline », raconte le confesseur de la reine Marguerite, femme de saint Louis. Ces brutales coutumes de l'enseignement du moyen âge, déjà flétries par saint Anselme, ne disparurent que fort tard du palais des rois, et se sont perpétuées dans les collèges, bien qu'en s'affaiblissant, jusqu'à la Révolution.

l'abnégation lui était impossible : elle portait dans ses affections la personnalité excessive qui marquait tous ses actes ; elle avait l'égoïsme qui s'associe trop souvent, chez ces puissantes natures, à l'extrême énergie du principe vital. On cite d'elle un trait caractéristique : tandis qu'elle nourrissait son fils aîné, une dame de la cour ayant donné à téter à l'enfant, elle mit les doigts dans la bouche de Louis pour le forcer de rendre le lait de l'étrangère : plus tard, elle fut jalouse de la femme de son fils, comme elle l'avait été de cette nourrice d'un moment. On ne pouvait aimer ni haïr Blanche à demi ; ses qualités devenaient vices par leur excès ; son énergie tournait parfois à l'obstination et à l'emportement, sa fermeté, à la tyrannie ; mais ses défauts mêmes imposaient : c'était l'exagération de la force.

Blanche jugea l'état des choses d'un ferme coup d'œil : la moitié des grands barons remuaient déjà ; les autres, ceux qui avaient reçu les derniers soupirs de Louis VIII, pouvaient être retenus par un sentiment d'honneur et de loyauté féodale ; les villes du domaine et des seigneuries ecclésiastiques, qui avaient beaucoup gagné à l'ordre établi par Philippe-Auguste, et que la journée de Bovines avait élevées au rang de puissance militaire, étaient prêtes à tout pour repousser la réaction des grands vassaux ; mais le frère du feu roi, Philippe, comte de Boulogne, pouvait diviser le parti royal en disputant la tutelle de Louis IX à la reine-mère. C'était un jeune homme ignorant et grossier, comme l'indique son surnom de *hurepel* (rude peau), trop médiocre pour être capable d'une ambition soutenue : Blanche le gagna par des déférences qui suffisaient à son amour-propre ; elle s'assura en même temps d'un auxiliaire plus intelligent et plus actif dans la personne du légat Romain de Saint-Ange, et s'empara si bien de ce prélat spirituel, adroit et remuant, qu'il parut désormais plus dévoué à la reine qu'au pape même, et que les malveillants expliquèrent son dévouement par des relations intimes. Mathieu Pâris (p. 282, 309) s'exprime, à ce sujet, en termes d'une crudité brutale, tout en faisant ses réserves sur les bruits dont il se rend l'écho.

Blanche comptait probablement aussi séparer sans trop de peine le comte Thibaud des ennemis de la royauté ; il est probable que Thibaud de Champagne, avant la mort de son mari, l'avait déjà choisie pour « dame de ses pensées ». Blanche, aussitôt la nouvelle de la mort de Louis VIII, commença par publier une lettre de l'archevêque de Sens et de l'évêque de Beauvais, laquelle attestait que le roi mourant avait déféré la tutelle à la reine[1], puis elle hâta le sacre de son fils. Les seigneurs qui avaient juré à Louis VIII expirant de garder *féauté* à son héritier, de concert avec la reine Blanche, invitèrent les archevêques, évêques, prélats et grands du royaume à venir à Reims pour le couronnement de Louis, fils du roi défunt, le dimanche avant la Saint-André (29 novembre). « Mais presque tous les barons demandèrent qu'avant le terme fixé, selon la coutume de France[2], les captifs détenus aux geôles royales fussent délivrés, et surtout Ferrand, comte de Flandre, et Renaud, comte de Boulogne, qui, contrairement aux libertés du royaume, étoient enchaînés depuis douze ans dans une dure prison. Quelques-uns sollicitèrent en outre la restitution de leurs terres, qu'avoient depuis longtemps retenues contre justice les rois Philippe et Loys. Ils ajoutoient que nul du royaume des François ne devoit être privé de quelqu'un de ses droits, fors par jugement de ses pairs; ni nul être contraint par la force des armes, sans avoir été sommé un an d'avance. Ils déclarèrent que, toutes ces choses une fois amendées à leur gré, ils viendroient sans délai au couronnement (Math. Paris) ».

La reine et son fidèle conseiller, le légat, ne virent, dans cette espèce de manifeste, qu'une raison de presser le sacre du jeune roi, et l'on ne retarda pas la cérémonie d'un seul jour; la plupart des prélats s'étaient rendus à Reims ; la duchesse régente de Bourgogne y avait amené son fils, le duc Hugues IV, enfant de quatorze ans; le comte de Boulogne, la comtesse Jeanne de Flandre, les comtes de Dreux, de Bar et de Blois, les chefs de la maison de Couci, le roi titulaire de Jérusalem, Jean de Brienne, s'étaient rassemblés autour de la reine Blanche, et, en présence de cette assemblée brillante, mais fort incomplète, Louis IX reçut l'onction sacrée, et « furent faits les hommages au roi et à la

---

1. Michelet, *Hist. de France*, t. II, p. 548, d'après les archives du royaume.
2. Les rois avaient coutume de signaler leur avénement par une amnistie. *V.* ci-dessus, p. 116.

reine, tant comme elle tiendroit la baillie », dit la chronique de Reims; cependant le nom de Blanche ne figura jamais sur les chartes et diplômes, qui furent dès lors souscrits au nom du roi.

Le comte de Champagne s'était présenté avec une grande suite pour assister au sacre; mais le comte de Boulogne, qui le haïssait et le jalousait singulièrement, lui avait fait fermer les portes par les gens de la commune de Reims. La chronique en vers de Philippe Mouskes (v. 27,620) dit que les barons firent signifier au comte Thibaud, de par le roi, défense de fortifier ses places. Le principe que le vassal n'a pas droit d'élever des fortifications nouvelles sans l'aveu du suzerain s'établissait de plus en plus. Cet affront rejeta Thibaud sous l'influence du redoutable Mauclerc, chef des mécontents.

Blanche voulut donner quelque satisfaction aux seigneurs : elle rendit la liberté au comte Ferrand de Flandre[1], ce dont la comtesse Jeanne, qui voulait divorcer pour épouser le duc régent de Bretagne, ne fut sans doute pas fort réjouie; Blanche remit à Ferrand la moitié de la rançon autrefois convenue, en acceptant le château de Douai comme garantie du paiement du reste, et Ferrand s'engagea à ne fortifier aucune de ses places. Blanche refusa de délivrer Renaud de Dammartin, l'ancien comte de Boulogne, qui eût rallié autour de lui tous les ennemis de la couronne et eût commencé par revendiquer les seigneuries que détenait son gendre Philippe-Hurepel. On dit que l'infortuné Renaud, perdant l'espoir de recouvrer jamais la liberté, se donna la mort dans sa prison. La délivrance de Ferrand n'apaisa pas les seigneurs. Les nouvelles les plus alarmantes arrivaient de l'Ouest; Pierre Mauclerc et ses Bretons donnaient la main aux Lusignan, aux Thouars, à Savari de Mauléon, à la plupart des seigneurs aquitains, qui n'aspiraient qu'à rentrer sous la royauté nominale des Plantagenêts. Ils avaient tous promis assistance à Richard de Cornouaille, duc de Guyenne et frère du roi Henri III, et la mère de Henri et de Richard, l'altière Isabelle d'Angoulême, qui, après la mort du roi Jean, était retournée dans les bras du comte de la

---

1. Louis VIII s'y était engagé par un traité d'avril 1226, mais à des conditions beaucoup plus onéreuses pour Ferrand. *v.* Kervyn de Lettenhove, *Hist. de Flandre*, t. I, p. 352.

Marche, son premier fiancé, dirigeait la coalition de l'Ouest dans les intérêts du roi d'Angleterre. Le roi des Anglais, connaissant les dispositions des seigneurs français, avait envoyé des députés vers les grands de Normandie, d'Anjou, de Bretagne et de Poitou, qui « eussent dû lui être soumis selon le droit, leur faisant de grandes promesses, et les priant de le recevoir dignement, parce qu'il avoit l'intention de venir vers eux. » Le danger ne semblait pas moins imminent au nord qu'au midi de la Loire : le comte de Champagne et ses alliés armaient aussi, et la noblesse normande montrait les dispositions les plus inquiétantes.

La reine agit avec vigueur et promptitude : elle convoqua le ban royal à Tours, et se dirigea vers cette ville dès le mois de février 1227, avec son fils, le légat et les comtes de Boulogne et de Dreux : la désobéissance des seigneurs au ban du roi devait être le signal de la guerre civile; le comte Thibaud partit de Champagne comme pour joindre les alliés en Poitou; mais, tout à coup, il gagna Tours, au lieu de Thouars où était le rendez-vous des rebelles, et vint offrir son hommage au jeune roi « qui l'accueillit avec une merveilleuse gracieuseté » (20 février 1227). Sans doute quelque message secret de la reine Blanche avait amené cette péripétie inattendue, et Thibaud sacrifiait ses intérêts politiques à son amour[1]. La défection de Thibaud dérangea tous les projets des barons : la discorde éclata entre eux et le duc Richard de Guyenne, qui les avait rejoints à Thouars à la tête des troupes

---

1. C'est ici qu'il faudrait donc placer certain passage bien connu de la *Chronique de Saint-Denis*, que cette chronique rejette, avec fort peu de vraisemblance, jusqu'à l'année 1234. Blanche, faisant des reproches au comte sur ce qu'il avait pris parti avec les rebelles : — « Par ma foi, madame, dit-il, mon cœur et toute ma terre sont à votre commandement; il n'est rien qui vous puisse plaire que je ne fasse volontiers, et jamais, s'il plaît à Dieu, contre vous ni les vostres n'iroit » — D'*illec* se partit tout pensif, et lui venoit souvent en mémoire le doux regard de la *roine* et sa belle contenance : alors entroit en son cœur la douceur amoureuse; mais, quand il lui souvenoit qu'elle étoit si haute dame et de si bonne renommée, se muoit sa douce pensée en grand'tristesse. Et, pour ce que *parfondes* (profondes) pensées engendrent mélancolie, si lui fut *loué* (conseillé) par aucuns sages hommes qu'il s'estudiast en biaux sons de vielle et en doux chants *délitables* (délectables). Si fit, entre lui et Gastes Bruslé, les plus belles chansons qui onc furent ouïes, et les fit écrire en sa salle à Provins et en celle de Troies ». Gastes, ou Gace Brûlé, était un célèbre trouvère champenois. Il est assez caractéristique de voir le langage et les idées des romans de la Table Ronde envahir jusqu'à la chronique officielle de la grande abbaye.

anglaises et gasconnes ; beaucoup de seigneurs se rendirent successivement auprès du roi : le duc de Bretagne et le comte de la Marche eux-mêmes, sommés par deux fois de comparaître au parlement royal, vinrent enfin trouver le roi à Vendôme, renoncèrent à leur alliance avec Henri III, et prêtèrent à Louis IX le serment d'allégeance (16 mars 1227).

Ils renouèrent leurs trames au moment et au lieu même où ils semblaient venir les abjurer ; en promettant *féauté* à Louis IX, ils ne l'avaient point promise à sa mère, et Blanche, en regagnant le comte Thibaud, s'était aliéné le comte de Boulogne, qui s'estima joué par sa belle-sœur, accrédita dès lors avec acharnement tous les bruits injurieux répandus contre cette princesse, et se mit à la tête des *mal contents*. Ceux-ci choisirent le comte Philippe pour leur *chevetaine* (capitaine), se proposèrent dès-lors, non plus de guerroyer contre la couronne avec l'aide du roi des Anglais, mais d'enlever le jeune roi à sa mère, et de le remettre à la garde de Philippe, qui le gouvernerait suivant l'intérêt du baronage [1]. Vers le mois de décembre, ils se réunirent soudain, entre Paris et Orléans, afin de tenter un coup de main sur cette dernière ville, où se trouvaient Louis IX et la reine Blanche. Le jeune roi et sa mère, avertis du complot par Thibaud, partirent en hâte pour Paris ; mais, arrivés à Montlhéri, ils n'osèrent passer outre, car les barons étaient à Corbeil « en grande force », et la cour n'avait que très peu de chevaliers à sa disposition : la reine dépêcha en toute hâte des messagers à Paris pour appeler les bourgeois aux armes et les conjurer de sauver le roi des mains des

---

1. Quelques monuments de ce siècle, entre autres la *Chronique de Reims* et une *Chronique de Flandre*, rapportent que les grands promirent la couronne au comte de Boulogne, puis au sire Enguerrand de Couci ; les *Annales* bretonnes de Vitré veulent que Pierre Mauclerc, aussi, ait visé au trône ; mais ces traditions ne paraissent reposer que sur les bruits qui coururent parmi le peuple des villes, et rien n'indique que les barons aient jamais pensé sérieusement à détrôner Louis IX. L'Enguerrand dont il est question est celui qui bâtit ou du moins acheva le fameux château de Couci, dont les ruines majestueuses font encore aujourd'hui l'admiration des voyageurs. C'est le plus grand et le plus beau spécimen d'architecture militaire du moyen âge qui subsiste en France. Le donjon n'a pas moins de 60 mètres de hauteur sur 80 de circonférence. La simplicité des formes de cette énorme tour ronde rend son aspect plus imposant encore. Les quatre autres tours qui l'environnent et qu'elle domine de si haut seraient partout ailleurs elles-mêmes de puissants donjons.

seigneurs. La population se leva en masse au bruit du tocsin, et déborda à grands flots sur la route d'Orléans par les portes d'Enfer et Saint-Jacques. Louis IX, bien des années après, aimait à raconter comme quoi « depuis Montlhéri jusques à Paris, le chemin étoit plein de gens à armes et sans armes serrés côte à côte, lesquels crioient tous à haute voix à Notre Seigneur qu'il donnât au roi bonne vie et prospérité, et le voulût bien garder contre tous ses ennemis »! Les seigneurs qui s'étaient préparés à un coup de main et non à une bataille, reculèrent devant cette manifestation populaire, et laissèrent Blanche rentrer triomphalement au Louvre, escortée par des milliers de bourgeois, d'artisans et d'écoliers [1] (Fin 1227).

L'amour de Thibaud et la fidélité des Parisiens sauvèrent ainsi Blanche de la haine des barons; l'affection du légat, quelle que fût la nature de cette affection, contribua à garantir la reine et son fils du mauvais vouloir de la cour de Rome, qui commençait à trouver la royauté française trop forte, et qui eût bien souhaité que les Plantagenêts, vassaux du saint-siége, pussent recouvrer les provinces de la Gaule occidentale. Les troubles continuels de l'Angleterre, et le caractère faible et inerte de Henri III, empêchèrent que rien de sérieux fût tenté à cet égard.

Cependant Pierre Mauclerc, du fond de la Bretagne, continuait à braver la reine et à se conduire en souverain indépendant : Blanche convoqua le ban royal contre lui au printemps de 1228. Les grands barons ne refusèrent point de se rendre à l'armée ; mais, ainsi qu'ils l'avaient promis à Mauclerc, ils n'amenèrent chacun que deux chevaliers. Blanche, qui avait assigné le rendez-vous à tous les *fieffés* sur la frontière de Bretagne, ne s'était point attendue à un complot de cette nature, et se trouva tout à coup presque sans armée en présence de Mauclerc, qui accourait avec des forces considérables. Le jeune roi et sa mère étaient dans une situation très critique, lorsque le comte Thibaud de Champagne arriva, suivi de trois cents chevaliers. On peut juger s'il fut bien

---

1. *Mém. de Joinville*, § 40. Les *Mémoires* du sénéchal de Champagne, de l'ami de saint Louis, sont trop connus pour que nous ayons à les caractériser longuement ici. C'est un vrai prodige que ces souvenirs d'un vieillard qui avait conservé, jusque dans l'âge de la décrépitude, toute la fraîcheur de coloris, tout le mouvement, toute la vie des choses vues avec les yeux de la jeunesse.

accueilli de madame Blanche. Louis et Blanche se retirèrent sans obstacle du mauvais pas où ils s'étaient engagés ; Mauclerc aima mieux recourir aux négociations qu'aux armes pour détacher Thibaud des intérêts de la reine, et il lui offrit la main de sa fille Yolande, qui avait chance d'hériter du duché de Bretagne à cause de la mauvaise santé du fils de Mauclerc. L'amour parut un moment vaincu par la raison d'état : Thibaud accepta, et il fut convenu qu'on amènerait la damoiselle au comte de Champagne en un couvent de l'ordre des Frères Prêcheurs, au Val-Secret, près Château-Thierri ; mais, comme le comte allait partir de Château-Thierri pour épouser la damoiselle de Bretagne, on lui présenta une lettre de par le roi, conçue en ces termes : « Sire Thibaud de Champagne, j'ai ouï que vous avez promis de prendre à femme la fille au comte[1] *Perron* (Pierre) de Bretagne : pourtant je vous mande que, *si cher qu'avez tout tant que vous aimez au royaume de France,* vous ne fassiez pas cela. La raison pourquoi, vous savez bien... jamais je n'ai trouvé qui pire m'ait voulu faire que ledit comte[2] ».

Quand le comte Thibaud eut pris connaissance du message de Blanche, il rentra dans Château-Thierri, et laissa Pierre de Bretagne se morfondre au Val-Secret avec sa fille et ses amis. Le duc Pierre, transporté de fureur, retourna dans ses domaines, munit ses forteresses, et renoua ses intelligences avec le roi d'Angleterre. La reine reprit les hostilités contre lui en plein hiver, et, accompagnée de Thibaud et des autres barons, mit le siège devant le château de Bellesme dans le Perche, que Mauclerc tenait en fief de la couronne. Le duc renonça à son hommage envers Louis IX, et défia personnellement le roi (janvier 1229). Il y avait longtemps qu'on n'avait vu un si éclatant exemple de la rupture du lien féodal. Le château de Bellesme succomba ; mais, aussitôt les quarante jours du service féodal expirés, les barons quittèrent tous à la fois le camp royal à la tête de leurs vassaux, et, traversant l'Ile-de-France, allèrent fondre sur la Champagne et sur la Brie, en criant qu'ils voulaient prendre vengeance de la

---

1. Les chroniqueurs appellent souvent *comte* le duc de Bretagne, comme relevant du duché de Normandie et non pas directement de la couronne.
2. *Mémoires de Joinville,* § 44.

mort du roi Louis VIII. Ce n'était pas le prétendu empoisonnement de Louis VIII, mais la protection accordée à Louis IX, qu'ils voulaient punir. Les comtes de Boulogne et de Bar, les sires de Couci et de Châtillon, et beaucoup d'autres barons, envahirent du côté du nord les terres de Thibaud, pendant que le jeune duc de Bourgogne, qui venait d'épouser une nièce de Mauclerc, secondait l'invasion du côté du midi. Partout où ils passaient, ils livraient aux flammes villes et villages, châteaux et communes.

La plupart des nobles vassaux du comte de Champagne chancelaient dans leur foi; mais les communes se battirent avec fureur pour leur comte, qui n'était pas moins aimé du peuple que des lettrés et des trouvères. La Champagne était un pays de démocratie, et les comtes, protecteurs zélés du commerce, de l'industrie et des grandes routes, étaient mal vus des autres grands barons, « parce qu'ils se fioient plus à leurs bourgeois et à leurs paysans qu'à leurs chevaliers », dit le chroniqueur Aubri de Trois-Fontaines. Thibaud cependant, assailli de toutes parts, fut obligé de sacrifier plusieurs de ses villes, entre autres Épernai, Vertus et Sézanne, et de les incendier lui-même, « afin que ses ennemis ne les trouvassent garnies et ne s'en servissent contre lui ». Il concentra la résistance dans Troies, Provins et Meaux. Les bourgeois de Troies, renforcés par les hommes d'armes du sire de Joinville, sénéchal du comté, père du célèbre historien de ce nom, repoussèrent vigoureusement les attaques du duc de Bourgogne et de ses alliés, et la reine put secourir à temps son bon ami Thibaud.

« Le comte avoit envoyé en toute hâte des députés à son seigneur le roi Loys, pour lui dénoncer les maux que faisoient les barons de France, et le prier de venir défendre la terre de Champagne, que lesdits barons n'avoient envahie qu'en haine dudit seigneur roi. Le roi, estimant que la même foi qui lie le vassal au seigneur lie pareillement le seigneur au vassal, s'empressa de porter assistance au comte de Champagne, et manda aux barons qu'ils eussent à cesser leurs attaques contre Thibaud; puis il marcha droit à eux avec sa gendarmerie. Les barons mandèrent alors au roi, par prière et requête, que, s'il lui plaisoit de se tirer arrière, ils iroient combattre le comte de Champagne et le duc de Lorraine, son allié, avec trois cents chevaliers de moins que n'en auroient lesdits comte et duc ; mais le roi répondit qu'à ses yeux ne se combattroit-on jamais sans que son corps ne fût avec (Joinville) ». Louis, ou plutôt Blanche, ne voulut consentir à aucun pourparler tant que les confédérés n'eurent pas évacué totalement la Champagne ; les forces réunies de la couronne, de Thibaud et du duc de Lorraine imposèrent aux seigneurs ligués, qu'un reste de scrupule féodal faisait hésiter à entrer en lutte directe contre leur suzerain ; ils reculèrent devant le jeune roi, et sortirent de la province.

Les barons de Guyenne, de Poitou et même de Normandie n'eussent point cédé aux mêmes scrupules que ceux de France ; dans leur soif d'agitation et de changement, ils maudissaient les délais du roi d'Angleterre, qui, depuis deux ans et plus, annonçait toujours sa venue, et ne paraissait point. Enfin, à la Pâque de 1230, Henri s'embarqua près de Reading avec une grande armée, composée partie de milices féodales, partie de soldats mercenaires, et prit terre à Saint-Malo, en Bretagne, le trois mai. Le duc de Bretagne l'accueillit par de grands honneurs, lui livra ses villes et ses châteaux ; et les nobles Bretons, à l'exception du sire de Vitré et de quelques autres, rendirent hommage au roi d'Angleterre et lui jurèrent *féauté*.

A la nouvelle du débarquement du roi des Anglais, Blanche convoqua le ban royal de France à Angers, et mit le jeune roi à la tête de l'armée ; on entra sur-le-champ en Bretagne, et on emporta Ancenis presque sous les yeux du roi Henri, qui venait d'arriver à Nantes avec toute sa chevalerie : un héraut fut envoyé à Nantes pour sommer Pierre Mauclerc de comparaître à Ancenis par-devant ses pairs ; le duc fut jugé par contumace, et déclaré déchu de ses fiefs, par une cour composée de l'archevêque de Sens, des évêques de Paris et de Chartres, des comtes de Flandre, de Champagne, de Nevers, de Blois, de Chartres, de Montfort (Amauri), de Vendôme, des sires de Couci, de Montmorenci, etc. La plupart des seigneurs qui prononcèrent la sentence n'étaient que des arrière-vassaux de la couronne ; Mauclerc ne pouvait s'en plaindre, puisque lui-même ne comptait pas entre les douze pairs. Mauclerc, quoiqu'une partie des barons bretons eussent passé du côté des Français, s'émut peu de la sentence portée contre lui ; il savait trop que ceux-là même qui venaient d'apposer leurs sceaux au bas de son arrêt allaient en rendre l'exécution impossible.

« La plupart des grands de la Gaule étoient encore de connivence avec le roi d'Angleterre et le *comte* de Bretagne : lorsqu'ils eurent accompli leurs quarante jours de service, ils s'en retournèrent sans que le roi les pût retenir, et s'en allèrent envahir de nouveau la Champagne. Le comte Thibaud leur livra bataille au bord de la Marne ; il fut vaincu, s'enfuit presque seul, et fut poursuivi l'épée dans les reins jusqu'aux portes de Paris ; puis ses ennemis, rentrant en Champagne, la ravagèrent tout entière. Les grands agissoient ainsi envers le comte, parce qu'ils l'accusoient de trahison et de lèse-majesté, et prétendoient qu'il avoit mis à mort par poison et maléfice son seigneur le roi Loys au siége d'Avignon. Plusieurs fois ils avoient déposé leur plainte à cet égard devant la cour du jeune roi Loys IX, et avoient voulu convaincre le comte par l'épreuve du duel ; mais la reine avoit refusé de les écouter ; c'est pourquoi, renonçant à leur foi envers le jeune roi et sa mère, ils troubloient l'état les armes à la main ; car ils s'indignoient d'obéir à une dame et souveraine qui avoit, assuroient-ils, franchi les bornes de la pudeur convenable à une veuve, en s'abandonnant tour à tour au comte Thibaud et au légat Romain[1] ».

Les barons ligués, au fond de l'âme, se souciaient fort peu de la mort de Louis VIII et de la pudeur de Blanche ; ce n'étaient pas ses prétendues faiblesses privées, c'étaient ses vertus politiques qu'ils poursuivaient en elle ; mais il fallait un prétexte pour agir sur l'imagination populaire. Les bruits répandus contre Thibaud se propageaient partout[2] : on accusait hautement la reine de « préférer à tout autre homme celui qui lui avoit *mourdri*

---

1. Matth. Paris.
2. La *Chronique métrique de saint Magloire* raconte que Thibaud se déguisa en *ribaud* pour écouter ce qu'on disait de lui par le pays :

> Tuit (tous) le retraient (l'accusent) de traïson,
> Petit et grand, mauvais et bon.....
> Lors dit li quens (le comte)...
> N'ai nul ami, ce m'est avis,
> Ne je n'ai en nuli (en aucun) fiance

(fait mourir) son mari (Chron. de Reims). Blanche avait grand besoin de tout son courage; forcée de revenir en hâte à Paris et de laisser le champ libre dans l'ouest aux Anglais et à Mauclerc, elle ne voyait autour d'elle qu'ennemis et que périls : elle fit sentir à Thibaud la nécessité d'apaiser l'orage, et d'accorder quelque satisfaction à l'orgueil des coalisés.

« Dans le courant du mois de septembre, le roi des François et la reine sa mère eurent une conférence avec les grands du royaume; on y traita de la paix, à condition que le comte de Champagne, cause principale de cette discorde, prendroit la croix et iroit à la Terre-Sainte, avec cent chevaliers, combattre les ennemis du *crucifié;* puis le roi des François et sa mère jurèrent qu'ils rendroient son droit à chacun et justice à tous, selon les bonnes coutumes de France. » L'époque du pèlerinage imposé à Thibaud n'était pas fixée : il ne partit que plusieurs années après.

Pendant que la France se déchirait de ses propres mains, le roi d'Angleterre avait eu tout l'été pour agir sans périls et sans obstacles; heureusement pour la France, la conduite de Henri fut telle, que l'ineptie la plus stupide chez lui, la trahison la plus impudente chez son favori, suffisent à peine à la rendre compréhensible; Hubert du Bourg, acheté, dit-on, par Blanche, fit autant à lui seul pour Blanche et pour son fils, que tous les barons ligués avaient fait pour Henri III. La noblesse normande appelait le roi anglais à grands cris : non-seulement Henri n'entra point en Normandie, mais il refusa d'y envoyer deux cents chevaliers, à la tête desquels un baron normand s'engageait à soulever toute la province; Henri se porta vers le Poitou, ce mobile pays dont la possession était éternellement précaire; Savari de Mauléon, le vicomte de Thouars et le sire de Lusignan joignirent ses étendards; mais son beau-père, le comte de la Marche, resta immobile dans les places fortes de la Marche et de l'Angoumois; les portes de Saintes

> Fors qu'en la roine de France.
> . . . .
> Celle li fut loyale amie;
> Bien montra que ne le hait mie.
> Maintes paroles en dit-an (en dit-on),
> Comme d'Iseult et de Tristan.

furent refusées à Henri, qui retourna sur ses pas, prit Mirebeau, et, satisfait de ce grand exploit, ramena son armée à Nantes, sans avoir attaqué Poitiers, Niort ni La Rochelle. Il passa le reste de la saison à Nantes, « ne faisant rien que consumer des trésors inestimables en festins et bombances » : tous ses comtes et ses barons, voyant que Hubert du Bourg ne leur permettait pas de guerroyer, imitaient le roi, « banquetant à la mode anglaise, et vivoient parmi les pots, comme s'ils eussent fêté Noël chaque jour », dit Mathieu Paris. Après avoir mené cette vie jusqu'au mois d'octobre, le roi Henri se rembarqua, laissant seulement à Pierre Mauclerc cinq cents chevaliers et mille sergents, sous les ordres du comte de Chester.

Le duc Pierre et le comte de Chester prirent les châteaux de Vitré et de Fougères, dont les seigneurs étaient du parti français, et quelques forteresses de l'Anjou ; mais l'armée royale française reparut sur la frontière de Bretagne au mois de mai 1231 ; Blanche, réconciliée avec son beau-frère de Boulogne et avec les autres barons, espérait enfin se venger de Mauclerc : le duc Pierre se défendit avec autant de valeur que d'intelligence, attira les troupes royales dans une embuscade, leur enleva leurs bagages, leurs machines de guerre, et une grande partie de leurs chevaux. La reine comprit la nécessité d'une transaction : on convint d'une trêve de trois ans ; chacun resta en possession de ce qu'il occupait, avec amnistie des deux côtés pour les arrière-vassaux : le comte de la Marche fut compris dans la trêve parmi les hommes du roi de France, et il fut convenu que Henri III lui rendrait l'île d'Oléron, qu'il lui avait donnée en fief. Ce puissant comte, à qui appartenaient l'Angoumois et la Saintonge, dominait ainsi des sources de la Creuse jusqu'à l'embouchure de la Charente et aux îles de l'Aunis (juin 1231).

Ce fut la fin des troubles de la minorité de Louis IX. Les seigneurs avaient échoué dans leurs efforts pour « fouler et jeter hors l'étrangère », comme ils disaient, alors que le fils de « l'étrangère » n'était qu'un enfant des affections duquel on n'avait point à tenir compte ; maintenant l'enfant, devenu jeune homme, ne manifestait de volonté que pour conserver l'exercice du pouvoir à sa mère. Les prétextes de rébellion manquaient dorénavant, et le pays se reposa de quatre ans de désordres. L'énergique appui des communes avait beaucoup contribué à fonder le gouvernement de Blanche. A la fin de 1228, les magistrats de toutes les communes avaient juré de défendre le roi, sa mère et ses frères contre tous [1].

Durant ces stériles agitations, un événement de la plus haute importance pour l'avenir de la France venait de fixer les destinées du Midi. Blanche n'avait pas concentré toute son attention et toute son intelligence sur la défense de son gouvernement; au milieu de tous ses embarras, elle n'avait pas perdu de vue l'entreprise que son mari avait laissée incomplète, la conquête des domaines toulousains. Sa persévérance lui fit recueillir le fruit de tant d'exploits et de crimes auxquels elle était étrangère.

Les hommes du Midi, découragés, épuisés par leurs longues misères, avaient d'abord peu profité de la mort de Louis VIII et des premiers troubles qui la suivirent. La prise du château de Haute-Rive, unique avantage que remporta Raimond de Toulouse dans le courant de l'année 1227, fut balancée par la perte du château de Becède, où l'archevêque de Narbonne et Folquet de Toulouse, que les Languedociens appelaient « l'évêque des diables », réunis au sénéchal français Imbert de Beaujeu, trouvèrent un certain nombre d'hérétiques, qu'ils livrèrent aux flammes. Un concile provincial, tenu à Narbonne en mars 1227, avait pris diverses mesures pour l'application des décrets les plus rigoureux du concile de Latran : il avait enjoint aux évêques d'établir en chaque paroisse des « témoins synodaux », c'est-à-dire des espions de l'Inquisition; il avait défendu aux notaires de recevoir aucun testament sans la présence du curé ou d'un vicaire, afin de s'assurer de la foi du mourant; enfin il avait prescrit aux juifs de porter sur la poitrine, comme une distinction infamante, la figure d'une roue. Cependant la prolongation des troubles de France rendit l'espoir aux Toulousains, et la campagne de 1228 s'ouvrit heureusement pour Raimond VII : il recouvra Castel-Sarrasin et plusieurs autres châteaux. La reine Blanche et le légat, inquiets des progrès de Raimond, réchauffèrent en France le zèle de la

---

1. V. Tillemont, *Vie de Saint Louis*, t. I, p. 529.

croisade, et Imbert de Beaujeu reçut un renfort considérable de pèlerins guerriers. Les Français, raconte Mathieu Pâris, apprenant que le comte Raimond était à Castel-Sarrasin, résolurent d'aller l'y assiéger ; mais Raimond s'embusqua dans une forêt par laquelle ils devaient passer. Les Français, surpris, furent défaits après un rude combat ; beaucoup périrent, beaucoup demeurèrent prisonniers. S'il en fallait croire Mathieu Pâris, le comte de Toulouse, aigri par le malheur, exaspéré par la guerre inique qui désolait sa patrie, aurait souillé barbarement sa victoire : il aurait fait mutiler tous les sergents captifs, crever les yeux à ceux-ci, couper le nez et les oreilles à ceux-là, trancher les mains et les pieds aux autres, et les aurait renvoyés ainsi à Imbert de Beaujeu ; il aurait jeté les chevaliers au fond des cachots. Il y a de grands doutes sur cette catastrophe ; aucun des chroniqueurs français n'en parle.

Cette odieuse boucherie, si le fait est vrai, fut fatale à Raimond et aux Toulousains. Le comte, en s'imaginant arrêter par la terreur la recrudescence de la croisade, n'aurait fait que donner un nouvel aliment au fanatisme : les archevêques de Bordeaux et d'Auch amenèrent à Imbert de Beaujeu une multitude de croisés plus furieux que jamais. L'armée « catholique » marcha sur Toulouse, et, sans se hasarder à attaquer de vive force l'héroïque cité qui avait brisé les dents au lion de Montfort, elle commença d'exécuter un projet suggéré à Beaujeu par l'évêque Folquet, pour abattre « l'orgueil des Toulousains » (juin 1228). Les riches campagnes qui environnent Toulouse étaient parsemées de *bastides* (*villas,* maisons des champs) fortifiées, de tours et de châtelets, qui protégeaient les approches de la cité : les croisés assirent leur camp assez loin de Toulouse ; chaque matin, dès l'aurore, après avoir ouï la messe, ils prenaient un léger repas ; puis la multitude des *bourdonniers*, armés de pics, de faux, de pioches de fer, précédés d'arbalétriers et de balistes, suivis de bataillons prêts au combat, s'avançaient jusqu'aux vignobles les plus voisins de la ville ; là, faisant volte-face et tournant le dos à Toulouse, ils revenaient vers le camp en coupant les blés et les arbres, en arrachant les ceps, en démolissant les bastides et les tours. Ils changèrent plusieurs fois l'assiette de leurs campements, et « besognèrent » ainsi pendant trois mois consécutifs tout autour de la ville; « après quoi, l'œuvre fut quasi entièrement achevée ». Les environs de Toulouse, naguère si riants et si fertiles, n'offraient plus que l'aspect d'un affreux désert, d'un désert fait de main d'homme[1]. Cette atroce dévastation, qui mettait le comble à dix-sept ans de calamités, et qui n'avait pu être imaginée que par l'infernal génie de Folquet, plongea les Toulousains et leur comte dans une stupeur profonde. Le courage de Raimond et de ses compagnons d'armes était à bout. Qu'avait-il servi d'exterminer le terrible Simon, si d'autres ennemis renaissaient sans cesse de ses cendres? Fallait-il donc combattre jusqu'à ce qu'il ne restât plus une pierre debout ni un homme vivant du Rhône aux Pyrénées?...

La reine Blanche et le légat, avertis de l'abattement des Toulousains, jugèrent le moment favorable pour en finir, et envoyèrent l'abbé de Grandselve offrir la paix au comte et à la cité de Toulouse. Raimond accepta la médiation de l'abbé de Grandselve et du comte Thibaud de Champagne, qui n'avait jamais partagé l'acharnement impitoyable du baronage français, et il leur donna ses pleins-pouvoirs (décembre 1228); puis, au mois de mars 1229, il partit, avec l'archevêque de Narbonne, les évêques de toute la province et les capitouls de Toulouse, pour Meaux, une des cités de Thibaud, où l'attendaient le légat et les prélats de France.

Après qu'on eut arrêté les conventions de paix, l'assemblée se transféra à Paris, afin de faire ratifier le traité par le jeune roi. Le Jeudi-Saint 12 avril 1229, le roi, le comte Raimond, le légat et les prélats se rendirent au parvis Notre-Dame, devant le grand portail de la cathédrale, et, là, lecture fut faite de la pacification, que le comte jura d'observer en tout point. « Les clauses en étoient telles, dit Guillaume de Puy-Laurens, que chacune eût suffi à elle seule en guise de rançon, pour le cas où le roi eût pris le comte prisonnier en champ de bataille; encore le comte eût-il paru bien grièvement rançonné ». Raimond promettait 1° de poursuivre, sur ses terres et celles des siens, les hérétiques *parfaits*, leurs *croyants*, fauteurs et recéleurs, sans épargner ses

---

1. Guill. de Pod. Laurent.

proches, ses vassaux, ses parents ni ses amis, et de payer deux marcs d'argent à quiconque arrêterait un hérétique ; 2° de garder et de faire garder par ses *bayles* (baillis) les sentences d'excommunication, et de confisquer les biens de ceux qui demeureraient un an excommuniés, pour les forcer à rentrer dans le sein de l'Église ; 3° de n'instituer aucun *bayle* ni *viguier* qui ne fût catholique, et d'exclure des fonctions publiques les juifs et les suspects d'hérésie ; 4° de prendre la croix des mains du légat, et d'aller servir outre-mer cinq ans contre les Sarrasins. « Le roi, faisait-on dire ensuite au comte, me voulant prendre à merci, donnera en mariage ma fille, *que je lui remettrai,* à l'un de ses frères : il me laissera tout le diocèse de Toulouse ; mais, après ma mort, Toulouse et son diocèse appartiendront au frère du roi qui aura épousé ma fille et à leurs enfants, à l'exclusion de mes autres héritiers ; et, si ma fille meurt sans postérité, lesdites possessions appartiendront au roi et à ses successeurs. Le roi me laissera l'Agenais, le Rouergue, la partie de l'Albigeois qui est au nord du Tarn, et le Querci, sauf la ville de Cahors. Si je meurs sans autres enfants nés d'un légitime mariage, tous ces pays appartiendront à ma fille, qui épousera l'un des frères du roi, et à leurs héritiers. Je cède au roi et à ses hoirs, à perpétuité, tous mes autres pays et domaines situés en deçà du Rhône, dans le royaume de France ; quant aux pays et domaines que j'ai au delà du Rhône, dans l'Empire (le marquisat de Provence), je les cède à perpétuité à l'église romaine entre les mains du légat[1]. Je détruirai à ras-terre les murs de la ville de Toulouse et comblerai ses fossés ; il en sera fait de même de trente autres villes et châteaux (Montauban, Castelnaudari, Castel-Sarrasin, Agen, Condom, Moissac, Lavaur, Gaillac, Puylaurens, etc., etc.). Pour l'exécution de ces articles, je remettrai aux mains du roi le Château-Narbonnais (citadelle de Toulouse), et neuf autres forteresses, qu'il gardera dix ans durant ». Raimond s'obligeait enfin de payer 10,000 marcs d'argent en quatre ans aux églises et aux clercs, spécialement aux abbayes de l'ordre de Cîteaux, pour les dommages essuyés durant la guerre ; de payer 10,000 autres marcs au roi pour re-

---

1. De cette donation procéda le droit des papes sur le Venaissin.

lever les fortifications des places cédées, et d'entretenir à ses frais, pendant dix ans, deux maîtres en théologie, deux *décrétistes* ou maîtres en droit canonique, six maîtres ès-arts, et deux régents de grammaire, lesquels professeraient ces diverses sciences à Toulouse [1].

Quand Raimond eut prêté serment d'observer ce traité désastreux, il fut introduit dans l'église de Notre-Dame. « Ce fut pitié, dit Guillaume de Puy-Laurens, que de voir un si grand homme, lequel si longtemps avoit résisté à tant et à de si grandes nations, conduit jusqu'à l'autel, nu en chemise, bras découverts et pieds *déchaux* ». Là, le légat lui octroya enfin l'absolution qu'il achetait si cher, et le réconcilia avec l'Église ; puis Raimond rendit hommage au roi pour les domaines qui lui restaient. Le traité de Meaux réunissait immédiatement à la couronne tout le duché de Narbonne, comprenant les comtés de Narbonne, Agde, Nîmes, Melgueil ou Maguelonne, Usez et Viviers, plus le Gévaudan. Raimond abandonnait le jeune Trencavel, et la maison de Beziers était irrévocablement déshéritée de toutes ses seigneuries [2] ; le comté de Toulouse était assuré, sinon à la couronne, du moins à la maison royale, avec chance d'y réunir plus tard la moitié orientale de la Guyenne.

Ainsi se préparait graduellement l'unité de la France, ce grand œuvre cimenté par tant de sang et de larmes, et opéré par tant d'hommes ignorants du but auquel servaient leurs exploits, leurs vertus et leurs crimes. La France royale atteignait enfin les deux mers : elle touchait à la Manche et au Grand-Océan par la Normandie et le Poitou ; la province de Narbonne lui donnait trente lieues de côtes sur la Méditerranée. Heureuse la France si elle eût acquis les belles contrées du Midi par d'autres voies, et si de précieux éléments de civilisation et de liberté, qui fleurissaient sur cette terre, n'eussent péri dans la conquête !

1. *Hist. de Languedoc*, t. XXIV, c. 46. Telle fut l'origine de l'université de Toulouse, instituée dans le but de donner à l'étude des lettres en *Provence* une direction catholique : c'était la lourde scolastique du Nord qu'on intrônisait sur le cadavre de la littérature populaire du Midi. L'université de Toulouse obtint les mêmes privilèges que celle de Paris. Plus tard, l'enseignement du droit civil s'y introduisit avec un grand éclat.

2. Trencavel le *faydit* (le déshérité) se retira à la cour d'Aragon ; le comte de Foix obtint merci en se soumettant à toutes les exigences de l'Église.

Les nouvelles acquisitions de la couronne, d'abord administrées par un seul sénéchal, furent, depuis, divisées en deux sénéchaussées, celles de Beaucaire et de Carcassonne. Ces deux sénéchaussées, avec le comté de Toulouse, formèrent ce qu'on nomma plus tard la province de *Languedoc*. Le nom de Languedoc ne fut pas en usage, avec ce sens précis, avant le commencement du quatorzième siècle [1].

Raimond VII, ne pouvant se décider à présider en personne à la destruction des remparts qui avaient été naguère témoins de sa gloire, se constitua volontairement prisonnier à la tour du Louvre, jusqu'à ce que sa fille Jeanne, âgée de neuf ans, et ses châteaux eussent été livrés aux commissaires royaux. Jeanne de Toulouse fut sur-le-champ fiancée à Alphonse de France, le troisième fils de Louis VIII. La première conquête du Languedoc par les croisés avait été territoriale, à peu près comme celle de l'Angleterre par les Normands; la seconde conquête ne fut que politique, en apparence, et les Languedociens qui avaient recouvré leurs biens furent censés ne pas devoir les perdre une seconde fois [2] : le traité de Meaux aggrava néanmoins au delà de toute mesure les calamités de ce pays. Le Languedoc était désormais livré sans défense à la tyrannie catholique, dont la royauté française se faisait l'instrument par nécessité et par conviction. Dès le mois d'avril 1229, un édit royal ordonna l'application la plus sévère des canons du concile de Latran dans les cantons réunis à la couronne. Tout homme qui aurait recélé, défendu ou favorisé en quelque manière des hérétiques, ne devait être apte ni à porter témoignage, ni à posséder une dignité quelconque, ni à tester, ni à recevoir

---

1. La vieille cité de Carcassonne donne encore au voyageur l'impression toute vivante de ces révolutions du moyen âge sous lesquelles s'entrevoient les révolutions de l'antiquité. La ville nouvelle, la ville commerçante, populeuse, active, s'étend dans la plaine, au bord de l'Aude. La vieille cité, silencieuse, presque déserte, étale sur son rocher les restes, superposés par étages, de trois civilisations. A la base des remparts et des tours, l'appareil romain avec ses cordons de briques; au-dessus, les élégantes arcades cintrées des vicomtes de Beziers; puis, couronnant l'œuvre, les ogives des sénéchaux français. Par-dessus les remparts, on voit s'élever, dans l'intérieur du château, une haute et étroite tour à l'italienne du temps des vicomtes. Les pierres parlent mieux ici que ne peuvent faire les livres.
2. Quelques-uns des compagnons de Montfort avaient gardé les fruits de la conquête : Philippe de Montfort, neveu de Simon, conserva la seigneurie de Castres et de la partie de l'Albigeois au midi du Tarn; les Lévis conservèrent Mirepoix.

de succession. Tous ses biens, meubles et immeubles, devaient être confisqués sans jamais retourner à ses héritiers (*Ordonnances des rois*, t. I, p. 50). Ceci annulait en très grande partie le droit de propriété des indigènes. Le légat Romain de Saint-Ange vint, six mois après, présider un concile à Toulouse pour organiser partout l'Inquisition (novembre 1229). Le concile de Toulouse, composé des évêques des provinces de Narbonne, Auch et Bordeaux, arrêta que les évêques députeraient dans chaque paroisse un prêtre et deux ou trois laïques, lesquels jureraient d'y rechercher soigneusement les hérétiques et leurs fauteurs. « Ils doivent visiter, dit le premier canon du concile, chaque maison de la paroisse, les souterrains, les appentis, les retraites sous les toits, et toutes les caches, que nous ordonnons de détruire partout; s'ils y trouvent des hérétiques ou aucuns de leurs fauteurs et recéleurs, qu'ils fassent en sorte de les empêcher de s'enfuir, et les dénoncent en toute hâte à l'archevêque, à l'évêque, au seigneur ou à son *bayle*. Les seigneurs, de leur côté, feront aussi fouiller les villages, les *mesnils* (maisons isolées), les bois. Si quelqu'un est convaincu d'avoir permis à un hérétique de demeurer sur sa terre, il perdra sa terre, et sa personne sera en la main de son seigneur pour en faire justice. Le bailli (*bayle*), qui ne sera pas très soigneux de rechercher les hérétiques dans son bailliage, perdra ses biens. La maison où l'on aura trouvé un hérétique sera abattue, et la place, confisquée. On écrira, dans chaque paroisse, les noms de tous les habitants, et tous les hommes, depuis quatorze ans, les femmes, depuis douze, jureront, devant l'évêque ou ses délégués, de renoncer à toute hérésie et de dénoncer les hérétiques[1]. Ce serment sera renouvelé tous les deux ans. Quiconque ne le prêtera pas sera réputé suspect d'hérésie. Quiconque ne se confessera et ne communiera pas au moins trois

---

1. On ne croirait pas qu'il eût été possible d'imaginer quelque chose de plus monstrueux que de dresser des enfants de douze et de quatorze ans à l'office de pourvoyeurs des bourreaux; l'empereur Frédéric II avait cependant trouvé moyen d'enchérir encore : dans un édit rédigé sous son nom, en 1224, par son chancelier Pierre des Vignes, il avait décrété que les enfants des hérétiques, jusqu'à la seconde génération, seraient privés de tous bénéfices temporels et de tous offices publics, *à moins qu'ils ne se rendissent dénonciateurs de leurs pères*. v. Fleuri, *Hist. ecclés.* t. XVI, p. 524.

fois l'an sera réputé suspect (on sait que tout suspect était réputé coupable s'il ne parvenait à se justifier dans l'année). — Les hérétiques convertis de leur propre mouvement seront libres, mais ils porteront sur leurs habits, en signe de repentir, deux croix de couleur diverse. Les hérétiques convertis par la crainte de la mort ou par d'autres motifs intéressés seront enfermés sous la garde de l'évêque. — *Il est expressément défendu aux laïques d'avoir les livres de l'Ancien et du Nouveau Testament,* excepté le Psautier, le Bréviaire ou les Heures de la bienheureuse Marie, *pourvu encore que lesdits livres ne soient point traduits en langue vulgaire.* »

C'était la première fois qu'un concile prohibait les livres saints : c'était creuser plus profondément l'abîme qui séparait le clergé de la masse des chrétiens; c'était attribuer au prêtre seul la méditation et la science, au laïque l'ignorance et la foi aveugle. Un jour devait venir, où le fils déshérité réclamerait sa part de l'héritage du père commun, et demanderait compte au jaloux détenteur de ce qu'il avait fait du trésor de lumière !..

Le malheureux comte de Toulouse, revenu de France, ses principaux barons, les consuls ou capitouls de la ville et du faubourg de Toulouse, avaient assisté au concile, et furent contraints de sanctionner l'établissement du tribunal de sang que Folquet, « l'évêque des diables », allait présider dans le diocèse de Toulouse. Les terribles décrets du concile de Latran semblèrent trop modérés encore; ils laissaient quelques garanties, quelques moyens de défense aux accusés : on dérogea, pour le crime d'hérésie, aux règles générales de la procédure établies par le concile œcuménique. L'Inquisition victorieuse s'installa dans Toulouse, et assit ses opérations sur l'absence de défenseurs, d'avocats, sur le secret des débats et le secret gardé aux délateurs, sur le refus de confrontation des témoins avec les accusés. Tout ce que la délation a de plus infâme, tout ce que l'art de trouver des coupables peut inventer de ruses, de subtilités captieuses, de tortures morales et physiques pour contraindre un accusé à trahir ses amis et lui-même, fut réduit en principes et rédigé sous forme d'instructions à l'usage des inquisiteurs. On a conservé ces monuments, qui semblent inspirés par le génie des Tibère et des

Domitien[1]. On y reconnaît la source de tout ce qu'il y eut d'odieux et d'inhumain dans notre vieux droit criminel. Des tribunaux

[1]. Ces pièces, dont l'authenticité ne comporte aucun doute, ont été publiées par les bénédictins Martenne et Durand, dans le t. V de leur *Thesaurus Anecdotorum*; elles sont intitulées : *Doctrine de la manière de procéder contre les hérétiques, et Traité de l'hérésie des pauvres de Lyon*. Voici quelle était cette *manière de procéder* : on obligeait l'accusé ou le suspect à jurer qu'il dirait pleinement tout ce qu'il savait sur le crime d'hérésie et de vaudoisie, « tant sur soi que sur les autres, tant sur les vivants que sur les morts ». S'il niait ou s'il célait quelque chose de ce qu'on voulait savoir, on le jetait au fond d'un cachot, et alors commençait l'application d'un système savamment combiné pour briser le corps et dégrader l'âme : la torture proprement dite n'était point encore en usage au treizième siècle dans les tribunaux d'église, mais on savait y suppléer. « Qu'on lui donne à entendre qu'on a des témoins contre lui, et que, s'il est une fois convaincu par des témoins, on ne lui fera aucune miséricorde, mais on le livrera à la mort; qu'en même temps on « retranche sa nourriture », car cette crainte et cette souffrance contribueront à l'abattre... Que nul ne l'approche, si ce n'est, de temps à autre, « deux fidèles adroits » qui l'avertissent avec précaution, « et comme s'ils avaient compassion de lui », de se garantir de la mort, de confesser ses erreurs, et qui lui promettent que, s'il le fait, « il pourra échapper et n'être point brûlé », car la crainte de la mort et l'espoir de la vie amollissent quelquefois un cœur qu'on n'aurait pu attendrir d'aucune autre manière. Qu'on lui parle d'une manière encourageante, en lui disant : « Ne craignez point de confesser si vous avez ajouté foi à ces hommes (aux hérétiques), parce qu'ils vous semblaient gens de bien, etc. : autant en pourrait arriver à de plus sages que vous, qui y seraient également trompés ». S'il commence à s'amollir et à convenir qu'il a en effet ouï parler ces docteurs touchant l'Évangile ou les Épîtres, il lui faut demander avec précaution si ces docteurs croyaient telle ou telle chose... Et si, lui, regarde leur doctrine comme bonne et vraie... S'il en convient, il confesse par là son hérésie... Si vous lui demandiez brusquement ces choses, il ne répondrait pas, car il jugerait que vous le voulez surprendre, afin de l'accuser ensuite comme hérétique... Ce n'est que par subtilité qu'on peut prendre ces renards subtils... Quand un hérétique ne confesse pas pleinement ses erreurs ou n'accuse pas ses complices, il faut lui dire, pour l'effrayer : « Fort bien, nous voyons ce qui en est : songe à ton âme, et renie pleinement l'hérésie, car tu vas mourir, et il ne te reste qu'à recevoir en bonne pénitence tout ce qui t'adviendra ». Et, si alors il dit : « Puisque je dois mourir, j'aime mieux mourir dans ma foi que dans celle de l'Église! » alors on est assuré que sa repentance est feinte, et il peut être livré à la justice (*Thesaur. Anecdoct*. t. V, p. 1793).

Quand un certain nombre d'hérétiques avaient confessé leur *crime*, on procédait au *sermon* (à l'*auto-da-fé* ou *acte de foi*, comme on dit plus tard en Espagne et en Portugal) : les inquisiteurs qui avaient instruit l'affaire convoquaient le conseil de l'Inquisition, composé des évêques ou de leurs vicaires, de moines dominicains (auxquels on ajouta ensuite des franciscains), et de docteurs en droit canon. Les inquisiteurs soumettaient au conseil un extrait de la confession de chaque accusé, en supprimant son nom; sur quoi les conseillers prononçaient. Les peines étaient de trois sortes : 1° une pénitence arbitraire à la discrétion des inquisiteurs; 2° l'emprisonnement perpétuel; 3° la « remise au bras séculier », c'est-à-dire la mort. L'Inquisition ne pouvait prononcer elle-même la peine capitale, à cause des canons, qui défendaient aux gens d'église de participer aux jugements entraînant

ecclésiastiques, cette ténébreuse procédure se glissa dans les tribunaux laïques, et y remplaça la grossière, mais loyale jurisprudence que la féodalité avait reçue en héritage des Barbares. Les légistes monarchiques, qui, avant la fin du treizième siècle, remplacèrent presque universellement les nobles féodaux sur les bancs des assises, puisèrent à pleines mains dans l'arsenal de tyrannie que les gens d'église avaient forgé dans un autre but. Il a fallu le dix-huitième siècle et la Révolution pour arracher la justice de l'antre ténébreux où on la retenait captive, et pour la ramener au grand jour sous le regard protecteur de la conscience publique.

Tous les fléaux étaient réunis pour désoler les régions provençales : tandis que la terreur catholique écrasait sous son joug de fer les peuples de la rive droite du Rhône, le comté de Provence, qui avait peu souffert des guerres religieuses, était en proie à une guerre civile acharnée. Le comte Raimond-Bérenger, parvenu à l'âge d'homme, voulait réduire sous son pouvoir les républiques de Marseille, d'Arles et de Nice, qui s'étaient soustraites complétement à sa suzeraineté, avaient remplacé ses viguiers et ses bayles par des *podestats* électifs, et prétendaient ne relever que de l'empereur. Nice fut forcée de se rendre, malgré l'assistance des Génois (9 novembre 1229); mais la grande cité de Marseille se défendit vaillamment, et appela à son aide le comte de Toulouse. Raimond VII, heureux de pouvoir effacer par quelque fait d'armes la honte du traité de Meaux, passa le Rhône, et fit lever le siége de Marseille : cette cité, qui lui avait montré jadis tant d'affection pendant les prospérités de sa jeunesse, se donna à lui

---

la mort; mais elle éludait les canons en forçant le pouvoir séculier à prononcer la sentence à sa place. Les seigneurs ou les magistrats qui n'eussent point envoyé au bûcher les condamnés « remis au bras séculier » eussent été sur-le-champ excommuniés et déclarés fauteurs d'hérésie. Les *relaps*, c'est-à-dire les hérétiques retombés dans l'hérésie après l'avoir abjurée, et les *impénitents* étaient de droit livrés au bras séculier : la peine la plus grave de ceux qui n'avaient commis qu'une première faute, et qui se convertissaient, était d'être *emmurés* en prison perpétuelle. *Doctrina de modo procedendi*, etc. ap. *Thesaur. anecdoct.* t. V, p. 1787-1795. V. aussi la lettre de l'évêque de Tournai, légat du pape, aux inquisiteurs, dans les *Preuves de l'Histoire de Languedoc*, n° 214, p. 371, et le *Directorium inquisitorum*, de Nicolas Eymerici, écrit en 1378; Rome, in-fol. 1587 : c'est le recueil le plus complet sur la matière.

par reconnaissance, et, sans renoncer à ses libertés, reçut dans son sein un viguier ou vicaire du comte Raimond (novembre 1230). Tarascon et plusieurs autres places secouèrent aussi la suzeraineté de Raimond-Bérenger pour adopter celle du comte de Toulouse, et la lutte se prolongea bien des années entre le comte de Provence et les villes libres soutenues par le comte de Toulouse; Avignon était aussi de la ligue municipale.

Les succès éphémères que pouvait obtenir Raimond VII en Provence ne le relevaient pas de son irrémédiable abaissement. Le libérateur de Marseille était esclave dans Toulouse; sa capitale était démantelée; les soldats du roi de France tenaient garnison dans le palais de ses aïeux, et le plus implacable de ses persécuteurs et de ceux de son père régnait plus que lui sur les domaines qu'on lui avait laissés comme par une insultante pitié. La mort de Folquet (fin 1231) ne donna point de relâche au comte ni à ses sujets : « l'évêque des diables » fut remplacé sur le siège de Toulouse par un de ces dominicains qui l'avaient si bien secondé dans son œuvre d'extermination [1], et le comte, tourmenté, menacé par le nouvel évêque et par le légat, fut obligé d'aller à Melun trouver le roi, et de donner de nouvelles garanties « aux défenseurs de la foi catholique ».

Le sort de Raimond VII était digne de pitié : s'il voulait chercher un instant dans le repos l'oubli de ses malheurs, s'il négligeait de prêter main-forte à la « milice de la foi », le féroce Folquet ou son successeur s'écriait aussitôt que le comte « devenoit paresseux et lâche en l'œuvre de Dieu, qu'il alloit retomber en son péché », et Raimond, pour éviter une nouvelle excommunication, était contraint de s'associer à des actes qu'il abhorrait au fond de l'âme. Son obéissance fut récompensée par la restitution du marquisat de Provence, que le pape Grégoire IX lui rendit en 1234, moyennant foi et hommage à l'église romaine. Le souverain pontife lui avait, en outre, accordé de longs délais pour le pèlerinage d'outre-mer auquel il s'était engagé, et finit par l'en dispenser.

---

[1] Folquet avait été l'ami intime de saint Dominique, et le premier patron et bienfaiteur de l'ordre, qu'il appuya de ses efforts au concile de Latran. Il établit les premiers frères prêcheurs à Toulouse, dans une maison qui appartenait à son église.

Les populations toulousaines ne profitèrent pas de l'adoucissement du sort de leur prince. Grégoire IX rendit au contraire l'Inquisition plus formidable, en la confiant spécialement, par une bulle d'avril 1233, aux Frères Prêcheurs ou dominicains, dont l'ordre était si bien organisé pour cette destination : l'Inquisition et l'ordre de Saint-Dominique ne furent plus séparés désormais jusqu'à ce que le « tribunal de la foi » s'écroulât sous les anathèmes de l'humanité et de la philosophie. Deux dominicains reçurent les pouvoirs inquisitoriaux dans chaque cité. L'épiscopat continuait à rivaliser de zèle impitoyable avec les Prêcheurs : le concile provincial de Nîmes (1233) autorisa le premier venu à arrêter tout suspect d'hérésie pour le livrer à l'évêque. Le concile de Narbonne, tenu en 1235 par les archevêques de Narbonne, d'Aix et d'Arles, promulgua, sur la demande des dominicains inquisiteurs, un règlement où l'on remarque les passages suivants : « Les hérétiques qui se sont rendus en quelque manière indignes d'indulgence, et qui toutefois se soumettent à l'Église, doivent être *enmurés* à toujours; mais, *comme le nombre en est si grand qu'il est impossible de bâtir des prisons pour tous,* vous pourrez au besoin vous dispenser de les enfermer jusqu'à ce que le seigneur pape en soit plus amplement informé. Quant aux rebelles qui refusent d'entrer ou de demeurer en prison, ou d'accomplir quelque autre pénitence, vous *les abandonnerez au juge séculier* sans les ouïr davantage, et vous traiterez de même les relaps. » Ainsi la moindre tentative pour échapper à la captivité était punie de mort. « Aucun homme suspect, ajoute-t-on, ne peut être dispensé de la prison à cause de sa femme, quelque jeune qu'elle soit; aucune femme, à cause de son mari; ni les parents, à cause de leurs enfants; ni les enfants, à cause de leurs parents; ni qui que ce soit, enfin, à cause de ceux auxquels il est nécessaire : nul ne doit être exempté de la prison pour sa faiblesse, sa vieillesse, ou autres raisons semblables... A cause de l'énormité de ce crime (l'hérésie), on doit admettre, pour convaincre les accusés, le témoignage des malfaiteurs, des *infâmes,* et de tous ceux qui ne déposent point en justice... Celui qui continue de nier, lorsqu'il y a preuve suffisante contre lui par témoins ou autrement, doit être réputé sans hésitation hérétique et impé-

nitent, quoi qu'il fasse d'ailleurs pour montrer qu'il est converti.
— *Gardez-vous, par la volonté prudente du siége apostolique, de révéler les noms des témoins.* » Ceci indique avec précision l'époque de l'établissement de la procédure secrète, par ordre du pape, contrairement aux canons de Latran [1].

Avec une telle législation, confiée à de tels interprètes, pas un citoyen n'était assuré de sa liberté ni de sa vie, si bon catholique qu'il pût être; mais on avait trop présumé de la patience des Languedociens : leurs revers ne les avaient point assez complétement écrasés pour les réduire à subir sans résistance cette épouvantable tyrannie; plus d'un délateur, plus d'un pourvoyeur de *sermons*, fut trouvé percé de coups de poignard près des cendres du bûcher qui avait dévoré ses victimes. Aux vengeances privées succédèrent les insurrections populaires; elles éclatèrent d'abord dans la partie du Languedoc soumise aux Français : le faubourg de Narbonne s'était soulevé, dès le mois de mars 1234, contre le prieur des Frères Prêcheurs de cette ville, qui avait voulu emprisonner un des principaux bourgeois. L'archevêque et le vicomte de Narbonne intervinrent en vain : ils furent chassés tous deux du faubourg; les gens du faubourg bravèrent une sentence d'excommunication fulminée par l'archevêque, se battirent avec les habitants de la ville proprement dite, qui s'étaient déclarés en faveur de ce prélat, et invoquèrent l'assistance des Nîmois. « Les inquisiteurs, écrivirent les consuls du bourg de Narbonne aux consuls de Nîmes, ne songent qu'à s'emparer du bien des riches, hérétiques ou non : ils ont fait mourir diverses personnes en prison sans aucune sentence » !

Une insurrection violente eut lieu aussi à Albi; mais c'était surtout à Toulouse que sévissait le sanglant tribunal : quarante dominicains, dont le viguier du comte était forcé d'exécuter les sentences, faisaient planer incessamment la terreur et la mort sur cette malheureuse ville; la tombe même n'était point un asile contre leurs fureurs : quand ils ne trouvaient plus de victimes à brûler, ils déterraient les morts et faisaient traîner sur la claie par les rues leurs ossements ou leurs corps putréfiés, pour les

---

1. Labb. *Concil. general.* t. IX, p. 488-501. — Fleuri, *Hist. ecclés.* t. XVII, l. LXXX, § 26-51.

envoyer au bûcher. L'indignation publique se manifesta enfin, non point par une émeute comme à Narbonne et à Albi, mais par l'intervention régulière des capitouls, qui enjoignirent aux inquisiteurs et à tous les Frères Prêcheurs de quitter la ville, « si mieux n'aimoient cesser toutes poursuites et procédures ». Les deux inquisiteurs, Guillaume Arnaud et Pierre Cellani, et les trente-huit autres dominicains du couvent de Toulouse, sortirent processionnellement de la ville avec l'évêque, qui avait été de leur ordre, et tous les chapelains ou prêtres paroissiaux; quelques jours après, une sentence d'excommunication fut lancée contre Toulouse (10 novembre 1235), enveloppant dans l'anathème le comte Raimond, quoiqu'il fût absent. Raimond, n'osant soutenir la conduite énergique des Toulousains, rappela les inquisiteurs, et ne réussit à faire lever l'excommunication qu'après avoir longtemps négocié. Cependant il paraît que la cour de Rome comprit le danger de pousser au désespoir les populations languedociennes; en 1237, l'archevêque de Vienne, légat du pape, adoucit un peu la cruauté des procédures, adjoignit pour collègue aux dominicains, dans chaque ville, un Frère Mineur (ou franciscain), « lequel devoit tempérer leur rigueur par sa mansuétude »; puis un ordre de la cour de Rome, obtenu à force d'instances et peut-être à force d'argent par les magistrats municipaux, suspendit pour quelque temps l'Inquisition à Toulouse[1].

Si la terre de Languedoc se soulevait encore contre les délégués de la papauté, ce n'était plus guère que par haine d'une insupportable tyrannie : les restes des hérétiques n'eussent point été en état de remuer par leurs propres forces; les grands foyers d'hérésie avaient été éteints dans des flots de sang, et il ne subsistait plus qu'un petit nombre de *parfaits* manichéens dans quelques retraites sauvages des Cévennes et des Pyrénées, tandis que les débris des vaudois du Midi se concentraient dans les sauvages vallées alpestres d'où leurs croyances étaient sorties, sur les confins du Piémont et du Dauphiné, et où elles se perpétuèrent obscurément pendant trois siècles. La joie du triomphe de Rome

---

1. *Histoire de Languedoc*, l. XXV. — Martenne, *Thesaur. anecdoct.* t. I, p. 992. — Raynald. *Annal. ecclesiast.*

n'était pourtant pas sans mélange. On n'avait coupé que le principal rameau de l'arbre de l'hérésie, mais la souche subsistait toujours entre le Danube et l'Adriatique, dans les pays slaves et la Bulgarie, et les rejetons grandissaient avec une rapidité menaçante, en vingt endroits de l'Italie. Le pape Grégoire IX découvrit avec effroi de nombreux sectaires dans Rome même ; puis il apprit que l'hérésie s'était répandue dans le nord de l'Allemagne, et que des cantons entiers de la Basse-Saxe et de la Frise orientale refusaient de payer les dîmes et chassaient les prêtres et les moines. En 1233, le pape fit prêcher en Allemagne et en Belgique la croisade contre ces hérétiques, qu'on appelait *Stadingen*, du nom de la ville de Stade, sur le Bas-Elbe : une multitude de ces malheureux furent brûlés vifs ; le gros des *Stadingues*, retranché dans les marais du Bas-Wéser, soutint le choc des croisés, et se fit massacrer en combattant avec un courage intrépide. Ces paysans germains, à demi-sauvages, mêlaient à des idées manichéennes des restes de vieilles superstitions teutoniques.

Les Prêcheurs et leurs rivaux les Mineurs[1] découvrirent et livrèrent au supplice, en 1236, force *patérins et bulgares* dans la Flandre et le nord de la France. Un Frère Prêcheur, appelé Robert et surnommé le *Boulgre* ou le *Bulgare*, parce qu'il avait lui-même partagé l'hérésie qu'il poursuivait, et même figuré entre les *parfaits*, devint surtout le fléau de ses anciens co-religionnaires : il se vantait que, dans le cours de deux ou trois mois, cinquante d'entre eux, par son seul ministère, avaient été ensevelis ou brûlés vivants ; on le nomma *le Marteau des hérétiques*. « Enveloppant les innocents et les simples dans le supplice des coupables, il abusa tellement de son pouvoir, qu'il finit par être condamné à une prison perpétuelle », dit Mathieu Pâris. Le pape le révoqua et le laissa condamner. La Champagne avait eu son tour : en 1239, il y eut, au Mont-Vimer, près de Vertus, une effroyable exécution. Cent quatre-vingt-trois manichéens y furent brûlés vifs en présence de Henri de Braine, archevêque de Reims, qui

---

1. On regrette de voir les franciscains associés à la barbare mission des moines de saint Dominique : ils étaient déjà bien loin de la douceur évangélique de leur maître. Leur rôle était, il est vrai, moins actif que celui des inquisiteurs dominicains.

avait poursuivi ces malheureux avec acharnement, et du comte Thibaud de Champagne, qui regrettait sans doute au fond de l'âme de ne pouvoir les sauver. On a de lui une chanson contre les *Papelards,* qui indique ses secrets sentiments sur le fanatisme de son temps. Dix-sept évêques et près de cent mille personnes assistèrent à cet affreux spectacle. Un seul *parfait* se trouvait entre les cent quatre-vingt-trois victimes : tout le troupeau, hommes et femmes, se fit absoudre par le pasteur au pied du bûcher, et mourut héroïquement[1]. Mont-Vimer avait été longtemps le centre du manichéisme dans ces contrées.

Les hérésies n'avaient pas reparu au grand jour dans Paris, depuis la persécution qui avait eu lieu au sein de l'Université; mais les écoles et la ville, de 1229 à 1230, avaient été livrées à de violents troubles pour des motifs d'une autre nature. Les grandes écoles privilégiées étaient à la fois, pour les cités qui les possédaient, une source de prospérité et un principe de désordre; la juxtaposition de deux populations aussi diverses, aussi opposées de mœurs que les bourgeois et les écoliers, amenait de fréquentes rixes, qui grandissaient parfois jusqu'à la guerre civile. Une dispute de cabaret bouleversa Paris pendant deux ans.

Le lundi gras de l'an 1229, les écoliers, pour venger quelques-uns des leurs maltraités par un cabaretier et par ses voisins, firent invasion dans le bourg Saint-Marcel, battant à outrance tout ce qui leur tombait sous la main. Le prieur du *moûtier* de Saint-Marcel, qui était seigneur du bourg, à la nouvelle de l'injure faite à ses vassaux, porta plainte au légat romain et à l'évêque de Paris, qui prièrent la reine Blanche de ne pas laisser impunie une telle offense. La reine Blanche, « avec l'emportement irréfléchi des femmes, dit Mathieu Pâris, commanda au prévôt de Paris, et à des routiers qu'elle tenoit à sa solde, d'aller châtier les auteurs de cette violence, sans faire merci à aucun. Les routiers sortirent de la ville et trouvèrent hors des murs beaucoup d'écoliers jouant paisiblement, lesquels n'avoient pas pris part à la faute de leurs compagnons; car les auteurs du tumulte appartenoient à ce pays voisin de la Flandre qu'on nomme vulgairement Picardie[2]. Les

---

1. Raguet, *Annal. ecclés. de Châlons.*
2. Matth. Paris. — Le seul écrivain qui ait mentionné le nom de *Picardie,* avant

souldoyers tuèrent les uns, blessèrent et dépouillèrent les autres. Dès que cette énorme iniquité fut parvenue aux oreilles des maîtres de l'Université, ils suspendirent leurs leçons et disputations, et s'assemblèrent pour demander justice à la reine et au légat; mais ni la reine, ni le légat, ni l'évêque de Paris ne leur voulurent rendre justice. Alors il se fit une dispersion universelle des maîtres et des écoliers; en sorte qu'il ne resta pas un seul maître de renom en la cité, et la cité demeura privée de la *clergie* qui fait sa gloire. Les clercs sortirent de Paris, cette nourrice de philosophie et de sapience, en maudissant le légat romain, la superbe reine, et « leur honteuse connivence », et la plupart d'entre eux choisirent la cité d'Angers pour métropole de toute doctrine »; d'autres s'en allèrent à Toulouse, à Orléans, à Reims, et jusqu'en Espagne, en Italie, et en Angleterre, où le roi Henri III leur offrit de grands avantages[1].

La dissolution de l'Université de Paris émut toute l'Europe : le pape Grégoire IX embrassa la querelle des clercs parisiens, blâma sévèrement l'évêque de n'avoir pas soutenu l'Université, et adressa de vives remontrances au jeune roi[2]. Cette intervention fut efficace : « le roi Louis et sa mère, dit le chroniqueur Guillaume de Nangis, craignirent que science et savoir, ces trésors du salut, ne quittassent le royaume de France et ne retournassent *ès pays étrangers*, d'où ils étoient venus; car l'étude des

---

Mathieu Pâris, est Nicolas de Brai, dans son poëme des *Gestes de Louis VIII*. Ce nom apparaît tout à coup sans tradition, sans précédent. Nous n'avons rien trouvé de satisfaisant sur son origine ni dans les ouvrages publiés sur les cités et les cantons divers de cette grande province, ni dans les manuscrits du bénédictin D. Grenier, qui avait rassemblé les matériaux d'une histoire générale de Picardie, ni enfin dans Ducange. C'est là une des singularités de l'histoire de France. Le radical de ce nom se retrouve, à la vérité, dans les noms de deux petites villes de l'Amiénois, *Picæ* ou Poix, *Piquiniacum* ou Piquigni; mais, à aucune époque, ces localités n'ont joué un rôle qui explique comment l'honneur de nommer toute une province aura pu leur advenir.

1. Matth. Paris. — Bulæus, *Histor. Universit.* t. III, p. 134.
2. On lit dans sa lettre au roi ce passage curieux : « Le royaume de France se distingue depuis longtemps par les trois vertus qu'on attribue par appropriation aux trois personnes de la sainte Trinité, savoir : *la puissance, la sagesse* et *la bonté*. Il est puissant par la valeur de sa noblesse, sage par la science du clergé, bon par la clémence des princes »... Il poursuit en invitant le roi à ne pas retrancher de cette Trinité sociale la « vertu du milieu », la sagesse, sans laquelle les deux autres ne peuvent subsister.

lettres et de la philosophie étoit venue d'Athènes à Rome, et de Rome en France, avec les honneurs et le rang de chevalerie, par les soins de l'empereur Charlemagne. Le roi rappela donc les clercs à Paris, les reçut avec grande clémence, et leur fit faire réparation de tous les torts qu'ils avoient soufferts de la part des bourgeois[1] ». Ainsi les bons bourgeois payèrent les méfaits des routiers de la reine, et les vrais coupables restèrent impunis. Le pape fit, pour ainsi dire, la clôture de cette grave affaire par la publication d'une nouvelle bulle sur les priviléges et les règlements de l'Université : la bulle commence par le plus magnifique éloge de Paris : « Paris, la mère des sciences, est une autre Cariath-Sepher, la ville des lettres; c'est le laboratoire où la sagesse met en œuvre les métaux tirés de ses mines d'or et d'argent, dont elle compose les ornements de l'Église, et le fer dont elle forge ses armes ». — On remarque dans la bulle la confirmation du droit qu'a l'Université de suspendre ses leçons, si on lui fait quelque insulte notable sans lui en donner satisfaction dans les quinze jours. Le pape renouvelle la défense de se servir des livres de la physique d'Aristote, mais seulement « jusqu'à ce qu'ils aient été examinés et purgés de tout soupçon d'erreur ». Il ne parle pas de la métaphysique. Ceci indique que la disposition des esprits se modifie, et que Rome, après avoir tenté de supprimer le Stagirite, va se résigner à transiger avec lui[2].

Les docteurs de l'Université trouvèrent, en rentrant à Paris, une école rivale élevée en face de leurs écoles : les Frères Prê-

1. Le chroniqueur Guillaume de Nangis, en louant fort le roi d'avoir remis *clergie* en honneur, ajoute à son récit un singulier commentaire : « Si un trésor aussi précieux que celui de *sapience*, qui prime tous les autres, eût été enlevé au royaume, le lis, emblème des rois de France, et qu'ils peignent à trois feuilles sur leurs armes et leurs bannières, eût été grandement défiguré : les deux plus basses feuilles, en effet, signifient sapience et chevalerie, et gardent et défendent la troisième feuille, laquelle est la foi, et se trouve plus haut placée entre les deux autres; car foi est gouvernée et réglée par sapience, et défendue par chevalerie. Tant que ces trois feuilles demeureront unies dans le royaume de France, le royaume subsistera; mais, si on les sépare ou si on les arrache du royaume, le royaume divisé sera désolé et tombera ». Guillaume n'est pas tout à fait d'accord avec le pape, et dispose d'une façon fort arbitraire son symbole ternaire.

2. Il paraît qu'une partie des professeurs de Paris restèrent dans les cités où ils avaient trouvé asile : l'historien de l'université, *Bulœus* (du Boulai), attribue à cette circonstance la formation des écoles de Reims, d'Orléans et d'Angers en universités.

cheurs avaient profité de la circonstance pour ériger, dans leur maison de la rue Saint-Jacques, un enseignement qui jeta bientôt un éclat extraordinaire : les passions sous l'empire desquelles s'était formé et se maintenait l'ordre de saint Dominique étaient également propres à enfanter de grandes inspirations et de grands crimes.

Les scènes de désordre qui avaient eu de si graves conséquences à Paris se renouvelèrent plus sanglantes encore, à Orléans, quelques années après : « En l'année 1236, il s'éleva une dissension lamentable en la cité d'Orléans entre les clercs des écoles de la cathédrale et les citoyens, à l'occasion d'une fille de joie; les bourgeois *occirent* beaucoup d'écoliers, égorgeant les uns, jetant les autres dans la Loire, et forçant le demeurant à se cacher dans les vignes et les cavernes hors de la ville : là moururent plusieurs jeunes hommes de sang illustre, un neveu du comte de Champagne, un neveu du comte de la Marche, et deux proches parents du *comte* de Bretagne et d'Archambaud de Bourbon. L'évêque, à cette nouvelle, excommunia les *malfaiteurs*, et quitta la ville, après l'avoir mise en interdit : les grands barons dont les parents avaient été tués accoururent sans délai, entrèrent hostilement dans la cité et livrèrent nombre de citoyens au tranchant du glaive, sans aucun jugement; et ces troubles ne cessèrent point jusqu'à ce que les ordres prudents du roi eussent amené les deux partis à une composition (Matth. Paris.) ».

Avant même que la reine eût consenti à faire la paix avec l'Université, d'autres débats avaient commencé à s'élever entre Blanche et les évêques des provinces du Nord; ces querelles marquent la seconde période du gouvernement de Blanche, comme la lutte contre les barons avait caractérisé la première. L'archevêque de Rouen jeta l'interdit sur le domaine royal dans son diocèse, et le roi, ou plutôt la reine-mère, saisit les revenus de l'archevêque, parce que ce prélat prétendait n'avoir d'autre juge que le pape, et ne pas rendre compte de ses actes à la cour du roi ni à l'*échiquier* ou assises générales du duché de Normandie. La querelle qui éclata ensuite à Beauvais eut une source tout opposée, à savoir : la marche envahissante de l'autorité royale dans les cités épiscopales. En 1232, à propos de l'élection d'un maire, de violentes discussions ayant éclaté à Beauvais entre les riches commerçants (ou les *changeurs,* les banquiers) et les gens de métiers, le roi intervint, et imposa à la ville pour mayeur un bourgeois de Senlis, étranger à Beauvais, ce qui était contraire à tous les usages des communes. La haute bourgeoisie et le corps municipal se soumirent ; le menu peuple se souleva, maltraita et chassa le maire intrus : une vingtaine de personnes notables périrent dans l'émeute. A défaut de la juridiction communale, suspendue de fait par les troubles, les auteurs de ces excès devaient être justiciables, en première instance, de l'évêque, leur suzerain ; mais la régente et ses officiers ne voulurent tenir compte ni des droits de l'évêque ni de ceux de la commune ; Blanche envoya le jeune roi en personne à Beauvais, « avec grande foison d'hommes d'armes », et l'on chassa de la ville jusqu'à quinze cents citoyens ; on démolit les maisons des chefs de l'émeute, on imposa de fortes amendes aux autres, et les gens du roi voulurent exiger de l'évêque lui-même un « droit de gîte » considérable. L'évêque demanda un délai pour délibérer s'il paierait ; les officiers royaux saisirent aussitôt ses domaines et occupèrent militairement son palais ; l'évêque s'en alla porter plainte à un concile provincial à Noyon ; l'archevêque de Reims, Henri de Braine, et ses suffragants, sommèrent le roi de rendre la liberté aux prisonniers et aux bannis, et de restituer à l'évêque de Beauvais les biens de son église. Sur le refus du roi, l'interdit fut lancé sur toute la province ecclésiastique de Reims. Mais un incident tout à fait nouveau paralysa les efforts du concile : les chapitres des cathédrales, qui vivaient généralement assez mal avec les évêques, refusèrent d'observer l'interdit, et contraignirent les évêques à le révoquer (juin 1233).

Cette affaire avait causé beaucoup d'agitation dans toutes les communes qui relevaient des évêques et des chapitres, et les villes tâchèrent de profiter de la circonstance pour accroître leurs franchises aux dépens du clergé. A Noyon, à Soissons, il y eut de fréquentes émeutes : à Reims, l'émeute devint guerre civile ; les bourgeois prirent parti pour le roi contre leur archevêque : le prévôt de la cathédrale fut banni par les magistrats, et les bourgeois mirent le siége devant le château de *Porte-Mars,* forteresse épiscopale située à l'entrée de la ville, et qu'on nommait ainsi parce qu'on y avait enclavé un arc-de-triomphe autrefois consacré au dieu Mars. Cette belle ruine romaine existe encore, bien que mutilée par le temps et par les hommes. Les bourgeois étaient si animés contre Henri de Braine, prélat d'humeur violente et tyrannique, qu'ils construisirent des ouvrages de siége autour du château épiscopal avec les pavés des rues, avec les tombes des cimetières, avec les pierres préparées pour la construction de la cathédrale, que commençaient de réédifier en ce moment les deux grands architectes Libergier et Robert de Couci. L'archevêque et le chapitre réunis portèrent plainte au pape, qui prononça la nullité de la charte de commune, tandis que l'archevêque excommuniait les bourgeois en masse; ceux-ci répondirent en chassant les chanoines et en pillant leurs maisons. Le pape alors renouvela de sa propre main la sentence d'excommunication, par laquelle tous débiteurs et dépositaires obligés envers les citoyens de Reims étaient sommés de ne pas payer leurs dettes ni restituer leurs dépôts. Les évêques, réunis à Saint-Quentin en concile provincial, sommèrent le roi de prêter à leur métropolitain le secours du « bras séculier » contre ses vassaux rebelles, sans faire aucune enquête sur ce sujet, et sans que l'archevêque eût à répondre en la cour du roi aux accusations que les bourgeois portaient de leur côté contre lui. C'était nier radicalement les droits de la suzeraineté.

La couronne fut vivement soutenue par le baronage; la plus grande force de la royauté était peut-être la malveillance réciproque des seigneurs clercs et des seigneurs laïques. Les ducs de Bourgogne et de Bretagne, le comte de la Marche, le connétable Amauri de Montfort et vingt-quatre autres « grands sires » écrivirent au pape pour réclamer contre les entreprises des prélats, « qui ne vouloient plus répondre, pour leur temporel, en la cour du roi ni des autres seigneurs, comme ils avoient fait sous les rois précédents (septembre 1235) ». Le roi, en même temps, publia une ordonnance portant que ses vassaux et ceux des seigneurs ne seraient plus tenus de comparaître devant les tribunaux ecclésiastiques (en causes civiles), et que les seigneurs clercs et leurs hommes seraient tenus au contraire, en toutes causes civiles, de subir le jugement du roi et des barons. La lutte semblait s'engager de la manière la plus grave; déjà les évêques avaient lancé derechef l'interdit sur le domaine royal dans la province de Reims, et l'on ne pouvait espérer que le pape déférât aux représentations des seigneurs laïques. Il venait, au contraire, de surexciter les prétentions des clercs par la publication d'un corps de décrétales comprenant toutes les décisions pontificales postérieures au *Décret de Gratien*[1] (1234), décisions, pour la plupart, très envahissantes.

Louis IX, qui venait d'atteindre sa majorité et qui commençait à se mêler un peu plus des affaires, montra des dispositions conciliantes; il ne céda pas sur le fond des choses : il fit une enquête sur les événements de Reims, et les jugea en suzerain; mais il donna gain de cause à l'archevêque contre les bourgeois, et Henri de Braine, abandonnant le principe en faveur du résultat immédiat, acquiesça au jugement; les Rémois furent condamnés à réparer à leurs frais le château de Porte-Mars et les maisons des chanoines, à raser leurs ouvrages de siége, à payer 10,000 livres parisis d'indemnité à l'évêque, et à subir diverses restrictions à leurs priviléges (janvier-février 1236). La rigueur avec laquelle l'archevêque voulut procéder à la levée de l'indemnité excita dans Reims de nouveaux troubles, qui se prolongèrent jusqu'à la mort du prélat (1240). Les derniers termes de l'indemnité ne furent pas payés, et la remuante commune de Reims reprit sur le clergé des avantages que lui enleva encore plus tard une seconde décision royale[2].

L'histoire des grandes seigneuries est faiblement liée à celle du domaine royal pendant cet intervalle. Le comte de Champagne, malgré sa passion pour la reine, avait épousé la fille du seigneur de Bourbon, et fiancé sa propre fille, enfant encore, au fils de Pierre Mauclerc, se rapprochant ainsi du plus opiniâtre adversaire de sa *dame*. Mais Thibaud avait besoin de se concilier le redoutable Mauclerc dans un moment où ses intérêts se compliquaient singulièrement : il briguait l'héritage du roi de Navarre,

---

1. Ce recueil de canons, de décrétales vraies et fausses, etc., adopté par la cour de Rome, était généralement reçu dans les écoles depuis le milieu du douzième siècle.

2. *v.* Augustin Thierry, *Lettres sur l'Histoire de France*, lettre XXI. — Fleuri, *Hist. ecclésiast.* l. LXXX, § 16, 17, 52, 54.

don Sanche-le-Fort, son oncle maternel, et se voyait disputer son propre domaine par sa cousine Alix de Champagne, reine de Chypre C'était l'implacable comte de Boulogne, Philippe-Hurepel, qui avait excité Alix à cette tardive revendication ; la cour de Rome évoqua l'affaire, parce que la légitimité de la naissance d'Alix était contestée, et qu'une question canonique préjudicielle se trouvait ainsi soulevée[1]. Hurepel eût vendu ses propres seigneuries pour ruiner l'objet de sa brutale haine et gagner à prix d'or la cour de Rome ; mais il mourut au mois de février 1234. On ne manqua pas de crier que Thibaud avait empoisonné les deux frères l'un après l'autre, et la reine Blanche ne fut pas épargnée. Aucun historien ne cite le moindre indice à l'appui de ces odieuses imputations. La mort de Hurepel fut, à la vérité, très avantageuse à Thibaud : Alix, ayant perdu son soutien, consentit à transiger, et abandonna ses prétentions moyennant une rente annuelle de 2,000 livres parisis (54,000 fr.). Thibaud, à son tour, ayant grand besoin d'argent pour ses affaires de Navarre, céda à la couronne de France, au prix de 40,000 livres tournois (800,000 fr.) une fois payées, sa suzeraineté sur les comtés de Blois, de Chartres et de Sancerre et sur la vicomté de Châteaudun, qui relevaient du comté de Champagne ; puis il prit avec tous ses feudataires le chemin de la Navarre. Le roi don Sanche était mort dans le courant d'avril ; Thibaud fut couronné à Pampelune en mai 1234, et reconnu de toute la Navarre, sans opposition de la part du roi Jayme d'Aragon, qui prétendait aussi à l'héritage, mais qui était absorbé par d'importantes entreprises contre les Maures. L'élévation du comte de Champagne au trône de Navarre resserra les liens de la France avec les régions d'outre-Pyrénées, mais n'ajouta guère à la puissance réelle de Thibaud : ses deux états étaient trop éloignés l'un de l'autre pour avoir des intérêts communs et pour se prêter un mutuel appui.

Tandis que Thibaud se faisait couronner au delà des monts, d'autres fêtes avaient lieu à la cour de France. Le jeune roi Louis atteignait sa vingtième année, et Blanche songeait, depuis quelque temps, à le marier, pour le préserver des passions et des

---

1. Alix était la sœur de la dame de Rameru, qui avait tenté pareille revendication dans les dernières années de Philippe-Auguste. *V.* ci-dessus, p. 99.

écarts de son âge, non moins que pour lui préparer de nouvelles relations politiques. Louis, de son côté, désirait une épouse, non par « concupiscence », disent les biographes, mais afin d'avoir des enfants qui portassent après lui la couronne. Blanche demanda pour lui la main de Marguerite, une des quatre filles de Raimond-Bérenger, comte de Provence, enfant de douze ans, « laquelle étoit belle de visage, plus belle de foi, élevée dans les bonnes mœurs et la crainte du Seigneur ». Le comte de Provence n'avait point d'enfant mâle, ce qui ouvrait la voie à de nouveaux projets d'agrandissement[1]. Le mariage fut célébré à Sens, le 27 mai 1234 : il ne fut toutefois consommé que longtemps après, l'épousée n'étant pas nubile ; et la reine Marguerite ne mit au monde son premier-né qu'en 1240.

Marguerite, dont la douceur et la timidité cachaient une âme dévouée et courageuse, eut beaucoup à souffrir du caractère impérieux et jaloux de sa belle-mère, qui, tout le reste de sa vie, continua de gouverner le royaume et la famille royale[2].

---

1. Les deux jeunes gens étaient cousins au quatrième degré ; le pape accorda une dispense. Un système de dispenses arbitraires tendait à remplacer l'espèce de fanatisme inflexible avec lequel les chefs de l'Église repoussaient et brisaient jadis les alliances entre parents. On accorda ou on refusa dorénavant les dispenses au gré des convenances politiques ou pécuniaires du moment, système moins fatal que l'autre à l'ordre matériel de la société, mais plus funeste à la morale publique. Plus tard, les dispenses, universellement tarifées, ont fini par n'être plus qu'une formalité fiscale.

2. Gaufred. de Belloloco (confesseur de saint Louis), *Vita Ludovici IX*. — « La roine-mère faisoit à la roine Marguerite de grandes rudesses : elle ne vouloit souffrir que le roi hantât la roine sa femme, ni demeurât en sa compagnie ; et, quand le roi chevauchoit aucunes fois par son royaume avec les deux roines, communément la roine Blanche faisoit séparer le roi de la roine Marguerite, et ils n'étoient jamais logés ensemblement. Et advint une fois qu'eux étant à Pontoise, le roi étoit logé au-dessus du logis de la roine sa femme, et avoit instruit ses huissiers de salle en telle façon, que, quand il étoit avec ladite roine, et que madame Blanche vouloit venir en la chambre du roi ou en celle de la roine, les huissiers battoient les chiens, afin de les faire crier ; et, quand le roi entendoit cela, il se *mussoit* (se cachait) de sa mère.

« Celui jour, la roine Blanche trouva en la chambre de madame Marguerite le roi son mari, qui l'étoit venu voir, pour ce qu'elle étoit en grand péril de mort, à cause qu'elle étoit blessée d'un enfant qu'elle avoit eu : le roi Loys étoit caché derrière la roine, de peur que sa mère ne le vît ; mais elle l'aperçut bien, et le vint prendre par la main, lui disant : « Venez-vous-en, car vous ne faites rien ici ». Et elle le sortit dehors de la chambre. Quand la roine vit que la roine Blanche la séparoit de son mari, elle s'écria à haute voix : « Hélas ! ne me laisserez-vous voir mon seigneur ni en la vie ni à la mort ? » Et, ce disant, elle se pâma, et

Le roi n'avait pas tardé à quitter sa jeune épouse pour marcher en Bretagne : la trêve avec Henri III et Mauclerc expirait en juillet 1234. Louis IX entra avec une armée sur les terres de Mauclerc ; le duc Pierre, qui entendait admirablement la guerre à la manière bretonne, la guerre d'embuscades et de marais, enleva une partie des bagages et des chevaux de l'armée royale ; mais le succès ne l'éblouit pas ; il demanda une suspension d'armes jusqu'à la Toussaint, promettant de redevenir « l'homme » du roi Louis, si le roi Henri ne le secourait auparavant. Henri était aux prises avec ses sujets : prélats et barons anglais s'étaient ligués contre les favoris poitevins auxquels l'imprudent et inepte monarque donnait l'Angleterre à dévorer ; Henri ne put rien pour Mauclerc. Mauclerc rendit son hommage-lige au roi de France, lui livra trois châteaux en Bretagne, et renonça aux fiefs qu'il possédait hors de ce duché (novembre 1234). Mathieu Paris prétend que le duc fut obligé de se présenter au roi pieds nus et la corde au cou, et que Louis l'appela « mauvais traître ». Mauclerc tâcha de se venger en excitant Thibaud contre le roi, et en le poussant à réclamer la suzeraineté de Blois, qu'il avait récemment vendue à la couronne. Thibaud arma ; le roi marcha contre lui ; la reine Blanche s'interposa ; Thibaud céda, comme de coutume, à Blanche, qui « lui fit sa paix (1235) ».

Une nouvelle trêve avec l'Angleterre fut conclue peu de temps après pour cinq ans (janvier 1236), et le départ des principaux seigneurs pour la croisade garantit plus encore que cette trêve la tranquillité du royaume.

La vie nationale recommençait à s'épancher au dehors, et la chevalerie sortait de France par toutes les frontières pour aller prendre part aux événements qui remuaient l'Europe méridionale, tandis que la France rentrait en repos. Les chrétiens d'Espagne recueillaient en ce moment les fruits un peu tardifs de la victoire de Las-Navas ; le roi de Léon conquérait l'Estremadoure ; le roi d'Aragon descendait dans les îles Baléares, prenait Majorque, envahissait Valence ; le roi de Castille entrait victorieux dans Cordoue, la cité sainte des musulmans d'Espagne, et plantait la

---

cuidoit-on qu'elle fût morte ; et le roi, qui ainsi le croyoit, retourna la voir subitement, et la fit revenir de pamoison ». Joinville.

croix sur la chaire des commandeurs des croyants, dans la grande mosquée de Cordoue (1230-1239). La moitié de l'armée qui fit la conquête de Majorque et de Valence était provençale : non-seulement les gens de Montpellier et du Roussillon, sujets du roi Jayme. mais une multitude de guerriers des deux rives du Rhône, surtout ces *faydits,* que les fureurs de la guerre albigeoise et les impitoyables arrêts de l'Église avaient spoliés de leurs biens, se joignirent aux Aragonais, et allèrent traiter les riches villes maures comme la croisade avait traité leurs propres cités languedociennes. L'Aragon se dédommagea largement des pertes qu'il avait faites au nord des Pyrénées; Montpellier salua de ses acclamations, en 1231, le jeune vainqueur qu'elle avait vu naître, et qui relevait avec gloire sa maison frappée d'un coup si terrible à Muret.

Pendant que les méridionaux guerroyaient en Espagne, les chevaliers français du Nord s'apprêtaient en foule à prendre la route de l'Orient; les uns pour ressaisir l'offensive à la Terre-Sainte contre les musulmans, les autres pour défendre, contre les Grecs, l'empire *franc* de Constantinople, presque réduit à sa capitale par le soulèvement de la plupart des provinces. Mais la vieille querelle de l'Empire et de la papauté, se renouvelant avec une effroyable violence, entrava et désorganisa la croisade. Frédéric II, comme Othon, avait été le nourrisson, le protégé du saint-siége; comme Othon, il en devint l'adversaire; c'était chose inévitable : l'empereur, quel qu'il fût, était l'ennemi né du pape, puisque les deux pouvoirs étaient, sous le rapport politique, la négation l'un de l'autre. Mais cette lutte inévitable reçut, du caractère de Frédéric et des circonstances où se trouvait la papauté, quelque chose de plus furieux, de plus implacable peut-être, qu'aux temps mêmes de Grégoire VII et de Henri IV. Jusqu'alors, les empereurs les plus hostiles au saint-siége avaient été aussi orthodoxes que les papes; mais, maintenant, les atteintes mêmes qu'avait subies le dogme, l'ébranlement des esprits, fournissaient une arme nouvelle à la papauté; l'ennemi du saint-siége allait être nécessairement un impie, un ennemi de la foi : cette arme se fût émoussée contre un prince pieux et de croyance non équivoque; il se trouva qu'elle était de moins mauvais aloi contre Frédéric II. Allemand par son père, Sicilien par sa mère, élevé en Sicile au milieu des Italiens, des Grecs, des Juifs, des Arabes, des hommes de toute race et de toute religion, initié aux connaissances et aux idées de tous ces peuples divers, Frédéric avait succombé à une épreuve trop forte pour les hommes de ce siècle; il avait puisé, dans la comparaison de tant de croyances opposées, non point une croyance plus haute et plus compréhensive, mais la négation de toute croyance, de toute loi morale et religieuse, et il appliquait son scepticisme dans ses actes avec une effrayante logique. Bon capitaine, administrateur habile, esprit actif et varié, il surpassait en mépris de l'humanité les fanatiques les plus farouches, et sa froide cruauté allait au-delà de leur furie. Tant qu'il eut besoin du pape, il promulgua contre les hérétiques des ordonnances atroces; il excitait les enfants à dénoncer leurs pères, il enjoignait d'arracher la langue aux hérétiques graciés par l'Inquisition, « afin qu'ils ne pussent plus séduire personne » (voyez Fleuri, liv. LXXX). Une fois brouillé avec le saint-siége, il se montra envers les partisans du pape tel qu'il avait été envers les hérétiques. Il inspirait tant d'épouvante à ses voisins les Guelfes d'Italie, que certains d'entre eux le prenaient sérieusement pour l'Ante-Christ; mais, à distance, les sentiments étaient bien partagés à son égard, et l'impopularité croissante de la cour de Rome faisait qu'en France et en Angleterre, bien des gens refusaient obstinément de croire aux accusations du saint-siége.

La lutte avait été engagée par le pape avec une violence maladroite et sans occasion légitime : le premier grief du saint-siége était la réunion du royaume de Pouille et de Sicile à l'Empire, malgré les promesses de Frédéric; le second fut la prise de possession des débris du royaume de Jérusalem par ce prince, au détriment de son beau-père, Jean de Brienne. Jean n'avait régné en Palestine que comme tuteur de sa fille, et Frédéric était dans son droit en reprenant le bien de sa femme : le pape n'éclata pas encore sur ce point. On a vu que Frédéric s'était engagé à conduire une armée croisée outre-mer, en 1224; il avait obtenu un délai expirant en septembre 1227, et, à cette dernière époque, une multitude de croisés s'étaient réunis en Pouille pour s'embarquer sur une flotte sicilienne à Brindes. Une épidémie se mit dans l'armée; des milliers de croisés périrent, et l'empereur lui-même, attaqué de la maladie, et inquiet d'ailleurs de quelques troubles en Sicile, suspendit son départ. Aussitôt, Grégoire IX, sans explication, sans délai, lança contre lui les foudres de l'excommunication, puis lui signifia défense de s'embarquer jusqu'à ce qu'il eût été absous. L'empereur n'en tint compte et s'embarqua au mois de juin suivant (1228); mais il laissa la guerre derrière lui, et ne rencontra que des rebelles outre-mer. Le pape avait mandé au patriarche de Jérusalem et aux grands-maîtres des ordres militaires de refuser toute obéissance au monarque excommunié : les chevaliers du Temple et de l'Hôpital, s'il faut en croire Mathieu Pâris, allèrent jusqu'à offrir secrètement au sultan d'Égypte de lui livrer l'empereur; le sultan Malek-el-Kamel eut horreur de cette perfidie et en avertit Frédéric, qui redoubla de violence contre les moines-soldats et contre tous les gens d'église : l'empereur et le sultan devinrent au contraire les meilleurs amis du monde, et l'on apprit tout à coup avec étonnement la conclusion d'un traité, par lequel Malek-el-Kamel restituait à l'empereur l'héritage de sa femme, à savoir : Jérusalem, Bethléem, Nazareth, Sidon ou Séïd, etc. Seulement les musulmans conservaient la mosquée bâtie sur l'emplacement du temple de Salomon, avec le droit d'habiter et de visiter librement Jérusalem, et d'y être jugés par des juges de leur religion : cette restitution était accompagnée d'une trêve de dix ans. La *recouvrance* de Jérusalem, qu'on devait sans doute aux dangers qui menaçaient dès lors l'islamisme du côté de la Tartarie, eût dû être accueillie avec joie et reconnaissance; bien loin de là, le patriarche et les chevaliers de Saint-Jean et du Temple crièrent à la trahison[1], et Frédéric fut réduit à prendre de sa propre main la couronne de Godefroi dans l'église du Saint-Sépulcre, faute d'un prélat qui voulût lui conférer l'onction royale (18 mars 1229).

Frédéric se rembarqua presque aussitôt pour l'Italie, où une guerre sanglante avait éclaté dès son départ : le vieux Jean de Brienne, irrité que son gendre lui eût ôté l'usufruit du royaume

---

1. Leur seule objection sérieuse reposait sur ce que la principauté d'Antioche, avec Tripoli et ses autres dépendances, n'était pas comprise dans la trêve, Frédéric n'ayant traité que pour le royaume de Jérusalem.

de Jérusalem, s'était mis à la tête des légions papales et avait attiré beaucoup de Français sous ses étendards, tandis que le duc de Spolète, lieutenant de l'empereur, marchait contre les soldats pontificaux à la tête d'une armée en grande partie composée de Sarrasins, colonisés par Frédéric à Nocera en Campanie : c'étaient les soldats auxquels l'empereur se fiait le plus. Le pape appelait toute la chrétienté à son aide ; il voulut exiger la dîme de tous les biens meubles de « ses vassaux » les Anglais ; les clercs payèrent en murmurant ; les laïques refusèrent. Le retour de Frédéric enleva bientôt au souverain pontife les avantages obtenus en l'absence de l'empereur : Jean de Brienne, ne pouvant soutenir le choc, quitta la place et s'en alla à Constantinople, où on l'appelait pour l'associer à l'Empire, comme *bail* et tuteur du jeune Baudouin II, troisième empereur de la branche capétienne de Courtenai, qui avait succédé à la maison de Hainaut sur le trône byzantin en 1216. La paix se fit, en août 1230, entre le pape et Frédéric ; mais cette paix ne fut qu'une suspension d'armes fort mal observée de part et d'autre. Les Lombards étaient en armes contre l'empereur, les Romains contre le pape, et l'Italie était toujours en feu.

La trêve conclue par Frédéric avec les musulmans expirait en 1239 : dès 1235, le pape chargea les Frères Prêcheurs et Mineurs de prêcher la croisade, afin qu'on pût se préparer à l'avance, et sans doute aussi afin d'avoir par ce moyen beaucoup d'argent à sa disposition ; les prédicateurs étaient autorisés à commuer le vœu des croisés en *aumône pécuniaire*, « et ils amassèrent à cette occasion de grandes sommes dont on ne voyait pas l'emploi ; ce qui refroidit beaucoup la dévotion du peuple pour cette entreprise[1] ». Cependant une foule de chevaliers français prirent la croix, à l'exemple des premiers barons du royaume, du jeune duc de Bourgogne Hugues IV, du roi Thibaud de Navarre, du comte de Montfort (Amauri), de Pierre Mauclerc, qui touchait au terme de son gouvernement, n'ayant régi la Bretagne qu'au nom de son fils Jean, le « vrai duc », lequel devint majeur en 1237. On fut bien étonné d'apprendre que le pape conférait d'avance le

---

1. Fleuri, l. LXXX, § 4.

commandement de la croisade à ce grand ennemi des clercs. La croisade s'annonça, comme il était trop souvent arrivé, par une explosion de fanatisme contre les juifs : dans l'Ouest surtout, ces malheureux furent poursuivis avec un acharnement impitoyable. Plus de deux mille cinq cents *hébrieux* furent égorgés dans la Guyenne, le Poitou, l'Anjou et la Bretagne. Le pape publia une bulle pour arrêter ces atrocités.

Il était plus facile d'assassiner des gens désarmés, que de relever en Orient la puissance des Latins, croulante de jour en jour, malgré la *recouvrance* de Jérusalem. C'était moins encore la Palestine que Constantinople, qui réclamait le secours des guerriers d'Occident. Les populations grecques, un moment étourdies par la chute de la cité impériale, avaient depuis longtemps relevé l'étendard sous des chefs de leur race. Trois princes grecs régnaient sous le titre d'empereurs à Nicée, à Trébisonde et à Thessalonique : l'Asie-Mineure, une partie de la Thrace, la Macédoine, l'Épire, avaient secoué le joug des *Francs,* auxquels il ne restait plus guère que les murs de Byzance et les seigneuries de la Grèce méridionale. Encore la défense de Constantinople devenait-elle de jour en jour plus difficile : Jean de Brienne mourut à la peine en 1237, pendant que son pupille, le jeune Baudouin de Courtenai, passait en Occident pour implorer le secours des peuples latins. Grégoire IX l'aida de tout son pouvoir, lui accorda une grande partie des deniers qui venaient d'être levés sur les églises pour la croisade, le recommanda vivement aux rois de France et d'Angleterre, qui lui firent de riches présents, et eût volontiers dirigé la croisade vers Constantinople, plutôt que vers la Palestine, si les seigneurs croisés s'y fussent prêtés.

Les principaux barons ne voulurent pas renoncer au voyage de la Terre-Sainte ; mais beaucoup de chevaliers s'enrôlèrent au service de Baudouin, qui fit argent de tout, afin de se former une petite armée en France : il avait eu par héritage le comté de Namur ; il l'engagea au roi Louis IX, moyennant cinquante mille livres Parisis (1,350,000 francs) ; il ne tira pas moins de parti d'une possession d'un tout autre genre, à savoir la couronne d'épines qui avait ceint le front du Christ durant la Passion ; cette relique faisait partie du trésor de Sainte-Sophie de Constantinople, et les officiers qui commandaient pour Baudouin dans cette capitale, réduits au dernier dénuement, venaient d'être réduits à mettre la « sainte couronne » en gage entre les mains de « riches hommes » vénitiens et génois. Baudouin connaissait la dévotion exaltée de Louis IX et sa passion pour les reliques; il savait quelle douleur Louis avait ressentie récemment de la perte d'un « très saint clou du Seigneur », que l'on conservait à Saint-Denis et qui avait disparu par accident[1]. Baudouin offrit donc la « sainte couronne » au roi; par malheur, l'authenticité de ce vénérable monument de la Passion était fort contestable; l'église de Saint-Denis prétendait déjà posséder en son trésor « ladite couronne », qui passait pour avoir fait depuis longtemps force miracles en France. Le roi Louis accueillit toutefois avec joie l'offre de l'empereur Baudouin, pensant que, lorsqu'il aurait les deux couronnes, il serait du moins assuré de tenir la véritable : il eût refusé d'*acheter* la relique, de peur de tomber par le trafic d'une chose sainte dans le péché de simonie : il eut recours à une naïve capitulation de conscience, il *accepta la couronne gratuitement* de l'amitié de Baudouin, *et donna* ensuite, *gratuitement* aussi, à ce prince, l'argent nécessaire pour rembourser les prêteurs génois et vénitiens, plus dix mille livres tournois (200,000 francs); puis il dépêcha deux dominicains chercher la sainte relique à Constantinople (1239).

Le roi et ses frères, au milieu des transports joyeux du clergé et du peuple, allèrent recevoir la sainte couronne au couvent des Frères Mineurs du bois de Vincennes, et la rapportèrent solennellement à Notre-Dame de Paris, puis, de cette cathédrale à la chapelle royale de Saint-Nicolas, dans le palais de la Cité. Deux ans après (en 1241), Louis IX acquit pareillement de Baudouin « une portion très considérable de la sainte croix, le fer de la lance dont fut percé le corps du Seigneur, et l'éponge qu'on présenta au Christ trempée de vinaigre. Le roi ordonna aussitôt que l'on commençât de bâtir, non loin de son palais, une chapelle d'une

---

1. « Le pieux jeune roi Loys s'écria, dit-on, que, plutôt que de perdre ce clou qui avoit attaché à la croix le corps divin du Seigneur, il eût mieux aimé voir la plus belle part de son royaume abîmée sous la terre ». (*Chronique de Saint-Denis.*)

merveilleuse beauté, digne de contenir de si grands trésors[1] ». Telle est l'origine de la *Sainte-Chapelle*, charmante et poétique création qui justifie bien les éloges du chroniqueur ; c'est le seul édifice à peu près intact qui nous reste de l'architecte Pierre de Montreuil[2], qui avait enrichi Paris de tant de chefs-d'œuvre, aujourd'hui balayés par la main des révolutions.

Baudouin était reparti dans le courant de 1239, accompagné de sept cents chevaliers français ; mais les épées de ces auxiliaires et les livres *tournois* du roi Louis ne rétablirent que pour un moment les affaires de l'empereur latin ; Baudouin fut bientôt réduit de nouveau à se défendre dans les murs de Constantinople contre le sage et courageux empereur de Nicée, Jean Vatacès. Vers ce même temps, la véritable armée croisée, celle de Palestine, s'était rassemblée à Lyon pour aller s'embarquer en Italie ; elle eut encore moins de succès que l'armée de Constantinople : elle ne rencontra qu'obstacles et que mauvais vouloir là où elle devait trouver appui et direction. Le pape, qui venait d'excommunier de nouveau l'empereur, et qui projetait d'ameuter toute la chrétienté contre Frédéric, signifia aux croisés de suspendre leur départ, et essaya de décider les grands barons à tourner leurs armes contre l'empereur ; celui-ci, de son côté, craignant que les croisés, à l'instigation du pape, ne commissent des désordres sur les terres

---

1. Guil. de Nangis, *Chronic*. — *Gesta Lud. IX.* — « Ce fut le vendredi devant Pâques, jour auquel Notre-Seigneur Jésus-Christ fut attaché à la croix pour la rédemption du monde, que cette même croix fut apportée à Paris. Un échafaud avoit été construit près de l'église Saint-Antoine (dans le faubourg) ; le roi y monta avec les deux reines, sa mère et sa femme, ses frères et les principaux prélats et barons ; et là, en présence d'un peuple innombrable qui regardoit ce glorieux spectacle dans la joie de son cœur, le roi Loys éleva la croix vers le ciel, tandis que les prélats crioient d'une voix retentissante : *Voilà la croix du Seigneur!* Puis, quand tous eurent adoré dévotement le bois de la Passion, le roi, nu-pieds, vêtu de laine, sans ceinture, le chef découvert, et purifié par un jeûne de trois jours, porta la croix devers la ville de Paris jusqu'à l'église cathédrale de Notre-Dame, plusieurs nobles hommes lui soutenant les bras, afin qu'il ne tombât point de fatigue avec son précieux fardeau ; ses frères et les deux reines le suivirent, aussi à pied et portant la couronne d'épines, dont la divine miséricorde avoit gratifié le royaume de France l'année précédente. De la cathédrale, au carillon de toutes les cloches et au chant des psaumes, le roi et la procession s'en allèrent au palais de la Cité ».

2. On peut citer encore le réfectoire de Saint-Martin-des-Champs (Conservatoire des Arts-et-Métiers).

impériales et siciliennes, ne voulut pas leur permettre de traverser l'Italie en corps. L'expédition fut toute désorganisée par la faute du Saint-Père : une foule de croisés retournèrent chez eux en maudissant la cour de Rome ; les barons toutefois nolisèrent des bâtiments à Marseille et en Pouille, et firent voile pour la Palestine, sans écouter les agents du pape. Une anarchie complète régnait dans la Judée chrétienne, que se disputaient le lieutenant de Frédéric II, les partisans de la reine de Chypre, prétendante au trône de Jérusalem, et les ordres rivaux du Temple et de l'Hôpital. Les croisés, sans se soucier aucunement de ces querelles, ne songèrent qu'à gagner les indulgences en versant le sang des « païens». L'ancien duc de Bretagne, Pierre Mauclerc, entama la campagne par un heureux coup de main aux portes de Gaza; mais, peu de jours après, les autres barons, jaloux de ses exploits, ayant attaqué de leur côté sans se concerter avec lui, furent surpris et battus par les troupes du sultan de Damas : le comte de Bar fut tué ; Amauri de Montfort fut fait prisonnier, et le duc de Bourgogne fut obligé de fuir de toute la vitesse de son cheval. On conclut une trêve, et ceux des seigneurs qui avaient échappé à la mort ou à la captivité se rembarquèrent le 26 septembre 1240, après une expédition tout à fait sans fruit pour la chrétienté. Le roi Thibaud, le duc de Bourgogne, Pierre Mauclerc et leurs compagnons quittèrent si précipitamment la Palestine, qu'ils laissèrent au pouvoir des infidèles Amauri de Montfort et plus de soixante chevaliers. Richard Plantagenêt, comte de Cornouaille, qui arriva en Syrie avec les croisés anglais en octobre 1240, au moment où les autres s'en allaient, fut plus généreux, il travailla avec zèle à la rédemption des captifs, et en fit la condition d'une trêve avec le sultan d'Égypte.

Des motifs bien graves empêchaient les musulmans de poursuivre leurs succès contre les chrétiens d'Asie, et d'achever la ruine du royaume de Jérusalem ; leurs dissensions n'étaient que le moindre de ces motifs : les Arabes et les Turks, dans les intervalles de leurs luttes intestines et de leurs combats contre les chrétiens, tournaient les yeux avec épouvante vers un nouvel ennemi qui menaçait d'anéantir l'islamisme et de changer l'Asie en désert ; leur terreur était si grande, qu'ils eussent fait les derniers sacrifices pour se rapprocher des chrétiens et obtenir leur assistance.

On vit tout à coup avec étonnement arriver à la cour de France une grande ambassade des rois sarrasins, laquelle raconta qu'une « race d'hommes monstrueuse et inhumaine avoit fait irruption des monts du Nord », envahi et dépeuplé les plus belles contrées de la Haute Asie, et traiterait bientôt de même l'Europe, si les chrétiens ne s'unissaient aux musulmans pour opposer une digue à cet effroyable torrent. « Le chef de ces barbares, appelé khan (khacan), se dit l'envoyé du Dieu très haut, chargé de dompter les nations qui lui sont rebelles. Ces hommes ont des têtes énormes et disproportionnées ; ils dévorent crues les chairs des animaux et même celles des hommes ; adroits à tirer de l'arc et hardis nautonniers, ils portent avec eux des barques de cuir, sur lesquelles ils passent tous les fleuves ; impies et sauvages, ils parlent une langue inconnue à tous les autres peuples ; leurs chevaux, qui se nourrissent de feuilles et d'écorce d'arbres, sont si rapides, qu'ils franchissent en un jour le chemin que les chevaux d'Europe font en trois. Venus de la plage boréale, des montagnes Caspiennes, et d'autres monts plus lointains, et appelés Tartares, ils sont en si grand nombre, qu'ils semblent menacer le genre humain de destruction[1] ».

Les nouvelles de l'Europe orientale ne confirmaient que trop ces paroles des émirs arabes. Un nouvel Attila, Gengis-Khan (Djinghiz), s'était élancé du fond des steppes de l'Asie centrale, à la tête des hordes mongoliques : le vieil empire de la Chine, l'antique et vénérable société indienne, s'étaient écroulés au premier choc des Mongols ; les grandes villes des Boukharies, du Kharizme, de la Perse orientale, n'étaient plus que de vastes nécropoles où les cadavres gisaient par cent mille. L'effroyable incendie allait de l'est à l'ouest, dévorant tout sur son passage ; déjà Moscow et Kiew étaient en cendres, et les fils de Djinghiz, suivant la trace de leur père, débordaient sur l'Asie occidentale et l'est de l'Europe : leur gauche menaçait Bagdad et la Syrie ; leur droite broyait la Russie et tout le reste des peuples slaves ; la Pologne

---

1. Matth. Paris. — Comparer avec les récits sur les Huns ; *V.* notre t. I, p. 369.

et la Hongrie étaient envahies dès 1238; l'effroi était si grand sur les côtes de la Baltique et de la mer du Nord, que les pêcheurs de la Gothie et de la Frise ne vinrent pas, comme de coutume, pêcher le hareng sur les côtes d'Angleterre.

L'Angleterre et la France ne comprenaient point encore toute la grandeur du péril : un des envoyés musulmans, étant allé de Paris à Londres demander des secours au roi d'Angleterre, fut assez mal accueilli dans le conseil de Henri III. « Laissons ces chiens se dévorer les uns les autres, dit l'évêque de Winchester : quand ils seront tous morts, le monde entier sera soumis à l'église catholique, et il ne restera plus qu'un seul pasteur et une seule bergerie ». Cependant, lorsqu'on sut que les Mongols, vainqueurs du roi de Hongrie, envahissaient la Bohème et la Moravie pour pénétrer dans le cœur de l'Allemagne; lorsque les voix suppliantes des princes germains, du duc de Saxe, de l'archevêque de Cologne, vinrent coup sur coup réveiller les cours de France et d'Angleterre, une anxiété universelle s'empara des esprits. Une lettre de l'empereur Frédéric, adressée à tous les rois chrétiens pour les conjurer de s'unir contre l'ennemi de la chrétienté, mit le comble aux angoisses publiques. Frédéric faisait le plus sinistre tableau des ravages inouïs des Tartares. « Levez-vous, déclamait le rédacteur de la lettre impériale, Germanie fougueuse et bouillante sous les armes; France, mère et nourrice d'une vaillante chevalerie; guerrière et audacieuse Espagne; Angleterre, féconde en hommes de vertu et protégée par tes flottes; Allemagne (Souabe), remplie d'impétueux gens d'armes; Danemark aux hardis nautonniers; indomptable Italie; corsaires invincibles des mers de Grèce et de Toscane; Irlande ensanglantée; agile Galles; Écosse marécageuse; Norwège glacée! Que toute région qui gît sous l'hémisphère occidental envoie sa milice choisie sous la bannière de la croix, afin que les Tartares ne se glorifient point d'avoir impunément parcouru tant de provinces, vaincu tant de peuples, commis tant de forfaits (3 juillet 1241) ».

La fermeté de la reine Blanche fléchit un moment devant l'immensité du danger. « Que faire! dit-elle en sanglottant à son fils : la venue des Tartares nous annonce notre ruine à tous et la ruine de l'Église! — Ma mère, répondit le jeune roi, si ces Tartares viennent sur nous, ou nous les rejetterons dans le *Tartare* (l'enfer) d'où ils sont sortis, ou ils nous enverront tous au ciel » !

« Cette belle et louable parole ranima et fortifia non-seulement la noblesse française, mais les peuples des pays voisins (M. Paris.) ».

Il n'y eut cependant pas de croisade en France contre les Mongols : une victoire remportée sur eux par les Allemands aux bords du Danube arrêta leur marche triomphale, et leurs hordes, qui s'étaient avancées jusqu'au centre de l'Europe, furent bientôt rappelées en Orient par les révolutions de l'Asie.

Tandis que la chrétienté se voyait sur le point d'être engloutie par des flots de barbares, le pontife de Rome, sourd aux cris de détresse des nations, s'abandonnait avec un emportement frénétique à sa haine contre Frédéric II, qu'il avait excommunié pour la seconde fois le dimanche des Rameaux de l'an 1239, en le déclarant déchu de la dignité impériale, et en déliant ses sujets du serment de fidélité. « Aussi, dit Mathieu Pàris, la renommée du seigneur pape et son autorité subirent ruine et dommage : il s'éleva un grand scandale, et les hommes prudents et saints commencèrent à craindre grandement pour l'honneur de l'Église, dudit pape et du clergé ».

Le vrai motif de la fureur de Grégoire IX, c'étaient les efforts de Frédéric pour soumettre l'Italie, non plus à une simple vassalité, mais à une sujétion effective envers l'Empire; efforts dont la ligue des villes lombardes empêcha le succès beaucoup plus que les anathèmes pontificaux. Il est juste de reconnaître qu'un des motifs qui prolongèrent indéfiniment la querelle, fut le refus constant de la papauté d'abandonner la ligue lombarde. Grégoire accumula tous ses griefs dans la bulle d'excommunication, et termina en accusant Frédéric d'avoir de « mauvais sentiments sur la foi catholique ». Frédéric répliqua vivement, et appela de la sentence du pape à un concile : Grégoire riposta par une lettre où il imputait à Frédéric d'avoir dit que « le monde avoit été trompé par trois imposteurs, Moïse, Jésus et Mahomet[1] », et d'avoir nié

---

1. On a cru qu'un livre écrit sur cette donnée et sous ce titre, *de Tribus Impostoribus*, avait été réellement mis en circulation au treizième siècle, et attribué à Frédéric par ses ennemis. Ce livre n'a jamais été retrouvé. *v.* Raynald. *Annal. ecclesiast.* — Math. Pàris, et les lettres de Pierre des Vignes, chancelier de Frédéric II (*Petri de Vineis Epist.* p. 206).

l'incarnation du Verbe et les autres mystères. Frédéric affecta une extrême indignation, se défendit par la profession de foi la plus orthodoxe, et rendit violence pour violence au pape; il condamna au feu toute personne qui apporterait ou publierait dans ses états la bulle d'excommunication. Les moyens employés étaient aussi odieux d'une part que de l'autre; mais les torts de l'agression retombèrent sur le pape, et l'opinion de la chrétienté était contre lui. Les temps étaient changés.

Grégoire IX n'en poursuivit pas moins sa vengeance, et envoya offrir à Robert, comte d'Artois, frère de Louis IX, la couronne impériale. La missive du pape au roi et au comte Robert fut lue dans un parlement des barons de France : le moment était peu favorable, et le baronage était très mal disposé pour la cour de Rome et même pour tout le clergé, dont les prétentions irritaient vivement les hommes d'épée. Quant au jeune roi Louis, son sens droit et son esprit d'équité l'empêchèrent de se laisser aveugler par la dévotion. « Par quelle témérité, s'écriaient les seigneurs, le pape a-t-il osé déshériter et détrôner un si grand prince, qui n'a point de supérieur ni d'égal parmi les chrétiens! Si l'empereur *Ferri* avoit mérité d'être déposé, *un concile seul pouvoit le juger*... Si le pape réussissoit à vaincre l'empereur, il fouleroit aux pieds tous les princes du monde » !

On n'en était pas encore venu à nier qu'un souverain pût être et dût être déposé pour hérésie; mais on déniait à la volonté arbitraire du pape un droit qu'on reconnaissait au corps de l'Église. Cet appel du pape au concile annonçait l'ère de réaction antipapale qui allait commencer.

Le roi et les barons de France, « pour ne pas paraître mépriser entièrement » les paroles du pape, envoyèrent des ambassadeurs à Frédéric afin de s'enquérir de sa foi : Frédéric leva les mains au ciel, et protesta de son orthodoxie « avec de grands gémissements ». Le roi Louis n'en demanda pas plus, empêcha son frère d'accepter la couronne impériale, et le pape ne reçut aucun secours de la chevalerie française et presque aucun du clergé; mais il exerça d'effroyables exactions sur le clergé d'Angleterre, en vertu de sa suzeraineté et de la servile connivence du roi Henri III (1240) (Math. Paris). Grégoire convoqua, pour le printemps de 1241, le concile général auquel Frédéric lui-même en avait appelé : l'empereur alors ne voulut plus du concile, déclara qu'il ne soumettrait pas les intérêts de l'Empire aux évêques, et leur interdit la route de Rome.

Cependant une grande partie des prélats français, anglais et espagnols crurent devoir braver tous les périls pour obéir au pape, se rendirent par terre à Gênes, et s'embarquèrent pour Ostie ; mais la flotte génoise qui les portait fut attaquée et battue par une flotte sicilienne et pisanne qu'avait envoyée Frédéric (13 mai 1241) ; les archevêques de Rouen, de Bordeaux, d'Auch et de Besançon, plusieurs évêques et les abbés de Cluni, de Cîteaux, de Clairvaux tombèrent au pouvoir des gibelins, qui les traitèrent fort durement ; le roi Louis obtint cependant leur liberté en menaçant Frédéric de se déclarer contre lui ; mais le concile n'eut pas lieu, et Grégoire IX mourut, le 21 août 1241, presque centenaire, sans avoir pu satisfaire ses passions, que l'âge avait rendues plus opiniâtres au lieu de les amortir. On lui donna un successeur qui mourut au bout de quinze jours, puis le saint-siége demeura vacant près de deux années, avant que le sacré collége pût s'accorder sur l'élection d'un pape. Le pontificat d'Innocent IV (Fieschi ou Fiesque de Lavagna) sortit enfin de ce laborieux enfantement, et ce nouveau pape, beaucoup plus capable, mais aussi passionné que Grégoire IX, recommença contre l'empereur une lutte où la victoire même devait être bien funeste à la papauté (24 juin 1243).

La France royale était demeurée neutre dans la querelle ; mais le Midi avait pris part aux discordes de l'Italie : les malheureux Languedociens avaient relevé la tête au bruit des discordes du pape et de l'empereur, et le comte de Toulouse, ses sujets et les villes libres de Provence avaient embrassé la cause de l'ennemi de Rome, tandis que le comte de Provence, le rival de Raimond VII, l'oppresseur des communes, se déclarait pour le Saint-Père : Frédéric II mit le comte de Provence au ban de l'Empire, et investit Raimond VII du comté de Forcalquier, canton septentrional de la Provence proprement dite, compris entre la Durance et le Marquisat. La république d'Arles venait d'être obligée de capituler en 1239, et de se soumettre à Raimond-Bérenger : Raimond VII mit le siége devant Arles avec l'aide des Marseillais, battit les Français de la sénéchaussée de Carcassonne, qui, sans l'ordre du roi, avaient voulu secourir le comte de Provence, beau-père de Louis IX, mais il ne parvint pas à chasser d'Arles la garnison de Raimond-Bérenger. Tous les pays provençaux s'agitaient : Un mouvement populaire avait éclaté contre la domination française dans l'ancienne vicomté de Béziers. Le vicomte Trencavel, si cruellement dépouillé de l'héritage de ses pères, revint tout à coup d'Aragon, à la tête d'une multitude de *faidits* illustrés par leurs récents exploits contre les Maures. Beaucoup de villes et de châteaux se révoltèrent en sa faveur; l'archevêque de Narbonne et l'évêque de Toulouse s'enfermèrent dans Carcassonne pour garder au roi de France cette importante cité : une conspiration livra le faubourg à Trencavel, et le jeune vicomte entreprit le siége de la ville; mais l'approche de nombreuses troupes françaises força Trencavel à s'éloigner de Carcassonne. Le vicomte se retira au château de Montréal, et, après s'y être quelque temps défendu, il fut contraint de capituler et de retourner en Catalogne avec tous ses chevaliers. Guillaume de Nangis laisse entendre que le départ de Trencavel fut suivi d'une réaction sanglante contre les Languedociens qui avaient secondé ce chef déshérité. Le comte de Toulouse n'avait osé secourir le vicomte *faidit*; craignant d'attirer de nouveau sur sa tête les foudres de l'Église et les armes du roi de France, il courut protester de sa foi auprès de Louis IX, renonça au parti impérial, jura même d'aider l'église romaine contre le « soi-disant empereur », et fit la paix avec le comte de Provence (mars 1241).

Les protestations de Raimond VII au roi Louis n'étaient pas et ne pouvaient être sincères : le comte sentait avec une profonde douleur sa maison près de finir avec lui, et son héritage destiné à la maison de France; il ne pouvait renoncer à l'espoir de déchirer le fatal traité de Meaux, et ne voyait qu'un ennemi dans son gendre et son futur successeur Alphonse, second frère du roi de France : il ne put se décider à assister à la cour plénière que le roi tint sur ces entrefaites à Saumur, afin d'y armer chevalier Alphonse, qui atteignait sa vingt-deuxième année, et de l'investir solennellement du Poitou et de la suzeraineté de l'Auvergne, légués à ce jeune prince par Louis VIII. Joinville prétend qu'il y eut bien trois mille chevaliers à cette cour, « la mieux aournée (ornée) qui onc eût été vue ».

Le roi se transporta ensuite de Saumur à Poitiers avec son frère, qui reçut, dans ce chef-lieu du Poitou, le serment de tous les feudataires du comté : le vieux comte de la Marche et les autres barons des pays poitevins rendirent cet hommage fort à contre-cœur : depuis près de trente-cinq ans que le Poitou et ses dépendances avaient été conquis par Philippe-Auguste, aucun traité définitif n'avait réglé la possession française et les anciens droits anglais; encore en ce moment, le comte Richard de Cornouaille, frère de Henri III, portait le titre de comte de Poitiers. Les barons du pays avaient trouvé leur compte dans cette situation incertaine, qui leur permettait de se maintenir à peu près indépendants entre les deux couronnes. Une explosion inopinée eut lieu; les barons quittèrent tous la cour et allèrent se grouper, au château de Lusignan, autour du comte de la Marche, qu'excitait sa femme, l'ancienne reine d'Angleterre, Isabelle d'Angoulême; une petite armée se rassembla en quelques jours à Lusignan. Le roi, qui n'avait plus avec lui à Poitiers que sa maison ordinaire, fut obligé de négocier et d'accorder au comte de la Marche des concessions qui réduisaient fort les droits de la suzeraineté. Le comte ne s'en contenta pas : il n'était que l'instrument de sa femme; l'altière Isabelle, veuve et mère de rois, nourrissait une jalousie extrême contre Blanche de Castille; elle était résolue à tout plutôt que de rester vassale d'une simple comtesse de Poitiers : animée à la fois par son orgueil et par l'intérêt de ses fils du premier lit, les princes anglais, elle travailla à aigrir tous les esprits alarmés de l'extension de la puissance française, et, durant l'automne de 1241, elle parvint à ourdir secrètement contre le roi Louis, une coalition entre les rois d'Angleterre, d'Aragon, de Castille, de Navarre, les comtes de Toulouse et de la Marche, Trencavel *le déshérité*, et les principaux barons de Poitou et d'Aquitaine. Le roi de Castille, saint Ferdinand, le conquérant de Cordoue et de Séville, issu d'un mariage que le pape avait déclaré incestueux, craignait apparemment quelque revendication de la part de sa tante Blanche de Castille : Louis VIII avait eu des velléités à cet égard et des partisans en Espagne[1]. L'empereur même donna l'espoir de son alliance aux coalisés.

Le nouveau comte de Poitiers avait invité ses principaux vassaux à la cour qu'il tint aux fêtes de Noël : Hugues de la Marche ne reparut à Poitiers que pour signifier en face à Alphonse qu'il lui retirait son hommage : « Je te jure, dit-il, que jamais je n'observerai le pacte d'allégeance avec toi contre la justice, car c'est injustement que tu t'es fait investir du comté de mon beau-fils, le comte Richard, tandis qu'il servoit Dieu fidèlement en Palestine ».

« Et aussitôt, gonflé d'orgueil et la menace à la bouche, il se retira, lui et sa femme, au milieu d'une troupe de gens d'armes et d'arbalétriers poitevins qui l'attendoient l'arbalète tendue; puis, mettant le feu au logis où il avoit été hébergé, il monta sur un cheval de bataille, et sortit à toute bride de Poitiers (23 décembre 1241) »[2].

Alphonse, furieux, manda au roi son frère l'outrage qu'il avait reçu. Louis convoqua la chevalerie de France, ordonna aux milices des villes de préparer armes et vivres, et se mit en marche, dès la fin d'avril, avec quatre mille chevaliers et vingt mille écuyers, servants d'armes, archers et arbalétriers. L'aspect de ce formidable armement dut commencer à dissiper les illusions du comte Hugues, qui s'était figuré que les mécontents d'Aquitaine et des anciennes provinces normandes suffiraient à abattre le roi de France : Hugues avait écrit à son beau-fils, Henri III, qu'il ne lui demandait que de l'argent, et que, pour les soldats, il en trouverait plus qu'il n'en fallait. Au reste, Hugues de la Marche eût-il demandé une grande armée à Henri III, celui-ci n'eût pu la lui amener : la majeure partie de la noblesse anglaise refusa de suivre le roi outre-mer, et Henri s'embarqua à Portsmouth, le 15 mai, accompagné seulement de trois cents chevaliers; docile aux conseils de son beau-père, il apportait trente tonneaux remplis de livres sterling pour solder le zèle de ses amis de France.

Lorsque le roi Henri descendit à Royan, près de l'embouchure

---

1. *v.* Tillemont, t. I, p. 142-169.
2. Matth. Paris. — Nous avons suivi, dans cette affaire, Tillemont de préférence aux chroniqueurs, Tillemont ayant écrit d'après les pièces originales du *Trésor des Chartes*; *Vie de saint Louis*, t. II, p. 428-435.

de la Gironde, la guerre était déjà commencée dans le Bas-Poitou. Personne n'avait remué au nord de la Loire : le comte de la Marche et ses adhérents, incapables de tenir la campagne contre la puissante armée du roi de France, avaient jeté des garnisons dans tous leurs châteaux ; le roi Louis enleva rapidement les forteresses que le comte avait en Poitou; Fontenai ou Frontenai, en Saintonge, l'arrêta davantage; le comte Alphonse de Poitiers y fut blessé au pied d'un trait d'arbalète. Louis IX était encore devant Fontenai, lorsqu'il reçut des députés de Henri III, qui lui faisaient reproche d'avoir rompu la trêve renouvelée entre les deux couronnes en 1236. Louis répondit qu'il n'enfreignait point la trêve en châtiant un vassal rebelle, et qu'il était tout disposé à conserver des relations pacifiques avec le roi d'Angleterre. Mathieu Pâris assure même que Louis offrit à Henri la restitution d'une partie du Poitou et de la Normandie pour obtenir un traité de paix définitif. Le caractère scrupuleux et timoré de Louis IX, les doutes qui troublaient souvent sa conscience sur la légitimité des conquêtes de Philippe-Auguste, le souvenir de la promesse faite par Louis VIII, en quittant Londres après son règne éphémère, de rendre à Henri III le patrimoine des Plantagenêts, donnent au témoignage de Mathieu quelque vraisemblance.

« Les envoyés, ajoute le chroniqueur, reportèrent fidèlement au roi d'Angleterre ce qu'ils avoient vu et entendu ; mais le roi Henri ne voulut tenir compte en aucune façon des offres glorieuses que Loys lui faisoit ; car les faux et traîtres Poitevins le détournoient du droit sens et lui fermoient les yeux sur l'intérêt de sa grandeur, en assurant que, par leur secours, il obtiendroit de vive force ce que le roi des François lui offroit, et bien autre chose encore. Henri envoya donc précipitamment quelques chevaliers hospitaliers défier le roi de France, pour avoir attaqué le comte de la Marche, que Henri nommoit son père. Quand le roi des François eut vu cela, il se repentit d'avoir présenté au roi des Anglois de si humbles conditions de paix. « Je ne le crains pas, lui ni les siens, dit-il ; seulement le serment de mon père m'inquiète. — N'ayez point d'appréhension à cet égard, sire roi, répliqua l'un de ses barons; car le roi des Anglois a violé le premier sa promesse, et vous êtes quitte de celle de votre père ».

Le roi pressa le siége de Fontenai avec une nouvelle vigueur, et prit ce château en quinze jours, avec la garnison, que commandait un fils naturel du comte de la Marche. « Quand on présenta au roi le fils du comte et le reste des captifs, nombre de voix demandèrent qu'on les pendît à l'instant; mais le roi, devenant lui-même l'avocat du fils du comte, répondit : — Ils ne méritent point la mort, lui pour avoir obéi aux ordres de son père, ses compagnons pour avoir fidèlement servi leur sire. — Et il les envoya prisonniers à Paris, sans les maltraiter aucunement ». (Mathieu Paris). Louis ne punit, pour ainsi dire, que les murs qui lui avaient résisté; il fit démanteler et raser Fontenai, qui a conservé le surnom de Fontenai l'*abattu* (à deux lieues de Niort).

Louis s'empara encore de plusieurs châteaux appartenant au comte de la Marche et à ses alliés, et, après avoir subjugué toute la contrée au nord de la Charente, il assit son camp dans les prairies qui avoisinent Taillebourg, avec l'intention de passer, sur le pont de cette ville, « la profonde et inguéable Charente » (19 juillet). La noblesse et les communes d'Aquitaine avaient fait un grand effort. Seize cents chevaliers, avec leurs sergents d'armes, vingt mille hommes de pied et sept cents arbalétriers, s'étaient réunis sous la bannière du roi des Anglais, et avaient planté leurs tentes dans les prés de la rive sud de la Charente, au bout du pont de Taillebourg. Les forces des Français étaient bien supérieures encore à celles qu'avaient pu rassembler les gens d'Aquitaine. A l'aspect du camp français, « pareil à une grande et populeuse cité », le roi Henri, saisi de peur, demanda au comte de la Marche où étaient les milliers d'auxiliaires angevins et normands qu'on lui avait promis; où étaient le roi de Navarre et les autres rois espagnols, qui, suivant les lettres du comte Hugues, devaient opérer leur jonction avec les Anglais. Le comte de la Marche déclara qu'il n'avait point écrit de telles lettres. « Par la gorge de Dieu, s'écria-t-il, c'est votre mère, ma femme, qui vous a leurré ainsi à mon insu »! Une vive querelle s'engagea entre le roi, son beau-père et les barons aquitains. Pendant ce temps, les Français avançaient et attaquaient le pont : le comte Richard, frère du roi Henri, se désarma, et, prenant un bâton à la main, il traversa le pont et se fit conduire devant le comte d'Artois, frère de Louis IX, pour traiter de paix ou de trêve.

Il était temps : « Les François, dit Joinville, s'étoient pris à passer, les uns par-dessus le pont, les autres par bateaux, et avoient commencé à courir sur les Anglois; et tantôt y eut de grands coups donnés. Quoi voyant le bon roi, il se va, en grand péril, mettre parmi les autres; et y étoit le péril moult grand, car, pour un homme que le roi avoit quand il fut passé, les Anglois en avoient bien cent. Mais, ce nonobstant, quand les Anglois virent le roi passé, tous se commencèrent à effrayer..... » Cinq cents servants d'armes français, avec des *balistiers* (arbalétriers) et nombre de piétons, joignirent bientôt Louis IX, « et le roi Henri se voyoit en grand péril d'être fait prisonnier », lorsque le comte Richard se présenta en parlementaire. Le combat cessa à l'aspect de Richard : il était aussi aimé et aussi estimé que son frère était méprisé, et maints barons français le nommaient leur libérateur, « pour ce qu'il les avoit tirés des mains des Sarrasins en la Terre-Sainte »; il fut accueilli avec beaucoup d'honneur, mais il n'obtint qu'à grand'peine une trêve jusqu'au lendemain. Quand il fut de retour près du roi Henri, il lui dit à l'oreille : « Vite, délogeons de ce lieu, ou nous allons être pris ». Dès qu'il fit nuit, le roi d'Angleterre se départit donc honteusement, et, *en fuyant, n'épargna pas ses éperons;* toute son armée le suivit, non sans une grande perte d'hommes et de chevaux ; car beaucoup de gens d'armes désertèrent et force *destriers* demeurèrent fourbus. Quant au roi, emporté par un cheval très rapide, il ne cessa de lui lâcher la bride jusqu'à ce qu'il eût gagné Saintes. »

L'armée française passa la Charente le lendemain, et se mit à la poursuite du roi d'Angleterre. A l'approche des Français, le comte de la Marche, décidé à perdre la vie ou à reconquérir sa renommée, s'arma, avec ses trois fils, et courut à l'ennemi. Les combattants se multiplièrent bientôt des deux côtés aux cris de *Montjoie! Montjoie!* et *Royaux! Royaux*[1] ! Les deux rois accoururent, et les deux armées tout entières se mêlèrent, parmi les vignes et les étroits sentiers qui environnent Saintes. Les Anglo-

---

1. Ce cri avait remplacé, chez les Anglo-Normands, le vieux cri de *Dieu aïe!* qui avait lui-même succédé au cri de guerre du dieu *Thor*.

Aquitains se battirent vaillamment, pour effacer l'ignominie de leur fuite nocturne, et les inégalités du terrain prolongèrent leur résistance. Ils cédèrent enfin au nombre et à l'ardeur de leurs adversaires, et le roi Henri, le comte Richard, le comte de la Marche, se réfugièrent derrière les murs de Saintes avec les débris de leur armée (22 juillet).

Henri ne resta guère dans cette ville : averti que le comte de la Marche, complétement découragé, négociait en secret avec le roi Louis, et que les bourgeois de Saintes projetaient d'ouvrir leurs portes aux Français, il s'enfuit de Saintes à Blaie, comme il s'était enfui de Taillebourg à Saintes. « Les chevaliers partirent après lui sur leurs meilleurs chevaux, et, après les chevaliers, la multitude des gens de pied, qui tomboient d'inanition çà et là durant cette longue route (plus de seize lieues). Le chemin étoit tellement jonché d'hommes et de chevaux épuisés et mourants, de chariots dételés, de meubles brisés, que c'étoit à en pleurer de pitié (Mathieu Pàris. Guil. de Nangis. 28 juillet) ».

Louis IX entra le lendemain dans Saintes, où les bourgeois lui firent grande fête, et, quelques jours après, le comte de la Marche « vint en suppliant vers le roi », avec sa femme et ses trois fils, abandonna au comte de Poitiers tout le territoire que Louis lui avait enlevé, renouvela l'hommage-lige au comte Alphonse, et livra trois des châteaux qui lui restaient pour gage de sa fidélité : il s'obligea en outre à se joindre aux troupes royales contre le comte de Toulouse, avec deux cents chevaliers[1]. La soumission du vieux comte Hugues entraîna celle de tous les barons du Poitou, de l'Angoumois et de la Saintonge[2]. « Le roi soumit ensuite, tant

---

1. Guillaume de Nangis (*Annal.* et *Gestes de Louis IX*) et Vincent de Beauvais (*Speculum historiale*, p. 1283) prétendent qu'Isabelle d'Angoulême, pendant le cours de la guerre, avait voulu faire empoisonner le roi Louis et ses frères. La conduite du roi ne confirme pas ce récit ; il n'y eut du moins aucune procédure contre la comtesse. — On voit, dans Tillemont, t. II, p. 456, que le comté d'Angoulême ne relevait plus du Poitou : Hugues en rendit hommage directement au roi.

2. Au milieu de la défection universelle des Poitevins, un seul baron se montra fidèle au roi Henri : ce fut un nommé Hertaud, à qui Henri avait confié le fort *castel* de Mirambeau (en Saintonge). « Lorsque Hertaud, dit Mathieu Pâris, comprit qu'il ne sauroit résister à l'attaque des François sans être soutenu par le roi d'Angleterre, il laissa le château aux mains de ses compagnons, et s'en alla trouver Henri à Blaie. — Hélas! sire, lui dit-il avec des larmes et des sanglots, *Votre Excellence* voit que la fortune nous est contraire en toutes choses. Que dois-je

à lui qu'à son frère le comte de Poitiers, le pays entier jusqu'à la Gironde. Quand le roi Henri et le comte Richard apprirent que les François s'avançoient contre eux, ils se retirèrent en hâte à Bordeaux (15 août 1242) (Math. Paris) ».

Henri III, délaissé par les gens de Poitou et de Guyenne, chercha des auxiliaires parmi les populations belliqueuses de la Gascogne méridionale, et attira sous son étendard, par l'appât des sterlings d'Angleterre, les barons des Landes et des Pyrénées occidentales ; c'était là une faible ressource pour résister aux Français, qui, animés par leurs succès, se proposaient d'attaquer le roi d'Angleterre jusque dans Bordeaux, et « de poursuivre diligemment la guerre jusqu'à entière extinction ». L'assistance des rois espagnols pouvait seule changer la fortune des armes : le comte de Toulouse, après avoir remporté d'assez grands avantages en Languedoc, était venu à Bordeaux renouveler son pacte avec Henri III, et lui annoncer de nombreux secours d'outre les monts ; mais ces secours ne parurent pas : le roi de Navarre ne se décida pas à tirer l'épée contre les fils de celle qui avait été sa « dame bien-aimée » ; les rois de Castille et d'Aragon, absorbés par leur glorieuse guerre contre les Maures, ne tinrent pas des engagements pris avec un peu de légèreté, et ne quittèrent pas leurs vrais intérêts et leurs légitimes ambitions pour se mêler à une querelle étrangère.

La campagne de 1242 eût vu les Plantagenêts expulsés de leurs

---

donc faire? Me pouvez-vous délivrer du siége, si je viens à être assiégé? ou bien faut-il que je subisse misérablement, comme mes voisins, cet intolérable joug des *François*, que mes aïeux ont toujours repoussé? Le roi d'Angleterre lui répondit d'un air abattu : — Tu vois, Hertaud, quelles sont mes ressources : elles suffisent à peine à ma propre défense. Sur qui donc se faut-il fier? Voici que le comte de la Marche, que j'honorois comme mon père, vous a donné à tous l'exemple de fausser sa foi envers moi. Tu as seul honorablement agi en me consultant sur ta position : si tu tiens quelque chose de moi, je t'en fais don de ma bonne volonté; prends librement la résolution qui te conviendra ». Hertaud se sépara donc tristement de son seigneur, et vint trouver le roi des François, les cheveux en désordre et les yeux rouges de pleurs. — Sire roi, lui dit-il, l'*ire* de Dieu m'oblige, bien malgré moi, de me réfugier en l'asile de votre miséricorde. Je suis abandonné à moi-même. Que Votre Excellence royale reçoive donc mon *castel* et ma compagnie. — Ami, répondit le roi de France d'un visage serein, je sais pourquoi tu es allé auprès de ton seigneur le roi des Anglois, et quelles paroles tu lui as portées : tu t'es loyalement conduit. Je te reçois de bon cœur, avec ce qui t'appartient : le sein de la miséricorde se doit ouvrir à pareilles actions ». Hertaud remit donc Mirambeau aux mains du roi de France, qui, après avoir reçu son serment de fidélité, lui octroya aussitôt le château en fief, avec toute confiance (Math. Paris) ».

dernières possessions continentales, si un auxiliaire inattendu, le climat, n'eût combattu en leur faveur : le soleil de l'Aquitaine sévit impitoyablement sur les hommes du Nord, parmi les marais malsains du Bas-Poitou et de l'Aunis et les landes brûlantes du Bordelais. « Les gens du pays avoient bouché les puits, troublé et même, dit-on, empoisonné les ruisseaux et les sources, labouré les prés et les pâturages, enlevé les récoltes; en sorte qu'hommes et chevaux moururent à foison. Quatre-vingts chevaliers bannerets y trépassèrent, avec beaucoup d'hommes d'armes et jusqu'à vingt mille hommes de pied. Le roi de France étant tombé gravement malade, une frayeur pleine d'angoisse s'empara des François, et ils craignirent de perdre soudainement leur roi comme ils avoient perdu son père après le siége d'Avignon; car c'étoit un jeune homme frêle et délicat (Math. Paris. — Guil. de Nangis) ».

Les Français entamèrent donc avec l'ennemi des négociations, dont les premières ouvertures furent accueillies avidement par Henri III. Louis IX, épuisé par la fièvre, retourna en *France* sans attendre la conclusion du traité; une nouvelle trêve de cinq ans fut signée seulement le 12 mars 1243. Elle laissait les Français en possession de tout le nord de l'Aquitaine jusqu'à la Gironde; Henri cédait à Louis l'île de Ré, et s'engageait à un tribut annuel de mille livres sterling. Henri ne quitta Bordeaux qu'après avoir tari « en fêtes et bombances » avec ses Gascons le reste des trente tonneaux d'argent qu'il avait apportés d'Angleterre, et qui lui avaient fait si peu d'honneur et de profit; il contracta même de grosses dettes et ne retourna qu'au mois de septembre à Portsmouth, où il débarqua « aussi triomphalement que s'il eût conquis toute la France[1] ».

Tandis que l'entreprise du roi Henri échouait si honteusement en Saintonge, les populations du Languedoc tentaient un der-

1. On trouve, dans Mathieu Pâris, p. 585, une observation notable à propos de cette campagne. Henri III ayant donné ordre aux marins des *cinq ports* de courre sus à tous Français qu'ils trouveraient en mer, marchands et autres, Louis IX, par représailles, fit arrêter les marchands anglais qui voyageaient en France. Mathieu Pâris remarque que c'était une dérogation à la *franchise* du pays de *France*, où quiconque ne portait pas les armes avait accoutumé de trouver sûreté et liberté en tout temps.

nier effort contre la domination du Nord et contre la tyrannie des inquisiteurs, qui avaient recommencé leurs sanglantes procédures. Les comtes de Foix, d'Armagnac, de Comminges, de Rhodez, etc., réunirent leurs soldats aux milices toulousaines : Trencavel-le-déshérité arriva par le Roussillon avec ses *faidits*, et une scène de terribles représailles donna le signal des hostilités. L'inquisiteur Guillaume Arnaud, qui avait commis naguère tant de cruautés à Toulouse, avait établi le tribunal inquisitorial du diocèse toulousain au château d'Avignonnet, non loin de Saint-Papoul. Le *bayle* qui commandait à Avignonnet pour le comte Raimond y introduisit secrètement des hérétiques albigeois, qui avaient trouvé un refuge au *castel* inaccessible de Montségur. Guillaume Arnaud, trois autres dominicains, deux franciscains et sept nonces ou familiers du « saint-office », parmi lesquels un archidiacre de Toulouse, furent massacrés à coups de hache par ces proscrits, dont ils avaient envoyé au bûcher les amis et les parents (28 mai 1242). Peu de jours après, le comte de Toulouse et ses alliés entrèrent sur le territoire cédé à la couronne par le traité de 1229 : Albi, Minerve, le Nîmois, le Rasez, s'insurgèrent aussitôt : le vicomte de Narbonne livra sa cité à Raimond VII, et l'archevêque de Narbonne s'enfuit à Beziers, d'où il lança une sentence d'excommunication contre Raimond et ses adhérents (21 juillet).

Là s'arrêtèrent les progrès de Raimond et de Trencavel : le bruit de la défaite de Henri III devant Saintes et de la marche des Français sur la Gironde jeta bientôt le trouble et l'hésitation dans tous les esprits : chacun commença d'envisager avec effroi les conséquences du massacre d'Avignonnet, sous les auspices duquel s'était ouverte la campagne. Ce fut alors que Raimond VII se rendit à Bordeaux, pour tâcher de resserrer les nœuds de la coalition; mais il revint avec moins d'espoir qu'il n'en avait en partant : tout lui manquait à la fois, du côté de l'Aquitaine et du côté de l'Espagne. Bientôt on sut qu'un concile gallican, tenu à Paris, avait décrété la levée d'un vingtième de tous les revenus ecclésiastiques pour subvenir aux frais d'une nouvelle croisade contre les Albigeois, et que deux corps d'armée marchaient vers le pays toulousain. Ces nouvelles entraînèrent d'importantes défections. Le comte de Foix, fils et successeur du plus fidèle ami de Raimond VII, renonçant à la suzeraineté du comte de Toulouse, se déclara vassal immédiat du roi. Le découragement était universel. Raimond se mit à la merci de Louis IX avec les alliés qui lui restaient, promettant, si le roi le recevait en grâce, d'exterminer les hérétiques et de punir les assassins des inquisiteurs (20 octobre). Louis IX montra dans sa victoire la modération et la générosité dont il ne se départait jamais : il n'abusa pas du malheur du comte, qui avait su gagner la toute-puissante protection de la reine Blanche, sa parente par alliance, et il laissa à Raimond VII les domaines qui lui avaient été garantis par le traité de Meaux en 1229, reprenant seulement Narbonne, Albi, et les autres places des sénéchaussées de Carcassonne et de Beaucaire. Raimond alla renouveler son hommage entre les mains du roi, à Lorris en Gâtinais, et jura de faire prêter serment de *féauté* au roi, en présence des commissaires royaux, par tous les barons, châtelains, chevaliers, *vavassors* (arrière-vassaux) et bourgeois des bonnes villes, de l'âge de quinze ans et au-dessus, dans toute l'étendue de *sa comté* (janvier 1243).

La campagne de 1242 avait terminé la longue lutte des rois contre les grands vassaux, commencée un siècle et demi auparavant par Louis le Gros. Le triomphe de la monarchie féodale était complet, et la suzeraineté royale étendait désormais le bras depuis l'Escaut et la Meuse jusqu'au Rhône et aux Pyrénées. Ce grand changement politique devait nécessairement amener d'autres changements non moins considérables dans la législation. L'esprit d'ordre et d'unité allait poursuivre sur ce terrain le combat déjà entamé par Philippe-Auguste contre le génie de la féodalité. Une des coutumes féodales les plus enracinées fut renversée sans résistance par Louis IX, à savoir : la liberté qu'avait tout noble homme de tenir des fiefs de divers seigneurs; Louis ne l'attaqua pas en principe ni d'une manière générale, mais seulement dans son application la plus choquante.

« Le roi des François, dit Mathieu Pâris, ayant convoqué à Paris tous les gens de deçà la mer, les Normands surtout, qui avoient des terres chez les Anglois, leur parla ainsi : « Comme nul ne peut bien servir à la fois deux maîtres, il faut que tous ceux de mon royaume qui ont des terres en Angleterre choisissent entre moi et le roi des Anglois, et soient tout entiers à l'un de nous deux ». C'est pourquoi plusieurs de ceux qui tenoient des fiefs en Angleterre y renoncèrent pour garder leurs possessions de France, et d'autres prirent le parti contraire. Le roi des Anglois, à cette nouvelle, commanda qu'on mît hors des fiefs d'Angleterre tous les hommes de France; ce qui parut un grand abus, parce qu'il ne leur laissa point la liberté de choisir leur suzerain comme avoit fait l'autre roi. Néanmoins Loys de France, encore affoibli par les suites de la maladie qui l'avoit atteint en Guyenne, préféra dissimuler plutôt que de recommencer la guerre à cause de cela ».

La grande lutte féodale et la guerre des Albigeois finirent en même temps et du même coup : le comte Raimond obtint merci du pape comme du roi, et rentra même en faveur à la cour de Rome par le zèle avec lequel il s'entremit pour réconcilier l'empereur avec le nouveau pape Innocent IV; mais les populations languedociennes ne furent pas graciées comme leur chef : les Frères Prêcheurs courbèrent toutes les têtes sous leur terrible ministère; la terreur et la délation s'assirent de nouveau à tous les foyers. « Vous enjoindrez, dirent les évêques du Midi aux inquisiteurs, dans un concile tenu à Narbonne, au commencement de 1244, vous enjoindrez aux hérétiques ou à leurs fauteurs, qui, étant venus s'accuser de leur propre bouche, n'ont pas été mis en prison, de porter des croix jaunes sur leurs habits, de se présenter tous les dimanches à leur curé pendant la messe, entre l'épître et l'évangile, ayant une partie de leur corps nue, et tenant une poignée de verges à la main pour recevoir la discipline.... ces pénitents, tous les premiers dimanches du mois, visiteront, en se fouettant à coups de verges, toutes les maisons de la ville où ils ont fréquenté les hérétiques. On construira des prisons pour y renfermer à perpétuité ceux qui se sont convertis (après avoir été arrêtés). Comme il y a des villes où le nombre de ceux qui doivent être renfermés dans une prison perpétuelle est trop grand, en sorte qu'on ne trouve pas assez de pierre et de ciment pour construire des prisons, nous conseillons aux inquisiteurs d'attendre là-dessus les ordres du seigneur pape ».

Les hérétiques possédaient encore un asile où ils avaient été jusqu'alors à l'abri de leurs bourreaux : c'était le château de Montségur (*Mons-Securus*), dans les gorges des Pyrénées, sur un rocher presque inaccessible, à l'extrémité méridionale du Toulousain, sur les confins du Rasez et du comté de Foix. Là s'étaient retirés les seigneurs *faidits* de Mirepoix et de Peyrèle, beaucoup d'autres vaillants chevaliers dépouillés de leurs domaines, et environ deux cents *hérétiques vêtus*, c'est-à-dire déclarés publiquement hérétiques, avec leur évêque Bertrand-Martin. Du haut de cette aire de vautours, les chevaliers déshérités s'élançaient sans cesse dans la plaine et harcelaient de leurs attaques désespérées les maîtres étrangers et les tyrans sacrés qui les avaient proscrits. Durant l'absence du comte Raimond, l'archevêque de Narbonne, l'évêque d'Albi et le sénéchal français de Carcassonne résolurent de détruire « ce public refuge de tous les malfaiteurs, de tous les ennemis de Dieu », et ils vinrent l'assaillir avec des troupes nombreuses. Les assiégés firent une héroïque résistance, jusqu'à ce qu'une bande de montagnards, animés par le fanatisme, eurent escaladé de nuit les rocs inabordables qui protégeaient et dominaient le château. La garnison se rendit alors, en stipulant la vie sauve pour les hérétiques qui consentiraient à se convertir. Les *Albigeois*, hommes et femmes, refusèrent tous tant qu'ils étaient; « on les enferma dans une clôture faite de pals et de pieux », et on les brûla tous, avec leur évêque et la noble damoiselle Esclarmonde de Peyrèle, fille d'un des seigneurs de Montségur (mars 1244)[1].

Tel fut le dernier épisode de la guerre des Albigeois, après trente-cinq ans d'effroyables calamités. Les *parfaits* avaient tous péri : la foi des *croyants* n'avait pu résister à de si horribles épreuves, et le nombre des manichéens diminua si rapidement, qu'au rapport de l'inquisiteur Reinier, hérétique converti lui-même, il ne se trouvait plus guère, en 1250, que deux cents *impénitents* dans tout le Toulousain, l'Albigeois et l'Agenais[2]. Il y eut cependant quelques recrudescences dans le Languedoc durant un siècle encore. Le manichéisme subsista beaucoup plus tard, sur une grande échelle, dans le nord de l'Italie, et surtout

---

1. Guil. de Pod. Laurent. ch. 46.
2. *Summa fratris Reineri, de Catharis*, ap. Martenne, *Thesaur. Anecdot.* t. VI, p. 1767.

dans les pays slaves du Danube et la Bulgarie. Il s'y éteignit enfin, dans le courant du quinzième siècle, sous la pression de la conquête othomane. Le dualisme disparut alors d'entre les religions humaines, et Manès mourut tout entier, tandis que la pensée d'Arnaldo et des vaudois, s'échappant pleine de vie des flammes du bûcher, s'incarnait de nouveau dans le sein des générations, fermentait durant deux siècles et demi, éclatait en France avec les Pastoureaux, en Angleterre avec Wickleff, en Bohême avec les Hussites, jusqu'au jour où, transformée et armée d'une puissance invincible, elle arracha à l'église romaine, par le bras de Luther et de Calvin, la moitié de l'Occident[1].

A l'époque où est parvenue cette histoire (1244), ces temps étaient cachés dans les profondeurs de l'avenir, et la victoire du dogme catholique paraissait assurée, quoique les esprits restassent grandement troublés; mais l'ordre et la discipline étaient de plus en plus compromis dans l'Église. L'éternel débat du temporel et du spirituel, un instant suspendu par la mort de Grégoire IX, renaissait avec une nouvelle violence sous Innocent IV, et l'autorité morale et sociale de la papauté allait décroissant parmi ces tempêtes. La chrétienté avait espéré un moment le rétablissement de la paix dans l'Église, et un projet de traité fut arrêté entre les commissaires du pape et ceux de l'empereur : Raimond de Toulouse était un de ces derniers. Frédéric, qui paraissait désirer sincèrement la paix, afin de pouvoir diriger les efforts de la chrétienté vers l'Orient, offrit à Innocent IV la restitution des places conquises sur l'état de l'Église et sur ses alliés, la mise en liberté des prisonniers guelfes, et une satisfaction équitable pour tous les griefs du saint-père : il s'en rapportait pour ses propres griefs à l'équité du pape et des cardinaux. Tout semblait terminé, et Frédéric croyait n'avoir plus qu'à aller recevoir l'absolution apostolique à Rome. Cette paix tant désirée avorta : le pape refusa d'absoudre l'empereur avant que celui-ci eût rendu les places et les prisonniers. Frédéric crut voir là un piége, et refusa à son tour. Le pape rompit les négociations, s'embarqua soudain à Civita-Vecchia sur une escadre génoise, et alla descendre à Gênes. cité

---

1. Sur l'histoire des derniers temps du manichéisme, V. le t. I du savant livre de Schmidt, *Hist. des Cathares ou Albigeois*.

où dominait sa famille, les puissants Fiesques, et qui lui était toute dévouée (juillet 1244). Innocent ne comptait pas rester à Gênes ni soutenir la lutte avec le seul concours des guelfes italiens : il espérait soulever contre Frédéric les rois d'Occident, surtout le roi de France, et il attendait seulement à Gênes le résultat d'une scène qu'il avait préparée, d'accord avec les moines de Cîteaux, pour entraîner Louis IX. Il savait que le roi devait visiter l'abbaye de Cîteaux à l'époque du chapitre général de la Saint-Michel 1244 (fin septembre); il avait écrit à l'abbé en conséquence.

Lorsque Louis IX., accompagné de sa mère, de ses frères, du duc de Bourgogne et d'autres grands, approcha de l'église du monastère, on vit sortir processionnellement du porche tous les abbés des divers couvents de l'ordre et les moines de la communauté-mère, au nombre de cinq cents, et toute cette pieuse cohorte s'agenouilla devant le roi, en le conjurant, avec larmes et gémissements, d'octroyer assistance au père des fidèles persécuté par un fils de Satan, et de le recevoir dans son royaume, comme autrefois Louis VII avait reçu Alexandre III. Le bon roi, tout ému, se mit aussi à genoux; mais il ne céda point entièrement à sa première impression, et répondit, avec mesure et prudence, « qu'il défendroit l'Église, autant qu'il seroit juste et convenable, contre toute injure de la part de l'empereur, et qu'il recevroit le pape dans ses états, si c'étoit l'avis du conseil de ses grands, qu'aucun roi de France ne peut négliger (Math. Paris) ».

L'avis des barons ne fut point du tout favorable; ils déclarèrent nettement qu'ils ne souffriraient pas que le pape vînt s'établir à Reims, suivant son désir : c'était un hôte beaucoup trop coûteux, à leur avis, sans parler des dangers politiques de sa présence.

La cour d'Aragon ne se soucia pas davantage de recevoir le saint père, et le roi d'Angleterre, sollicité par quelques cardinaux d'appeler Innocent à Londres, en fut détourné par de *sages hommes*, « qui lui représentèrent que c'étoit déjà trop que d'être infectés des usures et des simonies des Romains[1], sans que le

---

[1]. Le pape traitait l'église anglicane comme son bien et sa ferme; il s'arrogeait continuellement la nomination aux bénéfices, et envoyait par centaines des cadets de familles romaines faire fortune aux dépens des Anglais. Ces étrangers percevaient les fruits de leurs bénéfices sans en remplir les devoirs, et laissaient à l'abandon

pape vînt lui-même piller les biens de l'Église et du royaume[1] ». Innocent ne renonça cependant pas à ses espérances, et choisit son poste et son asile avec une grande habileté ; il se rendit par la Savoie à Lyon vers le milieu de décembre, et s'établit au monastère de Saint-Just, sur la rive *française* de la Saône. Lyon relevait, pour moitié, de l'Empire ; mais l'archevêque et le chapitre tenaient pour la cause papale, et les bourgeois avaient beaucoup plus de sympathie pour les villes libres de Lombardie, alliées du pape, que pour les gibelins de l'empereur : les clercs et les bourgeois de Lyon étaient habitués à faire trêve à leurs querelles toutes les fois qu'il s'agissait de se liguer contre l'autorité impériale ; ils l'avaient réduite à néant. Lyon était donc un excellent centre d'opérations pour le pape, qui n'avait rien à craindre, dans aucun cas, sur cette extrême frontière du royaume de France ; mais ses instances et ses intrigues devaient être inutiles auprès de Louis IX, et les funestes événements d'Asie aliénèrent plus profondément encore de la papauté l'opinion publique.

Pendant que les passions égoïstes du saint-siége empêchaient le secours de la Terre-Sainte, Jérusalem était noyée dans le sang des chrétiens. Le contre-coup des conquêtes mongoles écrasait en ce moment la Palestine : les Mongols ayant renversé l'empire des sultans kharizmiens, qui avaient enlevé la Perse aux Turks Seldjoukiens, les Kharizmiens émigrèrent en masse devant les Mongols victorieux. Le sultan d'Égypte, en guerre avec le sultan de Damas, invita cette nation errante à envahir la Syrie : les Kharizmiens pénétrèrent dans la Judée vers la fin de l'été de 1244, entrèrent sans résistance dans Jérusalem, ouverte et démantelée par suite des dernières guerres, massacrèrent dans les églises tous ceux des habitants chrétiens qui n'avaient pas pris la fuite, profanèrent et bouleversèrent les lieux saints. En vain l'horreur qu'inspiraient les ravages de ces barbares réconcilia-t-elle les chrétiens et les musulmans de Syrie ; en vain la croix et le croissant s'unirent-ils dans les mêmes rangs : l'armée coalisée fut écrasée à Gaza par les

---

leurs ouailles, dont ils ignoraient la langue. *V.* les plaintes amères du saint évêque de Lincoln, Robert-Grosse-Tête, ancien et illustre docteur scolastique de Paris, contre la cour de Rome, dans Mathieu Pâris et dans Fleuri, l. LXXXIII, § 43.

1. Fleuri, *Hist. ecclés.* l. LXXXIII, § 17.

Kharizmiens, qu'avaient renforcés les soldats du sultan d'Égypte (17 octobre). Près de cinq cents chevaliers du Temple et de l'Hôpital restèrent sur le champ de bataille, et la plupart des barons d'outre-mer furent tués ou pris. Acre, Tyr et tout le reste de la Palestine chrétienne semblaient perdus, à moins d'un puissant secours immédiat.

La nouvelle de la ruine des saints lieux produisit un effet terrible sur l'âme de Louis IX, et le décida à une grande résolution sur les affaires d'Orient. La santé de Louis IX avait toujours été chancelante depuis sa campagne d'Aquitaine; il tomba très gravement malade au château de Pontoise, vers le 10 décembre 1244; la dyssenterie qui le tourmentait l'affaiblit bientôt à tel point qu'on craignit pour sa vie; l'alarme se répandit parmi le peuple et le clergé; dans toutes les églises, les châsses des saintes reliques furent découvertes, et les corps des bienheureux furent placés sur les autels, « afin que le peuple, dit Guillaume de Nangis, qui n'a pas accoutumé de les voir hors des caveaux, priât plus dévotement Notre-Seigneur pour le roi. » Le mal s'accrut avec rapidité. « Louis tomba dans une léthargie semblable à la mort; « une des dames qui le gardoient, croyant qu'il fût hors de ce monde, lui vouloit tirer le drap sur le visage, et disoit qu'il étoit outrepassé; mais, de l'autre part du lit, ainsi que Dieu voulut, il y eut une autre dame qui ne permit pas qu'ainsi fût couvert le visage, ni que le roi fût enséputuré; mais elle disoit toujours qu'il avoit encore l'âme au corps. Pendant que duroit le discord de ces deux dames touchant le bon roi, Notre-Seigneur opéra en lui: il soupira, retira à lui, puis étendit ses bras et ses jambes, et, d'une voix creuse et sourde, comme s'il fût ressuscité du sépulcre, il dit : « Celui qui se lève d'en haut m'a visité par la grâce de Dieu, et m'a rappelé d'entre les morts » ! Et il requit qu'on lui apportât la croix, ce qui fut fait. Quand la bonne dame sa mère sut qu'il avoit recouvré la parole, elle en eut une telle joie que plus grande n'étoit possible; mais, quand elle le vit avec la croix sur la poitrine, elle fut aussi transie que si elle l'eût vu mort (Joinville) ».

Cette « prise de croix » n'avait pas été l'inspiration d'un cerveau surexcité par la maladie; elle était depuis longtemps dans la pensée de Louis IX. Son aïeul, Philippe-Auguste, n'avait vu autrefois dans la croisade qu'un embarras, qu'une trêve forcée aux entreprises politiques; pour Louis IX, au contraire, c'étaient les affaires politiques qui étaient des obstacles et des entraves; il avait en horreur les guerres entre chrétiens, si avantageuses qu'elles pussent être à sa couronne; il eût voulu effacer le souvenir des victoires qu'on l'avait forcé de remporter, et ne voyait le véritable « honneur de chevalerie » que dans « la guerre du Seigneur ». Qu'on juge s'il dut être affermi dans sa résolution par les nouvelles lamentables de Jérusalem! La perte de son royaume, la ruine de son peuple, qu'il aimait pourtant d'une ardente charité, eût moins déchiré son âme que la profanation du Saint-Sépulcre et du Calvaire. Sa santé, qui ne se rétablit que très lentement, et surtout les troubles de la chrétienté le retinrent cependant assez longtemps encore en France, et ce dut être pour lui une chose bien douloureuse que de rencontrer les plus grands obstacles à la ligue chrétienne qu'il rêvait, dans le chef même de la chrétienté.

Innocent IV avait convoqué à Lyon, pour la Saint-Jean d'été de 1245, un concile œcuménique, afin de délibérer, annonçait-il, sur l'état de la Terre-Sainte, sur les invasions des Tartares, qui reparaissaient en Hongrie, et sur le différend qui existait entre le saint-siége et « le chef de l'empire romain ». Le moyen d'apaiser « ce différend » n'était sans doute pas de redoubler d'acharnement contre l'empereur. « Cependant, en l'année 1245, raconte Mathieu Pâris, vers la quadragésime, le seigneur pape fit excommunier de nouveau l'empereur par toute la terre de France : l'ordre de publier cette excommunication fut envoyé par les *ordinaires* (les évêques) à tous les curés des paroisses. Un certain prêtre de la ville de Paris, en ayant reçu l'injonction, monta en chaire devant toute sa paroisse assemblée, et dit : « Oyez, vous tous. On m'a commandé de porter une sentence solennelle d'excommunication, cloches sonnantes et cierges allumés, contre l'empereur *Ferri* (Frédéric) : j'en ignore le motif; mais je n'ignore pas le grave différend et l'implacable haine qui existe entre ledit empereur et le seigneur pape : je sais aussi que l'un des deux fait injustice à l'autre; mais lequel des deux, je n'en sais rien. J'excommunie donc, autant que j'ai de puissance, celui des deux qui fait injustice à l'autre, et j'absous celui qui souffle cette injustice, si dommageable à toute la chrétienté.

« Cette parole, dite en *gaussant*, à la manière des Français, passa par des milliers de bouches, et fut tant et si bien répétée, qu'elle parvint jusqu'à l'empereur, qui récompensa grandement le bon prêtre : le seigneur pape, au contraire, le châtia pour la légèreté de son propos ».

Le concile de Lyon, en dépit de son titre, ne fut rien moins qu'universel : la plupart des prélats teutons, ceux d'entre les Italiens qui tenaient pour le parti gibelin, et la majorité des évêques anglais, irrités des exactions continuelles du pape, s'abstinrent, sous divers prétextes, d'assister à cette assemblée, où siégèrent environ cent-quarante archevêques ou évêques, sans compter les procureurs de plusieurs prélats absents et les délégués des chapitres. L'empereur français d'Orient, Baudouin II, venu derechef pour réclamer des secours contre les Grecs, était présent. La conduite de l'empereur Frédéric ne fut ni logique ni prudente : il détourna les prélats qui penchaient en sa faveur de se rendre au concile, et cependant il reconnut l'autorité de cette assemblée en y envoyant des ambassadeurs. Il fit offrir au pape de ramener par la force des armes « l'empire de Romanie » (l'empire d'Orient) sous l'obéissance du saint-siége, et d'aller en personne affranchir la Terre-Sainte ; le pape répondit qu'on ne pouvait se fier à ses offres. L'ambassadeur de Frédéric proposa que les rois de France et d'Angleterre s'en rendissent garants : le pape refusa. L'ambassadeur demanda qu'on suspendît au moins la décision, jusqu'à ce que Frédéric eût pu se rendre à Lyon : le pape s'écria qu'il se retirerait si Frédéric paraissait. Les envoyés de France et d'Angleterre intervinrent alors, et, malgré le pape, obtinrent un délai de douze jours, afin que Frédéric, qui s'était avancé jusqu'à Turin, pût arriver à Lyon.

Mais Frédéric, augurant mal de l'issue des débats, hésita, ne comparut pas, et Innocent prononça solennellement, en présence du concile, la sentence de déposition de l'empereur (17 juillet 1245). Innocent avait atteint son but en donnant à sa haine la sanction du concile : l'assemblée fut dissoute, aussitôt que le plus grand nombre des prélats eurent scellé de leurs sceaux la sentence d'excommunication. A la vérité, avant de se séparer, l'assemblée exhorta les princes et les peuples à défendre la Terre-Sainte, interdit, à peine d'excommunication, toute guerre entre chrétiens pendant quatre ans, toutes joutes et tournois pendant trois ans, afin que les fidèles ne fussent point distraits de la guerre sainte, et décréta des impôts sur le clergé pour le secours de la Palestine et de Constantinople. Mais le public ne fut rien moins qu'édifié de cette mesure, attendu que ces levées d'argent étaient perçues par les agents de la cour de Rome, et passaient pour être généralement détournées de leur destination. Les plaintes que les envoyés anglais portèrent au concile contre la fiscalité romaine causèrent une prodigieuse rumeur : ils déclarèrent que les Italiens tiraient annuellement d'Angleterre plus de soixante mille marcs d'argent[1]. Tous ces scandales agissaient fortement sur les esprits; il n'y avait qu'un cri contre la violence haineuse et l'insatiable cupidité de la cour de Rome : chacun était entraîné à comparer les vertus évangéliques du roi de France, d'un laïque, d'un homme de guerre, avec les mœurs anti-chrétiennes des chefs de l'Église; la sainteté, l'autorité morale, se trouvait ainsi déplacée, et le roi de France gagnait peu à peu dans l'opinion de l'Europe ce que perdait le pape : la sainteté de Louis IX faisait autant pour la grandeur de la royauté française que la politique de Philippe-Auguste.

La maison de France croissait de jour en jour en puissance, sous un prince qui était le moins ambitieux des hommes : il est vrai que la reine Blanche avait de l'ambition pour son fils. En 1245, la royauté mit le pied en Bourgogne par l'acquisition du comté de Mâcon. A peine Louis IX eut-il acheté ce fief, qu'une heureuse alliance livra, sinon à la couronne, du moins à la maison royale, une des plus belles régions de la Gaule. Raimond-Bérenger IV, dernier comte de Provence de la maison de Barcelonne, mourut sans héritier mâle, le 19 août 1245[2] : il laissait quatre filles, dont l'aînée était mariée au roi de France, la seconde, au roi d'Angleterre, la

---

1. Le pape avait fait souscrire aux évêques, durant le concile, la copie des actes d'hommage lige faits par Jean-sans-Terre et Pierre d'Aragon à Innocent III. Les ambassadeurs d'Angleterre protestèrent. Raynald. an. 1245, art. 56, 57. — *Concil.* t. XI, p. 640.

2. C'est lui qui bâtit dans une gorge des Alpes la ville de Barcelonette (*la petite Barcelonne*).

troisième, au comte Richard de Cornouaille : dès l'an 1238, Raimond-Bérenger, quoique jeune encore, avait été poussé par son ministre, le célèbre Romieu de Villeneuve, à prendre ses mesures pour le cas où il n'aurait pas d'enfant mâle ; Romieu voulait éviter à tout prix le morcellement du comté de Provence, et il avait décidé le comte à léguer tout son domaine à sa plus jeune fille Béatrix, en la chargeant de payer dix mille marcs à chacune de ses sœurs. Ce testament, approuvé par les délégués du baronage et des villes provençales, était, suivant la chronique de Reims, conforme à la coutume du pays, coutume d'origine celtique[1]; car « telle est la coutume que li daerains (le dernier) enfans a tout, s'il n'y a hoir mâle ».

Ce n'était rien que de régler la succession, si l'on ne réglait aussi le mariage de l'héritière, dont la main allait être briguée par plusieurs illustres rivaux. Raimond-Bérenger eut à cet égard une pensée hardie : il projeta de réunir les maisons de Toulouse et de Barcelonne, en mariant Béatrix au comte Raimond VII, son ancien ennemi, avec qui il se réconcilia au concile de Lyon. Innocent IV, comme s'il eût voulu réparer les maux causés par ses prédécesseurs aux pays de la langue d'oc, donna les mains à ce projet avec tant de vivacité, que les deux comtes ne songèrent pas à s'assurer de lui en demandant sur-le-champ la dispense nécessaire de parenté. Cette négligence coûta cher à Raimond VII. Le comte de Provence mourut aussitôt après son retour du concile : les prélats, les seigneurs et les députés des villes s'assemblèrent sur-le-champ en parlement à Aix, et rendirent hommage à la comtesse Béatrix. Raimond VII se hâta d'écrire au pape pour le prier de lui expédier la dispense, et accourut à Aix, auprès de la belle héritière de Provence ; mais, au lieu d'amener ses hommes d'armes et de provoquer une démonstration populaire à Marseille et dans les autres communes qui lui étaient si affectionnées, il vint avec une simple escorte d'honneur, d'après le conseil de Romieu de Villeneuve, qui lui avait fait craindre d'effaroucher, par un appareil militaire, la susceptibilité du *parlement* provençal réuni à Aix. Raimond ne prévoyait aucun obstacle : le roi d'Aragon, qui

---

1. C'est la loi du *juveigneur*, mais exagérée jusqu'à la suppression du principe celtique du partage.

prétendait secrètement à Béatrix pour son fils, ne manifestait pas ouvertement ses intentions ; rien ne transpirait non plus des vues de la cour de France.

Cependant les semaines, les mois mêmes s'écoulaient, et la dispense pontificale n'arrivait pas. Après des délais prolongés sous divers prétextes, le pape refusa définitivement, et le comte Raimond fut réveillé comme par un coup de foudre en voyant entrer en Provence cinq cents chevaliers français conduits par Charles de France, comte d'Anjou et du Maine, le plus jeune des frères de Louis IX. Romieu de Villeneuve s'était joué cruellement du comte de Toulouse : tandis qu'il l'entretenait dans une trompeuse sécurité, il avait négocié avec la reine Blanche et le roi Louis, et engagé les principaux barons provençaux dans les intérêts de la cour de France, qui voulait donner le comte Charles pour époux à Béatrix. Dans une conférence à Cluni, vers la fin de novembre, Louis IX et la reine Blanche avaient changé les dispositions du pape et obtenu la promesse de refuser la dispense au comte Raimond. Toutes les villes et forteresses baissèrent leurs ponts-levis devant Charles d'Anjou ; et Raimond VII, qui n'était venu que pour « noces et non pour batailles », n'essaya pas de soutenir une lutte inégale ; il repassa tristement le Rhône et laissa son jeune rival épouser la comtesse de Provence, du consentement du *parlement* d'Aix (31 janvier 1246).

Romieu de Villeneuve, homme d'une haute intelligence, ne s'était pas laissé prendre à l'idée de la réunion de toute la Provence sous un seul chef, idée si séduisante pour le sentiment populaire des méridionaux ; il avait pressenti, sous ces décevantes apparences, un avenir de guerres interminables qui eussent mis le comté de Provence au niveau des malheureux pays de la rive droite du Rhône. Raimond VII, une fois marié à Béatrix, ayant des enfants de cette princesse, n'eût pas manqué de déchirer le traité de Meaux et de renouveler contre la France une lutte désespérée, aux dépens des ressources de ses nouveaux domaines. Le ministre provençal crut éviter de grands maux à son pays, en cédant à la force invincible qui poussait le Midi sous la domination française : il crut faire assez que de conserver au comté de Provence son indépendance provinciale sous un prince français.

Il eût hésité davantage s'il eût connu le caractère dur, avide et cruel de Charles d'Anjou, qui faisait avec le roi son frère un étrange contraste. Si sages que pussent être les motifs de Romieu, l'assujettissement de la Provence au frère de Louis IX fut profondément impopulaire; les troubadours surtout, constants dans leur aversion pour tout ce qui venait du Nord, firent entendre d'énergiques accents et des plaintes amères. « Au lieu d'un brave *seignor*, s'écrie l'un d'eux, les Provençaux vont donc avoir un *sire!* On ne leur laissera plus bâtir tours ni *castels*; ils n'oseront plus porter la lance ni l'écu devant les François. Puissions-nous tous mourir avant que de tomber en semblable état! Provence n'est plus *Proensa* (prouesse), mais *Faillensa* (défaillance, défaut de courage), puisqu'elle souffre telle chose [1] ». — « Les clercs, dit un autre, par allusion à la conduite du pape, les *faux* clercs toujours sont en aide aux François, et leur sont pierres à aiguiser leurs épées ». Les Provençaux, nobles et bourgeois, se soumirent toutefois sans résistance au mari de leur comtesse : la Provence se trouva sujette du prince capétien avant d'avoir pu se reconnaître, et, durant plusieurs années, rien ne manifesta l'antipathie publique pour le comte français [2].

Le mariage de Charles n'avait pas détourné un instant du pèlerinage d'Orient l'esprit de Louis IX. Le 16 octobre 1245, le baronage français avait été convoqué en parlement à Paris : là se croisèrent, à l'imitation du roi, son frère Robert, comte d'Artois ; les ducs de Bourgogne et de Brabant; Marguerite, comtesse de Flandre et de Hainaut, qui avait succédé à sa sœur Jeanne, et deux de ses fils; Pierre Mauclerc, avec son fils Jean, duc de Bretagne; le vieux comte de la Marche; les archevêques de Reims, de Tours, de Sens et de Bourges, et bien d'autres barons et prélats. Louis IX ne trouva pas encore leur nombre suffisant, et « prit d'une singulière façon, dit Joinville, l'office de prédicateur et de procureur de la croisade. » Suivant un vieil usage, le roi et tous les grands,

---

1. *v.* Raynouard, *Poésies des Troubadours*. Ce jeu de mots roule sur le double sens de *Proensa*, qui, dans la langue d'oc, signifiait à la fois Provence et prouesse.
2. Bouche, *Hist. de Provence*, t. II, p. 242-264. — D. Vaissette, *Hist. de Languedoc*, l. XXV, c. 91, 92. — G. de Pod. Laurent, c. 47. — Matth. Paris. — Guil. de Nangiac.

le jour de Noël, donnaient des habits pour étrennes aux gentilshommes attachés à leur service ; « c'est pourquoi Noël étoit dit le jour des robes neuves ». La Noël était une des occasions où les rois tenaient, chacun an, cour plénière. Louis, ayant donc fait préparer une grande quantité de cottes et de chaperons neufs, requit les grands officiers de la couronne, les gentilshommes de la maison du roi et les barons réunis à la cour, d'assister à une messe avant l'aurore dans la Sainte-Chapelle du Palais, à peine achevée. Les nobles hommes, en entrant au Palais, revêtirent les habits qui leur furent offerts, et se rendirent à la Sainte-Chapelle avec le roi. Quand les premiers rayons du jour se glissèrent à travers les vitraux peints, chacun vit avec étonnement le signe de la croix sur l'épaule de son voisin ; car le bon roi avait fait coudre des croix en cachette sur tous les chaperons. « Ne voulant point déposer ces croix, ce qui n'eût été ni décent ni honorable, ils rirent jusqu'aux larmes, disant que le seigneur roi alloit à la chasse aux pèlerins, et qu'il avoit trouvé une nouvelle manière d'enlacer les hommes » (Joinville).

Le roi, après avoir interdit dans le domaine royal toutes les guerres privées pour cinq ans[1], s'occupa de mettre son royaume à l'abri de tout péril extérieur pendant son absence : il renouvela avec le roi d'Angleterre la trêve qu'il eût désiré convertir en une paix définitive ; il eût même volontiers acheté la renonciation de Henri III à toute prétention sur les anciens états normands et angevins, par la restitution du Poitou et de l'Aquitaine septentrionale ; mais Henri ne voulut point renoncer à « ses justes droits », et ne consentit qu'à la prolongation de la trêve.

Le roi de France n'avait que deux pensées au monde, la pacification de la chrétienté et la délivrance des saints lieux : c'est quelque chose de touchant et de sublime que le contraste de cette âme si pure, si sereine, si exclusivement dévouée à la religion du devoir, avec les passions égoïstes et forcenées qui se débattaient autour d'elle sans pouvoir la souiller ni la troubler. Dans la conférence de Cluni, le pape, irrité que Henri III, jusqu'alors son esclave docile, eût osé appuyer les plaintes des Anglais contre la

---

1. Tillemont, t. III, p. 89.

rapacité romaine, avait proposé à Louis IX d'envahir l'Angleterre : Louis refusa avec indignation[1], et, loin de s'associer aux vengeances du pape, il le pressa de se réconcilier avec Frédéric, qui sollicitait de nouveau la médiation française (fin novembre 1245) (Matth. Paris.). Louis demanda une seconde entrevue au saint-père, à Cluni, pour la Pâques de 1246, et y arriva, chargé des pleins-pouvoirs de Frédéric : l'empereur, fatigué d'une lutte toujours renaissante, et craignant de succomber à la fin sous les vastes conspirations que le saint-siége fomentait en Allemagne et en Sicile, offrait d'aller passer le reste de ses jours à la Terre-Sainte, pourvu que le pape lui donnât l'absolution et couronnât empereur son fils Conrad.

Louis communiqua au pape les propositions de Frédéric. — « Il a déjà promis tout cela, ou mieux encore, répliqua le saint-père, et, au lieu d'exécuter ses promesses, il n'a fait que passer à des transgressions plus criminelles. Le bon roi insista. — N'est-il pas écrit en l'Évangile que le sein de la miséricorde se doit ouvrir *sept fois septante fois* à qui demande merci ? D'ailleurs, si l'empereur reste excommunié, et que nous autres croisés du Christ ne puissions communiquer avec lui ni les siens, où trouverons-nous des avitaillements, où nous abriterons-nous dans la tempête, puisque les ports de la Calabre et de la Sicile, et ceux mêmes de la Terre-Sainte, sont à l'empereur ? — Mais le seigneur pape réfuta le roi, la tête droite et rejetée en arrière », et Louis IX se retira, indigné d'avoir trouvé si peu d'humilité dans celui qui s'intitulait *le serviteur des serviteurs de Dieu* (Matth. Paris.).

Le pape n'avait accepté la conférence que pour la forme : il venait d'exhorter les « électeurs du saint empire » à élire roi des Romains le landgrave Henri de Thuringe, et de charger les Prêcheurs et les Mineurs de prêcher la croisade contre Frédéric en faveur de Henri, qui fut élu à Würtzbourg, le 17 mai 1246, par les archevêques de Mayence et de Cologne et par quelques

---

1. Le pape, ne trouvant point d'aide pour détrôner Henri III, se raccommoda avec lui aux dépens des libertés anglaises, et, afin que Henri lui permît de continuer ses exactions, annula solennellement toutes les chartes et priviléges octroyés par le roi d'Angleterre à son peuple. Les Anglais en tinrent peu de compte.

seigneurs laïques. L'argent du pape donna d'abord l'avantage au « roi des prêtres », ainsi qu'on appelait Henri; mais Conrad, fils de Frédéric, le défit complétement au moment où il s'apprêtait à aller recevoir la couronne à Aix-la-Chapelle : Henri en mourut de chagrin (mars 1247). Ce revers ne fit que redoubler la fureur d'Innocent IV, qui bouleversait l'Europe pour susciter des ennemis à Frédéric, et qui eût appelé les Tartares eux-mêmes au cœur de la chrétienté, s'il eût cru pouvoir se servir d'eux contre l'empereur. Quelles que fussent les opinions particulières de Frédéric, ce prince ne cessait de protester publiquement de son attachement aux dogmes de la foi, ce qui lui coûtait peu, car il était sceptique et non point hérétique; aucun acte officiel de sa part n'autorisait à le condamner pour hérésie, et l'opinion générale en France ne voyait dans la querelle du pape et de l'empereur qu'une lutte purement politique : toute la chevalerie était contre le pape et contre les clercs, qui prenaient le parti du souverain pontife, et qui, à son exemple, ne cessaient d'empiéter sur les juridictions féodales et sur tous les droits des laïques. L'irritation de la noblesse produisit une redoutable explosion : la plupart des grands barons de France se réunirent au mois de novembre 1246, et signèrent un pacte d'association et de défense mutuelle contre le despotisme ecclésiastique.

« Les clercs, disent-ils dans cet acte, les clercs, après nous avoir premièrement déçus par une feinte humilité, s'élèvent maintenant contre nous avec la *cautelle* des renards, et s'enflent d'orgueil, sans songer que c'est par la guerre et par le sang des nôtres que, sous *Karlemaigne* (Charlemagne) et autres, le royaume de France a été converti de l'erreur des gentils à la foi catholique : ils empiètent tellement sur la juridiction des princes séculiers, qu'aujourd'hui les fils des serfs, dès qu'ils sont clercs, jugent selon leurs lois les hommes libres et les fils des hommes libres, quoiqu'ils dussent bien plutôt être jugés eux-mêmes par nous, selon les lois des anciens conquérants de la Gaule, pour ne point déroger, par de nouveaux établissements, aux coutumes de nos ancêtres. C'est pourquoi, nous tous, les grands du royaume, après avoir considéré mûrement que le royaume n'a point été acquis *par le droit écrit,* ni par l'arrogance des clercs, mais par les sueurs des guerriers, nous arrêtons et sanctionnons tous par serment le décret suivant, à savoir : que nul clerc ou laïque ne pourra citer un autre particulier devant *les ordinaires* (les évêques) ni leurs délégués, sinon pour hérésie, usure, ou différend concernant le sacrement de mariage. Les transgresseurs de cette loi seront punis par la confiscation de tous leurs biens et la mutilation d'un membre, le tout afin que notre juridiction soit ressuscitée, que les clercs enrichis par notre appauvrissement retournent à l'état de la primitive Église, qu'ils nous laissent la vie active, comme il est convenable, et que, vivant dans la contemplation, ils nous fassent revoir enfin les miracles qui depuis longtemps ont disparu de ce monde[1]. »

Les confédérés élurent quatre chefs : Hugues IV, duc de Bourgogne ; Pierre Mauclerc, ex-duc de Bretagne ; Hugues de Châtillon, comte de Blois et de Saint-Pol, et Hugues de Lusignan, comte d'Angoulême (fils du vieux comte de la Marche) ; ils les chargèrent de veiller aux intérêts communs, et de prendre les mesures nécessaires, jusqu'à ordonner des levées d'hommes et d'argent. Il fut convenu que, si quelqu'un de la compagnie était excommunié à tort, ce que décideraient les chefs élus, il ne céderait point à l'*excommuniement*, et serait secouru de tous ses compagnons.

Tout modéré, tout dévot qu'il fût, Louis IX approuva la ligue des barons, en fit sceller l'acte du scel royal, et révoqua le consentement qu'il avait donné aux levées d'argent que le pape faisait sur les gens d'église. Dès l'année précédente, il avait interdit aux évêques de prêter de l'argent au pape[2].

Innocent IV répondit au manifeste des barons par une lettre vigoureuse adressée au clergé de France, dans laquelle il déclarait

---

1. Cet acte curieux nous a été conservé en français par Mathieu Pâris, et en latin par un autre historien anglais, Mathieu de Westminster. Sans Mathieu Pâris, moine de Saint-Alban en Angleterre, très versé dans la politique du temps, nous connaîtrions bien mal nos propres annales sous le règne de saint Louis ; car les admirables *Mémoires* de Joinville ne forment point un corps d'histoire et ne s'étendent que sur certaines parties de la vie du roi, et le principal chroniqueur français de ce siècle, Guillaume de Nangis, écrit en homme à la fois mal informé et tout à fait incapable de pénétrer les causes des événements et de lier les faits entre eux.

2. Matth. Paris. p. 715-727, 797.

que l'Église, loin d'empiéter sur les juridictions laïques, n'usait pas même de tous ses droits, attendu que Charlemagne avait autorisé les plaideurs, dans toutes les causes possibles, à appeler des tribunaux civils en la cour de l'évêque. Le fait était vrai[1]; et il faut avouer que le Saint-Père était plus versé dans l'histoire de France que nos barons, qui s'imaginaient que la Gaule avait été conquise par Charlemagne sur les païens et sarrasins. Il est vrai aussi, d'autre part, que les évêques de Charlemagne, complétement subordonnés au prince, différaient beaucoup des évêques du treizième siècle, presque absolument soumis au pape. Le pape ne se contenta pas de ce débat historique: il enjoignit à son légat en France, l'évêque de Tusculum, d'excommunier tous les membres de l'association anti-cléricale, et déclara que quiconque persévérerait dans cette alliance impie serait, ainsi que ses héritiers à perpétuité, incapable d'être admis aux fonctions et aux bénéfices ecclésiastiques. Tandis qu'il menaçait la confédération en général, il employait en particulier auprès de chacun des confédérés tous les ressorts de la politique romaine, achetant leur défection au prix de ces prébendes et de ces bénéfices qu'il annonçait vouloir leur interdire à jamais. Cette tactique ne fut pas sans succès: Innocent parvint à affaiblir la ligue féodale, mais il ne la détruisit pas. Les officiers royaux la soutenaient; nombre de corps municipaux y entrèrent, tandis qu'une partie des barons la quittaient; les paysans mêmes s'en mêlèrent; elle se renouvela partiellement à plusieurs reprises, et son principe, le principe de la juridiction laïque, finit par triompher, mais ce ne fut point au profit de la féodalité; ce furent les légistes monarchiques qui lui assurèrent la victoire au profit de la royauté, d'une part, et de l'égalité civile, de l'autre[2].

Le roi Louis poursuivait ses préparatifs de départ à travers toutes ces querelles: c'est surtout à son désir d'assurer ses communications avec la Terre-Sainte qu'on doit attribuer les grands travaux qu'il avait ordonnés depuis assez longtemps à Aigues-Mortes, dans la sénéchaussée de Beaucaire, lieu ainsi nommé (*aquæ mortuæ*, eaux mortes) à cause des marais salants qui l'envi-

---
1. *V.* notre t. II, p. 361.
2. Tillemont, t. III, p. 119-128.

ronnent. Il y avait fait creuser un port et tracer l'enceinte d'une ville, afin d'avoir une station navale sur la Méditerranée. Les nouvelles possessions de la couronne, sur trente lieues de côtes, ne renfermaient pas un seul abri sûr pour les navires : les communications de Narbonne avec la mer étaient devenues de plus en plus difficiles, et Agde ne pouvait passer pour un port, quoique les petits bâtiments remontassent par l'embouchure de l'Hérault jusqu'à cette ville. Aigues-Mortes parut le point le plus favorable : le bras occidental du Rhône venait alors se jeter dans les lagunes au sud d'Aigues-Mortes; un canal d'une lieue, appelé le *Grau-du-Roi*, joignit le port à la haute mer[1] : port et cité furent achevés en 1247[2], et le roi, pour peupler sa *Ville-Neuve*, accorda de grands priviléges à quiconque s'y établirait : il exempta les habitants de tailles et de quêtes à toujours, et leur concéda le droit de nommer des consuls, qui administreraient la communauté de concert avec un viguier et un juge choisis par le roi[3].

Le Languedoc se résignait enfin à son sort : les derniers germes de rébellion furent étouffés par la réconciliation définitive du comte Raimond avec la cour de France ; le comte de Toulouse, découragé par la ruine de ses projets sur la Provence, se décida à accompagner le roi en Palestine. Louis lui avança une forte somme pour les frais du pèlerinage, et lui promit la restitution viagère du duché de Narbonne (mars 1247). Vers le même temps, Louis reçut en grâce les chevaliers et les bourgeois de la sénéchaussée de Carcassonne, proscrits comme partisans de Trencavel, et leur fit rendre leurs biens. Trencavel, qui vivait obscurément à la cour du roi d'Aragon, perdant tout espoir de jamais recouvrer sa seigneurie, renonça à ses droits sur Beziers, Carcassonne et

---

1. On voit encore, au pied des tours du rempart, les anneaux de fer où l'on amarrait les galères. Il est douteux que les gros *vaisseaux ronds* aient jamais pu arriver jusqu'à la ville. — C'est François Ier qui, en détournant vers l'est le bras occidental du Rhône, a consommé la ruine du port d'Aigues-Mortes, qui n'avait jamais été très florissant. L'insalubrité des marais salants ne permettait pas qu'il se formât là un grand centre de population.

2. C'est-à-dire que la ville fut alors habitable, car l'enceinte fortifiée, admirablement conservée et dont l'aspect transporte le spectateur en plein moyen âge, ne fut construite que sous le successeur de saint Louis. La grosse tour de *Constance*, hors l'enceinte, est la première forteresse du temps de saint Louis.

3. *Ordonn. des Rois*, t. IV, p. 41. — *Hist. de Languedoc*, l. XXV.

toutes les possessions de ses aïeux dans le duché de Narbonne et le pays albigeois, moyennant une rente de cinq cents livres (15,500 fr.); puis il s'engagea de suivre Louis IX outre-mer avec cinq chevaliers et cinq arbalétriers. Dix hommes de guerre et cinq cents livres de rente, voilà tout ce qui restait au descendant de la maison la plus puissante du Languedoc après celle de Toulouse. Cette transaction, qui mettait fin aux protestations des vaincus, soulagea les scrupules de Louis IX, qui, malgré l'autorité de l'Église, devait être parfois assiégé de terribles doutes sur la légitimité de la sanglante conquête du Midi. Le bon roi venait de charger les Frères Mineurs et Prêcheurs de faire en commun, avec les baillis royaux, une enquête par tout le royaume pour découvrir s'il y avait eu quelque extorsion, quelque prise d'argent ou de vivres, indûment faite par les officiers et les collecteurs de la couronne, et pour réparer intégralement, avant son départ, tout ce qui aurait été commis contre le droit. Richard, comte de Cornouaille, qui se trouvait alors en France, ayant réclamé, au nom des Plantagenêts, contre la « grande iniquité de Philippe-Auguste », Louis se montra fort ému, et il fallut, pour le calmer, que les évêques normands protestassent de la légitimité de la confiscation qui avait réuni la Normandie à la France.

Le grand « passage » avait été définitivement fixé, dans un parlement général, à la Saint-Jean d'été de 1248: Louis hâtait de tous ses vœux le jour du départ; sa mère et ses amis voyaient au contraire approcher ce moment avec une angoisse croissante: ils craignaient à la fois et pour le royaume et pour le roi. « Le seigneur roi des François fut vivement entrepris et circonvenu par ses grands, qui le vouloient décider à quitter le dessein d'aller outre-mer: Blanche, sa mère, et l'évêque de Paris, sachant la foiblesse de son corps, insistoient plus que tous les autres. — Sire, mon roi, disoit l'évêque, rappelez-vous qu'au moment où vous avez fait subitement un vœu de telle importance, vous étiez malade, et, pour vrai dire, hors de votre sens; c'est pourquoi les paroles que vous avez proférées ne vous engagent point, et le seigneur pape vous relèvera volontiers de votre serment. — Très cher fils, reprenoit la reine Blanche, souviens-toi combien il est agréable à Dieu qu'un fils obéisse à sa mère! Reste: la Terre-

Sainte n'en souffrira point de détriment ; tu y enverras autant ou plus de gens de guerre que si tu y allois en personne. »

Le roi sembla ému. « Vous assurez, répliqua-t-il, que le trouble de mes sens a seul été cause que j'ai pris la croix ? Voici donc que je la dépose comme vous le souhaitez et le conseillez. » Et, portant la main à son épaule, il arracha le signe du Christ. A la vue de cette action, tous les assistants se félicitèrent avec une joie ineffable. Mais soudain le roi, changeant de visage et de discours, leur dit : « Mes amis, maintenant je ne suis plus sans doute malade ni hors de sens. Je requiers donc qu'on me rende ma croix. *Celui qui n'ignore nulle chose* sait qu'aucune nourriture n'entrera dans ma bouche jusqu'à ce que la croix soit replacée sur mon épaule. — C'est le doigt de Dieu, s'écrièrent tous les assistants; ne nous opposons plus à sa volonté » (Matth. Paris.).

Tandis que la France, à la voix de son chef, se préparait, avec un dévouement si généreux, à porter seule le faix des intérêts chrétiens en Orient[1], le vicaire du Christ excitait les restes des Latins orientaux à s'entre-déchirer, poussait le roi de Chypre (de la maison de Lusignan) à disputer Acre et Tyr aux lieutenants de l'empereur, offrait la couronne impériale à tous les princes teutons et scandinaves, faisait prêcher partout la croisade contre l'empereur, et dispensait du pèlerinage d'Orient tout croisé qui « combattroit pour l'Église » en Allemagne ou en Italie : il enleva ainsi à Louis IX l'appui de presque toute la chevalerie belge et lorraine, qui embrassa la cause du jeune comte Wilhelm de Hollande, proclamé roi des Romains par la faction papale, en remplacement du landgrave de Thuringe. Innocent IV fit plus : ses immenses exactions sur les églises d'Allemagne et d'Angleterre ne suffisant pas à alimenter les moyens de corruption qui lui réussissaient mieux que les anathèmes, il vendit son indulgence aux hérétiques convertis et commua en amendes pécuniaires les peines corporelles prononcées par l'Inquisition, à savoir : l'emprisonnement, le fouet, l'obligation de porter des signes infamants, etc. Le fanatisme religieux lui-même cédait à la haine politique, et le

---

1. Tillemont (t. III, p. 118), d'après le *Trésor des Chartes*, rapporte que la ville de Paris donna au roi 10,000 livres parisis pour son voyage; Laon donna 3,000 livres; Beauvais, 3,400, etc.

Midi dut aux passions du pape l'adoucissement de ses maux.

Le roi Louis, cependant, avait terminé ses apprêts. Avant de se mettre en chemin, « il manda à Paris tous les barons de France, et leur fit jurer qu'ils garderoient la loyauté à ses enfants, si aucune *male chose* (malheur) advenoit à sa personne au saint voyage d'outre-mer ». Le vendredi d'après la Pentecôte, 12 juin 1248, Louis IX alla prendre à Saint-Denis, de la main d'un légat, l'oriflamme, le bourdon et la panetière. Il repassa ensuite par Paris, accompagné de longues processions de clercs, de moines et de peuple, jusqu'à l'abbaye Saint-Antoine, hors les murs ; puis il se dirigea vers le sud-est avec les reines Blanche et Marguerite, et un nombreux cortége. « Depuis ce jour, disent Nangis et Joinville, il ne voulut plus vêtir de robe d'écarlate, ni d'hermine, ni de *vair* [1] ; plutôt il *vétoit* robe de camelot de couleur noire ou *perse* (bleu foncé), et il n'eut plus d'éperons d'or, d'étriers ni de selle dorés ; mais ne voulut user désormais que de simples choses *blanches* (d'acier) pour ses harnachements ».

Louis IX et sa mère se séparèrent à Cluni : l'un s'achemina vers Aigues-Mortes, l'autre retourna à Paris prendre le gouvernement de l'état durant l'absence de son fils. Ils ne devaient plus se revoir ! La reine Marguerite, les comtes d'Artois et d'Anjou, avec « leurs dames, » et le légat Eudes de Châteauroux, évêque de Tusculum, suivirent le roi ; Alphonse, comte de Poitou, resta en France jusqu'à l'année suivante.

Louis IX se rendit de Cluni à Lyon, afin de tenter un dernier effort pour réconcilier le pape et Frédéric ; mais Innocent fut aussi inflexible que de coutume, tout en exprimant beaucoup d'affection pour le roi, qui s'était mis en mesure de le défendre dans un moment où Frédéric paraissait disposé à marcher sur Lyon. Louis se confessa à lui, reçut l'absolution et la bénédiction papale, et continua sa route le long de la rive gauche du Rhône. Il rasa en passant un château nommé la Roche-Glui, « pour ce que Roger, seigneur du castel, pilloit et détroussoit tous les marchands et pèlerins qui cheminoient par là » ; mais il ne voulut point commettre d'hostilité contre Avignon, quoique son passage près de

---

1. *Varium*, *varié* : fourrure précieuse où l'on mélangeait le poil de l'hermine avec celui du petit-gris.

cette ville eût été signalé par des rixes violentes entre ses hommes d'armes et les bourgeois. Les Français ayant traité les Avignonais de félons et d'empoisonneurs, « comme ayant mis à mort par maléfice le feu roi Loys huitième », les citadins attaquèrent et tuèrent plusieurs des croisés. Louis IX repoussa les instances de ses barons, qui le pressaient d'assiéger la ville et de venger son père, et déclara qu'il ne voulait venger d'autres injures que celles de Jésus-Christ. Il arriva enfin à Aigues-Mortes, d'où il avait résolu de gagner par mer l'île de Chypre. La guerre intestine qui bouleversait la chrétienté empêchait le roi et ses compagnons de suivre la route de terre à travers l'Italie jusqu'en Calabre, ainsi qu'ils l'eussent souhaité. Tous les partisans et les sujets fidèles de Frédéric étaient excommuniés, et le pape avait interdit toute communication avec eux. Louis, quoique réputant cette sentence injuste, avait renoncé à traverser les états de Frédéric. On craignit de retrouver les mêmes embarras à la Terre-Sainte, où les lieutenants de Frédéric étaient en lutte permanente avec les chevaliers du Temple, qui soutenaient le pape : on évita ces difficultés en décidant de descendre en Égypte, résolution qu'on eût peut-être prise dans tous les cas. Les places de la côte de Palestine n'étaient plus sérieusement menacées en ce moment : les hordes kharizmiennes, qui avaient saccagé Jérusalem, avaient été décimées par la famine et les maladies au milieu des ruines faites par leurs mains; les populations indigènes avaient fini par les détruire ou les expulser, et les débris de Jérusalem, avec Damas et l'intérieur de la Palestine, étaient retombés sous la domination du sultan du Kaire. En Égypte seulement se pouvaient porter les grands coups: le Kaire était devenu le centre de l'islamisme ; un puissant instinct recommençait d'ailleurs à pousser les Occidentaux vers la terre du Nil, cette porte de l'Inde, cette mystérieuse intermédiaire des trois parties de l'ancien monde.

Le 28 août 1248, Louis IX s'embarqua avec les gentilshommes de sa maison et quelques-uns des grands barons, sur trente-huit gros vaisseaux, outre les petits bâtiments de transport. Cette fois, la croisade ne s'était pas mise en mouvement en une seule masse, et il avait été seulement assigné à tous les princes et seigneurs croisés un rendez-vous général, l'île de Chypre.

LIVRE XXV.

FRANCE FÉODALE

(SUITE).

Transformation de la monarchie féodale. Suite et fin du règne de saint Louis. — Louis IX en Égypte. Ses revers. Sa captivité. Son séjour en Palestine. — Marguerite de Provence. — Seconde régence de la reine Blanche. — Les Pastoureaux. — Mort de Blanche et retour de Louis IX. — Transaction avec les Plantagenêts. — L'université de Paris et les ordres mendiants. L'*Évangile éternel*. La philosophie scolastique. Saint Thomas d'Aquin. — Établissements de saint Louis. Le parlement. Les légistes. Altérations du droit féodal. — Progrès du droit romain au profit de la royauté. Beaumanoir. — Résistance à la papauté. La pragmatique sanction. — Le livre des Métiers. — Réforme monétaire. — Conquête des Deux-Siciles par Charles d'Anjou, frère de saint Louis. — Seconde croisade de saint Louis. Descente en Afrique. Mort de saint Louis.

1248 — 1270.

Louis IX descendit le 17 septembre 1248, à Limisso, dans l'île de Chypre, où régnait un prince poitevin, Henri de Lusignan. Louis avait fait préparer en Chypre, longtemps à l'avance, d'immenses approvisionnements. « Les tonneaux de vin, rangés les uns sur les autres parmi les champs, sembloient de grandes maisons à qui les voyoit de loin; et pareillement les froments, orges et autres blés, entassés à monceaux, sembloient de loin des montagnes (Joinville) ». Louis avait été au delà dans sa prévoyance : il avait fait charger sur ses navires une grande quantité de charrues, de fourches, de houes, de bêches, « pour que le menu-peuple d'entre les croisés pût cultiver le beau pays d'Égypte, si les habitants s'enfuyoient au désert et abandonnoient leur patrie aux chrétiens (Matth. Paris.) ».

Le roi, malgré son impatience, fut retenu en Chypre par des retards tenant à la manière dont l'expédition avait été concertée : les barons, embarqués isolément à Marseille, à Gênes, à Pise, ne gagnèrent que successivement le lieu du rendez-vous, et à

peine l'armée se trouva-t-elle au complet à la fin de l'automne.
Il fallut se décider à hiverner dans l'île, et la mauvaise saison
se passa en négociations avec les divers princes chrétiens d'Orient.
Louis IX réconcilia le prince d'Antioche et le roi d'Arménie,
qui se faisaient la guerre depuis longtemps, et envoya cinq cents
arbalétriers au prince d'Antioche pour l'aider contre le sultan
turk de Konieh, son voisin. L'impératrice de Constantinople,
femme de Baudouin II, que les Grecs pressaient vivement dans la
ville impériale, et qui était réduit à la dernière indigence, vint
trouver le roi de France à Nicosie, pour solliciter ses secours. La
pauvre impératrice Marie, fille de Jean de Brienne, « n'avoit plus,
dit Joinville, que la chappe dont elle étoit vêtue et un surcot pour
changer ». Il fallut que le sire de Joinville lui fît cadeau d'une
robe, afin qu'elle se présentât convenablement au roi. Louis la
reçut fort bien, mais ne voulut pas détourner la croisade de son
but en faveur de Baudouin. On promit de secourir Constantinople
après l'entreprise d'Égypte finie. Louis reçut une autre ambassade
bien plus extraordinaire : elle lui était députée par un des chefs
de ces barbares qui avaient répandu naguère l'épouvante en Europe. Ercalthaï, un des lieutenants de Gaïouk ou Khiocaï, khacan
des Mongols, faisait faire des ouvertures au roi touchant un pacte
d'alliance contre les musulmans. Le khacan, montrait, assurait-on,
beaucoup de bienveillance aux chrétiens; il était fils d'une chrétienne, et les envoyés, qui étaient des chrétiens de la Mésopotamie
ou de l'Arménie, prétendaient que Gaïouk et Ercalthaï avaient
tous deux reçu le baptême. « Le roi Loys, plein de joie, espérant
attirer le roi de Tartarie et sa gent à notre foi et créance, envoya
audit roi, par trois Frères Prêcheurs qui entendoient le langage sarrasin, une tente d'écarlate fine, faite en forme de chapelle, sur laquelle étoient représentés l'annonciation de la vierge
Marie, mère de Dieu, et tous les autres points de la foi ». Ces relations n'eurent pas les résultats qu'en attendait Louis IX : les Mongols n'embrassèrent point le christianisme, et les événements de
la Haute-Asie empêchèrent sans doute l'attaque que les Tartares
avaient projetée contre Bagdad et Damas[1].

1. Les relations entre l'Europe occidentale et la Tartarie eurent cependant quelques suites; plusieurs grands voyages furent entrepris, dans l'intérêt de la foi, par

Le séjour prolongé de l'île de Chypre, climat malsain pour les Occidentaux, coûta cher à l'armée. Une épidémie enleva beaucoup de monde. Les vastes approvisionnements préparés par le roi s'épuisaient, et l'on fut fort heureux de l'assistance de l'excommunié Frédéric, qui mit les blés de la Sicile à la disposition de Louis IX. Huit mois s'étaient écoulés depuis le débarquement du roi à Limisso; l'on n'avait pas même pu remettre à la voile vers Pâques, ainsi qu'on l'avait projeté : les barons n'avaient frété des navires que jusqu'en Chypre ; les négociations avec les Génois, les Vénitiens et les Pisans, pour obtenir à prix d'argent des moyens de transport, retardèrent le rembarquement jusqu'au 13 mai 1249.

La flotte appareilla enfin, la veille de la Pentecôte : la mer, à perte de vue, était couverte de voiles : il y avait cent vingt gros vaisseaux et quinze ou seize cents autres embarcations, portant au moins deux mille huit cents chevaliers, avec un nombre proportionné de sergents d'armes, archers, arbalétriers et piétons ; belle armée, non pas comparable, toutefois, en force numérique, aux masses des anciennes croisades. Le roi de Chypre s'était joint à l'armée de France. Cette grande flotte ne se tint pas longtemps ensemble : un coup de vent écarta les trois quarts des vaisseaux « et les jeta en Acre et en autres pays étrangers ». Louis attendit quelques jours à la pointe de Limisso pour rallier les navires, y fut joint par un renfort qu'amenait le prince de Morée et d'Achaïe, Guillaume de Villehardouin, le seul de tous les seigneurs latins de l'empire d'Orient qui eût conservé sa seigneurie malgré les Grecs, puis remit à la voile. Le 3 juin au soir, on aperçut Damiette et la terre d'Égypte.

« Sur la rive de la mer étoit en bataille toute la puissance du souldan, qui étoient très belles gens à regarder : le souldan portoit des armes de fin or si reluisant, que, quand le soleil les frap-

ordre, soit du pape, soit de saint Louis; des régions inconnues à l'antiquité grecque et romaine furent révélées à l'Occident, et les missionnaires franciscains et dominicains pénétrèrent jusqu'aux frontières de la Chine par l'Asie septentrionale. Des idées nouvelles sur l'étendue et la configuration de la terre commencèrent à surgir des récits de ces hardis voyageurs, qui racontaient avoir marché durant une année entière à travers des pays inconnus, « en faisant dix lieues par jour », avant de parvenir à la résidence du grand Khan. Le plus célèbre de ces voyages fut celui du cordelier Rubruquis.

poit, il sembloit que le souldan fût lui-même le soleil[1]. Le tumulte que menoient les Sarrasins avec leurs cors et leurs *nacaires* (timbales), étoit une épouvantable chose à ouïr ». Les barons, trouvant l'ennemi sur ses gardes, opinaient pour qu'on attendît les bâtiments dispersés par l'ouragan, et dont un grand nombre n'avaient pas encore rejoint. Le roi repoussa cet avis, plus imprudent que la descente, si périlleuse qu'elle fût; car il n'y avait là aucune rade où s'abriter, et une nouvelle tempête pouvait, d'un instant à l'autre, éparpiller derechef les vaisseaux.

On débarqua le lendemain matin. Les bas-fonds empêchant les gros vaisseaux d'aborder, les hommes d'armes descendirent dans des galères et dans des barques: beaucoup d'entre eux, à l'approche du rivage, se jetèrent à l'eau tout armés pour courir à l'ennemi. Joinville prit terre un des premiers; puis descendirent les chevaliers de la galère où était l'oriflamme. « Quand le bon roi Loys vit l'*enseigne saint Denis* (l'oriflamme) à terre, il n'attendit pas que son vaisseau fût près du rivage : il se jeta en la mer, et fut dans l'eau jusqu'aux épaules, puis il s'en alla aux païens l'écu au col, le heaume en tête et le glaive au poing ». A mesure que les Français débarquaient, ils se serraient côte à côte, fichaient dans le sable la pointe de leurs écus triangulaires ou arrondis du haut et aigus par le bas, et plantaient pareillement en terre le fût de leurs lances, la pointe tournée vers l'ennemi. La cavalerie turke et arabe, et surtout les *mamlouks bahrites* (*esclaves de la mer*), troupe d'élite, composée d'esclaves turks et cumans que le sultan avait chargés de la garde de sa personne, tentèrent en vain plusieurs charges contre ces lignes hérissées de fer : ils tournèrent bride chaque fois, repoussés avec grande perte.

C'était la première fois, depuis l'origine de la chevalerie, que la noblesse française combattait à pied; ce coup d'essai fut une victoire[2]; les musulmans évacuèrent la plage et se retirèrent dans la ville, après avoir député successivement trois messagers vers

---

1. C'est l'émir Fakhr-Eddin, général de Nedjm-Eddin, que Joinville prend ici pour le *souldan* lui-même. Cet émir était chevalier; il avait reçu l'ordre de la main de Frédéric II, à ce que nous apprend Joinville.

2. Le vieux comte de La Marche, qui avait joué un rôle si considérable dans les guerres de l'Ouest, fut blessé à mort dans cette journée.

leur sultan Malek-al-Saleh Nedjm-Eddin, qu'une grave maladie retenait à quelque distance du champ de bataille (4 juin). Fakhr-Eddin, émir des mamlouks et commandant en chef de l'armée, ne recevant pas de réponse, crut que le sultan avait rendu le dernier soupir, et, songeant plus à profiter de cette mort supposée qu'à défendre l'entrée de l'Egypte, il prit en toute hâte le chemin du Kaire avec ses troupes, sans même détruire le pont de bateaux qui menait, de l'île du Nil où étaient descendus les Français, dans la ville située sur l'autre bord du bras oriental du fleuve. Les galères égyptiennes, de leur côté, s'étaient retirées devant les galères *franques,* et leur avaient abandonné l'entrée du Nil (5 juin). Les habitants de Damiette, saisis d'une terreur panique, ne se crurent plus en sûreté derrière leurs murailles et leurs tours massives; ils mirent le feu aux bazars où étaient les marchandises et les denrées, et quittèrent la ville pendant la nuit du 5 au 6 juin.

Quand on sut au camp des chrétiens cette heureuse nouvelle, le roi et ses chevaliers furent « *moult* ébahis et reconnaissants envers Dieu : on chanta le Te Deum tout au long »; puis le roi Louis, le roi de Chypre, le légat du pape et le patriarche de Jérusalem montèrent à cheval, et entrèrent dans la cité, où les avant-coureurs français avaient déjà éteint l'incendie. Les croisés s'émerveillaient d'avoir pénétré sans coup férir dans une ville si forte, qui avait autrefois arrêté Jean de Brienne quinze mois devant ses remparts. Il fut prescrit d'apporter au logis du légat le riche butin fait à Damiette, afin que les parts fussent distribuées également entre tous; mais, nonobstant cet ordre, chacun garda la meilleure part de ce qu'il avait pris : ce qui fut remis chez le légat ne fut pas estimé plus de 6,000 livres. Le roi lui-même avait retenu tous les grains et autres denrées, afin que la ville et l'armée ne demeurassent point « dégarnies » de munitions : cette sage mesure mécontenta beaucoup de gens, « pour ce que le roi avoit dérogé aux bonnes anciennes coutumes des guerres d'Orient », suivant lesquelles un tiers seulement du butin appartenait au roi ou au *chevetaine* (général), tandis que les deux autres tiers étaient le partage de l'armée.

La campagne s'était ouverte sous les plus brillants auspices;

tout conspirait en faveur des conquérants; et le désordre qui accompagnait les derniers jours du sultan d'Égypte, et la stupéfaction des musulmans épouvantés de la chute presque miraculeuse de Damiette, et la saison même! C'était l'époque des plus basses eaux du Nil : le fleuve ne recommence à croître qu'au solstice d'été (le 21 juin), et monte lentement jusqu'à l'équinoxe (21 septembre), jour où l'on ouvre avec solennité les digues du Kaire. Louis IX eût pu arriver facilement le 12 juin à Mansourah, ville située à dix lieues de Damiette, et sur laquelle s'était repliée l'armée musulmane : l'anarchie désorganisait cette armée; le vieux sultan venait de se relever de son lit de douleur pour ordonner la mort des chefs qui avaient évacué Damiette, et ne s'était arrêté que devant la puissance et le crédit de Fakhr-Eddin : les musulmans eussent été infailliblement battus une seconde fois; Louis eût traversé à pied sec le canal d'Aschmoum, qui protége Mansourah, eût passé sur le ventre à l'ennemi, pris Mansourah, et fût arrivé aux portes du Kaire dès la fin de juin[1]. Le destin de la guerre eût pu être fixé en trois semaines.

Il n'en fut point ainsi : depuis Charlemagne, qui avait si bien connu le prix du temps, les héros du moyen âge semblaient l'avoir oublié; ils savaient gagner une bataille, conduire un siége, mais ils ne savaient pas faire la grande guerre. Le roi et ses barons, tout enivrés de leurs premiers succès, perdirent d'abord un certain nombre de jours à attendre que les vaisseaux écartés par la tempête de la Pentecôte eussent gagné Damiette, afin de réunir toutes leurs forces; puis, dès qu'ils virent croître quelque peu le fleuve, ils s'effrayèrent : ils se souvinrent que Jean de Brienne, trente ans auparavant, avait été désastreusement surpris par l'inondation; ils ne surent pas calculer les huit ou dix semaines qui leur restaient, et résolurent de camper auprès de Damiette jusqu'à ce que la saison de la crue, puis de la retraite des eaux se fût écoulée : ce qui devait les mener jusqu'au milieu de novembre, et donnait cinq mois de répit à leurs ennemis. Les vagues notions qu'ils avaient sur les phénomènes locaux leur furent plus funestes que n'eût été l'ignorance complète du climat.

---

1. V. les *Notes et Mélanges de Napoléon*, publiés par le général Montholon, t. I, p. 82, et le général Gourgaud, *Mémoires de Napoléon*, t. II, p. 203.

Ce long séjour épuisa les ressources pécuniaires du baronage et les fruits du sac de Damiette, et démoralisa complétement l'armée : le camp tout entier semblait changé en un immense *lupanar*, et « les femmes folles de leur corps » avaient leurs repaires jusqu'à un jet de pierre de la tente du roi. Les musulmans avaient repris courage ; l'émir Fakhr-Eddin, laissant le sultan Nedjm-Eddin traîner dans les souffrances sa lente agonie, s'était rapproché des chrétiens, qu'il harcelait incessamment sans jamais accepter de combat sérieux. Les Bédouins venaient, la nuit, jusque dans le camp, couper des têtes qui leur étaient payées un besant d'or, ou enlever des hommes isolés qu'on menait prisonniers au Kaire, pour réconforter le peuple par l'aspect des captifs chrétiens.

Enfin, le 20 novembre 1249, après l'arrivée d'Alphonse de Poitiers, qui amenait l'arrière-garde de la croisade, « on se départit pour aller en Babylone (au Kaire) ». Les croisés laissèrent la reine Marguerite et les autres dames avec une bonne garnison à Damiette, et se dirigèrent sur Mansourah, que nos chroniqueurs appellent *la Massoure*.

Les chances de succès avaient bien diminué : la mort du sultan, qui expira enfin le 16 novembre, ne faisait que concentrer la direction de la résistance entre les mains de l'habile et courageux Fakhr-Eddin, qui s'était entendu avec la sultane favorite pour cacher provisoirement cette mort. Une puissante armée de mamlouks, de Turks, d'Arabes, secondés par des nuées de Bédouins, s'était reformée sous les ordres de Fakhr-Eddin : il eût fallu des prodiges d'intelligence, de vigueur et de célérité pour regagner les avantages qu'on avait laissé perdre à plaisir ; mais il n'y eut de prodigieux dans la conduite des chrétiens que leurs fautes. Leur façon d'agir devient inexplicable depuis leur départ de Damiette : Louis IX ne semble plus faire aucun usage de ce sens droit qui, d'ordinaire, s'alliait chez lui à l'exaltation religieuse. On a vu que, dans les commencements de l'expédition, ce prince n'avait nullement négligé les précautions de la prudence humaine, et n'avait point paru croire que le ciel fût obligé d'opérer des miracles à chaque pas pour ses champions ; mais, à dater du départ de Damiette, on ne rencontre plus, chez lui et chez les siens, qu'incertitude et imprévoyance. Presque au sortir de la ville, le passage leur fut barré par un des canaux du Nil; ils n'avaient pas songé aux moyens d'établir des ponts, dans un pays sillonné en tous sens par des cours d'eau! Au lieu de pont, ils pratiquèrent une chaussée au point de dérivation du Nil dans le canal, et passèrent ainsi; puis ils consumèrent trois ou quatre semaines à escarmoucher avec les Sarrasins, dans l'intervalle de dix lieues qui sépare Damiette de Mansourah, et ne parvinrent guère avant le 20 décembre à la jonction du canal d'Achmoum avec le Nil, vis-à-vis de Mansourah. Malgré la largeur et la profondeur de ce grand cours d'eau, ils eurent recours à l'expédient qu'ils avaient déjà employé : l'entreprise était très chanceuse par elle-même; les Sarrasins, campés à l'autre rive, la rendirent impossible. A mesure que la chaussée avançait, les « infidèles » creusaient à l'autre bord de grandes cavités où affluait l'eau refoulée par les travaux des chrétiens. Le canal regagnait d'un côté ce qu'il avait perdu de l'autre, et les musulmans « défaisoient ainsi en un jour ce que les autres faisoient en trois semaines ».

Fakhr-Eddin ne se contenta pas de ces moyens de défense, et prit vivement l'offensive; il envoya une partie de sa cavalerie passer le Nil entre Damiette et Mansourah, pour attaquer les chrétiens à dos : le camp du roi fut assailli à l'improviste, et l'on ne repoussa les Sarrasins qu'à grand'peine. Il y eut dès lors, sur la rive du canal où étaient les Français, de sanglantes et journalières escarmouches, tandis que le gros de l'armée égyptienne, établi sur le bord opposé, guerroyait avec des machines de toute sorte contre les chrétiens, qui s'opiniâtraient à la construction de leur chaussée. Les croisés ne manquaient pas de mangonneaux, de pierriers ni de balistes pour répondre aux machines de leurs ennemis; mais les Sarrasins amenèrent bientôt « un autre engin, terrible à mal faire » : c'était le célèbre « feu grégeois », emprunté par les Arabes aux Grecs ou *Grégeois*, comme disaient nos Français. « Le feu grégeois, dit Joinville, faisoit tel bruit à venir, qu'on eût dit que ce fût foudre qui tombât du ciel : aussi gros qu'un petit tonneau, et traînant après lui une longue queue de flamme, il sembloit un grand dragon volant par l'air, et jetoit si grande clarté la nuit, qu'il faisoit aussi clair dedans notre *host* qu'en plein jour ». Ce feu, qu'on lançait soit avec un pierrier, soit avec une grande arbalète, et qu'on n'éteignait, dit-on, qu'avec du sable ou du vinaigre, consumait les machines, les tentes, les grands châteaux de bois ou *chats-châtels* élevés pour protéger les campements et les travaux de la chaussée ; son aspect étrange, les douleurs que causaient ses atteintes répandaient une terreur extrême, quoiqu'il fût moins meurtrier que les « engins » avec lesquels on lançait d'énormes quartiers de roc. « Toutes les fois que le bon roi oyoit qu'ils jetoient ainsi le feu, il se jetoit à terre et tendoit les mains, la face levée au ciel, et disoit en pleurant à grandes larmes : — Biau sire Dieu Jésus-Christ, gardez-moi et toute ma gent! » (Joinville.)

Après cinquante jours d'efforts impuissants, le roi et les barons reconnurent enfin la folie de leur dessein, et abandonnèrent les terrassements auxquels ils avaient épuisé leurs hommes. Ils allaient être obligés de reculer vers Damiette, lorsqu'un Bédouin fit connaître à prix d'or un endroit où le canal d'Achmoum était guéable. Le roi et les seigneurs, bien joyeux, résolurent de passer le canal à l'aube du lendemain, jour de mardi gras (8 février 1250), avec la meilleure part de la chevalerie, en laissant à la garde du camp le duc de Bourgogne, le roi de Chypre et les barons de la Palestine. La chevalerie sortit donc des retranchements à la pointe du jour : le grand-maître du Temple et ses chevaliers formaient l'avant-garde ; la seconde bataille était menée par le comte d'Artois et le comte de Salisbury, qui avait joint les Français avec beaucoup d'hommes d'armes anglais : puis venaient le roi et les autres princes, chacun à la tête de son escadron. Les templiers s'arrêtèrent, comme il avait été ordonné, après avoir franchi le canal, afin de protéger le passage du reste de l'armée : le comte de Salisbury les eût imités ; mais Robert d'Artois et ses gens, dès qu'ils eurent gagné l'autre bord et qu'ils virent fuir à toute bride devant eux quelques centaines de cavaliers sarrasins, ne voulurent pas observer les ordres du roi ni écouter les représentations du grand-maître du Temple : le comte Robert ne répondit au grand-maître que par des injures. « Les templiers et les hospitaliers sont des traîtres, s'écria-t-il ; ils ont trahi Frédéric ; ils ont pris alliance avec les Sarrasins, et ne veulent pas que l'Orient devienne chrétien, afin de demeurer toujours nécessaires à la chrétienté!! » Salisbury eut sa part d'invectives, et Robert s'élança avec frénésie à la poursuite des Sarrasins; un vieux chevalier sourd, Foucaud de Merle (Merlot?), plus furieux encore que lui, tenait la bride de son *destrier* et l'entraînait au galop, criant à tue-tête : « Ores à eux! ores à eux! » sans rien entendre.

Les chevaliers du Temple, exaspérés des reproches de Robert, ne purent souffrir qu'il les devançât ainsi, et « piquèrent des éperons tant qu'ils purent »; les deux premiers corps de l'armée coururent ventre à terre jusqu'au camp des musulmans, y entrèrent pêle-mêle avec les Sarrasins qu'ils poursuivaient, surprirent Fakhr-Eddin au sortir du bain, le tuèrent, lui et bien d'autres, poussèrent jusqu'à Mansourah, enfoncèrent une des portes, et traversèrent toute la ville « jusques aux champs du côté de Babylone ». Les musulmans revinrent bientôt de leur surprise, et se rallièrent autour des intrépides mamlouks et de leur chef Bibars-el-Bondokdari. Quand les chevaliers chrétiens voulurent retourner sur leurs pas, ils trouvèrent les rues étroites de la ville fermées par des barricades, et les terrasses des maisons garnies de milliers d'ennemis qui les accablèrent « à grande force de traits et d'artillerie [2] ». Ils firent en vain des efforts héroïques pour se frayer un passage jusqu'à la porte par laquelle ils étaient entrés : ils tombèrent criblés de flèches, écrasés, avec leurs chevaux, par les pierres et les poutres qu'on jetait sur eux du haut des toits; Robert, comte d'Artois [3], Guillaume, comte de Salisbury, Raoul, sire de Couci (fils du célèbre Enguerrand III), trois cents chevaliers français, presque tous les croisés anglais, et deux cent quatre-vingts chevaliers du Temple, jonchèrent de leurs cadavres les rues de Mansourah. Le grand-maître des templiers, Guillaume de Sonnac, échappa presque seul, avec un œil crevé.

Le roi et le gros de l'armée n'avaient pu porter secours à tant de braves gens, qui périssaient victimes de la témérité de Robert

---

1. Mathieu Pâris.
2. Joinville. — Artillerie se prend, dans les auteurs de ce temps, pour toute espèce de projectiles.
3. Sa femme, Mahaut de Brabant, était enceinte d'un fils, qui naquit sept mois après la mort de son père, et qui succéda au comté d'Artois.

d'Artois : une nuée de musulmans s'étaient précipités de toutes parts sur les escadrons francs, à mesure que ceux-ci se formaient à l'autre bord du canal ; les infidèles, au lieu d'escarmoucher, comme de coutume, à coups d'arcs et d'arbalètes, ou de faire volte-face lorsque leur première charge n'enfonçait pas l'ennemi, soutinrent le choc des masses d'armes et des épées avec une audace et un acharnement extraordinaires ; les diverses *batailles* des chrétiens furent séparées les unes des autres par les mouvements rapides des infidèles, très supérieurs en nombre, et ce fut par toute la plaine une mêlée universelle. Le roi fit merveille de sa personne[1]. Sur le soir, seulement, les escadrons francs parvinrent à se dégager et à se réunir au bord du canal, dans le camp musulman, qui avait été évacué par l'ennemi parmi les évolutions de la bataille : il fallut en chasser les Bédouins, qui s'y étaient abattus comme une volée d'oiseaux de proie, et qui pillaient les tentes des Turks et des Sarrasins comme ils eussent fait de celles des chrétiens. Les « engins » à lancer le feu grégeois et les autres machines de guerre, qui avaient tant « grevé » les *Francs*, se trouvaient en leur pouvoir ; mais ce succès était cruellement acheté. Outre les morts illustres qu'on pleurait, outre les vides énormes qu'on apercevait dans tous les rangs, la plupart des barons et des chevaliers survivants étaient blessés et presque hors d'état de soutenir un nouveau combat, et cependant on savait que les ennemis, encouragés par la mort du comte d'Artois, qu'ils avaient pris pour le roi à cause de sa riche cotte d'armes, s'apprêtaient à venir chercher les chrétiens dans les retranchements que ceux-ci leur avaient enlevés.

La nuit même de la grande bataille, un corps de Sarrasins s'introduisit dans le camp par surprise, et faillit reprendre les machines : on se reposa de part et d'autre durant les deux jours suivants ; mais, le troisième jour, on vit se mettre en mouvement « toute la puissance des infidèles. » Bibars-el-Bondokdari

---

1. « Oncques (jamais), dit Joinville, si bel homme armé ne vis : il paroissoit pardessus tous depuis les épaules. Son heaume, qui étoit doré, et moult bel, avoit-il sur la tête, et une épée d'Allemagne en sa main ». L'épée d'Allemagne était cet énorme sabre à lame large, plate et flexible, qu'on ne pouvait manier qu'à deux mains ; l'épée française était *courte et roide. V.* le poëte Guillaume Guyart, dans la *Branche aux royaux lignages*, passim.

et les autres émirs déployèrent autour des lignes chrétiennes une nombreuse infanterie, et quatre mille cavaliers d'élite, mamlouks et autres, qui resplendissaient au soleil avec leurs armures dorées sur lesquelles étaient peints des roses, des oiseaux, des griffons ou d'autres figures fantastiques, tandis que la cavalerie irrégulière des Bédouins s'efforçait de couper les communications de l'armée chrétienne avec la réserve restée dans l'ancien camp, à l'autre bord du canal, sous les ordres du duc de Bourgogne.

Sur le midi, El-Bondokdari fit sonner les *nacaires* (timbales) et tambours « très impétueusement, » et l'assaut général commença : les musulmans « vinrent aux chrétiens en manière de jeu d'échecs », cavaliers et fantassins mêlés ensemble; les fantassins lançaient le feu grégeois sur les chrétiens avec des arbalètes, et les cavaliers fondaient le sabre au poing sur les rangs ébranlés par cette manœuvre. Les Francs encore capables de manier les armes s'étaient divisés en faibles bataillons (*batailles*), pour défendre la vaste enceinte de leur campement : chacun de ces corps, attaqué par des forces considérables, se vit bientôt dans le plus grand péril; beaucoup de chevaliers et d'hommes d'armes étaient démontés et se battaient sans heaume et sans haubert, « ne les pouvant supporter pour les plaies et contusions qu'ils avoient reçus en la journée du mardi-gras ». La « bataille » du comte Charles d'Anjou fut promptement « déconfite », et ce comte allait périr comme Robert d'Artois, si le roi son frère ne se fût élancé parmi les musulmans pour le tirer de leurs mains. Louis IX « porta et endura maints coups », et son cheval eut la crinière brûlée par le feu grégeois; mais il sauva le comte Charles. Les palissades et les fossés du camp n'avaient point arrêté les infidèles. On était partout aux prises dans l'intérieur des lignes, et les chrétiens ne pouvaient plus attendre leur salut que de leurs épées. Le grand-maître du Temple fut tué avec tous ceux de ses chevaliers qui avaient survécu au désastre de Mansourah. La « bataille » du comte Alphonse de Poitiers, toute composée de gens de pied, fut aussi défaite, et déjà les Sarrasins avaient fait le comte prisonnier, lorsque « les bouchers et autres hommes et femmes qui vendoient les vivres et denrées en l'host », coururent sus, avec de grands cris, aux « païens » qui emmenaient le frère du roi, et, par leur aide, il recouvra la liberté. Les autres bataillons français, et la « bataille » des barons de Palestine et de Chypre tinrent ferme durant tout le jour contre les assauts furieux des musulmans. El-Bondokdari se décida enfin à ordonner la retraite.

L'avantage était encore resté aux chrétiens, puisqu'ils gardaient leur position sur les deux bords du canal, et qu'ils assurèrent les communications entre leurs deux camps, par un pont de bateaux sur le canal d'Achmoum; mais tout espoir de conquête était perdu pour eux, et le seul fruit qu'ils pussent espérer de ces deux sanglantes journées était de pouvoir opérer leur retraite sur Damiette : une troisième victoire de cette espèce les eût anéantis. L'aveuglement, le vertige du roi et des barons fut inconcevable : ils demeurèrent immobiles sous leurs tentes, et attendirent que les blessés et les malades fussent rétablis, afin de poursuivre l'expédition. Non-seulement les malades ne recouvrèrent pas la santé, mais une affreuse épidémie frappa presque tout ce qui avait résisté aux fatigues de la guerre et au fer de l'ennemi. Les milliers de cadavres jetés dans le canal après les deux batailles de Mansourah étaient remontés sur l'eau au bout de quelques jours, et, « descendant en aval du fleuve » jusqu'au pont qui joignait les deux camps, ils vinrent s'amonceler contre ce pont en telle quantité, qu'ils couvraient la rivière durant l'espace d'un jet de pierre. Le roi paya cent « hommes de travail » pour séparer les corps des Sarrasins et des chrétiens ; on jetait les circoncis de l'autre côté du pont, et ils descendaient jusqu'en la mer, tandis qu'on inhumait soigneusement les *fidèles* en de grandes fosses. L'infection de tant de corps putréfiés, la mauvaise qualité des eaux, la nourriture malsaine des croisés, qui s'obstinèrent à observer le jeûne du carême, et qui, pendant toute la sainte quarantaine, ne vécurent guère que de barbots du Nil, « repus de corps morts », répandirent dans l'armée non-seulement la peste, mais d'autres étranges et cruelles maladies: « La chair des jambes se desséchoit jusqu'à l'os, dit Joinville; la peau devenoit noire, tannée et couleur de terre, à la ressemblance d'une vieille *house* (botte) ; la chair d'entre les gencives nous pourrissoit, et, sitôt qu'on se prenoit à saigner du nez, on étoit bien certain d'être mort *de brief* (sous peu). Pour mieux nous guérir, les Sarrasins peu après nous affamèrent ».

Une disette forcée succéda à l'abstinence volontaire du carême. Les musulmans avaient traîné, à force de bras, plusieurs galères armées jusqu'à une lieue au-dessous des campements des Francs, du côté de Damiette, et, là, les avaient remises à flot sur le Nil; ils interceptèrent ainsi toutes les galères et les barques qui apportaient des provisions à l'armée chrétienne, s'emparèrent des nefs et tuèrent les équipages. Plus de quatre-vingts embarcations avaient déjà subi le même sort, sans que les croisés soupçonnassent la cause de la disette où les laissaient leurs frères de la garnison de Damiette. Il fallut, pour les en instruire, qu'une galère flamande, échappée à grand'peine aux ennemis, parvînt jusqu'au pont du canal d'Achmoum. Ce ne fut qu'après Pâques, vers la fin de mars, que le roi et les barons comprirent enfin leur situation, et renoncèrent à tout espoir de conquête. Ils essayèrent de traiter avec le sultan Malek-al-Moadham-Touran-Schah, fils de Nedjm-Eddin, qui était arrivé de Damas pour s'asseoir sur le trône de son père. Louis IX proposa à Touran-Schah Damiette en échange de Jérusalem; pour la garantie de la reddition de Damiette, si le sultan laissait les chrétiens regagner cette ville sans obstacles, on lui offrit en otage le comte de Poitiers ou le comte d'Anjou; mais le sultan ne voulut accepter d'autre otage que le roi lui-même.

« Mieux vaut que les *Turcs* nous tuent tous que de mériter le reproche d'avoir baillé notre roi en gage! » s'écria le sire Geoffroi de Sargines.

Et les négociations furent rompues.

On commença donc la retraite lorsqu'elle était devenue impossible, et l'on fit passer les bagages et harnais, puis l'armée entière, du camp qui était devant Mansourah, dans le camp de l'autre rive. Durant cette opération, les Sarrasins assaillirent l'arrière-garde, et ils l'eussent exterminée, si le comte d'Anjou n'eût repassé le pont avec des gens d'élite pour aller la secourir. Dans la nuit du 5 avril, tout l'*host*, qui semblait plutôt un cortége de deuil qu'une armée, se trouvant à l'autre bord du canal, le roi commanda aux mariniers des galères chrétiennes, encore en assez grand nombre au confluent du canal et du fleuve, d'apprêter leurs nefs pour conduire par eau tous les malades à Damiette; quant à lui, quoique souffrant du scorbut et d'une forte dyssenterie, il resta à terre et refusa de quitter ceux des hommes d'armes qui pouvaient encore marcher ou chevaucher[1]. Il avait enjoint de couper les cordes du pont de bateaux : dans la confusion générale, cet ordre ne fut pas suivi; les Sarrasins, franchissant le pont, arrivèrent au milieu de l'armée avant que les malades fussent embarqués, et fondant sur ces malheureux incapables de résistance, ils en firent un effroyable carnage. Les mariniers, épouvantés, levèrent l'ancre et descendirent le Nil à force de rames, avec le petit nombre de blessés et de « souffreteux » qu'on avait placés les premiers sur les navires. Leur fuite ne les sauva pas : à la pointe du jour, ils se trouvèrent face à face avec les galères du sultan qui leur barraient le passage : « les Sarrasins leur tirèrent telle foison de traits avec feu grégeois, qu'il sembloit que les étoiles tombassent du ciel », puis vinrent à l'abordage. Ce ne fut point un combat, mais un massacre et un pillage universels : on ne voyait au loin, sur tout le lit du fleuve, que navires échoués et vides, « chrétiens tués et jetés en l'eau », et musulmans tirant joyeusement hors des nefs captives « les coffrets et les harnois qu'ils avoient gagnés ». Les infidèles n'accordèrent la vie qu'au sire de Joinville et à quelques autres nobles hommes dont ils espéraient de grosses rançons.

Pendant ce temps, le roi et les gens d'armes valides ou à peu près cheminaient le long du fleuve : le roi, couvert seulement d'une robe de soie, et montant un petit palefroi « pour sa grande foiblesse », se tenait en la « bataille » du sire Gaucher de Châtillon, qui faisait l'arrière-garde, et, toutes les fois que les Sarrasins l'approchaient, le sire Geoffroi de Sargines le défendait à grands coups d'estoc et de taille. Quand on eut atteint le premier village, appelé Kiarceh, on fut obligé de descendre le roi de cheval, et de le coucher dans une maison, la tête sur le giron d'une bourgeoise

---

1. « Ce prince généreux, dit l'historien arabe Aboul-Mahassem, eût pu échapper aux mains des Égyptiens, soit à cheval, soit dans un bateau; mais il ne voulut jamais abandonner ses compagnons d'armes ». — Gui de Châtel-Porcean (Château-Porcien), évêque de Soissons, « quand il vit qu'on s'en revenoit vers Damiette, aima mieux demeurer avec Dieu que de s'en retourner ainsi, et s'alla jeter lui seul parmi les Turcs, comme s'il les eût voulu combattre lui seul; mais bientôt ils l'envoyèrent à Dieu et le mirent en la compagnie des martyrs; car ils le tuèrent en peu d'heure » (Joinville).

de Paris, qui se trouvait là entre les croisés : le roi était si mal, « qu'on croyoit le voir passer le pas de la mort, et n'espéroit-on point que jamais il pût passer ce jour-là sans mourir ». Les Sarrasins entrèrent à l'instant même dans le village. Le sire Philippe de Montfort, qui avait été chargé précédemment des négociations près de Touran-Schah, reconnut parmi les infidèles un émir avec lequel il avait eu alors des pourparlers : de l'aveu du roi, il demanda à ce chef musulman un armistice aux conditions que le sultan avait exigées naguère, à savoir, probablement, que le roi resterait en otage. L'émir y consentait, lorsqu'un huissier du roi, épouvanté de voir les « païens » si proches, se mit à crier à haute voix : « Seigneurs chevaliers, rendez-vous tous! le roi vous le mande par moi : ne le faites point tuer! » Les chevaliers crurent cet homme, et rendirent leurs armes, à l'exception du valeureux Gaucher de Châtillon, qui venait d'être frappé à mort en combattant désespérément. Quand l'émir vit que les Sarrasins emmenaient prisonniers les gens du roi, il dit à Philippe de Montfort : « Je ne vous puis plus assurer la trêve; vous voyez bien que tous vos gens sont déjà pris! »

Il fallut donc que le roi se remît à la merci des « païens »; les escadrons qui précédaient le sien ne tardèrent pas à être à leur tour pris ou taillés en pièces, et les deux frères de Louis IX et tous les autres barons furent ramenés dans le village où Louis gisait captif (6 avril).

La reddition du roi ne termina point les horreurs de cette nuit fatale ni du jour qui la suivit. Les Sarrasins mirent à mort presque tous les malades qu'ils avaient épargnés dans la première fureur de l'action, et ce fut moins par vengeance et par fanatisme que par crainte de gagner la contagion de ces infortunés; épargnant seulement les seigneurs, les « riches hommes », et les jeunes gens les plus valides, ils offrirent aux autres prisonniers le choix entre l'apostasie et le martyre. La vertu de beaucoup de croisés faillit devant le cimeterre des musulmans, et ils dirent qu'ils consentaient « à entrer en mahommerie » : ceux qui refusèrent de « se renier » eurent la tête coupée.

Le sultan Touran-Schah n'avait garde de traiter de la sorte le roi de France ni les hauts barons, qu'il avait envoyés à Mansourah : il ne voulait ni les tuer, ni les retenir longuement en captivité, mais au contraire tirer d'eux promptement la meilleure rançon possible, de peur qu'ils ne lui mourussent entre les mains. Il fit les premières ouvertures à ce sujet, et commença par demander que ses prisonniers lui livrassent, pour se racheter, quelques-uns des châteaux et des villes encore occupés par les chrétiens dans la Terre-Sainte. Les princes croisés répliquèrent que ces places appartenant, les unes à l'empereur *Ferri* (Frédéric), comme roi de Jérusalem, les autres aux ordres du Temple et de l'Hôpital, ils n'avaient pas droit d'en disposer. Le sultan et ses émirs se montrèrent d'abord très irrités de cette réponse, et menacèrent même de mettre le roi aux *bernicles* (ou *ceps*; entraves aux jambes) : « le roi dit qu'il étoit leur prisonnier, et qu'ils pouvoient faire de lui à leur vouloir » (Joinville). Sa fermeté leur imposa, et Touran-Schah se rabattit sur la restitution de Damiette et le paiement d'un million de bezants d'or[1], équivalant à cinq cent mille livres parisis ou deux cent cinquante mille marcs d'argent. Louis ne se récria point sur l'énormité de la somme, et dit qu'il rendrait Damiette pour la rançon de son corps, et paierait, pour celle de ses gens, les « dix cent mille » bezants, parce qu'un roi de France ne se rachetait point à prix de deniers. « Par la loi du prophète, s'écria le sultan, franc et libéral est le Franc, qui ne barguigne point sur une si grande somme! Qu'on lui aille dire que je lui remets deux cent mille bezants sur sa rançon, et qu'il n'en paiera que huit cent mille! »

On convint ensuite de la manière dont s'opéreraient, d'un côté, la remise de Damiette et de l'argent aux mains de Touran-Schah, de l'autre, la délivrance des captifs : une trêve de dix ans fut arrêtée entre les chrétiens et les musulmans d'Égypte et de Syrie; puis quatre galères du sultan descendirent le Nil, ramenant vers Damiette les barons et le roi Louis, qui était entré en convalescence, grâce aux soins des médecins arabes, alors les plus habiles du monde. Les nefs s'arrêtèrent à trois lieues de Damiette, à Farikshour, où le sultan s'était fait construire un pavillon magni-

---

1. *Bezant* vient de *byzantin*, monnaie byzantine, monnaie des empereurs de Constantinople; les bezants dont il s'agit ici sont des *bezants sarrasinois*, c'est-à-dire des monnaies arabes frappées à l'imitation du bezant de Constantinople.

fique dans une île du Nil : le traité devait être exécuté le surlendemain (3 mai), lorsqu'une sanglante catastrophe apporta aux captifs de nouvelles alarmes et de nouveaux dangers. Les mamlouks bahrites, exaspérés de l'ingratitude de Touran-Schah, qui réservait toutes ses grâces pour des favoris syriens au détriment des vainqueurs de l'armée chrétienne, et qui projetait de détruire les mamlouks, assaillirent tout à coup ce monarque, à table : Touran-Schah, blessé d'un coup de sabre par le chef des mamlouks, Bibars-el-Bondokdari, s'enfuit dans une tour de bois voisine de sa tente ; les mamlouks jetèrent le feu grégeois sur la tour ; le malheureux prince, près d'être atteint par les flammes, voulut se jeter de sa tour dans le Nil : il tomba, pour ainsi dire, sur la pointe des sabres de ses meurtriers, qui achevèrent de l'égorger dans le fleuve même, près de la galère où était le roi[1].

Les prisonniers chrétiens, à la vue de ce terrible spectacle, se croyaient tous perdus : les meurtriers montèrent sur les galères, le sabre nu au poing et la hache pendue au cou, et descendirent les *Francs* à fond de cale avec de grandes menaces ; un des assassins, qui avait fendu la poitrine au sultan « et lui avoit tiré le *cœur du ventre* », s'avança vers le roi, la main tout ensanglantée, et lui demanda : « Que me donneras-tu pour avoir occis ton ennemi, qui t'eût fait mourir s'il eût vécu ? » « A quoi le bon roi Loys ne répondit un seul mot ». Les craintes des croisés ne se réalisèrent pas : les émirs qui s'étaient emparés du pouvoir ratifièrent les conventions arrêtées avec le sultan[2], et jurèrent de

---

1. Ce fut le dernier sultan de la dynastie kourde des Ayoubites, fondée par le grand Salah-Eddin. Il eut pour successeur la sultane Chedjer-el-Eddour, veuve de son père, et, pour la première fois, le nom d'une femme fut gravé sur les monnaies musulmanes. Le génie politique de Chedjer-El-Eddour avait vaincu les préjugés de l'islam. Toutefois, au bout de trois mois, elle dut céder l'empire à un chef de mamlouks, qu'elle épousa.

2. Le ferme courage du roi, sa constance dans le malheur, avaient vivement frappé les musulmans, qui regardent la résignation comme la première des vertus. Joinville rapporte que l'on dit au roi que « les *admiraulx* (les émirs) avoient eu grande envie, et par conseil, de le faire souldan de Babylone..... Et il ne tint sinon que les admiraulx disoient entre eux, que le roi étoit le plus fier chrétien qu'ils eussent jamais connu..... et que, si fesoient souldan de lui, il les occiroit tous, ou ils deviendroient chrétiens (ou les forcerait à devenir chrétiens) ». Il n'est pas impossible que cette étrange idée ait passé par la tête de quelques-uns des mamlouks, soldats sans patrie, sans famille, sans préjugés nationaux.

mettre en liberté le roi et les barons, après qu'on leur aurait livré Damiette et payé quatre cent mille bezants d'or, le reste de la rançon devant être acquitté lorsque le roi serait à Saint-Jean-d'Acre. Messire Geoffroi de Sargines fut donc envoyé à Damiette vers la reine Marguerite, qui était restée dans cette ville durant toute la guerre avec les autres nobles dames croisées, afin de remettre la place aux Sarrasins, et de demander les quatre cent mille bezants à la reine, qui gardait le trésor royal (6 mai). Geoffroi fit embarquer la reine avec Jeanne de Toulouse, comtesse de Poitiers, Béatrix de Provence, comtesse d'Anjou, les autres dames et la garnison ; puis il ouvrit les portes de la ville aux musulmans, qui devaient retenir les malades, les machines, les armes et les « chairs salées », comme garantie du paiement de la seconde moitié de la rançon. Ces conventions furent fort mal tenues : les Sarrasins, à peine entrés dans la ville, « commencèrent à boire des vins qu'ils y trouvèrent » : saisis d'une ivresse furieuse, ils tuèrent les malades, mirent en pièces les *engins,* et entassèrent les débris, mêlés aux approvisionnements, en un énorme monceau auquel ils mirent le feu, et qui brûla trois jours.

Tandis qu'on rendait Damiette, le roi et les barons étaient encore sur les galères égyptiennes, dans le Nil : au lieu de les remettre en liberté au point du jour, les émirs délibérèrent jusqu'au soir s'ils ne les feraient point mourir, puisque Damiette leur était rendue. Il y eut un moment de « grand deuil et désolation » parmi les captifs : ce fut lorsque leurs galères levèrent l'ancre et retournèrent du côté de « Babylone », l'espace d'une grande lieue. Enfin, vers le soleil couchant, les émirs s'accordant à une résolution plus loyale, ou plutôt craignant de perdre l'autre moitié de la rançon, envoyèrent aux galères l'ordre de revenir à Damiette, et les prisonniers délivrés purent passer des navires musulmans sur les vaisseaux italiens qui étaient en rade. Le comte de Poitiers resta en otage jusqu'à ce que les quatre cent mille bezants eussent été soldés : ce paiement occupa les deux journées suivantes. Soixante mille bezants manquaient pour compléter la somme ; le maréchal et un commandeur de l'ordre du Temple, compagnons de captivité du roi, avaient seuls les moyens de suppléer au défaut du trésor royal : comme ils refusaient d'ouvrir leurs coffres, le sire de Joinville, de l'aveu du roi, s'élança sur une de leurs galères, la hache au poing, pour enfoncer leurs « bahuts » : ils cédèrent alors d'assez mauvaise grâce. Le roi, ayant appris qu'on avait trompé les Sarrazins de dix mille livres, « se courrouça moult âprement », et envoya aussitôt réparer cette fourberie ; après quoi le comte de Poitiers fut mis en liberté, et le roi, ses deux frères, et quelques-uns des barons, mirent à la voile pour Saint-Jean-d'Acre; car ils ne voulaient point retourner en Europe sans avoir vu la Terre-Sainte (8 mai 1250).

Guillaume, héritier de Flandre, l'ex-duc de Bretagne Pierre Mauclerc et bien d'autres, au contraire, quittèrent si précipitamment cette terre de malheur, qu'ils ne voulurent pas même attendre la fin du paiement et la libération du comte de Poitiers. Pierre Mauclerc ne revit pas la France; il mourut dans le trajet.

Le roi retrouva la reine Marguerite à Saint-Jean-d'Acre, où il débarqua le 14 mai. « La bonne dame reine, dit Joinville, avoit eu sa grande part dans nos misères à tous. Elle étoit enceinte depuis le commencement de la guerre. Trois jours avant qu'elle accouchât, lui vinrent les nouvelles que le bon roi son époux étoit pris; de quoi elle fut si troublée, que, dans son sommeil, il lui sembloit que toute la chambre fût pleine de Sarrasins pour l'*occire*, et toujours s'écrioit : A l'aide ! à l'aide ! Elle faisoit veiller toute la nuit au pied de son lit un chevalier vieil et ancien, de l'âge de quatre-vingts ans et plus. Avant que d'accoucher, elle fit vider sa chambre des personnes qui y étoient, fors du vieux chevalier et se jeta à genoux devant lui, et lui requit un don. Et le chevalier le lui octroya d'avance par serment. Et la reine lui dit : « — Sire chevalier, je vous requiers, sur la foi que vous m'avez donnée, que, si les Sarrasins prennent cette ville, vous me coupiez la tête avant qu'ils me puissent prendre ». Et le chevalier lui répondit que très volontiers il le feroit, et qu'il avoit eu déjà la pensée d'ainsi faire, si le cas y échéoit [1].

[1]. Voilà la morale chevaleresque sous son aspect le plus héroïque; la femme sauvant son honneur par la mort volontaire; la dignité de la personne humaine sauvegardée à tout prix. Ici encore, la chevalerie procède directement du magnanime génie de la personnalité celtique; il y a un monde entre cet esprit et les maximes passives des premiers chrétiens, qui eussent vu un crime envers Dieu, le crime de suicide, là où la femme de saint Louis voyait le devoir envers soi-même.

« Il ne tarda guères que la reine accouchât d'un fils, qui eut nom *Jean*, et fut surnommé Tristan, pour ce qu'il étoit né en tristesse et douleur. Et, le propre jour qu'elle accoucha, on lui dit que les mariniers de Pise, de Gênes, et le peuple des communes qui gardoit la ville, s'en vouloient fuir et laisser le roi en captivité. Elle manda les principaux devant elle et les pria pour Dieu de ne pas causer la perte du roi. « Ayez pitié du moins, leur dit-elle, de cette pauvre chétive dame qui gît en ce lieu, et veuillez attendre tant seulement qu'elle soit relevée de couches! — Las! Madame, ce n'est chose possible, répondirent-ils; car nous mourons tous de faim en la ville et sur nos vaisseaux. Alors la reine ordonna qu'on achetât toutes les viandes qui se pourroient trouver, et nourrit tout ce peuple aux dépens du roi ». L'énergique résolution de Marguerite sauva Louis IX et les barons, que l'évacuation prématurée de Damiette et l'éloignement des navires eussent perdus sans ressource.

Ainsi se termina cette expédition qui avait moissonné la fleur de la chevalerie française et dévoré des sommes immenses levées sur le clergé et sur le peuple. De deux mille huit cents chevaliers qui étaient partis de Chypre avec le roi de France, il n'en restait pas cent autour de lui après quelques semaines de séjour à Saint-Jean-d'Acre [1].

La reine Blanche, dès qu'elle sut le roi en liberté, lui écrivit pour le presser instamment de revenir en France; d'un autre côté, les chrétiens de Palestine supplièrent Louis de ne pas s'en aller, disant que, « s'il s'en alloit, leur terre seroit perdue et détruite, et qu'ils s'en iroient tous après lui ». Le bon roi, ému

---

D'intrépides religieuses avaient jadis, il est vrai, trouvé un moyen-terme : c'était de se défigurer pour épouvanter les Barbares.

1. Sur la croisade de saint Louis, voyez Joinville; la lettre de Jean-Pierre Sarrasin et celle de Gui, publiées à la suite de Joinville, dans le t. I de la collection des *Mémoires sur l'Hist. de France*, publiée par MM. Michaud et Poujoulat, p. 349, 359. V. aussi Guill. de Nangis, version latine et version française. — Matth. Paris. et les *addit. ad* Matth. Paris. — Michaud, *Hist. des Croisades*, et les extraits des historiens arabes, publiés par M. Reinaud, à la suite de l'*Histoire des Croisades*. Djemal-Eddin, un de ces historiens, assure que le roi des Francs avoua à un émir égyptien qu'il avait, en abordant à Damiette, neuf mille cinq cents cavaliers et cent trente mille piétons, y compris les artisans et les valets. Le nombre des gens de pied doit être fort exagéré.

de grande perplexité, prit conseil de ses barons : la plupart furent d'avis qu'il fallait retourner en France. Le légat se montrait des plus pressés de partir. Le comte de Jaffa et le sire de Joinville supplièrent le roi de demeurer, parce que c'était le seul moyen de délivrer nombre de chevaliers et autres chrétiens qui étaient encore aux mains des infidèles. Les émirs égyptiens n'avaient rendu jusque-là que quatre cents prisonniers, sur plus de douze mille. Le roi remit à huit jours sa décision. « Quand les seigneurs retournèrent vers lui, il commença par se signer du signe de la croix, ce qu'il disoit communément que sa mère lui avoit appris de faire avant de dire une seule parole; puis il annonça que son intention étoit de demeurer en Terre-Sainte : « parce que, dit-il, si je m'en vais, le royaume de Jérusalem sera perdu, tandis que, si je demeure, madame la roine, ma mère, a bien assez de gens pour défendre le royaume de France ». Il donna ensuite congé à ses deux frères et aux autres barons qui ne voulurent point rester avec lui, prit à sa solde un certain nombre de chevaliers et de sergents, et s'occupa de réorganiser les moyens de défense des Latins d'Asie, qui, depuis longtemps, ne possédaient plus rien dans l'intérieur des terres, mais avaient conservé, grâce aux secours continuels de l'Europe, presque toutes les places maritimes, Saint-Jean-d'Acre, Tyr, Jaffa, Sajecte (Sidon), Césarée, Ascalon, en Palestine, Antioche, Beyruth, Tortose, Laodicée, Tripoli, dans la Syrie proprement dite. Louis IX répara ou reconstruisit les fortifications des villes de Palestine, et intervint dans le gouvernement de la principauté d'Antioche, qui appartenait toujours à des princes issus de la maison de Poitiers : les divisions des musulmans lui permirent de vaquer sans grande difficulté à ces travaux, qui épuisèrent son trésor particulier, fruit de plusieurs années de royales économies, et il crut avoir assuré pour quelque temps le salut des débris de la Syrie chrétienne. Le royaume de Damas, uni à celui du Kaire sous Nedjm-Eddin et Touran-Schah, n'avait pas voulu se soumettre à la sultane Chedjer-el-Eddour ni aux chefs des mamlouks, et s'était donné au sultan d'Halep : une guerre acharnée s'ensuivit ; les deux partis recherchèrent l'alliance du roi des *Francs*, et Louis, en accueillant les avances des émirs mamlouks, obtint d'eux, outre la libération de deux cents chevaliers et d'une grande quantité de menu peuple croisé, la liberté de beaucoup d'enfants chrétiens pris en maintes circonstances et circoncis par les musulmans, et même la remise de la moitié de la rançon encore due, que la conduite des musulmans à Damiette l'autorisait à refuser. Les émirs lui envoyèrent toutes les têtes des chrétiens morts, qu'ils avaient exposées entre les créneaux des murs du Kaire, et lui firent présent d'un éléphant. Ce fut une grande consolation pour le roi et ses compagnons d'armes, que d'avoir ainsi tiré leurs frères d'esclavage et sauvé l'honneur du nom chrétien après un si grand revers.

Le bon roi resta outre-mer quatre années entières après sa délivrance, sans jamais voir la ville sainte ni les lieux glorifiés par la vie et la mort du Christ : le sultan de Damas et d'Halep lui eût accordé facilement une trêve avec licence d'aller à Jérusalem ; mais les barons de Palestine empêchèrent Louis de mettre à profit le bon vouloir du prince musulman, « parce que, dirent-ils, le roi Loys étant le plus grand roi des chrétiens, s'il accomplit son pèlerinage en Hiérusalem sans la délivrer des mains des ennemis de Dieu, tous les autres rois à l'avenir estimeront suffisant de faire leur pèlerinage comme aura fait le roi de France ». Louis ne ne se rendit à leurs conseils qu'avec une douleur infinie : il ne se consola jamais de n'avoir pu visiter le Saint-Sépulcre ni le Calvaire. Ce n'était pas qu'il fût bien difficile de pénétrer de vive force jusqu'à Jérusalem, mais il eût été impossible de se maintenir huit jours dans cette ville démantelée, dépeuplée, et séparée des places chrétiennes de la côte par un pays entièrement ruiné depuis l'invasion des Kharizmiens. Il eût fallu une grande armée, des approvisionnements immenses, pour occuper tous les points intermédiaires, et attendre que les champs abandonnés fussent remis en culture. Louis IX eût tout sacrifié afin d'atteindre ce but : on assure qu'il offrit au roi Henri d'Angleterre la restitution de la Normandie et du Poitou, à condition que ce monarque le viendrait joindre en Orient avec une armée ; le mécontentement général excité en France par le bruit de ce projet obligea le roi d'y renoncer. Louis s'abusait sur ses véritables devoirs ; mais son erreur même était d'une grande âme : s'il immolait l'intérêt de son royaume, c'était à ce qu'il estimait un intérêt plus sacré, à celui de la chrétienté.

La longue absence du roi fut moins préjudiciable à la France qu'on ne l'eût pu craindre, grâce à l'administration ferme et intelligente de la reine Blanche. La portion la plus remuante de la nation avait suivi Louis IX, et les deux premières années du voyage du roi s'écoulèrent paisiblement. Blanche, comme avait fait son fils, évita de prendre part dans la guerre de l'Empire et de la papauté. La mort de Frédéric II donna une face nouvelle à cette guerre. L'empereur fut emporté par la dyssenterie à Ferentino, dans la Capitanate, le 13 décembre 1250, à l'âge de cinquante-six ans. Il parut mourir chrétiennement; il se fit absoudre par l'archevêque de Palerme, institua pour son principal héritier son fils aîné Conrad, roi des Romains et de Jérusalem, le chargea d'employer 100,000 écus d'or au recouvrement de la Terre-Sainte, après qu'il se serait réconcilié à l'Église, légua le royaume de Sicile à son autre fils Henri, les duchés d'Autriche et de Souabe à son petit-fils Frédéric, le comté de Catane à son autre petit-fils Conradin (*Corradino*), fils de Conrad, et la principauté de Tarente à son bâtard Mainfroi ou Manfred.

La mort de Frédéric n'apaisa point la haine d'Innocent IV. Le pape continua de poursuivre l'empereur dans la personne de tous les siens. Il écrivit aux Siciliens et aux Allemands pour les exhorter à rejeter d'eux la race maudite de Frédéric. — Sa mort est comme un vent qui vous apporte une douce rosée! écrit-il dans sa lettre aux prélats et aux barons des Deux-Siciles. Et il se hâta de quitter Lyon, et d'aller reprendre l'offensive en Italie contre la famille des Hohenstauffen. A peine le pape était-il reparti pour Rome, que les dominicains et les franciscains, sa fidèle milice, se mirent à parcourir en tous sens la France royale et la Belgique, prêchant la croisade contre le roi des Romains Conrad, et exhortant les fidèles à porter assistance au comte Wilhelm de Hollande, qu'Innocent IV et quelques princes allemands avaient proclamé empereur. Les indulgences promises à quiconque s'armerait contre Conrad étaient plus considérables que celles accordées aux croisés d'Orient; elles s'étendaient au père et à la mère du croisé!

« Et, dans ces jours-là, dit Mathieu Paris, le seigneur roi des François, ayant dépensé tout son argent, éprouvant une grande tribulation et une grande pénurie de toutes choses dans Césarée, écrivit à sa mère, à ses frères et à ses fidèles une lettre *moult* lamentable, demandant, au nom de l'Église pour laquelle il souffroit tant de misères, qu'on lui envoyât des secours prompts et efficaces. Alors la noble dame Blanche, qui tenoit virilement les rênes du royaume, convoqua tous les grands, et, quand ils furent réunis, ils commencèrent à murmurer avec grande colère, disant: — Tandis que le seigneur pape suscite de nouveau les chrétiens contre les chrétiens, et fait prêcher la croisade contre des gens soumis à Dieu, afin d'accroître son domaine, il est cause qu'on laisse dans l'oubli notre sire le roi de France, qui supporte tant d'affronts et de douleurs pour la foi du Christ ». Blanche, partageant leur juste indignation, commanda qu'on saisît tous les biens de ceux qui se croiseraient contre Conrad, en disant : « Que ceux qui veulent combattre pour le pape vivent aux dépens du pape; qu'ils s'en aillent et ne reviennent plus! » « Et tous les hauts-barons agirent comme la reine, chacun sur ses terres, et gourmandèrent grièvement les Prêcheurs et les Mineurs ».

La fermentation qui se manifestait parmi la noblesse contre le pape et les clercs, et qui avait produit des actes politiques d'une nature si grave, redoublait de violence à mesure qu'on descendait dans les couches les plus profondes de la société. Purement politique chez les gentilshommes, elle devenait mystique chez les serfs. Cette papauté, cette puissance ecclésiastique, qui prêchait la haine et la vengeance au lieu de la charité, qui arrachait au pauvre le pain de ses sueurs au lieu de nourrir sa misère, qui tuait au lieu de bénir, semblait aux populations des campagnes l'église de Satan plutôt que l'église de Jésus[1]. L'attente du Saint-

---

[1]. La dureté avec laquelle les clercs traitaient souvent leurs « hommes de corps et de poëste » (*de potestate*, sous puissance), ne motivait que trop le sentiment populaire. Un historien de saint Louis a rapporté à ce sujet une anecdote qui honore autant la mémoire de la reine Blanche qu'elle couvre d'infamie le chapitre de Notre-Dame de Paris. Les habitants de Châtenai, serfs du chapitre de la cathédrale, n'ayant pu acquitter quelques tailles imposées par leurs seigneurs, les chanoines firent saisir tous les hommes adultes du village par des archers, et les jetèrent au fond de leur prison seigneuriale, proche le cloître Notre-Dame; plusieurs de ces malheureux moururent au bout de quelques jours, soit par le méphitisme

Esprit et de la religion d'égalité se réveilla avec une force nouvelle : la seule puissance du siècle qui fût exempte de la réprobation générale, aux yeux du pauvre peuple, c'était le roi Louis; ils sentaient en lui l'esprit de charité mort chez le pape de Rome; ils s'attachaient à lui, en raison même de l'abandon où le laissait la cour pontificale; ils voyaient dans le saint roi l'instrument futur du Saint-Esprit. Une explosion terrible eut lieu après la Pâques de 1251 : elle ébranla la France entière de l'Escaut à la Garonne. Elle éclata d'abord, dans le nord, parmi les bergers, les plus disposés, entre les hommes des champs, par leurs habitudes inactives et solitaires, à tous les genres d'exaltation contemplative, de rêverie et de superstition[1], mais de superstition indépendante. Le mouvement commença sur plusieurs points à la fois, suivant Guillaume de Nangis (*Chronique* et *Gestes de Louis IX*); les autres chroniqueurs, avec moins de vraisemblance, attribuent exclusivement la « levée des pastoureaux » à un personnage mystérieux, qui ne fit sans doute que concentrer et organiser l'insurrection, et dont les plans et le but réels sont demeurés un problème.

« Un inconnu, racontent les chroniqueurs, un vieil homme, à

---

des cachots, soit même par défaut de nourriture. La reine pria les chanoines d'accepter sa caution pour ces pauvres gens, et de les relâcher provisoirement : les chanoines répondirent que nul n'avait à s'ingérer de leur conduite envers leurs sujets, qu'ils avaient droit de les faire mourir si bon leur semblait; et, non contents de cette bravade, ils envoyèrent arrêter les femmes et les enfants des serfs de Châtenai, et les entassèrent dans les cachots où languissaient leurs maris et leurs pères. Un grand nombre de ces nouvelles victimes trouvèrent la mort dans le gouffre infect où on les avait plongées. Dès que Blanche, déjà irritée de la réponse des chanoines, eut appris cette nouvelle atrocité, elle marcha elle-même, avec ses hommes d'armes, droit à la prison du chapitre, et, repoussant avec mépris les chanoines et leurs menaces d'excommunication, elle porta de sa propre main le premier coup aux portes de la geôle, et les fit enfoncer en sa présence. Une foule d'hommes, de femmes et d'enfants, pâles et défigurés, se traînèrent hors de cet antre jusqu'aux pieds de la reine, et la supplièrent de les prendre sous sa sauvegarde, de peur que le chapitre ne se vengeât plus tard sur eux de l'affront fait en leur faveur à la juridiction canonique. La reine força les chanoines d'affranchir les habitants de Châtenai, moyennant une redevance annuelle, et ces pauvres gens, de serfs de corps et de glèbe devenus vilains libres, échappèrent ainsi pour toujours à la tyrannie de leurs maîtres (1252).

v. Tillemont, *Vie de saint Louis*, t. III, p. 449-453; d'après des documents manuscrits.

1. Dans nos campagnes, les bergers ont toujours eu un certain renom de sorcellerie; mais les saints sortaient d'entre les pâtres aussi bien que les sorciers.

grande barbe, au visage maigre et pâle, qui parloit avec une égale facilité le latin, le françois et l'allemand, se mit à errer çà et là par les campagnes, prêchant sans l'autorisation du pape ni le patronage d'aucun prélat, et assurant que la bienheureuse Marie, mère du Seigneur, lui étoit apparue entourée d'une troupe d'anges, et lui avoit donné mission d'assembler les pasteurs de brebis ou d'autres animaux. — Le Ciel, disait-il, accorde à l'humble simplicité des pastoureaux ce qu'il a refusé à l'orgueil des chevaliers, à savoir de délivrer la Terre-Sainte et de venger le bon roi Louis des infidèles ». Ses paroles étoient corroborées par sa haute éloquence et par la vue de sa main toujours fermée, dans laquelle il prétendoit avoir une cédule contenant les instructions de la sainte Vierge. Les pâtres, sitôt qu'ils entendoient sa voix, laissoient là leurs troupeaux, leurs étables, leurs écuries, et le suivoient sans consulter parents ni maîtres, et sans songer le moins du monde aux moyens de subsister.

« Le maître et ses *pastoureaux* parcoururent d'abord la Flandre et la Picardie, attirant à eux les plus simples du peuple, comme l'aimant attire le fer : ils étoient déjà plus de trente mille lorsqu'ils vinrent en la cité d'Amiens, où les bourgeois les reçurent à grand'fête, et s'agenouillèrent devant *le maître aux pastoureaux,* comme devant un très saint homme. Ils se dirigèrent de là sur *la France* (l'Ile-de-France), se grossissant toujours de pâtres, d'enfants, de laboureurs. Quand ils traversoient les villes et les cités, ils défiloient comme une armée sous des chefs et des capitaines, élevant en l'air des massues, des haches et d'autres ustensiles de guerre, et se rendant si terribles à tous, qu'il n'étoit ni prévôt ni bailli pour oser les contredire. Beaucoup de gens d'ailleurs leur accordoient faveur et assistance, disant que Dieu choisit souventes fois les humbles pour confondre les forts; c'est pourquoi Blanche, reine et régente des François, espérant que ces *pastoureaux* recouvreroient la Terre-Sainte et secourroient son fils, les avoit en sa grâce et protection. Les *pastoureaux* se multiplièrent donc merveilleusement jusqu'au nombre de cent mille et plus; sur l'étendard de leur *maître* étoit figuré un agneau portant la bannière de la croix : l'agneau en signe d'innocence et d'humilité, la bannière et la croix en signe de victoire. Ils eurent bientôt jusqu'à cinq cents autres enseignes semblables. Sur certains de leurs étendards étoient peints la vierge Marie et les anges apparaissant au *maître des pastoureaux*. De toutes parts affluoient vers eux les bannis, les proscrits, les excommuniés, les larrons, toutes gens qu'en France on nomme communément *ribauds*. Armés d'épées, de haches à deux tranchants, d'épieux, de dagues et de couteaux, les *pastoureaux* sembloient désormais les adorateurs de Mars plutôt que ceux du Christ.

« Quand le *maître* et ses principaux acolytes se virent en si grand état, ils commencèrent à dévier de la foi dans leurs prédications, à célébrer des mariages, tout laïques qu'ils fussent, et non-seulement à distribuer des croix à tout venant, mais à donner l'absolution des péchés à quiconque recevoit ces croix. Et, lorsque le chef suprême des *pastoureaux* prêchoit, entouré d'une foule de gens armés, il gourmandoit et condamnoit tous les ordres monastiques, surtout les frères prêcheurs et mineurs, les traitant de vagabonds et d'hypocrites ; il reprochoit aux moines de Cîteaux (ou moines blancs) leur passion avaricieuse pour les troupeaux et les terres, aux moines noirs (les moines de Cluni et les autres anciens bénédictins) leur gloutonnerie et leur orgueil ; il appeloit les chanoines des mondains et des dévorateurs de viandes, et accusoit les évêques et leurs *officiaux* de ne songer qu'à la chasse, aux écus et aux plaisirs de tout genre. Quant à la cour de Rome, il la couvroit d'opprobres qu'on n'oseroit redire.

« Or le peuple écoutoit et applaudissoit ces déclamations en haine et en mépris du clergé : il estimoit le *maître* doué du don des miracles, et croyoit que les mets et les vins que consommoient les *pastoureaux* augmentoient au lieu de diminuer. Les clercs furent *moult* dolents de voir le peuple tomber en si grande erreur, et l'en voulurent détourner ; mais par là ils se rendirent tellement odieux aux *pastoureaux* et aux peuples, que beaucoup de gens d'église qu'on rencontra par les champs furent mis à mort. Ainsi alla le *maître*, avec tous les siens, par la contrée jusqu'à Paris. La reine Blanche, sachant leur venue, commanda que nul ne fût si hardi que de s'opposer à eux ; car elle pensoit, comme les autres, que ce fussent bonnes gens envoyés de par Notre-Seigneur : elle fit venir le *grand-maître* devant elle, et lui demanda comment il avoit nom : il répondit qu'on l'appeloit le *Maître de Hongrie;* la reine l'honora grandement et lui donna grands dons. Le *maître* monta pour lors en tel orgueil, qu'il se revêtit comme prêtre en l'église Saint-Eustache de Paris, et prêcha la mitre en tête, et fit eau bénite à la manière d'un évêque. Les autres *pastoureaux* se répandirent parmi Paris et *occirent* les clercs qu'ils trouvèrent, et on ferma les portes du Petit-Pont, de crainte qu'ils ne tuassent aussi les écoliers qui étoient venus de diverses contrées pour étudier en l'Université.

« Quand ils eurent ainsi passé par la ville de Paris, ils pensèrent n'avoir plus rien à redouter nulle part, et se vantèrent d'être les plus gens de bien du monde, puisqu'à Paris, « où est la source de toute sapience », personne ne les avoit contredits en quoi que ce fût. Au sortir de Paris, le *maître* les partagea en trois corps ; car ils étoient tant, qu'ils ne trouvoient point de ville qui les pût héberger, et tous se dirigèrent vers le midi. Le jour de saint Barnabé (11 juin), les *pastoureaux* entrèrent à Orléans, malgré l'évêque et le clergé, mais du plein consentement des citoyens. Quand le *maître de Hongrie* eut annoncé qu'il prêcheroit comme un puissant prophète, les peuples vinrent à lui en multitude infinie; mais l'évêque défendit, sous peine d'excommunication, à tous les clercs d'écouter ces discours ou de suivre les *pastoureaux*, assurant que ce n'étoient que souricières du diable; quant aux laïques, ils n'eussent respecté ni les défenses ni l'autorité épiscopale. Les clercs les plus sages obéirent, et se renfermèrent en leurs logis; mais quelques clercs des écoles ne se purent retenir d'aller voir et entendre cette étrange nouveauté ; car c'étoit chose inouïe qu'un laïque, un homme du peuple, qui plus est, osât ainsi prêcher audacieusement en public, malgré l'évêque, dans une ville où florissoit une docte université, et attirât à lui les oreilles et les cœurs de tant de gens. Le *maître*, étant monté en chaire, commença de mugir des erreurs qu'on ne sauroit répéter; mais voici qu'un des écoliers, s'approchant soudain avec témérité, éclata en ces mots : — Méchant hérétique, ennemi de la vérité, tu en as menti par ta tête, et tu déçois les innocents par tes fausses harangues! » A peine avoit-il dit, qu'un de ces vagabonds lui fendit la tête avec une hache à bec¹ ».

Ce meurtre fut suivi d'un affreux tumulte : les *pastoureaux* coururent sus aux clercs, brisèrent leurs portes et leurs fenêtres, brûlèrent leurs livres, et tuèrent ou jetèrent à la Loire un certain nombre d'entre eux, mais non pas sans une résistance sanglante de la part des écoliers. Quand les *pastoureaux* furent partis, l'évêque mit la ville en interdit, « parce que les citoyens, autorisant et secondant ces *précurseurs de l'Ante-Christ*, s'étoient rendus coupables et infâmes ».

« Les cris et les plaintes de l'évêque montèrent jusqu'aux oreilles de madame Blanche, des grands et des prélats. — Le Seigneur le sait, dit alors modestement la reine; j'espérois que ces gens-là recouvreroient toute la Terre-Sainte en simplicité et sainteté; mais, puisque ce sont des imposteurs, qu'ils soient excommuniés, pourchassés et détruits! » Le changement qui s'était opéré dans les dispositions de la reine commençait aussi à s'effectuer dans l'esprit de la bourgeoisie, devant la violence croissante de cette multitude. Les laïques, disent nettement les chroniqueurs, avaient vu avec indifférence le meurtre des gens d'église; mais, lorsqu'ils se crurent menacés eux-mêmes, ils commencèrent à se lever contre les séditieux². Néanmoins les *pastoureaux* furent encore accueillis dans Bourges par le peuple, qui leur ouvrit les portes, malgré l'archevêque. Les *pastoureaux* envahirent les synagogues des juifs, nombreux à Bourges, déchirèrent leurs livres et pillèrent leurs maisons. Puis « le grand chef de ces séducteurs » annonça, dit-on, qu'il ferait un sermon et de grands miracles devant le peuple, et une foule immense se rassembla « pour ouïr ce qui n'avoit point été ouï depuis des siècles et voir ce qui n'avoit point été vu ».

Les relations, ici, deviennent assez obscures. Est-ce le clergé qui fit adroitement répandre le bruit de miracles promis, puis réclamer ces prodiges par la foule? Est-ce le chef des *pastoureaux* qui, se croyant une puissance surhumaine, promit réellement ce qu'il ne pouvait tenir? Quoi qu'il en soit, l'attente du peuple fut trompée : le prestige qui avait entouré jusque-là le *maître de*

---

1. Matth. Paris. — Guill. de Nangis.
2. Tillemont, t. III, p. 436.

Hongrie s'évanouit; les *pastoureaux* sortirent de Bourges en désarroi, poursuivis par la milice de la ville. Sans doute, les ordres de la reine venaient d'arriver et de décider les officiers royaux et la bourgeoisie à frapper. Le *maître de Hongrie* fut atteint à deux lieues de Bourges et tué sur la place avec plusieurs de ses compagnons. On jeta son cadavre aux chiens; beaucoup d'autres furent pendus par ordre du bailli de Bourges; le gros des *pastoureaux* s'éparpilla.

Une seconde bande de *pastoureaux* s'étant dirigée sur Bordeaux, Simon de Montfort, comte de Leicester (dernier fils du fameux Simon), qui commandait en Gascogne pour le roi d'Angleterre, leur fit fermer les portes de la ville, et leur signifia de se retirer au plus vite. Ils se dispersèrent : leur chef ayant voulu s'enfuir par mer, les matelots le reconnurent pour le compagnon du Hongrois tué à Bourges, et le noyèrent dans la Gironde. D'autres *pastoureaux*, déjà parvenus à Marseille, n'eurent pas un meilleur sort. Partout « les meneurs furent suspendus aux fourches patibulaires, et le commun peuple obligé de s'en retourner pauvre et mendiant ».

Les bruits les plus étranges s'accréditèrent sur le compte du *maître de Hongrie* et de ses lieutenants : c'était, disait-on, un apostat de l'ordre de Cîteaux; il avait renié Jésus-Christ dès sa jeunesse, « et puisé les pernicieuses pratiques de la magie au puits empesté de Tolède » (parmi les Arabes et les Juifs de cette ville); on assurait que c'était lui qui, encore adolescent, avait jadis (en 1213) fasciné tant de milliers d'enfants qui le suivirent en chantant jusqu'à la mer; on ajoutait qu'il avait promis au « souldan de Babylone » de lui mener une multitude infinie de chrétiens pour qu'il en fît ses esclaves, et qu'ainsi la France, veuve à la fois de son peuple et de son roi, fût plus facilement ouverte aux Sarrasins. Le clergé imagina probablement ce conte, afin de montrer la main de Satan dans la séduction qui avait entraîné tant de milliers d'hommes, et de dépopulariser la mémoire du redoutable inconnu qui avait porté de si rudes coups à l'Église. Le *maître de Hongrie* ne fut certainement pas un émissaire de l'islamisme; mais on pourrait peut-être voir, sans invraisemblance, chez cet homme venu *de Hongrie*, un manichéen, un

Bulgare de génie, qui aurait tenté de venger ses frères en soulevant le peuple contre le clergé. Il échoua, mais après avoir fait trembler toute la hiérarchie ecclésiastique, et la grandeur des alarmes qu'il inspira aux clercs est attestée par les paroles du grave historien Mathieu Paris : « Jamais, au jugement des hommes sages, depuis le temps de Mahomet, il n'a surgi un si dangereux fléau dans l'église du Christ[1] ».

La malheureuse issue de l'insurrection des *pastoureaux* agit fortement sur l'imagination du peuple, et garantit pour assez longtemps le clergé des mouvements populaires; mais le péril n'était que déplacé pour Rome : le libre mysticisme, comprimé dans la multitude, où il avait fait explosion avec tant d'emportement, reparut, sous une forme plus épurée et plus systématique, au cœur même de l'Église, au cœur de ces ordres mendiants, qui étaient la milice dévouée de la papauté contre l'hérésie. « Le pape n'avait vaincu le mysticisme indépendant qu'en ouvrant lui-même de grandes écoles de mysticisme... C'était entreprendre la chose difficile et contradictoire entre toutes, vouloir régler l'inspiration, déterminer l'illumination, constituer le délire[2] »... La papauté n'avait réussi qu'à demi; les disciples du grand mystique, de François d'Assise, s'élancèrent bientôt hors de la voie d'obéissance et d'humilité où il s'était maintenu jusqu'à sa mort; et, tandis que les uns, abdiquant l'humble renoncement du maître, se faisaient les agents et les complices des exactions papales, et envahissaient avec arrogance tous les droits du clergé séculier, beaucoup d'autres, et des meilleurs et des plus purs, rejetaient au fond de leur cœur le présent tout entier, les évêques, le pape, l'Église actuelle, et, guidés par leur général, Jean de Parme, entraient à pleines voiles dans la « religion du Saint-Esprit », et attendaient la prochaine régénération du monde et le règne de la perfection sur la terre.

Pendant que ces vagues, mais profondes aspirations vers l'avenir passionnaient tour à tour les instincts des masses et l'intelligence des âmes d'élite, le fantôme du passé, le vieux manichéisme

---

1. Matth. Paris. — Guill. de Nangis, *Gestes de Louis IX*, et *Chron.* — *Chron. de Saint-Denis.* — Tillemont, t. III, p. 429-439.

2. Michelet, *Histoire de France*, t. II, p. 535.

se débattait encore au milieu des flammes et ne pouvait se résoudre à mourir : quatre-vingts *croyants* furent brûlés vifs à Agen dans l'été de 1249, en présence et par les ordres du comte de Toulouse. Raimond VII, abattu par ses longues infortunes, n'avait plus rien du héros de Beaucaire et de Toulouse, et ne savait plus porter dignement son malheur; depuis la ruine de ses dernières espérances en 1242, toujours tremblant devant la cour de Rome et l'Inquisition, il ne leur refusait plus aucun gage de son obéissance ; il excitait même leur rigueur pour faire preuve de zèle. La cruelle exécution d'Agen est le dernier acte que l'histoire mentionne de lui ; triste fin d'une carrière ouverte sous de plus nobles auspices ! Il espérait sans doute que son ardeur orthodoxe lui vaudrait la dispense des engagements qu'il avait pris l'année précédente avec Louis IX, touchant le voyage d'outre-mer : cette dispense eût été inutile ; une maladie mortelle était dans son sein, et il expira, le 27 septembre 1249, à Milhaud en Rouergue, à cinquante-deux ans. Si peu glorieux qu'eussent été ses derniers jours, sa mort causa un deuil universel dans les pays de la langue d'oc ; partout où passa son corps, à Albi, à Gaillac, à Rabasteins, à Toulouse, les peuples se lamentaient et pleuraient leur seigneur « naturel », parce qu'il était le dernier de sa race, et qu'avec lui finissait à jamais l'indépendance languedocienne. La race de Frédelo avait régné quatre cents ans à Toulouse.

Les Toulousains n'opposèrent aucune résistance aux commissaires français que la reine Blanche envoya prendre possession de leur patrie au nom du comte Alphonse de Poitiers et de Jeanne de Toulouse, sa femme. L'héritage entier de Raimond était échu à la comtesse Jeanne, car Raimond n'avait laissé aucun autre enfant. Alphonse et Jeanne, à leur retour de la croisade, en octobre 1250, reçurent l'hommage de la cité de Toulouse, des autres villes et des barons et châtelains du pays toulousain, du Querci, du Rouergue, de l'Agénais, du Venaissin et du reste du marquisat de Provence ; ils firent casser le testament de Raimond VII, pour ne point acquitter les legs considérables qui s'y trouvaient consignés; puis, allant s'établir au château de Vincennes, dont Louis IX avait fait présent à son frère, ils abandonnèrent leurs domaines à des sénéchaux, qui portèrent atteinte sur atteinte aux libertés municipales échappées à tant de tempêtes[1]. Toutefois Alphonse, avant de quitter le Languedoc, avait aidé son frère Charles, comte d'Anjou et de Provence, dans une affaire qui concernait leurs intérêts communs.

La Provence n'était pas épuisée, comme le Languedoc, par quarante ans de calamités : aussi n'avait-elle subi, pour ainsi dire, que par surprise, la domination du comte Charles. Lorsque Charles fut parti pour l'Orient avec le roi Louis, une vive agitation se manifesta dans le pays. « Que ne commence-t-on, chantèrent les troubadours, que ne commence-t-on vite le jeu où maint heaume sera fendu, et maint haubert démaillé? » La captivité du roi et de ses frères, qui causa tant de consternation dans le royaume de France, excita des sentiments bien opposés parmi les Provençaux : Marseille, Aix, Arles, Nice, Avignon, espérant être délivrées du comte français, rompirent toute subordination vis-à-vis des gouverneurs du comté de Provence, et jetèrent, à ce qu'on assure, les fondements d'une confédération républicaine sur le modèle de la ligue lombarde. L'entreprise fut mal soutenue. Charles d'Anjou à son retour, se porta d'abord contre Arles, saccagea le territoire, et s'apprêtait à mettre le siége devant la cité, si elle n'eût consenti à reconnaître sa juridiction, et à lui transférer divers droits et revenus du corps de ville, moyennant qu'il jurât de ne lever aucun impôt ni emprunt forcé[2] (30 avril 1251). Avignon, qui relevait à la fois du comté et du marquisat de Provence, menacé par Charles et Alphonse réunis, demanda aussi la paix, et reçut dans son sein un viguier et deux assesseurs nommés par les deux comtes, en reconnaissant comme Arles la juridiction seigneuriale, et en cédant divers péages et droits importants, sauf maintien de toutes les franchises et exemptions, même du droit de guerre, excepté contre les deux princes ses seigneurs, etc. (10 mai 1251). L'acte, quoiqu'il s'agisse d'une

---

1. Par compensation, Alphonse affranchit un grand nombre de serfs, considérant « que tous les hommes sont naturellement libres, et qu'il est toujours favorable de faire retourner les choses à leur origine. » On reconnaît ici la langue renaissante des jurisconsultes romains! Par son testament, Alphonse finit par affranchir tous les serfs de son domaine. Tillemont, t. III, p. 427.

2. L'archevêque d'Arles se prétendait seigneur supérieur de la ville; mais on ne tint compte de lui dans le traité. Tillemont, t. III, p. 423.

ville de l'Empire, porte en tête : *Regnante Ludovico rege Francorum*. Les derniers vestiges de l'autorité impériale sur le midi de la Gaule ne devaient pas tarder à disparaître[1].

Les autres villes suivirent l'exemple d'Avignon et d'Arles ; Marseille, la plus puissante et la plus populeuse des cités provençales, reconnut aussi de nouveau, après quelques hostilités, la suzeraineté du comte Charles, mais, à ce qu'il semble, sans rien céder de ses droits (août 1251). Charles, préoccupé d'une guerre à laquelle il s'était mêlé dans le nord de la France, laissa provisoirement Marseille en liberté ; mais, en 1256, ses officiers, ayant essayé d'y percevoir des droits et péages comme dans le reste du pays, furent chassés par le peuple, et Marseille reprit les armes : Charles fit condamner Marseille, par la cour du comté (composée des prélats, barons et magistrats des principales villes), à reconnaître ses droits et à payer une amende, et rassembla, pour soutenir cet arrêt, de nombreuses troupes françaises et étrangères. Marseille transigea, céda au comte les droits de vicomté sur la ville basse de Marseille et sur Hières, droits que possédait le corps de la ville haute, qui formait exclusivement la commune ou université marseillaise, et consentit à arborer la bannière du comte sur les navires au-dessus de la bannière de la ville, à recevoir une garnison et des magistrats du comte, et à raser les fortifications élevées depuis les troubles (3 juin 1257).

Marseille, cependant, ne put se résigner à la dure sujétion du comte Charles. En 1262, le peuple se souleva derechef, prit, tua ou chassa la garnison, les officiers, les partisans de Charles, éleva une nouvelle forteresse, choisit pour capitaine Boniface de Castellane, vaillant chevalier et troubadour renommé, qui était seigneur d'un des plus forts châteaux de la Provence, et s'apprêta à une défense désespérée. Charles accourut d'Anjou avec une forte armée, et commença par attaquer le château de Castellane, où s'étaient enfermés les plus braves des chevaliers provençaux. Après une vigoureuse résistance, le manoir de Boniface fut obligé de se rendre ; les autres forteresses des rebelles tombèrent successivement devant Charles, en qui les méridionaux effrayés croyaient

---

1. Tillemont, t. III, p. 425.

voir renaître le génie et la cruauté de Simon de Montfort. Charles, maître de tous les postes d'où Marseille eût pu tirer des secours, réunit contre cette ville toutes ses forces, et sans doute aussi celles de son frère Alphonse et des sénéchaux royaux du Midi. Il dévasta horriblement les environs à trois lieues à la ronde, puis il entama le siége.

On connaît peu les détails de la lutte suprême que soutint la liberté provençale. Marseille méritait d'avoir, comme Toulouse, un historien de ses exploits et de ses malheurs : Guillaume de Nangis, partisan du vainqueur, raconte en quelques lignes la catastrophe de la dernière des républiques méridionales. « Les Marseillais, accablés par les horreurs d'un long siége, épuisés par la famine, furent forcés de se mettre à la merci du comte Charles. De peur que mauvais exemple ne fût donné, si une telle présomption demeuroit sans châtiment, le comte Charles fit décapiter publiquement, au milieu de la cité, tous ceux qui avoient excité le peuple à la rébellion : il se saisit de toute la terre de Boniface, qu'il chassa de la Provence ».

Guillaume de Nangis n'est pas tout à fait exact. Les Marseillais ne s'étaient pas entièrement remis à merci, et avaient obtenu que les conditions de 1257 ne fussent pas empirées relativement aux droits de la ville[1].

La chute de Marseille ferme la grande et triste période ouverte, cinquante ans auparavant, par la première croisade contre les Albigeois. Avec Boniface de Castellane expirèrent ces générations de poëtes guerriers qui avaient fait la gloire de la langue d'oc : que restait-il à chanter aux troubadours, ces fougueux ennemis du pape, des clercs et de la domination du Nord? La source de l'inspiration était tarie, maintenant que les hommes de la langue d'oïl régnaient à Poitiers, à Toulouse, à Marseille, et que les bûchers de l'Inquisition répondaient aux satiriques *sirventes*. L'art éclatant des *trobaires*, la *gaie science* (*gay-saber*), qui avait rempli de si nobles joies le cœur des amants et des guerriers, fut précipité dans une rapide décadence : la civilisation provençale perdit son lustre et son *parage*, et, lorsque, dans le siècle

---

1. Tillemont, t. IV, p. 119-121; 251-255.

suivant, Toulouse accueillit cette célèbre institution des jeux floraux dont les vestiges subsistent encore, lorsqu'au quinzième siècle, « le bon roi René » ressuscita dans Aix les traditions et les formes de l'ancienne littérature, ce ne furent plus là que de pâles et faibles images d'un passé à jamais perdu : la poésie provençale ne devait plus sortir de sa tombe ; mais elle n'y était pas descendue tout entière ; elle avait enfanté en mourant quelque chose de plus grand qu'elle-même ; elle avait donné la vie à la poésie italienne. A peine les derniers troubadours avaient-ils disparu de l'horizon, qu'on y vit surgir l'astre qui absorba dans sa lumière tous les rayons de l'inspiration du moyen-âge, et que Dante Alighieri parut !

Pour la moralité de l'histoire, qu'on a trop souvent voulu enchaîner à la légitimité de la force et du succès, rappelons que la France fut punie d'avoir écrasé la civilisation du Midi. La chute des troubadours entraîne bientôt celle des trouvères, qui n'ont plus cette généreuse rivalité à soutenir, et la société chevaleresque et sa belle littérature commencent à déchoir avant la fin du treizième siècle. La Guerre des Albigeois précède de peu la décadence de la France féodale, comme la Révocation de l'édit de Nantes précédera de peu la décadence de la France monarchique.

Les troubles de la Flandre, en détournant l'attention et les armes de Charles d'Anjou, avaient retardé de quelques années le désastre de Marseille. Déjà, de 1242 à 1244, les cinq fils de la comtesse Marguerite de Flandre, nés de deux pères différents, s'étaient disputé par avance l'héritage de leur mère, qui avait pris parti pour les Dampierre, enfants du second lit, contre les d'Avesnes, enfants du premier lit. Louis IX, choisi pour arbitre, les avait réconciliés en assignant le comté de Flandre à la branche de Dampierre et le comté de Hainaut à la branche d'Avesnes, qui était entachée de bâtardise, Marguerite n'ayant point été, selon l'Église, légitimement mariée au sire d'Avesnes. Guillaume, l'aîné des Dampierre, qui portait à la croisade le titre de comte de Flandre, étant mort à son retour, en 1250, la querelle se renouvela durant le séjour de Louis IX en Palestine : Jean, l'aîné des d'Avesnes, réclama de nouveau l'héritage de Flandre, et invoqua le secours de son beau-frère Guillaume ou Wilhelm, comte de

Hollande, proclamé roi des Romains par le parti papal en Allemagne. La comtesse Marguerite et les Dampierre appelèrent à leur aide Charles d'Anjou, en lui promettant le Hainaut pour salaire. Charles accourut avec une multitude d'hommes d'armes, et s'empara de Valenciennes, capitale du Hainaut, malgré la résistance des bourgeois. Une rude guerre désola les Pays-Bas pendant trois ans : les deux Dampierre furent battus et pris par leurs rivaux à la bataille de Walcheren, mais Charles d'Anjou se maintint en possession du Hainaut, jusqu'à ce que « le saint roi Loys, fils de la paix et de la concorde », eût amené les deux partis à un accommodement peu différent du premier (en 1256). Charles d'Anjou rendit le Hainaut aux d'Avesnes, moyennant une très forte somme d'argent (160,000 livres tournois).

L'histoire de la seule province du continent qui restât aux Plantagenêts est peu liée à celle de la France, durant cette période : la Gascogne, tourmentée tour à tour par la tyrannie et par l'anarchie, était en proie à de grandes agitations : ce pays, si indocile à toute espèce de joug, avait à subir, de la part des baillis du roi d'Angleterre, des exactions que n'eussent pas endurées les hommes les plus paisibles. « Les injustices, les outrages, les tyrannies de vos baillis, écrivaient l'archevêque et le clergé de Bordeaux au roi Henri III, ne se peuvent rapporter à *Votre Sublimité* sans amertume de cœur..... Parmi les prêtres et les religieux, les paysans, les pauvres et les orphelins, les uns sont mis à mort, les autres, frappés de verges ou retenus dans les prisons; d'autres, par la saisie de leurs personnes et de leurs biens, sont forcés de se racheter à prix d'argent..... On trouverait à peine une paroisse dans laquelle il restât encore le tiers des habitants, le reste étant mort de faim et de misère, ou ayant été forcé de s'enfuir sur un sol étranger ».

Il y avait là, sans doute, quelque exagération. Quoi qu'il en soit, les Gascons n'obtinrent aucune justice de Henri III : ils s'insurgèrent, pour la plupart, et Henri dépêcha contre eux Simon de Montfort, comte de Leicester[1], guerrier aussi farouche et aussi

---

1. Simon, comte de Leicester, était le dernier fils du fameux Simon. A l'époque où les seigneurs qui tenaient des fiefs des rois de France et d'Angleterre furent

intrépide que son père. Simon réduisit les Gascons ; mais il abusa si cruellement de la victoire, que la révolte redevint presque générale : le vicomte de Béarn et beaucoup d'autres seigneurs offrirent au roi de Castille de reconnaître sa suzeraineté ; La Réole, Saint-Émilion et plusieurs châteaux reçurent garnison espagnole. Henri se décida enfin à passer lui-même en Aquitaine, et vint descendre, en août 1253, à Bordeaux, qui ne s'était pas déclaré pour les rebelles, de peur de perdre le débit de ses vins en Angleterre. Henri reprit La Réole et les autres places fortes, fit la paix avec le roi de Castille, et détermina les Gascons à rentrer sous sa seigneurie, par le rappel de Simon de Montfort et par quelques autres concessions.

Tandis que la Gascogne rentrait à contre-cœur sous la déplorable administration de Henri III, la France avait vu avec regret les rênes de l'état échapper à la main mourante d'une femme qui les avait tenues avec la force et l'habileté d'un grand roi. La reine Blanche, qui avait conservé jusqu'à sa soixante-cinquième année toute sa vigueur d'esprit et de corps, était tombée gravement malade à Melun : elle se fit reporter à Paris, demanda le voile à l'abbesse de Maubuisson, de la règle de Cîteaux, demande qui annonçait la conscience de sa fin prochaine, et mourut, peu de jours après, vers le 1er décembre 1252[1].

Les frères du roi, les comtes Alphonse et Charles, furent chargés de la garde du royaume, les deux fils aînés de Louis IX, restés en France, étant encore en bas âge. Les actes du gouvernement[2] furent publiés au nom du « conseil du roi étant près de son fils

---

obligés de choisir entre les deux suzerains (en 1242), Simon avait opté pour l'Angleterre, tandis que les autres Montfort demeuraient Français.

1. Tillemont, t. III, p. 453. Tillemont cite des actes qui prouvent que Blanche est morte en 1252 et non en 1253, comme le dit Guillaume de Nangis.

2. Tillemont, t. III, p. 467, 468. Un des premiers actes du gouvernement des frères du roi fut l'exécution d'un ordre envoyé de Palestine par Louis IX, lequel prescrivait l'expulsion générale des juifs et la confiscation de leurs biens-fonds. En 1248, avant de partir, Louis IX, à la requête du pape, avait fait enlever des mains des rabbins juifs tous les exemplaires du Talmud qu'on put saisir, afin de détruire ce curieux et singulier recueil de traditions, que les Hébreux vénéraient à l'égal du livre de la loi. On n'y réussit heureusement point. Après les livres, Louis frappa les hommes, excité, dit-on, par un propos tenu par des Sarrasins, qui reprochaient aux chrétiens « de ne point aimer leur Seigneur, puisqu'ils souffroient ses meurtriers au milieu d'eux » (Math. Pâris. —

aîné ». Le roi apprit à Jaffa la perte irréparable qu'il venait de faire[1]. Tout le rappelait en France, où personne ne pouvait remplacer Blanche. Le comte Alphonse était impotent et frappé de paralysie. Le comte Charles ne songeait qu'à son propre agrandissement. Louis IX, cependant, resta encore plus d'un an avant de se décider à quitter la Terre-Sainte. Enfin, les périls croissant pour la France et toutes les places chrétiennes de Palestine étant suffisamment fortifiées, Louis se rembarqua à Saint-Jean-d'Acre, peu après la Pâques de 1254, laissant le légat à la garde de la Terre-Sainte avec bon nombre de chevaliers et de fortes sommes d'argent[2]. En longeant l'île de Chypre, la grande galère du roi toucha sur un banc de sable, et le choc « emporta bien trois toises

Math. de Westminster). Le sens droit et l'équité de Louis IX l'abandonnaient dès qu'il était question de juifs ou d'hérétiques. L'exploitation de la banque et de l'usure passa des juifs à une classe de banquiers appelés *cahorsins*, parce que les habitants de Cahors s'étaient, les premiers entre les chrétiens, adonnés au commerce de banque pour le service de la cour de Rome (Sismondi, *Hist. des Français*, t. VII, p. 495). On a vu que, durant la guerre des Albigeois, Simon de Montfort avait un riche bourgeois de Cahors pour banquier.

1. « Cependant que le roi demeuroit à Jaffa pour relever les murs de cette ville, il commença de s'y répandre un bruit lugubre touchant la mort de la pieuse dame reine Blanche. Le seigneur Eudes (de Châteauroux), évêque de Tusculum et légat du saint-siège, ayant été informé de cette mort un des premiers, prit avec lui l'archevêque de Tyr, qui tenoit alors le sceau du roi, et le confesseur dudit roi; puis, venant vers Loys, il lui dit qu'il le vouloit secrètement entretenir. Le roi, voyant le visage grave du légat, comprit qu'on avoit quelque chose de triste à lui apprendre. Il alla donc de chambre en chambre jusque dans sa chapelle, et, fermant les portes, il s'assit devant l'autel, et les trois prélats avec lui. Alors le légat énuméra au roi tous les bienfaits qu'il avoit reçus de la bonté divine depuis son plus jeune âge, surtout la grâce que Dieu lui avoit faite en lui donnant une mère qui l'avoit nourri si pieusement, élevé si catholiquement, et qui avoit régi son royaume avec tant de prudence et de fidélité; après un moment de silence, il ajouta en sanglotant le récit de la mort si regrettable de ladite reine. Alors le roi, gémissant à haute voix et fondant en larmes, fléchit les genoux devant l'autel, et, joignant les mains, dit : « Grâces te soient rendues, Seigneur Dieu, à toi qui m'as donné une si excellente dame et mère pour le temps qu'il t'a plu, et qui maintenant viens de la retirer à toi selon ton bon plaisir ».

« Après que le légat eut prononcé une courte recommandation pour l'âme de la défunte, le roi voulut demeurer seul avec son confesseur : ils restèrent quelque temps dans une pieuse méditation entrecoupée de soupirs, et chantèrent l'office des morts ensemble » (Math. Paris. — Guill. de Nangis).

2. Les adieux du légat à Joinville, qui partit avec le roi, sont caractéristiques. « Sénéchal, dit le légat, plorant moult durement... moult suis à mésaise de cœur de ce qu'il me conviendra laisser vos saintes compagnies, et aller à la cour de Rome, entre celle déloyal gent qui y sont... » Joinville, § 326. Même pour le légat, la sainteté est à la cour de France, et le contraire à la cour de Rome.

de la quille ». Les matelots et les passagers conseillèrent à Louis IX de passer sur un autre navire, parce qu'il n'était pas certain que la galère pût tenir la mer sans péril jusqu'en France ; mais le roi refusa de suivre cet avis. — Si je descends de la nef, dit-il, cinq ou six cents personnes qui sont céans, et aiment autant leurs corps comme je fais le mien, n'oseront rester après moi, descendront en l'île de Chypre, et jamais n'auront plus espoir ni moyen de retourner en leur pays. J'aime mieux mettre moi, la reine et mes enfants en danger, et en la main de Dieu, que de faire un tel dommage à si grand peuple (Joinville) ».

Il est difficile de rencontrer quelque chose de plus admirable dans l'histoire que cette profession d'égalité des hommes faite par un roi au péril de sa vie. C'était la première fois, sans doute, qu'un prince du moyen âge comprenait ainsi l'Évangile : Louis était arrivé par la charité jusqu'à l'égalité.

Louis IX ne fut point victime de son généreux dévouement : la galère essuya une tempête sans sombrer, et arriva au port d'Hières, en Provence, après dix semaines d'une traversée laborieuse.

Le roi se dirigea sur le Rhône; il rétablit à Nîmes et à Narbonne le consulat, qui avait été aboli par son frère Alphonse et par ses sénéchaux, et rendit, à Beaucaire, une ordonnance remarquable, à l'occasion des plaintes que lui portèrent les Languedociens, sujets de la couronne, contre les mesures arbitraires des sénéchaux français. « Nous défendons expressément à nos sénéchaux, y est-il dit, d'empêcher les habitants de Beaucaire de porter où ils voudront leurs blés, leurs vins et autres denrées, pour les vendre, à condition qu'ils ne fourniront ni armes ni vivres aux Sarrasins, tant que les chrétiens seront en guerre avec ceux-ci, ni à aucuns de nos autres ennemis. S'il arrivoit cependant quelque cas urgent, pour lequel il convint défendre de porter les denrées hors du pays, le sénéchal assemblera un conseil *non suspect* auquel assisteront plusieurs des prélats, des barons et des bourgeois des bonnes villes, de l'avis desquels le sénéchal fera cette défense, et, une fois faite, il ne la pourra révoquer sans un semblable conseil. Tant que durera cette défense, il n'en pourra dispenser personne par faveur. Tout ce que dessus s'étendra aux sénéchaussées de

Beaucaire et de Carcassonne[1] ». On peut faire remonter à cette ordonnance les États Provinciaux de Languedoc : l'histoire des pays provençaux, du temps de leur indépendance, nous a offert maints exemples d'assemblées où les délégués des villes étaient appelés à délibérer avec ceux de la noblesse et du clergé ; c'était un fait tout simple dans les mœurs politiques du Midi, et ce fait persista, et même se régularisa périodiquement sous la domination des rois. La Normandie connaissait aussi les assemblées des trois états ; mais l'ancienne France royale était moins avancée d'un degré dans la civilisation politique : chaque commune y bornait ses vues à l'horizon de sa banlieue, et la bourgeoisie ne s'élevait point encore à la conception d'intérêts plus généraux : la couronne, jusqu'alors, avait traité isolément avec chaque ville pour les questions d'impôts et de franchises. Cependant quelques symptômes annonçaient que cet état de choses ne tarderait pas à se modifier par l'intervention de la couronne elle-même, qui sentait le besoin de nouveaux moyens d'action : saint Louis appela parfois à sa cour, pour traiter d'affaires législatives, les maires et échevins d'un certain nombre de communes ; il était réservé à son petit-fils, Philippe le Bel, de faire davantage.

Louis IX regagna l'ancienne France par les Cévennes et l'Auvergne ; il fit son entrée à Paris en grande pompe, le 7 septembre, après plus de six ans d'absence. Mais ceux qui s'empressèrent autour de lui reconnurent bientôt « qu'il portoit sur son visage l'empreinte d'un profond chagrin ; qu'il ne rioit jamais ; que les instruments de musique ou les discours joyeux ne lui procuroient aucun plaisir, que l'aspect de la patrie, les hommages et les salutations de ses sujets, venant à sa rencontre et lui apportant des présents, ne l'engageoient point à relever ses yeux, toujours fixés vers la terre, ni à interrompre ses soupirs ; car, en repassant dans son esprit sa captivité, il se reprochoit la confusion où la chrétienté avoit été plongée à cause de lui » (Math. Paris).

Louis imputait à ses péchés les désastres de la croisade, et se croyait coupable parce qu'il avait été malheureux. Le désordre universel où il retrouva la chrétienté était bien fait pour redou-

---

1. En 1269, fut tenue, en vertu de cette ordonnance, une assemblée où figurèrent les consuls de vingt-sept villes et bourgs des deux sénéchaussées.

bler sa tristesse : il portait dans son âme un pur idéal de paix, de justice et de charité, et le monde réel ne lui offrait que discordes, qu'iniquités, qu'implacables haines : au dehors de son royaume, l'Angleterre flottant de l'anarchie à la tyrannie, l'Italie et l'Allemagne déchirées par une interminable lutte, l'Empire et la papauté se débattant dans des flots de sang ; au dedans, tous les maux résultant du régime féodal, de la violence et du dérèglement des mœurs[1], et, à côté de ces misères sociales, des troubles religieux divisant les écoles parisiennes et armant les théologiens les uns contre les autres, l'Université aux prises avec les ordres mendiants, la guerre, non plus entre les orthodoxes et les hérétiques, mais dans le sein même de l'orthodoxie! Avec quelle joie Louis IX eût donné sa vie pour racheter l'Europe de tant de fléaux et rendre la paix à l'Église! Mais, hélas! son pouvoir était loin d'égaler ses désirs, et les passions déchaînées étaient moins disposées que jamais à écouter la voix de l'homme qui était alors sur la terre le seul et véritable représentant de l'esprit évangélique, tel, du moins, que cet esprit pouvait subsister sous le règne du principe de persécution!

Le fort de la guerre s'était transporté en Italie : le fils aîné de Frédéric, le roi des Romains Conrad, avait laissé le champ libre en Allemagne à son compétiteur, Wilhelm de Hollande, pour défendre les Deux-Siciles contre le pape. Conrad venait de mourir à vingt-six ans, le 21 mai 1254; il ne restait plus que deux princes

---

1. Un document du plus grand intérêt pour la connaissance des mœurs du treizième siècle a été publié, en 1847, à Rouen, par M. Th. Bonnin. C'est le journal des visites pastorales d'Eudes Rigaud, archevêque de Rouen (*Regestrum visitationum archiepiscopi Rothomagensis*, 1248-1269). On y voit que le désordre était immense dans le clergé séculier. La réforme de Grégoire VII n'avait guère réussi que de nom; les curés n'étaient pas mariés, mais ils étaient très communément *concubinaires*, et beaucoup faisaient bien pire. Point de milieu pour l'homme d'Église entre l'ascétisme et la débauche grossière. Le jeu, la boisson, les habitudes mercantiles, sont encore les objets accoutumés des objurgations de l'archevêque Eudes. Le clergé monastique offre moins de grands scandales, et nous ferons remarquer en passant que les fabliaux populaires du temps tenaient compte de cette différence : ils attaquent davantage les curés que les moines. Les anciens ordres religieux baissent toutefois sensiblement comme zèle et comme instruction; il y a déjà loin du treizième siècle au douzième. Cet abaissement est sans doute plus considérable en Normandie qu'ailleurs; la décadence des écoles normandes, autrefois si célèbres, peut tenir en partie à l'appauvrissement des abbayes depuis la séparation de la Normandie d'avec l'Angleterre.

du sang de Frédéric II, Corradino ou le petit Conrad, fils de Conrad, enfant de deux ans, qu'on élevait dans le domaine patrimonial de sa famille, en Souabe, et Manfred ou Mainfroi, prince de Tarente, fils naturel de Frédéric II. Innocent IV voulut profiter de la mort de Conrad pour réunir à l'état de l'Église le royaume des Deux-Siciles : le vieux pontife entra lui-même dans Naples à la tête de ses hommes d'armes, et fut accueilli avec transport par les Guelfes de la Pouille et de la Campanie, descendants des conquérants de race normande dépossédés par les Hohenstauffen ; mais les Allemands, établis depuis la conquête tudesque, et les Sarrasins, que Frédéric II avait colonisés par milliers en Campanie et en Sicile, accoururent à la voix de Manfred, et Innocent IV, après avoir vu ses troupes battues à plusieurs reprises, mourut à Naples le 7 décembre 1254[1]. Son successeur, Alexandre IV, ne put empêcher les Gibelins de reconquérir tout le royaume des Deux-Siciles, dont Manfred se mit en possession. Wilhelm de Hollande survécut peu à son rival Conrad : il fut tué en février 1256, dans un combat contre les Frisons, voisins et ennemis de ses sujets les Hollandais. La lutte des papes et de la maison de Hohenstauffen se concentra en Italie ; les princes allemands, las de combattre pour Rome ou pour l'Empire, ne songèrent plus qu'à se rendre aussi indépendants que possible, chacun chez soi : ils se divisèrent, il est vrai, sur l'élection d'un empereur ; mais, chaque parti ayant choisi avec intention un prince étranger sans crédit personnel en Allemagne, Richard Plantagenêt, comte de Cornouaille, et Alphonse *le Sage* ou *le Savant*, roi de Castille (fondateur de l'université de Salamanque), se décorèrent en vain tous deux du titre de « roi des Romains », et ne furent pas plus obéis l'un que l'autre : le long interrègne de l'Empire ôta pour bien des années à la Teutonie toute influence dans les affaires de la chrétienté. Le pape ne prit point parti entre les deux concurrents à l'Empire. Les hostilités continuèrent, dans l'Italie méridionale, entre Manfred et la cour de Rome, qui soutenait la guerre avec l'argent des Anglais : Alexandre IV avait offert le trône de Sicile à Henri III, pour son second fils Edmond,

---

1. Ce fut lui qui fit adopter aux cardinaux le chapeau rouge.

encore enfant, et s'en faisait un nouveau prétexte pour dévorer l'Angleterre.

Louis IX avait dû renoncer à toute intervention dans la querelle du saint-siége et des Hohenstauffen : obligé d'abandonner l'espoir de rétablir la paix générale, il se dédommageait en écartant du moins de son royaume toute cause de guerre, en se réconciliant avec ses ennemis politiques et en s'assurant l'amitié des princes qui eussent pu devenir ses adversaires. Il serra les liens d'une étroite alliance avec la maison de Champagne, par le mariage de sa fille Isabelle avec le jeune Thibaud[1], roi de Navarre et comte de Champagne, qui avait succédé, en 1253, à son père, le roi trouvère Thibaud (avril 1255). Il entama ensuite des négociations avec les rois d'Angleterre et d'Aragon, pour terminer par des transactions définitives les différends qui existaient entre les trois couronnes. Beaucoup de fiefs, dans le Languedoc et dans les cantons voisins jusqu'en Auvergne, relevaient encore du roi d'Aragon, depuis que ce prince avait perdu la suzeraineté de la vicomté de Beziers : ses droits, soit reconnus, soit contestés, s'entre-croisaient avec ceux du roi de France, et pouvaient devenir à chaque instant des occasions de guerre : le roi Jayme d'Aragon consentit à les résigner tous, en réservant seulement sa seigneurie de Montpellier, pour laquelle il se reconnut feudataire de la couronne de France. Louis IX, de son côté, renonça à l'ancienne suzeraineté des rois franks sur la *Marche d'Espayne* (la Catalogne) et le Roussillon, suzeraineté que la maison de Barcelonne ne reconnaissait plus depuis près d'un siècle. Ce traité fut signé à Corbeil le 11 mai 1258, et corroboré plus tard (en 1262) par le mariage de Philippe, fils de Louis IX, avec Isabelle, fille du roi d'Aragon.

L'année suivante, Louis IX mit fin, par un pacte moins approuvé, aux réclamations perpétuelles du roi d'Angleterre relativement à « la grande injustice du roi Philippe-Auguste ». Henri III, absorbé par ses querelles avec ses sujets, était incapable de soutenir ses prétentions par les armes; cependant Louis IX lui restitua le Périgord, le Limousin et la partie méridionale de la

---

1. Thibaud II de Navarre et VII de Champagne.

Saintonge, avec la suzeraineté sur l'Angoumois et la réversibilité de l'Agénais et du Querci, moyennant quoi Henri renonça à tous ses droits sur la Normandie, l'Anjou, le Maine, la Touraine, le Poitou, et le reste de la Saintonge (20 mai 1259) [1].

Louis agit en cette circonstance contre l'avis de tous ses conseillers. « Je sais bien, répondit-il à leurs représentations, que je ne suis tenu à rien rendre au roi d'Angleterre; mais je le fais pour nourrir et entretenir amour, paix et union entre mes enfants et ceux du roi Henri, lesquels sont cousins-germains (Henri III avait épousé une sœur de la reine Marguerite), et, en ce faisant, je pense que je ferai moult bonne œuvre; car, en premier lieu, je conquerrai la paix, et, après, je ferai le roi Henri mon *homme de foi*, ce qu'il n'est pas encore, car il n'est point encore entré dans mon hommage (*Joinville*) ». Le bon roi ne pensait pas que l'intérêt légitime de la puissance nationale était bien autrement essentiel que le bon cousinage de ses fils et des fils de Henri III, et il ne soupçonnait pas le moins du monde que ce pût être chose contraire au droit et à la raison que de disposer ainsi de provinces entières sans l'aveu de leurs habitants. Les populations qu'il rejeta sous le détestable gouvernement de Henri III lui en surent fort mauvais gré, et, plus tard, lorsqu'il fut canonisé, se refusèrent à célébrer sa fête. Cependant la conduite de Louis IX envers le roi d'Angleterre fut loin de lui nuire généralement dans l'esprit des contemporains. Les principes du véritable droit des nations étant universellement ignorés, Louis parut avoir sacrifié l'intérêt à la justice; on le vénéra pour cet acte de désintéressement, comme pour sa charitable intervention dans les démêlés des princes qui avoisinaient le domaine royal; il faisait partout régner la paix autour de lui, réconciliait le duc de Bretagne avec son beau-frère le roi de Navarre, le comte de Chalon avec son fils le comte de Bourgogne (de Franche-Comté), le comte de Luxembourg avec le comte de Bar. Les Bourguignons et les Lorrains, et autres gens qui n'étaient pas ses vassaux, « l'aimoient tant, pour

---

1. Louis IX ne rendit pas toutefois ces grands fiefs dans la plénitude de l'ancienne puissance féodale. La couronne de France conserva la garde et les régales des évêchés, l'hommage direct des communes et de plusieurs seigneurs, et maintint des sénéchaux royaux dans les pays restitués. *v.* Tillemont, *Vie de saint Louis*, t. IV, p. 162.

la grand'peine qu'il prenoit à les mettre d'accord, qu'ils venoient plaider devant lui les discords qu'ils avoient les uns envers les autres (Joinville) ».

Mais, tandis qu'il rétablissait ainsi la concorde au dehors, Paris était livré sous ses yeux à des discussions qui devaient le préoccuper davantage encore que les querelles des barons; car le sujet du combat était d'un ordre plus élevé, à ses yeux, et les combattants plus opiniâtres. Les théologiens étaient bien plus difficiles à *appointer* que les gens de guerre! Les deux partis qui divisaient la société ecclésiastique avaient pris pour champ de bataille les écoles de Paris, centre de l'intelligence européenne; ces deux partis étaient le clergé séculier, qui avait sa haute expression dans les docteurs de l'Université, et le clergé régulier, ou plutôt les ordres mendiants, car les anciens ordres, débordés, étouffés par les disciples de François et de Dominique, se réfugiaient avec effroi derrière le parti séculier. On ne saurait donner une idée de la terrible puissance d'expansion qu'avait déployée depuis quarante ans le nouveau monachisme : par les commissions papales, il envahissait la prédication, l'administration des sacrements, la direction de la conscience des princes et des peuples, les fonctions des ordinaires et des curés, la répression des hérésies; par la création des tiers-ordres, il s'affiliait directement la masse de la société laïque[1], et les prêtres paroissiaux craignaient de se voir bientôt seuls dans leurs églises désertes aux jours des fêtes solennelles, tandis que la foule s'entassait dans les somptueuses basiliques élevées pour les Mendiants. « N'ayant rien, ils possèdent tout! » s'écriait le chancelier de Frédéric II, Pierre des Vignes, dans une lettre plaintive adressée à ce prince au nom du clergé séculier (Petri de Vineis epist. 57). L'ancienne discipline des diocèses, si profondément ébranlée de longue date par les papes, était enfin complètement renversée.

Les Mendiants avaient voulu avoir l'enseignement de la doctrine comme la conduite pratique des âmes, et l'université de Paris avait été envahie à son tour dès l'an 1230; à la faveur des troubles

---

1. *V.* ci-dessus, p. 62.

universitaires, les dominicains avaient érigé une école de théologie dans leur couvent de la rue Saint-Jacques ; les franciscains en établirent aussi une aux *Cordeliers* (on nomma ainsi les franciscains à cause de la corde dont ils se ceignaient les reins). Depuis Abélard et Saint-Bernard, on n'avait rien vu de comparable au mouvement intellectuel qui partit de ces ardents foyers : le mysticisme prit chez les Franciscains un essor d'une extrême audace, et l'ordre de Dominique sembla purifier, au feu de la science et du génie, le sang dont il était souillé. On vit accourir aux écoles des Mendiants de Paris, tour à tour comme élèves et comme maîtres, les plus grands esprits qu'il y eût alors en Europe. C'était le franciscain anglais Alexandre de Hales, espèce de Pierre Lombard très raffiné et très perfectionné, auteur d'une *Somme théologique* ou traité général de théologie composé par ordre d'Innocent IV ; c'était le dominicain souabe Albert de Bollstadt, le « Grand Albert », comme son siècle l'appela et comme la postérité l'appelle encore, espèce de Faust orthodoxe, dont la renommée mystérieuse et presque surnaturelle s'est vaguement conservée jusqu'à nous dans la mémoire du peuple[1], cerveau infatigable qui absorba toutes les connaissances réelles ou imaginaires que possédait alors le monde, logicien, physicien, métaphysicien, alchimiste, mécanicien, astrologue, théologien, qui associa le philosophe de Stagire à saint Dominique, et fut, pour ainsi dire, le principal négociateur du pacte d'Aristote avec Rome ; c'était l'italien Jean de Parme, ce novateur enthousiaste qui allait ébranler l'Église ; c'étaient ses compatriotes Thomas d'Aquin et Bonaventure, qui devaient la raffermir ; c'étaient enfin notre Vincent de Beauvais et l'Anglais Roger Bacon, les deux encyclopédistes du treizième siècle, qui résumèrent la science du moyen âge, et dont le second, le franciscain anglais, fut le prophète et le précurseur de la science moderne[2]. Ce n'était pas assez, pour résister à de tels

---

1. C'est lui qui est le héros des livres populaires appelés le *Grand* et le *Petit Albert*, remplis de prétendus *secrets* qui passèrent pour puisés par Albert dans les sciences occultes.

2. Le *Speculum Majus* (le Grand Miroir) de Vincent de Beauvais, dominicain, lecteur de saint Louis, est une immense compilation où ne brillent pas les rayons de génie de Roger Bacon, mais cette compilation est aussi bien ordonnée et aussi complète qu'elle pouvait l'être. L'auteur, très crédule en fait de légendes, montre

rivaux, du spirituel et savant Guillaume de Saint-Amour et des autres universitaires.

Les séculiers soutinrent toutefois le choc. Sur les douze chaires de théologie de l'Université, déjà six étaient au pouvoir des moines, anciens et nouveaux, sans compter les trois que tenaient les chanoines réguliers de Notre-Dame; et voici que les dominicains en érigaient encore une de plus. Les séculiers reprirent l'offensive. L'Université somma les docteurs réguliers de jurer l'observation de ses statuts, et voulut enlever aux dominicains une de leurs deux chaires : les Prêcheurs résistèrent; l'Université les excommunia et les rejeta de son sein; les Prêcheurs en appelèrent au pape, qui déclara tous les docteurs séculiers suspendus de leurs fonctions (1254). L'Université adressa une grande lettre à tous les prélats : « L'école de Paris, disait-elle, est le fondement de l'Église; si l'on ébranle le fondement, l'édifice sera en danger de crouler ». C'étaient là de redoutables paroles pour Rome, quoique ceux qui les proféraient fussent loin d'en tirer toutes les conséquences. Innocent IV voulut désintéresser la masse du clergé de cette querelle, et, par une bulle du 21 novembre 1254, il interdit aux Mendiants d'empiéter dorenavant sur les droits des évêques et des curés; mais Innocent IV mourut quinze jours après, et le premier acte de son successeur Alexandre IV fut de révoquer la bulle du 21 novembre : Alexandre IV ordonna ensuite la réintégration des Prêcheurs dans le corps universitaire, et chargea les évêques d'Auxerre et d'Orléans de faire exécuter sa volonté (avril 1255). L'Université refusa d'obéir : les délégués du pape excommunièrent l'Université. Les docteurs et les écoliers réunis déclarèrent la société universitaire dissoute, abdiquèrent leurs privilèges et déclarèrent chaque école indépendante : le pape ne vit dans cet acte qu'un subterfuge pour éviter de recevoir les doc-

du jugement et des connaissances relativement étendues en toute autre matière: on ne trouverait plus chez lui les folies cosmographiques de Cosmas Indicopleustès, les absurdités encore si accréditées au douzième siècle sur la forme carrée de la terre. Il en connaît la sphéricité et les cinq zones; il connaît les chiffres arabes ou plutôt indiens, et le calcul décimal; il distingue l'astronomie de l'astrologie, et ne reconnaît point à chaque astre une influence particulière, mais admet seulement une certaine action générale du ciel. *v.* Hauréau, *De la Philosophie scolastique,* t. I, p. 473 et suiv.

teurs mendiants et maintint sa sentence. Les deux partis acceptèrent néanmoins pour arbitres les archevêques de Bourges, de Reims, de Sens et de Rouen, qui décidèrent que les Mendiants n'auraient que deux écoles, et demeureraient séparés du corps des maîtres et des écoliers séculiers (mars 1256). Le pape cassa la sentence arbitrale, et déposa de toutes fonctions et bénéfices maître Guillaume de Saint-Amour et les trois autres principaux docteurs de l'Université. Les docteurs condamnés furent soutenus ouvertement par leur corps, et sous main par les évêques; le roi, qui était du tiers-ordre des franciscains, tenait pour les Mendiants : le peuple de Paris penchait pour les docteurs, si l'on en peut juger par les poésies du trouvère parisien Rutebeuf, qui exprime généralement avec énergie les sentiments populaires, et qui reproche si vivement au roi sa connivence avec les persécuteurs de « maître Guillaume ». La lutte se prolongea quatre ans encore, jusqu'en 1260, que l'Université réintégra enfin les Prêcheurs dans son sein en leur assignant le dernier rang après les Mineurs et les autres moines [1].

Si cette grande guerre scolastique n'eût été allumée qu'entre les intérêts de deux corporations rivales, elle mériterait peu d'arrêter l'attention de l'historien; mais les opinions n'y étaient pas moins engagées que les intérêts, et l'exaltation de la lutte était entretenue par des passions d'un ordre plus élevé que l'esprit de corps. Les Mendiants traitaient leurs adversaires de schismatiques qui niaient l'autorité souveraine du pape; les universitaires répondaient par une accusation d'hérésie, dans laquelle ils s'efforçaient d'envelopper les Mendiants en masse. Une vaste explosion d'idées hétérodoxes avait eu lieu, en effet, dans l'ordre de Saint-François: en 1254, avait commencé à circuler ostensiblement dans les écoles de Paris un livre intitulé *Introduction à l'Évangile éter-*

---

[1]. *V.* les poésies de Rutebeuf, publiées par M. A. Jubinal; 2 vol. in-8°, 1839. C'est un mélange de satires, de fabliaux, de poésies religieuses, de *dits* sur toute sorte de sujets. — Le roi, bien qu'il eût pris parti pour les moines contre les séculiers, n'en était pas moins favorable à l'Université en général : ce fut avant la fin des troubles qu'il aida son chapelain Robert de Sorbonne à fonder, près des ruines de l'antique palais romain des Thermes, le collège de Sorbonne, pour « les povres estudians en divinité » (en théologie) : ce collège devint le quartier général de la théologie en France.

nel, que la voix publique attribuait à Jean de Parme, général des franciscains : l'*Évangile éternel,* c'était l'Évangile de cette religion du Saint-Esprit qu'on traînait depuis tant d'années sur les mêmes bûchers que le manichéisme, et qui venait maintenant planter son étendard au milieu des milices papales. Nous n'avons plus ce livre extraordinaire ni les autres œuvres de la secte qui le produisit; mais les extraits cités par les écrivains ecclésiastiques suffisent pour en reconstruire les audacieuses théories. « Le Père éternel, disaient Jean de Parme et ses adhérents, a opéré parmi les hommes depuis la création jusqu'à la venue du Christ; après le Père a régné le Fils : l'empire du Fils finira en l'année 1260 après sa venue sur la terre, et le règne du Saint-Esprit et de l'Évangile éternel commencera pour durer jusqu'à la consommation des siècles. Le temps de l'Ancien-Testament a été celui de la chair, du mariage, de la vie laïque. Sous le Nouveau-Testament, les hommes, commençant de recevoir la grâce, ont vécu entre la chair et l'esprit; c'était le temps du clergé et du pape, à qui n'a point été confié le sens spirituel, mais seulement le sens littéral de l'Écriture : on ne pouvait atteindre la perfection avec l'Évangile de Jésus-Christ; mais avec le Saint-Esprit régnera la vérité sans voiles, sans signes, sans sacrements; les hommes vivront dans la grâce et la contemplation absolues; la vie active deviendra inutile; l'ordre clérical périra et sera remplacé *par ceux qui vont pieds nus et les reins ceints d'une corde* (les cordeliers). Le nouvel Évangile sera aussi supérieur à l'ancien que le soleil est supérieur à la lune[1] ».

---

1. Le messie du nouvel Evangile était le fameux abbé Joachim de Fiore, illuminé, visionnaire et prophète, mort dans la Calabre en 1202. Les franciscains lui ont attribué divers ouvrages qui ne sont pas de lui, entre autres un commentaire sur les prophéties de Merlin. Suivant l'*Introduction à l'Evangile éternel*, l'homme vêtu de lin (Joachim, qui était moine blanc, ou cistercien), l'ange à la faux aiguë (Dominique) et l'ange ayant le signe du Dieu vivant (François d'Assise) doivent être, au commencement du troisième état du monde, ce qu'ont été, au commencement du premier, Abraham, Isaac et Jacob, et, au commencement du second, Zacharie, Jean-Baptiste, et Jésus-Christ en tant qu'homme. Jean de Parme dit encore que les Grecs marchent plus selon l'esprit que les Latins, parce que les gens d'église chez eux ne sont pas seigneurs temporels et ne font pas la guerre, et que les juifs seront sauvés, sans quitter le judaïsme. *v.* Fleuri, l. LXXXIII, c. 55, LXXXIV, *passim,* et LXXXV, c. 2. — Bulæus, *Histoire de l'Université,* t. III. — Matth. Paris. ad annum 1256, etc.— Eccard, *Hist. medii ævi,* II, 849.

La grande idée du développement progressif de la religion se produisait ici sous une forme étrange! la terre changée en un immense couvent, la destruction de l'individualité par l'abolition, non pas seulement de la propriété, mais de la famille, la destruction de l'action et de la vie elle-même par l'absorption dans la contemplation et l'extase, l'unité dans l'immobilité; c'était viser à rentrer dans le sein de l'infini au lieu de développer la vie sur la terre suivant les plans de la Providence, et courir au même abîme que les manichéens, en imposant aux élus une chimérique perfection spirituelle. Jusqu'ici, les grandes hérésies du moyen âge se rejetaient en arrière du catholicisme romain par leur conception de la vie.

L'Université se fit de cette doctrine une arme redoutable : elle déféra en cour de Rome l'*Introduction à l'Évangile éternel*, et Guillaume de Saint-Amour riposta contre Jean de Parme par le livre des *Périls des derniers temps*, où il signalait les moines mendiants comme les hommes de danger prédits par saint Paul; il déclarait qu'il n'y avait de mission légitime dans l'Église que celle des évêques et des curés, et que tous ceux qui prêchaient sans mission étaient de faux prédicateurs, « quand même ils feroient des miracles ». Le pape, disait-il, porterait atteinte aux droits de ses frères les évêques, en donnant la liberté de prêcher à une multitude indéfinie de personnes, qui seraient comme autant d'évêques universaux. La perfection, suivant Guillaume, consistait à suivre Jésus-Christ en l'imitant dans la pratique des bonnes œuvres, c'est-à-dire en travaillant et non en mendiant. La conduite de la cour de Rome fut singulièrement remarquable en cette circonstance; elle reçut cette double atteinte avec des sentiments très divers : le livre de Saint-Amour ne lui inspira que de la colère; elle frappa d'anathème, comme « inique, criminel et exécrable », cet ouvrage qui ne faisait guère que réclamer, avec des formes un peu âpres, le rétablissement de l'antique discipline hiérarchique. Quant au livre de Jean de Parme, Rome le reçut avec un effroi qui se traduisit, non point en mesures de violence, mais au contraire en efforts pour étouffer à tout prix, dans l'ombre, ces terribles nouveautés : le pape garda des ménagements extraordinaires envers les franciscains, invita Jean de

Parme à se démettre volontairement du généralat, lui permit de désigner lui-même son remplaçant, qui fut le célèbre Bonaventure, et donna le moins de publicité possible à la condamnation de son livre. L'affaire cependant avait fait trop de bruit; il fallut juger Jean de Parme : Jean et deux autres des principaux membres de l'ordre furent condamnés à la prison perpétuelle; mais le cardinal Ottoboni de Fiesque, depuis pape sous le nom d'Adrien V, se déclara caution de Jean de Parme, et l'auteur de l'*Introduction à l'Évangile éternel*, traité avec autant d'égards qu'autrefois Abélard, eut le choix de la retraite où il passa le reste de ses jours. Il y mourut, trente-deux ans après, en odeur de sainteté[1].

Rome recueillit le fruit de cette modération inaccoutumée : les nouveaux mystiques ne furent point exaltés par la persécution, et, la fatidique année 1260 ayant démenti la prophétie en ne renouvelant pas le monde[2], la plupart des dissidents furent réconciliés à l'orthodoxie romaine par les deux hommes de génie qui prirent sur ces entrefaites la direction des deux ordres mendiants, le dominicain Thomas d'Aquin et le franciscain Bonaventure[3] : ces deux illustres docteurs semblèrent se partager, dans leur œuvre théologique, les deux grands éléments de l'âme humaine, le sentiment et l'intelligence; on les a nommés, avec assez de justesse, le Bossuet et le Fénelon du treizième siècle[4]; ils contribuèrent, à des degrés inégaux, à ramener pour un temps dans les limites du catholicisme l'esprit humain, fatigué de tant d'élans impuissants et de vagues et fougueuses aspirations. Pendant que le tendre et poétique Bonaventure détournait de la redoutable voie du Saint-Esprit le flot du mysticisme, pour le rappeler à la tradition de saint François, au culte extatique de la Vierge et de l'enfant Jésus,

---

1. Sa béatification a fini par être confirmée, en 1777, par un décret de la Congrégation des rites. C'est un des faits les plus singuliers de l'histoire de l'Église. v. *Hist. littér. de la France*, t. XX, p. 31, 32.

2. On avait voulu faire intervenir Merlin dans cette affaire, et trouver la prédiction chez lui.

3. La religion du Saint-Esprit ne fut pas étouffée cependant. Nous la verrons faire explosion de nouveau au quatorzième siècle, après avoir, dans l'intervalle, fermenté çà et là.

4. Pierre Leroux, *Encycl. nouv.*, art. S. BONAVENTURE. M. P. Leroux montre, dans cet article, comment les visions des extatiques, franciscains et autres, sont devenues une source intarissable pour la peinture et la sculpture du moyen âge.

le sévère logicien Thomas d'Aquin s'efforçait de tracer autour de la raison un cercle infranchissable.

L'œuvre de Thomas est d'une assez haute importance dans l'histoire de l'esprit humain pour qu'il soit indispensable de s'y arrêter quelques moments. On l'a nommée à juste titre « le Testament du moyen âge ». C'est toute une théologie et toute une philosophie, résumant le mouvement des croyances dans l'Église et des opinions dans l'École, depuis saint Augustin; théologie encore aujourd'hui la principale assise du catholicisme romain, philosophie restée une des grandes sources de la métaphysique moderne.

Thomas, en philosophie, n'avait fait que reprendre et qu'achever, avec plus de méthode et de lumière, la doctrine fondée par son maître Albert, et il faut remonter jusqu'à la condamnation passagère d'Aristote[1], pour se rendre compte de la marche des idées durant le treizième siècle.

L'effroi de la persécution qui avait frappé les panthéistes des écoles de Paris, et Aristote avec eux et à cause d'eux, avait quelque temps refoulé la scolastique dans d'étroites limites. Le réalisme[2], cependant, n'était point extirpé : il était seulement devenu plus timide et moins conséquent. C'est le caractère des deux maîtres qui dominent la première période du siècle, le docteur français Guillaume d'Auvergne et le franciscain anglais Alexandre de Hales[3], esprits, d'ailleurs, élevés et ingénieux. Alexandre de Hales établit remarquablement l'unité de l'âme et la distinction entre le domaine de la sensibilité (physique) et celui de l'intelligence, ou des notions venant des sens et des notions venant de l'esprit. Mais, il faut bien le dire, c'est le proscrit Aristote qui fournit au docteur orthodoxe tout le fond de ses arguments[4].

---

1. *V.* ci-dessus, p. 57 et p. 163.
2. *V.* notre t. III, p. 304 et suiv.
3. Guillaume termina son enseignement dans une des chaires séculières, en 1228, époque à laquelle il devint évêque de Paris. — Alexandre de Hales enseigna aux Cordeliers jusqu'en 1238.
4. Aristote n'enseigne pas le pur sensualisme. « Ce qu'on appelle l'intelligence de l'âme, dit-il, c'est-à-dire : ce par quoi l'âme raisonne et conçoit, n'est en acte aucune des choses du dehors avant de penser. » *De Anima*, III, tract. II, c. 1. Le principe de l'intelligence est interne, non externe, suivant Aristote, et sa maxime est celle que Leibniz a opposée aux matérialistes : « Rien n'est dans l'intelligence

Guillaume d'Auvergne, lui, mérite d'être cité pour deux grandes paroles qu'il n'a pas trouvées dans le Stagirite!

« Il est évident que le progrès (*profectum sive proficere*) de l'âme ne saurait avoir de terme, mais qu'il est infini.

« Le monde archétype, qui est la raison et l'exemplaire de l'univers..., suivant la doctrine des chrétiens, est le Fils de Dieu, vrai Dieu lui-même ».

S'il eût combiné ces deux maximes et y eût ramené toute la doctrine, il eût fondé le vrai réalisme, balayé le faux, opposé une puissante barrière aux négations du nominalisme et montré à la théologie, on peut le dire, un nouveau ciel et une nouvelle terre [1].

L'opinion, sur ces entrefaites, recommençait à se déclarer ouvertement en faveur d'Aristote. L'Anglais Robert Grosse-Tête enseignait hardiment à Paris la physique du Stagirite avec les gloses arabes. Robert, qui mourut évêque de Lincoln, en traitant le pape d'ante-christ, avait déjà, sans doute, quand il professait à Paris, la haine du despotisme romain; mais, bientôt, Aristote eut des champions moins suspects et dont l'autorité emporta tout. La transition se fit par Jean de La Rochelle, qui avait remplacé Alexandre de Hales dans sa chaire (1238-1253), et qui se tint sur les confins du réalisme et du conceptualisme [2]. Suivant l'observation de l'historien de la scolastique [3], il a en lui, pour ainsi dire, la matière d'Albert le Grand et de saint Thomas. Après Guillaume d'Auvergne et Jean de La Rochelle, la France reste la nourrice, mais non plus la mère des grands docteurs. Les hommes qui fondent le péripatétisme du moyen âge sortent de l'Allemagne et de l'Italie; mais c'est à Paris qu'ils viennent compléter le développe-

---

qui n'ait été auparavant dans les sens, rien, si ce n'est l'intelligence elle-même ». C'est aussi par une interprétation erronée de quelques passages d'Aristote, qu'on l'a fait le père de la doctrine des trois âmes, raisonnable, sensitive, végétative, tandis que son *entéléchie* ou énergie animique est réellement une avec des facultés diverses.

1. *Hist. littér. de la France*, t. XVIII, p. 357-385. — Hauréau, *De la Philosophie scolastique*, t. I, p. 448.

2. Psychologue remarquable; il enseigne que le sens interne ou *sens commun* d'Aristote, centre de toutes les sensations, est dans le cerveau, mais que l'*énergie intellective* est tout entière dans le corps tout entier, ce qui implique qu'il n'y a pas d'étendue dans l'âme et qu'elle n'occupe aucun point physique déterminé.

3. Hauréau.

ment de leur esprit et faire consacrer leurs doctrines, et la France garde encore le sceptre de la philosophie quand elle n'engendre plus les principaux philosophes.

Nous avons déjà indiqué l'universalité d'Albert le Grand[1], universalité non de compilation, comme chez notre Vincent de Beauvais, mais d'études propres et de pensées originales. Le caractère essentiel d'Albert est l'interprétation d'Aristote dans un sens compatible avec l'orthodoxie. Des textes plus purs sont arrivés de la Grèce depuis la conquête de Constantinople[2] : quelques hellénistes recommencent à se former en Occident[3]. Bien des hérésies prêtées au Stagirite par les Arabes et par les Juifs disparaissent devant un plus mûr examen ; mais on tombe dans l'excès contraire, en interprétant chrétiennement certaines données qui ne s'y accordent pas du tout, et en adoptant quelques éléments qui compromettent la métaphysique chrétienne. « Les devanciers d'Albert-le-Grand, s'écrie un de ses adversaires, avoient introduit la philosophie profane, c'est-à-dire aristotélique, sur le seuil de la sainte théologie ; Albert lui a fait faire invasion jusque dans le sanctuaire du Christ, et l'a fait asseoir sur le principal siège du temple[4] ».

Albert avait pourtant, lui aussi, placé la foi avant la raison dans les choses divines. « La philosophie, avait-il dit, est la voie de la science ; la théologie (mieux eût valu dire : la religion) est la voie de l'amour ». Belle définition, et féconde, pourvu que l'on entende que la science comprenne l'amour, et que l'amour soit réglé par la science.

Dans la forme, Albert se signale par une méthode franche et hardie, abordant de front les difficultés, discutant les autorités, et ne les subissant pas. Dans le fond, il tente un éclectisme entre

---

1. Il enseigna aux Jacobins de Paris de 1245 à 1248.

2. Un collège pour les Grecs catholiques avait été fondé à Paris sous Philippe-Auguste.

3. Les grands docteurs scolastiques du treizième siècle ne savaient pas le grec ; mais quelques grammairiens commençaient à le savoir auprès d'eux. Ainsi Thomas d'Aquin eut pour conseil l'helléniste flamand Guillaume de Moërbeke. Les langues sémitiques s'introduisaient, d'un autre côté, par les missionnaires des ordres mendiants.

4. Hauréau, *De la Philosophie scolastique*, t. II, p. 6. — Les docteurs de Cologne, les élèves d'Albert, allèrent jusqu'à proclamer Aristote « le précurseur du Christ dans les choses de la Nature, comme Jean-Baptiste dans les choses de la Grâce ».

Aristote et Platon, avec prédominance du premier, quant à la logique et à la physique; du second, quant à la théodicée. Le conceptualisme d'Abélard se relève en lui avec un peu plus de concessions au réalisme. L'individu seul, suivant Albert, possède la réalité substantielle. L'universel existe, comme pensée, dans la pensée de Dieu et dans la pensée de l'homme.

La partie physiologique des travaux d'Albert est fort remarquable; fidèle héritier et sagace continuateur d'Aristote et des maîtres arabes et juifs, si avancés quant à cette branche de la science, il connaît bien la distinction fondamentale de la vie végétative et de la vie animale dans l'être animé, distinction négligée depuis dans le cartésianisme, mais relevée et puissamment développée par les naturalistes modernes. Il admet également les principes des Arabes et des Juifs sur la localisation des facultés dans le cerveau[1].

Par Albert, le nouveau péripatétisme est constitué: par Thomas, il est perfectionné et intronisé dans l'École. Thomas, plus élevé de génie, plus rigoureux de logique, mais non plus étendu de compréhension que son maître, laisse la physique sur le second plan, éclaire et précise la métaphysique, développe la théologie, et couronne de nombreux traités philosophiques par l'immense *Somme théologique* qui restera le code du catholicisme romain.

Nous n'avons point à exposer dans son ensemble la doctrine métaphysique de saint Thomas; mais il est essentiel d'indiquer ses idées et celles d'Albert relativement à l'âme, idées qui ont régné si longtemps sur l'École. L'âme, suivant Albert, consiste dans l'intelligence associée à des facultés propres à entrer en commerce avec les organes du corps. L'intelligence est une substance universelle[2]; mais elle s'individualise, avec l'âme dont elle fait partie, quand l'âme devient l'*entéléchie*, l'*énergie* vitale d'un corps déterminé. Les facultés destinées aux relations avec les organes corporels disparaissant à la mort, il semble que l'intelligence doive alors perdre son individualité et rentrer dans l'universel.

1. Avicenne, Algazel, etc. admettent cinq cellules, centres de cinq facultés. *v.* Rousselot, *Études sur la philosophie dans le moyen âge*, t. II, p. 202-205. Cette idée de localisation des facultés dans les diverses cases du cerveau avait été émise également par Ithier, moine limousin du onzième siècle. V. l'abbé Lebeuf, *Dissert.* t. II, p. 183.

2. En d'autres termes, la raison est impersonnelle.

Ceci n'est plus du conceptualisme, mais du réalisme, et du pire, du réalisme averrhoïste. Albert proteste avec effroi contre cette conclusion; mais il ne l'évite qu'assez illogiquement. Thomas va au devant du péril en affirmant que toute forme substantielle, terme qui caractérise l'âme dans le langage de l'École, est immortelle. La *forme* ou l'âme est le principe même de la vie; la matière, séparée de la forme, se corrompt, ou pour mieux dire, se transforme, est vivifiée par une vie nouvelle; la forme, étant la vie même, ne peut se séparer d'elle-même; la vie ne meurt pas. Thomas admet bien que l'intelligence est universelle; mais cette universalité n'est qu'une pensée de Dieu, une abstraction pure; et, en acte, en réalité, l'intelligence est toujours individualisée. Albert, au fond, ne pensait pas différemment; mais il n'avait pas su préciser sa pensée.

Cette doctrine est insuffisante. Il y a un principe essentiel de personnalité dans l'âme; c'est le sentiment, l'amour (*affectus*); c'est là ce que l'École a le grand tort d'oublier. L'individualité véritable est là, et non dans l'intellect ou dans la matière. De plus, l'École définit d'une manière très imparfaite ce qu'elle appelle les facultés de l'âme destinées aux rapports avec la matière. Elle ne voit pas que l'âme est essentiellement force plastique, principe de *corporéité* (comme dirait un scolastique), aussi bien qu'intelligence et qu'amour, et que la force plastique subsiste nécessairement, comme les deux autres principes, à la dissolution du corps *actuel*. Cette vérité est le fond métaphysique du dogme chrétien de la résurrection de la chair [1], et pourtant l'École, tout en posant très bien, par l'organe de saint Thomas, que l'âme est le principe par lequel nous sentons et nous nous mouvons aussi bien que celui par lequel nous pensons, a toujours méconnu le principe permanent de *corporéité* en le confondant avec l'*accident* du corps actuel. Saint Thomas a eu raison d'affirmer la *manifestation* simultanée de l'âme et du corps, dans ce sens qu'il ne faut admettre ni la formation séparée et antérieure du corps [2], ni la préexistence de

---

1. Dogme auquel on a prêté, dans le sens littéral, une forme impossible.
2. Comme si le corps était un être existant par lui-même; comme s'il était autre chose qu'un *nom* par lequel nous désignons l'assemblage de molécules sur lequel agit la force plastique. Guillaume d'Auvergne avait non-seulement avancé que les

l'intellect pur en tant que principe abstrait et *séparé,* non associé à la force plastique; mais Thomas n'était nullement autorisé à en conclure la création immédiate de l'âme à l'instant de la *formation* (l'on ne doit pas dire *création*) du corps *actuel*, doctrine qui soulève des objections si terribles au point de vue de la morale religieuse.

Thomas et l'École, sur cette grande question, n'ont pu échapper à la double étreinte d'Aristote et de saint Augustin; l'un, le Stagirite, ne voyant dans l'âme et le corps qu'un tout inséparable, croyant que l'âme du fils provient de l'âme du père[1]! et n'apercevant rien avant ni rien après la vie actuelle; l'autre, le docteur africain, posant nécessairement, comme chrétien, l'âme immortelle, mais repoussant la préexistence de l'âme par cette doctrine du péché originel collectif qui tient de si près à la doctrine de l'âme du fils sortant de l'âme du père.

Ajoutons, pour ce qui regarde la métaphysique de saint Thomas, qu'il établit, d'après Aristote, que les idées universelles sont à la fois dans les choses et dans l'intelligence qui les dégage des choses; qu'il nie les idées *innées,* en posant que tout acte de l'intelligence est précédé d'une opération des sens et de l'imagination, réservé ce qui regarde la foi, réserve, il est vrai, qui peut ramener ce qu'il écarte; enfin, qu'il définit la matière par la quantité (*quantitas dimensiva*), définition qui deviendra, sous une forme plus claire, l'*étendue* de Descartes.

Par les problèmes de l'âme, la métaphysique et la théologie de saint Thomas se confondent nécessairement. L'importance de cette théologie est bien connue, non comme système original, mais comme résumant, au contraire, sous forme dogmatique, à côté de la

---

membres s'organisent avant l'infusion de l'âme, mais prétendu déterminer le moment de la création de l'âme. « Elle est créée et s'infuse, dit-il, le quarante-sixième jour après la conception, de même qu'il a fallu quarante-six ans pour achever le temple de Jérusalem. »

1. La mère est annulée dans ce système. C'est une des marques les plus surprenantes de la faiblesse de l'esprit humain qu'une telle opinion dans un tel homme! Le *traducianisme*, comme on appelle cette doctrine, est aussi bien juif qu'aristotélicien. Les Juifs, et, dit-on, les Égyptiens, croyaient que l'âme résidait dans le sang. L'École n'a échappé au *traducianisme* qu'en avançant que l'âme, créée pure en elle-même, contracte, dans le corps transmis par les parents, la souillure originelle. C'était se jeter d'un écueil sur un autre.

grande théodicée des premiers conciles, toutes les opinions accréditées depuis saint Augustin. Très voisin d'Abélard en ontologie, en métaphysique proprement dite, saint Thomas est bien éloigné du philosophe breton en théologie. Autant Abélard est ouvert, libre dans l'interprétation, plein d'aspirations nouvelles, autant Thomas est réservé et inexorablement fermé dans son cercle. La direction rigoureuse où l'esprit de saint Augustin a entraîné malgré lui son cœur est encore exagérée, chez Thomas, par le fait même du développement logique qui précise les détails là où saint Augustin n'avait jeté que les grandes lignes. La théorie de Thomas sur les peines de l'autre vie est bien en harmonie avec le siècle de la Guerre des Albigeois. On y touche du doigt toutes les conséquences de ce dogme des supplices éternels, qui avait pu jadis exercer une terreur salutaire sur les Barbares convertis et sur les Romains dégénérés, mais qui, depuis le onzième siècle, c'est-à-dire depuis l'ouverture des persécutions religieuses, couvrait la chrétienté d'une horreur croissante et semblait relever les autels de Moloch sous le nom du Christ[1].

L'enfer de Thomas, ou plutôt de l'École, est monstrueux; son paradis est inconséquent. Il y a, pour les bienheureux, personnalité nominale, impersonnalité de fait, puisque la vie, c'est l'activité[2], par conséquent, le progrès pour l'être imparfait, et qu'il n'y a, dans le ciel des scolastiques, ni activité ni but d'activité, ni foi ni espérance. Il n'y subsiste que la charité, et quelle charité, que celle qui se réjouit des tourments des damnés[3]! Les scolastiques admettent, dans le ciel, l'esprit sans activité spirituelle, le corps sans activité corporelle, les sexes (car Thomas pose formellement la conservation éternelle des sexes sans en voir la vraie raison, à savoir : que la différence physique des sexes n'est que le résultat de la différence des essences), les sexes, disons-nous, sans union entre les sexes, par conséquent sans cause finale de leur différence.

L'École ne donne pas des solutions plus satisfaisantes sur la

---

1. *V.* la IIIe partie de la *Somme* de saint Thomas.
2. « Le Père agit toujours, » dit si bien le christianisme.
3. *V.* le dernier paragraphe du *Livre des Sentences* de Pierre Lombard, répété par saint Thomas et par toute l'École.

cosmogonie que sur la destinée de l'homme. En réfutant avec raison l'éternité *spontanée* du monde, dans ce sens que la matière existerait par elle-même et que Dieu n'en serait que l'ordonnateur, Albert, Thomas et toute l'École tombent dans l'excès contraire, par l'affirmation que l'univers est limité dans le temps et dans l'espace, qu'il a commencé et qu'il finira, au lieu d'y voir la création volontaire, mais éternelle et infinie de Dieu. Ce *Ciel des étoiles*, qu'ils ne veulent pas croire infini, quelques-uns d'entre eux commencent pourtant à l'entrevoir bien grand, en comparaison de la terre et de l'enfer, qu'ils s'accordent généralement à placer, comme le paganisme classique, dans les entrailles de la terre. « La terre, dit nettement Guillaume d'Auvergne, la terre, dont l'enfer n'occupe sans doute pas la quatrième partie, n'est qu'un infiniment petit en comparaison du ciel des étoiles, plus petit que l'*empyrée*[1] ». Il n'est pas facile au sens commun d'admettre que ce vaste ciel sidéral puisse être vide d'habitants, et cependant Guillaume d'Auvergne, et, après lui, saint Thomas et les autres se roidissent contre une conclusion naturelle dont ils aperçoivent les conséquences. « Il ne peut y avoir, dit Thomas, d'autre monde que la terre. S'il en pouvait exister un second, il faudrait, de toute nécessité, en admettre d'autres encore jusqu'à l'infini, ce qui paraît contraire à la vérité et à la révélation ».

Cette ouverture sur les mondes sans nombre, sur l'infini visible, pour ainsi dire, que Thomas semble tant redouter, elle se fera par les mains de Copernic, de Galilée et de Kepler, et c'est par elle que commencera de s'écrouler l'édifice qu'achève et qu'étaie le grand docteur scolastique !

La politique de saint Thomas, car cet esprit encyclopédique n'a pas négligé ce qui regarde le gouvernement des choses humaines, a exercé une influence étendue et complexe durant trois siècles. Elle mérite une attention particulière. Thomas cherche empiriquement, à la manière de son maître Aristote, non le droit, le juste en soi, mais l'utile. Il conclut au gouvernement d'un seul, comme préférable, puis cherche les moyens d'empêcher que le pouvoir d'un seul ne dégénère en tyrannie, ou

---

1. Le paradis. On le plaçait au-dessus du ciel des étoiles. *v. Hist. littér. de la France*, t. XVIII, p. 357-385.

de remédier à la tyrannie, si cette dégénération a eu lieu.

« Si l'excès de la tyrannie, dit-il, est devenu intolérable, quelques-uns ont cru qu'il appartient à la vertu des hommes courageux de mettre à mort (*interimere*) le tyran... Mais, poursuit-il, après avoir réfuté cette opinion, il semble meilleur de procéder contre la violence des tyrans, non par la présomption particulière de quelques-uns, mais par l'autorité publique... S'il appartient à un peuple (*multitudinis alicujus*) de disposer de son propre gouvernement (*sibi providere de rege*), le roi établi par ce peuple peut, sans injustice, être détruit (*destrui*) ou sa puissance réprimée, s'il abuse tyranniquement de la puissance royale. Et ce peuple ne saurait être accusé d'infidélité, s'il dépose son tyran, quand même il se serait auparavant soumis à lui à perpétuité ; parce que le tyran a mérité cette peine en agissant infidèlement dans le gouvernement du peuple[1] ».

Au fond, ceci est encore empirique ; ce droit que Thomas vient d'établir si énergiquement, ce n'est pas, pour lui, le droit absolu de tout peuple, de toute société humaine ; c'est le droit positif et légal d'un peuple qui s'est donné un chef à de certaines conditions. On peut, sans doute, établir qu'il y a toujours contrat explicite ou implicite, et que tout gouvernement suppose le consentement des gouvernés, mais cela n'est qu'indirect, et Thomas ne le dit pas.

Plus loin, on voit comment il faut entendre la préférence accordée par Thomas au gouvernement d'un seul. Il compare le régime *politique*, c'est-à-dire libre, légal et régulier, au régime despotique, qu'il ne distingue pas ou presque pas du royal ; et il explique que, s'il préfère le pouvoir d'un seul, c'est comme moindre mal et à cause de la corruption de la nature humaine ; mais que, dans l'état d'innocence, ou chez les peuples sages et vertueux qui s'en rapprochaient à de certains égards, « comme les anciens Romains », le régime *politique* est préférable. Certains pays, dit-il, sont aptes à la servitude, certains à la liberté.

Et, d'après son maître Aristote, il étend ce principe aux hommes, et répète sans objection les maximes d'Aristote sur la

---

1. *De Regimine Principum*, l. I, c. 6.

légitimité de l'esclavage, quant aux esclaves par accident (pris à la guerre) et quant aux esclaves par nature (par infériorité d'intelligence)[1].

Il contredit Aristote quant au but que doit poursuivre le prince : Aristote et Tullius (Cicéron) proposent au prince, au gouvernant, la gloire mondaine ; lui, propose le ciel. Rien de mieux, s'il ne reportait le but de l'orgueil humain dans le ciel même ; car il promet aux rois et aux princes le premier rang, le « degré suprême », dans la béatitude céleste, poursuivant l'inégalité des conditions humaines jusqu'au pied du trône de Dieu.

La conclusion est que la royauté et le pouvoir temporel en général doivent être soumis au sacerdoce, et spécialement au souverain pontificat, qui a la charge de la « fin dernière », tandis que les rois n'ont la charge que des « fins transitoires » (*antecedentes*)[2].

Il y a de tout dans le livre du *Gouvernement des Princes* : l'ultramontanisme au sommet ; à la surface, un monarchisme de pis-aller ; au fond, un républicanisme classique de regret et de sympathie. Cette diversité même d'éléments contribuera à la longue popularité de ce livre. Les opinions les plus opposées y trouveront des aliments et des armes.

Nous avons avons insisté, quant à la théologie et à la métaphysique de saint Thomas, sur les points essentiels qui choquent le

---

1. *De Regimine Principum*, l. II, c. 8, 9, 10.
2. Nous avons pris toutes nos citations dans les deux premiers livres, parce que les deux derniers sont contestés à Thomas et attribués au dominicain Tolomeo de Lucques. Ce qu'il y a de frappant dans les deux derniers livres, c'est le profond respect de l'écrivain monastique pour les Romains et pour le droit romain.

L. III, c. 4. — Comment la seigneurie fut accordée de Dieu aux Romains pour leur amour de la patrie.

C. 5. — Comment les Romains ont mérité la seigneurie par les très saintes lois qu'ils nous ont transmises.

C. 6. — Comment la seigneurie a été donnée de Dieu aux Romains à cause de leur amour du bien dans l'ordre civil.

De telles maximes dans la bouche des champions de la papauté, des hommes du droit canonique, en disent assez sur l'immense force morale dont disposaient les légistes qui ressuscitaient le droit romain contre la papauté et contre la féodalité à la fois. La papauté cherchait bien, elle aussi, à s'emparer du droit romain en se donnant comme l'héritière des Césars ; mais l'esprit tout laïque du droit romain repoussait invinciblement cette tentative.

Dans le l. IV, c. 9, l'auteur dominicain réfute, d'après Aristote, la communauté et l'égalité des biens, et cela tandis que les idées de communauté absolue continuent à couver chez les franciscains.

plus le sentiment moderne; mais il en résulterait une impression peu équitable envers ce grand esprit, si nous n'ajoutions qu'à côté de ces solutions inacceptables, il y a chez lui un nombre considérable de solutions qui sont, à nos yeux, du moins, définitivement acquises à l'esprit humain; que sa psychologie et son ontologie, malgré des parties erronées, conservent une haute valeur; que sa théodicée rassemble et expose d'une manière supérieure tous les développements de la notion de Dieu dus aux grands siècles chrétiens.

Nous pouvons donc encore sans peine concevoir l'admiration avec laquelle le moyen âge accueillit le colossal monument élevé par « l'ange de l'École ». Le vieux maître du « docteur angélique », le grand Albert, s'écria que « le frère Thomas avoit mis fin à tous travaux jusqu'à la fin du monde ». Trois cents ans plus tard, les Pères du concile de Trente ratifiaient la parole d'Albert en faisant placer la *Somme* de saint Thomas sur le bureau de leur secrétaire, à côté des livres saints, comme contenant la solution de tous les problèmes disputés.

La génération contemporaine avait été conquise presque tout entière. Cluni, Cîteaux, Clairvaux même! adhérèrent. Les fils de saint Bernard se rallièrent à la métaphysique d'Abélard, reproduite par Albert et Thomas; tardive réparation! L'université de Paris oublia la querelle de Guillaume de Saint-Amour pour acclamer « l'ange de l'École ». La masse des lettrés reconnut l'autorité de Thomas, les uns absolument, les autres avec quelques réserves. Les franciscains seuls résistèrent. Leur illustre chef, saint Bonaventure, ne protesta qu'avec modération et, sur certains points, avec raison[1]; mais beaucoup de franciscains n'eurent pas cette prudence. Bonaventure n'avait pas ramené tout son ordre à l'orthodoxie. Le mysticisme de Jean de Parme et de la religion du

---

1. *V.* ce que nous avons dit ci-dessus, p. 3, de l'école de saint Victor. Comme les *victorins*, Bonaventure proteste en faveur de la partie *affective* de l'âme, trop oubliée pour la partie *cognitive*. Comme eux, aussi, un peu moins avant peut-être, il s'égare dans la voie périlleuse de l'intuition mystique. Tous ceux des philosophes du moyen âge qui en ont appelé au sentiment ont dû s'égarer, parce qu'ils n'ont jamais distingué la foi dans son sens général et philosophique, c'est-à-dire l'adhésion de sentiment aux vérités indémontrables, principe universel et humain, d'avec la foi spéciale aux enseignements de la théologie positive.

Saint-Esprit écarté ou comprimé, plusieurs se jetèrent dans une autre extrémité, et se firent plus péripatéticiens que saint Thomas. Voyant ce que « l'ange de l'École » n'avait pas voulu voir, l'opposition d'Aristote et du christianisme sur des points fondamentaux, ils avancèrent qu'il y a deux vérités, la vérité selon le *philosophe* et la vérité selon l'Église, et, à l'abri de cette singulière précaution, ils se mirent à déduire sans scrupule la « vérité selon le philosophe ». Cela les mena fort loin. La « vérité selon le philosophe » n'admettait ni la Trinité, ni la création. L'éternité du monde et de la matière; Dieu n'étant plus que l'agent suprême, le moteur de l'univers; Dieu ne connaissant pas les choses particulières; l'âme inséparable du corps; la vie future niée, certains d'entre eux allèrent à tout. D'autres admettaient la création, mais comme acte unique, ayant épuisé la puissance créatrice. Il y en avait qui croyaient au gouvernement fatal des choses par l'influence des astres, ce qui ne venait point d'Aristote[1].

Ces dangereuses opinions furent condamnées à deux reprises, en 1270 et 1277, par l'évêque de Paris, Étienne Tempier, assisté des principaux docteurs; mais les bûchers ne s'allumèrent point. Les auteurs de ces propositions étaient des raisonneurs scolastiques et non des sectaires, comme jadis Amauri de Bène et ses disciples; et ils aimèrent mieux retourner de « la vérité selon le philosophe » à « la vérité selon l'Église » que d'affronter l'Inquisition.

Le même synode de Paris (1277), qui avait frappé ces témérités scolastiques, ne se laissa pas éblouir par le grand nom de l'*Ange de l'École,* et condamna, avec un ferme bon sens, une proposition de Thomas, relative à sa doctrine qui plaçait le principe de l'individualité dans la matière. C'était la réserve qu'avait déjà faite saint Bonaventure, et que renouvela le chancelier de l'église et de l'université de Paris, Godefroi de Fontaines. Écartant toutes les subtilités où l'on se perdait en cherchant le principe de l'individualité, soit dans la matière, comme le prétendaient les dominicains, soit dans la forme séparée (l'esprit), comme le voulaient les franciscains, il établit que, l'individu étant le seul être

---

1. Fleuri, *Hist. ecclés.*, t. XVIII, l. LXXXVI, § 11, l. LXXXVII, § 5.

réel et la seule substance véritable, l'individualité est la condition naturelle et nécessaire de toute matière *informée*, de tout être réunissant les principes spirituel et matériel, et que la cause immédiate de l'individualité est l'acte même qui produit une substance hors du néant.

Godefroi de Fontaines, esprit supérieur, qui n'a pas dans l'histoire de la philosophie le renom dont il serait digne, mériterait que l'on fermât sur ses conclusions le débat scolastique; car il a le premier tiré les conséquences pratiques des principes abstraits de l'École et porté la question du terrain dialectique et ontologique sur le terrain politique et social. L'universel, en soi, dit-il, n'est qu'un pur concept; mais, en tant que joint aux choses, il est leur manière d'être plus ou moins commune. Les individus, seuls êtres réels, ne sauraient être absorbés dans l'universel, c'est-à-dire dans une abstraction; donc les individus politiques, les citoyens ne doivent point être absorbés dans l'autorité absolue de l'abstraction qu'on nomme l'État. D'une autre part, les individus n'ont pas seulement entre eux communauté de *nom*, mais analogie réelle, relation harmonique; la coordination de leurs rapports tient à leur *essence*, à leur nature. En somme, la société est *naturelle*, et, par conséquent, divine; mais elle est faite pour les individus, pour les êtres réels, et non les individus pour l'être abstrait qu'on nomme société[1].

Il appartenait au génie, tout ensemble philosophique et pratique, de la France, de montrer ainsi le lien de l'abstraction et de la réalité, de la métaphysique et de la politique, ce que n'avait pas fait saint Thomas, et cette réfutation simultanée du despotisme et du communisme sous le nom de réalisme, de l'anarchisme sous le nom de nominalisme, est certes quelque chose d'assez remarquable au treizième siècle.

Les esprits, encore dominés par la théologie et la philosophie abstraite, ne suivirent pas Godefroi de Fontaines sur le terrain de la philosophie politique, pas plus qu'ils ne suivirent sur le terrain de la philosophie expérimentale le malheureux grand homme qui fut persécuté pour avoir continué et perfectionné

---

1. Hauréau, *Philos. scolast.* t. II, p. 295.

Albert le Grand dans les sciences physiques, tandis que Thomas allait à la gloire et à l'autorité pour avoir développé le même maître dans les sciences métaphysiques. Nous parlons de Roger Bacon, l'illustre franciscain anglais, condamné à Paris en 1278 par le général de son ordre, légat du pape Son crime était d'avoir avancé « des nouveautés suspectes », en sondant librement les secrets de la nature. On frappa en lui le principe même de l'expérience et de l'observation, déjà réprouvé implicitement, chez Albert le Grand lui-même, par l'ordre de saint Dominique[1], et l'on refoula les sciences naturelles dans les retraites obscures des alchimistes et des nécromants[2]. Le précurseur prématuré de la

1. Les Dominicains, en 1243, s'étaient interdit la médecine et même la physique; en 1287. ils s'interdirent la chimie. Quelques années après, le pape Boniface VIII anathématisa les dissections anatomiques. *Hist. litt. de la France*, t. XVI, p. 98.
2. « L'étude des livres, écrivait Roger Bacon, a trop longtemps détourné la jeunesse de l'étude de la nature... Qu'on laisse enfin en repos les volumes des anciens, chargés de tant de gloses, et qu'on se mette à l'étude du grand livre ouvert à tous... — Qu'est-ce que la nouveauté ? — C'est la science des choses jusqu'alors inconnues. — Aristote peut n'avoir pas pénétré les derniers secrets de la nature, comme les savants d'aujourd'hui ignorent eux-mêmes beaucoup de vérités qui seront familières aux écoliers les plus novices des temps futurs. — La prohibition des livres d'Aristote et de ses commentateurs a été l'effet d'une grossière ignorance. » Ce hardi langage et les recherches hardies qui en appliquaient les maximes, attirèrent enfin sur Roger Bacon un orage quelque temps suspendu par le bon sens et par l'esprit curieux du pape languedocien Clément IV (Gui Fulcodi). Le savant franciscain passa les dernières années de sa vie dans les prisons. Albert-le-Grand, qui passait pour sorcier, de même que Bacon, auprès des plus ignorants de ses confrères, avait été préservé par l'universalité de ses travaux : Bacon fut perdu par le caractère spécial qu'il s'attribua. Ce prétendu magicien avait écrit un traité pour démontrer la *nullité de la magie* et des vaines sciences qui s'y rattachent. C'est dans ce traité intitulé : *De secretis operibus artis et naturæ, et de nullitate magiæ*, qu'il a parlé du télescope et de la poudre à canon. Il prophétise la grande puissance que l'homme conquerra un jour sur la nature, non par les prétendues sciences magiques, mais par le progrès des sciences naturelles, et cite, entre autres choses, la possibilité de fabriquer, avec des verres taillés, un instrument qui rapproche les objets éloignés de l'œil du spectateur, « à tel point qu'on puisse lire, à une incroyable distance, les caractères les plus menus, et faire apparaître des étoiles dans le ciel où l'on voudra. » Plus loin, il ajoute : « On peut aussi, en prenant gros comme le pouce de certaine matière préparée convenablement, produire un fracas plus terrible que le tonnerre, et des éclairs plus resplendissants que ceux de la foudre... On feroit avec cela de merveilleuses choses si l'on en savoit tirer parti ! » Il dit ensuite que cette *matière*, cette composition, se fait avec du salpêtre, du soufre et du charbon pilé. Roger Bacon ne parle pas de la matière *détonnante*, comme d'une découverte qu'il ait faite personnellement, mais comme d'un des secrets de la science contemporaine. Nous avons déjà dit que les études

science moderne fut frappé par l'autorité sans être soutenu par l'opinion des lettrés, disposés à admettre qu'on opposât le syllogisme à l'autorité, mais non pas qu'on attaquât tout à la fois le syllogisme et l'autorité au nom de l'observation expérimentale.

Le monde intellectuel ne devait assez longtemps encore connaître que deux pôles, la logique et la foi, et saint Thomas continua, malgré un échec partiel, à dominer sur ces deux pôles, jusqu'à la réaction de réalisme dialectique que ramena, à l'ouverture du siècle suivant, le subtil Duns Scott, réaction passagère et bientôt renversée elle-même par le nominalisme, ou, si l'on veut, le conceptualisme rigoureux et critique d'Ockam ; le terrain de saint Thomas restant, toutefois, parmi ces alternatives, le terrain du plus grand nombre et de l'école, pour ainsi dire, orthodoxe et officielle [1].

L'influence de saint Thomas, pendant sa vie [2], s'était étendue bien au delà des limites de l'École : elle avait été très grande personnellement sur saint Louis, dans l'intimité de qui Thomas vécut plusieurs années, lorsqu'il habitait le couvent des Jacobins de la rue Saint-Jacques. Thomas, par sa puissante affirmation, rassura bien des âmes que les angoisses du doute avaient troublées, et il ne faudrait pas croire que saint Louis n'eût jamais été du nombre de ces âmes. La foi du treizième siècle n'était plus pour personne la foi naïve qui ignore le combat intérieur, et les violentes agitations morales des fidèles étaient pour beaucoup dans leur barbarie envers les hérétiques [3]. L'antipathie que ressentait Louis IX contre les hérétiques et contre tous les ennemis de la foi était mêlée de terreur, et tout lui semblait permis, louable

---

faites de nos jours sur le *feu grégeois* y ont reconnu nos fusées incendiaires. Les paroles de Bacon semblent indiquer qu'il entrevoyait un autre parti à tirer de la poudre. Sur Bacon, *v.* Hauréau, *De la Philosophie scolastique*, t. II, p. 280, et P. Leroux, *Encyclop. nouvelle*, art. Roger Bacon.

1. Hauréau, t. II, *passim*. — Rousselot, *Études sur la philosophie dans le moyen âge*, t. II. — Il n'est pas inutile de rappeler ici que le franciscain espagnol Raimond Lulle professa à Paris, vers 1280, son *grand art*, logique universelle enseignant tout par voie déductive, abstraction faite de toute expérience et de toute observation. C'était l'idéal du réalisme dialectique.

2. Il mourut en 1274.

3. M. Michelet a eu le mérite de montrer, le premier, le véritable état moral du treizième siècle. *V.* ses belles pages sur saint Thomas et saint Louis; *Hist. de France*, t. II, p. 630 et suiv.

même, pour se préserver et préserver ses peuples de ces émissaires de l'enfer. On connaît sa maxime sur les dicussions théologiques : — Nul, s'il n'est grand clerc et théologien parfait, ne doit disputer contre les juifs et hérétiques[1] ; mais doit le laïque, quand il entend médire de la foi chrétienne, défendre la chose, non pas seulement de paroles, mais à bonne épée tranchant, et en frapper les médisants et mécréants à travers le corps, tant comme elle y pourra entrer (Joinville). » Il n'hésitait donc point à favoriser l'Inquisition, dont il fit donner l'office par tout le royaume au provincial des Prêcheurs et au gardien des Mineurs de Paris (décembre 1255).

Saint Thomas ne contribua que trop à confirmer Louis IX dans ces sentiments. Il porte sa grande part de responsabilité dans l'œuvre sanglante de son père spirituel Dominique. Les hérétiques, écrivait-il, « ne méritent pas seulement d'être séparés de la communion de l'Église, mais aussi d'être retranchés du monde par la mort. C'est un crime bien plus grand de corrompre la foi, par laquelle vivent les âmes, que de falsifier les monnoies, par lesquelles on se procure les choses nécessaires à la vie du corps. Donc, si les faux monnoyeurs, ainsi que les autres malfaiteurs, sont justement mis à mort par les princes séculiers, à beaucoup plus forte raison est-il juste de faire périr les hérétiques..... Lorsque l'hérétique persiste dans son opiniâtreté, l'Église, désespérant de sa conversion, pourvoit au salut des autres en l'excommuniant et en le remettant au tribunal séculier, afin qu'il soit exterminé de ce monde par la mort[2] ».

Voilà, dans sa sincérité terrible, la doctrine de l'Église du moyen-âge, défigurée depuis par les subtilités des apologistes qui ont voulu laver sur sa robe blanche la tache du sang qu'elle ne versait pas elle-même, mais qu'elle ordonnait aux laïques de verser.

Entièrement dominé par cette doctrine, saint Louis devint cruel dans ses lois, par charité même. Toute erreur qui sépare de l'Église menant à la damnation éternelle, puisque, hors de

---

1. Grégoire IX, en 1231, avait fait cette défense aux laïques sous peine d'excommunication. *v.* Schmidt, *Hist. des Cathares*, t. II, p. 209.
2. *Summa theologica*; secunda secundæ, II, *quæstio* 10, art. 8; *quæstio* 11, art. 3; *quæstio* 12, art. 2.

l'Église, il n'y a point de salut, il est de devoir rigoureux, pour qui a reçu de Dieu le glaive de justice, de faire disparaître d'entre les hommes quiconque travaille à perdre éternellement les hommes. La conclusion est très logique.

A ce devoir : défendre les âmes fidèles contre les hérétiques, était associé un autre devoir : venger Dieu ! L'Église prenait encore à la lettre ces formules anthropomorphiques de l'Ancien-Testament, qui prêtent à l'Être parfait les passions humaines, la jalousie, la colère, la vengeance, et qui inspiraient tant d'horreur aux manichéens[1]. Le devoir de « venger Dieu » fut le principe des rigueurs excessives de saint Louis non-seulement contre les hérétiques et les juifs, mais contre les blasphémateurs, contre les filles de joie, contre les usuriers, contre tous les pécheurs, enfin, qui transgressaient les commandements de Dieu ou de l'Église[2].

---

1. Les manichéens insistaient beaucoup sur la contradiction entre la prière quotidienne du chrétien, où Jésus-Christ interdit la vengeance à l'homme, et les formules judaïques qui attribuent la vengeance au Dieu qui a fait l'homme à son image et à sa ressemblance.

2. L'ordonnance de 1254 prescrit que toutes les *ribaudes* ou *filles folles de leur corps* soient *boutées* hors tant des champs comme des villes, et dépouillées de leurs biens, *voire* de leurs habits, jusques à la cotte et au pelisson (surtout de fourrure). — La même ordonnance modifiait l'arrêt de bannissement porté contre les juifs, l'année précédente, et leur permettait de rester dans le royaume, mais en les attachant à la glèbe et leur interdisant toute *usure*, c'est-à-dire tout prêt à intérêt. L'usure passa des juifs aux banquiers cahorsins et lombards : les usuriers chrétiens furent frappés après les usuriers juifs ; en 1256, cent cinquante banquiers, tous appartenant à la ville d'Asti, furent arrêtés, expulsés de France, et tous leurs capitaux confisqués, jusqu'à concurrence de 800,000 livres (Sismondi, t. VIII, p. 26). En 1268, le roi chassa tous les banquiers et changeurs lombards et cahorsins, que n'avait pas arrêtés l'exemple des Astesans. Mais, le prêt à intérêt étant la base des rapports du capitaliste avec le travailleur, rapports sans lesquels il n'y a ni commerce ni industrie possibles, la force des choses l'emporta, et l'*usure*, la banque et le change, qu'on enveloppait dans la même proscription, survécurent à tous les édits et à toutes les persécutions, qui avaient été religieuses sous saint Louis, qui furent fiscales sous ses successeurs. — Ce fut surtout contre les blasphémateurs que s'acharna Louis IX : « Une fois il advint que le roi, chevauchant parmi Paris, ouït un homme qui jura vilainement Dieu ; en fut le roi moult courroucé en son cœur, et commanda qu'il fût pris et le fît signer (marquer) d'un fer chaud parmi le nez et les lèvres, afin qu'il eût perdurable mémoire de son péché, et que les autres redoutassent de jurer vilainement le nom de leur créateur. Moult de gens murmurant pour cela contre le roi, il dit : « Je voudrois être ainsi signé d'un fer chaud comme cet homme, et que jamais vilains serments ne fussent jurés en mon royaume. » Saint Louis alla si loin dans la répression de ce genre de délits, que le pape Clément IV se crut obligé de modérer ce zèle excessif en engageant le roi à substituer les amendes aux châtiments corporels.

La défense de la société n'était qu'un but secondaire dans la législation criminelle du moyen-âge.

Il y a deux choses dans saint Louis, les principes et l'homme : quelques-unes des maximes qui s'imposèrent à lui portent avec elles la répulsion et l'effroi : tout le reste de ses principes inspire une entière sympathie. Quant à l'homme, doué de toutes les qualités du cœur, les gouvernant par une volonté forte et simple et par un complet empire sur lui-même, on ne peut éprouver à son égard qu'un respect et une affection sans réserve.

C'est un des plus nobles spectacles de l'histoire, que de voir Louis IX poursuivre, avec une si complète abnégation personnelle et une persévérance si inébranlable, la réalisation de l'idéal qu'il portait dans son âme, le règne du Christ sur la terre ; heureux s'il n'y eût employé que des moyens évangéliques. Son salut éternel et le salut de son peuple, la suppression de tout ce qui était contraire à la loi divine, la suppression du péché, tel était le but dont rien ne le fit dévier un instant. Il fut, dans sa vie publique, le roi juste de l'Écriture ; dans sa vie privée, quoique marié et père, il fut au fond le chevalier ascète, tel que l'avaient rêvé les romanciers du Saint-Graal. Les principes de sa vie publique se résument dans les belles paroles qu'il adressa à son fils aîné Louis, dans un moment où il se croyait en danger de mort :
— Beau fils, je te prie que tu te fasses aimer du peuple de ton royaume : car, *voirement*, je préférerois qu'un Écossois vînt d'Écosse ou quelque autre lointain étranger, qui gouvernât le royaume bien et loyaument, que si tu le gouvernois mal en point et en reproches [1] ».

Ses habitudes privées peuvent sembler aujourd'hui quelque peu étranges : Geoffroi de Beaulieu, confesseur du roi, et le confesseur de la reine Marguerite, nous ont laissé des biographies de Louis IX, où ils décrivent complaisamment toutes les pratiques auxquelles se livrait leur pieux héros. Un moine n'eût pu faire davantage : si ces narrateurs n'exagèrent pas, on comprend

---

1. Cette scène touchante se passa à Fontainebleau, séjour dont Louis aimait les sites sévères et sauvages. Le père ne mourut pas ; ce fut l'enfant qui mourut peu de temps après (en 1257), à l'âge de seize ans ; cette mort fut une des grandes douleurs de la vie de Louis IX.

difficilement comment Louis IX trouvait encore assez de temps pour veiller aux affaires de son royaume[1]. Cette dévotion monacale, qui valait un si haut renom au roi parmi les dominicains et les franciscains, n'était point également admirée de tout le monde. Le confesseur de la reine raconte « qu'une femme, qui avoit nom Sarrette, et qui plaidoit en la cour du roi, lui dit un jour : « Fi! fi! devrois-tu être roi de France? moult mieux seroit qu'un autre fût roi que toi; car tu es roi tant seulement des frères Mineurs, des frères Prêcheurs, des prêtres et des clercs. Grand dommage est que tu sois roi de France, et c'est grand'merveille que tu n'es *bouté* hors du royaume ». Les sergents du benoît roi la vouloient battre et mettre dehors; mais Loys défendit qu'ils la touchassent, et lui répondit en souriant : — Certes, tu dis vrai, je ne suis digne d'être roi, et, s'il avoit plu à notre Seigneur, mieux eût valu qu'un autre fût roi, qui mieux sût gouverner le

---

1. « Le *benoît* roi, raconte Geoffroi de Beaulieu, disoit ses heures canonicales à grand'dévotion et à droites heures, autant qu'il pouvoit; et, lors même qu'il chevauchoit, il faisoit dire les heures canoniques à haute voix et à *note* (en plainchant) par ses chapelains à cheval, comme s'ils eussent été en l'église. Il se relevoit trois fois par nuit pour prier, à minuit, à matines et à primes, et ce faisoit-il même les nuits qu'il étoit avec la reine sa femme. Il communioit au moins six fois tous les ans, et alloit recevoir son Sauveur par très grand'piété; car auparavant il lavoit ses mains et sa bouche, ôtoit son chaperon et sa coiffe, et, une fois entré au chœur de l'église, il n'alloit pas sur ses pieds jusqu'à l'autel, mais y alloit à genoux. Quand il avoit soupé, il faisoit chanter complies, et puis alloit en sa chambre et faisoit asseoir ses enfants devant lui, et leur montroit bons exemples des princes anciens qui avoient été déçus par convoitise, orgueil ou luxure, et qui par tels vices avoient perdu leurs royaumes et leurs seigneuries. Il faisoit porter à ses enfants chapeaux de roses ou d'autres fleurs le vendredi, en *remembrance* de la sainte couronne dont Jésus-Christ fut couronné le jour de la sainte Passion ».

Louis poussait au dernier degré le système de mortification et de pénitence; il s'abstenait de tout commerce charnel avec la reine pendant l'Avent, le Carême, les vigiles de grandes fêtes, etc.; il trempait toujours son vin et les « brouets trop délicats qu'on lui présentoit, de peur de se délecter de la saveur de cette viande; » non-seulement il se refusait les jouissances les plus innocentes, mais il recherchait la douleur physique comme expiation de ses péchés. « Il avoit trois cordelettes jointes ensemble, longues de près d'un pied et demi, ayant chacune quatre ou cinq nœuds, et, tous les jours de vendredi, plus les lundis et les mercredis de Carême, il cherchoit moult bien en sa chambre, par tous les angles, pour que nul n'y demourât; puis il fermoit l'*huis*, et demeuroit enclos avec frère Geoffroi de Beaulieu, son confesseur, de l'ordre des Prêcheurs, et ils restoient longuement ensemble, et contoient les chambellans que, lorsque le benoît roi se confessoit au frère, ledit frère le *disciplinoit* desdites cordelettes. »

royaume. » Et il commanda à l'un de ses chambellans de donner de l'argent à cette femme.

Les historiens modernes, sans aller aussi loin que Sarrette, et sans prétendre que Louis IX ait été indigne de régner, ont regretté qu'il ait gâté ses vertus royales par ce qu'ils nomment un mélange de superstitions monastiques : on ne doit pas scinder de la sorte une existence où tout s'enchaîne rigoureusement; il n'y a point là de petitesse ni de faiblesse d'esprit; il n'y a que de la logique : Louis croyait à la vertu de la mortification; il croyait nécessaire non pas seulement de contenir et de régler les sens, mais de les immoler, et il agissait en conséquence [1]. Louis, si dur envers lui-même, était envers les autres d'une douceur et d'une patience admirables, comme l'attestent l'anecdote de Sarrette et beaucoup d'autres faits analogues. Sa charité n'avait pas de bornes : « partout où il alloit en son royaume, il visitoit les pauvres églises, les maladreries et les hôpitaux, et s'enquéroit des pauvres gentilshommes, des pauvres femmes veuves, des pauvres filles à marier, et leur faisoit largement donner de ses deniers, et aux pauvres mendiants faisoit donner à boire et à manger, et maintes fois lui-même leur coupoit du pain et leur versoit à boire. Il avoit communément cent vingt pauvres qui étoient repus chaque

---

1. On se ferait toutefois une idée fausse de Louis IX, si on se le représentait comme un homme d'une dévotion triste et sombre. Joinville nous le montre partout, au contraire, d'un commerce facile et agréable, plein d'abandon et de bonhommie, aimant peu, à la vérité, le faste des cours, mais s'entourant volontiers d'un petit nombre d'amis, gens de bien et « bons preud'hommes, » et se plaisant fort à « deviser » familièrement avec eux.

Il aimait à lire avec ses amis des passages de l'Écriture et des Pères, qu'il traduisait de vive voix en français pour ceux des assistants qui ne savaient pas le latin : il était fort lettré, et, piqué d'émulation par ce qu'il avait ouï dire outre-mer du zèle de quelques grands princes musulmans pour les sciences, il s'était mis à faire transcrire tous les livres qu'on pouvait trouver dans les maisons religieuses, surtout les œuvres des Pères, afin de se former une bibliothèque, qu'il logea dans le trésor de la Sainte-Chapelle. Il rassembla mille à onze cents volumes, presque tous copiés à ses frais, car il préférait faire écrire les livres à neuf que de se les faire donner par les couvents, afin de multiplier les livres et de répandre ainsi l'instruction. Il usait de sa bibliothèque avec la plus grande libéralité, et mettait ses livres à la discrétion de tous les lettrés. Ce fut à l'aide des livres et des encouragements de Louis IX que Vincent de Beauvais, précepteur des enfants du roi, exécuta son encyclopédie du treizième siècle, le *Grand Miroir* ou la *Bibliothèque du Monde*. Sur la bibliothèque de saint Louis, voyez sa *Vie* par son confesseur Geofroi de Beaulieu.

jour en sa maison, quelque part qu'il fût : il leur faisoit distribuer de ses propres viandes, et, aux vigiles des quatre grandes fêtes annuelles, il les servoit avant de boire ou de manger. Aucuns de ses familiers murmuroient parfois de ce qu'il faisoit de si grands dons et aumônes, et disoient qu'il y dépensoit moult; mais le bon roi répondoit qu'il aimoit mieux dépenser moult en aumônes qu'en bombances et vanités[1] ».

Mais c'est surtout dans l'application de ses principes à l'administration de la justice qu'il importe de suivre le saint roi : ses fondations de bienfaisance, ses encouragements aux lettres et aux arts[2], ont servi assurément l'humanité et la civilisation; mais ses réformes judiciaires ont exercé une bien autre influence; par elles il fit, il commença du moins toute une révolution sans le savoir ni le vouloir. Il ne travailla pas sciemment à détruire le pouvoir des seigneurs au profit de la royauté, car les droits des seigneurs étaient réputés légaux, et Louis respectait partout et toujours les droits d'autrui; seulement, il pensait que tous les droits humains doivent céder au droit d'en haut, et il croyait que son devoir de roi était de mettre les lois humaines d'accord avec la loi divine; il se fût fait scrupule du moindre empiètement dans son intérêt personnel, mais il jugeait tout permis pour la destruction des coutumes qui offensaient Dieu, que ces coutumes fussent féodales ou cléricales, qu'elles vinssent de Rome ou de la Germanie. Il ne pensait guère, en attaquant les abus de la jurisprudence féodale ou ecclésiastique, qu'il préparait à la France un gouvernement à peu près absolu, et, s'il l'eût pu prévoir, il eût reculé devant une telle responsabilité.

Aussi les *Établissements* de Louis IX n'eussent-ils point eu un pareil résultat, si les choses n'eussent été mûres, et si ce grand prince n'eût trouvé autour de lui des instruments tout formés, des instruments intelligents, ayant plus de conscience de l'œuvre que la main même qui les employait et disposés à aller plus loin et ailleurs qu'elle ne les voulait conduire. Ces instruments de

---

1. Il fonda plusieurs grands hôpitaux, entre autres les Quinze-Vingts de Paris, pour trois cents aveugles, et établit des maisons religieuses pour retirer les filles de mauvaise vie, dont il proscrivait la profession.
2. Nous reviendrons sur les arts sous son règne.

l'œuvre monarchique furent les légistes, avocats et professeurs en droit, cette classe si puissante dans la vieille civilisation romaine, qui avait péri dans les invasions barbares, et qui, ressuscitée depuis un siècle avec l'étude du droit romain lui-même, aspirait déjà à reprendre dans la nouvelle société la place qu'elle avait eue dans l'ancienne. Cette place était occupée, d'un côté par les seigneurs, de l'autre, par les gens d'église : les légistes tâchèrent de miner à la fois l'Église et le baronage, en identifiant leur cause à celle de la royauté; ils entreprirent de combattre et l'indépendance féodale, et l'autorité papale, c'est-à-dire l'unité ecclésiastique, par l'autorité royale, par l'unité laïque. Cette nouvelle classe sociale entra donc dans le monde en déchirant le sein de sa mère; car, durant la première période de la renaissance du droit romain, tous les jurisconsultes, de même que presque tous les lettrés, étaient membres de l'Église et avaient reçu au moins les ordres inférieurs, afin de jouir des priviléges ecclésiastiques.

La cour de Rome ne s'abusa pas sur le péril : dès 1219, Honorius III avait défendu l'enseignement public du droit civil à Paris; en 1254, Innocent IV renouvela cette défense et l'étendit au reste de la France proprement dite, à l'Angleterre, à l'Espagne, etc. ; « attendu que, dans lesdits royaumes, les causes des laïques sont jugées d'après les coutumes locales et non d'après les lois des empereurs; que, quant aux causes ecclésiastiques, les canons suffisent. » Innocent donnait pour motifs le faste scandaleux des avocats et l'abandon où les étudiants laissaient la philosophie et la théologie, afin de se livrer à une étude plus lucrative; il blâmait vivement les prélats de leur préférence presque universelle pour les professeurs en droit et les avocats, lorsqu'il s'agissait de conférer des bénéfices[1]. Le pape eût voulu restreindre l'enseignement du droit romain aux pays où ce droit était resté le droit commun.

Le pape eut beau faire : on ne cessa nulle part d'étudier le droit civil, quoiqu'on ne l'enseignât pas publiquement dans Paris[2],

---

1. Fleuri, t. XVII, p. 536. — Le prétendu abandon des études scolastiques était un prétexte. Jamais, comme nous l'avons montré, elles n'avaient été plus florissantes.
2. On continua de l'enseigner à Orléans et à Angers.

et les jurisconsultes ne cessèrent de croître en considération et en puissance; ils pénétraient également dans les tribunaux clercs et dans les tribunaux laïques : quoi qu'en dît le saint-père, la connaissance du droit romain, de la *raison écrite*, était fort utile en cour d'église, parmi les interminables litiges auxquels donnait lieu l'humeur processive du clergé. Quant aux vieux tribunaux féodaux, aux plaids seigneuriaux, aux cours des pairs, cette institution tendait à la décadence : les relations sociales se multipliaient et se diversifiaient; les intérêts civils engendraient des contestations plus complexes, et, à mesure que la justice devenait plus difficile à rendre, les gentilshommes, les pairs du comté ou de la baronnie, qui eussent dû siéger autour du seigneur ou de son bailli, étaient de plus en plus difficiles à rassembler; les cours des pairs s'annulaient par les mêmes causes que les anciens *mâls* franks, à savoir : l'isolement volontaire, l'esprit d'égoïsme et d'insouciance, l'inégalité réelle qui prévalait sur l'égalité légale des pairs. Par un remarquable contraste, le corps féodal tendait à se dissoudre en France, au moment où il devenait en Angleterre une forte et intelligente aristocratie. Les seigneurs qui tenaient les assises contribuaient à cette décadence tout autant que leurs assesseurs, que leurs pairs; ils se montraient de plus en plus ennuyés de leurs fonctions judiciaires, cette partie si importante de leurs droits et de leurs devoirs[1] : les seigneurs chargeaient quelque vieux gentilhomme, leur parent ou leur vassal, de tenir les assises à leur place, sous le titre de bailli, et le bailli, à son tour, appelait aux jugements, à la place des pairs qui ne venaient pas[2], des gens spécialement voués à la jurisprudence; les légistes dirigeaient la procédure et rédigeaient les arrêts, que

---

1. Leur négligence est attestée par les nombreux appels pour *défaute de droit*, appels par lesquels le vassal dont on ne jugeait pas le procès appelait de son seigneur au suzerain de son seigneur.

2. Deux pairs suffisaient, à la rigueur, pour valider le jugement; mais il arriva, dans les pairies féodales, comme à la cour des pairs de France, qu'un élément étranger s'introduisit entre les pairs et finit par les absorber. L'abandon des cours des pairs par les gentilshommes ne s'opéra que peu à peu, il importe de l'observer. Dans certains fiefs, où l'esprit féodal était mieux conservé, les *assises de chevaliers*, ainsi qu'on nommait les cours des pairs seigneuriales, n'étaient pas encore remplacées par les *assises de bailli* à la fin du treizième siècle. V. l'*Introduction à Beaumanoir*, par M. le comte Beugnot.

le bailli prononçait, à moins qu'il ne tranchât la question en ordonnant le duel entre les parties, ce qui avait l'avantage de rendre inutile la science des gens de loi. Mais Louis IX travailla bientôt à dépouiller l'ignorance nobiliaire de cette commode ressource.

Si les légistes s'introduisaient dans les cours de justice des barons, à plus forte raison affluaient-ils auprès du roi et de sa cour féodale ; les mêmes phénomènes s'y reproduisirent sur une plus grande échelle, avec cette différence que Louis n'appelait pas les gens de loi par insouciance et par ennui, mais par un zèle éclairé pour la justice et par le besoin réfléchi de recourir aux lumières d'hommes spéciaux. Philippe-Auguste avait déjà donné l'exemple d'introduire dans sa cour de justice un certain nombre de clercs instruits dans le droit civil. Louis avait attiré à lui les personnages les plus distingués par leurs talents ou leurs vertus dans toutes les conditions, seigneurs et gens d'église, juristes, érudits et théologiens : le sire de Joinville, le sire de Neslé, le comte de Soissons (Jean de Nesle), les théologiens Thomas d'Aquin et Robert de Sorbonne, les jurisconsultes Pierre de Fontaine, Geoffroi de Villette, Philippe de Beaumanoir[1], Gui Fulcodi, de Saint-Gilles en Languedoc, qui entra peu après dans les dignités ecclésiastiques et parvint à la papauté, vivaient familièrement tous ensemble dans le palais et même à la table de Louis IX ; le roi, continuant la tradition de son aïeul, fit asseoir les légistes, au-dessous des officiers de la couronne, dans les plaids ordinaires où se jugeaient les différends des personnes attachées à la maison royale, puis les fit passer sur les bancs des grandes assises qui décidaient des affaires importantes du domaine de la

---

1. Ces trois légistes étaient gentilshommes et laïques, ce qui indique une phase nouvelle. Beaumanoir et Fontaine ont laissé deux monuments d'un haut intérêt, mais d'un intérêt très inégal, toutefois, pour l'histoire du droit français : l'ouvrage de Fontaine, intitulé : *le Conseil à mon ami*, est le plus ancien livre de pratique qui ait été écrit en français : « Son ouvrage, dit Montesquieu, est le résultat de l'ancienne jurisprudence française, des Établissements de saint Louis et de la loi romaine. Beaumanoir fit peu d'usage de la loi romaine, mais il concilia l'ancienne jurisprudence française avec les règlements de saint Louis... Beaumanoir est la lumière de ce temps-là, et une grande lumière... » (*Esprit des lois*, t. III, l. xxviii, c. 38 et 45.) Les *Coustumes du Beauvoisis*, de Beaumanoir, livre d'une importance infiniment supérieure à ce que promet son titre, ne peuvent être appréciées dans une simple note. V. à la fin de ce volume, *Éclaircissements*, n° 1, *Beaumanoir*. Nous y donnons un certain nombre de citations importantes.

couronne, et qui provenaient de l'ancien *plaid* du duché de France. Les grandes assises ou cour du roi durent bientôt aux réformes de saint Louis des attributions beaucoup plus vastes, étendirent leur action au delà des bornes du domaine royal, et absorbèrent enfin la cour des pairs de France.

La vaste extension du domaine royal, depuis Philippe-Auguste, avait fort augmenté l'importance de la cour du roi, composée, en droit, de tous les vassaux des duchés de France et de Normandie et du comté de Vermandois, ce qui comprenait tout le centre, tout l'ouest et une partie du nord du royaume. Les travaux réformateurs du roi, la sévérité et la régularité qu'il introduisait dans l'administration de la justice, et surtout la multiplication des affaires, amenaient, chaque année, plusieurs convocations de cette assemblée, presque toujours à Paris. Les seigneurs aimaient à siéger près du roi aux cours plénières de Noël, de Pâques et de la Pentecôte; mais ils n'étaient aucunement disposés à employer la moitié de l'année en *jugeries* et en voyages pour aller juger; la plupart ne se rendirent plus à la cour du roi que dans les grandes occasions. De simples chevaliers, qui avaient étudié le droit romain, et des conseillers clercs remplirent les places vides. Ce n'était là que le premier pas. Le second fut la confusion des grandes assises avec la cour des pairs. Les pairs de France finirent par siéger, quand par hasard ils prenaient leurs sièges, non plus seulement avec les grands officiers de la couronne, mais avec les légistes clercs et laïques qui firent désormais le fond de la cour suprême. Un nom nouveau désigna cette institution nouvelle, le nom de *parlement*, qui jusqu'alors s'était appliqué vaguement à toute espèce de conférence et d'assemblée politique : la cour suprême du roi devint le *parlement* par excellence[1].

---

1. Il est remarquable que ce fut vers le même temps que ce mot vague de *parlement* se fixa aussi en Angleterre sur une grande institution : en Angleterre, il désigna l'assemblée nationale qui entra en participation du pouvoir avec la royauté; en France, il désigna la haute cour de justice et d'administration qui travailla à absorber toutes les forces du pays dans la royauté. Le sort des deux nations était pour longtemps contenu dans ces deux sens divers d'un même mot. Le plus ancien registre des arrêts du parlement de France commence en 1254, année du retour de saint Louis de Palestine. Il est connu sous le titre des *Olim*; ce sont des arrêts et des enquêtes colligés par maître Jean de Montluc, conseiller en la cour du roi Louis IX. Les *Olim* ont été publiés par M. le comte Beugnot dans le *Recueil des Documents inédits sur l'histoire de France*.

Cette révolution, l'une des plus considérables de notre histoire, qui constitua, au profit de la couronne, une redoutable aristocratie judiciaire en face des deux aristocraties féodale et sacerdotale, et qui engendra ainsi un état social tout nouveau, ce grand changement qui eut des conséquences si durables, s'opéra par degrés, presque insensiblement, presque à l'insu des contemporains : il se développa peu à peu avec les mesures réformatrices de Louis IX, qui ne l'avait ni prévu ni désiré. Le bon roi avait mis la main à l'œuvre dès son retour de Palestine : le signal des réformes fut une ordonnance de décembre 1254, par laquelle le roi prescrivit que tous les baillis, prévôts, maires, juges, receveurs et autres officiers, jurassent en pleine assise de faire droit et justice à chacun sans acception de personnes ni violation des us et coutumes, et de n'accepter aucun présent de leurs justiciables. L'ordonnance défendit, en outre, aux baillis, prévôts et autres officiers royaux, d'acheter des propriétés ès-lieux dont ils avaient la justice en main, sans la permission expresse du roi, ainsi que de marier leurs enfants ou proches parents à quelqu'un de leurs administrés; de prendre et de retenir aucun prisonnier pour dettes, hormis pour celles envers le roi, ni pour l'accusation d'aucun crime ou délit, fors l'énormité du cas et l'aveu de l'accusé, ou des présomptions très graves contre lui. « Nulle personne honnête et de bonne renommée, quoique pauvre, ne sera mise à la *question* sur la déposition d'un seul témoin; nulle amende ne sera levée par les baillis sans avoir été prononcée en jugement public par le conseil de gens de bien (les conseillers jugeurs ou assesseurs, représentant les pairs). Les baillis, prévôts ou autres officiers ne pourront revendre leurs charges à leurs fils, frères, neveux, parents ou domestiques, ni à autres personnes, sans notre congé; ils ne pourront fatiguer les sujets par déplacements déraisonnables, mais les ouïront, dans les causes civiles et criminelles, là où ils ont coutume d'être ouïs. Les baillis et autres devront prendre des chevaux à loyer, lorsque besoin sera, et, si les chevaux de louage ne suffisent pour le service du roi, lesdits officiers prendront les chevaux des gens riches, et non point ceux des pauvres gens ni des marchands et voyageurs; il ne sera levé aucune exaction, pillerie, taille, ni coutume nouvelle; enfin, les baillis, sénéchaux, etc., après leur sortie de charge, demeureront, ou du moins laisseront pour eux suffisant procureur durant cinquante jours, afin de répondre aux plaintes qui seroient portées contre eux par-devant ceux qui seront chargés de recevoir lesdites plaintes ». Cette dernière disposition était tirée des lois romaines. Les officiers royaux étaient déclarés passibles, tant en leurs biens qu'en leurs personnes, des malversations qu'ils commettraient[1].

Il ne faut pas oublier que la division des pouvoirs n'existait pas, et que les baillis et leurs subordonnés réunissaient les *armes*, l'administration, la justice, la police et les finances. Par une sage précaution, datant sans doute de Philippe-Auguste, les baillis ne restaient que trois ans dans le même bailliage, afin qu'ils ne pussent transformer leur fonction en propriété, comme avaient fait les anciens comtes franks.

« Par les Établissements ci-dessus, dit Joinville, le roi amenda grandement son royaume, et tellement que chacun vivoit en paix et tranquillité. Au temps passé, l'office de la prévôté de Paris[2], pour ne parler du demeurant, se vendoit au plus offrant parmi les bourgeois ou autres, et les acheteurs dudit office soutenoient en leurs outrages et déportements leurs enfants et leurs neveux, dont il advenoit plusieurs pilleries et maléfices. Pour cette chose, le menu peuple étoit trop foulé, et ne pouvoit avoir droit des riches hommes, à cause des grands présents et dons qu'ils faisoient au prévôt. Par les grands parjures et rapines qui étoient faits en la prévôté, le menu peuple n'osoit demeurer en la terre du roi, et s'en alloit ès autres seigneuries (dans les quartiers relevant des seigneurs d'église), et ladite terre étoit si *vague* (dépeuplée), que, quand le prévôt de Paris tenait ses plaids, il y venoit

---

1. *Ordonn. des rois de France*, t. I, p. 65. — Joinville.
2. Le prévôt royal exerçait la « haute justice » sur tous les crimes dans la partie de Paris qui appartenait directement au roi, et seulement sur *le rapt et le meurtre* (l'assassinat) dans les quartiers qui relevaient de l'évêque et des autres seigneurs ecclésiastiques : tout le pays de Parisis, appelé *prévôté* et *vicomté de Paris*, était du ressort du prévôt royal. La « petite justice » avait été concédée à la « compagnie de la marchandise de l'eau », cette puissante association qui avait le monopole de la rivière, et qui groupait autour d'elle les corps de métiers ; elle était gouvernée par un chef électif, le prévôt des marchands, qui était comme le maire de Paris. Le prévôt des marchands avait sous lui des échevins.

si peu de gens, que le prévôt se levoit parfois de son siége sans avoir ouï nul plaideur[1]. Avec cela il y avoit tant de malfaiteurs et de larrons à Paris et au dehors, que tout le pays en étoit plein. Le roi, sachant toute la vérité, ne voulut plus que la prévôté de Paris fût vendue, mais donna bons et grands gages à ceux qui dorenavant la tiendroient, et il s'enquit, par tout le pays, là où il trouveroit quelque grand sage homme qui fût bon justicier, et qui punît étroitement les criminels, sans avoir égard au riche plus qu'au pauvre. Et lui fut amené un qu'on appeloit Estienne Boileau (Boisleve ou Boiliaue), auquel il donna ledit office; lequel Estienne s'y comporta si bien, que désormais n'y eut plus larron ni meurtrier qui osât demeurer à Paris, que tantôt il ne fût pris, pendu ou puni selon son méfait » (vers 1258). On raconte qu' « Estienne fit pendre son filleul, pour ce qu'il ne se pouvoit retenir d'*embler* (de voler), et son compère, pour ce qu'il renioit une somme d'argent confiée à sa garde ».

L'impunité des malfaiteurs et la partialité des magistrats étaient alors les plus terribles des fléaux pour la masse populaire, et les classes laborieuses et paisibles saluèrent de leurs bénédictions cette justice rigoureuse et impartiale. « Si belle chose ne s'étoit vue depuis le grand roi *Karlemaigne* ».

Le mal était néanmoins trop profond, les habitudes d'arbitraire et de violence étaient trop enracinées, pour qu'une simple ordonnance et le changement de quelques officiers y portassent facilement remède. L'édit du roi proclamait des principes équitables plutôt qu'il n'en assurait l'application. Louis, effrayé des obstacles qu'il rencontrait dès ses premiers pas dans la carrière des améliorations, et craignant pour son âme s'il ne parvenait à remplir dans toute leur étendue ses devoirs de roi, eut un moment la pensée d'abdiquer la couronne et de se retirer dans un cloître. Les dominicains l'y poussaient, mais la reine Marguerite, le comte Charles d'Anjou et le jeune prince Louis, qui vivait encore à cette époque, réussirent à détourner ce malheur par leurs vives instances près du roi et leurs menaces contre les Prêcheurs. Louis comprit qu'il avait autre chose à faire dans le monde. Son décou-

---

1. Il y a sans doute un peu d'exagération dans le récit de Joinville.

ragement n'avait été que passager, et il continua son entreprise avec une persévérance que rien n'ébranla plus; « et finalement, dit Joinville, par laps de temps, le royaume de France se multiplia et amenda tellement, pour la bonne justice et droiture qui y régnoit, que le domaine, censifs, rentes et revenus du royaume croissoient d'an en an de moitié ». Louis avait eu recours au seul expédient efficace pour maintenir ses officiers dans le devoir : il avait ressuscité les *missi dominici* de Charlemagne, et envoyait fréquemment ses conseillers les plus affidés, gentilshommes, clercs ou moines, parcourir les bailliages et sénéchaussées, pour amender les méfaits des juges et le tenir au courant de l'état du pays.

De tous les usages féodaux, les plus «déplaisants à Dieu» étaient, aux yeux de Louis IX, la guerre privée et le combat judiciaire. Le droit de guerre privée, en vertu duquel le moindre gentilhomme[1] pouvait se faire justice les armes à la main, et promener dans le pays le meurtre et l'incendie, ce droit était la négation même de la civilisation. Ce reste de la vie sauvage des forêts germaniques était également en horreur aux théologiens et aux légistes, représentants du christianisme et de la société antique. La barbarie de l'application ajoutait encore à la barbarie du principe. « Il y avoit, dit le célèbre jurisconsulte Beaumanoir (*Coustumes de Beauvoisis*, c. 60), une si mauvaise coutume dans le royaume de France, que, quand advenoit aucun incident de mort, de blessure ou de batterie, celui à qui l'injure avoit été faite, ou ses parents, alloient trouver quelque parent des auteurs de l'injure, lequel demeuroit loin du lieu où elle avoit été commise et ne savoit rien du fait, et, sitôt qu'ils le rencontroient, ils le tuoient, blessoient ou battoient, bien qu'il ignorât souvent que ceux de son lignage leur eussent fait injure ». C'était là le monstrueux abus d'un droit déjà si exorbitant. Louis IX avait tâché d'y remédier avant d'attaquer radicalement le droit en lui-même : en 1245, il avait promulgué à Pontoise une ordonnance qui établissait une trêve de quarante jours entre la famille de l'offenseur et celle de l'offensé, à partir du jour de l'offense, afin que la ven-

---

[1]. Les non nobles n'avaient pas individuellement ce droit; mais les communautés bourgeoises l'avaient pour la plupart.

geance ne pût frapper en trahison une tête innocente. Pendant cette trêve, dite *la Quarantaine le Roi*, la guerre ne pouvait être que personnelle entre l'offenseur et son ennemi, si ce dernier voulait absolument poursuivre son droit par l'épée et non pardevant justice (*Ordonn. des rois*, t. I, p. 56).

D'après les paroles de Beaumanoir, il paraît que l'idée de *la Quarantaine le Roi* n'appartenait pas à Louis IX, et que Philippe-Auguste avait déjà rendu à cet égard une ordonnance, qui, apparemment, avait cessé d'être observée depuis les troubles de la régence de Blanche.

Bientôt Louis alla plus loin : il accorda, à celui des deux guerroyants qui se sentirait le plus faible, la faculté d'arrêter les hostilités, pourvu qu'il remît le différend à la justice de son suzerain, et requît *assurement* (assurance) de son adversaire, lequel ne devait alors lui causer aucun tort dans sa personne ni dans ses biens, jusqu'à la décision de la justice : l'*assurement* ne pouvait être refusé, et son infraction était réputée crime de haute trahison et punie de la potence. Enfin, en janvier 1257, Louis IX attaqua en face l'usage qu'il voulait anéantir, et défendit sur ses terres, par un édit rendu à Saint-Germain-en-Laie, « toutes guerres, incendies, perturbations et troubles apportés au labourage ». Un diplôme inséré dans le tome Ier du recueil des *Ordonnances* (p. 84), atteste que le roi entendait que son édit fût obéi dans les domaines des seigneurs d'église : il eût bien voulu l'introduire sur les terres des grands laïques; mais la tentative était trop radicale et prématurée, et il faut convenir que le pouvoir n'était pas encore assez fortement constitué pour assurer pleinement aux particuliers la vindicte publique au lieu de la vengeance privée[1]. L'ordonnance de janvier 1257 ne fut pas mieux respectée, même dans le domaine royal, qu'autrefois *la Paix de Dieu* et *la Trêve de Dieu*. La force des mœurs la fit tomber en désué-

---

1. Beaumanoir pose un principe qui doit finir par faire disparaître la guerre privée en lui ôtant toute excuse : c'est que, lors même que la famille lésée poursuit la guerre privée, la justice doit poursuivre de son côté la punition du méfait qui donne lieu à la guerre. On sent que ce double emploi ne pourra longtemps durer. *Coustumes de Beauvoisis*, c. LIX, LX. Le principe de la vindicte publique n'était pas, comme on l'a dit, absolument inconnu dans les lois barbares; mais il n'y était qu'en germe.

tude, et, un siècle après, les rois étaient encore réduits à tenir la main à l'observation de *la Quarantaine le Roi;* le précédent établi par saint Louis ne fut cependant pas perdu.

Louis IX s'en prit ensuite au duel judiciaire, « par lequel il estimoit qu'on tentât criminellement Dieu ». La guerre privée était la force individuelle abandonnée à elle-même sans règle et sans frein; le duel était la force appelée régulièrement et légalement dans le sanctuaire de la justice, pour décider les contestations civiles ou criminelles à la pointe du glaive. Les preuves admises alors dans les tribunaux, étaient de sept sortes [1] : l'aveu du *défendeur* (de l'accusé), les lettres écrites de sa main, les témoins, l'exposition des faits par le demandeur, lorsque le défendeur ne la contredisait point, l'évidence palpable ou flagrant délit, les présomptions, et enfin le « gage de bataille », ainsi appelé parce que celle des deux parties qui requérait le duel déposait un gage devant les juges, coutume originaire de la Germanie et sans doute aussi de la Gaule, car le mot *gage* vient du celtique [2]. Les autres sortes de jugements de Dieu, les épreuves par le feu, par l'eau, etc., avaient disparu récemment sous la réprobation de l'Église; mais le « jugement de Dieu par l'épée » était bien plus enraciné, et tranchait peut-être encore la moitié des procès entre nobles, et bon nombre de procès soit entre vilains, soit entre nobles et vilains, car il ne faut pas croire que le duel fût le privilége de la noblesse; le roturier n'eût pas été admis à croiser la lance contre le noble dans une « joute courtoise », mais il pouvait l'être à combattre judiciairement ce même noble, lorsque l'un des deux accusait l'autre de crime capital. Seulement le vilain n'avait pas le droit de combattre à cheval ni de se servir du glaive, du haubert, du heaume, ni des chausses de mailles, armes réservées aux gentilshommes, il ne portait que l'armure assignée aux champions de profession qui se battaient pour de l'argent, c'est-à-dire une cotte de cuir, des étoupes aux jambes, un bouclier de cuir ou de bois, et un bâton ou une massue sans nœuds et sans pointes,

---

1. Beaumanoir (*Coustumes de Beauvoisis*) en ajoute une huitième, les registres des cours; mais Beaumanoir n'écrivit qu'après la mort de saint Louis; à l'époque où nous sommes arrivés, les cours n'avaient pas encore de registres, et l'on ne pouvait recourir qu'au *record,* c'est-à-dire au souvenir des juges.

2. *V.* notre t. III, p. 272.

ce qui donnait grand avantage à l'adversaire noble qu'il avait provoqué. Si c'était le noble qui avait porté le défi, il était obligé de combattre à pied avec les mêmes armes que le vilain [1].

Louis IX, en 1260, défendit, dans le domaine royal, « les batailles par-devant justice, mettant en leur place la preuve par témoins, sans ôter les autres bonnes et loyales preuves usitées en cours laïques ». Sur sept espèces de preuves usitées, le roi n'en supprimait qu'une seule ; mais, comme les gentilshommes en appelaient d'habitude à celle-là, c'était toute une révolution dans le système judiciaire. La procédure avait été jusque-là fort simple : quand il n'y avait ni flagrant délit, ni preuves écrites, ni témoignages positifs et incontestés, les barons et les chevaliers qui composaient les cours seigneuriales ou royales ordonnaient le combat, ou du moins l'octroyaient sans difficulté aux parties, et tout l'office des juges consistait alors à veiller à ce que l'affaire se passât loyalement, « avec armes égales et Dieu pour tous deux » (la condition des armes égales n'était pas toujours respectée à l'égard des roturiers, comme on vient de le voir). L'abrogation de cette manière commode de procéder amena l'établissement de nouvelles formes complexes et difficiles : discussion des témoignages à charge et à décharge, plaidoyers, débats, dépositions écrites [2], etc. Les barons, habitués à livrer au hasard du duel la décision de tout procès qu'un bon sens vulgaire et inculte ne pouvait décider au premier aspect, s'égaraient dans ce dédale de la jurisprudence romaine où les légistes les poussaient en toute occasion ; un excès de raffinement, et, il faut le dire, de chicane, succédait tout à coup à un excès de simplicité et de grossièreté : les légistes n'épargnaient rien pour rendre la procédure inintel-

---

1. *v.* Ducange, art. *Duellum et Campio*, et Beaumanoir, t. II, p. 378, éd. Beugnot.
2. Les dépositions écrites, coutume qui présente les inconvénients les plus graves, auxquels a remédié notre législation actuelle, avaient été empruntées au droit canonique. — Il ne faut pas croire que saint Louis ait réussi à extirper entièrement le duel judiciaire, même dans le domaine royal : ses successeurs furent obligés de revenir sur cette interdiction absolue et d'autoriser le combat judiciaire dans certains cas ; mais ce qui avait été la règle ne fut plus que l'exception. Les seigneurs d'église, pas plus que les laïques, ne consentirent à l'abrogation du duel dans leurs domaines : on cite des exemples remarquables de leur résistance aux efforts de saint Louis. *v.* Ducange, art. *Duellum*, et Tillemont, *Vie de saint Louis*, t. V, p. 267.

ligible aux gens de guerre, et ceux-ci, fatigués, ennuyés de fonctions qu'ils se sentaient incapables de remplir, à l'exception d'un petit nombre d'entre eux qui se firent légistes, cédèrent la place à ces gens de loi qui n'avaient été d'abord que leurs humbles assesseurs; ils ne prévoyaient pas qu'ils donnaient ainsi à la royauté d'actifs et rusés auxiliaires, à eux-mêmes des rivaux dangereux. Le jugement par les pairs, le principe du jury, si complétement réalisé par les institutions féodales parmi la noblesse, périt ainsi dans la France féodale, comme il avait péri une première fois au sein de la barbarie franke. Sa chute dans la féodalité entraîna peu à peu sa chute dans les communes. Il ne devait renaître qu'au grand jour où fut proclamée l'égalité de tous devant la loi.

Si saint Louis empêchait les parties de se battre entre elles, à plus forte raison devait-il les empêcher de se battre avec les témoins ou avec les juges. Dans la France septentrionale et dans beaucoup d'autres pays, l'accusé pouvait « reprocher » les témoins, c'est-à-dire les accuser de faux témoignage et les provoquer, et, s'il était condamné, il avait droit de « fausser jugement », c'est-à-dire d'accuser ses juges de fausseté et déloyauté, et de les défier au combat, appelant ainsi de leur décision « au jugement de Dieu par l'épée ». Un article de l'ordonnance du roi contre les duels prohiba cette étrange forme d'appel, et ordonna que, lorsque le condamné « fausseroit jugement », la cause serait rapportée en la cour du roi, qui jugerait en dernier ressort. Cet article, comme le reste de l'édit, ne faisait loi que pour le domaine royal ; mais les légistes qui siégeaient dans les cours baronales, trahissant la cause de leurs seigneurs pour celle de la couronne, travaillèrent avec ardeur et succès à faire admettre l'appel en cour du roi dans toutes les seigneuries[1]. Les appels et les « cas royaux »

---

1. La multiplication des appels rendit beaucoup plus fréquentes les relations des baillis avec le parlement, dont ils relevaient. Les baillis y gagnèrent en lumières et en expérience. Ils étaient pris parmi les conseillers laïques au parlement, et rappelés au parlement après leur exercice. Le titre de « chevalier ès lois » n'était pas ridicule à leur égard, car ils étaient à la fois chevaliers et légistes. Ceci semblait ouvrir une voie nouvelle à la noblesse ; mais elle n'y sut pas persévérer. Les baillis d'épée se relâchèrent vite, firent comme avaient fait les seigneurs, et laissèrent bientôt la science et l'action aux légistes de robe longue, leurs lieute-

devinrent les armes les plus efficaces du pouvoir royal et du corps judiciaire. Les baillis royaux avaient établi en principe que toutes les causes qui intéressaient directement ou indirectement la couronne, et qu'ils nommaient « cas royaux », ne pouvaient ressortir des justices seigneuriales et devaient être déférées à la cour suprême du roi. On ne s'en tint pas là, et, par les *Établissements* de Louis IX, il fut statué que tout homme libre avait droit, en cas de contestation avec son seigneur, de choisir le bailli royal pour juge, sans tenir compte de la hiérarchie des juridictions féodales. Louis ne voyait que l'application d'un principe d'équité, à savoir : que nul ne peut être juge dans sa propre cause ; mais les légistes ne cachaient plus leurs doctrines, et invoquaient ouvertement l'autorité du Digeste pour renverser les coutumes de la féodalité.

Dès lors, on put dire qu'il y avait encore en France des grands vassaux, mais qu'il n'y avait plus de princes souverains. Un fait célèbre, arrivé en 1259, atteste à la fois l'abaissement des plus puissants barons, pris en particulier, vis-à-vis de la couronne, les limites du pouvoir royal vis-à-vis de l'ensemble du baronage et la sévère équité de saint Louis.

Le sire Enguerrand de Couci ayant fait pendre sans forme de procès trois jeunes écoliers flamands qui étaient entrés par mégarde dans un de ses bois en poursuivant des lapins à coups de flèches, le roi, à la requête du sire de Trasegnies, connétable de France, parent d'une des victimes, fit citer Enguerrand devant sa cour, c'est-à-dire devant son conseil et son parlement ordinaire. Le sire de Couci prétendit qu'il ne devait pas répondre de ce fait devant le roi en son conseil, mais devant les pairs de France, selon la coutume de baronie[1]. Sa réclamation fut repoussée : le sire de Couci, devenu si puissant, n'était point pair du duché de France, mais simple arrière-vassal, la terre de Couci n'étant primitivement

nants et leurs assesseurs. Les vrais « chevaliers ès lois » ont déjà presque entièrement disparu du parlement au quatorzième siècle, remplacés par des bourgeois.

1. Tillemont, *Vie de saint Louis*, t. IV, p. 182 ; d'après Duchesne et divers mss. — Ceci indiquait que la confusion était déjà complète entre la cour des pairs de France et les grandes assises du roi, ou l'ancienne cour des pairs du duché de France ; car Enguerrand ne pouvait avoir aucune prétention à être jugé exclusivement par les douze pairs du royaume.

qu'un fief de l'abbaye Saint-Remi de Reims. Le roi fit prendre Enguerrand, non par des pairs du duché de France, mais par des chevaliers et des sergents de son *hôtel* (de la maison du roi), et le fit enfermer en la tour du Louvre. « L'intention du roi étoit de faire droit jugement, et de le punir de telle mort comme il avoit fait mourir les enfants. Quand les barons de France surent l'intention du roi, ils furent moult dolents ». Presque tous étaient parents ou alliés de Couci. A force de sollicitations, ils obtinrent que ce seigneur, qui tenait tant de grandes terres, fût élargi sous caution et jugé par ceux qui étaient ses pairs de fait, sinon de droit strict. Les grandes assises furent convoquées. Trois pairs laïques y figurèrent : le roi de Navarre, comte de Champagne, le duc de Bourgogne et la comtesse de Flandre. Enguerrand comparut, nia le crime, refusa de se soumettre à la preuve par voie d'enquête, et requit d'être admis à se défendre « par bataille » (par le duel). Le roi rejeta la requête. Les barons conseillèrent à Enguerrand de ne pas « attendre jugement, mais de se mettre du tout en la merci du roi ». Louis voulait passer outre et procéder au jugement ; mais presque tous les barons s'excusèrent d'opiner, disant qu'ils ne pouvaient porter sentence contre leur proche, et ils renouvelèrent leurs supplications au roi, afin qu'il permît à Enguerrand de « racheter sa vie ». Louis ne céda que devant le péril d'aliéner le baronage entier, et signifia enfin à Enguerrand qu'il lui remettait la mort qu'il avait méritée. Les assises délibérèrent ensuite sur la peine qui serait infligée au coupable. Le sire de Couci fut condamné à dix mille livres parisis d'amende, à demeurer trois ans à la défense de la Terre-Sainte, et à faire inhumer honorablement ses victimes, avec des fondations pieuses pour le repos de leurs âmes. Enfin, il fut privé de la haute justice et du droit de garenne, occasion de son crime.

Les barons, satisfaits d'avoir obtenu la vie du coupable, avaient fait à leur tour de grandes concessions au roi. Tous n'en prirent pas aisément leur parti. Jean de Thourote, châtelain de Noyon, s'écria ironiquement : « Si j'étois le roi, j'aurois fait pendre tous mes barons ; car, le premier pas fait, le second ne coûte guère ». — Louis, averti de ce propos, fit appeler Thourote : « Comment, Jehan, vous dites que je devrois faire pendre mes barons ; certainement, je ne les ferai pas pendre, mais je les châtierai s'ils méfont[1] ».

Rien n'est plus caractéristique chez saint Louis que ce mélange de fermeté et de simplicité qui apparaît dans tous ses actes. Il ne se contentait pas d'élaborer les mesures législatives avec ses conseillers, et de présider les grandes assises. Il croyait de son devoir de rendre quotidiennement la justice en personne à qui la requérait, comme faisaient, dans la Bible, les rois et les juges d'Israël. « Lorsque le sire de Nesle, le bon comte de Soissons, moi et autres des siens amis, raconte Joinville, avions été le matin à la messe, il falloit que nous allassions ouïr les « plaids de la porte »; puis le bon roi nous demandoit s'il y avoit quelques gens qu'on ne pût dépêcher sans lui. S'il y en avoit, il les envoyoit quérir, et les contentoit, et les mettoit en raison et droiture. Maintes fois, après qu'il avoit ouï messe en été, il s'alloit ébattre au bois de Vincennes, et s'asseyoit au pied d'un chêne, et nous faisoit tous seoir auprès de lui. Ceux qui avoient affaire à lui venoient lui parler, sans qu'aucun huissier ni autre leur donnât empêchement, et il leur demandoit hautement de sa propre bouche s'il y avoit nul qui eût *partie* (procès); et, quand il y en avoit aucun, il leur disoit : « Amis, taisez-vous, et on vous expédiera l'un après l'autre ». Puis, souventes fois, il appeloit monseigneur Pierre de Fontaine et monseigneur Geoffroi de Villette, et il leur disoit : « Expédiez-moi ces *parties* ». D'autres fois venoit au jardin du palais de Paris, vêtu d'une cotte de camelot, d'un surcot de tiretaine sans manches, et d'un manteau de *cendal* (taffetas) noir par-dessus, et faisoit là étendre des tapis pour nous asseoir auprès de lui, et là faisoit expédier son peuple diligemment, comme j'ai devant dit du bois de Vincennes ».

Il s'agissait sans doute ici des appels à la cour du roi, car Louis IX n'entendait certainement pas porter atteinte au principe du jugement par les pairs. Il importe aussi de remarquer que rendre la justice, pour un roi, comme pour tout seigneur présidant une cour de pairie, ce n'était pas juger soi-même. En

---

1. Guill. de Nangis, *Vie de saint Louis*. — Matth. Westmonst. — V. tout le récit de cette affaire dans Tillemont, d'après les documents imprimés et manuscrits; *Vie de saint Louis*, t. IV, p. 160-192.

droit féodal strict, le président prononçait le jugement, mais ne jugeait pas[1]. Le principe féodal était ici d'accord avec la tradition romaine. Il n'est pas sûr toutefois que Louis IX ait ici respecté l'esprit féodal et n'ait pas cru devoir suivre une autre tradition plus sacrée à ses yeux.

Les mesures législatives de Louis IX ont été réunies, probablement peu de temps après sa mort, en un recueil divisé en deux livres, et connu sous le titre d'*Établissements de saint Louis;* c'est le premier corps de lois qu'on rencontre en France depuis les Capitulaires des rois de la seconde race. Ce recueil n'est rien moins qu'un code complet : on n'y trouve pas plus de classification ni de division des matières que dans les Capitulaires et les anciennes lois barbares : les articles sur les lois civiles, sur les lois criminelles, sur la procédure, y sont entremêlés sans aucun ordre; l'esprit général qui y règne est de renforcer l'élément romain qui subsistait dans les coutumes, et d'affaiblir l'élément féodal : les règles relatives à la transmission des fiefs ne sont pas changées; dans la majeure partie du domaine royal, le fils aîné du gentilhomme continue d'hériter du fief, s'il n'y a qu'un fief dans la famille, et, s'il y en a plusieurs, des deux tiers des immeubles, y compris le principal manoir, et de tous les biens meubles[2]; on n'avait point osé toucher à cette arche sainte de la famille féodale; mais l'égalité des partages est généralisée pour tous les biens des bourgeois et des vilains, conformément au droit naturel et au droit romain. La minorité du noble finit à quinze ans, en Vermandois, Beauvaisis, etc.; à vingt ans, en *France* et en Normandie; celle du roturier, en Beauvaisis et dans quelques autres cantons au même âge que pour le noble; en *France*, à vingt-cinq ans seulement, suivant la loi romaine. La majorité de quinze ans se rapproche des traditions celtiques et germaniques. La tutelle du noble

---

[1] « Le seignor ne peut jugement faire ni estre as jugemens (ni prendre part aux jugements). » *Assises de Jérusalem.* V. l'art. de M. Beugnot sur la *Cour des pairs*, ap. *Biblioth. de l'École des Chartes*, 2ᵉ sér., t. V, p. 11.

[2] Les autres enfants, garçons et filles, partagent également le dernier tiers. S'il n'y a que des filles, la fille aînée exerce le droit d'aînesse. En Champagne, l'aîné n'avait hors part que le principal manoir, et il était obligé d'en compenser le revenu aux puînés. En Bourgogne, aussi, tous les enfants ont une part, ou tous les collatéraux du même degré, s'il n'y a pas d'enfants.

fieffé appartient à son suzerain ; celle du roturier, à son plus proche parent ; le noble ne peut disposer, par testament ou contrat de mariage, que du tiers de ses biens ; le roturier peut disposer de moitié. La législation civile est constamment différente pour les nobles et les non nobles, comme elle l'était jadis pour les Barbares et les Romains[1].

Les dispositions de procédure, relatives soit aux nouvelles formes qui remplacent le duel, soit à la compétence des tribunaux, etc., ont une grande analogie avec la procédure des tribunaux ecclésiastiques; elles ont même tendance à la subtilité et à la chicane, et l'on y pressent déjà les abus qui doivent remplacer ceux de la féodalité. La partie pénale des Établissements est très sévère, ainsi que le souhaitait le peuple lui-même par réaction contre le désordre social ; mais cette sévérité dépasse le droit de la société. Les Établissements punissent du gibet le *meurtre* (l'assassinat prémédité), l'homicide simple, l'incendie, le rapt, la trahison, le vol de grand chemin, le vol domestique, le vol d'un cheval ou d'une jument, le vol simple avec récidive, l'accusation calomnieuse d'un crime capital, le bris de prison, etc. L'hérésie et l'infanticide sont punis du feu ; le vol simple, de la perte d'une oreille ; le vol dans une église et la fabrication de la fausse monnaie, de la perte des yeux. En cas d'accusation de crime capital, l'accusateur et l'accusé doivent être également emprisonnés et traités absolument de la même manière. — On ne peut mettre l'accusé à la torture que sur la déposition de deux témoins au moins. — On communique tous les actes de la procédure à l'accusé. Le maintien de la torture dans les Établissements de saint Louis cause une impression pénible ; l'autorité des précédents offusqua son bon sens et son humanité sur ce point.

Ce qu'il y a de plus grave dans ces Établissements, ce n'est pas telle ou telle de leurs dispositions, c'est la maxime qu'on proclame sur la souveraineté royale : « Le roi ne tient que de Dieu et de son épée (l. I, c. LXXVI) ». Maxime à deux tranchants ; vraie vis-à-vis du dehors, dans ce sens que le roi ne relève ni du pape ni de l'empereur; mais, à l'intérieur, c'est dépasser le droit impérial

---

1. *V.* notre t. III, p. 16 ; 271.

romain : l'empereur romain, du moins, reconnaissait *tenir* du peuple. C'est le droit divin et le droit de conquête associés. Et la maxime est fausse, à cet égard, en fait comme en théorie, puisque le roi capétien *tient* d'une élection originaire et nullement de son épée.

Un des plus grands obstacles à la bonne administration de la justice, c'étaient les priviléges judiciaires des ecclésiastiques, qui avaient été utiles dans les temps de barbarie, lorsque le pouvoir civil n'avait aucun sentiment de sa mission, et qui pouvaient l'être encore par exception, mais qui n'étaient le plus souvent qu'une occasion d'odieux scandales. Le bon roi, malgré son attachement pour les prêtres et les moines, s'indignait de voir les membres du clergé commettre toute sorte de délits et de crimes, avec la certitude de trouver une protection partiale dans les tribunaux d'église, leurs seuls juges. Louis IX ne voulut point attenter de son chef aux immunités cléricales, et sollicita le pape Alexandre IV d'autoriser quelque restriction dans l'intérêt de la religion même. Les abus étaient si énormes, qu'Alexandre IV ne crut pas pouvoir rejeter entièrement les désirs du roi : il déclara, en janvier 1260, que les juges royaux n'encourraient plus l'excommunication en arrêtant les prêtres en flagrant délit de crimes capitaux, à condition qu'ils les tinssent à la disposition des tribunaux ecclésiastiques. Le pape permit ensuite aux juges de connaître des crimes commis par des prêtres mariés, après les avoir fait dégrader par l'autorité compétente ; puis il déclara que les clercs qui exerçaient les professions industrielles ne jouiraient plus du bénéfice de *clergie*. Il y avait en effet un grand nombre de gens qui, entrant dans le grand corps ecclésiastique sans jamais dépasser les degrés inférieurs de sa hérarchie, et sans renoncer au siècle ni au mariage, participaient aux priviléges cléricaux, bien qu'ils pratiquassent toute sorte de métiers. Les concessions du saint père n'étaient pas bien considérables ; mais les légistes ne devaient pas se faire faute de les commenter et de les étendre : la royauté avait désormais à ses ordres une milice aussi active, aussi rusée, aussi persévérante que le clergé lui-même, du sein duquel elle était sortie.

La société laïque commençait à s'irriter grandement et de la licence des clercs et de leur despotisme : la terrible imputation d'hérésie conservait tout son effet, et toutes les têtes se courbaient encore devant l'Inquisition ; mais, hors le cas d'hérésie, les laïques étaient décidés à ne plus souffrir les violences du clergé, ni l'abus monstrueux qu'il faisait des canons du concile de Latran relatifs à l'excommunication. L'on ne pouvait avoir la plus légère contestation avec les gens d'église sans être exposé à se voir excommunié, et il ne s'agissait pas seulement d'être banni des lieux saints et exclu de tous les actes civils pour lesquels le concours du clergé était nécessaire : le tribunal ecclésiastique qui avait prononcé la sentence requérait, en vertu des canons de Latran, l'assistance du bras séculier contre l'excommunié ; l'officier laïque, s'il refusait son ministère, était frappé lui-même d'excommunication. La conséquence de cet intolérable état de choses avait été une réaction générale, et une désobéissance universelle aux sentences de l'Église. « Tous les prélats de France s'assemblèrent à Paris pour parler au bon saint Loys ; l'évêque Gui d'Auxerre, par le congé de tous les autres, commença à dire au roi : — Sire..... vous laissez perdre toute la chrétienté : elle se perd entre vos mains. — Adonc le bon roi fit le signe de la croix, et dit : Évêque, or me dites comme il se fait, et par quelle raison. — Sire, fit l'évêque, c'est parce qu'on ne tient plus compte des excommuniements ; aujourd'hui, on aime mieux mourir tout excommunié que de se faire absoudre, et ne veut nul faire satisfaction à l'Église. Pourtant, sire, vous requièrent tous les prélats ci-présents qu'il vous plaise commander à tous vos baillis, prévôts et autres, que, où il sera trouvé quelqu'un en votre royaume qui aura été an et jour excommunié, ils le contraignent à se faire absoudre par la prise de ses biens. » — Et le saint homme répondit que très volontiers le commanderoit faire de ceux qu'on trouveroit *torçonniers* (ayant fait tort) à l'Église. — Et l'évêque dit qu'il ne leur appartenoit (au roi et aux laïques) à connoître de leurs causes. — Et répondit le bon roi qu'il ne le feroit autrement, et que ce seroit contre Dieu et raison qu'il fît contraindre à soi faire absoudre ceux à qui les clercs feroient tort » (Joinville. — vers 1263).

Ceci est de la plus haute portée : saint Louis, le type de l'orthodoxie, en était venu à s'ériger en juge de la légitimité des sentences lancées par les évêques, à faire réviser ces sentences, du moins quant à leurs effets temporels, par la raison et l'équité des magistrats laïques, et à prendre ainsi à rebours les Établissements de Charlemagne. La suprématie ecclésiastique, édifiée par un héros, s'écroulait sous les coups d'un saint! L'appel des sentences ecclésiastiques à la cour du roi, « l'appel comme d'abus », avec lequel les parlements ont renversé l'infaillibilité papale et constitué le GALLICANISME, était en principe dans la réponse de Louis IX : on le vit bientôt éclore tout armé du sein de la fameuse *Pragmatique-Sanction*[1], édit qui couronna dignement la carrière législative du bon roi, en fournissant aux légistes de puissants moyens de résistance contre les usurpations de la cour de Rome. Cette ordonnance, promulguée en mars 1269, n'a de saillant, à la première vue, que son cinquième article, qui défend « qu'on lève, en aucune manière, les exactions et les grièves levées d'argent imposées par la cour de Rome aux églises du royaume, et par lesquelles ledit royaume a été misérablement apauvri, ou celles qui seroient imposées à l'avenir, à moins que la cause n'en soit reconnue raisonnable, pieuse, très urgente et indispensable, par le roi et par l'église de France ». Les autres dispositions se bornent à ordonner l'entière expulsion du « crime pestilentiel » de simonie, à rappeler et à garantir le droit de libre élection qui appartient aux chapitres des églises cathédrales et autres, les droits des prélats, des patrons et de tous collateurs de bénéfices, les usages consacrés par les conciles et par les règles monastiques pour la promotion aux dignités cléricales, et toutes les franchises ecclésiastiques; mais chacun de ces articles frappe la cour de Rome sans la nommer, la cour de Rome qui ne cessait de bouleverser toutes les règles et tous les droits, qui tyrannisait les élections, s'emparait de la collation des bénéfices, s'immisçait en toutes choses, partout et toujours. La Pragmatique fut la base du gallicanisme, de cette théorie semi-religieuse, semi-politique, qui fut l'arche sainte des jurisconsultes français, et qui a servi puissamment à l'affranchissement de notre nationalité et de la

---

1. *Ordonnances des rois de France*, t. I, p. 97. — Le nom de *Pragmatique* est d'origine byzantine : on le donnait aux édits des empereurs d'Orient; on le trouve employé dans les capitulaires de Charlemagne, et dans un rescrit de Philippe Ier, de l'an 1105. L'authenticité de la Pragmatique a été contestée, mais sans raison valable.

société laïque en général; théorie d'opposition et de transition plutôt que d'édification et d'affirmation, mais qui a rendu des services trop méconnus de nos jours. La France avait été longtemps l'instrument dévoué du catholicisme romain, rôle nécessaire et glorieux tant que le pape de Rome avait été lui-même l'instrument providentiel de la civilisation européenne; mais une nouvelle phase de l'histoire de l'Occident s'ouvrait : la papauté commençait à descendre de son rang sublime, et la France avait d'autres destinées à remplir, qui réclamaient l'indépendance de sa monarchie.

Une mesure d'une tout autre nature que les réformes judiciaires et cléricales, mais tout aussi équitable et aussi utile à la monarchie, est la réforme du système monétaire exécutée par Louis IX. Le droit de battre monnaie avait été usurpé autrefois, comme tous les autres droits régaliens, par les seigneurs sur les terres desquels se trouvaient les anciens hôtels des monnaies des rois franks. Environ quatre-vingts hauts barons et prélats en jouissaient encore du temps de saint Louis : ils retenaient généralement un sixième du métal pour le monnayage, frappaient leurs sujets d'une taille, pour renoncer au droit d'altérer les monnaies, et ne laissaient pas de les altérer malgré cette renonciation. De plus, chaque seigneur battant monnaie ne permettait guère à nulle autre que la sienne d'avoir cours dans sa seigneurie; en sorte qu'on était obligé de changer de numéraire de canton en canton, et de perdre sur chaque change[1]. Louis IX entreprit de corriger ces usages funestes à la population entière, et ruineux pour toute espèce de commerce et d'industrie. Il avait prohibé, dès 1247, les *sterlings* et autres monnaies anglaises falsifiées par le roi Henri III; en 1262, il ordonna que, dans les domaines des seigneurs qui ne battaient point monnaie, celle du roi aurait seule cours, et qu'elle serait reçue concurremment avec celle des seigneurs partout où se frappaient des monnaies seigneuriales. En même temps, Louis IX veilla soigneusement à ce que la mon-

---

1. Sismondi, *Hist. des Français*, t. VIII, p. 108. — Nous avons, plus haut, accepté, trop facilement peut-être, l'excuse de l'ignorance pour les princes « faux-monnoyeurs ». Les hommes les plus éclairés de ces temps voyaient déjà très-bien tout l'odieux de cet abus, et Innocent III avait eu le mérite de le flétrir de ses anathèmes.

naie royale ne fût plus altérée comme elle l'avait été sous ses prédécesseurs. L'ordonnance de 1262 était contre-signée par trois bourgeois de Paris, trois de Provins, deux d'Orléans, deux de Sens et deux de Laon, députés par leurs villes comme « jurés » pour délibérer avec le roi « sur le fait des monnoies ». C'est la première assemblée connue où aient été ainsi réunis les députés d'un certain nombre de villes de la vieille France royale ; pour la première fois, le tiers-état faisait acte d'existence collective dans le domaine royal[1]. Les avantages immédiats de ce règlement furent incontestables ; mais la conscience de saint Louis eût été cruellement troublée s'il eût pu prévoir que cette direction monétaire, qu'il attribuait à la royauté, deviendrait entre les mains de ses successeurs le monopole de la fausse monnaie.

Le même esprit qui avait fait appeler les délégués de la bourgeoisie à discuter le « fait des monnoies » se manifeste dans toutes les relations de Louis IX avec les diverses classes de ses sujets : c'est toujours le même sentiment du droit qu'a chaque classe de citoyens à être consultée sur les actes de gouvernement qui la concernent ; souvent même le pouvoir royal se contente de prêter sa sanction et sa garantie aux mesures adoptées librement par les intéressés : tel est, entre autres, le caractère des fameux Établissements ou Statuts des métiers de Paris, qui ne furent pas, comme on le croit vulgairement, composés par le prévôt Étienne Boileau, mais seulement recueillis et tout au plus rédigés par

---

1. Provins n'était pas du domaine royal, et la présence de ses délégués indiquait ou la coopération du comte de Champagne, ou une application du principe suivant lequel toute ville de commune relevait du roi. *Ordonnances des rois de France*, t. Ier, p. 90. — Par un contraste frappant, que M. Guizot a parfaitement fait ressortir, le tiers-état, la bourgeoisie, considérée dans son ensemble et en tant qu'*ordre*, était en progrès constant, pendant que les démocraties locales tendaient à déchoir sous la pression du gouvernement royal, tendance qui s'accrut beaucoup sous les règnes suivants. — La bourgeoisie commençait à s'étendre hors de ses banlieues : la terre n'appartenait plus exclusivement aux gentilshommes ; la classe laborieuse et économe empiétait sur la classe oisive et dépensière, et beaucoup de petits fiefs passaient dans les mains des bourgeois et des « hommes de poëste ». Il paraîtrait que saint Louis crut devoir arrêter ce mouvement plutôt que le favoriser : soit désir de satisfaire la noblesse, soit crainte que ce changement dans l'état des possesseurs de terres ne nuisît au service féodal, il aurait interdit aux roturiers d'acquérir dorénavant des fiefs, en leur laissant ceux qu'ils possédaient par héritage ou acquisition, car, disait-il, « ne faut tollir à aucun son droit. » Cependant il n'est pas sûr que cette ordonnance soit de lui, et qu'elle ne remonte pas jusqu'à Philippe-Auguste.

lui, d'après la déclaration des maîtres jurés et prud'hommes de chaque communauté de marchands ou d'artisans. Ces précieux registres renferment tout un code de l'industrie, qui s'était formé peu à peu depuis l'origine des libertés bourgeoises, et qui, par les soins d'Étienne Boileau, passa de l'état de coutumes orales à celui de législation écrite. Les Établissements des métiers de Paris sont le monument le plus ancien que nous ait légué ce génie des corporations, qui a dominé l'industrie française jusqu'à la révolution de 1789, et qui n'a succombé que depuis soixante ans devant le système de la libre concurrence. Il serait injuste de rendre Louis IX ou Étienne Boileau responsables des abus du système des corporations ; ce système, alors universel, était le résultat nécessaire de l'oganisation de la société ; né de la nécessité où étaient les travailleurs libres de se défendre mutuellement contre les déprédations qui les menaçaient de toutes parts, il conservait l'empreinte de l'état de guerre qui lui avait donné naissance : l'esprit de corporation était exclusif, égoïste et violent, comme celui de la féodalité elle-même. De défensif, il devenait facilement agressif, et n'avait pas plus de scrupule à exercer la tyrannie qu'à la repousser; la corporation n'était pas moins jalouse de son monopole que le gentilhomme de ses droits féodaux, et elle le maintenait par des moyens tout aussi acerbes. L'histoire de la hanse germanique, des communes de Flandre, de la hanse parisienne, si oppressive pour le commerce de la haute et de la basse Seine, en fait assez foi : quand les démocraties communales avaient des sujets, comme en Flandre et en Italie, elles ne les traitaient guère mieux que ne faisaient les seigneurs féodaux. Le sentiment de l'unité n'existait que pour les choses de la religion; sous tous les autres points de vue, la société du moyen âge n'offrait qu'une juxtà-position de petites sociétés hostiles les unes aux autres. La vraie grandeur de la royauté en France a été, sinon d'accomplir, au moins de commencer la fusion de tous ces éléments contraires, jusqu'à ce que la nation fût devenue capable d'achever de ses propres mains l'œuvre de son unité.

Ce n'était pas seulement contre le dehors, contre les marchands et fabricants étrangers, ou contre les acheteurs, que la corporation déployait son égoïsme : elle opprimait au dedans d'elle-même ceux de ses membres qui n'étaient, pour ainsi dire, que l'appendice des autres. Les *maîtres* exploitaient durement les *apprentis*, les écartaient le plus longtemps possible de la *maîtrise*, tendaient à se restreindre au plus petit nombre pour grossir leurs gains, et à rejeter ou à retenir le plus qu'ils pouvaient d'artisans dans cette classe de salariés, privés de droits municipaux et d'existence constituée, dans cette masse flottante que nous nommons aujourd'hui les prolétaires. Ces abus, d'abord contenus par l'esprit de fraternité héroïque des communes naissantes, s'étaient développés à mesure que le premier élan s'était amorti.

Quant aux relations des corps de métiers avec le dehors, ou des producteurs avec les consommateurs, les abus des corporations n'étaient pas sans quelque compensation. Si les corps de métiers empêchaient par le monopole l'abaissement du prix des marchandises, ils maintenaient avec soin les procédés de fabrication dont le mérite était constaté par l'usage, et ne souffraient pas les fraudes ni la détérioration des objets de fabrique. Leur vice radical était la routine et la malveillance pour toute invention qui les eût obligés à changer leurs habitudes de travail : les peines sévères qui frappaient le falsificateur d'un objet de commerce eussent atteint quiconque se fût permis de changer les procédés consacrés par les règlements, sans l'autorisation officielle du corps. De là l'extrême lenteur des progrès de l'industrie en France.

Les métiers dont Etienne Boileau enregistra les statuts sont au nombre d'une centaine. La riche corporation des bouchers n'y figure pas, ni la compagnie bien autrement importante des *marchands de l'eau*, qui dominait tous les métiers et en avait plusieurs sous son autorité directe.

La couronne, qui percevait un droit sur chaque maîtrise, trouva son compte dans la régularisation des statuts des métiers : la perception des impôts directs et indirects en devint plus facile. Le système de perception directe était fort simple : le fisc ne s'en mêlait aucunement, et les taxes étaient réparties par les notables de chaque corporation[1].

---

1. Le livre *des Métiers de Paris* a été publié en 1837 par M. Depping, dans la collection des *Documents inédits sur l'Hist. de France*. La seconde partie des re-

La seconde partie du règne de saint Louis fut l'époque la plus paisible et la plus prospère qu'eût encore vue notre patrie; le contraste des orages qui grondaient sur le reste de l'Europe faisait ressortir le calme dont jouissait la France, entourée d'un cercle de tempêtes qui venaient expirer sur ses frontières. Les débats intérieurs de l'Allemagne avaient peu de retentissement; mais les troubles de l'Angleterre et de l'Italie grandissaient chaque jour : l'Angleterre essayait une révolution en sens contraire de celle que saint Louis accomplissait pacifiquement en France. Les barons anglais, las de voir leur pays éternellement exploité par des étrangers, par les agents du pape, par les favoris poitevins, gascons, provençaux, savoyards[1], las d'être obligés à une défensive perpétuelle contre un roi fourbe et faible, avaient résolu de s'emparer du gouvernement, et de l'organiser au profit de l'aristocratie, en ne laissant guère au roi que son titre et sa couronne. Henri III fut réduit à bannir ses quatre frères, les Lusignan de la Marche, et les autres étrangers, et à sanctionner, en 1258, l'établissement d'une commission de vingt-quatre seigneurs chargés de réformer l'état du royaume. Les règlements adoptés par les Vingt-Quatre portèrent le titre de « Provisions d'Oxford ». Ils attribuaient aux barons le choix des grands officiers de la couronne, la garde des châteaux du roi, et aux francs-tenanciers des comtés le choix de leurs shériffs (qui correspondaient aux baillis français) : les délégués des barons devaient se réunir en parlement tous les quatre mois, pour régler les affaires générales avec le conseil du roi, conseil élu lui-même par les barons. C'était un Français qui avait dirigé cette grande entreprise; c'était ce Simon de Montfort, comte de Leicester, qu'on a vu commander en Gascogne pour Henri III, et qui avait épousé la sœur de ce prince : le nouveau Simon égalait son père en

---

gistres d'Etienne Boileau contient le détail de tous les droits, *tonlieus* et péages dus au roi dans la ville de Paris. — A propos d'économie politique, nous devons mentionner une ordonnance de Louis IX sur la question des grains : il enjoint aux baillis de laisser libre le transport des blés d'un bailliage à l'autre, sauf en cas de nécessité bien constatée. *v.* Bailly, *Hist. financière de la France*, t. Ier, p. 59.

1. La reine d'Angleterre, sœur de la reine de France, avait amené avec elle en Angleterre ses oncles maternels, les princes de Savoie, et une nuée de Provençaux, qui partagèrent la faveur de Henri III avec ses frères utérins, les Lusignan de la Marche.

audace, en soif de pouvoir et en talents militaires; mais l'excès de son ambition fut fatal aux innovations politiques dont il avait été le principal auteur; lui et les autres membres des Vingt-Quatre ne songèrent qu'à se perpétuer dans le pouvoir, et se rendirent bientôt aussi à charge à une grande partie de la nation que l'avait été le roi lui-même. Henri III se fit absoudre de ses serments par le pape. Le parti du roi se releva, et la guerre civile recommença. Enfin, les deux partis, las de s'entredéchirer et ne pouvant s'entendre, convinrent de chercher un arbitre au dehors : autrefois, cet arbitre eût été le pape; mais le pape ne savait plus qu'attiser la discorde au lieu de l'éteindre; l'arbitre élu fut le roi de France.

Henri III, la reine sa femme, l'archevêque de Canterbury, Pierre de Montfort, fils du comte de Leicester, et d'autres seigneurs anglais, se rendirent à Amiens, près de Louis IX, vers la Noël 1263, et le roi de France, après mûre délibération, prononça son arrêt sur ce grand procès, le 23 janvier 1264. Louis annula les « Provisions d'Oxford », restitua à Henri III ses châteaux et le choix de ses grands officiers, cassa le décret rendu contre les étrangers, et ordonna le maintien de la Grande-Charte et de toutes les libertés antérieures aux Provisions d'Oxford.

Il était impossible que Louis jugeât autrement : lui, roi, et habitué à voir dans la puissance royale l'instrument du bien public, pouvait-il admettre un gouvernement où le roi n'avait pas même le choix de ses officiers, où la royauté était asservie par le baronage? Le seul article qui pût exciter un mécontentement légitime, c'était l'autorisation accordée au roi de rappeler ses favoris étrangers : la préoccupation du droit royal avait fait ici méconnaître à Louis le droit évident d'une nationalité justement irritée. Quoi qu'il en soit, la décision arbitrale fut bientôt mise à néant : le parti de Leicester et des Vingt-Quatre la rejeta avec colère, et, « faussant jugement », reprit les armes pour maintenir les Provisions d'Oxford. Louis IX ne soutint pas son arrêt par les armes, et Henri III fut vaincu et pris, avec le roi des Romains, son frère, par le comte de Leicester, à la bataille de Lewes. Le roi anglais subit un traité désastreux, et Leicester fut le véritable roi d'Angleterre durant quinze mois, jusqu'à ce que le prince Édouard, fils de Henri III, depuis si célèbre par sa valeur, ses talents politiques et ses sanglantes conquêtes, eût réussi à soulever, contre le vainqueur de Lewes, une partie de la noblesse et du peuple. Leicester fut défait à son tour et tué à la bataille d'Evesham, le 4 août 1265 ; Henri fut remis en possession de ses « droits », et le parti des Provisions d'Oxford succomba, mais sans entraîner la Grande-Charte dans sa ruine, et sans que l'Angleterre rentrât sous le joug du pouvoir absolu. Leicester, au moment où les barons avaient commencé à l'abandonner, s'était tourné du côté de la bourgeoisie, et avait appelé au parlement des barons les députés de la petite noblesse et les députés des villes. Cette grande innovation ne fut pas perdue pour l'avenir ; la chambre des communes en sortit.

Tandis que l'Angleterre enfantait ainsi avec douleur ses destinées politiques, la France, du sein de la paix que lui avait donnée son chef, voyait au loin ses aventureux enfants perdre un empire et conquérir un royaume. Cet empire, celui de Constantinople, n'était plus depuis longtemps qu'une ombre, et eût disparu presque en naissant, s'il n'eût été soutenu par les intérêts commerciaux de la puissante Venise. Les Grecs, après avoir recouvré presque toutes leurs provinces, parvinrent enfin à reconquérir leur capitale : le césar Alexis Stratégopoulos, envoyé par l'empereur de Nicée, Michel Paléologue, entra dans Constantinople par escalade, le 25 juillet 1261 ; l'empereur français Baudouin et tous les « Latins » se sauvèrent sur leurs galères, et firent voile pour l'île d'Eubée ou de Négrepont, abandonnant sans retour la cité de Constantin, cinquante-cinq ans après sa conquête par les croisés. La flotte n'était pas approvisionnée, et la plupart des fugitifs expirèrent de faim sur leurs navires avant d'avoir pu gagner les côtes de Négrepont. En vain la croisade fut-elle prêchée en Occident contre les Grecs ; l'Occident ne fit rien pour ressaisir Constantinople, et Baudouin et son fils, Philippe de Courtenai, allèrent mourir obscurément en Italie. L'empire grec fut ainsi restauré ; mais il ne se releva qu'à demi du coup que lui avait porté l'invasion latine : il ne put traîner sa pénible existence au delà de deux siècles après sa restauration. La Grèce méridionale (Morée, Livadie, Achaïe) et l'île de Chypre demeurèrent longtemps encore à des princes français; Venise conserva les îles de Négrepont et de Candie, et les empereurs byzantins n'eurent pas la force de recompléter leur empire.

La papauté ne vit certes pas sans douleur le schisme grec réinstallé dans Sainte-Sophie de Constantinople, et l'espoir de la réunion des deux églises renversé par la chute de l'empire latin; mais elle était beaucoup plus préoccupée de la destruction des Hohenstauffen que de la conservation de Byzance : on le vit bien à sa façon d'agir. Elle demanda sur ces entrefaites au clergé de France le centième de ses revenus pour la guerre de Grèce, et le dixième pour la guerre de Sicile (Fleuri, l. LXXXV). Les périls qui menaçaient la Terre-Sainte d'une ruine prochaine ne détournèrent pas un instant le saint-siége de sa querelle : le pape soutenait la lutte avec les sterlings d'Angleterre et les épées des Guelfes; Manfred, avec le pillage des biens de l'Église et les cimeterres des Sarrasins. Il avait appelé en Campanie et en Sicile plusieurs milliers de Maures d'Afrique, pour renforcer les colonies musulmanes fondées par son père, ressource fatale, qui donnait de terribles armes au fanatisme contre le prince qui l'employait. Les sterlings d'Angleterre cependant avaient fini par s'épuiser; les Provisions d'Oxford et la guerre civile avaient tari la source d'où coulaient ces flots d'or, et Henri III se voyait forcé de renoncer à la couronne des Deux-Siciles, octroyée ou plutôt vendue si cher par le saint-siége à son second fils, Edmond. La cour de Rome se tourna alors du côté de la France, espérant être plus heureuse qu'au temps d'Innocent IV. Le pape régnant était alors un Français, nommé Jacques de Troies, qui avait été patriarche titulaire de Jérusalem, puis élevé à la papauté sous le nom d'Urbain IV, après la mort d'Alexandre IV. Il offrit la royauté sicilienne à Louis IX pour un de ses fils (1262). Le bon roi regardait Manfred comme un usurpateur; mais le roi légitime des Deux-Siciles était, à ses yeux, le petit Conradin, fils du feu roi des Romains, Conrad. L'autorité du pape et des cardinaux ne suffit point à rassurer sa conscience, et il ne voulut pas du bien d'autrui.

Le pape, sur le refus du roi, s'adressa à son frère Charles, comte d'Anjou et de Provence. L'ambitieux Charles, qui venait d'étouffer dans les flots d'un sang généreux la liberté marseillaise, de concentrer dans ses mains toutes les forces de la Provence et d'envahir le Piémont sur la maison de Savoie (en 1259), tressaillit de joie aux ouvertures du saint-père; sa femme, la belle et orgueilleuse Béatrix, ne cessait de se plaindre à lui qu'elle seule, entre ses quatre sœurs, ne portât point la couronne de reine. Charles accepta, sans obstacle, mais sans encouragement ni coopération de la part du roi son frère : il accepta en homme chez qui l'ambition n'exclut pas la prudence ; il n'envoya pas un denier en Italie jusqu'à ce qu'il fût à même d'agir efficacement, et jusqu'à ce que le pape se fût engagé à partager les frais de la guerre. Le traité par lequel Charles reçut en fief du saint-siége les Deux-Siciles, fut conclu vers la fin de 1264, et publié le 26 février 1265 [1]. Urbain IV n'était plus, et la bulle fut souscrite par Gui Fulcodi, le jurisconsulte languedocien, l'ancien conseiller de Louis IX [2], qui venait de monter à la chaire pontificale sous le nom de Clément IV : la France avait, pour ainsi dire, pris possession de la papauté. Clément IV chargea aussitôt les moines de prêcher la croisade en France contre Manfred, et la gendarmerie française, ennuyée du repos auquel Louis IX la condamnait, et enflammée par l'espoir de renouveler les anciennes conquêtes des Normands, prit la croix en foule.

Charles d'Anjou mit à la voile, le 15 mai 1265, à Marseille, avec trente galères provençales. Quatre-vingts galères siciliennes et pisanes l'attendaient en mer. A la faveur d'un gros temps et d'une brume épaisse, il évita cette flotte ennemie, entra dans le Tibre, s'installa dans Rome pour attendre la masse des croisés, qui s'assemblaient à Lyon sous le commandement du jeune sire de Béthune, fils aîné de Gui de Dampierre, comte de Flandre, et gendre de Charles d'Anjou. Les Romains avaient déféré à Charles le titre de sénateur de Rome. L'armée croisée, forte, dit-on, de cinq mille hommes d'armes, dix mille arbalétriers et quinze mille

---

1. La cour de Rome avait pris de grandes précautions pour que son nouveau feudataire ne devînt pas son maître. Incompatibilité de la couronne de Sicile avec la couronne impériale; incompatibilité avec la domination, à un titre quelconque, sur la Lombardie ou la Toscane. Empêcher l'unité de l'Italie, fut au Vatican une pensée constante et fatale. *v.* Fleuri, t. XVIII, p. 63.

2. Il avait été, durant plusieurs années, le membre le plus influent du parlement.

fantassins, franchit les Alpes à la fin de novembre. Les croisés traversèrent sans obstacle la Haute-Italie, amie du pape et hostile aux Hohenstauffen; ils évitèrent la Toscane, où dominaient les alliés de Manfred, et arrivèrent à Rome pour assister au couronnement de leur chef, qui fut sacré avec sa femme, au Vatican, le 6 janvier 1266. Sept semaines après, Charles et Manfred étaient en présence sur le Calore, près de Bénévent. Manfred essaya de négocier. « Allez, répondit Charles, allez dire au *souldan* de Nocera[1] que je ne veux que bataille, et qu'aujourd'hui même je le mettrai en enfer ou il me mettra en paradis. » Le génie de Simon de Montfort revivait tout entier dans ces paroles de Charles d'Anjou.

Une seule bataille commença et termina la guerre : Manfred, vaillamment secondé par sa gendarmerie allemande et ses archers sarrasins, fut abandonné par tous ses soldats apuliens et siciliens ; il mourut les armes à la main. Naples ouvrit ses portes quelques jours après, et le royaume des Deux-Siciles se soumit presque sans résistance à toutes les misères d'une conquête à la fois politique et territoriale. Charles d'Anjou confisqua tous les fiefs des seigneurs d'origine allemande et d'une grande partie des propriétaires apuliens, calabrois et siciliens, pour les distribuer à ses compagnons de victoire. Il traita les deux-Siciles, à peu près comme Guillaume de Normandie avait traité l'Angleterre. Les excès de la conquête furent tels, qu'une violente réaction éclata presque immédiatement dans toute l'Italie : les Gibelins appelèrent à grands cris le jeune Conradin de Hohenstauffen, qui atteignait l'âge de porter les armes. Conradin et son jeune cousin Frédéric d'Autriche, dépouillé comme lui de son héritage (le roi des Romains, Richard de Cornouaille, avait donné l'Autriche au roi de Bohême), assemblèrent tous les partisans de leur famille, quittèrent la Souabe, et entrèrent en Italie vers la fin de l'année 1267. Tous les Gibelins d'Italie accoururent sous les étendards de Conradin ; le peuple de Rome se souleva en sa faveur, malgré les excommunications papales, et Conradin, maître de la capitale du monde chrétien, marcha sur la Pouille à la tête de cinq mille hommes d'armes : la Sicile, une partie de la Pouille, les restes des

---

1. Nocera était la principale des colonies sarrasines.

colons sarrasins, étaient déjà en insurrection. Conradin rencontra Charles, le 23 août 1268, à Tagliacozzo, dans les Abruzzes .Charles avait moitié moins de cavalerie que les Allemands : il mit à l'avant-garde les milices apuliennes, qui formaient le gros de son armée, et les laissa écraser par la pesante cavalerie germanique ; puis, quand les Allemands se furent rompus et dispersés en poursuivant les fuyards, il fondit sur eux avec ses hommes d'armes français. Le premier succès des assaillants se changea en une effroyable déroute. Conradin et Frédéric d'Autriche tombèrent au pouvoir du vainqueur. Charles d'Anjou traita ces deux courageux enfants en criminels de lèse-majesté : il les fit condamner à mort par un tribunal composé de ses créatures, et décapiter sur le marché de Naples. Le dernier descendant de la maison de Souabe mourut sur l'échafaud à seize ans. Avant de courber la tête sous la hache du bourreau, il jeta son gant dans la foule ; on dit qu'un cavalier ramassa ce gage de deuil et de vengeance, et disparut sans qu'on le pût rejoindre. Le gant fut porté à Pierre d'Aragon, fils du roi Jayme, qui avait épousé à Montpellier la fille de Manfred, la cousine de Conradin. L'expiation se fit attendre quatorze années ; mais elle fut au niveau de l'outrage : les Hohenstauffen eurent pour jeux funèbres les VÊPRES SICILIENNES[1].

Louis IX aussi portait la croix comme ces chevaliers français qui s'en allaient au delà des monts désoler et subjuguer les Siciles au nom du pape et de l'Église ; mais le bon roi n'avait point arboré le signe du salut pour marcher contre ses frères en Jésus-Christ. Si la croix n'avait pas quitté son épaule depuis son retour de Palestine, c'était afin de rappeler sans cesse aux autres et à luimême qu'il ne s'estimait pas quitte de ses vœux, puisqu'il n'avait ni visité ni affranchi les lieux saints : toujours il nourrissait au fond de l'âme le dessein d'une seconde croisade, et les nouvelles

---

1. Un historien italien (Giannone) dit que le pape Clément IV, consulté par Charles d'Anjou sur ce qu'il devait faire des captifs, répondit par ce peu de mots : *Vita Corradini, mors Caroli ; mors Corradini, vita Caroli* (la vie de Conradin est la mort de Charles ; la mort de Conradin est la vie de Charles). Mais cette tradition est contestée : d'autres écrivains veulent que le pape ait désapprouvé l'assassinat juridique des deux princes ; on prétend que le propre gendre de Charles, le jeune Robert de Flandre, tua, dans un transport d'indignation, le juge qui lisait la sentence.

qui arrivaient d'Orient ravivaient de jour en jour cette fatale pensée, en déchirant le cœur de Louis IX. Sans les grands travaux que le saint roi avait exécutés outre-mer, les Latins de Palestine et de Syrie eussent été déjà détruits; mais ces travaux ne suffisaient plus à les protéger. Une catastrophe terrible venait d'anéantir l'ancienne métropole de l'islamisme : l'orage qui avait menacé Bagdad lors du séjour de Louis IX en Chypre, et que divers événements avaient retardé de dix ans, venait d'éclater en 1258 sur cette grande cité. Holaghou, frère du khacan mongol Manghou-Khan, assiégea, prit et ruina Bagdad, avec des circonstances qui rappellent les destructions de Ninive et de Babylone : les habitants furent passés au fil de l'épée, et les Tartares mirent à mort avec ignominie Mostazem-Billah, le dernier de ces khalifes dégénérés dont les devanciers avaient jadis fait resplendir le nom arabe de tant de gloire. Le torrent des Mongols déborda sur toute la Mésopotamie et la Syrie, et ne s'arrêta qu'en rencontrant la Méditerranée : au premier bruit de la chute de Bagdad, le pape, transporté de joie, avait écrit à Holaghou pour le féliciter de son triomphe sur les ennemis de Jésus-Christ; mais on sut bientôt à quoi s'en tenir sur la prétendue conversion des Mongols, et sur les espérances qu'avaient fait concevoir les récits des voyageurs et des missionnaires : la joie se changea en terreur lorsqu'on vit les Tartares broyer également chrétiens et musulmans dans leur course forcenée, et menacer Acre et Tyr, après avoir saccagé Mossoul, Halep et Damas.

Le torrent reflua cependant : Holaghou, appelé au trône par la mort de Manghou-Khan, s'éloigna des plages méditerranéennes, et le lieutenant qu'il avait laissé en Syrie fut défait par Kothouz, sultan des mamlouks d'Égypte; mais les Latins orientaux n'y gagnèrent rien, et eurent à soutenir l'attaque opiniâtre d'un ennemi bien plus acharné à leur perte que ne pouvait l'être le Mongol. Les sultans mamlouks du Kaire, débarrassés des Mongols pour un temps, et maîtres de Damas et de Halep, purent employer toutes leurs forces à la destruction des chrétiens. Ceux-ci couraient au-devant de leur perte et s'entr'égorgeaient avec une rage insensée, à l'instant où le fer des mamlouks vint les mettre d'accord : les Vénitiens, les Génois et les Pisans s'étaient livré de

furieuses batailles navales dans les rades d'Acre et de Tyr; les
templiers et les hospitaliers en étaient venus aux mains dans les
rues d'Acre, et s'étaient presque tous entre-tués (1259). Telle était
la situation de la Terre-Sainte, lorsque le fameux émir mamlouk
Bibars-el-Bondokdari, meurtrier et successeur du sultan Kothouz,
entama la conquête des places chrétiennes : la destruction des
célèbres églises de Bethléem, de Nazareth et du Mont-Thabor fut
le signal d'une guerre d'extermination (1265). Césarée, Arzouf,
Sajecte ou Sidon, Jaffa, succombèrent successivement : à Sidon,
six cents chrétiens furent égorgés pour n'avoir pas voulu aposta-
sier; deux frères mineurs et le prieur des templiers furent écor-
chés vifs. Enfin, le 29 mai 1268, les victoires du féroce mamlouk
furent couronnées par la prise d'Antioche, la plus grande ville
chrétienne de l'Asie; dix-sept mille habitants furent passés au
tranchant du sabre, et plus de cent vingt mille furent traînés en
esclavage. Cette illustre cité, une des métropoles de l'empire
romain et du monde chrétien, ne s'est jamais relevée d'un si terrible coup.

Les papes, qui se succédaient avec une telle identité de vues, et
de conduite, que chaque pontife, en mourant, semblait laisser
son âme à son héritier, réservaient tout ce qu'ils possédaient de
puissance et d'énergie pour écraser les Hohenstauffen, et assurer
la domination de la cour de Rome sur les Deux-Siciles : ils n'accordaient aux malheurs de la Terre-Sainte que de stériles paroles
et de vaines déclamations. Chez Louis IX, au contraire, tout s'ef-
façait devant la pensée de ces calamités : « Il ne pouvait rester
assis dans son palais de Vincennes, pendant que le mamlouk
égorgeait les chrétiens ou tuait leurs âmes en leur arrachant leur
foi. Il entendait de la Sainte-Chapelle les gémissements des mourants de la Palestine et les cris des vierges chrétiennes[1] ». Dès
les premiers mois de 1265, il avait fait part au pape Clément IV
des desseins qu'il roulait dans sa tête : Clément IV, l'ex-conseiller
de Louis IX, montra dans cette occasion une véritable affection
pour son ancien maître; connaissant la santé chancelante du bon
roi, et ne doutant pas qu'il ne succombât aux fatigues d'une expé-

---

1. Michelet, *Hist. de France*, t. II, p. 601.

dition lointaine, il s'efforça secrètement de l'en détourner; mais Louis fut inébranlable, et le pape se vit contraint de charger son légat en France de s'entendre avec le roi pour préparer la croisade.

Louis IX convoqua donc ses barons en parlement à Paris, le 25 mai 1267. Quand ils furent réunis dans la grand'salle de la tour du Louvre, le roi entra, tenant en main la sainte couronne d'épines, « et les admonesta moult, dit Nangis, de venger la honte et le dommage que les Sarrasins faisoient, en dépit de Notre-Seigneur, en la terre d'outre-mer. Après cela, le cardinal-légat fit un sermon à tous; puis le roi Loys prit la croix moult dévotement avec trois de ses fils, Philippe, Jehan et Pierre, et grand'foison de barons et de chevaliers », entre autres Alphonse, comte de Poitiers et de Toulouse[1]; Thibaud, roi de Navarre et comte de Champagne[2], gendre du roi; Robert, comte d'Artois, neveu du roi; Jean de Dampierre, comte de Flandre; Jean, fils aîné du duc de Bretagne; l'archevêque de Rouen, etc. Isabelle d'Aragon, femme du prince Philippe, Jeanne de Toulouse, femme du comte Alphonse, jurèrent d'accompagner leurs maris. Cependant cette croisade n'excita pas une sympathie aussi générale que de coutume : la chevalerie marcha plutôt par point d'honneur et par déférence pour le roi que par enthousiasme pour la religion. Les gens sages auguraient mal de l'issue de l'entreprise; l'impression des malheurs de la guerre d'Égypte était trop vive et trop récente, et l'esprit des croisades s'affaiblissait rapidement. Le sire de Joinville ne voulut suivre ni son grand ami le roi de France, ni son suzerain le roi de Navarre. « Tandis que j'étois outre-mer au service de Dieu, répondit-il aux instances qui lui furent adressées, les gens et officiers du roi ont si fort grevé et foulé mes *sujets*, qu'ils en sont encore apauvris; si je me mets de nouveau au pèlerinage de la croix, ce sera pour le coup leur totale destruction. — Ah! s'écrie-t-il, dans un autre passage de ses mémoires, ceux qui conseillèrent au roi l'entreprise de la croix firent très-grand

---

1. La prise de croix d'Alphonse et son besoin d'argent furent profitables à Toulouse, qui racheta l'élection de ses consuls et d'autres libertés qu'Alphonse lui avait enlevées.
2. Thibaud II de Navarre et VII de Champagne.

mal, et péchèrent mortellement; car, tandis qu'il fut au royaume de France, tout son royaume vivoit en paix et justice; et, sitôt qu'il en fut dehors, tout commença à décliner et à empirer. D'autre part firent-ils encore grand mal; car le bon seigneur étoit si foible et si débile de sa personne, qu'il ne pouvoit souffrir nul *harnois* sur lui, ni endurer d'être longuement à cheval; telle étoit sa débilité qu'il me fallut une fois le porter de l'hôtel du comte d'Auxerre jusques aux Cordeliers (à Paris) ».

Les préparatifs d'un voyage d'outre-mer étaient si longs et retardés par tant de circonstances fortuites qu'il s'écoula trois années entre la prise de croix et l'embarquement. Louis expédia provisoirement des secours d'hommes et d'argent à la Terre-Sainte, pour renforcer les dernières places restées debout : il perçut la dîme pendant trois ans, avec l'autorisation du pape, sur tous les revenus ecclésiastiques, malgré les plaintes et la mauvaise humeur du clergé; il leva sur tous ses vassaux et sujets, nobles et autres, la taille autorisée par les coûtumes, à l'occasion de la *chevalerie* de son fils aîné Philippe (juin 1269), traita avec la république de Gênes pour obtenir des bâtiments de transport et une escorte navale, et pourvut au sort de ses quatre fils, dans le cas où il ne reverrait pas la France. Par la mort de l'aîné Louis, Philippe, le second, se trouvait l'héritier du trône; Jean Tristan, comte de Nevers du chef de sa femme, reçut le comté de Valois en apanage; Pierre, fiancé à l'héritière de Chartres et de Blois, fut apanagé des comtés d'Alençon et du Perche, récemment acquis par la couronne; Robert, le plus jeune, fiancé à l'héritière de la riche baronnie de Bourbon, fut doté du petit comté de Clermont en Beauvaisis[1]. De ce dernier fils de saint Louis sortit la maison de Bourbon, réservée à de si grandes destinées. L'aînée des filles de Louis IX, Isabelle, était mariée au roi de Navarre; la seconde, Blanche, fut unie à Ferdinand ou Fernand de la Cerda, fils aîné

---

[1]. Louis IX, comme on voit, mit beaucoup plus de réserve que son père dans la distribution d'apanages qu'il fit à ses enfants : il se garda de leur donner de grandes provinces. Les légistes commençaient à établir un principe important touchant les fils de rois : c'est que leurs apanages n'étaient pas soumis aux règles ordinaires des successions et retournaient à la couronne quand s'éteignait la ligne directe : les collatéraux n'y succédaient pas. — On voit que les grands domaines tendaient de plus en plus à se concentrer dans la maison royale.

d'Alphonse-le-Sage, roi de Castille; et Marguerite, la troisième, au fils du duc de Brabant.

Enfin, le 14 mars 1270, Louis IX, après avoir fait son testament[1] et confié la régence du royaume non point à la reine Marguerite, qui cependant ne l'accompagnait pas, mais à Mathieu de Vendôme, abbé de Saint-Denis, et à Simon de Nesle, comte de Ponthieu, prit en grande pompe, à Saint-Denis, l'oriflamme, le bourdon et la panetière; le lendemain il alla, pieds nus, en procession, à Notre-Dame de Paris; puis, le 16, il fit ses adieux dans Vincennes à la reine Marguerite, et se dirigea lentement vers Aigues-Mortes, rendez-vous général des croisés. Les rois d'Espagne avaient promis une participation très active à l'entreprise, et ne purent tenir parole. Un certain nombre de chevaliers anglais, conduits par le prince Édouard, le vainqueur d'Évesham, avaient pris la croix : ils étaient si apauvris par leurs guerres civiles, qu'ils avaient été obligés d'emprunter à Louis IX 70,000 livres tournois pour s'équiper et s'entretenir durant la guerre sainte. Les navires génois se firent longtemps attendre, et l'expédition ne put mettre à la voile que le 1er juillet. Les délais des Génois avaient été très nuisibles à l'état sanitaire comme à la discipline de l'armée : les exhalaisons des marais d'Aigues-Mortes engendraient des maladies dans le camp, et la vieille antipathie des hommes de Provence contre ceux de la langue d'oïl causait non-seulement des rixes mais de véritables batailles entre les croisés.

La flotte française, après une violente tempête, se rallia le 8 juillet au port de Cagliari, dans l'île de Sardaigne, qui appartenait à la république de Pise. Le bruit des préparatifs de Louis IX remuait tout l'Orient : l'empereur grec tremblait de perdre une seconde fois Constantinople : les mamlouks se repentaient amèrement d'avoir laissé jadis le roi Louis échapper de leurs mains; leur sultan fit barrer et combler celle des bouches du Nil où les chrétiens étaient entrés en 1249 (la branche de Damiette ou

---

[1] Par ce testament, il partagea sa bibliothèque entre les Prêcheurs et les Mineurs de Paris, les Prêcheurs de Compiègne et les Cisterciens de Royaumont, abbaye qu'il avait bâtie de ses propres mains, soit dit sans figure, car il aimait à porter les civières chargées de pierres et obligeait ses frères d'en faire autant.

pélusiaque). On croyait que Louis tenterait de venger sur l'Égypte ses propres revers et les désastres de la Syrie chrétienne. Il n'en fut rien, et le conseil de l'armée croisée prit la résolution la plus imprévue; il décida d'opérer une descente aux ruines de Carthage, sur la côte du royaume de Tunis. Guillaume de Nangis dit « qu'on avoit donné à entendre au roi Loys que de la terre de *Thunes* (Tunis) venoit d'habitude grand'aide au souldan de Babylone, en chevaux et en armures, laquelle chose nuisoit grandement à la Terre-Sainte, et croyoient les barons que, si cette mauvaise racine, la cité de *Thunes*, étoit extirpée, grand profit en viendroit à toute la chrétienté ». Ce ne fut pas là le principal mobile de la résolution de Louis IX : le roi de Tunis, Muley-Mostança, autrefois tributaire de Frédéric II et de Manfred, avait eu quelques relations pacifiques avec la France et l'Italie, et avait envoyé des ambassadeurs à Louis IX ; le bon roi, emmenant ces députés à Saint-Denis voir le baptême d'un juif converti, leur avait dit un jour : « Racontez à votre seigneur que je désire le salut de son âme, au point de passer volontiers le demeurant de mes jours dans les prisons des Sarrasins, si ledit sire roi de *Thunes* et son peuple se pouvoient à ce prix chrétienner, comme le juif ici présent. » Telle fut la chimère qui entraîna Louis vers les rivages maures. Il comptait que la présence d'une armée française déterminerait la conversion de Muley et de ses sujets. Charles d'Anjou, qui devait joindre les Français avec une flotte nombreuse, et qui voulait réduire le roi de Tunis à un vasselage plus effectif vis-à-vis de la Sicile, n'avait rien négligé pour flatter les pieuses espérances de son frère et pour le pousser vers l'Afrique.

L'idée de ramener dans le giron de la société occidentale la patrie de saint Augustin et de saint Cyprien, la vieille Afrique romaine et chrétienne, était bien faite pour séduire Louis IX : il y a souvent dans les rêves des grands hommes le pressentiment de quelque glorieuse réalité. Quant aux barons, leurs motifs étaient d'un ordre moins élevé : déjà ennuyés du séjour d'Aigues-Mortes et de la traversée, ils envisageaient avec inquiétude la chance de tenir la mer plusieurs semaines encore avant d'arriver en Orient; on pouvait au contraire, avec un bon vent, gagner en trois jours la plage tunisienne, et l'espoir de piller Tunis achevait de faire pencher la balance : Tunis passait pour une des plus riches cités de l'islamisme. Le 17 juillet, la flotte arriva au port de Carthage, et s'empara des vaisseaux maures qui s'y trouvaient. Louis parut mécontent qu'on eût entamé les hostilités sans son ordre, et ne débarqua que le lendemain dans une petite île voisine du port, et séparée de la terre-ferme par un canal guéable. Le roi et l'armée passèrent trois jours sur ce banc de sable aride et brûlant. Louis attendait sans doute quelque message amical du roi de Tunis; son espoir fut trompé : les Maures ne parurent que pour escarmoucher contre l'armée de France. Les croisés franchirent enfin le canal à gué, repoussèrent les escadrons musulmans qui voltigeaient dans la plaine de Carthage, et emportèrent d'assaut la petite forteresse maure qui s'élevait parmi les débris de cette vaste cité : la garnison musulmane fut égorgée.

Les fautes qui avaient amené les désastres de la guerre d'Égypte se renouvelèrent dans cette campagne. Louis IX ne marcha point sur Tunis : Charles d'Anjou avait annoncé sa prochaine arrivée; Louis, pour l'attendre, resta dans Carthage un mois entier. Cette antique reine de l'Afrique n'était plus qu'une petite ville assez misérable, dans l'enceinte de laquelle l'armée ne pouvait s'abriter : la plupart des croisés demeurèrent bivouaqués dans une plaine ardente, exposés aux ardeurs du soleil d'Afrique, aux vents étouffants, aux tourbillons de sable, et bientôt à la putréfaction exhalée de nombreux cadavres, tandis que le roi de Tunis, évitant tout combat sérieux, harcelait sans cesse les chrétiens à la tête d'une nombreuse cavalerie. La peste ne tarda pas à se déclarer : un grand nombre de barons et de chevaliers succombèrent en peu de jours : Jean Tristan, comte de Nevers, fils du roi, en mourut, puis le légat du pape. « Le bon roi lui-même fut pris d'une maladie de flux de ventre, ainsi que monseigneur Philippe, son fils aîné. Le roi se mit au lit, et connut bien qu'il devoit décéder de ce monde en l'autre : lors il appela messeigneurs ses enfants (Philippe et Pierre); il adressa la parole à son fils aîné, et lui donna des enseignements qu'il lui commanda de garder comme son hoir principal; lesquels enseignements il écrivit peu après de sa propre main.

« Beau fils, lui dit-il, la première chose que je t'enseigne et

commande à garder, est que, de tout ton cœur et sur toutes choses, tu aimes Dieu, car sans cela nul homme ne peut être sauvé[1]; et garde-toi de faire chose qui lui déplaise, à savoir péchés; car tu devrois plutôt désirer à souffrir toutes manières de tourments que de pécher mortellement. Confesse-toi souvent, et élis confesseur *idoine* (capable)... et sois tel que tes confesseurs, tes parents et familiers te puissent hardiment reprendre du mal que tu aurois fait, et aussi t'enseigner tes faits. Aie le cœur doux et piteux aux pauvres. Garde-toi de trop grand'convoitise, et ne boute pas trop grand's tailles ni subsides sur ton peuple, si ce n'est par nécessité, pour ton royaume défendre. Pourchasse continuellement prières, oraisons et *pardons*. Fais justice et droiture à chacun, tant au pauvre comme au riche, et sois loyal à tes sujets, sans tourner à *dextre* ni à *senestre*, et soutiens le pauvre en sa querelle, jusqu'à ce que la querelle soit bien éclaircie. Si aucun a affaire contre toi, sois pour lui jusqu'à tant qu'on sache la vérité: si tu possèdes par toi ou par tes prédécesseurs quelque chose appartenant à autrui, rends-la incontinent; regarde diligemment comme tes sujets vivent en paix et droiture sous toi, surtout dans les bonnes villes et cités, et maintiens leurs franchises et libertés, les tenant en faveur et amour; car, par la richesse et puissance de tes bonnes villes, tes ennemis et adversaires, spécialement *tes pareils et tes barons*, redouteront de t'assaillir et de méfaire envers toi[2]. Garde-toi d'émouvoir guerre contre homme chrétien, sans grand conseil et nécessité; et, si tu as aucune guerre, garde et protége les gens d'église, et ceux qui en rien ne t'auront offensé: prends garde souvent à tes baillis, prévôts et autres officiers; enquiers-toi de leur gouvernement.....
Et te supplie, mon enfant, que, en ma fin, tu aies de moi souvenance, ainsi que de ma pauvre âme, et me secoures par messes, oraisons, prières, aumônes et bienfaits par tout ton royaume; et je te donne toute bénédiction que jamais père puisse donner à son enfant, priant toute la Trinité du Paradis, le Père, le Fils et le

---

1. « Chère fille, dit-il plus énergiquement ailleurs, la mesure par laquelle nous devons Dieu aimer, est aimer le sans mesure ». *Confesseur de la reine Marguerite*, ap. Duchesne, t. V, p. 327.

2. Ce passage est d'une haute portée : il y a là toute une politique.

Saint-Esprit, qu'ils te gardent et défendent de tous maux, particulièrement de mourir en péché mortel, afin que nous puissions un jour, après cette vie mortelle, être devant Dieu ensemble, et lui rendre grâces et louanges sans fin en royaume de paradis. Amen[1] ! »

« Quand le bon roi Loys eut ainsi enseigné et endoctriné monseigneur Philippe son fils, la maladie qu'il avoit commença de croître grièvement : lors il demanda les sacrements de sainte Église, et, tandis qu'on *le mettoit en onction* (qu'on lui donnoit l'extrême-onction) et qu'on disoit les sept psaumes, lui-même répétoit les versets avec les assistants qui répondoient au prêtre, et il invoquoit les saints et saintes du paradis, particulièrement monseigneur saint Jacques de Galice, monseigneur saint Denis de France et madame sainte Geneviève. Et, après, il se fit mettre en un lit couvert de cendre, et, tendant ses mains jointes au ciel, il dit : « Biau sire Dieu, aie merci de ce peuple qui ici demeure, et le conduis en son pays; qu'il ne *chée* (ne tombe) en la main de ses ennemis, et qu'il ne soit entraîné à renier ton saint nom ! » Il croisa ses mains sur sa poitrine, et, regardant vers le ciel, il exhala son âme vers son Créateur, à la même heure que notre Seigneur Jésus-Christ rendit l'esprit en l'arbre de la croix[2] » (25 août 1270). Louis IX était âgé de cinquante-six ans; il en avait régné quarante-quatre.

« Le bruit se répandit parmi l'*host* que le roi étoit mort, dont fut moult troublé le peuple; mais ils n'en faisoient pas grand semblant, de peur que ceux de *Thunes* ne s'aperçussent que si grave dommage étoit advenu aux chrétiens. Comme on étoit en tel point, on découvrit les navires du roi de Sicile qui venoit à grand'force de gens. Ledit roi commanda aux siens qu'avant de prendre terre on sonnât trompettes et clairons, afin que son frère le roi Loys et les barons fussent plus joyeux de sa venue. Quand il fut débarqué, il s'émerveilla fort pourquoi les gens de l'*host* étoient si tardifs à lui venir faire *bonne chère* (bon accueil). Il demanda donc à aucuns ce que ce pouvoit être : ils lui répondirent que son frère le roi de France étoit malade, et qu'il se

---

1. Joinville. — Nangis. — *Chronique de Saint-Denis.*
2. Pierre de Condé; ap. *Spicilegium*, t. III, p. 667. — Joinville. — Nangis.

hâtât tôt s'il le vouloit trouver en vie. Le roi Charles se hâta donc fortement de venir vers son frère, et le trouva tout chaud encore; car son esprit étoit d'un instant seulement issu de son corps. Le roi Charles se mit à genoux, recommanda l'âme de son frère à notre Seigneur, et commença de pleurer. Adonc il se *pourpensa* que c'est nature de femme que de pleurer : il se redressa, et regarda autour de lui aussi joyeusement comme si rien ne fût arrivé ; puis il commanda que le corps fût apprêté et oint de précieux onguents. Quand ce fut fait, le roi Charles demanda les entrailles à monseigneur Philippe, son neveu, et les fit porter comme saintes reliques en Sicile, et les fit mettre en une abbaye de l'ordre de saint Benoît, assez près de Palerme, laquelle on nomme Mont-Royal (Montréal). Les ossements furent gardés bien chèrement, tant qu'ils furent apportés au royaume de France en l'abbaye de Saint-Denis, là où le bon roi avoit élu sa sépulture avec les anciens rois de France, qui y sont enterrés. En l'an 1267, le roi Loys et Mathieu, abbé de Saint-Denis, avoient fait transporter dans ce moûtier les rois de France qui reposoient en divers lieux. Les rois et les reines de la race de Charlemagne avoient été placés, avec leurs images taillées, du côté droit du monastère, et les rois et les reines de la race de Hugues Capet, du côté gauche » (Guill. de Nangis).

L'héritier de Louis IX, Philippe III, jeune homme de vingt-cinq ans, reçut l'hommage des vassaux de son père, le 27 août, et expédia en France les deux confesseurs de Louis IX[1] avec des lettres confirmant les pouvoirs des régents du royaume.

L'arrivée du roi de Sicile avait assuré la supériorité militaire aux croisés, malgré les grandes forces assemblées de tout le *Maghreb* (la Mauritanie) pour secourir Tunis ; mais les souffrances de l'armée chrétienne étaient excessives : la plupart des croisés eussent souhaité de suivre en paradis le saint roi. Le nouveau roi Philippe, abattu par la souffrance, comptait si peu survivre à son père qu'il fit à Carthage un testament par lequel il constituait gardien

---

1. Louis IX avait toujours deux confesseurs, un dominicain et un franciscain : le dominicain Geoffroi de Beaulieu, qui l'assista à ses derniers moments, a laissé des détails intéressants sur sa vie privée : il faut comparer Geoffroi avec les récits du confesseur de la reine Marguerite, dans le t. V du recueil de Duchesne.

et défenseur du royaume son frère Pierre, comte d'Alençon, jusqu'à ce que son fils aîné eût atteint l'âge de quatorze ans. L'armée resta deux mois encore sur ce funeste rivage, livrant de fréquents combats aux Maures, sans faire aucune tentative contre Tunis : les pluies d'automne avaient enfin rendu la température plus supportable. Charles d'Anjou, qui dirigeait les opérations militaires, se souciait peu qu'on prît et qu'on pillât Tunis, pour l'évacuer après, et ne voulait qu'imposer au roi de Tunis un traité avantageux à la Sicile ; il y réussit : deux batailles sanglantes gagnées sur les Maures et la prise de leur camp et de leurs bagages déterminèrent Muley-Mostança à accepter les conditions imposées par le roi de Sicile. Ces conditions furent d'ailleurs honorables et avantageuses à la chrétienté : le roi de Tunis s'obligea de remettre en liberté tous les chrétiens de ses états, qui étaient fort nombreux, et qu'il avait fait arrêter au moment du débarquement de Louis IX ; de permettre le libre exercice du culte, la construction des églises et même la prédication de la foi chrétienne dans son royaume ; d'ouvrir le port de Tunis aux commerçants de tous les pays chrétiens, moyennant des droits modérés ; de payer au roi de Sicile un tribut annuel de 20,000 pièces d'or, et aux Français les frais de la guerre, évalués à 210,000 onces d'or (10 millions 500,000 francs ; l'once d'or valait cinquante sous tournois), dont la moitié fut comptée le jour de la signature du traité (29 octobre).

L'armée se rembarqua seulement du 15 au 17 novembre, et fit voile pour la Sicile : elle devait se reposer dans le port de Trapani, puis se séparer en trois divisions, dont la première retournerait en France avec le jeune roi Philippe, la seconde voguerait vers la Terre-Sainte, sous le commandement du comte de Poitiers et du prince Édouard d'Angleterre ; la troisième, sous Charles d'Anjou, irait attaquer Constantinople ; car l'ambitieux conquérant de la Sicile convoitait l'héritage des empereurs latins d'Orient : il était maître de Corfou et de plusieurs places maritimes en Albanie et en Épire, s'était fait céder, par l'empereur Baudouin, la suzeraineté de la Morée et de l'Achaïe, et avait marié sa fille au fils de ce monarque détrôné, avec une clause de réversibilité au profit de la couronne de Sicile.

Mais une tempête effroyable surprit la flotte avant qu'elle eût gagné le port de Trapani : dix-huit grandes nefs et beaucoup de moindres bâtiments furent submergés avec leurs équipages; la mer engloutit une foule de chevaliers de renom et la riche rançon du roi de Tunis. Cette catastrophe découragea complétement les Franco-Siciliens, et les fit renoncer aux expéditions de Palestine et de Constantinople : Édouard d'Angleterre seul conduisit treize navires à Saint-Jean-d'Acre, et sauva provisoirement les dernières villes chrétiennes, par une trêve de dix ans dix mois et dix jours avec El-Bondokdari. Les autres princes licencièrent leurs vassaux à Trapani, et chacun de son côté se mit en route pour regagner ses domaines, après qu'on fut convenu de se réunir de nouveau dans trois ans pour aviser à la délivrance de la Terre-Sainte. Vaines promesses! les bannières unies des rois d'Occident ne devaient plus reparaître sur les plages de la Palestine! l'ère des croisades était finie.

Une grande partie des barons qui venaient de se donner ce rendez-vous ne revirent même pas leur patrie; bien des funérailles semèrent la route des pèlerins de Sicile en France. Le roi de Navarre, Thibaud de Champagne « sage homme, *large* et débonnaire, et le plus puissant de l'*host* après le roi de France », mourut à Trapani même : sa femme le suivit au bout de quelques semaines, et sa couronne et ses seigneuries furent l'héritage de son frère Henri[1]. Le roi Philippe, après avoir reçu les derniers soupirs de son beau-frère Thibaud, passa le détroit de Messine, laissant en Sicile le comte et la comtesse de Poitiers, dont la santé était ruinée par les maux soufferts en Afrique. « Comme le roi traversoit la Calabre, madame Isabeau d'Aragon, sa femme, passant un fleuve à gué, le cheval qu'elle montoit la heurta si fort, qu'elle trébucha et se blessa grièvement, lors étant enceinte de six mois ». Elle en mourut (28 janvier 1271). « Le roi et les barons, après avoir célébré un service pour la reine avec moult grand'dévotion, cheminèrent tristement jusqu'à Rome, conduisant avec eux les cinq cercueils du roi Loys, du roi Thibaud de Navarre, de la reine Isabeau de France, du comte de Nevers et de

---

1. Henri III de Champagne et Ier de Navarre.

l'*enfançon* royal, mort avec sa mère en naissant. De Rome ils allèrent à Viterbe, où étoit la cour papale, mais il n'y avoit point de pape, et étoient les cardinaux en grand discord pour faire pape ; pour laquelle chose ils furent *enserrés* en une salle, et on leur dit que jamais ils ne sortiroient jusques à tant qu'ils eussent fait nouveau pape. Le roi Philippe les pria et admonesta pour Dieu qu'ils fissent honnêtement tel pasteur qui fût profitable à gouverner la sainte Église »[1]. Il continua ensuite son lugubre voyage par la Toscane, la Lombardie, le mont Cenis, Lyon et la Bourgogne, et arriva enfin à Paris le 21 mai, échappant comme par miracle au mal qui avait emporté tous les siens.

Un premier service funèbre eut lieu à Notre-Dame pour le feu roi et pour « les autres qui étoient trépassés en la route. Le lendemain matin, le roi Philippe chargea son père sur ses épaules, aidé par ses premiers barons, et se mit en chemin tout à pied pour aller droit à Saint-Denis : avec lui allèrent *grand planté* de nobles de France, tous les peuples et toutes les *religions* (les ordres religieux) de Paris, qui sortirent en longue procession, priant pour l'âme du bon roi qui tant les aimoit : archevêques, évêques et abbés là étoient, mître en tête et crosse au poing. Avant qu'ils fussent en la ville de Saint-Denis, les moines vinrent à leur rencontre, tous revêtus de chapes de soie et portant cierges en main. Mais, lorsqu'on voulut entrer en l'église, les portes furent closes soudainement, parce que l'archevêque de Sens et l'évêque de Paris étoient revêtus de leurs ornements, comme pour officier, et que les moines de Saint-Denis ne le pouvoient souffrir, cela étant contre leurs *franchises ;* car ils ne sont soumis à archevêque ni à évêque. Le roi, le corps de son père sur les épaules, étoit devant la porte, avec les barons et les prélats, lesquels en l'église ne pouvoient entrer. Il fut donc commandé à l'archevêque et à l'évêque qu'ils allassent se dévêtir et ne missent point d'empê-

---

1. Guill. de Nangis. — Une scène terrible se passa à Viterbe, presque sous les yeux du roi ; le prince Henri d'Angleterre, fils du roi des Romains Richard de Cornouaille, fut égorgé dans l'église, pendant la messe, au moment de l'élévation de l'hostie, par Gui de Montfort, un des fils du comte Simon de Leicester. Gui voulut ainsi venger son père et ses amis immolés sur le champ de bataille ou sur les échafauds, par le parti royal anglais. Gui avait trouvé un asile auprès de Charles d'Anjou, qu'une étrange sympathie entraînait vers cette héroïque et sanguinaire engeance des Montfort.

chement à si haute besogne. Quand ils s'en furent allés, les portes étant rouvertes, le roi entra dedans avec les saintes reliques, et les barons et les prélats chantèrent le service bien et diligemment ». (Guill. de Nangis.)

L'amour et les regrets du peuple se plurent à entourer d'une auréole mystique le front du monarque défunt. Le bruit se répandit en tous lieux que le bon roi faisait des miracles après sa mort, et que Dieu l'avait mis au nombre de ses saints. La cour de Rome commit trois prélats pour s'enquérir de la vie et des faits miraculeux de Louis IX; cette enquête dura douze ans, et diverses circonstances en retardèrent l'effet jusqu'en 1297, époque à laquelle le pape Boniface VIII décréta la canonisation de saint Louis, aux acclamations de l'Occident tout entier. L'âge des croisades, l'âge héroïque de la catholicité s'était éteint avec son plus illustre représentant : il eut en peu d'années son apothéose dans la personne de saint Louis, ses gémonies dans Boniface VIII et dans les Templiers! La postérité a confirmé le jugement porté par le treizième siècle sur le meilleur des rois de France : la gloire de Louis IX, tout enveloppé que Louis se soit trouvé dans la plus fatale erreur de son temps, a survécu à toutes les vicissitudes de l'opinion, à toutes les révolutions politiques et religieuses ; les ennemis les plus implacables du passé ont rendu hommage à cette grande figure dans laquelle se résume tout ce qu'il y eut de pur et d'élevé dans le catholicisme du moyen âge : le nom de saint Louis a protégé ses descendants durant des siècles, et c'est dans son souvenir qu'on doit surtout chercher l'origine de cette religion de la royauté qui a subsisté si longtemps en France, qui a eu, à certains égards, de dangereuses conséquences, mais qui, par la création d'une grande force morale propre à notre nation, a servi puissamment à nous empêcher de retomber sous le joug ultramontain, alors que l'ultramontanisme n'était plus qu'un obstacle à la marche de la civilisation et aux destins de l'humanité.

Entre les titres de gloire de Louis IX, il en est un qui est demeuré longtemps oublié et perdu : c'est la coopération puissante et dévouée par laquelle ce prince seconda l'essor de l'architecture française, qui parvint à l'apogée sous son règne. C'était là, pour le saint roi, un faible mérite, aux yeux des générations qui nous ont précédés ; l'intelligence du moyen âge avait disparu chez elles aussi complètement que si la Renaissance eût fait goûter au monde moderne ce fruit dont parle Homère, et qui efface toute mémoire de la patrie et du passé. Lorsque Voltaire s'écriait que, cent cinquante ans avant l'époque où il écrivait, il n'y avait pas en Europe un seul monument d'architecture qui ne fût d'une barbarie révoltante, Voltaire n'exprimait pas seulement son opinion personnelle, pas seulement l'opinion de son parti, mais celle de tout le monde ou peu s'en faut : qu'on ouvre le livre du pieux et savant abbé Fleuri, l'historien orthodoxe de l'Église, on verra dans quel dédain il enveloppe les *bâtiments gothiques* avec la scolastique, avec la littérature du moyen âge, avec le moyen âge tout entier (t. XVII, 5e *Discours sur l'Hist. ecclésiastique*). Fénelon n'en parlait pas avec plus d'estime. Une lumière nouvelle s'est faite dans l'esprit humain : l'homme est devenu capable d'embrasser, dans son intelligence élargie, toutes les phases du passé ; nos yeux se sont rouverts, et les constructions colossales de l'art prétendu *gothique* nous ont révélé le sens de leurs beautés idéales qui échappaient à nos pères, et de leur variété féconde et puissante où l'on ne voulait voir naguère qu'un incohérent amas de formes barbares! L'admiration nous a saisis, en présence de ces prodigieux monuments au pied desquels rampent nos villes modernes comme des broussailles sous les grands chênes, et qui dominent de si loin nos plaines, « beaux à deux lieues et beaux à deux pas », suivant l'expression du poëte [1]. On dirait l'œuvre d'une race de géants éteinte. Mais non! ce ne fut pas là l'œuvre de ces forces aveugles et fatales des âges primitifs, que l'antiquité a personnifiées dans le mythe des géants! « Ce n'est pas là une œuvre de géants, ce n'est pas un confus amas de choses énormes... il y a là quelque chose de plus fort que le bras des Titans [1] ». Cette force est celle de l'âme et non de la matière! Les souffrances et les élans du cœur humain vivent dans chacune de ces pierres.

Le cœur, le sentiment, tel est en effet le grand mobile de cet art à la fois gaulois et chrétien qui fut l'art français du moyen

---

1. M. Victor Hugo. — 2. Michelet, *Histoire de France*, t. II, p. 673.

âge. L'art des âges primitifs, c'est la puissance physique, la grandeur matérielle; ce sont les entassements gigantesques des pyramides de Memphis, les étages infinis de Babel, les montagnes creusées et sculptées d'Ellora, les collines taillées d'Itzalane et de Palenqué; puis l'intelligence illumine ces forces fatales; l'idéal et le sens du beau s'éveillent; alors vient le second âge de l'Inde et de l'Égypte, qui, affranchi du despotisme sacerdotal et fécondé par la liberté, enfante la Grèce comme son dernier et son plus noble fruit : l'intelligence humaine a compris les divines harmonies du ciel et de la nature, elle tente d'en réaliser l'image par des créations pures, calmes et simples dans leur beauté comme l'ordonnance de l'univers : l'intelligence, l'harmonie, voilà en deux mots cet art immortel de la Grèce, qui a donné son secret dans les symboles d'Amphion et d'Orphée. Mais l'intelligence n'est pas tout l'homme, l'homme n'est pas fait seulement pour contempler et comprendre; l'homme souffre, aime et aspire. Après l'art grec, l'art chrétien, et la passion, comme l'a dit avec éloquence un ingénieux et brillant historien (M. Michelet), la passion, ou, en terme plus général et plus métaphysique, le sentiment devient le caractère spécial de cet art, qui s'est longtemps cherché avant de rencontrer sa souveraine expression dans le style ogival. Cet art n'est tout entier qu'une immense aspiration vers Dieu, vers l'infini, aspiration ardente et douloureuse du cœur, bien différente de la contemplation tranquille et de l'identification par la pensée, telles que les professait l'antique Orient! Les arcs des voûtes, ceux des fenêtres, les clochetons, les pyramides, les tours, toutes les lignes du dedans et du dehors, depuis les arches du portail jusqu'à ces flèches qui se perdent dans les nues, semblent s'associer dans un effort universel pour s'élancer loin de la terre et rejoindre le ciel.

Là est l'unité de cet art, si libre, du reste, dans ses inspirations, si merveilleusement varié dans ses détails, et qui, n'étant gêné, comme le judaïsme et l'islamisme, par aucune interdiction, par aucune entrave religieuse, s'est emparé de la nature entière pour faire de ses monuments l'abrégé symbolique du monde tel que le concevaient les chrétiens. On comprend que des hommes qui avaient perdu toute tradition du moyen âge et toute sympathie pour ses idées, aient été étourdis et rebutés par l'étonnante multiplicité des formes et des objets qui s'offraient à eux dans une cathédrale *gothique;* il est cependant difficile de concevoir qu'on ait jamais pu échapper à l'impression de respect et presque d'effroi que cause, au premier coup d'œil, la grandeur de l'ensemble. Cette haute façade au triple porche, à la large rose, aux galeries aériennes, aux tours majestueuses que surmontent des flèches[1] d'une élévation inouïe; puis cet immense vaisseau dont la masse, percée de gigantesques fenêtres, surgit du milieu d'une forêt d'aiguilles, de tourelles, de clochetons, d'arcs audacieux, de ponts jetés à travers les airs; et cette seconde nef qui fait la croix avec le vaisseau principal[2] en jetant à ses deux extrémités deux façades latérales où se répètent les merveilles du grand portail; tout ce mélange de grandeur et de variété doit ébranler fortement l'imagination la moins passionnée : à la vue de ces masses si puissantes et si légères, qui éveillent à la fois dans l'âme l'impression des montagnes et des forêts, à la vue de tout ce peuple de pierre, de ces milliers de statues, de ces légions d'anges et de saints, de monstres et de démons, d'hommes et d'animaux, qui se dressent à toutes les issues et sur toutes les cîmes, qui couronnent de leurs épais bataillons les arceaux des porches, qui environnent d'un long cordon de sentinelles géantes les flancs et la croupe de l'édifice[3], on sent que la pensée ordonnatrice

1. Ceci toutefois n'est pas général : dans plusieurs cathédrales, à Paris, par exemple, les tours n'ont point été destinées à porter des flèches, et la flèche s'élevait en arrière des tours, au point d'intersection de la croisée. D'autres églises, au contraire, devaient avoir des flèches, non-seulement aux tours du grand portail, mais à celles des deux autres portails, au centre de la croisée et à l'extrémité du chevet. Notre-Dame de Reims en devait compter jusqu'à huit. Les plus hautes flèches de la Gaule sont celles de Strasbourg, 437 pieds; d'Anvers, 401; d'Amiens, 394; de Chartres, 378 et 356. La flèche de Strasbourg est le monument le plus élevé du monde après la grande pyramide d'Égypte.
2. Par fois même la croisée est double, comme dans la collégiale de Saint-Quentin; mais cette particularité est extrêmement rare dans les églises ogivales. On la trouve plus fréquemment dans les églises abbatiales romanes.
3. Le mérite de la statuaire du treizième siècle a été longtemps méconnu. La raideur, la gaucherie, la longueur démesurée des mornes figures ascétiques appartiennent à l'âge précédent, à la période romane. Il reste au treizième siècle l'inexpérience de l'anatomie, par conséquent de la forme et du vrai mouvement du corps humain; mais l'expression, soit idéale dans les figures d'anges, de saints, etc., soit réelle dans les images de donateurs et dans les figures tumulaires, est poussée très loin. Il y a souvent une grâce, un charme inexprimable dans cette jeune scul-

de l'œuvre a voulu en faire l'arche universelle, *la grand'nef du monde*.

Si l'on s'avance vers le grand portail et sous la voûte du porche, si l'on contemple de plus près les innombrables figures qui remplissent les soubassements, les intervalles des colonnes, les voussures, la surface plane des tympans, architecture vivante qui se marie à toutes les lignes de l'architecture morte, le sens du monument ne souffre plus d'obscurité ni de doute : l'art chrétien expose à tous les yeux sur le frontispice de ses temples ce que l'art sacerdotal des antiques religions enfermait au fond du sanctuaire, à savoir : le mystère de la vie humaine. Tout au bas, le long du stéréobate ou des soubassements, des médaillons de petite dimension représentent la vie mondaine avec ses labeurs et ses plaisirs, la nature, la marche annuelle des saisons ; ce sont les douze signes du zodiaque, ce sont les métiers, les travaux physiques de l'homme ; plus haut, entre les colonnes qui portent les arceaux de la voûte, s'élèvent les images de la vie sainte, les grandes et imposantes figures des patriarches, des prophètes, des apôtres et de leurs plus illustres successeurs, et quelquefois des rois, des reines, et des autres puissants du siècle qui ont été admis à côté des saints à titre de fondateurs ou de bienfaiteurs de la basilique[1] : à la place d'honneur, au milieu de cette cour vénérable, la Vierge-Mère, leur reine à tous, est là, son enfant dans les bras, debout entre les deux ventaux de la porte, et pareille elle-même à la porte mystique du ciel (*Janua cœli*)[2] ; auprès de ces statues et sur leurs têtes, dans la partie inférieure du tympan

---

pture échappée de la veille au joug hiératique. Il n'est pas besoin de citer des exemples qui sont partout, à Paris, à Chartres, à Amiens, à Reims, à Rouen, etc.

1. De là, l'association un peu scandaleuse de Hilperik et de Frédegonde avec les saints, au portail de Saint-Germain des Prés ; à Saint-Germain l'Auxerrois Hildebert et Ultrogothe, dans d'autres églises le grand *Clovis* figuraient entre les bienheureux.

2. A Amiens, par exception, c'est le Christ qui se tient au grand portail, le plus beau Christ qu'ait enfanté la statuaire du moyen âge ; il appelle les fidèles de la main et leur ouvre le porche et les profondes perspectives de la nef. Mais, si vous vous présentez au portail sud, une charmante Vierge couronnée vous introduit soudain en souriant au milieu des splendeurs du chœur, sous les voûtes qui montent jusqu'au ciel, parmi les roses de vitraux, ruisselantes de lumière. On dirait que l'art a voulu symboliser la Sagesse menant l'homme à Dieu par les épreuves graduelles de l'intelligence, et l'Amour l'y jetant d'un seul élan.

et de la voûte, apparaissent en bas-relief les actions, les souffrances et la mort du Christ, de la Vierge, quelquefois d'un des grands saints du christianisme, de saint Étienne, par exemple, le premier martyr, le type de l'Église militante; enfin, la région supérieure du portail est occupée par le dénoûment de cette trilogie sacrée : au-dessus des travaux de la vie mondaine, les combats de la vie des saints; au-dessus de la vie militante, la vie triomphante des bienheureux et l'éternelle misère des damnés, le jugement, le paradis et l'enfer, le Christ et la Vierge, l'homme-Dieu et la femme type, siégeant dans la gloire parmi l'armée céleste des anges et des saints, tandis que les damnés se débattent sous la griffe impitoyable des démons. C'est là que se déploie dans toute sa splendeur le culte de la Vierge : la Mère est assise dans le ciel en face du Fils, et semble son égale[1]; ces deux images colossales paraissent régner ensemble sur toutes les autres : l'étranger qui verrait ces figures, sans connaître la théologie chrétienne, les prendrait infailliblement pour le Grand Dieu et la Grande Déesse des chrétiens[2].

Dans l'intérieur du temple, il est vrai, dans le sanctuaire, Jésus-Christ règne seul; la Vierge et les saints occupent les chapelles, et déroulent, près de la vie et de la passion du Christ, leurs légendes infinies sur les innombrables verrières de l'église[3] et

---

1. Dans l'art roman, c'était le Christ entre les Quatre Animaux, symboles des Quatre Évangélistes, qui occupait ordinairement cette place.

2. V. notre t. III, p. 401, sur le culte de la Vierge. Nous ajouterons que certains mystiques ne se contentent pas du titre de *Mère de Dieu*, et ne craignent pas de donner à Marie le titre d'*Épouse de Dieu*. Il semble que l'autorité ecclésiastique, au treizième siècle, ait fini par s'inquiéter un peu du mouvement qui tendait à tout absorber dans l'adoration de Marie, et que l'introduction des fêtes du Saint-Sacrement et de la Trinité ait eu pour but de faire contrepoids. La fête du Saint-Sacrement, dont le pape avait fait rédiger l'office par Thomas d'Aquin, fut la *Fête-Dieu* par excellence, et l'Église y déploya une magnificence extraordinaire. Un livre du treizième siècle, le *Jardin de l'âme* (*Hortulus animæ*), exprime d'une manière assez piquante l'idée que nous venons d'indiquer. Il raconte que le Fils apparut à un moine qui répétait perpétuellement : *Ave Maria*, et lui dit : « Ma mère vous remercie beaucoup de tous les saluts que vous lui faites; mais n'oubliez pourtant pas de me saluer aussi. » *Hist. Littér.* t. XXII, p. 119.

3. Un des caractères de l'art ogival est la substitution presque complète de la peinture sur verre à la fresque et à la mosaïque, très usitées dans l'art roman, conséquence de l'agrandissement des baies vitrées et de la diminution des surfaces pleines. Il faut ajouter que la sculpture eut sa part dans cette révolution, et que son rôle devint beaucoup plus considérable que dans l'art roman. La peinture sur

jusque sur les parois du chœur ; mais le crucifix est seul debout au fond du chœur, au-dessus des degrés sacrés où ne pose que le pied du prêtre, sur ce grand autel où se renouvelle chaque jour le mystère de la Rédemption et l'immolation mystique de l'hostie divine, résumé de tout le culte catholique. Qu'on se transporte par la pensée au temps où la foi catholique était dans toute sa puissance et le culte dans tout son éclat, qu'on franchisse le porche peint et doré, qu'on pénètre dans la vaste nef, qu'on s'arrête au point central de la croisée et de tout l'édifice, entre la nef du peuple et le chœur des clercs ! Sur votre tête s'élancent des voûtes dont la hauteur n'a de point de comparaison dans aucune des architectures de l'antiquité ; autour de vous se croisent les avenues d'une forêt de pierre, dont les arbres sont des piliers géants ; un jour mystérieux et recueilli glisse, à travers les vitraux colorés, sur les voûtes peintes, sur les piliers peints, et jette sur les pavés de marbre des reflets irisés qui semblent les reflets des lumières du paradis ; à droite, à gauche, en arrière, étincellent les trois roses des trois portails, comme d'immenses fleurs de rubis, d'émeraude et d'azur, images de la Jérusalem céleste, « construite de pierres précieuses » ; en face de vous, au fond du sanctuaire, entre les chandeliers d'or, les lueurs des cierges et les nuages de l'encens, rayonnent le crucifix et le soleil du saint-sacrement, symbole du divin soleil des intelligences : là, le croyant voit, avec les yeux de la foi, non plus l'image de Jésus, comme au portail de la cathédrale, mais Jésus-Christ lui-même descendu du ciel. Si alors la voix d'un peuple entier, répondant à la voix du prêtre, fait retentir sous les arches colossales ces hymnes de douleur, d'épouvante, de supplication ou de triomphe, dont la simplicité majestueuse et profonde n'a pu être effacée par toutes les savantes merveilles de l'harmonie moderne ; si l'orgue, le seul instrument digne d'un pareil temple, et le plus puissant qu'aient inventé les hommes, reprend cet auguste dialogue, tandis qu'à travers les voûtes arrive jusqu'à vous le tonnerre des cloches, ces

---

verre offre, dans le choix de ses sujets et la physionomie de ses compositions, la plus grande analogie avec les miniatures des manuscrits, mine inépuisable pour les mœurs et les idées du moyen âge. M. Didron a fait d'intéressants rapprochements à cet égard dans ses études archéologiques.

grandes voix de la cathédrale qu'on entend de deux lieues à la ronde, où trouvera-t-on, dans le passé de l'humanité, quelque chose de comparable à ce magnifique ensemble d'art et de poésie sacrée? Qui pourra contester que ce soit la forme la plus solennelle qu'ait encore revêtue la pensée religieuse depuis l'origine des cultes[1]?

Il était accompli quand mourut Louis IX, ce grand enfantement de l'art chrétien, et l'architecture ogivale n'avait plus de progrès à faire. La France et l'Europe offraient un beau spectacle : une émulation généreuse s'était emparée des nations; rois et prêtres, princes et peuples, contribuaient à l'œuvre du Seigneur, et, de toutes parts, on voyait surgir ces admirables monuments dont un si grand nombre ont été balayés par les tempêtes religieuses et politiques, tandis que ceux qui subsistent font encore le plus bel ornement de notre sol : on travaillait à l'achèvement de Notre-Dame de Chartres, si hardie, si aérienne et si austère en même temps; Jean de Chelles avait commencé, en 1257, le beau portail méridional de Notre-Dame de Paris, cette basilique-reine qu'on a pu surpasser en élégance et en richesse, mais dont rien n'égale peut-être la majesté sévère; pendant ce temps, Libergier et Robert de Luzarches transmettaient à leurs élèves, les deux Cormont et Robert de Couci, la continuation des cathédrales de Reims et d'Amiens, ces deux miracles de l'art : Notre-Dame d'Amiens, le type le plus complet et le plus pur du treizième siècle, et la plus vaste de nos basiliques[2]; Notre-Dame de Reims, ce prodige de magnificence, qui s'entoure d'une armée de cinq mille statues, et qui fait flamboyer au soleil couchant

---

1. La grandeur des proportions du temple chrétien est expliquée par l'admission du peuple entier dans l'intérieur du temple, conséquence de l'abolition des doctrines ésotériques : la masse des croyants est encore séparée en deux classes; le peuple n'est pas admis dans le sanctuaire avec les prêtres, mais le sanctuaire n'est plus voilé à ses regards : le peuple a quitté les parvis et les portiques où le reléguaient les anciennes religions, pour entrer sous les voûtes saintes. Le temple n'est plus une agrégation d'édifices semblables entre eux et réunis dans une enceinte sacrée, comme chez les Indiens, ni d'édifices divers, comme en Égypte; c'est un édifice unique, enfermant tout le culte et tous les fidèles dans ses gigantesques flancs.

2. Le corps de l'édifice a plus de deux cents pieds de hauteur, depuis le pavé jusqu'à l'arête du toît. Il y a toutefois un défaut dans ce chef-d'œuvre : la principale façade n'est pas d'une assez grande proportion pour l'étendue du vaisseau.

les vitres resplendissantes de sa façade percée à jour, comme un mur de pierreries ruisselantes de lumière. Pierre de Montereau enrichissait Paris de gracieux chefs-d'œuvre, dont la Sainte-Chapelle et le réfectoire de Saint-Martin-des-Champs sont aujourd'hui les seuls restes; Enguerrand poursuivait la construction de la grande et somptueuse cathédrale de Rouen; les abbés de Saint-Denis avaient repris, sous les auspices de saint Louis, l'entreprise de Suger, et bâtissaient la nef et le chœur de leur belle basilique, la nécropole de nos rois. Les cathédrales de Bourges, d'Angers, de Troies, de Sens, d'Auxerre, de Tours, de Meaux, de Toul, de Metz, de Coutances, de Bayeux, et Saint-Remi et Saint-Nicaise de Reims, et Sainte-Cécile d'Albi, et tant d'autres églises en Normandie, en Picardie, en Champagne, au nord et au sud de la Loire, sans compter celles de la Belgique et de la Gaule rhénane, sortaient de terre comme si une assistance surnaturelle eût aidé aux infatigables légions des *maîtres ès-œuvres;* l'immense église d'Anvers, que la cathédrale de Canterbury égale seule en profondeur[1], était terminée; elle passe cinq cents pieds de longueur; Erwin de Steinbach méditait le plan de la merveilleuse façade de Notre-Dame de Strasbourg, la gloire de l'Alsace, et, au moment où s'achevait Notre-Dame d'Amiens, la Picardie et la Gaule rhénane se disputaient à qui dépasserait les vastes proportions de cette reine des cathédrales, et à qui donnerait le dernier mot de l'art chrétien : le concours était ouvert, pour ainsi dire, entre Saint-Pierre de Beauvais et Notre-Dame de Cologne. La cathédrale de Cologne devait être le plus gigantesque monument qu'eût élevé la main des hommes; la nef et le chœur devaient avoir plus de cent cinquante pieds sous voûte[2]; les deux flèches, quatre cent quarante-trois pieds de haut.

La cathédrale de Cologne, pas plus que celle de Beauvais, ne fut jamais terminée; l'art du moyen âge mourut avant que les voûtes de la nef colossale fussent fermées, avant que les deux flèches fussent lancées dans la nue : les grues et les cabestans sont encore là-haut, à mi-chemin, à deux cents pieds de terre, sur les tours inachevées; mais les maîtres ès-œuvres qui dorment dans

---

1. Le chœur de Canterbury est l'œuvre d'un champenois, Jean de Sens.
2. Le chœur de Beauvais a 140 pieds; Amiens en a 134.

les caveaux de la cathédrale ne se réveilleront pas pour reprendre la sainte *emprise*[1]. Le moyen âge est mort : son art devait mourir ! l'élan de cet art vers le ciel était trop hardi et trop violent : il devait finir par retomber et s'affaisser contre terre ; comme l'audacieux mysticisme dont il était l'expression, il dédaignait trop la nature, les œuvres visibles de Dieu, les fonctions de l'humanité en ce monde ; on dirait qu'il s'efforce de supprimer la matière, à voir comme il en réduit les masses, comme il en subtilise les formes, comme il recherche les matériaux les plus légers et les plus déliés[2]. Sa conception de la vie était trop étroite, trop incomplète ; il a voulu représenter le monde dans la cathédrale ; mais ce monde, c'est celui de la théologie scolastique, le monde de saint Thomas d'Aquin ; la forme de l'art, liée à cette insuffisante conception, devait être brisée. La décadence et la chute de l'art du moyen âge devaient concorder avec les grandes découvertes qui ont inauguré l'ère moderne, avec le réveil des sciences naturelles et celui du génie de l'antiquité classique : il partagea le sort de l'ordre d'idées transitoire auquel il avait enchaîné son sentiment immortel.

Mais, à l'époque où nous sommes arrivés, à la mort de saint

---

1. L'art érudit de générations lointaines pourra rêver, essayer même l'achèvement de l'œuvre : on imitera les formes, on ne retrouvera pas l'esprit des maîtres des *pierres vives* !

2. Sans prétendre aborder ici à fond la question scientifique, nous ferons deux observations sur les reproches qu'on a adressés à l'architecture ogivale. Elle a bravé la raison, dit-on, en élevant ses voûtes à d'énormes hauteurs, tout en évidant, par ses vastes fenêtres, les murs sur lesquels portent ces voûtes, et cette témérité a eu pour résultat de l'obliger à multiplier les supports extérieurs et à entourer ses constructions de tout un système d'échafaudages de pierre. Cela est vrai ; mais il est vrai aussi qu'au point de vue de l'art, les maîtres ès œuvres ont su faire de ces supports, de ces échafaudages, un ornement et une beauté. Les arcs-boutants sont devenus des ponts aériens, découpés de trèfles à jour, surmontés de statues ; les contreforts se sont élevés en élégantes pyramides, etc. Quiconque a voyagé dans les hautes galeries extérieures des cathédrales, parmi tous les pittoresques accidents de ces merveilleuses constructions, ne trouvera guère le courage de blâmer un défaut si fécond en heureux effets. Il est vrai encore, ajouterons-nous, que, l'art ogival eût-il échoué jusqu'à un certain point, la tentative même était un progrès sur le système de construction antérieur, qui ne savait obtenir la solidité que par l'épaisseur des masses et la force des matériaux. La supériorité de durée des monuments romains sur ceux du moyen âge n'est pas fort méritoire. Il n'y a qu'à considérer leurs dispendieux matériaux et leurs énormes appuis.

Louis, l'architecture ogivale a encore devant elle de longues années de gloire; et, du faîte où elle est parvenue, nul regard ne peut deviner à l'horizon lointain les jours de décadence. L'ère chrétienne tout entière, jusqu'au onzième siècle, a travaillé à la préparer; le douzième siècle l'a élaborée; elle vient d'atteindre son apogée au treizième siècle : elle se maintiendra durant le quatorzième, puis elle ira s'altérant et se décomposant pendant le quinzième, jusqu'à cette renaissance du génie antique qui doit succéder au moyen âge. Mais ce grand art ne peut disparaître tout entier; il ne mourra qu'en donnant un libre essor à tous les autres arts, à la peinture, à la sculpture, à la musique elle-même[1], que le temple *gothique* a tous couvés et longtemps retenus dans son vaste sein; son souvenir sera impérissable, et la France nouvelle, qui remplacera un jour la France de la Renaissance, devra, pour trouver à son tour la forme monumentale de sa pensée, s'inspirer de l'art de la France ancienne dans l'architecture comme dans la poésie. La Renaissance, dans les arts plastiques ainsi que dans la littérature, aura apporté à la France, cette Gaule disciplinée par Rome, des formes perfectionnées par une seconde éducation grecque et romaine; mais notre vrai fonds na-

---

1. C'est le treizième siècle qui a généralisé, dans des limites bien étroites encore, il est vrai, l'introduction des *parties* ou de l'harmonie dans la musique. L'origine du contre-point ne peut guère être fixée avec certitude. Inconnu ou repoussé des anciens, il éclot obscurément au moyen âge. L'*organum*, sa première forme encore barbare, est connu au neuvième siècle. *Organiser* le chant, c'était faire entendre deux sons à la fois; ce qu'on appelait, en d'autres termes, *discantus* (chant divergent) ou *deschant*. On croit que le principe en fut pris dans l'orgue. Au onzième siècle, peu après que Guido d'Arezzo « a facilité l'étude et surtout la lecture de la musique par un meilleur système de notation » (Ampère, *Hist. littér.* t. III, p. 471), un archidiacre de Liége, Frankes ou Franco, écrit un traité où il enseigne l'art de composer de la musique à plusieurs parties; mais, comme nous l'avons dit, l'usage du *deschant* ne devient général qu'au treizième siècle. Cette harmonie primitive se bornait à l'insertion, « dans une suite de plain-chant à l'unisson, et spécialement dans les répons, de quelques tierces, le plus souvent mineures, et dont la douceur et l'agrément est très sensible à l'oreille... C'est là l'origine de ce qu'on nomme aujourd'hui *cadence* en musique, de cette cadence si nécessaire pour marquer la fin des périodes musicales ». Amaury Duval, *Discours sur l'état des Beaux-Arts au treizième siècle*; ap. *Hist. littér.* t. XVI, p. 262. Il nous avait échappé que M. Amaury Duval avait développé, dans ce discours, l'opinion énoncée dans notre tome III, page 408, sur le principe de l'ogive emprunté aux constructions en bois.

Plusieurs des plus beaux chants d'église appartiennent au treizième siècle. Le

tional est chez nos vieux maîtres ès-œuvres comme chez nos trouvères et nos troubadours [1].

Stabat Mater passe pour l'œuvre du franciscain Jacopone de Todi. Le *Dies iræ*, qu'on croit communément beaucoup plus ancien, est peut-être du franciscain Thomas de Celano, et il n'est pas sûr que le *Veni, Sancte Spiritus*, attribué d'ordinaire au roi Robert, ne soit pas d'Innocent III.

Sur Guido d'Arezzo, qui a mis sur la voie du système des portées, posé le principe de la *clé*, et énoncé, le premier, les noms que les notes ont conservés, *v.* Bottée de Toulmon, *Notice*, etc., ap. *Mém. de la Société des antiquaires de France*, t. XIII.

1. *V.* sur l'architecture du moyen âge, Boisserée, *Description de la cathédrale de Cologne*; Taylor, *Voyages pittoresques et romantiques en France*; Du Sommerard, *Les arts au moyen âge*; Gilbert, *Description de Notre-Dame de Paris*; Id., *de Notre-Dame de Chartres*; Id. *de Notre-Dame de Rouen*; Pavillon-Pierrard, *Description de Notre-Dame de Reims*; Caumont, *Antiquités monumentales*; Grandidier, *Cathédrale de Strasbourg*; Rivoire, *Description de Notre-Dame d'Amiens*; Batissier, *Histoire de l'art monumental*; Albert-Lenoir, *Architecture monastique*; *Monuments de Paris*; *Revue archéologique*, dirigée par M. Didron; *Bulletin des arts et monuments*; *Mémoires de la Société des antiquaires de France*; surtout Vitet, *Études sur Notre-Dame de Noyon*, pour les vues générales.

LIVRE XXVI

FRANCE FÉODALE

(*SUITE*).

Transformation de la monarchie féodale. Monarchie administrative et fiscale. — Réunion du Languedoc à la couronne. La Champagne et la Navarre entrent dans la maison de France. — Pierre de la Brosse et Marie de Brabant. — Littérature. Adenès. Le *Roman de la Rose*. — *Vêpres siciliennes*. Guerre contre la Sicile et l'Aragon. Invasion française en Catalogne. Mort de Philippe le Hardi. — Philippe le Bel. — Transaction avec l'Aragon. — Gouvernement des légistes et des banquiers. Réaction contre les gens d'église. Le parlement. Les impôts en *ferme*. — Perte de la Terre-Sainte. Fin de l'ère des croisades. — La *maltôte*. — Saisie de la Guyenne. — Boniface VIII. Première querelle avec la papauté. Bulle *Clericis laïcos*. Transaction avec le pape et le roi d'Angleterre. — Confiscation de la Flandre.

1270 — 1300.

« Philippe, fils du saint roi Loys, dit un biographe, étoit tout à fait illettré, ignorance singulièrement déplorable dans un roi, mais bon catholique, docile aux avis des sages et des gens de bien, adonné aux œuvres de pénitence, à l'abstinence, au jeûne, doux et humble pour tout le monde, et menant vie de moine plutôt que de chevalier ». Les contemporains ne nous en apprennent pas davantage sur le caractère de Philippe III, surnommé *le Hardi*, et ne citent de lui aucun trait d'audace qui puisse rendre raison de ce surnom. Le fait le plus remarquable des mœurs de la cour sous ce prince est l'apparition du favoritisme, qui indique le passage de la monarchie féodale à une monarchie presque absolue. Philippe avait la dévotion, mais non l'intelligence de son père; il succédait à saint Louis comme Louis VII avait succédé à Louis le Gros, et Louis VIII à Philippe-Auguste, singulière alternance d'hommes supérieurs et d'hommes incapables qui se produisait chez les Capétiens depuis quelques générations, et qui ne devait pas s'arrêter à Philippe III. Philippe était faible et médiocre, mais les favoris et les légistes surent vouloir et agir pour lui : la politique royale ne pouvait plus périr, quel que fût le caractère personnel du roi ; elle était confiée à la garantie intéressée et vigilante d'une corporation aussi persévérante que le clergé même.

Philippe III ne s'était fait couronner que trois mois après les funérailles de son père (en août 1271). L'épée *Joyeuse* (l'épée de Charlemagne), « laquelle doit être baillée au plus loyal et plus preud'homme du royaume », fut tenue par Robert II, comte d'Artois, cousin germain du roi, pendant la cérémonie du sacre ; le duc de Bourgogne et le comte de Flandre furent les seuls pairs laïques présents. Le comte de Toulouse et de Poitiers se mourait en Italie, des suites de la contagion qu'il avait emportée d'Afrique. Il expira aux environs de Gênes le 21 août, et sa femme, Jeanne de Toulouse, qui avait partagé son pèlerinage et ses souffrances, mourut le lendemain, sans laisser après elle aucun héritier du sang des princes nationaux du Languedoc.

Alors s'accomplirent les dernières conséquences du traité de Meaux, et le magnifique héritage des comtes de Toulouse fut tout entier réuni entre les mains du successeur de saint Louis. La couronne avait gagné plusieurs provinces à la funeste expédition de Tunis : tout profitait au royaume de France.

On jugera quel accroissement de puissance apportait à la royauté l'acquisition du Toulousain, du Querci, du Rouergue, de l'Agénais, du marquisat de Provence[1], du Poitou, de l'Auvergne, de l'Aunis et d'une partie de l'Angoumois et de la Saintonge. Quelques portions de ce vaste héritage étaient, à la vérité, disputées au roi Philippe. Le roi d'Angleterre se fondait sur le traité de 1259 pour réclamer le Querci et l'Agénais, et la cour de Rome avait des prétentions sur le Venaissin. La cour de France garda le Querci et céda l'Agénais après de longues négociations. Le roi de Sicile, Charles d'Anjou, voulut disputer le Poitou au roi son neveu ; mais il fut débouté par arrêt du parlement, d'après le principe que l'apanage retourne à la couronne lorsque l'apanagiste meurt sans *hoirs de son corps*.

1. Par le marquisat de Provence, la France royale commençait à entamer la France impériale.

Le passage du gouvernement d'Alphonse[1] et de Jeanne à celui du roi Philippe devait se faire peu sentir aux Toulousains : Alphonse avait toujours été un étranger pour eux, et dans la vie, et dans la mort même; il n'avait pas même choisi sa sépulture parmi ses sujets, et avait demandé d'être inhumé à Saint-Denis; cependant la pensée de devenir les sujets directs « du roi du Nord » excitait encore un sentiment de répugnance et de crainte à Toulouse. Suivant l'Histoire du Languedoc et les Annales d'Aragon (Çurita, l. III, c. 75), il s'ourdit un complot parmi les Toulousains pour appeler les Aragonais et offrir le comté au prince Pèdre ou Peyre, fils du roi Jayme; mais la cour d'Aragon n'osa entrer en lutte avec le roi de France. Le sénéchal de Carcassonne fut donc reçu sans opposition dans la cité des Raimond; les capitouls prêtèrent serment à Philippe III, et la royauté fut ainsi maîtresse de toute la France méridionale, moins l'Aquitaine anglaise et les seigneuries gasconnes des Pyrénées. Toulouse, cependant, n'eut pas la douleur d'être officiellement soumise à Paris : on lui laissa une ombre d'indépendance provinciale, et le roi gouverna ses nouvelles acquisitions, non comme roi de France, mais comme comte de Toulouse; bientôt même les sénéchaussées de Carcassonne et de Beaucaire furent réunies à celles de Toulouse, d'Agen, de Cahors et de Rhodez, afin de former le ressort d'un parlement organisé à l'instar de celui de Paris, pour les pays qui avaient relevé de la maison de Toulouse (1280).

Toulouse reçut, sur ces entrefaites, la visite de son nouveau seigneur, qui vint faire sentir aux grands barons du Midi que sa suzeraineté n'était pas un vain mot. Girard, seigneur de Casaubon, prétendait relever du comté de Toulouse pour son château de Sompui, dans le diocèse d'Auch, et refusait l'hommage de ce castel au comte d'Armagnac, suzerain du reste de la contrée. Le comte d'Armagnac invoqua l'assistance du comte de Foix, son beau-frère, et de plusieurs autres barons; ils envahirent tous ensemble les terres de Casaubon. Girard se réfugia dans un castel du domaine royal, et, conformément aux *Établissements* de Louis IX,

---

1. Le comte Alphonse, suivant l'*Art de vérifier les dates*, avait coopéré à la construction du fameux pont Saint-Esprit, commencé en 1263; entreprise gigantesque qui dépassait celle du pont d'Avignon. Le pont Saint-Esprit a 246 toises de longueur.

réclama l'*assurement* de ses ennemis, afin que la querelle fût décidée par la cour du roi. Les comtes de Foix et d'Armagnac, loin de faire droit à la requête de Casaubon, entrèrent sur la terre du roi, forcèrent le manoir où s'était retiré leur adversaire, et Girard ne dut la vie qu'à une prompte évasion.

« Le cœur gonfla au roi » à la nouvelle de cet acte audacieux. Il convoqua ses vassaux à Tours, le 8 mai 1272, et se dirigea vers la Gascogne. Tout l'effort des armes royales tomba sur le comté de Foix ; on attribuait la conduite du comte d'Armagnac aux instigations du comte Roger-Bernard de Foix, et Roger-Bernard avait porté au comble la colère de son suzerain, en se déclarant vassal de la couronne d'Aragon pour plusieurs de ses fiefs, et en recevant des garnisons aragonaises dans ses châteaux des montagnes. Roger-Bernard, « se fiant dans la possession de son castel de Foix, bien muni de balistes », y attendit l'attaque du roi ; mais, quand il se vit investi par des forces considérables, quand il sut le serment fait par Philippe « de ne pas se départir que Foix ne fût pris », il craignit pour ses biens et même pour sa vie, si le château était enlevé d'assaut : il se rendit à discrétion deux jours après l'arrivée du roi au pied du rocher de Foix. Philippe envoya le comte rebelle au donjon de Carcassonne, où il languit dix-huit mois. Les troubles intestins qui agitaient la maison royale d'Aragon, et le danger d'affronter un voisin aussi puissant que le roi de France, détournèrent le roi Jayme de secourir efficacement Roger-Bernard : Jayme donna ordre à ses officiers d'évacuer les forteresses du comté de Foix, afin de faciliter les négociations qui amenèrent enfin la mise en liberté du comte. La leçon avait été rude pour le baronage des Pyrénées ; c'en était fait de sa vieille indépendance.

Il n'était vassal, si grand qu'il fût, auquel la royauté ne fît sentir sa puissance. Philippe III avait sommé le roi d'Angleterre de venir lui rendre hommage pour le duché de Guyenne. Henri III avait déjà rendu cet hommage à Louis IX après le traité de 1259, et le devait au fils comme au père ; mais il fut retenu outre-mer par une maladie qui l'emporta, le 20 novembre 1272. Une autre ère allait commencer pour l'Angleterre, humiliée et appauvrie, durant trois quarts de siècle, par deux règnes pleins de honte et de désastres. Elle allait reprendre avec Édouard Ier son rang parmi les nations chrétiennes.

Le nouveau roi Édouard était alors en mer, revenant de la Terre-Sainte : il débarqua sur les terres du roi de Sicile, remonta l'Italie, et entra en France par la Savoie et la Bourgogne[1], d'où il alla à Paris, rendre hommage au roi Philippe. « Seigneur roi, dit-il à genoux et les mains dans celles de Philippe, je vous fais hommage pour toutes les terres que je *dois* tenir de vous (Math. de Westminster) ». Édouard, par cette formule, réservait ses droits sur l'Agénais et le Querci que les hommes du roi de France retenaient en dépit du traité de 1259 : peut-être même entendait-il faire ses réserves éventuelles contre ce traité. Quoi qu'il en soit, ces réserves n'eurent pas grand résultat; durant presque toute sa carrière, Édouard dirigea son activité vers un autre but, la conquête du pays de Galles et de l'Écosse, l'unité des Iles Britanniques sous le sceptre de l'Angleterre; et, absorbé par cette grande entreprise, il ne put prendre sur le continent qu'une position défensive.

---

[1]. Comme il se dirigeait sur Paris par la Bourgogne, le comte de Chalon-sur-Saône, « le plus riche homme de la duché », le pria d'assister à un grand tournoi qu'il voulait donner en son honneur : Édouard accepta, malgré les représentations de son « grand ami » le pape Grégoire X, qui condamnait ces jeux périlleux. Édouard déclara donc qu'il tiendrait un « pas d'armes contre tous venants » avec les chevaliers qui l'avaient accompagné en Palestine. Le « pas d'armes » s'entreprenait par un ou plusieurs chevaliers, qui choisissaient un *pas* ou passage, un défilé, qu'ils se proposaient de défendre contre tous venants, et nul ne pouvait traverser ce *pas* qu'à la condition de combattre ceux qui le gardaient. (Ducange, *Dissertation VII sur l'histoire de saint Louis*.) Un certain temps s'étant écoulé entre la proclamation du tournoi et le jour désigné, le roi Édouard, à l'ouverture de la lice, se trouva entouré d'un millier de ses sujets, tant chevaliers qu'archers et arbalétriers, accourus de Gascogne et même d'Angleterre. Le comte de Chalon avait avec lui beaucoup de gens des communes, outre les chevaliers français et bourguignons. Le « pas d'armes », entre les « tenants » commandés par le roi d'Angleterre et les « assaillants » dirigés par le comte de Chalon, fut aussi courtois que brillant : l'avantage demeura au roi Édouard et aux « tenants »; mais à peine les nobles hommes s'étaient-ils retirés du champ-clos que les archers anglais et les « communiers » bourguignons, excités par la jalousie nationale, s'attaquèrent avec fureur. Les Anglais, aguerris par les luttes civiles de leur patrie, et mieux armés que leurs rivaux, mirent en déroute les Bourguignons, bien que ceux-ci eussent l'avantage du nombre, et en tuèrent beaucoup; « mais, dit Mathieu de Westminster, comme c'étoient des gens de condition vile, on se soucia fort peu de leur mort. » Ce pas d'armes, à cause de son issue sanglante, fut appelé la « petite guerre de Chalon ».

Sauf la petite guerre de Foix, les premières années du règne de Philippe le Hardi offrent peu de faits saillants : les gens de loi continuaient leur ouvrage sans beaucoup de bruit, et l'attention publique se portait au dehors du royaume, vers l'Italie; Philippe était tout à fait effacé par son oncle Charles d'Anjou, autour de qui se pressait la chevalerie française : le roi Charles, tout couvert de gloire et de sang, était devenu le vrai chef de la maison capétienne. Tomber de saint Louis à Charles d'Anjou, c'était tomber du ciel en enfer. Simon de Montfort eût pu passer pour un modèle d'humanité auprès du roi de Sicile ! Généreux pour ses hommes d'armes, pour les instruments de sa puissance, Charles n'apparaissait à ses sujets et à ses voisins que comme un tyran toujours altéré de sang et d'or : il écrasait d'exactions les Apuliens et les Siciliens, afin d'entretenir ses armées et ses flottes; il fomentait la discorde et le meurtre dans toutes les cités italiennes, afin de les réduire à se réfugier sous sa seigneurie; il avait prolongé, par ses intrigues, l'interrègne papal, durant lequel il était le seul maître de Rome et des domaines du saint-siége. De comte d'Anjou, il était devenu comte de Provence; de comte de Provence, roi des Deux-Siciles, sénateur de Rome, puis vicaire impérial de Lombardie, « pacificateur » de la Toscane, en dépit des engagements pris avec la papauté lorsqu'elle lui avait donné les Siciles en fief. Sa dévorante ambition n'avait cessé de croître avec sa fortune; sa grandeur présente n'était à ses yeux que le marchepied de sa grandeur future; il visait maintenant à l'Empire d'Orient : il eût exterminé la moitié de la chrétienté pour régner sur l'autre.

Mais Charles d'Anjou n'était plus secondé par la papauté, qui regrettait de s'être donné un tyran dans ce terrible vassal : la vacance du siége pontifical, la plus longue qu'on eût jamais vue, avait enfin cessé, au bout de trente-trois mois, par l'élection de Grégoire X (Théaldo de Plaisance), alors légat en Palestine, et les vertus chrétiennes étaient pour un moment remontées sur la chaire de saint Pierre. Grégoire X, pour servir l'Église et l'humanité, n'eut qu'à faire en toutes choses le contraire de ce que souhaitait Charles d'Anjou. Charles poussait les Guelfes à massacrer les Gibelins : Grégoire s'employa avec dévouement à réconcilier les deux factions dans toute l'Italie. Charles voulait employer les forces de l'Occident contre Constantinople : Grégoire ne travailla qu'à rapprocher les deux églises grecque et latine et à réunir toute la chrétienté pour délivrer la Terre-Sainte. Charles enfin ne désirait que voir durer l'anarchie et la nullité politique de l'Allemagne; Grégoire, au contraire, afin d'opposer un contrepoids à Charles, ou même dans des intentions plus hautes et plus désintéressées, contribua à tirer l'Allemagne de sa torpeur.

Des deux princes étrangers qui s'étaient disputé le titre d'empereur, l'un, Richard de Cornouaille, était mort en 1271; l'autre, Alphonse le Sage, roi de Castille, suffisait à peine à défendre sa couronne contre les musulmans et contre ses propres sujets : Grégoire se prononça contre les prétentions d'Alphonse à l'Empire, et engagea les princes teutons à reporter leur choix sur quelqu'un de leurs compatriotes. Les électeurs, pour éviter les divisions qui eussent encore surgi entre eux, remirent leurs pouvoirs au duc de Bavière, palatin du Rhin, et celui-ci désigna un petit seigneur de l'Helvétie, que sa « preud'hommie » et ses talents militaires avaient fait estimer de toute l'Allemagne, mais que la médiocrité de sa fortune semblait devoir écarter, non pas seulement du trône impérial, mais des grands offices de l'Empire. Sa pauvreté fut sans doute un titre au choix des princes électeurs. Ce pauvre seigneur helvétien était Rodolphe, comte de Hapsbourg en Argovie, issu des anciens ducs franks de l'Alsace; il fut le fondateur de la maison d'Autriche (30 septembre 1273).

Au moment de l'élection de Rodolphe, le pape était en route pour Lyon, où il avait convoqué un concile œcuménique, non pas, comme au temps d'Innocent IV, pour troubler la chrétienté, mais pour la réunir au pied de la croix. Grégoire avait engagé l'empereur grec, Michel Paléologue, à assister au concile, ou en personne, ou par ambassadeurs; il avait invité le roi d'Arménie et jusqu'au grand khan des Tartares à envoyer des députés. Les lettres de Michel Paléologue donnèrent au vénérable pontife le plus grand espoir d'arriver enfin à cette fusion des deux églises, tant de fois tentée, tant de fois avortée. Le véritable obstacle était moins encore la dissidence dogmatique sur la procession du Saint-

Esprit[1] que la crainte trop fondée qu'avaient les Grecs du despotisme de l'église romaine : « les Grecs », comme l'avaient dit le mystique Jean de Parme, qui avait été légat chez eux, et, avant lui, son maître Joachim de Fiore, « les Grecs marchaient plus selon l'Esprit que les Latins », c'est-à-dire qu'ils conservaient mieux les traditions disciplinaires de la primitive Église et de son gouvernement épiscopal, et ne voulaient pas se soumettre à la *monarchie* du pape ni aux principes des fausses décrétales.

Le concile s'ouvrit dans l'église Saint-Jean de Lyon, le 17 mai 1274. C'était la plus vaste assemblée religieuse qu'eût jamais vue l'Occident : on y comptait cinq cents archevêques et évêques, soixante-dix abbés et un millier de prieurs, d'archidiacres, de délégués des chapitres, etc. Les grands-maîtres du Temple et de l'Hôpital y siégeaient près des ambassadeurs de France, d'Angleterre, d'Allemagne et de Sicile; le roi d'Aragon, le vieux don Jayme, s'y était rendu en personne, et l'empereur d'Orient avait répondu à la convocation du pape par l'envoi d'un ancien patriarche de Constantinople et du métropolitain grec de Nicée. Les ambassadeurs grecs n'arrivèrent à Lyon que le 24 juin; le 29, jour de saint Pierre et saint Paul, le pape célébra la messe dans l'église Saint-Jean, en présence de tous les évêques : l'office fut chanté en latin et en grec, et les envoyés byzantins chantèrent le symbole comme les Occidentaux avec l'article : *Qui procède du Père et du Fils*. La réunion des deux églises et la fin du schisme d'Orient fut proclamée aux applaudissements enthousiastes du concile; mais l'avenir prouva que la conversion des schismatiques grecs était peu sincère : Michel Paléologue avait voulu à tout prix réconcilier son empire avec la cour de Rome, afin de conjurer la tempête que Charles d'Anjou amassait contre lui; mais il n'y avait réussi qu'en violentant la conscience des prélats grecs et l'opinion publique. La séparation se renouvela bientôt.

Le concile accueillit ensuite une autre ambassade arrivée de régions bien plus lointaines encore : l'appel du pape avait été entendu par les Mongols, et l'on avait vu entrer à Lyon une dé-

---

1. Cette dissidence n'était pas absolue; les Grecs ne niaient pas essentiellement que le Saint-Esprit procédât du Fils; mais ils ne voulaient pas qu'on ajoutât cette *procession* au symbole de Nicée. *V.* notre t. II, p. 357.

putation, envoyée non point, il est vrai, par le grand khan, mais par Abagha-Khan, chef des Mongols établis en Perse, qui proposait aux chrétiens son alliance contre le sultan des mamlouks. « Dieu sait si ces gens-là étoient des envoyés ou des espions », dit Guillaume de Nangis ; « car ils n'étoient pas Tartares de nation ni de mœurs, mais chrétiens de la nation des Géorgiens, lesquels sont vassaux et sujets des Tartares ». Parmi eux il y avait toutefois des Mongols, ou des gens qui feignaient de l'être ; car un de ces députés se fit baptiser devant le concile.

L'assemblée consacra pour six ans la dîme de tous les revenus ecclésiastiques au secours de la Terre-Sainte, abolit plusieurs ordres de religieux mendiants récemment institués, et interdit pour l'avenir toutes nouvelles congrégations de ce genre. L'épiscopat voyait avec effroi l'extension illimitée de cette nouvelle église mystique qui menaçait d'absorber l'Église régulière et la hiérarchie. Les Carmes[1] et les Augustins, cependant, furent maintenus près des deux grands ordres des Prêcheurs et des Mineurs. L'assemblée se sépara le 17 juillet[2]. Grégoire X se croyait à la veille de réaliser ses vœux : Philippe III venait de reprendre la croix, et son exemple semblait devoir entraîner les rois d'Angleterre et de Sicile; l'empereur Rodolphe prit aussi la croix à Lausanne; mais des intérêts plus terrestres et plus pressants retinrent Philippe et Rodolphe, et Grégoire X mourut, le 10 janvier 1276, sans avoir eu la consolation de pacifier la « république chrétienne » ni de l'armer contre les ennemis de la foi. Ses grands projets moururent avec lui.

Grégoire avait demandé, en 1273, à Philippe III, la remise de la partie du marquisat de Provence appelée le comté ou le comtat

---

1. Nous reviendrons sur cet ordre et sur son esprit très particulier et très digne d'intérêt. A cette époque, il n'avait pas encore grande extension en France.

2. Le concile frappa à la fois les ordres mendiants et les gens de loi ; il décréta que le salaire des avocats, en quelque cause que ce fût, n'excéderait jamais 20 livres tournois, et celui des procureurs 12 livres. Les avocats résistèrent, se pourvurent auprès du roi et obtinrent que le maximum fût élevé de 20 livres à 30. Le roi, dans son importante ordonnance sur la profession des avocats (1274), renouvela l'injonction que le concile leur avait faite de jurer qu'ils ne soutiendraient que des causes justes et loyales. Ce serment devait être renouvelé tous les ans. C'est un principe contraire à celui de la jurisprudence anglaise, suivant laquelle l'avocat ne peut refuser son ministère à qui l'invoque.

Venaissin : ce comté avait été cédé à l'église romaine par Raimond VII de Toulouse, d'après le traité de Meaux, en 1229; depuis, en 1234, Grégoire IX l'avait restitué à Raimond, sauf la réserve de la suzeraineté ; maintenant que Raimond et son héritière Jeanne n'existaient plus, le pape invoquait en faveur du saint-siége ce même traité de Meaux, qui seul constituait les droits du roi de France sur la succession toulousaine. Le roi Philippe ne contesta pas la justice de cette réclamation, et le comtat Venaissin fut remis au saint-siége, qui posséda cette partie de la Provence jusqu'à la révolution de 1789. Le reste du marquisat formait diverses seigneuries qui relevèrent du roi.

Philippe le Hardi avait donné beaucoup d'argent pour le secours de la Terre-Sainte, et tout porte à croire qu'il était sincère dans ses promesses de croisade ; mais les conseillers qui le gouvernaient surent bien l'empêcher de suivre l'exemple de son père et de se sacrifier à la cause perdue des *Francs* orientaux. Les légistes et le favori du roi, Pierre de La Brosse, tournèrent les ambitions de ce prince vers de tout autres objets. Pour être moins chevaleresque que par le passé, la royauté n'en était pas moins entreprenante à l'égard de ses voisins : ses nouveaux conseillers ne connaissaient qu'une seule règle de conduite, *gaaingner* au dedans, *gaaingner* au dehors. L'Espagne commençait à s'en ressentir, depuis qu'elle se trouvait en contact direct avec le domaine royal des Capétiens par la réunion du Languedoc à la couronne. A peine maître de la Gaule méridionale, le roi de France aspirait à mettre le pied au delà des monts, et à dominer directement ou indirectement les royaumes espagnols. L'alliance de la maison capétienne avec la famille française qui régnait en Navarre avait préparé les voies à cette politique envahissante.

Henri, roi de Navarre, comte de Champagne et de Brie, second fils du fameux Thibaud de Champagne, venait d'être étouffé par une attaque d'apoplexie, le 22 juillet 1274 : il ne laissait qu'une fille, nommée Jeanne, âgée de trois ans. La main de cette enfant et son riche héritage allaient être vivement disputés entre les puissances voisines : trois partis se prononcèrent aussitôt en Navarre, l'un pour la France, l'autre pour la Castille, le troisième pour l'Aragon. Le roi de Castille était déjà sur la frontière navarroise avec des troupes; le roi d'Aragon mettait les siennes en mouvement; la veuve du roi Henri, la princesse française Blanche, sœur du comte régnant d'Artois et fille du comte Robert, tué à Mansourah, décida la querelle en emportant son enfant en France. « Le roi Philippe reçut l'enfant doucement et volontiers, et la fit nourrir à sa cour, à Paris, avec ses fils, jusqu'à ce qu'elle fût en âge d'être donnée à l'un d'eux en mariage; et, comme tuteur de la mère et de la fille, prenant le royaume de Navarre sous sa protection, il envoya au plus vite en ce pays Eustache de Beaumarchais, sénéchal de Toulouse, pour recevoir l'hommage des grands et le serment de *féauté* des villes, au nom de l'héritière du trône (Guill. de Nangis) ». En même temps, il occupa, comme *bail* et tuteur de Jeanne, les comtés de Champagne et de Brie, et dépêcha vers le pape, afin d'obtenir dispense de parenté pour les fiançailles de la petite reine avec un de ses fils : Grégoire, ne voulant pas favoriser la réunion de la Navarre à la France, et n'osant refuser le roi, accorda la dispense, non pour Louis, le fils aîné du roi, mais pour son second fils, Philippe, qu'on ne prévoyait pas alors devoir monter sur le trône, et qui fut Philippe le Bel.

La Navarre reçut d'abord sans résistance les hommes du roi de France : Eustache de Beaumarchais introduisit dans la citadelle de Pampelune une garnison française, et le reste du pays se soumit, sans que les rois de Castille et d'Aragon tentassent de faire valoir leurs prétentions par la force. Cette soumission dura peu : les atteintes portées par le sénéchal de Toulouse aux franchises navarroises excitèrent une vive irritation; un soulèvement presque général éclata en faveur du parti castillan; et Beaumarchais, assailli de toutes parts, fut contraint de soutenir un siége dans la citadelle de Pampelune.

Le roi, à cette nouvelle, chargea Robert II, comte d'Artois, oncle de la petite reine de Navarre, et Humbert de Beaujeu, connétable de France, d'assembler une armée dans les sénéchaussées de Toulouse, de Carcassonne, de Beaucaire et de Périgueux, et de requérir l'assistance du vicomte de Béarn et du comte de Foix. Le comte d'Artois et le connétable marchèrent sur la Navarre avec une vingtaine de mille hommes, tous méridionaux et gens parlant la langue d'oc : ils franchirent les Pyrénées, et, arrivés devant Pampelune, commencèrent d'assiéger dans la ville les nobles et les bourgeois navarrois qui assiégeaient eux-mêmes la citadelle. Les chefs de la faction de Castille montrèrent d'abord beaucoup de jactance, et massacrèrent le procurateur du royaume[1] et d'autres seigneurs qu'ils soupçonnaient d'intelligence avec les Français; mais la vigueur avec laquelle les assiégeants poussèrent les attaques changea bientôt cet emportement en frayeur. Les seigneurs de la faction castillanne, par une nuit bien noire, s'évadèrent et coururent chercher un abri dans le camp du roi de Castille, qui était à sept lieues de là. Les bourgeois demandèrent à être reçus à merci; tandis qu'on parlementait, les fantassins du Béarn et du comté de Foix pénétrèrent dans la ville, en dépit de leurs *chévetaines* (capitaines), et commencèrent à butiner, à tuer et à violer par les rues : ils brisaient jusqu'aux tombeaux des églises pour en arracher les dorures. La ville eût été saccagée de fond en comble, si le comte d'Artois ne fût parvenu à chasser ces pillards (septembre 1276). Tout le pays, à l'exception de sept châteaux, céda après Pampelune.

Les Castillans n'avaient pu secourir leurs amis contre Robert d'Artois; ils étaient eux-mêmes menacés chez eux à la fois par le roi Philippe et par les Maures. La position de l'Espagne chrétienne était singulièrement critique : les musulmans tentaient un grand effort pour recouvrer les belles provinces qu'ils avaient perdues dans le cours du treizième siècle : les Maures de Grenade et de Murcie, appelant à leur aide le plus puissant prince de l'Afrique musulmane, Abou-Jousef, roi de Maroc, s'étaient précipités sur l'Andalousie et le royaume de Valence, conquêtes récentes des Castillans et des Aragonais; les musulmans tributaires, qui remplissaient encore le royaume de Valence, s'étaient révoltés : les Aragonais avaient perdu une bataille, les Castillans en avaient perdu deux, et l'Espagne était menacée d'expier par de cruels désastres les victoires de saint Ferdinand et de Jayme d'Aragon. Pour comble de malheur, l'Aragon et la Castille étaient au moment de se voir, de même que la Navarre, déchirés par des guerres de succession : don Jayme d'Aragon trépassa le 27 juillet 1276, laissant

---

1. Espèce de régent élu par les barons.

à son fils aîné, don Pèdre, la couronne d'Aragon avec Valence et la Catalogne; à son puîné, don Jayme, un petit royaume formé des îles Baléares, du Roussillon et de la seigneurie de Montpellier. Les deux frères se détestaient trop pour s'unir dans le danger commun. En Castille, Alponse le Sage régnait encore, ou plutôt ses deux fils, Fernand de la Cerda et Sanche le Brave, régnaient sous son nom. Don Fernand, l'aîné, étant mort en août 1275, Sanche, que la Castille regardait comme son unique défenseur, fut déclaré par les *Cortès* nationales héritier du trône, malgré le vœu du vieux roi et malgré les prétentions des enfants nés de Fernand et de Blanche de France, fille de saint Louis. L'intérêt de l'État fit fouler aux pieds les lois de l'hérédité royale et féodale.

La décision des Cortès irrita violemment le roi de France : embrassant la cause des enfants de sa sœur Blanche, il rassembla une seconde armée, tandis que celle du comte d'Artois marchait sur la Navarre. A la tête de forces considérables, il se dirigea sur le Béarn, résolu de pénétrer en Castille par la Navarre, et de contraindre les Cortès à révoquer leur décret : il s'avança rapidement, avec une imprévoyance étrange, même pour ce temps où l'art de pourvoir aux besoins des armées était si mal connu; quand il fut arrivé à Sauveterre, sur le *gave* (torrent) d'Oléron, ses mesures avaient été si mal prises qu'il se trouva sans vivres et sans munitions. Il ne put effectuer le passage des montagnes, et s'estima heureux, pour sauver son honneur, de recevoir la nouvelle d'une trêve conclue par le comte d'Artois avec le vieux roi de Castille.

Cette expédition fut fatale à la renommée de Philippe.

> « En Espagne et à Saulveterre,
> Alla le roi folie *querre* (quérir) »,

dit la chronique métrique de saint Magloire[1].

De nouveaux affronts aigrirent bientôt Philippe : don Sanche lui renvoya la veuve de Fernand, sans même restituer la dot de

---

1. Peut-être cependant passa-t-il les Pyrénées, et fut-il obligé de s'arrêter, non pas à Sauveterre en Béarn, mais à Salvatierra, dans l'Alava. Guillaume de Nangis et la *Chronique de Saint-Denis* sont peu explicites. — *Chronique de Saint-Magloire*, dans le recueil des *Fabliaux* de Barbazan, t. II, p. 228.

cette princesse ; et la reine de Castille, qui défendait les intérêts de ses petits-fils contre son fils Sanche, s'étant retirée avec ces enfants à la cour d'Aragon, le farouche don Sanche livra au dernier supplice les seigneurs qui avaient favorisé la fuite de la reine. Philippe recommença ses préparatifs ; l'expédient dont il s'avisa ou qu'on lui suggéra pour se procurer de l'argent fut de faire arrêter comme usuriers, en un seul jour, le 24 avril 1277, tous les banquiers et trafiquants italiens, qui avaient repris leur commerce depuis la mort de saint Louis, et de les forcer à se racheter à prix d'or. Il leur extorqua ainsi 60,000 livres parisis ou 120,000 florins d'or (environ 1,500,000 francs). A ce prix, ces *usuriers* furent *innocentés* et eurent la liberté de continuer leurs *usures* jusqu'à ce que de nouveaux besoins amenassent une nouvelle avanie. Ce n'était pas ainsi que saint Louis entendait la répression des délits commis contre les lois de l'Église.

La guerre ne se ralluma cependant point, grâce aux efforts des papes Jean XXI[1] et Nicolas III, qui chargèrent les généraux des franciscains et des dominicains de négocier la pacification des deux royaumes, et menacèrent Philippe d'interdire la France s'il persistait à troubler la chrétienté. Les négociations furent poursuivies longtemps sans conclusion ; mais la situation de l'Espagne était changée, et le plus grand péril, passé : les rois de Maroc et de Grenade, arrêtés dans leurs succès par les talents et la valeur de Sanche de Castille et de Pèdre d'Aragon, avaient fait la paix avec ces princes, et la Castille était en mesure de résister à une invasion française. Philippe ne risqua pas cette difficile entreprise et se contenta de garder la Navarre.

La France était silencieuse et tranquille pendant que ces mouvements agitaient sa frontière du Midi : deux mesures caractéristiques signalent la continuation du progrès social : à savoir, les lettres d'anoblissement accordées par le roi à son orfévre Raoul, artiste habile, qui avait fabriqué une magnifique châsse pour les reliques de sainte Geneviève ; et l'ordonnance de 1275, qui révoqua l'interdiction faite aux non nobles d'acquérir des fiefs, à la condition bien naturelle qu'ils en feraient le service militaire, ou que,

---

1. Dominicain portugais qui avait enseigné la philosophie dans les écoles de Paris.

s'ils ne *desservoient* pas le fief, ils dédommageraient en argent les seigneurs immédiats et médiats. Ces deux mesures tendaient à lever la barrière que les détenteurs armés du sol, constitués en caste nobiliaire, mettaient entre eux et le reste de la nation. Il y avait, sur la question de l'anoblissement, trois traditions ou plutôt trois tendances opposées. L'une voulait que la noblesse s'acquît par le seul fait de la profession des armes; l'autre, que la noblesse fût chose sacrée et incommunicable, sinon par le sang[1]; la troisième, que les princes eussent droit de faire des nobles. La royauté avait épousé, naturellement, cette dernière opinion, mais en s'attribuant exclusivement le droit de faire des nobles, comme le droit de faire des communes. Le parlement cassa, en 1280, un anoblissement fait par le comte de Flandre. La couronne, par compensation, donna les priviléges de noblesse avec une libéralité croissante. Tous les docteurs en droit civil, tous les avocats obtinrent bientôt les franchises nobiliaires sous le titre bizarre de « chevaliers ès-lois »; *l'ordre* des avocats voulut rivaliser de tous points avec *l'ordre* de chevalerie. Les bourgeois de Paris en masse, sous les successeurs de Philippe III, furent gratifiés à leur tour de divers priviléges de noblesse, sauf en ce qui concernait les impôts : la couronne était moins libérale de ce genre de franchise; elle octroyait assez volontiers le droit d'endosser le haubert ou d'étaler l'*orfroi* (broderie d'or ou d'argent), le *vair* et le *gris*, mais non pas le droit de fermer l'escarcelle au percepteur de la taille royale.

Malgré le mouvement ascendant des classes laborieuses, l'aspect de la France avait quelque chose de triste : la société endurait moins de souffrances que pendant l'ère féodale; mais elle avait moins de vie aussi, depuis que les brillantes cours de Rouen, de Poitiers, de Toulouse, de Troies, n'animaient plus les provinces, et depuis que la monarchie capétienne avait soumis ou absorbé la plupart des races guerrières du Nord et de l'Ouest aussi bien que les populations poétiques du Midi. Les extrémités de ce vaste royaume de France se refroidissaient, pour ainsi dire, et le centre,

---

1. Cette prétention de la gentilhommerie s'enracina précisément lorsque la féodalité commençait à déchoir. Au dix-huitième siècle, Boulainvilliers réclamait encore avec indignation contre l'espèce de sacrilège que commettait la royauté en faisant des nobles.

le cœur, n'avait pas assez de chaleur ni de vie pour leur renvoyer le sang qui s'était retiré d'elles. La féodalité était profondément atteinte, l'idéal chevaleresque commençait à s'obscurcir : le progrès de la bourgeoisie n'avait pas assez de mouvement et d'éclat pour compenser extérieurement la décadence de la noblesse, et, d'ailleurs, la tyrannie capricieuse des barons allait être remplacée par une autre tyrannie moins déréglée, mais presque aussi fatale aux classes laborieuses, et plus étouffante peut-être par sa régularité même. La physionomie froide et terne des rares chroniques de ce temps correspond à cette décoloration de la vie nationale : un seul événement émouvant et dramatique rompt la monotonie de leurs récits, et cet événement, chose caractéristique, est une révolution de palais.

Le roi Philippe, veuf d'Isabelle d'Aragon, avait épousé en secondes noces, en 1274, Marie, sœur de Jean, duc de Brabant. « La reine, raconte Guillaume de Nangis, étoit excellente en sagesse et en beauté ; le roi l'aimoit, ainsi qu'il le devoit, avec une tendre affection. Comme de jour en jour elle croissoit en la grâce et la tendresse du roi, Pierre de La Brosse, chambellan du roi, que chacun honoroit par-dessus tous à cause de la grande familiarité qu'il avoit auprès de son seigneur, commença, dit-on, à s'affliger de l'amour du roi pour la reine. Il craignit qu'elle ne lui enlevât la faveur royale, et dès lors il chercha de jour en jour comment il pourroit perdre la reine dans l'esprit du roi ». Ce Pierre de La Brosse, ajoute Nangis, quand pour la première fois il vint à la cour, fut barbier-chirurgien de saint Louis. Cette assertion est inexacte. Pierre de La Brosse était fils d'un petit gentilhomme de Touraine, qui avait exercé quelques emplois dans la maison du roi, et lui-même, honoré de la confiance de saint Louis, avait reçu de ce prince l'office de chambellan, vers 1266. Depuis l'avénement de Philippe III, sa faveur dépassait toute mesure : le roi lui avait donné les seigneuries de Langeais, de Châtillon-sur-Indre, de Danville, etc.; sa fortune était devenue immense. Il n'était pas de prince ni de haut baron qui ne le gratifiât de quelque beau domaine[1]. « Tous les barons, prélats et chevaliers

---

1. V. la *Complainte et le Jeu de Pierre de la Broce*, publiés par A. Jubinal (1835).

du royaume, reprend Nangis, lui témoignoient le plus humble respect et lui apportoient souvent de riches présents. Les grands le craignoient fort, assurés que, tout ce qu'il vouloit du roi, il l'obtenoit toujours, mais ils éprouvoient en secret beaucoup de dégoût et d'indignation de lui voir exercer tant de puissance sur le roi et le royaume. Pierre avoit obtenu qu'un frère de sa femme, maître Pierre de Benais, fût promu à l'évêché de Bayeux; il marioit ses fils et ses filles au gré de son caprice, et satisfaisoit à tous ses désirs ». « Il étoit, dit un autre chroniqueur, de tous les conseils du roi, toutes les heures qu'il vouloit, et, quand les barons avoient le roi conseillé, s'il ne sembloit bon à celui *Piéron* (Pierre), le conseil *mie* n'étoit tenu ».

Bientôt un accident funeste vint changer en une guerre implacable la rivalité de la reine et du favori. Le roi avait eu quatre fils de sa première femme Isabelle d'Aragon. En 1276, l'aîné, Louis, mourut : on soupçonna un empoisonnement, et le roi partagea ces soupçons. Pierre de La Brosse « répandit clandestinement le bruit que la reine avoit fait le crime, et autant en feroit, si elle pouvoit, aux autres enfants du premier lit, afin que la couronne vint aux enfants de son corps. La cour de France fut tout émue; le roi étoit moult pensif et en peine ». Il s'ensuivit une lutte d'intrigues, compliquée et obscure, entre le parti du chambellan et le parti de la reine. Le parti de la reine décida Philippe à consulter une *béguine* (dévote) de Nivelle en Brabant, le pays de la reine, « laquelle *béguine* savoit les choses passées et futures ». La *prophétesse* fit dire au roi qu'il ne crût pas « les mauvaises paroles qu'on lui dit contre sa femme, car elle est bonne et loyale envers lui et envers tous les siens ».

Près de deux années se passèrent, cependant, sans que le crédit de Pierre de La Brosse parût diminué; mais les grands, et surtout le comte d'Artois et le duc Jean de Brabant, frère de la reine, ne cessèrent de travailler à la perte de l'orgueilleux parvenu. Enfin, au printemps de 1278, des lettres de Pierre de la Brosse, interceptées ou supposées et remises au roi, décidèrent Philippe. Le favori fut arrêté et enfermé dans une tour du château de Vincennes. L'évêque de Bayeux, beau-frère de Pierre, s'enfuit à Rome. « Après, il ne tarda guère que Pierre de La Brosse ne fût mis à mal, plusieurs des barons de France étant mandés pour voir et ouïr son jugement, et pourquoi et comment il avoit desservi. Pierre de La Brosse fut livré au bourreau un matin au soleil levant, laquelle chose fut moult plaisante aux barons de France. Le duc de Bourgogne, le duc de Brabant et le comte d'Artois, qui seuls l'avoient jugé, et plusieurs autres nobles seigneurs conduisirent ledit Pierre au gibet (30 juin 1278). Le peuple de Paris s'émut de toutes parts ; car il ne pouvoit croire qu'un homme de si haut état fût ravalé si bas. Cette mort, dont la cause demeura inconnue du vulgaire, fut le sujet de beaucoup d'étonnement et de murmures. Avec Pierre de La Brosse tombèrent tous ceux qui s'étoient élevés par son aide et dont il avoit rempli la cour ; ils furent tous mis dehors sans qu'un seul demeurât » (Guillaume de Nangis).

Suivant un chroniqueur contemporain, le roi ne donna qu'à grand'peine son consentement au supplice de La Brosse, et, pour l'y décider, les princes usèrent envers lui d'une sorte de violence morale.

« Contre la volonté le roi,
Fut-il pendu, si com' je croi.
. . . . il fut défait
Plus par envie que par fait. »

Ce témoignage d'un monument contemporain (la chronique métrique de Saint-Magloire) atteste que l'opinion n'applaudit pas universellement au supplice de La Brosse : le peuple, chose rare, vit la chute du favori sans joie, avec étonnement, presque avec chagrin, et le regarda comme la victime des grands. La Brosse était tombé sous une réaction féodale : on a vu qu'il ne fut pas jugé par le parlement, mais par les princes seuls. D'après la chronique de Saint-Denis, on l'aurait condamné pour haute trahison et correspondance avec la cour de Castille, chose fort peu vraisemblable. Son vrai et seul crime, c'étaient ses insinuations sur le prétendu empoisonnement du jeune prince Louis ; mais l'accusation n'avait sans doute pas été portée assez directement pour qu'on pût faire condamner La Brosse par le parlement comme coupable de calomnie capitale.

L'évêque de Bayeux, beau-frère de La Brosse, qui avait partagé son crédit, partageait aussi la haine des seigneurs : ils excitèrent

Philippe à demander au pape Nicolas III (Orsini) la dégradation et le châtiment de ce prélat. Le pontife romain refusa de punir un homme qui n'était aucunement coupable à ses yeux, et il écrivit au roi et à la reine deux lettres assez étranges : à la manière dont il engage Philippe à ne pas éclaircir davantage cette ténébreuse affaire, on pourrait le croire très médiocrement persuadé de l'innocence de la reine. L'indignation qu'il affecte dans sa missive à Marie de Brabant, en se récriant sur l'accusation calomnieuse lancée contre cette princesse, ne détruit pas l'impression de l'autre lettre, et les arguments qu'il emploie pour repousser la possibilité du crime ne prouvent rien, sans doute, même à ses propres yeux. « Qui eût pu vous provoquer, dit-il, à donner une mort si cruelle à un innocent dont l'âge tendre ne pouvoit exciter de haine? Comment le désir d'assurer la succession royale à vos enfants, auroit-il excité une âme si délicate, armé des mains si timides, pour un tel forfait; comme si l'on pouvoit craindre que les fils du roi de France, quel que fût leur nombre, manquassent de richesses ou ne fussent point placés dans un rang assez élevé? »

Tout en condamnant ainsi la calomnie, le pape continua de protéger l'homme qui passait pour en avoir été l'organe : en vain les ducs de Bourgogne et de Brabant et le comte d'Artois lui écrivirent-ils que « leur cœur ne seroit jamais en paix » tant que l'évêque de Bayeux demeurerait impuni; Nicolas III répondit que tout le pouvoir des ennemis du prélat « ne prévaudroit point contre son innocence ». L'évêque de Bayeux rentra paisiblement en possession de son évêché après la mort de Philippe III; Philippe le Bel, fils et successeur de ce prince, rendit aux héritiers de La Brosse une partie des biens confisqués.

Les chroniques ne fournissent pas d'autres renseignements sur cette mystérieuse histoire; mais ce qui semble justifier la reine mieux que les paroles ambiguës du pape, ce sont ses mœurs douces, sa piété, son amour pour les lettres et l'éducation qu'elle avait reçue de parents vertueux. Adams ou Adenès, le « roi des ménestrels[1] », le trouvère le plus célèbre de ce temps, paraît

---

1. *Ménestrel, ménestrier, ministellus;* synonyme de jongleur. *Le roi des ménestrels* avait une espèce d'inspection sur tous les membres de cette profession, qui lui payaient un droit.

avoir fait allusion, dans son poëme de *Berte aus grans piés*, aux malheurs et au triomphe de sa protectrice Marie de Brabant « sur les faux serviteurs qui l'avoient voulu honnir ». Adenès était Brabançon et avait suivi de Louvain à Paris la jeune reine, près de laquelle et pour laquelle il rima la *Berte* et le *Cléomadès*. Il était déjà connu comme l'auteur de deux autres poëmes, les *Enfances Ogier* et le *Bueves de Comarchis*. La *Berte*[1] est un de nos meilleurs romans de chevalerie : l'intérêt en est doux et attachant; les sentiments, nobles; l'expression, heureuse et parfois dramatique; la versification a du nombre et de l'harmonie, quoiqu'un peu alourdie par le mètre alexandrin[2]. Tout répugne à admettre que la femme qui a inspiré cette œuvre touchante ait été capable d'un lâche et infâme attentat.

Adenès figure avec grand honneur entre les derniers poëtes chevaleresques qui ferment l'ère poétique ouverte par la *chanson*

---

1. C'est la mère de Charlemagne; mais l'action est toute d'imagination. Il y a, dans la *Berte* (p. 10), une curieuse allusion à la popularité de la langue française chez les étrangers :

« . . . Avoit une coustume ens el Tyois païs
(dans le pays teuton)
Que tout li grant seignor, li comte et li marchis
Avoient, entour eux, gent françoise tous dis
(toujours)
Pour apprendre françois leur filles et leur fils ».

C'est une confirmation du témoignage si connu de Brunetto Latini, le maître du Dante, qui séjourna à Paris, de 1260 à 1266, et y écrivit son célèbre *Trésor*. — « Si aucun demandoit pourquoi ce livre est écrit en *roman* (en français), pour ce que nous sommes Italien, je dirois que c'est pour ce que nous sommes en France, et pour ce que la *parleure* en est plus *délitable* et plus commune à toutes gens ». v. *Hist. littér.* t. XVI, p. 27. Ainsi le français des douzième et treizième siècles eut la même expansion en Europe que le français des dix-septième et dix-huitième.

2. Ce roman a été publié par M. Paulin Pâris, en 1832. Il est en vers de douze syllabes, rhythme qui prenait peu à peu la prépondérance au treizième siècle. Il conserve la tirade monorime des romans des *Douze Pairs*, mais entrecroise les rimes masculines et féminines, de tirade en tirade, en telle sorte, par exemple, qu'une tirade en *ir* est suivie d'une tirade en *ire*. L'alexandrin a été ainsi nommé, parce que le roman d'*Alexandre-le-Grand*, œuvre d'Alexandre de Bernai, est le premier qui ait été écrit tout entier en vers de cette mesure (fin du douzième siècle). Ce vers avait déjà paru çà et là chez les poëtes antérieurs. Ce mètre solennel de la maturité littéraire n'a pu être sauvé de la monotonie de ses lourds hémistiches que par le génie du dix-septième siècle. Pour la poésie naïve du moyen âge, il a été une vraie décadence. — La *Berte* n'a pas la prolixité des autres ouvrages de l'auteur. Sur Adenès, v. la notice de M. P. Pâris, dans le t. XX de l'*Histoire littéraire de la France*.

de Roland. Les trouvères allaient finir après les troubadours; la poésie chevaleresque devait s'éteindre avec le génie héroïque du moyen âge. On ne vit plus guère surgir de nouveaux romanciers : la seconde moitié du treizième siècle est bien moins féconde en vrais poëtes que la première[1] : les *chansons de Gestes* et les *romans d'aventures,* qui avaient fait les délices du douzième et du treizième siècle, furent remaniés en prose, à mesure que la langue se transformait avec les mœurs, pour la commodité des châteaux et des cours princières, et l'on finit par oublier les originaux. Une littérature nouvelle s'élevait à la place de la poésie héroïque : c'était le fabliau naïvement sarcastique, dissolvant avec bonhomie, « cette aigre voix de la dérision populaire », comme dit M. Michelet, cette voix mordante de l'esprit critique à son premier éveil[2]; c'était la *pastourelle* (pastorale dialoguée), qui représente, avec une douceur qui n'est pas sans grâce, l'autre aspect de la poésie du peuple, le côté du sentiment[3]; c'était le *mystère,* la représentation scénique de la passion de Jésus-Christ, de la vie des apôtres et des martyrs, ce drame religieux et populaire, complément du culte et de l'art monumental, essayé d'abord dans l'enceinte du temple par les clercs et les moines, puis développé, amplifié, étalé sur la place publique, pour la première fois sans doute au milieu de la pieuse effervescence excitée par les ordres mendiants[4]; c'était enfin la poésie allégorique, fruit singulier de

---

1. A la première moitié appartient Marie de France, née probablement à Compiègne (d'après M. Paulin Pâris), et fixée à la cour d'Angleterre par des circonstances inconnues; écrivain rempli de grâce, de sensibilité, d'une facilité sobre encore et contenue. Tous ses *lais* sont empruntés aux Bas-Bretons, qui paraissent avoir eu, dans la poésie celtique, le monopole des contes en vers, comme les Gallois avaient celui de la haute poésie bardique et des récits en prose. Le nom celtique est *guerz* : notre nom de *lai* vient ou du latin *lessus,* complainte, lamentation, ou du teutonique *lied,* chanson. Le *lai* est un conte sérieux, et, communément, un récit d'amour. Le *fabliau* est un conte comique ou satirique. Nous citerons, parmi les *lais* d'auteurs autres que Marie de France, la touchante histoire de la *Chastelaine de Vergies,* et le *lai d'Ignaurès,* breton d'origine, type primitif de l'aventure du châtelain de Couci, sous une forme bien plus étrange. Les romans, justement célèbres, de *Gérard de Nevers* (ou *la Violette*) et d'*Aucassin et Nicolette* sont aussi de cette période.

2. Le type le plus saillant est peut-être le *Dit de Marcoul et Salemons,* ce très ancien dialogue où le sage roi Salomon est *gabé* par le rustre Marcoul.

3. *V.* sur le *Jeu de Robin et Marion,* d'Adam de la Halle, trouvère artésien, le t. XVI de l'*Hist. littér.* p. 277, et l'art. de M. P. Pâris sur Adam ; ap. t. XX.

4. Sur les *origines* et *l'histoire générale du théâtre,* voyez le savant ouvrage de

la pédanterie des écoles, froide bâtarde de cette philosophie réaliste, qui prêtait une réalité chimérique à toutes les abstractions de l'esprit humain : Guillaume de Lorris avait commencé, vers la fin du règne de saint Louis, le roman de la *Rose*, modèle et chef-d'œuvre de ce genre artificiel, qui marqua son empreinte sur la plupart des monuments de la littérature et même des arts, depuis ce temps jusqu'à la Renaissance[1]. Le succès du roman de la *Rose* annonça la fin prochaine de la poésie héroïque. Passer d'Adenès à Guillaume de Lorris, c'était passer du naturel au faux, de la vie à la mort. La tradition des trouvères se rompait entièrement avec Lorris et surtout avec son continuateur Jean de Meung : s'ils se rattachaient à quelque chose dans le passé, c'était à certaines tendances raffinées et sophistiques de l'art méridional ; ils délayèrent en un poëme immense une allégorie galante qui eût fourni à quelque troubadour le sujet d'une petite pièce gracieuse et subtile. C'est sans aucune vraisemblance qu'on a voulu donner une interprétation mystique aux fictions amoureuses de Lorris, transformées par Jean de Meung : la pédanterie de la forme voile mal la liberté, la licence même du fond. Jean, à qui l'on doit d'ailleurs reconnaître une certaine érudition et, parfois, une verve de détail et un bonheur d'expression remarquables, voile à peine sous son enveloppe scolastique l'esprit cynique des fabliaux les plus hardis : il y a déjà du Rabelais au fond de tout cela. Il touche à tout sans façon, du moins à tout ce qui n'intéresse pas directement la sainte Inquisition. Il faut voir comme il traite cavalièrement l'institution de la royauté chez les premiers hommes :

« Un grand vilain entre eux élurent,

M. Ch. Magnin. Les offices dialogués et dramatisés avaient été le germe des *mystères* proprement dits : à côté de l'élément tragique donné par la Passion, le drame suprême du christianisme, et par les martyres des saints, un élément comique s'était introduit dans les représentations des églises par les fêtes burlesques des *fous*, de l'*âne*, des *conards* ou *goliards*.

1. Il faut bien se garder de confondre dans la poésie allégorique une autre célèbre production dont nous n'avons point parlé en son temps, le roman du *Renard*, qui est de la seconde moitié du douzième siècle, et se rattache à des compositions plus anciennes. L'apologue n'est pas l'allégorie : il est vivant, et l'allégorie est morte. Le *Renard*, chef-d'œuvre de la poésie satirique vivifiée par l'imagination, appartient essentiellement à l'esprit des fabliaux, quoiqu'il en diffère par la forme. V. l'analyse développée, par M. Littré, dans le t. XXII de l'*Hist. littér.*

> Le plus *corsu* (le plus *corsé*, le plus robuste) de quanqu'ils furent,
> Le plus *ossu* et le *greigneur* (et le plus grand),
> Et le firent prince et seigneur...
> De là vint le commencement
> Des rois et princes terriens,
> Selon les livres anciens ».

Il est plus hardi encore sur d'autres points ; il attaque le mariage et l'amour chevaleresque et fait prêcher par un de ses personnages la communauté des femmes :

> « Nature n'est pas si sotte...
> Ains (mais) nous a faits, beau fils, n'en doubtes,
> *Toutes pour tous, et tous pour toutes,*
> Chacune pour chacun commune
> Et chacun commun pour chacune. »

L'Inquisition, qui avait brûlé tant d'infortunés pour de moindres hérésies, laissa Jean de Meung fort tranquille, et le *Roman de la Rose* fit tout à son aise l'éducation de la jeunesse des châteaux : on en vit les fruits au quatorzième siècle. Le poëte du scepticisme matérialiste, Jean de Meung, fut en grande faveur auprès de Philippe le Bel, l'homme qui contribua le plus à la ruine de la société du moyen âge en France : cette coïncidence mérite quelque attention[1].

Le genre allégorique envahit tout, à la suite de Lorris et de Jean de Meung, et servit d'organe à des idées souvent fort différentes de celles de ses fondateurs ; il eut plus tard son théâtre sous le nom de *Moralités*, comme les fabliaux produisirent le leur sous le titre de *Farces et Sotties*, germe de la comédie française. Le *Mystère*, expression des sentiments et des habitudes du moyen âge, devait disparaître à la Renaissance, après avoir été longtemps le divertissement de nos pères et l'accompagnement obligé de leurs fêtes religieuses : l'allégorie devait mourir d'impuissance et de froideur ; le fabliau, représentant l'une des deux faces indestructibles du génie français, la face critique, ne pouvait périr : il a inspiré au dehors Boccace, comme notre poésie héroïque et amou-

---

1. V. aux Éclaircissements, n° IV, le *Roman de la Rose*.

reuse a inspiré Dante et Pétrarque, et il s'est perpétué au dedans sous diverses formes, jusqu'à La Fontaine et Voltaire[1].

L'histoire intérieure de la France rentre dans l'obscurité après l'éclair qui a illuminé un moment le palais de Philippe III : la politique extérieure de ce prince est constamment subordonnée à celle de son oncle, Charles d'Anjou, et c'est à Rome et à Naples plutôt qu'à Paris qu'il faut chercher les causes et les rapports des événements. Le pape romain Nicolas III (J. Gaëtan des Ursins ou Orsini), élu en novembre 1277, était en réaction complète contre le roi de Sicile, non pas seulement par principe, comme Grégoire X, mais par passion, suivant les historiens italiens (Villani et Malespini); Charles avait blessé cruellement son orgueil : Nicolas ayant demandé une nièce du roi de Sicile pour un des Orsini, ses neveux : « Croit-il donc, répliqua dédaigneusement Charles, que, parce qu'il porte des chausses rouges, son sang se puisse mêler avec le nôtre »? Nicolas n'oublia rien pour faire expier au roi Charles ses dédains, et étendit sa malveillance jusque sur le roi de France. Il empêcha Philippe, peut-être au reste pour son bien, de reprendre les hostilités en Castille contre don Sanche le Brave, raccommoda Sanche de Castille et Pèdre d'Aragon, les engagea à s'unir par une secrète alliance défensive contre la France, et enfin attaqua de front la domination de Charles sur la péninsule italique. L'empereur Rodolphe de Hapsbourg, qui venait de se couvrir de gloire par de grands succès contre le roi de Bohême, et de conquérir, sur ce prince révolté, l'Autriche, la Styrie, la Carinthie et la Carniole, fut l'auxiliaire naturel du pape contre le destructeur de la puissance allemande en Italie. L'habile Charles n'attendit pas l'orage et renonça à la Haute-Italie pour qu'on le laissât poursuivre ses projets sur l'Orient : il abdiqua le vicariat de la Lombardie, le protectorat de la Toscane, la sénatorerie de Rome, se renferma provisoirement dans son royaume, et envoya en France son fils aîné Charles le Boiteux, prince de Salerne, afin de ranimer les bonnes dispositions du roi et de la

---

1. M. Génin, dans l'*Introduction* de son édition du *Roland*, signale un poëme du commencement du quatorzième siècle, qui n'appartient à aucune des catégories que nous avons mentionnées, et qui, mélangeant un élément comique et spirituellement malicieux à l'héroïsme et à la galanterie, serait une sorte d'Arioste prématuré : c'est le *Baudouin de Sebourg*.

chevalerie française, dont il pensait avoir prochainement besoin. La venue du prince de Salerne à la cour de France, et l'admission de Robert, comte de Clermont, le plus jeune fils de saint Louis, dans l'ordre de chevalerie, furent l'occasion d'un magnifique tournoi auquel le roi Philippe invita tous les chevaliers de France et des pays voisins.

« Le roi, raconte Guillaume de Nangis, parcouroit les lices pendant le combat, exhortant les chevaliers à montrer leur prouesse, faisant remonter à cheval ceux qu'il trouvoit abattus, leur fournissant des chevaux frais, et les poussant à rentrer dans la mêlée. Dans un de ces pas d'armes, le jeune comte de Clermont, nouveau chevalier, accablé par le poids de son armure, et frappé de maints rudes coups de marteaux d'armes sur la tête, eut le cerveau si violemment ébranlé, qu'il tomba en démence pour toute sa vie; de quoi chacun fut grandement affligé. Ce prince étoit beau de visage, et d'une âme disposée à la prouesse, et il y seroit parvenu si Dieu l'avoit permis. Il avoit pour femme l'héritière de Bourbon, qui lui donna par la suite plusieurs fils ». Les Bourbons descendent d'un de ces enfants.

Le pape Nicolas III fulmina contre le tournoi de Paris, et imposa une pénitence expiatoire au roi et à tous les chevaliers (avril 1279); l'Église avait toujours été opposée à ces jeux périlleux, qui dégénéraient en combats meurtriers ; elle allait jusqu'à refuser la sépulture aux chevaliers qui y périssaient par accident. Les défenses avaient été expressément renouvelées au concile de Lyon, et Philippe le Hardi, de l'aveu de ses barons, avait publié un édit ordonnant qu'on s'abstînt de *tournoyer* jusqu'à la croisade prochaine : la croisade ne s'effectuant pas, bien qu'on en parlât toujours, les jeunes princes qui entouraient Philippe avaient obtenu la révocation de l'édit. L'Église eut beau dire, la noblesse ne renonça pas à des exercices qui étaient à la fois ses plus grands plaisirs et son apprentissage militaire : il fallut qu'un roi de France (Henri II) y eût trouvé la mort pour que l'usage en cessât entièrement.

Vers ce temps-là, le hasard de l'hérédité féodale, si favorable depuis longtemps à la maison de France, donna au roi d'Angleterre quelque compensation de ses pertes : les comtés de Ponthieu et de Montreuil-sur-Mer échurent par succession à sa femme, princesse de Castille, dont la mère était comtesse de Ponthieu. C'était un faible accroissement territorial, mais une importante position politique. L'Angleterre devenait maîtresse des embouchures de la Somme, de la Canche et de l'Authie, et de plusieurs petits ports sur la côte de la Picardie maritime; ce pouvait être au besoin un point d'attaque contre le nord de la France. Philippe donna l'investiture du Ponthieu à Édouard, dans la ville d'Amiens, et lui rendit en même temps l'Agenais (mai 1279). Les droits des rois anglais sur l'Agenais étaient ceux de la maison de Poitiers. L'étendue toujours croissante que la cour de France donnait à ses droits de suzeraineté pouvait lui faire considérer comme moins dangereuses les acquisitions d'Édouard. Le parlement royal attirait tout à lui, et prétendait régir les domaines continentaux du roi anglais comme ceux des autres vassaux. La Gascogne avait conservé la vieille coutume suivant laquelle l'accusé de meurtre se purgeait par serment : le roi, séant en parlement à Paris, abolit cette coutume en juillet 1280.

Cependant les concessions de Charles d'Anjou au pape et à l'empereur n'avaient pu désarmer ses ennemis; les plus implacables étaient ses sujets des Deux-Siciles, qui frémissaient de rage et de désespoir sous son joug de fer[1], et qui étaient prêts à se jeter dans les bras du premier étranger qui voudrait les aider à s'affranchir. Leurs yeux se tournèrent tout naturellement vers le roi d'Aragon, le vaillant et astucieux don Pèdre, qui avait épousé la fille de Manfred et recueilli à sa cour une foule de proscrits apuliens et siciliens échappés aux désastres de Manfred et de Conradin. Mais don Pèdre hésitait à entrer en lutte contre la maison de France, à moins d'être assuré de puissants alliés. Parmi les réfugiés auxquels il donnait asile se trouvait un seigneur calabrois, renommé pour son grand savoir en médecine, mais qui savait encore mieux la politique. Cet homme, Giovanni de Procida, avait été l'ami de Frédéric II et de Manfred; doué d'une persévérance et d'une adresse égales à son audace, il fit des choses incroyables pour coaliser les ennemis de Charles d'Anjou, et pour

---

1. V. les détails donnés par M. Michelet, *Hist. de France*, t. III, p. 13 et suiv., sur l'écrasante fiscalité du gouvernement de Charles d'Anjou.

amasser de toutes parts l'orage sur la tête du conquérant. Il ne cessait de parcourir, déguisé, l'Italie, la Sicile, la Grèce. Il réussit : le pape, l'empereur grec catholique, Michel Paléologue, le roi d'Aragon, s'entendirent par l'intermédiaire de cet héroïque conspirateur. Le pape pouvait s'estimer dégagé de tout scrupule, en voyant Charles d'Anjou, le champion de l'Église, le vassal du saint-siége, fomenter la révolte des Grecs schismatiques contre l'empereur catholique de Constantinople.

Tout allait au gré de Procida, lorsque la mort inopinée de Nicolas III (22 août 1279) rompit le nœud de la coalition. Charles ressaisit aussitôt ses avantages, s'empara du conclave, fit élire un pape français, Martin IV (Simon de Brie), ancien chanoine de Saint-Martin-de-Tours, qui commença par excommunier l'empereur Michel Paléologue, pour le récompenser apparemment de sa soumission à la suprématie du saint-siége, et qui rendit à Charles la sénatorerie de Rome. Charles, qui ignorait la conspiration de Procida et les desseins secrets du roi d'Aragon, croyait le temps venu d'accomplir ses grands desseins sur l'Orient. Constantinople ne lui suffisait pas; il avait acquis les droits d'un des prétendants au trône de Jérusalem, et envoyé, en 1277, une flotte prendre possession d'Acre : il projetait la *recouvrance* de la Terre-Sainte, et peut-être la conquête de l'Égypte après la conquête de l'empire grec. La guerre fut entamée sur les côtes d'Épire dès l'automne de 1281, et Charles se disposait à passer la mer en personne, l'année suivante, avec une flotte puissante, à laquelle devait se joindre le doge de Venise.

Mais don Pèdre d'Aragon armait aussi, et l'élite des milices catalanes et aragonaises s'assemblait lentement à l'embouchure de l'Èbre. Don Pèdre annonçait qu'il allait « marcher vers l'Afrique, et étendre sur les Barbares le bras de sa puissance pour l'exaltation de la foi catholique »; mais il refusait de révéler aux envoyés du pape et du roi de France sur quel point du territoire infidèle il débarquerait. « Si une de mes mains disoit à l'autre où je vais, je la couperois sur l'instant »! Il emprunta 40,000 livres tournois au roi de France pour la guerre sainte. Il s'embarqua enfin à Fangos, le 3 juin 1282, et, faisant voile au sud-est, il alla prendre terre sur la côte de la province de Constantine, et entama quelques hostilités contre les princes musulmans du voisinage.

Il n'était plus temps, cependant, de dissimuler : un incident tel qu'en amenait souvent l'insolence des gens d'armes du roi Charles, une insulte commise publiquement par un soldat envers une jeune fille, avait fait éclater la mine chargée par Procida. Le 30 mars 1282, avait sonné à Palerme le terrible tocsin des *Vêpres siciliennes*, et tous les Français et Provençaux, hommes d'armes, marchands, femmes, enfants, avaient été massacrés, d'abord dans Palerme, puis à Messine, puis dans toutes les villes de la Sicile[1]; vengeance effroyable, mais suscitée par l'oppression la plus dure et la plus outrageante qu'une nation puisse subir.

La nouvelle des *Vêpres siciliennes* transporta de furie toute la chevalerie française, qui ne voyait que l'horreur de ce qu'elle nommait une infâme trahison, et qui méconnaissait les griefs des révoltés. Une foule de gentilshommes passèrent les Alpes pour rejoindre Charles, qui avait appris à Rome la sanglante insurrection des Siciliens. Il tourna contre la Sicile l'armée qu'il avait préparée contre Byzance, et, à la tête de cinq mille hommes d'armes français, provençaux et italiens du parti guelfe, sans compter les troupes légères et l'infanterie, il franchit le détroit de Messine, au commencement de juillet, et mit le siège devant cette ville. On n'entendait point encore parler de don Pèdre ; l'abattement succédait, dans le cœur des Siciliens, à la vengeance satisfaite ; les gens de Palerme et de plusieurs autres villes avaient envoyé implorer la médiation du pape ; les Messinais offrirent de se rendre, pourvu que Charles leur accordât une amnistie et la réduction des impôts au taux de l'époque des derniers rois normands, et les fît régir par des gouverneurs italiens au lieu des Français et des Provençaux. Si Charles eût accepté, la Sicile était reconquise.

Charles refusa : c'étaient des flots d'or et de sang qu'il lui fallait ; il voulait huit cents têtes à Messine seulement. Le désespoir

---

1. On éventra des femmes siciliennes suspectes de porter dans leur sein des enfants français! Il y eut quelques traits d'humanité au milieu de ces horreurs : quelques Français furent épargnés, par hasard, par pitié, par lassitude du carnage, ou par respect pour leur *preud'homie*.

rendit aux Messinais une indomptable énergie : ils soutinrent durant deux mois tout l'effort de l'armée de Charles d'Anjou, sans aucun secours du dehors. Leur perte semblait imminente, lorsqu'ils virent tout à coup pénétrer dans leurs murs, par des sentiers inaccessibles, Giovanni de Procida, à la tête d'une *guerilla* de cinq cents *almogavares,* espèce de bandits des montagnes d'Aragon, fameux par leur agilité, leur adresse et leur féroce audace. C'était l'avant-garde du roi don Pèdre, qui s'était enfin décidé à accepter la couronne que les députés des Siciliens étaient allés lui offrir en Afrique, et qui était débarqué à Trapani le 30 août. Don Pèdre venait d'être couronné roi de Sicile à Montréal, par l'évêque de Céfalù. L'Aragonais était trop prudent pour essayer de faire lever le siége de Messine par une bataille rangée sur terre : il se mit en devoir d'observer Charles à distance et de lui couper les vivres, pendant que sa flotte catalane s'emparerait du détroit. La manœuvre était infaillible : Charles ne se fiait qu'en ses hommes d'armes, et n'avait pas lieu de compter sur le dévouement des marins marseillais et italiens qui composaient sa flotte, forte de quatre-vingt-dix galères. A l'aspect des soixante galères catalanes que conduisait le réfugié calabrois Roger de Loria, amiral d'Aragon, le premier marin de ce siècle, Charles rembarqua ses troupes en toute hâte pendant la nuit, sans prendre le temps d'enlever ses tentes ni ses bagages. Les galères pisanes, génoises et provençales gagnèrent le large sans soutenir de combat; les galères napolitaines, apuliennes et calabroises, et les bâtiments de transport se firent échouer à la côte; les Catalans les prirent et les brûlèrent presque tous sous les yeux de Charles d'Anjou, qui, du haut du rivage de Calabre, contemplait ce désastre en rongeant son bâton de commandement avec des cris de rage (27 septembre 1282).

Trois mois après la délivrance de la Sicile, la séparation des deux églises grecque et latine fut proclamée de nouveau à Constantinople par l'empereur Andronic, successeur de Michel Paléologue. C'était la réponse à l'absurde excommunication prononcée contre Michel. L'exaspération était égale à la cour de Rome et parmi les chevaliers français. Le pape Martin IV ordonna de prêcher la croisade contre le roi d'Aragon et contre les rebelles de

Sicile (13 janvier 1283). Le comte d'Alençon, frère du roi Philippe III, les comtes d'Artois, de Bourgogne (Franche-Comté), de Boulogne et d'Auvergne [1], et bien d'autres barons, prirent la route d'Italie ; mais Charles n'avait point attendu le secours de leurs épées. A la suite de lettres violentes et injurieuses échangées entre lui et don Pèdre, il avait accepté une « convention de guerre » proposée par l'Aragonais, et les deux rivaux s'étaient engagés à se trouver dans la plaine de Bordeaux, le 1er juin 1283, chacun avec quatre-vingt-dix-neuf chevaliers, et à combattre, cent contre cent, en présence du roi d'Angleterre, juge du camp : celui des deux rois qui ne se présenterait pas au jour et au lieu dits serait réputé infâme et maudit de Dieu et des saints ; la possession du royaume des Deux-Siciles devait être le prix de la victoire.

Cette manière chevaleresque de disputer une couronne rencontra de grands obstacles : les deux rois ennemis bravèrent la défense du pape, qui les menaçait d'un commun anathème s'ils procédaient à un combat « criminel et abominable » à ses yeux ; car le saint-siége, et non la fortune des armes, avait seul droit, au dire du pontife, de disposer du royaume des Deux-Siciles. Mais l'opposition d'Édouard d'Angleterre, seigneur du pays où le rendez-vous était assigné, était plus difficile à surmonter ; et non-seulement Édouard refusa d'être le gardien du champ-clos où deux rois, ses parents et amis, devaient s'entr'égorger, mais il défendit à son sénéchal de Guyenne d'intervenir en aucune façon pour assurer l'exécution loyale des conditions de bataille et la sûreté réciproque des deux partis. Dès lors les chances n'étaient plus égales pour don Pèdre, qui se fût risqué, sans garantie, sur les terres du royaume de France : rien ne lui garantissait l'exécution de conventions annulées par le pape, et il savait que Philippe III était quasi aux portes de Bordeaux avec trois mille hommes d'armes. Don Pèdre ne voulut pas cependant manquer de comparaître. Il arriva la nuit avant le jour fixé, accompagné seulement de deux chevaliers, et eut avec le sénéchal de Bordeaux, dans un lieu secret, une conférence où il déclara qu'il ne pouvait et n'osait

---

1. Le comté de Boulogne était passé de la maison royale dans la maison des comtes d'Auvergne ou de Clermont-Ferrand, et les deux comtés étaient réunis sur une même tête.

tenir sa parole, à cause des forces menaçantes du roi de France. Après cette protestation, il remonta à cheval et regagna au plus vite ses frontières.

La guerre recommença avec fureur, non-seulement en Italie, mais dans la Marche d'Espagne. Philippe le Hardi entra directement en guerre avec don Pèdre, et l'Aragon fut entamé à la fois par le comté de Foix et par la Navarre; quelques places aragonaises tombèrent au pouvoir des sénéchaux français, et Philippe III entraîna dans son alliance don Jayme d'Aragon, roi de Majorque, comte de Roussillon et seigneur de Montpellier, ennemi mortel de son frère don Pèdre. Le pape Martin IV, secondant activement les armes temporelles par les armes spirituelles, avait excommunié don Pèdre et délié ses sujets de leurs serments de *féauté*. Le 26 août 1283, il expédia en France une bulle qui transmettait le royaume d'Aragon et le comté de Barcelonne à Charles, comté de Valois, second fils de Philippe III, à condition que le jeune Charles se reconnût vassal et tributaire du saint-siége, et que l'Aragon ne pût jamais être réuni à la couronne de France. Philippe convoqua à Paris, le 20 février 1284, un parlement extraordinaire des prélats et barons de France, pour leur demander conseil sur les offres du pontife romain : ils s'accordèrent, après quelques débats, à répondre, qu'« il étoit expédient au roi et au royaume de se charger de cette affaire et d'accepter les conditions du pape ». Une des conditions offertes était l'octroi de la dîme des revenus ecclésiastiques de France pour les frais de la guerre. Aussitôt le traité conclu, le cardinal-légat Jean Chollet, qui avait apporté la bulle, se mit à prêcher la croisade en France et en Provence, tant contre l'Aragon que contre la Sicile. Le roi, pour s'assurer de la fidélité des Navarrois pendant la grande lutte qui s'apprêtait, exécuta un projet arrêté depuis plusieurs années : il créa chevalier, à la fête de l'Assomption, son fils aîné Philippe, âgé d'environ seize ans, et, le lendemain, il lui fit épouser la petite Jeanne, reine de Navarre. L'année précédente, sentant la nécessité de gagner l'affection des Languedociens, encore impatients du joug français, il avait confirmé et renouvelé les chartes municipales de Toulouse, de Nîmes, etc., et augmenté les prérogatives des capitouls ou consuls de ces villes.

L'inégalité des forces était telle, que le roi d'Aragon semblait perdu d'avance. Philippe III faisait des préparatifs immenses pour l'invasion de l'Aragon, qu'il devait diriger en personne au printemps de 1285, et Charles d'Anjou recueillait toutes ses ressources afin de réorganiser ses armées de terre et de mer et d'écraser la Sicile. Don Pèdre ne pouvait guère se fier à l'assistance de son voisin Sanche de Castille, qui venait de succéder au vieil Alphonse le Sage. L'Aragonais savait que le Castillan, encore mal affermi sur le trône, négociait avec le roi de France, et abandonnerait l'Aragon sans scrupule si Philippe renonçait à soutenir les prétentions des infants de la Cerda, neveux de Sanche, sur le trône de Castille. Don Pèdre ne savait pas même s'il devait compter sur ses sujets pour défendre sa couronne. A la vérité, clercs et laïques avaient accueilli avec mépris et colère la bulle papale qui disposait de leur patrie sans leur aveu; mais les atteintes portées par don Pèdre à leurs libertés les avaient tellement irrités, qu'ils avaient recouru contre lui à l'insurrection légale[1] autorisée par leur constitution, et transféré toute l'autorité aux *cortès*. Le royaume allait-il se dissoudre ou se réunir au premier choc de l'ennemi? et même réuni, même soutenu par le désespoir des Siciliens et des rebelles napolitains, pourrait-il jamais soutenir ce double effort sur mer et sur terre, sur les Pyrénées et sur les côtes de Sicile?

La guerre de mer fut la première décidée. Les marins siciliens avaient pris l'offensive et mis le siége devant Malte, qu'occupait une garnison de Charles d'Anjou, tandis que les *almogavares* passaient le détroit de Messine et allaient surprendre et égorger de nuit dans sa tente le comte d'Alençon, frère du roi de France. Guilhem Cornu, de Marseille, amiral de Charles d'Anjou, tenta de secourir Malte. L'amiral d'Aragon, Roger de Loria, à la tête des flottes sicilienne et catalane, battit complétement Guilhem Cornu, lui prit vingt-cinq galères sur trente-sept qu'il avait; puis, faisant voile avec quarante-cinq galères pour Naples, il présenta le combat au prince de Salerne, fils du roi Charles. Charles était allé rassembler tous les bâtiments de guerre de la Provence, et

---

1. La *hermandad*, la fraternité, la confrérie.

arrivait à grande force de voiles et de rames. Il avait expressément défendu à son fils de combattre en son absence; mais le jeune prince ne résista pas aux provocations insultantes de l'amiral ennemi, et, s'embarquant avec ce qu'il avait de gens d'armes sur une escadre de trente-cinq galères qui était à l'ancre dans le port de Naples, il accepta la bataille, la perdit et fut fait prisonnier avec la plupart de ses chevaliers. Les états de Sicile le condamnèrent à mort, en représailles du supplice de Conradin : il ne dut la vie qu'à l'intervention de la reine d'Aragon, régente de Sicile, qui trouva plus politique l'envoi du prince captif à Barcelonne, où il fut gardé en otage.

Charles d'Anjou vint débarquer à Gaëte avec cinquante-cinq galères, le lendemain même du désastre de son fils. Cette grande humiliation, et l'impossibilité d'en tirer une vengeance éclatante et immédiate, jetèrent le roi Charles dans un délire furieux : « Que n'est-il mort! s'écriait-il en parlant de son fils : que n'est-il mort, puisqu'il a *failli* (transgressé) notre mandement! » Il voulait brûler Naples et changer tout le royaume en désert : on obtint à grand'peine qu'il se contentât de faire pendre cent cinquante des principaux citoyens, suspects d'avoir fait des vœux pour ses ennemis. Il s'épuisa en efforts inouïs afin de réunir avant l'hiver des forces suffisantes pour l'atttaque de la Sicile; il n'y put réussir; sa rage se tourna en un sombre abattement; il tomba malade, et, le 7 janvier 1285, il expira à Foggia, se rendant témoignage, jusqu'à son dernier soupir, qu'« il avoit fait l'entreprise du royaume de Sicile plus pour servir la sainte Eglise que pour son propre avantage ». (Guill. de Nangis. — Villani.) Il avait vécu et il mourut comme son modèle Simon de Montfort[1].

La mort de Charles d'Anjou, la captivité de son héritier[2], la mort du pape Martin IV (28 mars 1285), n'arrêtèrent pas le roi Philippe, qui n'en souhaita que plus ardemment de venger son oncle et de délivrer son cousin. Philippe III prit l'oriflamme à

---

1. Dans sa jeunesse, cependant, il avait payé tribut aux mœurs poétiques du temps. Il avait fait des chansons d'amour, comme la plupart des seigneurs français de son siècle, Pierre Mauclerc, entre autres.
2. Naples et la Pouille, durant la captivité du roi Charles II, furent défendus par le comte Robert d'Artois, nommé régent du royaume de compte à demi avec un légat du pape.

Saint-Denis, après la Pâque de 1285, partit de Paris avec ses fils, Philippe, roi de Navarre, et Charles, roi titulaire d'Aragon, et assembla son armée dans le Toulousain et la province narbonnaise. L'historien florentin Villani dit que le roi de France comptait sous ses étendards vingt mille cavaliers, tant hommes d'armes que gens de trait, et quatre-vingt mille fantassins.

De Narbonne, Philippe entra en Roussillon, tandis qu'une nombreuse flotte, équipée à Gênes, à Marseille, à Aigues-Mortes et à Narbonne, côtoyait le rivage et approvisionnait l'armée. La leçon de Sauveterre n'avait pas été tout à fait perdue. Le roi de Majorque, seigneur du Roussillon, vint au devant de Philippe, et marcha avec lui contre Elne, l'ancienne *Héléna*, forte ville qui barrait l'entrée des montagnes, et que le roi don Pèdre avait enlevée à son frère le roi de Majorque.

Les habitants d'Elne, dévoués à don Pèdre, refusèrent le passage au roi de France et au roi de Majorque : après avoir repoussé bravement un premier assaut, ils demandèrent une trêve de trois jours, « afin, dirent-ils, que pendant ce temps-là ils tinssent conseil pour rendre la ville. Les Français ayant donc suspendu l'attaque, les citoyens allumèrent un feu sur la tour de leur cathédrale, dans l'espoir que le roi Pierre d'Aragon, qui étoit non loin de là dans la montagne (au col de Panissars), verroit la flamme et accourroit à leur aide. Le roi de France, reconnaissant leur fraude, donna l'ordre de renouveler l'assaut. Le légat sermonna et prêcha les Français, en leur disant qu'il prenoit sur lui tous les péchés qu'ils avoient faits en leur vie; mais qu'ils allassent *sur les ennemis de la chrétienté,* bien et hardiment, et *sans rien épargner,* comme sur gens excommuniés et retranchés de la sainte Église ». Les instructions du légat furent suivies à la lettre! Les machines firent brèche au rempart; la place fut forcée, et les habitants passés au fil de l'épée. Les gens de la ville s'étaient enfuis vers la grande église; ni la sainteté, ni la force du lieu ne leur furent en aide; on enfonça les portes, on *férit* sur eux sans miséricorde pour hommes ni pour femmes, pour vieillards ni pour enfants. Un seul écuyer, nommé le bâtard de Roussillon, étant monté dans la tour avec quelques autres, obtint la vie en se rendant au roi de France (25 mai).

Après le sac d'Elne, l'armée fut arrêtée trois semaines au pied des Pyrénées. Les Aragonais s'étaient retranchés au Pas de la Cluse, et il semblait impossible d'enlever cette position de vive force. On la tourna, grâce à ce bâtard de Roussillon, qui avait été pris à Elne, et qui guida l'armée par le col abrupt et sauvage de la Mançana. « Ceux d'Aragon, qui le Pas de la Cluse gardoient, virent l'*host* de France qui étoit déjà au-dessus d'eux : ils furent tout ébahis et eurent si grand'peur qu'il s'enfuirent sans rien emporter, et les François, se hâtant d'arriver au campement des Aragonois, prirent tout ce qui s'y trouva, et tendirent leurs pavillons au plus haut des montagnes, où ils se reposèrent trois jours du travail qu'il avoient eu (20 juin) ».

Philippe descendit du haut des Pyrénées dans les plaines du Lampourdan, et, rouvrant ses communications avec sa flotte, à l'ancre dans le port de Roses, qu'elle venait d'occuper de vive force, il assit son camp sous les murs de Gironne (23 juin). Le siège de cette ville fut long et laborieux : la résistance de la garnison était secondée au dehors par les *almogavares* et les autres milices qui s'assemblaient en foule autour de don Pèdre, depuis que les cortès d'Aragon avaient décrété une levée en masse. La nationalité aragonaise et catalane, fortement trempée au feu des interminables guerres contre les Maures, s'était reconnue et soulevée à l'aspect de l'étranger. Les *croisés*, qui se croyaient tout permis en pays excommunié, qui souillaient jusqu'aux vases sacrés, et qui faisaient violence aux religieuses mêmes jusque dans les églises, exaspérèrent les populations catalanes. Des nuées d'agiles et intrépides montagnards voltigeaient autour des assiégeants, harcelaient les Français sans relâche par cette guerre d'escarmouches et d'embuscades dans laquelle les Espagnols ont toujours été si redoutables. Les Français frémissaient de ne pouvoir « tirer raison » de ces *félons* ennemis en bataille rangée. Les gens de Gironne, de leur côté, ne se contentèrent pas de combattre vaillamment à l'abri de leurs murailles : dans une sortie nocturne, ils incendièrent un *chat-château*, « et boutèrent dedans l'engin embrasé celui qui l'avoit fait, afin qu'il n'en fît jamais d'autres ». Le roi Philippe, « moult courroucé », jura de ne pas laisser le siège qu'il n'eût pris la ville ; mais il ne paraissait pas devoir être de si tôt dégagé de son serment. Sa flotte avait essuyé quelques pertes dans une rencontre avec les galères catalanes, et l'arrivée du fameux Roger de Loria, avec ses galères victorieuses, pouvait faire craindre pour l'avenir des revers plus graves encore ; le climat malsain du Lampourdan devenait d'ailleurs fatal à l'armée. « L'*host* commença fortement à empirer de la grand'chaleur et de la puanteur des charognes qui gisoient mortes parmi les champs, et des mouches qui les mordoient, lesquelles mouches étoient pleines de venin : lors commencèrent à mourir hommes, femmes et chevaux, et devint l'air si corrompu, qu'à peine au camp demeuroit-il un homme en bonne santé ».

La flotte française se tenait dans le port de Roses, d'où les convois de vivres et de munitions arrivaient au camp devant Gironne. Don Pèdre, posté dans les montagnes voisines avec ses chevaliers et ses almogavares, était sans cesse aux aguets pour enlever ces convois. On les fit escorter par force gendarmerie, et un sanglant combat eut lieu, le 14 août, entre cinq cents lances françaises, aux ordres du connétable Raoul de Nesle, et cinq ou six mille Aragonais commandés par don Pèdre en personne. Le convoi fut sauvé, et don Pèdre fut blessé. Le siège continua trois semaines encore : don Pèdre n'était pas en état de livrer bataille pour sauver Gironne, et la ville, après deux mois et demi d'une valeureuse défense, fut réduite à capituler (7 septembre).

Ce fut le seul résultat de cette campagne meurtrière : l'armée était épuisée par la fatigue et les maladies, et la flotte venait d'être battue aux Formigues par Roger de Loria, qui avait pris l'amiral Guilhem de Lodève. Le farouche Calabrois renvoya au roi de France deux cent soixante captifs mutilés et aveuglés. Philippe, une fois maître de Gironne et dégagé de son serment, n'eut plus d'autre pensée que la retraite ; il la commença dès le 20 septembre, laissant dans Gironne l'ancien sénéchal de Toulouse et gouverneur de Navarre, Eustache de Beaumarchais, avec douze cents hommes d'armes et cinq mille fantassins. La flotte, déjà fort maltraitée, évacua en même temps le port de Roses ; mais l'embarquement des équipages fut troublé par une attaque soudaine des habitants de Roses et des montagnards du voisinage, qui massacrèrent les matelots français les plus lents à regagner leurs navires, et incendièrent plusieurs bâtiments. A peine cette scène de carnage était-elle terminée, que Jean d'Harcourt, maréchal de l'armée de France, parut avec un corps de gens d'armes et mit le feu aux quatre coins de la ville, pendant que la flotte, à la sortie du port, était assaillie et battue de nouveau par Roger de Loria; l'amiral Enguerrand de Bailleul, successeur de Guilhem de Lodève, eut le même sort que lui.

« Le roi Philippe, dit Nangis, s'étoit départi moult dolent et courroucé de ce qu'il avoit fait si peu de chose en Aragon; car il avoit cru prendre tout Aragon et toute Espagne, vu qu'il avoit mené avec lui tant de bonne chevalerie et un si grand peuple. Tandis qu'il étoit en cette pensée, il chut en une fièvre, si bien qu'il ne put chevaucher, mais fut obligé de se faire porter en litière ». Les pluies d'automne, terribles dans ces montagnes, tombaient avec une telle violence, qu'hommes et chevaux s'enfonçaient dans la terre détrempée des vallons, et que l'impétuosité des eaux emportait les pavillons, dès qu'on voulait s'arrêter pour prendre quelque repos. Philippe repassa à grand'peine le Pas de la Cluse et le col de Panissars, avec le roi de Majorque et l'armée, que harcelaient de toutes parts les Aragonais : le retour eût été impossible, si le vicomte de Narbonne n'eût couru assembler les milices languedociennes pour occuper les défilés et protéger la retraite. Cette diversion sauva les restes de l'armée, mais ne put sauver le roi. Philippe, épuisé, n'atteignit Perpignan que pour mourir (5 octobre 1285). « Ses os furent emportés en France et enterrés à Saint-Denis près de son père le roi saint Loys, en une belle tombe de marbre à belles figures d'albâtre richement ouvrées ».

Huit jours après la mort de Philippe le Hardi, la maison de France avait perdu l'unique fruit de cette malheureuse guerre : Eustache de Beaumarchais avait rendu Gironne à don Pèdre; mais le roi d'Aragon ne devait pas jouir de son triomphe, et il suivit de près dans la tombe le fils de saint Louis : il mourut d'un refroidissement, le 11 novembre, au moment où il s'apprêtait à profiter de sa victoire en dépouillant le frère qui l'avait trahi pour s'associer à ses adversaires[1].

Philippe III avait laissé trois fils, deux nés d'Isabelle d'Aragon,

---

1. *V.* sur cette guerre, Guill. de Nangis, *Chronic.* et *Gesta Philippi Audacis.*

et le troisième de Marie de Brabant. Philippe, dit le Bel, déjà roi de Navarre du chef de sa femme, monta sur le trône de France; le second, Charles, roi titulaire d'Aragon, eut en apanage les comtés de Valois et d'Alençon; le troisième, Louis, fut comte d'Évreux. Ces apanages médiocres étaient conformes à l'intérêt de l'État et aux précédents établis par saint Louis, et, avant lui, par Louis le Gros.

Le nouveau roi Philippe IV, jeune homme de dix-sept ans, dont on ne connaissait encore que la belle et froide figure, et dont le caractère réservé et taciturne ne permettait à personne de deviner l'avenir, ne parut pas d'abord disposé à poursuivre bien vivement la guerre. Les fils de don Pèdre, Alphonse (Alonzo) et Jayme, se partageaient en ce moment les états paternels : don Alphonse s'asseyait sur le trône d'Aragon; don Jayme, sur celui de Sicile; don Jayme avait en face de lui, dans la Calabre et la Pouille, le comte Robert d'Artois, régent pour le compte du roi captif, Charles II d'Anjou; don Alphonse eut à combattre son propre oncle, le roi de Majorque, qui défendit les frontières françaises, en défendant son comté de Roussillon contre les Catalans et les Aragonais, plus encouragés par la retraite désastreuse des Français qu'abattus de la mort du roi don Pèdre. Philippe « le Bel » avait repris lentement la route de la France septentrionale avec la plupart des barons et des hommes d'armes, et était allé se faire sacrer à Reims le 6 janvier 1286. Quelques mois après (5 juin), le roi Édouard d'Angleterre vint rendre hommage au nouveau roi de France en sa qualité de duc d'Aquitaine. Édouard ayant manifesté des inquiétudes assez bien fondées sur la juridiction envahissante du parlement royal, Philippe lui octroya le privilège de ne pouvoir « tomber en forfaiture », et, par conséquent, de ne pouvoir être privé de ses fiefs, par suite d'aucun appel porté contre lui au parlement; il lui garantit, de plus, une rente annuelle de 10,000 livres sterling comme indemnité de ses anciens droits sur la Normandie[1]. Les affaires d'Espagne engageaient la cour de France à des concessions.

Chroniq. de Saint-Denis. — Muntaner, *Chroniq. d'Aragon.* — Çurita, *Annales d'Aragon.* — Sismondi, *Histoire des Français*, t. VIII, c. xv.

1. Rymer, *Acta*, t. II, p. 320. — Guill. de Nangiac. *Chronic.*

En l'absence de Philippe, qui s'éloigna rarement de Paris ou des résidences royales de l'Ile-de-France, la guerre se poursuivit assez malheureusement contre les deux fils de Pèdre d'Aragon. Les princes aragonais avaient pris l'offensive : leur fameux amiral Roger de Loria, avec ses escadres catalane et sicilienne, vint porter l'épouvante sur les côtes du Languedoc, enleva les bâtiments français qui se trouvaient dans le port d'Aigues-Mortes, et opéra des descentes dévastatrices sur divers points de la province. Les milices languedociennes furent mises en déroute ; Aigues-Mortes et Agde furent prises, et une partie de la population fut passée au fil de l'épée ; la guerre se faisait de part et d'autre avec une implacable cruauté. Roger de Loria remit à la voile sans essayer de garder les places qu'il avait emportées d'assaut, et retourna guerroyer dans les eaux de la Sicile contre les Français du royaume de Naples. Partout l'avantage demeurait au parti aragonais : le roi Alphonse d'Aragon dépouilla des îles Baléares son oncle don Jayme ; les Aragonais défirent les Navarrois, qui avaient tenté une diversion en faveur du roi Philippe, « leur seigneur », et, le 24 juin 1287, Roger de Loria remporta devant Naples une nouvelle victoire navale sur les barons français et les guelfes napolitains.

Édouard, roi d'Angleterre, qui ne portait point sur le continent ses vues d'agrandissement, avait offert aux parties belligérantes son arbitrage désintéressé. Le désir sincère de rétablir la paix entre les maisons de France et d'Aragon, auxquelles il était également allié[1], fut même la principale raison qui le retint longtemps en Guyenne, après qu'il eut rendu hommage à Philippe le Bel. Il avait réuni, à Bordeaux, à la Noël 1286, les ambassadeurs de Philippe, roi de France, d'Alphonse, roi d'Aragon, de Jayme, roi de Sicile, de Sanche, roi de Castille, enfin de Charles II d'Anjou, qui ne portait encore que le titre de prince de Salerne, parce qu'il n'avait pu recevoir l'investiture royale du pape. Édouard avait proposé, pour base d'un traité de paix, la mise en liberté du prince de Salerne, prisonnier en Aragon, et la double renonciation de ce prince à la Sicile et de Charles de Valois au titre de roi d'Aragon ; mais le pape Honorius IV, par son opposition

---

1: Il était neveu de la reine Marguerite, femme de saint Louis, et cousin-germain de Philippe le Hardi.

violente, fit avorter ce projet, attentatoire, disait-il, à l'honneur de la sainte Église de Dieu. Ce pontife n'avait cessé d'accabler d'anathèmes le parti aragonais.

La mort d'Honorius IV (3 avril 1287) et la vacance assez longue du saint-siége décidèrent Édouard à renouer des négociations qui ne semblaient plus devoir rencontrer d'obstacles sérieux. Le roi Alphonse vint conférer avec lui à Oloron en Béarn, et consentit à relâcher provisoirement le prince de Salerne, à condition que celui-ci livrât ses trois fils aînés et soixante des principaux gentilshommes du comté de Provence, avec 50,000 marcs d'argent. Une trêve générale de trois ans fut convenue, et le prince de Salerne promit de se reconstituer prisonnier ou de céder son comté de Provence au monarque aragonais, si la trêve n'était pas convertie en paix générale avant l'expiration des trois années (juillet 1287).

Philippe le Bel n'avait point pris part aux conférences d'Oloron, et ne se prêta pas franchement aux tentatives conciliantes du roi d'Angleterre. Au printemps de 1288, il recommença les hostilités, fit attaquer le Lampourdan par le roi de Majorque, et détacha le roi de Castille de l'alliance d'Alphonse, en renonçant à soutenir les prétentions des infants de La Cerda au trône castillan, à condition que Sanche donnât le royaume de Murcie en fief à l'aîné des infants, et secondât l'invasion de l'Aragon. Philippe n'entendait pas renoncer à conquérir l'Aragon pour son frère Charles de Valois. Le roi Alphonse affaiblit l'effet des menées de Philippe par un coup hardi : les infants de La Cerda étaient au pouvoir du roi d'Aragon, qui les retenait dans une captivité honorable, pour s'en servir au besoin comme de précieux otages. Dès qu'Alphonse sut que Sanche de Castille et Philippe de France étaient convenus d'attaquer l'Aragon de concert, il proclama l'aîné des infants roi de Castille et de Léon. Un parti puissant se déclara aussitôt en Castille pour le jeune prince, et Sanche eut assez d'affaires chez lui pour ne pouvoir entamer sérieusement l'Aragon.

Le prince Charles de Salerne, pendant ce temps, avait été remis en liberté aux conditions convenues, moyennant la garantie du roi Édouard. Mais à peine fut-il libre, que le roi de France et le nouveau pape Nicolas IV (Jérôme d'Ascoli) l'exhortèrent à violer ses serments ; le pape l'en délia solennellement en le couronnant roi de Sicile (29 mai 1289). La guerre se ralluma en Italie ; mais Charles ne s'était parjuré qu'à regret ; et, après quelques escarmouches, se trouvant en présence du vrai roi de Sicile, Jayme d'Aragon, et de Roger de Loria, qui étaient venus débarquer à Gaëte, il conclut avec eux une trêve de deux ans au lieu de leur livrer bataille. Le comte d'Artois et les chevaliers français qui servaient volontairement sous la bannière du roi de Naples furent tellement « marris et courroucés » de cette « couardise », qu'ils s'en retournèrent tous en France.

La guerre entre Philippe et Alphonse se prolongeait obscurément dans les vallons des Pyrénées, sans autres exploits que des rencontres de partisans et des surprises de *castels* et de *seos* (citadelles) dans la montagne. Le Roussillon, le Lampourdan, la Cerdagne, étaient le théâtre de ces hostilités, qui traînèrent ainsi en longueur par l'obstination de Philippe le Bel. Repoussant seul une transaction que souhaitaient également les princes aragonais, le roi de Naples et le roi de Majorque, il comptait toujours sur les diversions promises par le roi de Castille. Il se refusait à la paix sans continuer vigoureusement la guerre, laissait la conduite des hostilités au roi de Majorque, son oncle et son lieutenant, et ne faisait que de courtes et rares apparitions dans le Midi : encore employait-il plutôt ces excursions à séduire et à s'attacher les Gascons, sujets de son cousin le roi d'Angleterre, qu'à guerroyer contre les Aragonais.

L'Aragon, quoiqu'il eût eu presque toujours l'avantage, grâce à la supériorité de ses marins et à ses montagnes, souffrait bien plus de cette lutte que la France : les trois quarts de la France étaient étrangers aux périls et aux maux de la guerre, et le Languedoc seul faisait face à l'ennemi, tandis que l'Aragon, agité de discordes intestines, troublé par les excommunications papales, était engagé tout entier soit contre la France, soit contre la Castille. Les populations réclamaient impérieusement la paix, et l'on vit soudain les négociations prendre une face nouvelle au commencement de l'année 1291. Douze ambassadeurs du clergé, des *ricos hombres* (riches hommes, barons), des *caballeros* (chevaliers) et des bourgeois aragonais vinrent trouver à Tarascon le roi Charles de Naples, au nom de la nation et du roi d'Aragon, et signèrent avec Charles, le 19 février, par la médiation des envoyés d'Édouard d'Angleterre, un traité par lequel ils s'obligeaient de ne plus fournir de secours aux Siciliens ni à don Jayme, frère de leur roi, à condition que le roi et le royaume d'Aragon fussent réconciliés à l'Église, et que Charles de Valois renonçât à ses prétentions sur la couronne d'Aragon. Deux légats approuvèrent ce pacte, et Charles de Valois, du consentement de Philippe le Bel, accorda la renonciation demandée, moyennant la cession que lui fit le roi de Naples des comtés d'Anjou et du Maine. Le différend du roi d'Aragon avec son oncle le roi de Majorque fut remis au jugement du pape. L'Aragon renonçait ainsi à tous les fruits de ses exploits.

La mort inopinée du roi Alphonse (18 juin 1291) anéantit ce traité avant qu'il eût été mis à exécution. A la nouvelle de la mort de son frère, le roi de Sicile, Jayme d'Aragon, fit voile au plus vite de Palerme pour Barcelonne, vint réclamer l'héritage, épousa la fille du roi de Castille, et enleva ainsi à Philippe le Bel un utile allié. Les excommunications papales recommencèrent, mais la lutte ne recommença pas : l'exemple de Philippe le Hardi détournait Philippe le Bel d'envahir l'Aragon, et ce prince s'engageait d'ailleurs, avec le roi Édouard, dans des démêlés qui touchaient de plus près aux vrais intérêts de la France. Quant au royaume des Deux-Siciles, il restait partagé de fait, sans que Charles II d'Anjou fût assez fort pour recouvrer la Sicile, ni Jayme d'Aragon pour conquérir Naples, la Pouille et la Calabre. Jayme en vint à un traité presque semblable à celui de son frère Alphonse : il promit de rendre à Charles ses fils et tous ses otages, et les places occupées par les Siciliens en Calabre, moyennant la révocation des sentences pontificales; il promit même de remettre la Sicile aux mains du pape en dedans la Toussaint 1297, pourvu que le pape ne la livrât à personne sans son aveu. Ce pacte fut ratifié par Célestin V, successeur de Nicolas IV, et fondateur de l'ordre des célestins (novembre 1294), puis par le fameux Boniface VIII (juin 1295) et par le roi de France, à qui Jayme promettait secrètement le secours de sa marine contre l'Angleterre.

Toutes les conditions du traité ne furent pas remplies : la Sicile, abandonnée par l'Aragon, ne s'abandonna pas elle-même, et ne rentra pas sous la domination de la maison d'Anjou. Les Siciliens couronnèrent roi leur gouverneur don Frédéric ou Fédérigo d'Aragon, le jeune frère d'Alphonse et de Jayme, et continuèrent à braver les armes des Franco-Napolitains et les anathèmes de l'Église. En vain le roi d'Aragon, pour reconnaître la concession de la Sardaigne et de la Corse, que Boniface VIII lui avait octroyées en fiefs en échange de la Sicile[1], accepta-t-il le commandement des troupes de l'Église contre son frère; en vain entraîna-t-il dans sa défection son amiral Roger de Loria, et jusqu'à Procida lui-même; les anciens libérateurs de la Sicile, réunis à ses ennemis pour la remettre sous le joug, remportèrent sur les Siciliens une grande bataille navale, le 4 juillet 1299; mais ils n'eurent pas le courage d'achever leur œuvre. Les marins de la Catalogne s'indignèrent d'être employés à détruire leurs frères d'armes. Le roi d'Aragon se retira avec sa flotte, et la lutte changea aussitôt de face. Le prince de Tarente, un des fils du roi Charles II, fut défait et pris à Trapani par don Frédéric. Charles de Valois, appelé de France pour venger cette défaite, n'obtint aucun résultat important; les armes tombèrent des mains des deux partis à force de lassitude. Charles II d'Anjou, aussi pacifique que son père avait été belliqueux, soutenait la guerre malgré lui; c'était le pape qui l'y forçait. Le pape, préoccupé d'autres objets, consentit enfin que Frédéric gardât la Sicile sa vie durant, en épousant une fille de Charles II. Ainsi fut consommée la séparation de la Sicile et de Naples, qui termina le terrible drame dont la mort de Manfred et de Conradin avait été le prologue : Charles II érigea un tombeau à Conradin et à Frédéric d'Autriche, en signe de réconciliation avec les mânes des victimes de son père[2].

---

1. Boniface n'accordait par là que le droit de conquérir ces deux îles; car l'une était soumise aux Pisans, l'autre aux Génois : les Génois gardèrent la Corse; les Aragonais conquirent la Sardaigne (seulement de 1323 à 1326), malheureusement pour cette grande île, mieux administrée sous la suzeraineté éclairée des républicains de Pise qu'elle ne l'a jamais été depuis.
2. Le Languedoc seul, depuis la mort de Philippe le Hardi, avait eu à souffrir de la guerre d'Aragon, qui passa presque inaperçue du reste du royaume, et un

Les premières années du règne de Philippe le Bel avaient eu peu d'éclat. Ce jeune roi ne s'était point encore montré à la tête des armées, et paraissait peu soucieux de gagner le renom de chevalerie; il ne laissait pas toutefois rouiller sa royale armure pour se plonger dans la mollesse des rois fainéants qui avaient précédé les rois chevaliers, et ce n'était pas la société des jongleurs et des *folles femmes* qu'il préférait à celle des barons. Ce prince, qui n'eut pas de jeunesse, ne s'entourait que de légistes pâlis sur les Pandectes; il écoutait avidement leurs paroles; il apprenait avec eux la théorie de l'absolutisme, dont l'instinct était inné dans son âme[1]. A l'insignifiant Philippe le Hardi, type effacé d'une époque

combat livré hors des frontières, et pour des intérêts étrangers à la France royale, eut bien plus de retentissement parmi la chevalerie française que les exploits du roi de Majorque ou des sénéchaux du Languedoc contre les *riches hommes* et les *almogavares* de don Alphonse ou de don Jayme. Jean, duc de Brabant (frère de la reine Marie, veuve de Philippe le Hardi), et le comte de Luxembourg se disputaient le duché de Limbourg ou des Ardennes; ils s'envoyèrent réciproquement le gage de bataille, et convinrent de décider la querelle par un combat de chevalerie, sans mélange de gens de pied. Les deux rivaux firent appel à tout ce qu'il y avait de vaillants chevaliers dans leurs seigneuries et dans celles de leurs alliés. De la France septentrionale, de la Teutonie occidentale, de la Belgique entière accoururent joyeusement les nobles hommes comme à un splendide pas d'armes; le connétable et le maréchal de France, Raoul de Clermont-Nesle et Gaucher de Châtillon-Porcean, et l'élite des seigneurs de la cour, quittèrent Paris pour se rendre à Weringen, entre Cologne et Nuitz, où le rendez-vous était assigné. Le 5 juin 1288, la bataille s'engagea entre quinze cents hommes d'armes brabançons, flamands, français et hennuyers (du Hainaut), commandés par le duc de Brabant, et treize cents hommes d'armes du Luxembourg, des Ardennes, de la Gueldre et des provinces rhénanes, aux ordres du comte de Luxembourg. On combattit de part et d'autre avec tant d'acharnement, que cinq cents hommes d'armes gisaient déjà morts sur la poussière sans que la victoire parût pencher d'aucun côté. Enfin, le comte de Luxembourg ayant été tué avec ses trois frères et le comte de Gueldre, le comte de Loos et plusieurs autres grands barons de ses amis, les débris de son parti furent contraints de céder le champ de bataille, en laissant dans les mains des vainqueurs l'archevêque de Cologne et maints captifs de haut rang. Le duché de Limbourg, prix de ce sanglant triomphe, demeura au duc Jean de Brabant. Mais la maison de Luxembourg se releva de ce désastre : la paix fut scellée par le mariage de Henri, fils du comte tué à Weringen, avec la fille du duc de Brabant, et, vingt ans plus tard, Henri fut appelé au trône impérial. (Villani, l. VII, p. 132. — Guill. de Nangis, *Chronic.*)

Une autre guerre de succession agitait, vers la même époque, l'extrémité opposée de la France : les comtes de Foix et d'Armagnac se disputaient, les armes à la main, la seigneurie du Béarn, au nom de leurs femmes. Le Béarn resta à la maison de Foix.

1. Il était loin d'être illettré comme son père, mais il faisait peu de cas, à ce qu'il semble, de la poésie chevaleresque. Son poète favori était Jean de Meung, le continuateur du *Roman de la Rose* : il se fit traduire par lui le *Traité de l'art mi-*

de transition, avait succédé, dans la personne de Philippe le Bel, un caractère aussi complet, aussi logique que saint Louis lui-même : on ne le connaît point à la vérité, comme saint Louis, par les récits de ses amis, de ses familiers ; les arides chroniqueurs de son règne n'en savent ni n'en osent tant dire sur son compte ; on ne le connaît que par ses actes, et le vague même où les historiens contemporains laissent ses mœurs et ses sentiments privés a quelque chose qui effraie et qui glace : pas un mot, pas un trait qui indique si cet homme a eu un cœur et des entrailles : il semble le type abstrait de la royauté tel que le rêvaient les légistes. Sombre type, si l'on le compare à la royauté brillante et débonnaire de l'idéal chevaleresque !

L'idéal des légistes comportait cependant un grand progrès social par l'abaissement du baronage et l'élévation de la bourgeoisie, et aussi, malgré les réserves légitimes à faire, par l'ordre administratif et judiciaire ; mais les contemporains sentirent faiblement les avantages de ce progrès. Les exigences fiscales toujours croissantes de la monarchie administrative faisaient trop de mal dans le présent pour qu'on pût attendre patiemment le bénéfice futur de ses innovations : le faste de la cour, l'accroissement perpétuel du corps des légistes et de l'armée des sergents à pied et à cheval (espèce de gendarmerie qui veillait à l'exécution des arrêts des légistes), et les nécessités de la diplomatie naissante, avaient décuplé les besoins du trésor, tandis que le revenu du domaine ne s'était accru que dans une proportion bien moindre ; de là, les extorsions auxquelles recourut le roi, et qui rendirent son nom aussi odieux aux classes inférieures que le nom de son aïeul leur était cher. Ni l'équité, ni la pitié, ne pouvaient arrêter ce gouvernement moitié pharisien, moitié publicain : il avait du publicain la rapacité impitoyable,

---

litaire de Végèce, le livre des *Epistres de Pierre Abélard et Héloïse sa femme*, et le livre de la *Consolation*, de Boëce. *v.* Michelet. *Histoire de France*, t. III. p. 219. Ces études philosophiques et morales eurent peu d'influence sur cette âme de bronze. — Il avait eu pour précepteur le moine augustin Egidio Colonna (*Gilles de Rome*), dont la famille tenait le premier rang entre les gibelins de Rome, et qui ne contribua pas à le rendre favorable aux prétentions temporelles des papes. Egidio Colonna, péripatéticien scolastique, a écrit, après saint Thomas, un traité *De Regimine principum*.

du pharisien le respect pour la lettre de la loi, l'indifférence pour son esprit[1]. Tout ce qui pouvait enrichir et fortifier la royauté était juste aux yeux des conseillers de Philippe le Bel, aussi peu scrupuleux que les serviteurs de la cour de Rome : ils étaient dignes de combattre à armes égales avec les fabricateurs de fausses décrétales, et la grande lutte qu'ils engagèrent bientôt contre les *Romains* paraîtrait souvent quelque chose d'immonde, si l'on s'arrêtait au détail des faits, au lieu de considérer les causes et les résultats. Si la France eût dû s'arrêter dans cette période de son développement, on regretterait la féodalité, dont les vices et les violences anarchiques étaient du moins associés parfois à de généreuses passions : ce qui succédait à la féodalité, c'était comme une restauration de la fiscalité et de la corruption sophistique des derniers jours de l'empire d'Occident. La différence, toutefois, était grande, au fond. Là, c'était une fin. Ici, c'est un passage. Ici, au-dessus de faits odieux, plane une grande et féconde théorie. A côté des maximes d'absolutisme politique, les maximes de liberté civile, de justice égale pour tous, persistent, agissent et promettent des temps meilleurs. C'est par là que se rachètent les légistes du moyen âge, et que, tout en repoussant leur idéal, l'égalité sous un maître, nous sommes obligés de leur maintenir une place considérable dans la tradition nationale.

Plusieurs ordonnances importantes furent promulguées dans les premières années du règne de Philippe le Bel; leurs effets devaient s'étendre non-seulement sur le domaine royal, comme au temps de saint Louis, mais sur tout le royaume, conformément aux principes que prêchaient les légistes et que la féodalité n'avait plus la force de repousser (V. Beaumanoir, c. 49). Le premier de ces édits, rendu au parlement de la Pentecôte de 1287, règle « la manière de faire et tenir les bourgeoisies du royaume ». — Si aucun veut entrer en aucune bourgeoisie, il doit aller en la ville dont il requiert être bourgeois, trouver le prévôt du roi, ou

---

1. On sent bien que, dans ce jugement sur le gouvernement de Philippe le Bel, nous n'enveloppons pas tous les légistes de ce siècle. Il y avait parmi eux des hommes qui ne mêlaient pas cet impur alliage à la science du droit, et qui en faisaient une religion, à l'exemple de leurs maîtres, les anciens jurisconsultes romains. V. aux Éclaircissements, la notice sur Beaumanoir.

le mayeur là où il n'y a point de prévôt, et donner sûreté audit prévôt ou mayeur, assisté de deux ou trois bourgeois, que, dedans un an et un jour, il bâtira ou achètera en la ville une maison de la valeur de soixante sous parisis au moins (soixante-douze francs); et, ce fait, le prévôt ou le mayeur lui doit bailler un sergent qui aille avec lui faire savoir au seigneur dont il quitte la terre qu'il est entré en bourgeoisie ». Une fois admis dans la communauté urbaine, le nouveau bourgeois était obligé d'y résider depuis la Toussaint jusqu'à la Saint-Jean d'été, ou du moins d'y laisser sa femme, s'il était marié, et, s'il ne l'était pas, un valet; l'été seulement, il pouvait s'absenter avec sa femme pour aller faire ensemble leurs moissons, fenaisons, vendanges et « autres besognes »; encore étaient-ils tenus de se trouver tous deux en la ville pour les bonnes fêtes, à moins qu'ils ne fussent hors du pays. Cette sujétion avait pour but d'empêcher aucun bourgeois de se soustraire aux charges et corvées de la ville, ou aux tailles et aides du roi. Les seigneurs conservaient le droit de réclamer leurs serfs entrés en bourgeoisie sans leur consentement.

Une seconde ordonnance de la même date, et d'une portée plus grande encore, enjoignit aux ducs, comtes, barons, archevêques, évêques, abbés, chapitres, colléges, chevaliers, et généralement à tous ayant droit à quelque juridiction temporelle dans le royaume, de confier l'exercice de cette juridiction à des baillis, prévôts et assesseurs laïques, afin que, dans le cas où ces officiers viendraient à faillir, leurs supérieurs laïques pussent sévir contre eux. Il fut également défendu à toutes gens ayant causes à plaider devant les tribunaux séculiers de prendre des clercs pour procureurs, avec exception seulement pour les chapitres et les couvents. L'année suivante, les fonctions de prévôt, de maire, d'échevin et de juré ou jurat furent aussi interdites aux gens d'église. C'était le plus grand coup qui eût encore été porté au clergé. L'ordre judiciaire, à peine formé, se séparait avec éclat de l'ordre ecclésiastique dont il était issu, et fermait à la fois tous les tribunaux civils aux clercs. Les évêques se trouvaient par là implicitement exclus du parlement royal, et le roi, en 1289, défendit aux portiers du parlement d'y laisser entrer aucun prélat « sans la permission des maîtres » (des présidents).

Cette mesure était si radicale qu'elle ne put être observée à la rigueur, et que Philippe lui-même dut revenir plus tard sur sa décision. Il ne voulait pas se brouiller avec l'épiscopat, et, par compensation de l'exclusion des clercs des tribunaux civils, il leur accorda de ne pouvoir être attirés en aucun cas devant les cours laïques pour questions personnelles, leur remit les droits d'amortissement arriérés qu'ils devaient à la couronne pour les acquisitions faites au nom de leurs églises, et interdit aux tribunaux inférieurs de connaître des affaires où un prélat serait intéressé, les réservant au parlement royal (1290). L'année suivante, il revint sur la concession pécuniaire qu'il avait faite : il rétablit et augmenta le droit d'amortissement sur les biens donnés ou vendus aux églises : il le porta à quatre ou même à six années du revenu, suivant les circonstances, et donna à son édit un effet rétroactif de trente années avant l'ordonnance que Philippe le Hardi avait rendue sur cette matière. En même temps, il s'attaqua à l'Inquisition, devant laquelle rois et peuples avaient tremblé jusqu'alors, et il défendit au sénéchal de Carcassonne d'emprisonner, sur la demande des inquisiteurs, d'autres personnes que des hérétiques manifestes. Les inquisiteurs, dans cette sénéchaussée, faisaient de leur ministère le prétexte de mille extorsions. La cour de Rome elle-même n'en usait plus autrement dans le comté Venaissin. Philippe voulait avoir seul le droit de rançonner ses sujets.

Le parlement reçut sur ces entrefaites, en 1291, une nouvelle organisation. Il fut arrêté que, durant tout le cours de ses assises, trois conseillers siégeraient chaque jour pour ouïr les requêtes des plaignants ; que quatre autres siégeraient les lundi, mardi, mercredi et jeudi de chaque semaine, pour ouïr et juger les enquêtes, et quatre ou cinq autres enfin les vendredi, samedi et dimanche, pour ouïr et expédier les causes et requêtes des sénéchaussées régies par le droit écrit, c'est-à-dire des six sénéchaussées du Languedoc et de l'Aquitaine française[1]. Ce fut là l'origine des chambres des enquêtes et requêtes. Toutes les séné-

---

1. Le parlement de Toulouse, établi par Philippe le Hardi, venait d'être supprimé. La royauté jugeait nécessaire d'attirer plus immédiatement sous sa main les affaires du Languedoc.

chaussées et tous les bailliages du royaume relevaient du parlement ; la Normandie, à la vérité, avait conservé sa haute cour à Rouen, sous le nom d'*Échiquier ;* mais c'étaient des membres du parlement qui allaient tenir l'*échiquier* à Rouen, ainsi que les *Grands-Jours* de Champagne à Troies, domaine de la reine [1].

Quelques garanties furent accordées aux plaideurs par l'ordonnance qui réglementa la cour suprême. Tout membre du parlement, parent, allié, pensionnaire, feudataire ou recevant gage de l'une des parties contendantes, dut s'abstenir, sous les peines portées contre le parjure, de participer au jugement du procès. Les sénéchaux et baillis, faisant partie du « conseil du roi ». (parlement), durent pareillement se lever de leur siége lorsque quelque plainte était portée contre eux par leurs administrés [2].

Les ordonnances relatives à l'ordre civil et à la justice sont le beau côté de ce gouvernement, mais on en payait cher le bénéfice. Dès le commencement du règne de Philippe le Bel, on voit apparaître ce désastreux système financier qui devait s'attacher à la France pour des siècles comme un chancre rongeur, l'affermage des impôts, résultat des besoins du pouvoir et de l'imperfection des moyens d'administration. Philippe le Bel avait fait à plusieurs reprises des emprunts considérables à deux riches marchands florentins établis en France, Biccio et Musciatto déi Francesi : il leur céda pour remboursement les tailles et autres impôts de plusieurs provinces, et les autorisa à en exercer la perception eux-mêmes. Cette ressource extraordinaire passa bientôt en usage : les deux Italiens devinrent tout ensemble administrateurs des finances, banquiers et fermiers-généraux du roi ; on sait quel fléau ce fut en France que les *partisans* jusqu'à la chute de l'ancien régime ; le peuple payait sous Louis XIV le double de ce qui entrait dans les coffres de l'État ; qu'on juge de ce que dut être le fléau à sa naissance, dans une société où le désordre était si grand et les ressources si faibles.

---

1. Le comté de Champagne n'était pas encore réuni à la couronne ; mais le roi y rendait la justice comme *bail* de sa femme.
2. Sur les divers édits précédents, voyez le recueil des *Ordonnances des Rois de France*, t. I, p. 314-324.

Le crédit des deux exacteurs toscans fut plus fatal encore à leurs compatriotes qu'aux Français mêmes ; l'industrie nationale était presque restreinte aux métiers et au commerce de détail dans les provinces du Nord, sauf chez les Flamands. On ne trouvait guère parmi les sujets du royaume que des marchands et fort peu de négociants ; le haut négoce était presque exclusivement exploité par des Italiens. Dans la nuit du 1er mai 1291, tous les marchands italiens furent arrêtés à la fois sur tous les points du royaume, et jetés au fond des cachots, comme accusés de prêts à usure, contrairement aux ordonnances de saint Louis. C'était pour la seconde fois qu'ils essuyaient semblable avanie : ils se rachetèrent à prix d'or, et les principaux d'entre eux quittèrent la France. Biccio et Musciatto se débarrassèrent ainsi de dangereux concurrents, et s'assurèrent d'une espèce de dictature sur ceux de leurs compatriotes qui demeurèrent en France ou qui se hasardèrent encore à s'y établir. Les Juifs, au contraire, avaient eu à se louer de Philippe le Bel, qui, tirant d'eux un gros revenu et force tributs de toute nature, avait défendu qu'on les emprisonnât, comme cela se pratiquait, à la réquisition du premier moine venu (1288).

Tandis que Philippe le Bel était absorbé par la fondation du despotisme légal et fiscal, les débris des possessions latines en Orient achevaient de crouler ; mais les cris des chrétiens égorgés frappèrent en vain l'oreille du petit-fils de saint Louis. Les trêves avec les sultans du Kaire avaient été plusieurs fois renouvelées, grâce aux inquiétudes que les Mongols causaient encore aux Sarrasins ; le destructeur d'Antioche, le farouche El-Bondokdari, avait péri en combattant les Tartares ; mais, lorsque le torrent des Mongols eut reflué peu à peu vers l'Est pour creuser son lit définitif dans l'Inde, le sultan Kélaoun-Malek-al-Mansor reprit l'œuvre de Bondokdari, vint fondre sur les villes chrétiennes, emporta Tripoli le 27 avril 1289, et la ruina de fond en comble, après avoir exterminé ou emmené en esclavage tous les habitants. Le comté de Tripoli eut ainsi le sort de la principauté d'Antioche. Tous les efforts des musulmans se réunirent contre la riche et puissante cité d'Acre : Kélaoun avait d'abord accordé une trêve, mais, une bande de croisés envoyés par le pape ayant rompu la trêve, malgré les habitants d'Acre, le sultan ne voulut plus rien entendre. Sa mort ne suspendit que peu de mois l'attaque de cette ville : Khalil-Achraf, son fils et son successeur, investit Acre au commencement d'avril 1291.

Le pape Nicolas IV s'était efforcé, après le désastre de Tripoli, d'exciter les rois de l'Europe à s'armer en faveur de leurs frères d'Orient ; mais Philippe de France et Édouard d'Angleterre ne virent, dans la prédication de la croisade, qu'une occasion de lever des dîmes sur leur clergé, et ne firent aucuns préparatifs pour le voyage de la Terre-Sainte. Édouard cependant avait repris la croix ; mais il était trop préoccupé de la conquête du pays de Galles et de l'assujettissement de l'Écosse pour quitter la Grande-Bretagne ; quant à l'empereur Rodolphe de Hapsbourg, il ne pensait qu'à établir solidement sa maison en Autriche. Les templiers, les hospitaliers et le reste des *Francs*, entassés dans les murs d'Acre, ne reçurent d'assistance que de Henri II de Lusignan, souverain de l'île de Chypre et roi titulaire de Jérusalem [1], qui leur amena quelques centaines de soldats. Beaucoup d'habitants s'étaient enfuis par mer : on avait envoyé en Chypre un grand nombre de vieillards, de malades, de femmes, d'enfants, avec quantité d'objets précieux, de marchandises et de reliques ; il restait toutefois encore dans Acre au moins douze mille hommes en état de porter les armes, parmi lesquels cinq cents chevaliers. Mais l'armée du sultan s'élevait, dit-on, à plus de deux cent mille combattants. La résistance fut aussi désespérée que l'attaque était violente ; enfin, le soir du 18 mai, les mamlouks s'étant emparés d'une des principales tours du rempart (*la Tour maudite*), dans un assaut où périrent le grand maître du Temple et l'élite de ses chevaliers, le roi de Chypre s'enfuit sur ses vaisseaux avec ses hommes d'armes et une foule d'autres gens de guerre, tandis que les musulmans pénétraient de toutes parts dans Acre, et y mettaient le feu. Les habitants se précipitèrent vers le port ; mais peu de fugitifs atteignirent les navires : beaucoup de barques trop chargées, avant d'avoir pu joindre les galères, s'abîmèrent avec les malheureux qui s'y amoncelaient. Ainsi périrent le patriarche de

---

1. Il avait enlevé Acre et Tyr aux officiers de Charles d'Anjou pendant la guerre de Sicile.

Jérusalem et le grand maître de l'Hôpital ; le demeurant des habitants et des défenseurs d'Acre furent égorgés ou traînés en captivité. Villani prétend que soixante mille personnes subirent la mort ou l'esclavage.

« Ainsi, s'écrie douloureusement Guillaume de Nangis, ainsi Acre, le boulevard et le refuge de la chrétienté aux pays d'outre-mer, fut détruite à cause de nos péchés, par les ennemis de la foi, sans qu'un seul roi chrétien lui portât secours en sa détresse ! » Les dernières places que possédaient les chrétiens sur la côte de Syrie, Tyr, Sidon, Beirouth (Béryte), Castel-Pèlerin, furent évacuées ou rendues sans combat ; une partie de la population se sauva en Chypre ; le reste tendit les mains aux fers du sultan. Il ne resta plus une tour ni un coin de terre aux *Francs* sur le continent d'Asie, et la chrétienté perdit les derniers fruits des exploits de Godefroi, de Raimond et de Tancrède.

Au bruit de la perte de la Terre-Sainte, la chrétienté entière poussa un long cri de douleur, de honte et de vengeance : le pape Nicolas IV fit prêcher partout la croisade, pressa, pria tous les rois de s'unir pour venger leurs frères qu'ils avaient abandonnés : les conciles provinciaux s'assemblèrent de toutes parts afin de seconder le saint père[1] ; mais les rois demeurèrent sourds à l'appel de Rome, et les peuples ne surent trouver que des larmes pour les malheurs de l'Orient : cette grande rumeur tomba peu à peu, et l'Europe ne protesta que par de stériles menaces. Parfois encore, les papes et les rois jetèrent aux vents des paroles retentissantes ; parfois encore le vieux cri de *Dieu le veut !* s'éleva dans la poussière des tournois et dans la fumée des banquets chevaleresques. Vains échos d'un passé qui ne devait plus revenir ! L'Europe se repliait sur elle-même, lasse de ce violent mouvement d'expansion, qui,

---

1. Plusieurs de ces conciles, entre autres ceux de Strasbourg et de Milan, conseillèrent au pape de fondre ensemble les trois ordres des templiers, des hospitaliers et des chevaliers teutoniques, et d'en faire une seule congrégation militaire qu'on emploierait au recouvrement de la Palestine. Si ce conseil eût été suivi, on eût évité l'effroyable catastrophe des templiers. La plupart des chevaliers du Temple et de l'Hôpital, contrairement à leur institut, se trouvaient sur leurs terres d'Europe au moment de la chute d'Acre. Après la perte de la Terre-Sainte, les principaux dignitaires des deux ordres s'établirent en Chypre ; un grand nombre de templiers passèrent en Sicile, ou même refluèrent en France autour du fameux Temple de Paris, qui remplaçait désormais pour eux le Temple de Jérusalem.

durant deux siècles, l'avait précipitée sur l'Asie : les sentiments qui l'avaient entraînée à la Terre-Sainte s'affaiblissaient ou se transformaient; dans son sein naissait une vie nouvelle qu'avaient préparée indirectement les croisades; les nationalités tendaient à se dégager de cette espèce de république catholique dont les croisades avaient été le principal lien, et les papes, le principal pouvoir. Chaque nation aspirait à se développer par sa propre spontanéité, et reportait, au moins pour un temps, son but d'activité en elle-même.

On ne vit donc plus désormais en France ces immenses déperditions de forces, ces vastes déversements de population, qui laissaient sur le sol des vides comparables à ceux des plus terribles épidémies; mais le calme qui succédait aux tempêtes de l'âge héroïque était si pesant que le peuple eût pu regretter la vie ardente et passionnée des époques précédentes, même au prix de leurs misères. La grandeur de l'État, la puissance de la maison royale, ne cessaient de s'accroître; Philippe le Bel venait encore d'assurer à sa famille une riche province, en dehors des limites du royaume, « la comté » de Bourgogne, en fiançant son second fils Philippe (depuis Philippe le Long) à la fille du comte Othes ou Othon V. Mais chaque progrès de la royauté alourdissait le fardeau populaire : les impôts allaient toujours s'exhaussant; le principe que : « qui paie l'écot, il soit à l'asseoir » était foulé aux pieds avec une hardiesse croissante; chartes ni coutumes n'y pouvaient rien : la taille arbitraire, enlevée aux seigneurs par la révolution municipale du douzième siècle, était restaurée par la royauté sur la plus vaste échelle. En 1292, fut établie « une nouvelle manière de taille » si oppressive, que la voix publique lui imposa le nom de *maltôte* (*mala tolta*, *male* levée, mauvais impôt), nom qui devait durer autant que la monarchie. Le menu peuple de Rouen, écrasé par la *maltôte*, se souleva contre les maîtres et les officiers de l'*échiquier*[1], détruisit la maison du collecteur, sema par les rues les deniers du fisc, et assiégea dans le château de la ville les maîtres (présidents) de l'échiquier; mais, le mayeur et les plus riches hommes de Rouen ayant réussi à faire déposer

---

1. La cour ducale de Normandie. Les finances n'étaient pas séparées encore de la justice et de la police.

les armes à la commune, les chefs de la sédition furent arrêtés, pendus ou dispersés dans les prisons du roi (Nangis, *Chronic.*). On n'avait pas vu de mouvement de cette nature dans la France royale depuis plusieurs générations; c'était un triste présage.

Philippe, si dur envers ses peuples, se montrait sous un aspect tout opposé aux populations voisines, qu'il espérait attirer sous sa domination. Il n'épargnait rien pour gagner l'affection des Gascons et des cités impériales les plus rapprochées de ses frontières. Valenciennes s'étant insurgée contre son seigneur Jean d'Avesnes, comte de Hainaut, « qui la grevoit moult sans cause », l'empereur Rodolphe de Hapsbourg, suzerain du Hainaut, beaucoup plus occupé des intérêts de sa famille que de ceux de l'Empire, n'avait pas voulu intervenir dans cette querelle; Philippe engagea les gens de Valenciennes à se donner à lui, et enjoignit à son frère, le comte Charles de Valois, d'assembler une armée à Saint-Quentin pour envahir le Hainaut, si Jean d'Avesnes continuait de *grever* ceux qui étaient devenus les hommes du roi. Le comte de Hainaut, trop faible pour résister au monarque français, demanda la paix à tout prix (1293). L'année suivante, Philippe dépouilla d'une moitié de la seigneurie de Montpellier son oncle le roi de Majorque, don Jayme d'Aragon : Philippe n'avait plus besoin de son oncle, et se souvenait peu des services passés; cette fois, ce furent les légistes qui se chargèrent de servir la convoitise royale, en faisant valoir, contre les droits héréditaires de la maison d'Aragon, les anciens droits de suzeraineté que l'évêque de Maguelonne réclamait sur Montpellier et qu'il avait vendus au roi de France.

Philippe ne tarda pas à réclamer les bons offices de son parlement dans une affaire de bien plus haute conséquence. Édouard d'Angleterre était entièrement absorbé par son grand projet, la réunion de tous les peuples des Iles Britanniques sous un seul sceptre. Après avoir subjugué à force d'exploits et de cruautés les derniers descendants libres des Bretons insulaires, les Kimris de Galles[1],

---

1. Il fit périr par le supplice des traîtres le dernier *brenyn* des Gallois, David, frère et successeur du fameux Léolyn ou Lluwollyn, et pendre les bardes qui conservaient les traditions nationales et entretenaient l'esprit de résistance chez leurs concitoyens. Ceux des bardes qui échappèrent au massacre perpétuèrent l'ordre

il avait résolu d'obtenir à tout prix la soumission de l'Écosse, et il employait tous ses efforts à réduire le roi indépendant de ce pays, Jean de Bailleul ou Baliol, Français d'origine, à la condition d'un simple feudataire de la couronne anglaise. Philippe crut le moment favorable à l'exécution de ses projets sur l'Aquitaine ; mais il n'entreprit pas cette conquête par l'épée : il se servit d'armes d'une nature plus singulière et plus caractéristique.

La rivalité de commerce avait amené de fréquentes querelles entre les marins anglais et les anciens sujets des rois anglo-normands, les matelots et les pêcheurs normands et poitevins ; les rixes s'envenimaient d'année en année et accusaient une antipathie nationale croissante. Vers 1292 ou 1293, un pilote normand ayant été tué sur le port de Bayonne par des Anglais, l'équipage de son navire le vengea en s'emparant d'un vaisseau anglais, et en pendant le pilote au grand mât, avec un chien à son côté. Ce fut le signal d'une véritable guerre maritime faite par les habitants des côtes sans le concours des gouvernements ; les cinq grands ports d'Angleterre lancèrent leurs navires en course contre les Normands : une nombreuse flottille de vaisseaux marchands français, après avoir enlevé sur son passage beaucoup de bâtiments anglais, fut défaite et prise presque tout entière, les cargaisons pillées et les équipages massacrés [1]. Non contents de ces représailles, les corsaires anglais, renforcés d'aventuriers gascons, entrèrent par surprise dans La Rochelle, tuèrent plusieurs bourgeois et pillèrent les magasins. Le sénéchal qui commandait pour le roi Philippe à Périgueux, au centre des domaines restitués aux Plantagenêts par saint Louis, cita aussitôt devant son tribunal les Gascons qui avaient été complices des Anglais, et ordonna le séquestre provisoire de Bordeaux, d'Agen et de beaucoup d'autres villes et forteresses qu'il prétendait relever de sa sénéchaussée ; toute la Guyenne, suivant lui, ressortissait à son tribunal. Les commandants des places fortes de la Guyenne et les officiers du roi d'Angleterre ne répondirent à cette exorbitante prétention

---

bardique sous forme de société secrète jusqu'au seizième siècle. C'est grâce à leur héroïque persévérance qu'une partie des monuments du bardisme sont parvenus jusqu'à nous.

1. Hume, *Hist. d'Angleterre*, c. XIV.

qu'en chassant outrageusement les huissiers du sénéchal français, et en punissant comme traître quiconque obéissait au suzerain de leur prince : ils exilèrent, dépossédèrent ou pendirent les Gascons qui interjetaient appel de leurs tribunaux au parlement de Paris, suivant la nouvelle forme de procédure.

Ces violences servaient merveilleusement les plans de Philippe : il envoya à Édouard, vers la fin de novembre 1293, une *citation* dans laquelle il énumérait ses divers griefs, et termina ainsi : — C'est pourquoi nous vous mandons et ordonnons péremptoirement, sous les peines que vous avez pu et pourrez encourir, que vous ayez à comparaître devant nous à Paris, le vingtième jour après la Nativité de Notre-Seigneur, afin de répondre sur tous ces forfaits et sur toute autre chose que nous jugerons convenable de proposer contre vous, pour ensuite obéir au droit, entendre ce qui sera juste, et vous y soumettre ; vous signifiant de plus par ces présentes, que, soit que vous comparaissiez ou non auxdits lieu et jour, nous procéderons néanmoins comme nous le devons, nonobstant votre absence[1].

Édouard n'avait autorisé ni les courses des marins anglais ni les violences du sénéchal de Bordeaux et des prévôts de Gascogne, et rien n'était plus contraire à ses desseins qu'une rupture avec le roi de France. Si offensé qu'il pût être du procédé hautain de Philippe, il n'éclata pas. Il traitait en ce moment le roi d'Écosse comme Philippe le traitait lui-même en sa qualité de duc d'Aquitaine : refuser de reconnaître chez son propre suzerain les droits qu'il exerçait sur son vassal, c'était renverser la base de sa propre grandeur et s'ôter toute force morale. La rébellion contre le roi de France, c'était l'affranchissement du roi d'Écosse. Édouard accepta la situation qu'il s'était faite. Il ne passa cependant point la mer pour obéir à la citation ; mais il délégua à sa place son frère Edmond, comte de Lancastre, avec plein pouvoir de « redresser et amender les torts faits au roi de France et aux siens ». Philippe reçut bien Edmond, qui avait épousé en secondes noces Blanche d'Artois, mère de la reine de France, Jeanne de Navarre, et les négociations furent entamées par l'entremise de ces deux

---

1. Rymer, *Acta publica*, t. II, p. 618.

princesses et de la reine douairière Marie de Brabant. Édouard, qui était veuf, demanda la main de Marguerite, sœur de Philippe, et promit d'assurer le duché d'Aquitaine aux enfants qui naîtraient de ce mariage; bien plus, pour témoigner sa confiance et son bon vouloir à Philippe, il enjoignit à son sénéchal et à ses autres officiers de « rendre au roi de France toute la terre de Gascogne à sa volonté » (5 février 1294).

Ces concessions étaient immenses, et attestaient à quel point Édouard était exclusivement attaché à sa politique insulaire. La future séparation de l'Aquitaine et de l'Angleterre ne suffit cependant pas à Philippe : rien ne pouvait le satisfaire que la réunion immédiate de l'Aquitaine à la couronne. Il parut accueillir les ouvertures d'Édouard, révoqua la citation lancée contre lui, et expédia en Gascogne le connétable de France à la tête d'un corps d'armée levé dans les sénéchaussées languedociennes. Une conférence définitive devait avoir lieu prochainement à Amiens entre les deux rois, et Édouard avait regardé comme une simple formalité l'occupation des places de Gascogne par les gens du roi de France. Mais à peine le sénéchal et les prévôts anglais, obéissant à l'ordre imprudent de leur maître, eurent-ils ouvert les portes de Bordeaux, d'Agen, de Bayonne et des autres villes et châteaux au connétable Raoul de Nesle, que le roi de France, séant en parlement, déclara Édouard contumace pour ne pas s'être présenté au jour assigné, et réitéra la citation au plus bref délai.

Édouard ne comprit les intentions de Philippe le Bel que lorsque la confiscation machinée par celui-ci était déjà opérée de fait. L'Aquitaine lui avait été dérobée par une ruse de procureur. La mesure était comblée : Édouard, exaspéré, convoqua ses barons à Portsmouth, pour l'aider à recouvrer sa terre frauduleusement ravie, écrivit aux prélats, aux barons et aux communes de Gascogne, afin de s'excuser envers eux de les avoir livrés sans leur aveu au roi de France, et envoya des hérauts d'armes déclarer à Philippe « qu'il renonçoit à son allégeance, et n'entendoit plus être son homme, puisque Philippe n'avoit point observé les conditions de la paix jurée entre leurs ancêtres ». Mais le roi d'Angleterre ne put soutenir immédiatement cette démarche énergique: ses prélats lui refusèrent des subsides; ses barons, très indifférents au sort des domaines de leur roi sur la terre de France, mirent tant de lenteur dans leurs préparatifs, que l'expédition n'était pas prête à la fin de septembre. Les Écossais menaçaient la frontière anglaise; les Gallois tentèrent un nouvel effort pour briser le joug de leur tyran et venger leurs chefs et leurs bardes : Édouard fut obligé d'employer contre eux l'armée qu'il avait destinée contre la France, et ne put envoyer qu'à la fin de l'année, sur les côtes d'Aquitaine, un corps peu nombreux, composé en grande partie de bandits, de braconniers, d'*outlaws* (gens hors la loi), attirés sous les drapeaux par une amnistie.

Philippe s'était apprêté, sans grande appréhension, à soutenir la lutte : il se savait maître de susciter trop d'embarras à Édouard pour que celui-ci pût agir avec efficacité. Philippe s'occupait plus à lever de l'argent qu'à rassembler des hommes d'armes. Il défendit à quiconque n'avait pas six mille livres tournois (120,000 francs) de rente, d'user, « pour boire, manger ou autres usages », de vaisselle d'or ni d'argent, et enjoignit à tous ceux qui en possédaient d'en déposer la troisième partie aux hôtels des monnaies ou autres lieux indiqués, « à peine de corps et d'avoir[1] »;

---

1. Le roi rendit vers le même temps une autre loi somptuaire à laquelle il ne paraissait pas avoir un intérêt si direct : il défendit aux bourgeois de porter sur leurs habits or, pierreries, *vair, gris* (petit-gris), ni hermine; les ducs, comtes et grands barons, ayant six mille livres tournois de rente ou plus, ne durent pas avoir plus de quatre robes neuves par an; les chevaliers bannerets, ayant trois mille livres de rente, trois robes; les prélats, les simples chevaliers et écuyers, deux; les roturiers, une. Les barons et prélats, « pour grands qu'ils fussent, n'eurent licence » d'acheter étoffe au-dessus de vingt-cinq sous tournois (vingt-cinq francs) l'aune; pour les bourgeois, le maximum du prix des étoffes fut fixé à douze sous six deniers tournois. L'ordonnance réglait jusqu'au nombre des plats qui pourraient se montrer sur les tables, et ne permettait pas plus de deux mets et un potage au « grand manger » (le dîner), un mets et un entremets au « petit manger » (le souper). Il n'est pas facile de comprendre les vrais motifs qui portèrent Philippe à cette violente immixtion dans la vie privée, inouïe au sein du monde féodal. Prescrire à un duc de Bourgogne ou à un comte de Flandre le nombre de robes qu'il peut avoir chaque année! — Était-ce une réminiscence classique des docteurs en droit romain qui entouraient le roi? — L'orgueil de Philippe voulait-il se réserver, à lui et à sa cour, l'éclat d'un luxe interdit aux sujets? — Les étoffes précieuses et les belles fourrures que recherchaient les hommes riches se tiraient des pays étrangers; Philippe chercha-t-il à arrêter cette tendance de l'argent à sortir de France? Ce serait l'explication la plus rationnelle de cette loi somptuaire. L'idée de retenir de vive force les métaux précieux dans le pays est la première qui vienne aux gouvernements lorsqu'ils commencent à faire de l'économie politique. V. *Ordonnances des rois*, t. I, p. 324 et 541.

le roi promettait de leur en payer la valeur. Ces matières précieuses étaient destinées à battre de nouvelle monnaie sur laquelle le roi comptait faire un gros bénéfice par l'altération du poids et du titre. La nouvelle monnaie parut l'année suivante; elle était bien inférieure en poids et en aloi à celle des prédécesseurs de Philippe. L'ordonnance royale rendue à ce sujet semblerait attester que Philippe ne se dissimulait ni l'immoralité ni les funestes conséquences d'une telle ressource. Il emploie tous les moyens pour rassurer les esprits : il allègue les besoins urgents du royaume, s'engage à rembourser plus tard la différence de valeur à quiconque aura reçu la nouvelle monnaie, et promet que le fisc recevra en paiement ladite monnaie pour sa valeur nominale, jusqu'à ce qu'elle soit toute rentrée au trésor; il va jusqu'à hypothéquer au remboursement de la plus-value le domaine royal tout entier. Tout cela n'était que fraude et que mensonge; tout cela n'avait d'autre but que d'abuser un moment la crédulité du peuple[1].

Édouard cependant remuait toute l'Europe pour susciter des ennemis à Philippe le Bel, et organiser contre lui une ligue semblable à celle qui avait assailli Philippe-Auguste à Bovines. Les rois espagnols repoussèrent les propositions d'Édouard : Sanche de Castille avait assez d'occupation chez lui contre les Maures et contre la faction de La Cerda; Jayme d'Aragon venait de se réconcilier avec la France, et n'était pas disposé à recommencer la guerre; mais la plupart des seigneurs des provinces rhénanes et de la Belgique entrèrent dans les projets du roi anglais, qui n'épargna pas plus les livres sterlings que Philippe les livres tournois et parisis. Parmi les adhérents de l'Angleterre figuraient Jean II, duc de Brabant, neveu de la reine Marie de Brabant et gendre d'Édouard, le comte de Bar, mari d'une autre fille d'Édouard, le comte de Gueldre, et même deux des grands vassaux de la couronne de France, le duc Jean II de Bretagne et le comte Gui de Flandre, quoique le premier fût de la maison royale. Ces deux seigneurs étaient les seuls qui pussent encore en France passer pour des princes souverains; car le duc de Bourgogne

---

1. *Ordonnances des rois*, etc. t. I, p. 326; mai 1295.

était tout à fait sous la main du roi : ils espéraient sauver les restes de l'indépendance féodale en s'unissant à Édouard ; le duc de Bretagne était d'ailleurs le beau-frère d'Édouard et son vassal pour le comté de Richemont (Richmond) en Angleterre : la possession de ce comté donnait aux princes bretons cette position mixte que saint Louis avait voulu rendre impossible à tous les barons.

Adolphe de Nassau, pauvre prince de la Basse-Allemagne, qu'on avait élu roi des Romains après la mort de Rodolphe de Hapsbourg, avait promis de se mettre à la tête de la coalition moyennant subsides. Les empiétements de Philippe sur les droits de l'Empire dans l'ancien royaume d'Arles avaient inquiété et irrité Adolphe. La maison de France, maîtresse de la Provence, allait encore absorber « la comté » de Bourgogne par le mariage du second fils du roi Philippe avec la petite Jeanne de Bourgogne, et le comte Othon, père de Jeanne, livrait en ce moment ses places fortes à Philippe sans l'aveu du chef de l'Empire. L'acquisition de Valenciennes par le roi de France n'avait pas moins blessé les prérogatives impériales. Lyon, à son tour, était menacé par les intrigues de Philippe. « Adolphe assembla les barons d'Allemagne à Aix-la-Chapelle, et leur remontra que le roi de France retenoit grande partie de l'Empire, laquelle chose il ne falloit souffrir. Et tantôt ils élurent deux chevaliers, et leur baillèrent des lettres au nom d'Adolphe, roi des Romains, et les envoyèrent devers le roi de France à Corbeil, lesquelles lettres étoient en cette forme :

« Adolphe, par la grâce de Dieu, roi des Romains, *toujours accroissant*, à très grand et puissant Philippe de France. Comme par vous les possessions, les droits et les juridictions des terres de notre Empire, par empêchement non convenable, sont détenus depuis moult longtemps et follement *forfaits* en divers lieux, nous vous signifions par ces présentes lettres que nous ordonnerons à aller contre vous à toute notre puissance en poursuivant si grande injure, laquelle nous ne voulons plus endurer (31 octobre 1295) ».

« Quand le roi de France eut reçu les lettres, il manda son conseil par grand'délibération, et bailla aux envoyés réponse, qu'ils reportèrent à leur seigneur. Adolphe brisa le scel de la lettre du roi Philippe, laquelle étoit moult grande, et, quand elle fut ouverte, il n'y trouva rien d'écrit, sinon ces deux mots : *Trop allemand!* » (Chronique de Saint-Denis.)

Adolphe ne démentit pas le reproche que Philippe adressait aux Allemands : ses menaces bruyantes ne furent suivies d'aucun effet. L'arrestation soudaine du plus puissant des seigneurs confédérés avait désorganisé la ligue teuto-belge. Le comte de Flandre ayant arrêté secrètement le mariage d'une de ses filles avec le prince Édouard, fils aîné du roi d'Angleterre, et se disposant à l'envoyer outre-mer, avec une énorme dot de deux cent mille livres, Philippe le Bel, averti de ce pacte, manda le comte à Paris, sous prétexte d'avoir « conseil avec lui et les autres barons de l'état du royaume ». Le comte n'osa refuser, se rendit à Paris, et annonça au roi le mariage de sa fille, en protestant qu'il n'en servirait pas moins loyalement son seigneur. Philippe ne répondit qu'en le faisant arrêter et conduire prisonnier à la tour du Louvre; il le menaça de le faire juger par la cour des pairs, pour son alliance avec les ennemis du royaume, et ne consentit enfin à le relâcher qu'à condition que la fiancée du prince d'Angleterre, Philippine de Flandre, vînt se remettre en otage au Louvre à la place de son père[1].

La guerre avait commencé en Gascogne vers la fin de décembre 1294, et les troupes anglaises, dont le duc de Bretagne avait pris le commandement, étaient descendues à l'île d'Oléron, et de là sur les côtes de Guyenne. La plupart des villes de la Gascogne maritime, soit que leurs franchises eussent été déjà violées par le despotisme de Philippe, soit qu'elles fussent entraînées par l'intérêt de leurs relations commerciales avec l'Angleterre, se soulevèrent à l'arrivée des lieutenants d'Édouard : Blaie, Bayonne, la Réole, Saint-Sever, et beaucoup d'autres places, appelèrent dans leur sein des garnisons anglaises; mais le comte de Valois et le connétable Raoul de Nesle accoururent avec des forces supérieures, auxquelles se joignirent la plus grande partie des gentilshommes gascons, et, si les cruautés que commettait Charles de Valois n'eussent exaspéré la bourgeoisie, une courte campagne eût suffi pour rejeter les Anglais hors du territoire aquitain. La

---

1. Kervyn de Lettenhove, *Hist. de Flandre*, t. II, p. 36-39.

pendaison de soixante notables citoyens et le massacre des habitants de la Réole, qui avaient déposé les armes, excitèrent les communes à une résistance opiniâtre. Les Gascons du parti anglais conjurèrent à plusieurs reprises Édouard de les secourir efficacement; mais celui-ci, en les « remerciant chèrement de leur foi et débonnaireté », ne voulut ni quitter son royaume, ni affaiblir par une diversion considérable les forces qu'il avait concentrées sous sa main. L'Écosse lui donnait de grandes inquiétudes, et il n'ignorait pas que le roi Jean de Bailleul, excité par ses barons et ses chefs de clans, n'attendait que l'occasion de secouer le joug de l'Angleterre. Le 23 octobre 1295, un traité d'alliance offensif et défensif fut conclu entre les rois de France et d'Écosse, et Philippe le Bel promit sa nièce Isabelle de Valois à Édouard de Bailleul, fils du roi Jean.

La guerre d'Aquitaine devenait de plus en plus défavorable aux Anglais : il ne leur restait guère que Bayonne et quelques châteaux forts; le sénéchal de Gascogne venait d'être battu et pris près de Dax par le comte Robert d'Artois, que le roi Philippe avait mis à la tête de ses troupes en rappelant le comte de Valois. Les Français saisirent même l'offensive sur mer ; une flotte française infesta les côtes d'Angleterre, surprit et brûla Douvres; mais Édouard se dédommagea aux dépens de l'Écosse. Chacun des deux monarques rivaux touchait à son but : Philippe dominait par l'or dans toute la Gaule ; Édouard, par le fer, dans les Iles Britanniques. Jean de Bailleul ayant renoncé solennellement à l'hommage qu'il lui avait juré, Édouard envahit l'Écosse à la fin de mars 1296, prit d'assaut Berwick, en massacra la population, défit complétement à Dunbar l'armée écossaise, força le faible Bailleul de se remettre à sa discrétion, l'envoya captif à la Tour de Londres, et prit possession de l'Écosse.

Cette brillante conquête était plus précieuse à Édouard que la *recouvrance* de l'Aquitaine, et, tant qu'il ne se crut pas complétement assuré de l'Écosse, sans renoncer à se venger plus tard de Philippe, il s'efforça d'obtenir une suspension d'armes du côté de la France, même en laissant à Philippe la possession provisoire des villes usurpées. Philippe ne voulait pas même de trêve à ce prix ; il lui fallait sa proie tout entière. Mais une autorité étrangère s'était jetée au travers de la querelle ; la papauté intervint en faveur de la paix, du même ton qu'elle excitait naguère les rois à s'entre-déchirer. Plusieurs pontifes s'étaient succédé assez rapidement sur la chaire de saint Pierre : le sacré-collége des cardinaux sentait combien les progrès de la royauté en France et en Angleterre menaçaient la suprématie de l'Église, et il hésitait sur la nature du remède : il flottait des béats aux politiques ; tantôt il allait chercher un ignorant extatique, un pieux et simple reclus, au fond de sa cellule solitaire ; tantôt il appelait au saint-siége quelque subtil docteur à la conscience émoussée, à l'esprit aiguisé par les deux droits civil et canonique. Le dévot ermite Pierre de Moroné (Célestin V, fondateur de l'ordre des célestins), succombant sous le fardeau de la papauté, venait de descendre du trône pontifical par une abdication volontaire [1], pour céder la place à l'ex-avocat et notaire apostolique Benoît Caïetan (Gaëtani), qui prit le nom de Boniface VIII (décembre 1294). Boniface VIII, né à Anagni, dans la Campagne de Rome, avait été chanoine à Lyon et à Paris, puis employé dans une foule de négociations : vieilli dans la jurisprudence et la diplomatie, il conservait, à soixante-dix-sept ans, toute la vigueur et l'activité de la jeunesse ; il avait le génie de Grégoire VII, mais non pas ses mœurs ni peut-être sa foi : si l'on en croyait les imputations de ses ennemis, Boniface eût été quelque chose d'intermédiaire, par le caractère comme par le temps, entre Grégoire VII et Alexandre VI (Borgia) : il eût joint aux prétentions du premier les vices infâmes du second. Quoi qu'il en soit, que la conviction de Boniface dans son droit fût religieuse ou seulement politique, il se montra aussi inébranlable que le grand pape qu'il s'était proposé pour modèle : il résolut de reconquérir tout le terrain perdu ou disputé, et d'employer tous les moyens de force ou de ruse, de douceur ou de violence, afin de soumettre toutes les couronnes à la tiare ou de périr à la peine [2].

---

1. On lui avait, dit-on, fait entendre une prétendue voix du ciel pour l'y décider.
2. Un de ses premiers actes, et des plus significatifs, fut d'enfermer dans une tour son prédécesseur Célestin V, de peur qu'il ne lui prît envie de revenir sur son abdication. Le pauvre vieux pape détrôné mourut bientôt dans l'étroite et dure prison où on le retenait. Boniface, plus tard, fut accusé d'avoir avancé ses jours.

Boniface commença néanmoins par favoriser la maison de France : il devait la tiare à l'influence du roi de Naples Charles II, et lui avait promis, au dire de Villani, une reconnaissance sans bornes ; il était disposé à tenir parole, pourvu que les princes capétiens consentissent à redevenir les dociles instruments de l'Église ; Boniface ne considérait pas à quel point les temps étaient changés ! A peine assis sur le saint-siége, il s'immisça dans les débats d'Édouard et de Philippe, délia le roi d'Écosse de son serment de féauté envers Édouard, et prescrivit une trêve aux monarques belligérants ; mais son intervention n'empêcha pas Édouard de détrôner le roi d'Écosse, ni Philippe de poursuivre la conquête de la Gascogne. Boniface, alors, signifia aux rois de France et d'Angleterre, et au roi des Romains, allié d'Édouard, qu'ils eussent à suspendre les hostilités pour trois ans, à compter du 24 juin 1296, sous peine d'excommunication. Édouard eût volontiers accepté l'arbitrage du saint-père, mais Philippe ne tint aucun compte des bulles papales, et fut profondément irrité des formes impératives de Boniface : la lutte fut dès lors inévitable entre ces deux hommes également persévérants et inflexibles ; Philippe sembla même avoir hâte de heurter le colosse déjà bien ébranlé de la puissance romaine : la royauté sentait sa force et appelait la guerre.

La guerre s'engagea sur une question d'argent, circonstance caractéristique : la papauté pressurait depuis longtemps le clergé de tous les états chrétiens, par les appels en cour de Rome, par les légations, par les levées d'argent exigées sous mille prétextes : la royauté venait à son tour réclamer sa part des richesses cléricales. C'était chose inévitable. Les richesses du clergé avaient été s'accumulant depuis le commencement des croisades : l'Église, acquérant ou recevant toujours, ne vendant jamais, et n'étant plus exposée à de violentes spoliations comme aux siècles d'anarchie féodale, élargissait toujours le cercle de ses possessions et le chiffre de ses revenus... La royauté et les légistes, ses conseillers, avaient déjà tenté ou d'arrêter les acquisitions de l'Église, ou de les rendre profitables à la couronne en les frappant d'un droit très considérable. La royauté ne pouvait en rester là ; le peuple était trop pauvre pour supporter à lui seul les frais du nouveau système de gouvernement; il fallait bien que les charges publiques retombassent en partie sur l'ordre le plus riche de l'État; les légistes l'eussent tenté par malveillance contre le clergé, et par esprit de nivellement monarchique, quand la nécessité n'en eût pas fait une loi. Les deux rivaux, Philippe et Édouard, attaquèrent, comme d'un commun accord, les immunités cléricales : la nécessité était bien plus urgente encore en Angleterre, où la couronne, autrefois si riche, avait été réduite à une véritable indigence par la détestable administration de Jean et de Henri III, et par les empiétements incessants des barons : Édouard, après de nombreuses exactions sur son clergé, lui enjoignit, en 1296, de payer la valeur du cinquième de ses biens meubles[1]. Le clergé refusa; le roi déclara que, puisque les clercs ne voulaient pas supporter les charges du gouvernement, ils n'avaient pas droit à en partager les bénéfices, et qu'ils étaient hors de la protection des lois. Le clergé, livré sans défense à toutes les déprédations, à toutes les insultes, prit l'épouvante et se soumit. Sur ces entrefaites, Philippe frappa aussi les clercs, bien qu'avec moins de violence : pour la seconde fois, il greva ses sujets d'une *maltôte;* la *maltôte* ne fut d'abord imposée que sur les marchands; mais ensuite on exigea la centième, puis la cinquantième partie des biens de tous, tant clercs que laïques.

Boniface n'aurait point entrepris d'arrêter les exactions de Philippe, si elles n'eussent atteint que le peuple; mais la *maltôte* l'exaspéra, précisément par ce qu'elle avait d'équitable en principe, c'est-à-dire parce qu'elle s'étendait sur toutes les classes sans distinction. Il lança à la fois contre les deux rois, sans les désigner nominalement, une bulle devenue célèbre sous le nom de *Clericis laïcos,* parce qu'elle commence par ces deux mots. « Les clercs ont toujours été en butte à l'inimitié des laïques », s'écrie-t-il; puis, manifestant sa résolution de porter remède pour toujours aux effets de cette inimitié, il déclare que tout laïque, fût-il duc, prince, roi ou empereur, qui exigera du clergé la dîme ou toute autre part de son revenu, ou une contribution quelconque, et

---

1. La richesse du clergé anglais était immense : on assure qu'il possédait la moitié du territoire, et que ses revenus, dans la première moitié du quatorzième siècle, allaient à sept cent trente mille marcs.

tout évêque, abbé, prêtre, moine ou clerc qui s'y soumettra, sans l'expresse autorisation du saint-siége, encourront pour ce seul fait l'anathème et l'excommunication, sans pouvoir en être relevés par qui que ce soit, hormis par le pape en personne.

La veille même du jour où fut publiée la bulle *Clericis laïcos* (18 août 1296), Philippe avait promulgué une ordonnance qui dut encore augmenter l'irritation du pape : il interdisait absolument d'exporter hors du royaume, sans sa permission expresse, l'or et l'argent, soit monnayé, soit en lingots, vaisselle ou joyaux, ainsi que les vivres, les armes, les chevaux et les munitions de guerre. C'était, pour ainsi dire, couper les vivres à la cour de Rome, qui tirait annuellement, sous divers prétextes, des subsides si considérables de la France et de tous les pays chrétiens. Philippe, vers le même temps, défendit aux étrangers de s'établir dans le royaume et d'y exercer le commerce. C'étaient encore les hommes du pape, ses banquiers, ses agents, que Philippe poursuivait dans les négociants italiens. Boniface riposta par une nouvelle bulle hautaine et menaçante, mais où perçait toutefois encore la vieille affection de la cour de Rome pour les Capétiens, ses alliés, ses défenseurs contre les gibelins.

« Quel est, disait le saint père, celui qui ne craindra pas d'offenser l'Église, sa dame et maîtresse, sa mère universelle? Qui osera porter atteinte aux libertés ecclésiastiques contre son Dieu et son seigneur, et sous quel bouclier se cachera-t-il, de peur que le marteau de la puissance divine ne le réduise en poudre et en cendre? » Boniface, passant ensuite à un langage moins métaphorique, reprochait à Philippe, avec force, l'oppression qu'il faisait peser sur son peuple, et les entraves qu'il avait mises à la liberté du commerce. Il le menaçait de ses voisins et de ses sujets mêmes. « Tu n'as point considéré avec prudence les royaumes qui entourent le tien, les volontés de ceux qui les gouvernent, *ni peut-être les sentiments de tes sujets dans les diverses parties de tes états...* Si, ce qu'à Dieu ne plaise, les rédacteurs de cet édit ont prémédité d'en étendre l'effet à nous-mêmes, à nos frères les prélats des églises, aux biens des églises et aux nôtres, cette intention ne seroit pas seulement imprudente, mais insensée : ce seroit porter une main téméraire sur des choses hors de ton pouvoir, hors du pouvoir de tout prince séculier; tu tomberois alors sous la sentence d'excommunication promulguée par les saints canons contre les violateurs de la liberté ecclésiastique ». Puis Boniface, revenant sur sa première bulle, expliquait au roi qu'il n'avait pas voulu établir que les clercs ne secourraient jamais la couronne de leurs biens, mais seulement leur défendre de disposer de ces biens sans son aveu; il déclarait d'ailleurs que, si le royaume de France, si cher au saint-siége, était en grave péril, le saint-siége autoriserait toutes les levées de dîmes nécessaires, et donnerait jusqu'aux calices, aux croix et aux vases sacrés. « Conserve, disait-il enfin, notre bienveillance et celle du saint-siége; ne nous force point de recourir à d'autres remèdes, à des remèdes inusités; car nous ne les emploierions qu'à regret, lors même que nous y serions réduits par la justice que nous devons aux églises ».

La lutte décisive entre le pape et le roi fut retardée par des circonstances étrangères aux affaires de France : une furieuse guerre civile ayant éclaté dans l'état de l'Église entre le pape et les gibelins, dirigés par la puissante famille Colonna, Boniface, tout occupé de faire face à ses ennemis domestiques, se rapprocha de Philippe, à la faveur de concessions particulières qui annihilèrent tout ce que la bulle *Clericis laïcos* avait d'hostile. Il reconnut la légitimité des « dons gratuits » octroyés au roi par le clergé, et des aides extraordinaires demandées par le roi aux églises, « en cas de nécessité pressante », sans attendre l'assentiment de la cour de Rome (31 juillet 1298). Philippe, de son côté, affirma qu'il n'entendait pas refuser d'une manière absolue aux clercs la permission d'exporter l'or et l'argent, lorsque cela ne compromettrait pas les intérêts du royaume. Ce fut vers la même époque que Boniface proclama la canonisation de Louis IX, à la grande joie des populations françaises[1].

Les hostilités cependant continuaient entre la France et l'Angleterre, et les prescriptions du pape touchant la trêve étaient

---

1. Vers le temps de la canonisation de saint Louis, mourut un autre Louis, aussi de la maison de France, qui fut également canonisé quelques années après : c'était un petit-neveu du grand saint Louis, et un fils de Charles II, roi de Naples; il avait embrassé la règle de saint François, et avait été évêque de Toulouse.

considérées comme non-avenues. Philippe le Bel, à la fin de 1296, avait enlevé à Édouard un de ses principaux alliés : si le duc de Bretagne était attaché à l'Angleterre, ses sujets, au contraire, n'éprouvaient pour les Anglais que des sentiments d'hostilité nationale; à la suite d'actes de violence commis par les marins anglais sur les côtes bretonnes, les Bretons obligèrent leur duc à changer de parti. Au mois de janvier 1297, Jean de Bretagne se rendit à Paris, et signa un traité avec le roi, qui non-seulement ne le traita point en vassal rebelle, mais lui octroya le titre de pair de France, pour récompenser son retour sous la bannière royale. Le duc de Bretagne fut placé entre les pairs après le duc de Bourgogne; la réunion de la Normandie à la couronne avait fait de la Bretagne un fief immédiat du roi. Le roi accorda en outre au duc de Bretagne et à ses hoirs qu'ils ne pourraient être appelés devant le parlement royal par simple ajournement, mais seulement par appel « pour défaute de droit ». Vers le même temps, le roi conféra également la pairie au roi de Naples, Charles II, comme comte d'Anjou, et au comte Robert d'Artois. Il était contraire aux principes primitifs de la pairie, que le roi pût faire des pairs; mais cela n'avait plus grande importance, depuis qu'une atteinte bien plus radicale avait été portée à la pairie par l'absorption de la cour des pairs de France dans le parlement.

Tandis que le duc de Bretagne rentrait sous l'obéissance du roi, le comte de Flandre en sortait : il avait convoqué à Grammont un parlement de ses vassaux, auquel assistèrent les ambassadeurs d'Édouard, d'Adolphe de Nassau et des princes belges et lorrains : il exposa à cette assemblée son arrestation perfide et la détention arbitraire de sa fille par le roi Philippe, et, de l'avis des assistants, il envoya deux prélats sommer le roi de remettre en liberté « la damoiselle de Flandre ». Philippe refusa; le comte signa une alliance perpétuelle avec Édouard d'Angleterre, abjura la suzeraineté du roi de France, et lui déclara la guerre. La coalition semblait s'être plus fortement renouée; l'Est s'ébranlait après le Nord : les barons de la Franche-Comté irrités que leur comte eût livré ses forteresses au roi, étaient entrés dans la ligue, ainsi que le comte de Savoie, les seigneurs de l'Helvétie romane, et même le comte d'Auxerre. C'était là que s'écoulaient les trésors extorqués au clergé d'Angleterre.

L'or français combattit l'or anglais avec avantage ; les avides barons des Pays-Bas et du Rhin reçurent les subsides de Philippe le Bel pour rester chez eux, après avoir reçu ceux d'Édouard pour prendre les armes : ils tinrent parole à qui ne leur demandait que de ne pas agir. Dans l'Est, il n'y eut que les Comtois et le comte de Bar qui remuèrent; les Comtois furent facilement réduits; le comte de Bar tenta une irruption en Champagne, mais il fut bien vite obligé de retourner au secours de ses propres domaines ravagés par les gens du roi, et le roi put réunir le gros de ses forces contre le comte de Flandre, qui n'eut guère d'assistance que du duc de Brabant et du margrave de Juliers. Si le comte Gui eût pu compter sur ses bonnes villes, il eût été en état de se défendre avec quelques secours de l'Angleterre, tant était grande la puissance de la riche et courageuse Flandre ; mais le comte Gui s'était aliéné ses sujets par des atteintes réitérées aux libertés communales. Il avait été jusqu'à expulser de Gand le conseil municipal dit des *Trente-Neuf,* et l'habile Philippe avait profité de cette conduite du comte pour se présenter aux bourgeois de Flandre comme le patron de leurs franchises : tous les efforts de Gui pour regagner les villes furent inutiles : il dut renoncer à tenir la campagne, et s'enferma dans Bruges, confiant Lille à son fils aîné Robert de Béthune, Courtrai à son second fils Jean de Namur, et Gand à son neveu le duc de Brabant.

Philippe le Bel rassemblait son armée, sur ces entrefaites, à Compiègne. Après avoir, dans une grande *montre* (revue), conféré l'ordre de chevalerie à son plus jeune frère, le comte d'Évreux, à son cousin-germain Louis de Clermont (fils du comte Robert[1]), et à cent vingt autres jeunes nobles, le roi partit à la tête de dix mille cavaliers et d'une multitude de gens de pied ; il mit le siège devant Lille, le 23 juin 1297, pendant que le comte Robert d'Artois, revenu de l'Aquitaine, presque entièrement conquise sur les Anglais, entrait dans la Flandre occidentale avec un autre corps très considérable. Les Flamands occidentaux n'opposèrent d'a-

---

1. Ce Louis de Clermont, seigneur de Bourbon du chef de sa mère, est la tige de la maison de Bourbon.

bord aucune résistance au comte d'Artois; mais, quand ils virent les Français, au lieu d'avancer paisiblement comme en pays ami, piller les villages, brûler les maisons, percer les digues, ils coururent aux armes, et présentèrent hardiment la bataille au comte d'Artois devant Furnes. La chevalerie française ne put rompre les rangs de ces braves fantassins qu'après un combat opiniâtre; les Flamands furent enfin mis en déroute, avec perte de trois mille hommes sur seize mille; le margrave de Juliers, qui les avait soutenus avec six cents hommes d'armes, fut fait prisonnier; mais cette victoire avait coûté cher à Robert d'Artois : son fils unique y fut blessé mortellement. Toute la West-Flandre se soumit aussitôt. Le roi n'eut pas moins de succès dans la Flandre wallonne. Un corps de miliciens flamands, renforcés d'auxiliaires allemands envoyés par Adolphe de Nassau pour ravitailler Lille, fut battu près de Comines par le connétable de Nesle et par le comte de Saint-Pol. Les Lillois forcèrent aussitôt Robert de Béthune, « l'héritier de Flandre », à rendre leur ville au roi, « sous condition qu'on leur laisseroit les biens et la vie ».

Robert de Béthune alla retrouver son père à Bruges, où le roi Édouard venait d'arriver avec un millier d'hommes d'armes et quelque infanterie. C'était là tout ce qu'avait réuni le roi d'Angleterre; car son peuple, qu'il avait écrasé d'impôts, le délaissait dans sa querelle, et ses principaux barons, entre autres le grand connétable et le grand maréchal d'Angleterre, avaient refusé de le suivre hors de leur île, prétendant que le devoir de leurs fiefs ne les y obligeait pas. Quant au roi des Romains Adolphe, menacé par la faction du duc Albert d'Autriche, fils de Rodolphe de Hapsbourg, qui s'apprêtait à lui disputer la couronne, il n'avait pu que bien peu de chose pour la Flandre.

Édouard eut l'humiliation d'être réduit à fuir devant Philippe le Bel, qui marchait sur Bruges après avoir pris sans peine Courtrai. Le roi anglais et les princes flamands n'osèrent tenir dans une ville dont la population était plus disposée à se soulever qu'à défendre ses murailles contre le roi de France; ils se retirèrent à Gand, et, de là, envoyèrent demander à Philippe, qui était entré dans Bruges, une suspension d'armes. Philippe la leur accorda : la saison avançait, et cette trêve lui laissait l'hiver pour s'établir solidement dans le pays conquis. Il prodiguait les grâces aux villes flamandes, accordait des exemptions de taxes à Lille et à Douai, ordonnait le rétablissement des *Trente-Neuf* de Gand, etc.

Les nouvelles fâcheuses de la Grande-Bretagne faisaient déjà repentir le roi Édouard d'avoir quitté son île : l'Écosse, poussée au désespoir par le despotisme brutal des gouverneurs anglais, avait profité de l'absence d'Édouard pour s'insurger, et le chef de l'insurrection, William Wallace, simple *bachelier* (bas chevalier) du comté de Lanark, avait été proclamé régent d'Écosse, à la suite d'une grande victoire remportée aux bords du Forth sur les lieutenants d'Édouard. Le roi d'Angleterre repassa la mer à la faveur de la trêve, après avoir expédié des ambassadeurs au pape pour soumettre à son arbitrage les différends des deux couronnes. Boniface avait montré dans diverses occasions récentes que ses démêlés avec Philippe n'avaient point étouffé sa bienveillance pour la maison de France; l'invasion de la Flandre créait d'ailleurs au roi de nouveaux intérêts, qui valaient bien quelques concessions du côté de la Gascogne. Philippe consentit à reconnaître Boniface en qualité de médiateur, mais « comme personne privée, et non comme pape ». Boniface passa sur cette réserve, et, par sa sentence arbitrale en date du 30 juin 1298, il prorogea indéfiniment la trêve, jusqu'à ce qu'il pût établir une « paix perpétuelle », déclara que le roi Édouard serait remis en possession d'une partie « des terres, des hommes et des biens » qu'il tenait auparavant au royaume de France, et engagea les deux monarques à cimenter leur rapprochement par un double mariage du roi d'Angleterre avec Marguerite, sœur du roi de France, et du fils d'Édouard avec Isabelle, fille de Philippe. Il se réservait de décider plus tard quelle portion de l'Aquitaine serait assignée à Édouard, et demandait que provisoirement les terres en litige, c'est-à-dire la Guyenne et la Gascogne occidentales, fussent remises en garde aux officiers de la cour de Rome. Par deux autres bulles envoyées quelques jours après, Boniface annonçait à Philippe qu'il n'ajouterait rien au compromis sans son consentement, et invitait Édouard à laisser l'Écosse en paix.

Le « prononcé » du pape fut agréé des deux monarques : le

roi Édouard épousa la princesse Marguerite, et l'on fiança les deux enfants, Édouard d'Angleterre et Isabelle de France. L'Aquitaine resta peu aux mains des officiers du pape : les deux rois aimèrent mieux convenir que chacun d'eux garderait jusqu'à la paix définitive ce qu'il occupait dans le duché, accommodement très avantageux à Philippe, qui restait maître de presque toute la province (juin 1299)[1]. Les deux rois se sacrifièrent mutuellement leurs alliés : Philippe, comptant ou feignant de compter sur l'effet des exhortations pacifiques du saint-siége, ne fit passer aucun secours aux Écossais, qui perdirent contre Édouard la bataille de Falkirk, et retombèrent sous le joug par la trahison de quelques grands barons qu'humiliait la gloire de Wallace. Édouard abandonna, de son côté, le comte de Flandre, sans même solliciter Philippe de comprendre ce comte dans la nouvelle prolongation de la trêve.

Dès les premiers mois de l'an 1300, Charles de Valois s'avança en Flandre à la tête d'une nombreuse armée, s'empara de Douai, de Béthune, de Dam, et menaça bientôt Gand, dernier refuge du comte Gui et de ses fils. Ce ne fut point toutefois avec la lance des batailles, mais avec la « lance du parjure, la lance de Judas », comme dit Dante[2], que le comte de Valois termina la guerre : on entra en négociation, et Charles promit, au nom du roi son frère, que, si le comte Gui se livrait avec sa famille à la discrétion de Philippe, le roi serait apaisé par cette preuve de respect et de repentir, et rendrait à Gui tous ses domaines et ses prérogatives. Gui de Flandre ne se souvint plus qu'il avait déjà fait l'épreuve de la foi de Philippe : entraîné par le serment de Charles et par le péril de sa situation au milieu d'une grande ville mécontente, il ouvrit les portes de Gand au comte de Valois, et se remit, lui, ses deux fils aînés, et ses principaux barons, entre les mains de ce prince, qui l'envoya à Paris. Une fois arrivés à la cour de Philippe le Bel, le comte Gui, ses fils et ses vassaux furent enfermés dans les pri-

---

1. Philippe, au parlement de la Toussaint 1296, avait défendu les guerres privées, les « gages de bataille » ou duels judiciaires, et les joutes et tournois, « pour tout le temps que dureroit la guerre du roi »; cette défense *provisoire* atteste que les Établissements de saint Louis n'étaient point exécutés à la rigueur, même dans le domaine royal.

2. V. *Purgatorio*, c. XX, l'invective de Dante contre les Capétiens.

sons royales, et le comté de Flandre fut confisqué et réuni à la couronne. Gui de Flandre n'eut pas même la consolation de rejoindre sa fille dans la tour du Louvre : la jeune fiancée du prince d'Angleterre était morte captive.

Quelque déloyale que fût la conduite du roi, elle n'excita aucun soulèvement en Flandre : les villes flamandes avaient eu trop à se plaindre de leur comte pour vouloir le venger ; et, confiantes dans la parole de Philippe, qui leur promettait le maintien et même l'extension de leurs franchises, elles le reçurent magnifiquement lorsqu'il vint les visiter, au printemps de l'année 1300. Des myriades d'hommes et de femmes, couverts de ces vêtements aux éclatantes couleurs qu'ils fabriquaient avec les fines laines de l'Angleterre, sortaient de chacune des grandes cités de Flandre, à l'approche du roi de France, pour faire honneur à leur nouveau sire. Gand, Ypres et Bruges lui offrirent des fêtes splendides où les corps de métiers, somptueusement équipés, exécutèrent des joutes et des exercices guerriers comme pour rivaliser avec la chevalerie. Les nobles besogneux de France jetaient des regards d'envie sur les trésors qu'étalait devant eux la vanité bourgeoise, et la femme de Philippe le Bel, Jeanne de Navarre, s'écriait, avec une colère mal déguisée, à l'aspect des riches citoyennes de Bruges : « J'avois cru jusqu'à présent que j'étois seule reine ; mais j'en vois ici plus de six cents[1] ». Le roi, lui, n'éprouvait qu'une allégresse sans mélange ; il regardait déjà toutes ces richesses comme siennes ; la Flandre devait être pour lui une *montjoie* inépuisable. Nulle diversion du dehors ne semblait plus pouvoir lui arracher sa proie, et il croyait le moment venu d'assimiler ce pays à ses autres provinces, et de s'affranchir des douceurs hypocrites par lesquelles il avait alléché les bonnes gens de Flandre. Il repartit pour Paris, s'estimant assuré de ne plus manquer d'or pour ses grandes entreprises, et laissant le gouvernement de sa conquête à Jacques de Châtillon, frère du comte de Saint-Pol, digne serviteur d'un tel maître.

A l'ouverture du quatorzième siècle, la puissance de Philippe

---

1. Meyer, *Annal. Fland. ad ann.* 1300, p. 89. — Sur tous ces événements, *v.* Giovanni Villani, l. VIII. — Guill. de Nangis, *Chron.* — Oudegherst, *Chroniq. de Flandre* ; le recueil de Rymer et les *Annales eccles.* Raynaldi.

le Bel était au comble ; Philippe avait accru son domaine de deux grandes provinces, de toute la Flandre et de l'Aquitaine presque entière, réduit Édouard à s'absorber de nouveau dans la guerre d'Écosse, et coopéré par son or et ses intrigues à la perte du chef de l'Empire, qui s'était efforcé en vain d'arrêter les progrès de la France en s'unissant à l'Angleterre. Le duc Albert d'Autriche avait usurpé le titre de roi des Romains, et Adolphe de Nassau avait péri le 2 juillet 1298, à la bataille de Gelheim, entre Worms et Spire, en défendant sa couronne contre l'allié de Philippe le Bel. Albert, suivant la politique des Hapsbourg, tout occupé des intérêts héréditaires de sa maison et fort peu de ceux de l'Empire, reconnaissait les bons offices de Philippe en abandonnant la France impériale à son influence, le laissait prendre Toul sous sa protection (en 1300), recevoir l'hommage du comte de Bar, et préparer habilement la réunion de Lyon au royaume. Les seigneurs de la Belgique, de la Gaule rhénane, de la Franche-Comté, du royaume d'Arles, courbaient tous la tête ; le comte de Bar, battu et pris, avait imploré la paix, et transféré à la couronne de France l'hommage de toutes ses terres situées à l'ouest de la Meuse, c'est-à-dire de presque tout son *alleu* : nul prince séculier ne faisait plus obstacle à la royauté française : une seule puissance restait face à face avec elle, la papauté.

LIVRE XXVII.

FRANCE FÉODALE

(SUITE).

Monarchie administrative et fiscale. Lutte de la royauté contre la papauté. Philippe le Bel et Boniface VIII. Bulle *Ausculta fili*. Convocation des États-Généraux. Les États se déclarent contre la papauté. — Révolte de la Flandre. La chevalerie défaite par les vilains à Courtrai. — Bulle *Unam sanctam*. — Réorganisation du parlement. — La Guyenne restituée à l'Angleterre. — Appel au concile. Arrestation et mort de Boniface VIII. — Bataille de Mons en Puelle. Traité avec la Flandre. — Clément V. La papauté dans les mains du roi. Le pape à Avignon. — Exactions du roi et du pape. Le roi *faux monnoyeur*. Émeutes. — Procès et supplice des templiers. Hérésie des templiers. Concile de Vienne. Abolition de l'ordre du Temple. — Lyon réuni à la France. — Procès des brus de Philippe le Bel. — Réaction contre le despotisme. Coalition de la noblesse et de la bourgeoisie contre la royauté. — Mort de Philippe le Bel.

1300—1314.

A l'ouverture du quatorzième siècle, avons-nous dit, la royauté et la papauté sont en présence. La réconciliation de Philippe et de Boniface, après leurs premiers démêlés, avait pourtant paru complète : le roi de France n'avait certes pas eu à se plaindre du prononcé papal dans l'affaire d'Aquitaine, et Boniface continuait à soutenir avec zèle la maison de France dans toutes ses prétentions : il ne dépendait pas de lui que la branche napolitaine des Capétiens ne recouvrât la Sicile, entreprise qui était depuis dix-huit ans l'écueil de la France et de l'Église; il aidait en ce moment même cette branche capétienne à acquérir un nouveau trône, celui de Hongrie, où il fit asseoir un petit-fils du roi Charles II[1]; il avait appelé le comte Charles de Valois en Italie, l'avait déclaré

---

1. Les enfants du roi de Naples, Charles II, prétendaient à la couronne de Hongrie du chef de leur mère, sœur du roi Ladislas III, mort en 1290. La papauté, qui se disait suzeraine de la Hongrie, comme de tous les pays convertis au christianisme par les missionnaires du saint-siège, appuya de tous ses efforts les princes angevins contre les magnats qui défendaient leur nationalité et le principe électif de la royauté hongroise. Le prétendu droit héréditaire des neveux de Ladislas l'emporta enfin, et Charles-Robert ou Charobert, petit-fils de Charles II, demeura roi de Hongrie.

capitaine-général du Saint-Siége, pacificateur de la Toscane, et songeait même à l'élever au trône impérial à la place d'Albert d'Autriche, qu'il traitait d'usurpateur et de meurtrier de son prince légitime ; partout Boniface confondait encore les intérêts de l'Église et ceux des fils et des neveux de saint Louis. Philippe avait reconnu toutes ces avances par un édit en faveur de l'Inquisition et de ses agents[1] (septembre 1298.) (*Ordonn. des rois*, t. I, p. 330). Mais, sous cette bonne intelligence apparente, étaient cachées des causes de discorde intimes et profondes, qu'on pouvait endormir un moment, mais non étouffer, et Philippe se faisait à cet égard moins d'illusions que Boniface.

Boniface s'abusait sur sa force réelle : parce qu'il touchait à autant de choses que Grégoire VII ou qu'Innocent III, il se croyait aussi fort qu'eux ; il ne voulait pas voir que, là où la main de ses prédécesseurs faisait ployer toute résistance, sa main, à lui, se levait en vain ; il ne pouvait ni expulser les Anglais de l'Écosse, qu'il prétendait être un fief du Saint-Siége, ni reprendre à Albert d'Autriche la couronne enlevée du front sanglant d'Adolphe de Nassau, ni rendre la Sicile au roi de Naples ; sa médiation entre la France et l'Angleterre, d'abord repoussée rudement, n'avait été agréée que par une complication d'intérêts politiques étrangers au respect de la tiare ; il n'avait un commencement de succès réel qu'en Hongrie. Dans ses premiers démêlés avec Philippe le Bel, c'était lui, en somme, qui avait reculé. Son œil, constamment tourné vers le passé, ne voyait pas ces signes alarmants : dans une bulle lancée contre Albert d'Autriche, il s'intitule hardiment « le vicaire de Jésus-Christ, qui siége sur un trône élevé, et à qui toute puissance a été donnée dans le ciel et sur la terre[2] ». L'affluence prodigieuse des pèlerins à Rome durant l'année séculaire 1300, le magnifique aspect de la capitale de la chrétienté, inondée par des milliers de pieux voyageurs qui se succédaient incessamment de toutes les régions d'Occident et qui semblaient venir rendre hommage au roi du monde, au lieutenant de Dieu[3] ; tous

---

1. Il refusait aux hérétiques le bénéfice de l'appel au parlement et les abandonnait ainsi exclusivement aux inquisiteurs.
2. Raynaldi *Annal. eccles.* an. 1301.
3. Villani assure qu'il y eut, pendant toute l'année, deux cent mille pèlerins à la

ces spectacles inouïs avaient enivré le superbe vieillard. La dévotion de l'Europe dépassait les espérances qui avaient poussé Boniface à ressusciter, sous une forme chrétienne, les fêtes séculaires de la Rome païenne. Dans la pensée de Boniface, c'était renouer la chaîne des temps, et proclamer le pape successeur des Césars dans la ville éternelle[1]. Le pontife romain s'imagina que l'Europe répondait à son appel, et ne se figura pas que tous ces hommes qui lui croyaient le pouvoir de fermer le purgatoire et d'ouvrir le ciel pussent hésiter à lui reconnaître le droit de gouverner la terre.

L'orage qui devait dissiper son rêve se formait peu à peu : déjà l'abus que faisait Philippe du droit de régale, c'est-à-dire du droit de percevoir les fruits des bénéfices vacants, avait suscité quelques nuages entre le roi et le pape[2]. De nouveaux empiétements du roi sur l'Église aggravèrent le différend : Philippe s'était fait rendre hommage par le vicomte de Narbonne, qui avait relevé tantôt du comte de Toulouse, tantôt du roi d'Aragon, plus ordinairement de l'archevêque ; Philippe réclamait le comté de Melgueil contre l'évêque de Maguelonne, qui le tenait en fief du saint-siége : Boniface défendit toute transaction aux deux

---

fois dans Rome. Rome ne suffisait pas à les nourrir : l'année finit par une cruelle disette. — Le nom de *jubilé*, hébraïque d'origine, ne se trouve point dans la bulle qui institue le *grand pardon* séculaire. Boniface avait décrété que la célébration du *pardon* serait accompagnée d'indulgences plénières pour quiconque visiterait les églises des apôtres, à Rome, dans le cours de chaque centième année. Villani assista au jubilé près de son illustre compatriote Dante Alighieri, qui n'en fut pas plus ami de la papauté pour l'avoir contemplée revêtue de ses plus éblouissantes splendeurs.

1. Lorsqu'Albert d'Autriche lui envoya des députés pour lui demander d'être reconnu roi des Romains, il se montra au public l'épée au côté, la cuirasse sur le dos, disant : « C'est moi qui suis César. Il n'y a pas d'autre roi des Romains que le souverain pontife ». Il ouvrit le jubilé en habits pontificaux ; mais, le lendemain, il se fit voir à la multitude des pèlerins avec les insignes impériaux, faisant porter devant lui l'épée, le sceptre et le globe, et précédé d'un héraut qui criait : « Il y a ici deux épées. Pierre, tu vois ici ton successeur ; et vous, ô Christ, regardez votre vicaire » ! *v.* Baillet, *Histoire des démêlés de Boniface VIII et de Philippe le Bel*, p. 69-70.

2. Philippe continuait d'employer tous les moyens bons et mauvais, pour remplir son fisc : tantôt il annulait toutes les créances des juifs, pour les forcer de racheter le droit de revendiquer leurs capitaux ; tantôt il abolissait la servitude personnelle dans ses domaines du Toulousain et de l'Albigeois, convertissant les corvées et services de corps en une redevance de douze deniers tournois par chaque setier de terre que cultivaient les serfs.

prélats, tança vertement Philippe par une bulle du 18 juillet 1300, et chargea, l'année suivante, l'évêque de Pamiers, une de ses créatures dévouées, de se rendre, en qualité de légat, à la cour de France, et d'y négocier de vive voix avec le roi. Le négociateur ne pouvait être plus mal choisi : Bernard de Saisset, créé récemment évêque de Pamiers par Boniface malgré le roi, était déjà très-mal vu de Philippe, qui le soupçonnait de menées dangereuses contre l'autorité royale dans le Languedoc. Bernard, homme fougueux et emporté, tint au roi un langage que l'orgueilleux Philippe n'était point habitué à entendre de la bouche d'un sujet, et lui reprocha, dit-on, sans ménagement, la détention déloyale du comte de Flandre et de sa fille. Philippe l'écouta dans un sombre silence, le laissa repartir pour son diocèse et le fit suivre de près par deux commissaires du parlement, chargés de recueillir des informations contre lui et de lui faire à tout prix un procès de haute trahison (mai 1301).

Saisset ne donnait que trop de prise par ses propos violents et par ses absurdes projets : il disait tout haut que la race royale méritait de finir et finirait avec Philippe « le quatrième »; que c'était un roi d'iniquité, un « faux monnoyeur, une vaine et muette image, qui ne savoit que regarder les gens sans rien dire ». Il savait agir s'il ne parlait guère, et Saisset et Boniface en firent l'épreuve à leurs dépens. Saisset ne se contentait pas de se répandre en invectives contre Philippe; il s'était mis en tête d'affranchir le Languedoc de la domination française, au profit du comte de Foix ou du comte de Comminges; rêves impuissants d'un passé à jamais évanoui ! Ceux mêmes pour lesquels Saisset voulait conspirer, furent les premiers à le dénoncer aux agents du roi, afin de détourner toute solidarité de leur tête. Les grands barons des Pyrénées et les évêques du Languedoc s'abaissèrent au rôle de délateurs; les comtes de Foix et de Comminges, les évêques de Toulouse, de Beziers, de Maguelonne, chargèrent à l'envi l'évêque de Pamiers auprès des commissaires.

L'évêque fut averti trop tard de cette procédure clandestine. Avant qu'il eût eu le temps de s'échapper et de passer en Italie, il fut arrêté de nuit (12 juillet 1301), et conduit à la cour par le maître des arbalétriers du roi, tandis qu'on mettait ses domestiques à la torture pour leur arracher des aveux. Il ne connut qu'à Senlis, où il comparut devant le parlement, le 24 octobre, les accusations portées contre lui ; le chancelier Pierre Flotte, principal conseiller de Philippe, et l'un des plus habiles et des moins scrupuleux d'entre les légistes, avait su transformer les rêveries et les déclamations de Saisset en une dangereuse conspiration qu'il importait d'étouffer par un grand exemple[1]. L'évêque Bernard se renferma dans une dénégation absolue : on le considéra néanmoins comme convaincu, et le roi le remit aux mains de l'archevêque de Narbonne, son métropolitain, afin que celui-ci le dégradât canoniquement en concile provincial, et le livrât ensuite à la justice séculière. L'archevêque déclara qu'il ne pouvait procéder sans l'autorisation du pape : le roi expédia Pierre Flotte en ambassade à Boniface pour le requérir « de venger les injures de Dieu, du roi *son fils* et de tout le royaume, en privant des ordres sacrés et de tout privilége clérical *cet homme de mort* (Bernard), cet homme plein de turpitude et de perdition, *afin que le roi pût en faire un excellent sacrifice à Dieu par la voie de justice* ».

Boniface répondit à cette requête en saisissant l'offensive d'une manière formidable : il signifia à Philippe qu'il avait encouru la sentence prononcée par les saints canons contre quiconque porterait la main sur un évêque, et qu'il devait rendre la liberté à l'évêque de Pamiers, lui restituer ses biens séquestrés et lui permettre de venir librement à Rome (5 décembre 1301). En même temps, il suspendit les priviléges qu'il avait accordés au roi de France et à ses officiers pour la levée des subsides sur le clergé en cas de nécessité, sans encourir d'excommunication ; il convoqua à Rome un concile de l'église gallicane pour le 1er novembre 1302, afin de délibérer sur les excès que la rumeur publique attribuait au roi Philippe et à ses baillis, sénéchaux, etc., contre les ecclésiastiques et séculiers, et adressa au roi lui-même une bulle commençant par ces mots : Écoute, mon fils, les avis d'un père tendre (*Ausculta, fili*, etc.) — Dieu, poursuit-il, suivant le Prophète, Dieu nous a constitué, quoique indigne, sur les rois

---

1. V. les pièces dans le recueil de Dupuy : *Hist. du différend de Boniface VIII*, etc. L'ouvrage de Baillet est le résumé et le complément de celui de Dupuy.

et les royaumes, pour arracher, détruire, disperser, dissiper, édifier et planter en son nom et par sa doctrine. Ne te laisse donc pas persuader que tu n'aies point de supérieur, et que tu ne sois pas soumis au chef de la hiérarchie ecclésiastique : qui pense ainsi est un insensé, qui le soutient est un infidèle. Or, quelque tendresse que nous ayons pour toi, pour tes aïeux, pour ta maison, nous ne pouvons passer sous silence l'affliction que tu nous causes en accablant tes sujets, les laïques comme les prêtres; en aliénant, par des exactions de tout genre, les pairs, les comtes, les barons, les communautés, le peuple tout entier enfin!... Quoique au pape appartienne la souveraine disposition des bénéfices, et que tu n'aies aucun droit de les conférer sans l'autorité du saint-siége, tu empêches l'effet des collations faites par le saint-siége quand elles précèdent les tiennes, et tu prétends être juge en sa propre cause; tu traînes à ton tribunal les prélats et autres clercs réguliers et séculiers, pour actions *personnelles* aussi bien que *réelles*...; tu exiges d'eux des décimes et autres levées d'argent, quoique les laïques n'aient aucun pouvoir sur les clercs ; tu ne permets pas aux prélats d'employer le glaive spirituel contre ceux qui les offensent...; tu as réduit la noble église de Lyon à une telle pauvreté qu'on ne sait comment elle se relèvera, bien qu'elle ne soit point de ton royaume...; tu consommes sans modération les revenus des cathédrales vacantes, ce que tu nommes abusivement *régale ;* tu pilles les églises, en vertu d'une coutume établie pour conserver les églises (la coutume qui établissait le roi gardien des églises durant les vacances.) Nous ne parlons pas maintenant du *changement de la monnoie* et des autres griefs qui s'élèvent de toutes parts et qui crient vers nous contre toi; mais, pour ne pas nous rendre coupable devant Dieu, qui nous demandera compte de ton âme, voulant pourvoir à ton salut et à l'honneur d'un royaume qui nous est si cher, après en avoir délibéré avec nos frères les cardinaux, nous avons appelé devant nous les archevêques, évêques, abbés, etc., les chapitres des cathédrales, les docteurs en théologie, en droit canon et en droit civil, de ton royaume, pour le 1er novembre prochain, afin de les consulter sur tout ce que dessus...Tu pourras t'y trouver, par toi-même ou par envoyés...; dans le cas contraire, nous ne laisserons pas de procéder en ton absence ainsi que nous le jugerons à propos[1] ».

Les envoyés de Philippe le Bel, le chancelier Pierre Flotte et son compagnon Guillaume de Nogaret, depuis si fameux, avaient quitté Rome avant la publication de la grande bulle : leur dernière audience fut signalée par une scène violente entre eux et le pape : « Mon pouvoir, s'était écrié Boniface, le pouvoir spirituel embrasse le temporel et le renferme ! — Soit, répliqua Pierre Flotte ; mais votre pouvoir est verbal ; celui du roi est réel. » Nogaret, ex-professeur en droit civil à Montpellier, dont le grand-père avait été, dit-on, brûlé comme hérétique, et qui avait la haine de la papauté dans le sang, récrimina avec emportement contre les abus de la cour de Rome et la conduite personnelle de Boniface. Le pape respecta toutefois leur caractère d'ambassadeurs ; mais il était altéré de vengeance contre les deux légistes, surtout contre Pierre Flotte, « ce Bélial borgne de corps, aveugle d'esprit », ainsi qu'il le nommait[2]. Il comptait bien les châtier temporellement comme spirituellement et les traiter en hérétiques.

Les deux légistes étaient raccourus auprès du roi, et l'on délibérait jour et nuit au palais sur les moyens de prévenir les coups de Boniface ; le roi avait réuni autour de lui tout ce qu'il y avait de plus subtil, de plus audacieux et de moins scrupuleux parmi les docteurs du monarchisme : c'étaient Flotte et Nogaret, c'était Guillaume de Plasian, c'étaient les deux frères le Portier de Marigni, dont le plus célèbre, Enguerrand, eut depuis une si grande puissance et une fin si tragique. Le plan de campagne qu'ils firent adopter au roi fut hardi et habile : toute la défense fut concentrée sur les prétentions de Boniface à la suprématie temporelle ; on abandonna l'affaire de Saisset comme n'étant plus qu'un détail embarrassant et comme pouvant indisposer les évêques, qu'on voulait ménager ; Boniface avait évoqué par-devant lui l'affaire de l'évêque de Pamiers ; on relâcha Saisset, on le laissa partir avec le nonce qui avait apporté les bulles, et qu'on renvoya sans aucun des honneurs accordés aux légats ; puis le roi, en cour plénière, devant une foule de seigneurs et de chevaliers,

---

1. Dupuy, *Preuves*, p. 48-52.   2. Dupuy, *Ibid.* p. 65.

déclara qu'il reniait ses enfants pour héritiers s'ils reconnaissaient au-dessus d'eux une autre puissance que Dieu pour les choses temporelles, ou s'ils avouaient tenir le royaume de France d'aucun homme vivant. Le 11 février 1302, la bulle *Ausculta, fili*, fut brûlée publiquement à Paris, en présence du roi, de la cour et d'une multitude de peuple, et cette exécution fut criée à son de trompe par les rues de la capitale et probablement par toutes les villes de France [1]. Ce n'était que l'autorité temporelle du pape qu'on brûlait à Paris avec la bulle : deux siècles encore, et son autorité spirituelle aura le même sort à Wittemberg.

La bulle brûlée n'était que le signal des hostilités : cette vigoureuse déclaration de guerre fut soutenue avec une opiniâtreté inflexible ; ce gouvernement tortueux, obscur et fourbe, soulevé par la force de la situation, montra une sorte de grandeur. Le renard redevint à moitié lion. Boniface appelait le clergé de France à Rome, et annonçait l'intention de soulever toutes les classes de la population contre le roi, en s'emparant de leurs griefs et de leurs plaintes : Philippe et son conseil résolurent de combattre l'ennemi par ses propres armes, d'en appeler de leur côté au sentiment public, et de se mettre à couvert derrière une grande manifestation nationale. Les TROIS ÉTATS DE FRANCE furent convoqués à Notre-Dame-de-Paris, le 10 avril 1302, afin de prendre connaissance du différend du roi et du pape. Pour la première fois depuis la formation du royaume de France, les députés des villes étaient appelés à siéger en corps dans une assemblée nationale à côté des prélats et des barons : ce grand fait était la reconnaissance officielle de la bourgeoisie en tant que Tiers-État, et attestait que les communes, les bonnes villes, les bourgeoisies, formaient désormais un être collectif, un ordre politique. Le premier appel aux communes d'Angleterre avait été fait par les barons contre la royauté au nom des libertés publiques : le premier appel au tiers-état de France fut fait par la royauté contre le pape au nom de l'indépendance nationale, et ce fut, chose singulière, le plus despotique des rois du moyen âge qui réunit nos premiers États-Généraux.

---

1. Dupuy, *Preuves*, p. 59. — M. Michelet cite en outre la chronique latine de Rouen, an. 1301, et l'*Appendix Annalium Steronis Altahensis*.

La tentative pouvait sembler téméraire chez un prince aussi peu populaire que Philippe le Bel; mais Philippe, en réalité, ne risquait guère et le savait bien. Le pape était plus impopulaire que le roi, et depuis bien plus longtemps : la noblesse, qui dès le règne de saint Louis, se coalisait pour résister aux juridictions cléricales, n'avait pas changé de sentiments; quant au peuple, tout rempli du souvenir de saint Louis, il aimait encore mieux le roi que le pape, malgré les vexations de Philippe; le peuple, de plus, n'était pas appelé directement, et il était facile de prévoir que les maires, consuls, échevins ou jurats, qui allaient représenter leurs cités dans la grande assemblée de Paris, étourdis du rôle inusité auquel on les invitait, et désireux de complaire au roi dans leur intérêt personnel ou dans celui de leurs villes, seraient à la discrétion des adroits jurisconsultes qui s'étaient préparés à travailler les esprits et à diriger les débats. Pour résumer la situation, il y avait encore trop peu d'esprit politique, et il y avait déjà trop d'instinct de nationalité pour que le calcul de Boniface se trouvât juste.

La bulle, cependant, si l'on eût connu sa teneur authentique, eût bien pu produire un effet contraire aux intérêts du roi : les reproches de Boniface touchant les altérations de la monnaie et les exactions royales, reproches qui indignaient si fort Philippe, eussent rencontré d'autres sentiments chez les bourgeois. Le chancelier Pierre Flotte y pourvut : il répandit dans le public, au lieu de la véritable bulle, une espèce de résumé où il avait rassemblé en quelques lignes, dans les termes les plus crus, les prétentions les plus exorbitantes de Boniface, et supprimé tout ce qui avait trait aux griefs de la nation contre le roi.

« Boniface, évêque, serviteur des serviteurs de Dieu, à Philippe, roi des François; crains Dieu et observe ses commandements. — Nous voulons que tu saches que tu nous es soumis dans le temporel comme dans le spirituel; que la collation des bénéfices et des *prébendes* (revenus des canonicats) ne t'appartient aucunement; que, si tu as la garde des bénéfices vacants, c'est pour en réserver les fruits aux successeurs; que, si tu as conféré quelqu'un de ces bénéfices, nous déclarons cette collation invalide et la révoquons, déclarant hérétiques tous ceux qui pensent autrement. Donné à Latran, au mois de décembre, etc.¹ ».

En même temps, on fit courir une prétendue réponse à la prétendue bulle : « Philippe, par la grâce de Dieu, roi des François, à Boniface, qui se donne pour souverain pontife, peu ou point de salut. — Que ta très-grande fatuité sache que nous ne sommes soumis à personne pour le temporel ; que la collation des églises et des prébendes vacantes nous appartient de droit royal ; que les fruits en sont à nous, que les collations faites et à faire par nous sont valides au passé et à l'avenir, et que nous protégerons virilement leurs possesseurs envers et contre tous. — Ceux qui pensent autrement, nous les tenons pour fous et insensés ».

Cette lettre brutale n'était pas destinée à être envoyée à son adresse, mais à avilir la dignité pontificale, ou du moins la personne du pape, aux yeux des Français ; il fallait que l'esprit des peuples fût bien changé pour qu'on pût atteindre ce but par un tel moyen ! Les injures du roi eussent jadis épouvanté la multitude comme des blasphèmes.

L'attente de Philippe fut au contraire complétement remplie : les prélats arrivèrent à l'assemblée, timides, incertains, neutralisés par les difficultés de leur position entre le roi et le pape : les seigneurs et les bourgeois accoururent, irrités contre la bulle, échauffés par la violence de la réponse royale. Les membres des États furent pris à part, travaillés les uns après les autres à mesure de leur arrivée ; l'éloquence âcre et rusée de Pierre Flotte fit le reste. Le chancelier, comme le premier des grands officiers de la couronne et le chef de la justice du roi, ouvrit les États par une longue harangue où il exposa avec beaucoup de force et d'adresse, sous le nom de Philippe, les entreprises de la cour de Rome contre le royaume et l'église gallicane. « Le pape confère les évêchés et les bénéfices à des étrangers et à des inconnus qui ne résident jamais... Les prélats n'ont plus de bénéfices à donner aux nobles dont les aïeux ont fondé les églises, ni aux autres personnes lettrées ; ce qui fait aussi qu'on ne donne plus aux églises. Le pape charge les églises et les bénéfices de pensions, de subsides, d'exactions de toutes sortes... Les évêques sont privés de

---

1. Il est probable que ce fut cette *petite bulle* et non la grande qu'on brûla à Paris.

l'exercice de leur ministère, afin qu'il faille recourir au saint-siége et y porter des présents, toujours des présents. Tous ces abus n'ont fait que s'accroître sous le pontificat actuel, et s'accroissent tous les jours; on ne les sauroit tolérer davantage... C'est pourquoi je vous commande comme votre maître et vous prie comme votre ami de me donner conseil et secours... »

Le chancelier ajouta que le roi avait résolu, de son propre mouvement, de remédier aux entreprises que ses officiers avaient pu faire sur les droits de l'Église, et l'eût fait plus tôt, s'il n'eût craint de paraître céder aux menaces et aux ordres du pape, qui prétendait réduire en vasselage le très noble royaume de France, lequel n'avait jamais relevé que de Dieu! Pierre Flotte insista surtout sur ce dernier point, et s'adressa tour à tour aux intérêts de la noblesse et du clergé et à l'amour-propre national. Le fougueux comte d'Artois, Robert II, se leva et s'écria que, quand le roi voudrait souffrir les entreprises du pape, la noblesse ne les souffrirait pas, et que les gentilshommes ne reconnaîtraient jamais de supérieur temporel que le roi. La noblesse et le tiers-état confirmèrent ces paroles par leurs acclamations, et jurèrent de sacrifier leurs biens et leur vie pour défendre l'indépendance temporelle du royaume. Un avocat normand, appelé Dubosc, procureur de la commune de Coutances, accusa par écrit le pape d'hérésie, pour avoir voulu ravir au roi l'indépendance de la couronne qu'il tenait de Dieu[1]. L'embarras du clergé était extrême : les gens d'église, tremblant d'être brisés dans le choc du roi et du pape, demandaient du temps pour délibérer; on exigea qu'ils se déclarassent séance tenante ; déjà l'on criait autour d'eux que quiconque ne prêterait pas serment serait tenu pour ennemi de l'État. Ils cédèrent, satisfaits vraisemblablement d'une apparence de violence qui pouvait leur servir d'excuse à Rome : ils se reconnurent obligés, comme les autres ordres, à défendre les droits du roi et du royaume, soit qu'ils tinssent ou non des fiefs du roi; puis ils prièrent le roi de leur permettre de se rendre au concile convoqué par le pape : le roi et les barons déclarèrent s'y opposer formellement.

1. Dupuy, *Preuves*, p. 45, 46.

Les trois ordres alors se séparèrent afin d'écrire en cour de Rome chacun de son côté. Les lettres de la noblesse et du tiers-état, qui vraisemblablement étaient toutes rédigées d'avance par les gens du roi, et qui ne furent que souscrites et scellées par les assistants, furent adressées non point au pape, mais au collége des cardinaux. La dépêche des barons s'exprime très rudement sur les *tortionnaires* et déraisonnables entreprises de « celui qui à présent est au siége et gouvernement de l'Église », et déclare que ni les nobles hommes, ni les universités, ni le peuple, ne requièrent correction ni amende de quelque grief que ce soit par l'autorité du pape ou de tout autre, fors que de leur sire le roi. Cette lettre est signée non-seulement des principaux seigneurs du royaume, de Louis, comte d'Évreux, frère du roi; de Robert II, comte d'Artois; de Robert II, duc de Bourgogne; de Jean II, duc de Bretagne; des comtes de Dreux, de Saint-Pol, de la Marche, de Boulogne, de Comminges, de Forez, d'Eu, de Nevers, d'Auxerre, de Périgord, de Valentinois, de Sancerre; des sires de Couci et de Beaujeu; du vicomte de Narbonne; mais de plusieurs grands barons de l'Empire, à savoir : Ferri ou Frédéric III, duc de Lorraine, Jean d'Avesnes, comte de Hainaut, de Zélande et de Hollande, et Henri, comte de Luxembourg, qui s'étaient rendus aux États de France. On n'a pas conservé l'épître des « maires, échevins, jurats, consuls, universités[1], communes et communautés des villes du royaume de France ». On sait seulement, par la réponse qu'y firent les cardinaux, qu'elle était conçue dans le même esprit que la lettre des barons. La lettre du clergé est d'un tout autre style : les clercs s'adressent à leur très saint père et très saint sire le pape, lui exposent les plaintes du roi et de la noblesse, la nécessité où ils se sont trouvés de s'engager à la défense des droits du roi, le courroux des laïques, la rupture imminente de la France avec l'église romaine, et même du peuple avec le clergé en général, et conjurent la haute prudence du pape de conserver l'antique union en révoquant la convocation du concile.

Les États-Généraux furent dissous immédiatement après l'uni-

---

1. Ces *universités* sont les communes du Midi. Ne pas confondre avec les écoles.

que séance qui avait si bien répondu aux désirs du roi : les moyens employés pour atteindre ce résultat avaient été peu loyaux, et l'opinion publique avait été peu éclairée sur les détails du grave débat qu'on affectait de lui soumettre. Ce n'en fut pas moins une grande chose que cet appel à la France, et ce fut bien le génie de la France qui répondit en proclamant l'indépendance nationale et en repoussant l'intervention de Rome dans la politique intérieure de notre pays.

Boniface fut étonné et étourdi de ce rude coup; ce colosse d'orgueil chancela et fit un pas en arrière : les cardinaux, dans leur réponse aux barons et aux villes de France, écrite sous la dictée du pape (28 juin), nièrent que le saint-père eût mandé au roi que la couronne de France relevât du saint-siége pour le temporel, et accusèrent Pierre Flotte de mensonge et de calomnie; ajoutant qu'au reste aucune personne, étant dans son bon sens, ne doutait que tout homme vivant ne fût soumis au pape « quant au péché ». Cette explication mérite attention : Boniface ne prétendait pas que le roi de France tînt sa couronne en fief de l'église romaine, ainsi qu'il le prétendait à l'égard des rois d'Angleterre, des Deux-Siciles, de Hongrie et d'Aragon, et même en quelque sorte à l'égard de l'empereur; mais il soutenait que le vicaire du Christ avait juridiction universelle, avait droit de punir « comme péché » toute malversation, tout excès commis par un souverain quelconque; et, suivant lui, le châtiment pouvait aller jusqu'à la déposition et à l'interdiction de toutes fonctions politiques. Le temporel était distinct du spirituel, en tant que fonction différente, mais il en dépendait, il lui était subordonné : « Nier cette subordination en proclamant l'indépendance des deux domaines, dit Boniface dans sa réponse au clergé de France, c'est établir deux principes comme Manès ».

Boniface maintint la convocation de son concile, avec menaces contre les prélats réfractaires; mais, dans un consistoire tenu quelques semaines après (août), en présence des envoyés du roi et du clergé de France, il réitéra son désaveu quant au prétendu vasselage de la France, et récrimina violemment contre Pierre Flotte, « ce nouvel Achitophel, cet hérétique, cet homme du diable », et contre ses acolytes les comtes d'Artois et de Saint-Pol :

« Il y a quarante ans, s'écria-t-il, que nous avons été reçu docteur en droit, et que nous savons que l'une et l'autre puissance (la temporelle et la spirituelle) sont ordonnées de Dieu : qui donc peut croire qu'une telle *fatuité* soit entrée dans notre esprit?... Mais aussi qui peut nier que le roi nous soit soumis *sous le rapport du péché?* — Nous sommes disposé à lui accorder toutes les grâces... Tant que j'ai été cardinal, j'ai été François de cœur; depuis, nous avons assez témoigné comme nous aimons le roi... Sans nous, il ne tiendroit pas d'un pied sur son trône : les Anglois et les Allemands s'élèveroient contre lui. Nous connaissons tous les secrets du royaume; nous savons comme les Allemands, les Bourguignons et les gens de la langue d'oc aiment les François. Si le roi ne s'amende, nous saurons bien le châtier et le déposer *comme un petit garçon* (*sicut unum garcionem*), bien qu'avec grand déplaisir[1] ».

Le commencement de la harangue, si arrogamment terminée, avait été presque conciliant; mais le naturel l'emportait sur les intérêts et même sur les intentions de Boniface. Le pape eût été plus superbe encore, s'il eût su les graves événements qui venaient de se passer dans le nord de la France, et que le roi Philippe s'efforçait de cacher le plus longtemps possible à la cour de Rome. Boniface ignorait qu'au moment où il parlait, il était vengé de Pierre Flotte et du comte d'Artois, et que la moitié des barons qui avaient signé la fameuse lettre de la noblesse de France n'existaient plus.

Le roi Philippe, si habile dans sa lutte contre la papauté, s'était conduit envers les Flamands avec autant d'imprudence que d'injustice : il n'avait rien compris au génie de la Flandre; au lieu de chercher à s'affectionner ces puissantes villes et de leur faire aimer leur réunion à la France, en favorisant leur commerce, en n'exigeant d'elles que des impôts modérés et réguliers, il les traitait comme un pays envahi qu'on se hâte de rançonner pendant l'occupation militaire. Il avait donné la Flandre à gouverner à un grand seigneur insolent et avide, Jacques de Châtillon-Saint-Pol qui, de concert avec quelques riches bourgeois

---

1. Dupuy, *Preuves*, 77, 78.

qui aspiraient à établir l'oligarchie dans leurs cités sous la protection royale, violait chaque jour les promesses faites par le roi lors de la prise de possession du pays, et foulait aux pieds les franchises communales et les droits des corps de métiers. Bruges, qui avait si bien accueilli le roi, vit avec indignation les officiers royaux abattre ses murailles pour s'assurer en tout temps l'entrée de la ville; « Bruges étoit surtout foulée et grevée, contre les coutumes du pays, et la clameur du peuple ne put être ouïe devant le roi de France à cause du très puissant lignage et parenté dudit Jacques de Saint-Pol ». Non-seulement les plaintes des gens de Bruges demeurèrent sans effet, mais le gouverneur fit saisir et enfermer dans le château de cette ville trente chefs des métiers et corporations, qui réclamaient contre l'impôt d'un quart mis sur le salaire des ouvriers, et contre les corvées exigées gratuitement pour le service du roi [1].

C'en était trop pour la patience populaire : le tocsin sonna; les métiers se soulevèrent, tuèrent quelques gros bourgeois du parti du gouverneur, forcèrent le château, et délivrèrent leurs chefs, dont les deux principaux étaient le syndic des tisserands, Peter Koning, et le syndic des bouchers. Les tisserands formaient dans les communes de Flandre le principal groupe de la population.

Le mal n'était pas encore sans remède : l'émeute n'était encore qu'un accident, et les corps de métiers ne demandaient pas mieux que de recourir à la justice du roi. L'affaire fut évoquée au parlement : le parlement fit « mauvaise justice »; il rendit arrêt contre les corps de métiers, et ordonna que les trente chefs fussent reconduits en prison.

Les syndics des métiers, à la tête desquels était Peter Koning, petit vieillard borgne et de mauvaise mine, mais de grand courage, « bon au conseil, prompt de la main », dit l'annaliste Meyer, ne se laissèrent pas reprendre : ils soulevèrent le peuple, sortirent de la ville à la tête d'une multitude d'artisans armés, allèrent s'emparer du port de Dam et des forteresses voisines, et insurgèrent tout le populeux canton qu'on appelait le « Franc-de-Bruges », parce qu'il partageait les franchises de la cité. Cependant

---

1. Villani, l. VIII, c. 54.

le corps de ville n'était point encore en rébellion ouverte : les principaux bourgeois hésitaient ; « ces mouvements, dit la chronique de Saint-Denis, eussent pu être apaisés et demeurer sans suite ; car, à la première nouvelle, le roi Philippe envoya vers Jacques de Saint-Pol maints nobles hommes bien appareillés de toutes armes, afin de réprimer la sédition sans beaucoup de carnage, s'il étoit possible. Jacques de Saint-Pol entra donc dans Bruges à la tête de quinze cents hommes d'armes et de force sergents ; il fut reçu paisiblement et à grand'révérence, et disoient ceux de Bruges qu'ils vouloient de bon cœur et de bonne volonté obéir en toute chose au commandement du roi de France. Mais, en *icelui* soir, ceux de Bruges entendirent Jacques de Saint-Pol se vanter que, le lendemain, il accrocheroit au gibet bon nombre d'entre eux ; alors ils en devinrent comme désespérés »...

Ils se tinrent toutefois en repos jusqu'à ce qu'ils eussent vu les Français « endormis en sécurité après avoir ôté leurs armures ». Au milieu de la nuit, par les brèches que le gouverneur lui-même avait fait faire aux murailles, entrèrent en silence les bandes de Peter Koning et du Franc-de-Bruges ; chaque bourgeois déroba au gendarme logé chez lui sa selle et sa bride ; on tendit sans bruit les chaînes des rues ; puis, à défaut de la cloche du beffroi, gardée par les hommes du roi, des chaudrons battus avec fracas donnèrent le signal de l'attaque. Les hommes du roi, surpris et mis à mort dans leurs logis, ou assaillis à mesure qu'ils sortaient pour se rassembler, furent taillés en pièces presque sans combat : les femmes même et les enfants se jetaient sur eux avec rage, les égorgeaient à demi endormis et les précipitaient par les fenêtres. On ne fit aucun quartier : tous les prisonniers furent massacrés aux halles ; les cadavres de douze cents hommes d'armes[1] et de deux mille sergents à pied encombraient les places et les marchés de Bruges. « Jacques de Saint-Pol, qui avoit suscité cette grande rage, s'étoit enfui secrètement avec peu de compagnie » (21 mars 1302)[2].

---

1. Par hommes d'armes il faut entendre les chevaliers, écuyers, et ceux des sergents à cheval qui n'étaient pas gens de trait.
2. *Chron. de Saint-Denis.* — *Continuator Nangii.* — Meyer. — Oudegherst, *Chron. de Flandre*, c. 137.

Après ces nouvelles *Vêpres siciliennes,* les Brugeois n'avaient plus de merci à attendre du roi Philippe : il leur fallait soutenir sur le champ de bataille l'œuvre de cette nuit sanglante, et il ne leur restait de chance de salut qu'en entraînant le reste de la Flandre dans leur rébellion. Par le conseil de Peter Koning, les Brugeois appelèrent à eux et choisirent pour *chevetaine* Guillaume ou Wilhelm de Juliers, petit-fils, par sa mère, du comte de Flandre, et frère de ce margrave de Juliers qui avait été pris dans les rangs des Flamands à la bataille de Furnes, et qui depuis était mort en prison à Arras, assassiné, à ce qu'on prétendait, par ordre du comte d'Artois. Guillaume de Juliers, qui était clerc, jeta sa robe, prit la cuirasse, accourut à Bruges, et entra aussitôt en campagne. Il se présenta d'abord aux portes de Gand, mais « les premiers et les plus riches de la ville tenoient pour les fleurdelisés (*liliati*), redoutant la puissance du roi et tremblant pour leurs biens (Meyer, p. 91) ». Les gros bourgeois retinrent le peuple, qui d'ailleurs avait une vieille jalousie contre Bruges. Les Brugeois furent plus heureux devant les villes du second ordre; l'Écluse, Nieuport, Berg-Saint-Winox, Furnes, Gravelines, délivrées de leurs garnisons, se rangèrent sous la bannière de Bruges. Gui de Namur, un des fils du malheureux comte de Flandre, qui avait échappé au sort de son père et de ses frères, accourut joindre les insurgés avec des *soudoyers* allemands (*thiois*); la ville de Courtrai fut emportée par Gui de Namur, et la garnison fut refoulée dans le château. Guillaume de Juliers commençait le siége de Cassel avec un autre corps de milices, lorsque les Flamands apprirent que le comte Robert d'Artois était entré en Flandre par Tournai, à la tête d'une formidable armée; elle comptait, suivant Villani, qui était alors sur les lieux, sept mille cinq cents hommes d'armes, dix mille archers, et trente mille fantassins levés parmi les milices communales[1]. Presque tous les grands barons y étaient, et Pierre Flotte marchait avec eux, sans doute pour présider aux procès et aux supplices qui devaient suivre la victoire.

---

1. On obligeait à partir à leurs frais les gens qui possédaient plus de cent livres parisis (2,400 fr.) en biens meubles, ou plus de deux cents livres tournois (4,000 fr.) en meubles et immeubles. *Ordon. des rois,* t. I, p. 347.

Guillaume de Juliers se replia sur Courtrai et y rejoignit son oncle Gui de Namur. Leurs forces réunies ne dépassaient guère vingt mille combattants, presque tous bourgeois ou artisans de la West-Flandre. La retraite était impossible en présence de la formidable gendarmerie française, qui les eût hachés au milieu de ces vastes plaines : il fallait combattre ou se rendre à discrétion ; les Flamands n'hésitèrent pas ; mieux valait mourir par le glaive que par le gibet [1] ! Résolus à vaincre ou à périr, ils s'arrêtèrent en avant de Courtrai ; ils prirent poste derrière un étroit canal qui communiquait avec la Lys et qui était creusé en forme de demi-lune. « Souhaitant et pensant mourir pour la justice, la liberté et la franchise de leur pays, ils confessèrent leurs péchés ; » mais, au moment de communier, « au lieu de recevoir le corps de Notre-Seigneur », ils s'inclinèrent tous, prirent un peu de terre et la portèrent à leur bouche, annonçant ainsi en silence qu'ils affranchiraient cette terre natale ou chercheraient tous un asile dans son sein ; « ensuite, portant avec eux aucunes reliques de saints, et, à glaives, à lances, à épées, à broches de fer et *godendars* [2], âprement et *épaissement* ordonnés, ils vinrent au champ, et rangèrent leurs batailles dans la plaine ».

Tandis que l'armée royale s'avançait dans le lointain, formée en dix profondes colonnes, Gui de Namur et Guillaume de Juliers conférèrent l'ordre de chevalerie à Péter Koning et à quarante autres chefs des bourgeois et syndics des corporations, magnanime protestation contre les maximes féodales ; puis les deux princes descendirent de cheval avec leurs hommes d'armes belges et allemands, au nombre de quelques centaines, afin de prouver à la milice populaire qu'ils étaient décidés à partager son sort. A peine cette héroïque et touchante cérémonie était-elle terminée, que les archers et les fantassins des communes fran-

---

1. On disait que Jacques de Châtillon apportait des tonneaux pleins de cordes pour pendre les gens du peuple. Suivant les traditions de la Flandre, la reine Jeanne de Navarre, qui ne pouvait pardonner aux femmes de Bruges le faste de leurs habits, avait recommandé à ses chevaliers de « tuer les sangliers flamands à coups de lances et les truies flamandes à coups de broches » (Meyer, p. 92, 93). L'épouse de Philippe le Bel n'avait plus rien de ses aïeux, ces bons et populaires comtes de Champagne, tant aimés de leurs bourgeois de Troies et de Provins.

2. *Goedenday*; massues terminées par une pointe de fer. — Ce nom signifie *bonjour* en flamand.

çaises entamèrent l'attaque ; mais les chevaliers craignirent que ces hommes de pied, qui « bien se comportoient », ne gagnassent, au détriment de la chevalerie, l'honneur d'une victoire qu'ils estimaient facile ; car « ils avoient les Flamands en mépris, comme foulons, tisserands, ou gens *ouvrant* d'autres métiers » : ils forcèrent l'infanterie à se replier sur leurs flancs, et se précipitèrent sur les ennemis sans précaution et sans ordre.

C'était le connétable de France, Raoul de Nesle, qui s'était élancé le premier. Il avait d'abord proposé au comte d'Artois de différer le combat, d'isoler les rebelles de Courtrai, et de tourner leur position au lieu de les charger de front. — « Avez-vous donc peur de ces lapins, connétable, répliqua insolemment le comte Robert, ou bien auriez-vous par hasard de leur poil ? » Raoul de Nesle, irrité de cette allusion offensante à son mariage avec une fille du comte de Flandre, s'écria : « Sire, si vous venez où j'irai, vous viendrez bien avant ». Et il courut, ventre à terre, droit aux Flamands. Toute la gendarmerie s'ébranla aussitôt, et les diverses compagnies se confondirent en une vaste colonne qui tomba sur les Flamands comme une trombe parmi des tourbillons de poussière. Les cavaliers des premiers rangs, lancés au grand galop, ne virent le canal de la Lys qu'en y roulant avec leurs destriers : en un instant, ce fossé, coupé à pic, fut comblé d'hommes et de chevaux. Les files d'hommes d'armes venaient s'y abattre les unes sur les autres ; la tête de la colonne, arrêtée court, était renversée, broyée, écrasée par la queue, qui se précipitait après elle avec une impétuosité irrésistible. Au milieu de cette effroyable confusion, les insurgés, franchissant le canal sur deux points opposés, vinrent charger sur ses deux flancs cette masse confuse et déjà vaincue avant de combattre. Les chevaliers de l'avant-garde, culbutés, foulés aux pieds par leurs chevaux, écrasés par le poids de leurs armes[1], périrent en foule sans pouvoir se défendre.

1. C'est sous Philippe le Bel que l'on commença de substituer les pesantes panoplies de bronze ou de fer battu aux haluberts et aux chausses de mailles, si commodes et si flexibles, mais qui ne protégeaient pas suffisamment contre les flèches et surtout contre les carreaux d'arbalètes. On renforça d'abord le haubert de quelques plaques ou plastrons aux endroits les plus exposés, sur les épaules, sur la poitrine, au coude, etc. ; puis les plaques de fer se rejoignirent et envelop-

« A l'aspect de leur ruine et de leur chute si promptes, le noble comte d'Artois, qui onc n'avoit accoutumé de fuir, avec sa compagnie de forts et vaillants gentilshommes, se plongea aussi au milieu des Flamands comme un lion enragé; mais, pour la grand'multitude de lances que les Flamands tenoient serrées les unes contre les autres, ne put le comte Robert *trèsforcer* ni transpercer leurs batailles.... Ceux de Bruges n'épargnèrent nulle âme, ni grand ni petit; mais, de leurs lances aiguës et bien ferrées, ils faisoient trébucher et choir chevalier après chevalier et les tuoient à terre. Ceux dont les armures émoussoient la pointe des *godendars*, ils les assommoient à grands coups de maillets de fer ou de plomb. Et le comte Robert d'Artois, quoiqu'il fût navré de trente blessures ou plus, toutefois combattoit-il vaillamment et vigoureusement, préférant *gésir* mort avec les nobles hommes qu'il voyoit devant lui mourir que de se rendre à ce *vil et vilain* peuple et d'en être mis à rançon. » (Chron. de Saint-Denis.) Si tous les gentilshommes qui se trouvaient à la queue de la colonne d'attaque eussent tenté un vigoureux effort, peut-être eussent-ils dégagé leurs compagnons d'armes; mais, saisis d'une panique universelle, ils tournèrent bride et s'abandonnèrent à une fuite « très laide et très honteuse, et ainsi le duc de Bourgogne, le comte de Saint-Pol, Loys de Clermont et deux mille hauberts laissèrent mourir Robert d'Artois et bien d'autres nobles batailleurs.—Dieu! quelle douleur! » s'écrie le chroniqueur de Saint-Denis, « d'être ainsi abattus, *détranchés* et tués par les mains des vilains! »

« Les Flamands victorieux allèrent ensuite aux tentes des chevaliers, et y trouvèrent grande quantité d'armes et grand appareil. Quand ils eurent dépouillé tous les morts de leurs harnois et de leurs vêtements, ils s'en revinrent en grand'joie à Bruges; et ainsi les corps dépouillés de tant de nobles hommes demeurèrent en la place et au champ, sans que nul les mît en sépulture, et les bêtes des champs, les chiens et les oiseaux mangèrent leurs charognes, laquelle chose est reproche perpétuel et grand'dérision au roi de France et à tout le lignage des défunts. Là, de fait, gi-

pèrent l'homme tout entier d'une carapace impénétrable. Les armures allèrent toujours s'alourdissant après l'invention des armes à feu, lorsqu'il s'agit de mettre les panoplies à l'épreuve de la balle.

soient moult de nobles hommes dont c'est grand dommage : Robert, comte d'Artois, Godefroi, duc de Brabant, avec son fils, Pierre Flotte, chancelier de France, Jehan, fils au comte de Hainaut, Raoul, seigneur de Nesle, connétable de France, et Gui, son frère, maréchal de l'*host*[1], Aimeri le chambellan, comte de Tancarville, Jacques de Saint-Pol, gouverneur de Flandre, qui étoit cause de la guerre, les comtes d'Eu, d'Aumale, de Dreux, de Dammartin, de Soissons, de Vienne, Simon de Melun, maréchal de France, le maître des arbalétriers, Regnauld de Trie, deux cents chevaliers bannerets et moult de bacheliers et d'écuyers hardis et preux, jusqu'au nombre de six mille hommes d'armes[2] ». Tout le « faix de la journée » était tombé sur la chevalerie, et les chroniqueurs ne parlent plus des archers ni de l'infanterie communale, une fois la lutte engagée (11 juillet 1302). « Le troisième jour après la bataille, le gardien des Frères Mineurs d'Arras vint en ce lieu, et recueillit le corps du très noble comte d'Artois, dénué de *vêtures* ». (Chron. de Saint-Denis.)

Jamais pareil désastre n'avait frappé la noblesse française, pas même dans la déplorable expédition de saint Louis en Égypte.

Un si terrible revers, éclatant comme la foudre au milieu d'une lutte acharnée entre la couronne et le saint-siége, eût accablé, terrassé un esprit médiocre et superstitieux ; mais Philippe le Bel n'était guère plus accessible à la crainte qu'au remords. Il fut presque grand à force d'orgueil et d'opiniâtreté, et se résolut à faire face tout ensemble au pape, aux Flamands et au roi d'Angleterre : il employa tous les moyens pour rassembler à la hâte des hommes et de l'argent[3], et, dès le courant de septembre, deux mois après la bataille de Courtrai, il eut réuni à Arras une armée de dix mille hommes d'armes et de soixante mille fantassins. La

---

1. Le maréchal de *l'host* était une espèce de major-général.
2. Ce chiffre est exagéré.
3. Il recourut derechef à l'altération des monnaies : il exigea de tous ses sujets la moitié de leur vaisselle, et de ses officiers leur vaisselle tout entière, au prix de quatre livres quinze sous tournois le marc de Paris ; il frauda les déposants de près de moitié, en les payant en nouvelle monnaie fabriquée avec leur propre argenterie. Cette nouvelle monnaie était réduite à six deniers de valeur réelle pour onze deniers et demi de valeur nominale. L'or avait été réduit seulement de vingt-trois carats et demi à vingt. Le roi eut ainsi un beau bénéfice sur son opération. (Villani, l. VIII, c. 58. — *Ordonnances des rois*, I, p. 347.)

célérité de cette grande levée d'hommes, après un semblable désastre, atteste les ressources de la France et la force de l'autorité royale; mais l'amour de la liberté et l'enthousiasme de la victoire avaient suggéré aux Flamands un effort proportionnellement bien plus puissant encore : la triomphante Bruges avait entraîné toutes les cités de Flandre, Lille, Douai, Ypres, Gand enfin, et l'on assure que l'armée des communes, réunie à Douai, comptait jusques à quatre-vingt mille combattants, la plus belle infanterie qu'il y eût alors au monde[1].

Le roi, descendant la Scarpe, s'avança jusqu'à Vitri, à deux milles de Douai. On s'attendait à un choc épouvantable entre la noblesse altérée de vengeance et l'armée populaire exaltée par son triomphe : l'attente publique fut déçue; le mois d'octobre se passa en escarmouches, où la lance du chevalier eut souvent le dessous contre l'épieu ferré de l'artisan; mais les Flamands ne quittèrent pas leur poste, et le roi, rendu prudent par la cruelle leçon de Courtrai, ne risqua pas un dangereux effort contre les lignes de chariots qui couvraient l'armée de Flandre. Les pluies d'automne arrivèrent plus violentes que de coutume; les rivières et les canaux débordèrent; les chemins devinrent presque impraticables; « et Philippe, n'ayant attaqué ni le camp des ennemis ni aucune de leurs villes, licencia enfin cette armée, qui eût dû anéantir toute la Flandre et tous les Flamands, et revint en France sans aucune gloire ». (Continuat. Nangiac.)

La retraite du roi devant les *communiers* de Flandre accrut l'impression produite par la journée de Courtrai : les Flamands débordèrent sur l'Artois, sur le Tournaisis, sur les états du comte de Hainaut, allié du roi, et envahirent la Zélande et la Hollande, qui appartenaient à ce comte. Une nouvelle plus fâcheuse encore arriva bientôt à Paris : le contre-coup des revers de Flandre s'était fait ressentir à l'autre extrémité du royaume; les Bordelais s'étaient révoltés et avaient expulsé leur garnison française, sans appeler toutefois les Anglais. « Ils usurpèrent pour leur propre compte, dit le continuateur de Nangis, la souveraineté de leur ville ». Le roi d'Angleterre manifestait des intentions menaçantes;

---

1. Sismondi, *Hist. des Français*, t. IX, p. 110.

le clergé gallican, soit scrupule de conscience, soit mauvaise opinion de la fortune de Philippe, commençait à pencher du côté du pape : quarante-cinq prélats français, à la tête desquels étaient les archevêques de Tours, de Bourges, de Bordeaux et d'Auch, partirent, malgré les défenses de Philippe, pour le concile de Rome ; le résultat de cette assemblée fut la fameuse décrétale *Unam sanctam*, dans laquelle Boniface énonça ses doctrines avec plus d'audace et d'éloquence qu'il n'avait jamais fait. « Dans l'Église et sous sa puissance sont deux glaives, le spirituel et le temporel ou matériel ; mais l'un doit être employé par l'Église et par la main des pontifes ; l'autre, pour l'Église et par la main des rois et des guerriers, suivant l'ordre ou la permission du pontife... Il faut qu'un glaive soit soumis à l'autre... La puissance spirituelle doit instituer et juger la temporelle, mais c'est Dieu seul qui juge la souveraine puissance spirituelle. Quiconque résiste à cette puissance résiste à l'ordre de Dieu » (18 novembre).

Puis Boniface publia une sentence d'excommunication en termes généraux contre « quiconque dépouille ou arrête par force ceux qui vont vers le saint-siége ou en reviennent » : il avait en vue le séquestre que Philippe venait de mettre sur les biens des prélats partis malgré les défenses royales. Boniface, par un reste de ménagement, n'excommunia pas encore nommément le roi, et lui dépêcha un légat, le cardinal français Lemoine, chargé d'une sorte d'ultimatum, où il le sommait de réparer tous ses méfaits et de comparaître par procureur en cour de Rome, pour se justifier d'avoir fait brûler la bulle *Ausculta, Fili*[1].

Philippe, à son tour, parut un moment ébranlé : sa réponse fut timide, fourbe et faible. Il s'excusa, il éluda, par de misérables subterfuges, de s'expliquer sur la bulle brûlée et sur la défense faite aux prélats de se rendre au concile[2] ; il offrit de s'en remettre à l'arbitrage des ducs de Bourgogne et de Bretagne, princes religieux et estimés du saint-père. Boniface vit dans cette lettre un commencement de victoire, et poussa le roi d'autant plus vive-

---

1. Une des réclamations de Boniface porte sur la reconnaissance du droit qu'a le pape de lever à volonté des centièmes, des dixièmes et tout autre impôt sur les biens du clergé. — Boniface, d'autre part, somme le roi de réparer le tort fait à ses sujets par le double changement de la monnaie.
2. Dupuy, *Preuves*, p. 92.

ment, déclarant que ces vagues paroles ne suffisaient pas, et que, si Philippe ne se hâtait d'y joindre les effets, il procéderait contre lui « spirituellement et temporellement », c'est-à-dire qu'il l'excommunierait directement et délierait ses sujets du serment de fidélité. Le 13 avril 1303, la bulle d'excommunication fut en effet adressée au légat en France : elle ne contenait pas encore la sentence de déposition, et la faisait seulement pressentir.

Avant que cette bulle fût partie de Rome, Philippe s'était relevé avec rage et avait engagé contre le pape un duel à mort : ses légistes l'avaient décidé à prévenir Boniface. Le 12 mars, il avait réuni au Louvre une assemblée de prélats et de barons, et là l'ancien collègue à Rome et le successeur de Pierre Flotte, le chancelier Nogaret[1], lui avait présenté contre le pape une requête dont chaque mot semblait un coup de poignard. Nogaret, rétorquant contre Boniface les citations de l'Écriture, dont on abusait tant à la cour de Rome, le présentait comme un des faux prophètes prédits par saint Pierre lui-même, dont il occupait indûment la chaire : ... « ce maître des mensonges qui se fait nommer *bienfaisant* (*Bonifacius, bonum faciens*), quoiqu'il n'ait jamais fait que le mal, n'est pas entré dans la bergerie du Seigneur comme pasteur, mais comme larron et brigand ». Après ce furieux exorde, Nogaret exploitait habilement les circonstances de l'élection de Boniface, appelé au saint-siège par suite de l'abdication de Célestin V, et s'efforçait de montrer cette abdication suggérée, exécutée sans liberté morale, illégitime enfin. Il continuait en priant le roi de procurer la convocation d'un concile œcuménique, pour juger et déposer ce faux pape, qu'il accusait non-seulement d'usurpation, mais d'hérésie, de simonie, et de maints crimes énormes, et requérait qu'en attendant, ledit « Benoît Caiëtan » fût emprisonné, et que le roi et les cardinaux établissant provisoirement un vicaire de l'Église romaine[2].

Le glaive était hors du fourreau et n'y devait plus rentrer.

---

[1]. Il était de Caraman, en Lauragais; il avait été professeur en droit civil à Montpellier, puis juge-mage (*judex major*) à Nîmes. Philippe le Bel l'avait fait chevalier en 1297; il fut la tige des Nogaret d'Épernon.

[2]. L'attaque de Nogaret contre la validité de l'élection de Boniface VIII et son appel à un concile n'étaient pas chose nouvelle : les deux cardinaux Colonna en avaient fait autant dès 1297.

Philippe sembla vouloir s'ôter toute chance de retraite par la manière dont il soutint ce terrible éclat : la bulle du 13 avril fut saisie ; le porteur fut jeté en prison ; les biens des quarante-cinq prélats qui étaient allés à Rome furent frappés de confiscation, et des poursuites criminelles furent intentées contre leurs personnes ; l'Inquisition fut attaquée et dénoncée aux peuples, sinon en principe, du moins dans l'application qu'en faisaient les deux ordres des Prêcheurs et des Mineurs ; le roi, dans une lettre à l'évêque de Toulouse, accusa hautement le grand inquisiteur de Toulouse, moine dominicain, « de commettre des choses inouïes et inhumaines, des forfaits qui soulèvent d'horreur les esprits des hommes, sous prétexte de servir la foi catholique »... « Ceux qu'il accuse d'avoir admis quelque hérésie ou renié le Christ, il les force à des aveux mensongers par la torture, et, si cela ne suffit, il suborne contre eux de faux témoins ; il invente pour la torture[1] des tourments inouïs ! »...

Ces sanglants reproches furent suivis d'une ordonnance qui défendait d'arrêter qui que ce fût, sinon par le ministère des sénéchaux du roi, et qui prescrivait aux sénéchaux de n'exécuter les mandats d'arrêt des inquisiteurs, qu'autant que ces mandats seraient signés de l'évêque diocésain (3 mai 1303). Philippe, en même temps qu'il frappait sur la papauté, sur ses agents, sur les prélats qui avaient obéi au pape plutôt qu'au roi, tâchait de regagner la masse du clergé, les barons, le peuple entier, par de grandes mesures d'ordre et d'amélioration publique calculées pour faire espérer à la France un avenir plus heureux. Il donna de nouveaux priviléges et exemptions à Toulouse ; il vendit la liberté à beaucoup de serfs, la noblesse à un certain nombre de roturiers[2]. Le 23 mars 1303, il publia un édit en 92 articles « pour la réformation du royaume », promettant de protéger les clercs fidèles à leurs serments envers la couronne, de respecter leurs biens, de laisser un libre cours aux *justices* (juridictions) des prélats et des barons, de réprimer les malversations et la vénalité des

---

1. Martène, *Ampliss. collectio*, t. VII, p. 511. Ne semble-t-il pas que Philippe le Bel porte d'avance son propre arrêt par ces paroles qui s'appliquent d'une manière si frappante au procès des templiers, innocents ou non ?
2. *Hist. de Languedoc*, l. XXVIII, ch. 65.

juges, de garantir aux bourgeois la sûreté de leurs personnes, de leurs biens, et le maintien de leurs franchises. Il faisait ainsi en quelque sorte amende honorable pour sa longue tyrannie. Par cette ordonnance de réformation, il fut réglé qu'il se tiendrait chacun an deux *parlements* à Paris, deux *échiquiers* à Rouen, deux *grands jours* à Troies, et un *parlement* à Toulouse, si les Languedociens consentaient à ne point appeler des sentences de ce parlement[1].

Philippe n'avait plus qu'une pensée, la perte de Boniface : les malheurs de 1302 lui avaient fait sentir l'impossibilité de faire face partout à la fois avec succès ; il poussa mollement la guerre de Flandre durant l'été de 1303, destina à acheter le sacré collège et l'Italie l'argent levé sous prétexte de châtier les Flamands[2], et

---

1. C'est à partir de cette époque que le parlement a été installé définitivement dans le palais de la Cité, qui en a pris le nom de Palais-de-Justice. — Jusque-là, les sessions du parlement n'étaient pas absolument régulières, et se tenaient là où le roi les convoquait. Une ordonnance de 1304 ou 1305, citée par Pasquier dans ses *Recherches de la France*, t. II, c. 3, fixa l'ouverture des deux sessions du parlement de Paris aux octaves de Pâques et de la Toussaint, et leur durée à deux mois chacune : plusieurs prélats, entre autres l'archevêque de Narbonne, y figurent, et le parlement est mi-partie de conseillers clercs et laïques ; le roi était revenu, quant à la cour suprême, sur le principe de l'exclusion des clercs, et le maintenait pour les tribunaux secondaires : le parlement jugeant les affaires *réelles* des prélats, et recevant les appels des tribunaux ecclésiastiques comme des laïques pour les choses temporelles, il n'était pas possible d'en exclure les clercs.—Voici quelques-unes des principales dispositions du grand édit de réformation : — Les enquêtes portées à la cour du roi seront jugées sous deux ans au plus tard. — Les sénéchaux, baillis, juges et gardes des foires de Champagne (les grandes foires de Troies), maîtres et gardes des eaux et forêts, seront élus par délibération du grand conseil du roi (ou parlement), et ne pourront plus être membres du grand conseil pendant leur office. — Aucun membre du grand conseil ne peut recevoir de pension d'un particulier ou d'une communauté quelconque.—Les sénéchaux et baillis doivent tenir leurs assises de deux mois en deux mois dans le circuit de leur territoire.—Le nombre excessif des sergents sera réduit (les sergents fournissaient un cautionnement ou *pleige*). — Le roi seul crée et institue les notaires dans le domaine royal. Le salaire des notaires est fixé à tant la ligne ; un denier pour trois lignes. La profession des notaires fut réglementée peu de temps après par une ordonnance spéciale, comme celle des avocats l'avait été sous Philippe le Hardi. — Le roi promet en général de revenir aux bonnes coutumes du temps de saint Louis ; cependant on ne voit pas que Philippe revienne à l'une des meilleures, à celle de donner gratuitement les prévôtés et autres offices, au lieu de les vendre ou de les affermer ; la vénalité des charges est, au contraire, en pleine vigueur sous Philippe.

2. Le vendredi après l'Octave de la Toussaint 1302, impôt de guerre sur tout noble ayant plus de quarante livres de revenu, et sur tout non-noble ayant plus de trois cents livres en mobilier, ou de cinq cents livres en meubles et immeubles, lesquels n'auront point fait *suffisamment* le service dans la dernière campagne. — Le samedi après l'Annonciation 1303, exemption d'host et chevauchée à quicon-

se résigna à un grand et douloureux sacrifice pour obtenir la neutralité du roi d'Angleterre, qui s'apprêtait à profiter de la rupture de son rival avec leur commun arbitre : il changea la trêve en une paix définitive, au prix de la restitution de l'Aquitaine, et abandonna entièrement ses alliés les Écossais aux armes d'Édouard. Perdre l'Aquitaine après la Flandre, perdre le fruit des travaux de tout un règne, quelle amertume pour cette âme orgueilleuse à laquelle tout avait réussi jusqu'alors ! On conçoit le redoublement de furie qui précipita Philippe sur Boniface.

Le roi et ses affidés avaient employé deux mois à répandre dans le public l'accusation portée par Nogaret contre le pape, et à en préparer les suites : le 13 juin, une nouvelle assemblée de prélats et de barons fut réunie au Louvre, et le jurisconsulte Guillaume de Plasian, conseiller au parlement de Paris, parlant tant en son nom qu'au nom du comte d'Évreux, frère du roi, et des comtes de Dreux et de Saint-Pol, déclara se porter partie contre Boniface, et renouvela la requête de Nogaret au roi, touchant la convocation d'un concile général ; les imputations les plus monstrueuses, depuis l'hérésie, le meurtre et l'athéisme jusqu'au vice contre nature, semblent entassées à plaisir dans l'acte d'accusation en 29 articles, rédigé par Plasian, et confirmé par son serment et par celui des trois comtes, ses co-accusateurs. Si l'on n'avait pas, malheureusement pour Boniface, d'autres pièces du procès, on ne pourrait voir dans cette brutale invective que les déclamations vagues d'une haine en délire.

Le roi déclara qu'il agréait la requête de Plasian, comme il avait fait celle de Nogaret, qu'il appelait de toutes les bulles de Boniface au concile général et au futur pape, et qu'il était prêt à procurer de tous ses efforts la réunion du concile : les archevêques de Reims, de Sens, de Tours, de Narbonne, de Nicosie en Chypre, vingt-un évêques, les abbés de Cluni, de Cîteaux,

que paiera vingt pour cent sur un revenu de cent livres et plus. — Le mercredi après la Pentecôte 1303, tout roturier ayant de cinquante livres à cinq cents de mobilier, ou de vingt à cent livres de revenu, marchera en l'host ou se rachètera ; de même tout noble ayant cinquante livres de rente en bien fonds. — Le mercredi après l'Assomption 1303, décime sur les églises à l'occasion de la guerre de Flandre ; le roi, moyennant ce décime, remettait aux clercs le droit d'amortissement sur leurs acquêts.

de Prémontré, et huit autres abbés interjetèrent pareillement appel des procédures de Boniface au concile, mais sous les formes les plus modérées possible, et en exprimant l'espoir de la justification du pape ; ils signèrent toutefois un acte de défense mutuelle avec le roi et les barons. L'assemblée dissoute, le roi expédia dans toutes les provinces de France et de Navarre des agents actifs et zélés, pour obtenir l'adhésion des dignitaires ecclésiastiques et laïques, des universités, des chapitres, des communautés, des seigneurs, des villes et communes. L'université et le chapitre de Paris avaient signé sur-le-champ ; on n'épargna ni l'or, ni les promesses, ni les menaces ; presque partout, les manœuvres des affidés du roi eurent un plein succès, et l'appel au concile fut ratifié avant la fin de septembre par plus de sept cents actes d'adhésion : la plupart des moines, jusqu'aux Hospitaliers et aux Templiers, jusqu'aux Prêcheurs et aux Mineurs, se laissèrent emporter dans la défection presque générale du clergé. Les Prêcheurs de Montpellier, qui refusèrent, furent chassés du royaume. Philippe n'avait pas attendu toutes ces adhésions pour écrire au collége des cardinaux, aux princes et aux divers ordres de Castille, d'Aragon et de Portugal, aux seigneurs et aux républiques d'Italie, afin de les engager à procurer avec lui la réunion de la grande assemblée de l'Église ; il avait défendu à tout ecclésiastique de quitter le royaume sans son congé, sous peine de mort et de confiscation ; il dépêcha deux ambassadeurs au collége des cardinaux, et chargea Nogaret de signifier l'appel à Boniface, et de le faire publier dans Rome. Nogaret était déjà en Italie depuis plusieurs mois, remuant, complotant, intriguant partout, de concert avec les Colonna et les autres ennemis du pape.

Boniface se préparait de son côté aux dernières extrémités ; de même que Philippe, il s'était réconcilié avec la plupart de ses adversaires afin de se réserver tout entier pour la grande lutte : il avait reconnu roi des Romains Albert d'Autriche, qu'il traitait la veille encore d'usurpateur et de meurtrier, et il avait obtenu de lui à ce prix la profession de foi la plus soumise et la plus servile : Albert avait reconnu que l'empereur tenait son pouvoir du pape. Boniface s'était également rapproché des Siciliens, objets de tant d'anathèmes, et avait reçu le serment de féauté de leur roi Frédéric : en même temps, il s'était assuré de la neutralité des Capétiens de Naples, en secondant énergiquement leurs prétentions au trône de Hongrie. A la réception de l'appel et de l'injurieux acte d'accusation qui l'accompagnait, il réunit, le 15 août, à Anagni, sa ville natale, un consistoire de cardinaux, s'y purgea par serment des crimes qui lui étaient imputés, et y publia quatre bulles, dans la première desquelles il répondait avec beaucoup de force et de dignité aux déclamations furibondes de ses ennemis. « Où donc, dit-il, a-t-on pu ouïr dans le monde que nous soyons infecté d'hérésie ? Hier encore, quand nous comblions ce même roi de bienfaits et de priviléges, certes il nous tenoit pour bon catholique; aujourd'hui il nous accable de blasphèmes : pourquoi donc ce changement subit ? Que personne ne l'ignore ! c'est parce que nous avons voulu panser la plaie de ses péchés, qu'il avance contre nous des calomnies aussi insensées. Si une telle voie étoit ouverte aux rois, aux princes et aux puissants, ne seroit-ce pas l'avilissement et la ruine de l'Église ? »

Boniface, affectant de ne pas daigner réfuter les attaques contre ses mœurs privées, terminait en ajoutant que, si Philippe ne s'humiliait promptement, il procéderait contre lui avec une rigueur qu'il n'avait point encore déployée. Par les autres bulles, il interdisait aux universités de France de donner des licences, aux corps ecclésiastiques français d'élire à aucune dignité ou bénéfice, se réservant toutes les provisions et élections. Il s'était enfin décidé à lancer contre le petit-fils de saint Louis la sentence de déposition, acte devant lequel il avait longtemps reculé avec une sorte d'effroi : dans les premiers jours de septembre, fut préparée la bulle qui mettait la France en interdit, cassait tous les priviléges accordés au roi par le saint-siége, déliait tous les sujets de Philippe de leur serment de fidélité, et enveloppait dans l'excommunication encourue par le roi quiconque lui porterait assistance ou recevrait quelque chose de lui. Le 8 septembre était le terme de rigueur fixé par le saint-père : le 8 septembre, jour de la Nativité de la Vierge, la terrible bulle devait être affichée sous le portail de la cathédrale d'Anagni! Boniface fut prévenu.

Boniface n'avait pas prévu les moyens qu'emploieraient ses

ennemis; il ignorait qu'en ce moment même une redoutable conspiration était tramée contre sa personne par les deux plus implacables de tous : l'un était Nogaret, qui, après ce qu'il avait fait, n'avait plus d'alternative que de perdre le pape ou de mourir sur le bûcher; l'autre était *Sciarra* Colonna (Colonna *Querelle*), le plus turbulent, le plus féroce des barons italiens; Boniface l'avait proscrit et traqué comme une bête fauve; Sciarra s'était enfui déguisé, et, pris par des pirates au bord de la mer, était resté quatre ans entiers à ramer sur leur vaisseau, plutôt que de dire son nom, de peur d'être livré au pape. Philippe, averti de son malheur, l'avait racheté et le lançait comme un dogue enragé sur Boniface. Nogaret s'était établi entre Sienne et Florence, au château de Staggia, qui appartenait au Florentin Musciatto dei Francesi, l'intendant des finances du roi, et là, muni d'un plein pouvoir de Philippe, puisant à son gré dans la caisse des riches banquiers Ferrari de Florence, il cabalait secrètement avec tous les seigneurs gibelins du pays, et s'assurait de gens prêts à tout faire. Un beau jour, il partit secrètement de Staggia, rejoignit, à peu de distance d'Anagni, Sciarra Colonna et le capitaine de la ville de Ferentino, Rinaldi de Supino, qui s'était engagé à lui « pour la vie ou la mort du pape ». Les conjurés entrèrent dans Anagni, le 7 septembre au matin, à la tête de trois ou quatre cents hommes d'armes et de quelques centaines de fantassins, en criant : « Mort à Boniface! vive le roi de France! »

Le seigneur Arnulfi, chef de la milice bourgeoise d'Anagni, avait été gagné à prix d'or : il détourna le peuple de défendre Boniface, et l'excita à piller les hôtels des cardinaux et l'immense trésor papal. Le palais du pape fut forcé : le vieux pontife, à la nouvelle de la déroute de sa garde et de la prise de son neveu par Colonna, « versa des larmes amères »; mais l'approche du danger lui rendit toute son énergie. Lorsqu'il entendit briser les portes et les fenêtres de son palais, il se revêtit du manteau de saint Pierre, mit la couronne impériale sur sa tête, et, la croix dans une main, les clefs de saint Pierre dans l'autre, il s'assit sur son trône pour attendre la mort.

L'aspect imposant de ce vieillard, seul sur son siége entre deux cardinaux qui n'avaient pas voulu l'abandonner, étonna un instant la soldatesque. Colonna et Nogaret le sommèrent avec menaces de déposer la tiare et de résigner la papauté. — « Voilà mon cou, voilà ma tête, répondit le vieillard; trahi comme Jésus-Christ, s'il me faut mourir comme lui, du moins je mourrai pape ». Sciarra Colonna l'arracha de son trône, et le frappa, dit-on, de son gantelet au visage; il l'eût tué, si Nogaret ne l'eût retiré des mains de ce forcené. « O toi, chétif pape, dit Nogaret, considère et regarde la bonté de mon seigneur le roi de France, qui, si loin que soit de toi son royaume, par moi te garde et te défend! » (Chron. de Saint-Denis.) Et il lui déclara qu'il ne serait châtié que par un concile général, mais que, s'il ne voulait pas se rendre en France de bon gré pour attendre le concile, on le conduirait garrotté jusqu'à Lyon. « Je me consolerai, répondit fièrement Boniface, d'être condamné par des *patarins* pour la cause de l'Église! » Le grand-père de Nogaret avait été brûlé comme patérin et albigeois.

La fermeté du vieillard déconcertait ses bourreaux : Nogaret hésita jusqu'au surlendemain à exécuter sa menace, et à traîner le pape prisonnier hors d'Anagni; il espérait que la constance du vieillard céderait à la souffrance morale et physique, et qu'il se résignerait au départ. Du samedi 7 septembre au soir jusqu'au lundi matin, le pape, soit qu'on le laissât manquer de tout, soit qu'il craignît d'être empoisonné, ne prit aucune nourriture. Nogaret se décida trop tard : le peuple d'Anagni, sa première effervescence passée, s'était repenti d'avoir livré son compatriote et son souverain spirituel et temporel aux mains étrangères; le 9 septembre, il se souleva avec fureur, et, renforcé par les habitants des villages voisins, il assaillit le palais, tailla en pièces les gardiens du pape, et força Nogaret et Colonna de quitter la ville au galop avec les débris de leurs gens d'armes, abandonnant la bannière de France qu'ils avaient arborée sur le palais pontifical. Le pape fut porté en triomphe sur la grande place : il remerciait le peuple en pleurant, et priait les bonnes âmes de lui apporter du pain et du vin, parce qu'il se mourait de faim. Il déclara qu'il faisait l'abandon de tout ce qu'on lui avait pris, et qu'il ne voulait que paix, la paix avec les Colonna, avec le roi de France, avec tous ses ennemis; puis il partit pour Rome, où il projetait, de son côté, de convoquer un concile. Mais ce qu'il avait souffert surpassait les forces d'un vieillard de quatre-vingt-six ans; arrivé à Rome, il fut pris d'une fièvre chaude : l'attendrissement des premiers moments de sa délivrance s'était changé en fureur; il blasphémait, il se débattait, il grinçait des dents : « Il chut en frénésie, dit le continuateur de Nangis, si bien qu'il mangeoit ses mains : il mourut sans dévotion et sans provision de foi (sans confession ni viatique), et furent ouïs de toutes parts, à l'instant de sa mort, tonnerres et foudres non accoutumés, et non apparents aux contrées voisines. » (11 octobre)[1].

La mort de Boniface, si heureuse qu'elle pût être pour Philippe, ne décidait pas la grande querelle : la papauté n'était pas morte, et le sacré-collége, avant que le roi de France eût le temps d'entraver ou de dominer l'élection, s'était hâté d'élire pape un des deux cardinaux qui étaient restés aux côtés de Boniface durant la terrible scène d'Anagni. Nicolas de Trévise, ou Benoît XI, comme il s'appela, homme d'une naissance obscure, qui s'était élevé par son mérite et par ses vertus, balança longtemps avant de prendre un parti : il connaissait la puissance des ennemis de son prédécesseur, il les savait capables de tout, et son courage faiblissait devant le péril de sa situation. Il fit pour le rétablissement de la paix de l'Église tout ce que permettait sa dignité : il révoqua les sentences lancées par Boniface contre le roi, contre les universités, contre l'église gallicane, et n'excepta nommément que Nogaret de la levée des censures; mais ces concessions ne suffisaient pas à Philippe ni à ses conseillers : ils ne voulaient pas être amnistiés, mais vaincre et punir, mais faire condamner leur adversaire dans sa mémoire, puisque sa personne leur avait échappé par la mort. Boniface fut poursuivi jusque dans la tombe; le roi répandit en France un libelle, intitulé *la Vie et la Mort du pape Maléface;* le feu pontife y était représenté comme un sorcier qui avait vécu entouré de démons familiers, et dont la fin avait été signalée par d'horribles prodiges; puis Philippe se fit adresser une requête où l'on réclamait, au nom du peuple de France, que

---

1. Sur la fin de la vie de Boniface, voyez Villani, t. VIII, c. 63.—Thom. Walsingham, *Hist. Ang.*—Dupuy, *Preuves*, p. 192-202.

Boniface fût condamné comme hérétique, pour avoir prétendu *seigneurie* sur le temporel du roi et du royaume, et il envoya au pape et aux cardinaux, « afin de procurer la tenue du concile », une ambassade à la tête de laquelle se trouvait Plasian; Nogaret lui-même y était associé.

C'en était trop : Benoît XI se résolut à tout braver pour venger l'honneur du saint-siége, et, le 7 juin 1304, il excommunia solennellement Nogaret, Sciarra Colonna, et treize autres personnages français ou italiens, qu'il avait vus de ses propres yeux à la tête des bandes qui envahissaient le palais de Boniface : dans la sentence était enveloppé « quiconque avoit prêté secours, conseil ou faveur à ces hommes très scélérats, dans la perpétration de leur détestable attentat contre la personne de Boniface VIII, de bonne mémoire ».

Benoît XI ne survécut pas un mois à la publication de sa bulle. On cria au poison. La clameur publique accusa soit les cardinaux, ennemis personnels du pape, soit Nogaret, les Colonna, le banquier Musciatto Francesi, les agents de Philippe le Bel, enfin. L'Église se tut, le sacré consistoire trembla, et l'on n'intenta aucunes poursuites. Durant neuf mois, le conclave ne put s'entendre sur le choix du successeur de Benoît XI, et Philippe le Bel, pendant ce temps, prépara tout à loisir les plans par lesquels il comptait mettre la papauté hors d'état de jamais lui nuire ou lui résister. Il put aussi reprendre la guerre de Flandre. Tout occupé de sa lutte avec Boniface, il avait laissé l'offensive aux Flamands durant la campagne de 1303 : les Flamands avaient enlevé Middelbourg et une grande partie des îles de Zélande au comte de Hainaut; ils avaient entamé le domaine royal de France, pris et brûlé Térouenne et mis le siége devant Tournai. Philippe ne sauva Tournai qu'en signant une trêve avec les rebelles, au mois de septembre 1303, et en rendant provisoirement la liberté au vieux comte de Flandre, à condition qu'il se reconstituerait prisonnier si la trêve n'était convertie en une paix définitive. Le comte Gui fut bien reçu par ses sujets; ses infortunes leur avaient fait oublier ses fautes; mais il ne put ni ne voulut amener les Flamands aux conditions onéreuses qu'exigeait Philippe : après avoir joui de sa dernière année de liberté, il revint dégager ses otages et rentrer dans sa prison de Compiègne, où il s'éteignit au bout de quelques mois (février 1305).

A la nouvelle de la mort de Boniface, Philippe s'était apprêté à agir sérieusement du côté de la Flandre. Il rendit, en octobre 1303, une ordonnance de la plus haute importance, et qui rappelle le système militaire de Charlemagne. Cet édit, tout à fait en dehors des coutumes et du droit féodal, obligeait tous les propriétaires nobles ou ecclésiastiques à fournir un gentilhomme équipé et monté, par cinq cents acres de terre; les non nobles devaient fournir six sergents à pied, dont quatre piquiers et deux arbalétriers, par cent feux; l'équipement de ces sergents consistant dans un bassinet, petit casque sans visière ni gorgerin, et une cotte d'étoffe piquée ou de mailles de fer. Le roi, dans le préambule de l'édit, s'excuse de l'avoir promulgué sans le concours de tous les prélats et barons, vu l'urgence (*Ordonn.* I, p. 383). L'ordonnance ne tarda pas à être modifiée, et l'homme d'armes équipé fut remplacé par un impôt de cent livres; « les taillables haut et bas », qui n'étaient point hommes du roi, durent fournir deux sergents par cent feux. Peu de temps après, le roi défendit les guerres privées à toujours, et les duels et les tournois jusqu'à la paix générale. Les guerres privées n'étaient pourtant pas encore près de disparaître.

Cette défense eut lieu durant une excursion dans les provinces du Midi, où Philippe avait été appelé par divers intérêts, entre autres par la réunion des comtés de la Marche et d'Angoulême à la couronne : le dernier comte de la maison de Lusignan, Hugues XIII, avait engagé ces deux comtés à Philippe pour une forte somme, et le roi se les fit adjuger par le parlement après la mort de Hugues XIII, malgré les réclamations des collatéraux. Cette acquisition consola un peu Philippe de la perte de la Guyenne. Philippe tâcha de se faire bien venir des Languedociens, en augmentant les priviléges des magistrats et des bourgeois de Toulouse, de Narbonne, de Carcassonne, de Béziers; mais ses faveurs, comme ses violences, avaient toujours le même but, l'argent, et il ne repartit pas sans avoir levé une nouvelle subvention de guerre sur le Languedoc. Cette taxe, du moins, fut établie d'une façon régulière : on assembla les Trois États, et les commissaires du roi traitèrent de gré à gré avec les barons et avec les consuls des villes. Il eût été désirable que Philippe ne s'y prît pas autrement dans le Nord, et surtout qu'il n'eût pas recours à des impôts *indirects*, comme les altérations de monnaies, infiniment plus pernicieux !

Philippe fut enfin prêt à agir avec vigueur contre la Flandre à l'expiration de la trêve : il avait pris à sa solde seize galères génoises, qui firent le tour de l'Espagne pour venir assaillir la Flandre maritime. Vers le commencement d'août, le roi assit son camp près de Tournai : on y comptait douze mille hommes d'armes, un des plus grands corps de chevalerie qu'eût jamais levés un roi de France dans une guerre non religieuse (on ne dit pas le nombre des gens de trait à cheval), et soixante mille fantassins des communes et des campagnes, médiocrement équipés et peu exercés aux armes. L'infanterie flamande, au contraire, était presque aussi belle à voir et aussi bien harnachée que la gendarmerie française, quoique moins pesamment armée. Soixante mille Flamands s'étaient rassemblés devant Lille sous le commandement de Philippe de Flandre, dit de Riéti, un des fils du comte Gui, accouru de Naples, où il avait quelques fiefs, pour offrir son bras à ses compatriotes.

La campagne s'ouvrit malheureusement pour la Flandre : avant l'arrivée de Philippe le Bel à Tournai, un corps de quinze mille Flamands, dirigé par Gui de Namur, avait repris les hostilités en Zélande et assiégeait par terre et par mer Zierikzée, où s'était renfermé le comte de Hainaut. Les galères génoises du roi, jointes aux escadres normande et poitevine, battirent la flotte flamande, prirent Gui de Namur et firent lever le siége de Zierikzée. Philippe, encouragé par ce premier succès, et impatient de laver la tache imprimée à sa renommée par la retraite de 1302, marcha droit à l'armée rebelle, campée près de Mons-en-Puelle, dans la châtellenie de Lille. Les Flamands, à l'imitation des anciens Barbares, s'entourèrent d'un double rang de chariots et de palissades, « afin que nul ne les pût transpercer ni envahir sans grand péril ». Le roi et sa chevalerie se souvinrent de Courtrai : au lieu de se ruer sur les lignes de l'ennemi, ils se contentèrent de le harceler toute la journée par de fausses alarmes. Les fantassins gascons et languedociens ne cessèrent de voltiger autour des retranchements en y faisant pleuvoir une grêle de pierres et de flèches : ils tenaient les Flamands en alerte sous un ardent soleil d'automne, « sans les laisser manger ni boire ».

On avait, sur ces entrefaites, entamé quelques pourparlers : « beaucoup de François, dit la chronique de Saint-Denis, croyant, pour les messagers qu'ils avoient vus aller d'un camp à l'autre, que la paix fût du tout faite et réformée, se désarmèrent et s'épandirent çà et là; car ils *cuidoient* (croyaient) qu'il n'y auroit point de bataille ce jour-là ». Tout à coup les Flamands, comme le jour baissait, se précipitèrent hors de leurs tentes et fondirent sur l'armée du roi; ils étaient formés en trois colonnes que guidaient Philippe de Riéti, son frère Jean de Namur, et son cousin Guillaume de Juliers. Les deux premiers de ces chefs culbutèrent les escadrons des comtes de Valois et de Saint-Pol, et plusieurs autres compagnies de gendarmerie, tandis que Guillaume de Juliers marchait droit au pavillon royal. La tente du roi fut forcée : Philippe le Bel vit massacrer à quelques pas de lui un chevalier et deux bourgeois de Paris attachés au service de sa personne : il eût été infailliblement pris ou tué, si les Flamands l'eussent reconnu à quelque insigne distinctif; mais, comme il ne portait ni sa cotte fleurdelisée, ni son heaume à couronne d'or, il put s'échapper à la faveur du tumulte, tandis que les Flamands, s'estimant déjà vainqueurs, mettaient sa tente au pillage.

Philippe ne s'était pas évadé pour fuir, mais pour aller chercher des armes et un *destrier*. « Quand le roi fut à cheval, dit la chronique de Saint-Denis, il montra très fier et très hardi semblant à ses ennemis. Les François, qui, déjà saisis de peur, se vouloient disperser et enfuir, voyant le roi faire si noble contenance, et les Flamands tirer tous vers lui, se hâtèrent vitement de revenir à l'aide, en criant tous ensemble : *Le roi se combat! le roi se combat!* La bataille lors alla croissant. Entre eux et les Flamands, merveilleuse, forte et âpre fut la mêlée : mais les Flamands à la fin eurent du pire; d'eux fut fait si grand *abattis* qu'ils ne purent plus soutenir le combat, mais tirèrent à la fuite, délaissant charrettes et chariots et tout appareil de guerre. Et, ainsi la bataille parfaite et finie, le roi Philippe, à torches de cire allumées, s'en revint aux tentes avec sa noble chevalerie; et, comme il fut dit, si le roi Philippe ne se fût si noblement et si vertueusement contenu, si en aucune façon il eût montré la queue de son cheval aux Flamands, l'host des François eût été, pour certain, déconfit et mis à néant (18 août)[1]. »

La victoire avait été chèrement achetée : plus de quinze cents hommes d'armes étaient restés sur le champ de bataille; les Flamands avaient perdu Guillaume de Juliers, un des héros de Courtrai, avec environ six mille hommes; le gros de leur armée s'était retiré en désordre dans la direction d'Ypres, tandis que Philippe de Riéti se jetait dans Lille avec quelques milliers de gens d'élite. Le roi entama sur-le-champ le siége de Lille, croyant le sort de la guerre décidé et l'armée ennemie dispersée : il fut saisi d'étonnement et presque d'effroi, lorsque des hérauts vinrent lui dénoncer une nouvelle bataille de la part des communes de Flandre, qui revenaient sous la conduite de Jean de Namur. L'armée de Flandre s'était reformée à Ypres; des renforts étaient accourus de Bruges, de Gand, de toutes les villes flamandes. — Mieux vaut, répétait chaque commune en courant aux armes, mieux vaut mourir au combat que de vivre en servage! Ils revinrent aussi nombreux que devant.

Le roi Philippe n'avait ni les vertus ni les défauts de la chevalerie : il ne se soucia pas de jouer, par point d'honneur, sa vie et celle de toute sa noblesse contre cet héroïque désespoir : il accueillit avec empressement l'offre de médiation que lui firent le duc de Brabant et le comte de Savoie. Des négociations s'ouvrirent : Philippe consentit à reconnaître les franchises de la Flandre, et à remettre en liberté Robert de Béthune, fils aîné et héritier du comte Gui, et tous les autres prisonniers flamands; il reconnut Robert de Béthune comte de Flandre, et donna à Robert et à son fils Louis l'investiture des comtés de Nevers et de Rethel, qui leur appartenaient par mariages; les Flamands s'engagèrent à payer au roi de France 200,000 livres pour les frais de la guerre, et lui livrèrent Douai, Lille, Orchies, Béthune,

---

1. En mémoire de cette journée, on érigea, dans une des chapelles de Notre-Dame de Paris, une statue équestre de Philippe le Bel; ce monument a été détruit à la Révolution.

toute la partie de la Flandre située entre l'Escaut et la Lys, qu'on nommait Flandre française ou wallonne (*welche*), parce qu'on y parlait le français et non le dialecte tudesque des Flamands proprement dits. Le traité définitif, qui avait été précédé d'une trêve, fut signé le 5 juin 1305 : la plus importante de ses clauses devait donner lieu plus tard à de graves débats; les Flamands assurèrent n'avoir point entendu céder, mais seulement engager la Flandre française à Philippe en garantie du paiement des frais de la guerre.

Cette guerre de Flandre est un des grands événements de notre histoire : elle avait appris à l'Europe que des bataillons de bourgeois et d'artisans pouvaient triompher de la gendarmerie féodale, et que l'infanterie, si méprisée, pouvait vaincre la cavalerie sur le champ de bataille; elle avait offert le glorieux spectacle de quelques villes libres résistant avec succès à toutes les forces d'un grand royaume asservi au despotisme d'un seul homme. L'association industrielle, la *ghilde* bourgeoise, avait ses héros dans les Flamands, comme la rustique liberté des vieux cantons teutoniques allait avoir les siens dans les montagnards suisses, dont la révolution nationale éclata en 1308; enfin, comme un principe plus ancien encore, l'indépendance patriarcale du clan gaélique avait aussi ses indomptables champions dans les montagnards écossais de Wallace et de Bruce. Les plus nobles éléments du passé et de l'avenir protestaient à la fois contre le despotisme moderne à son début.

La paix de Flandre rendit Philippe tout entier à ses projets sur la papauté : c'était de ce côté qu'il espérait trouver le dédommagement de ses pertes et de ses sacrifices, et il roulait déjà dans sa tête les terribles desseins dont l'Europe vit bientôt l'exécution. Le conclave, assemblé à Pérouse, après la fin subite de Benoît XI, délibérait depuis neuf mois sans pouvoir s'accorder sur l'élection d'un pape; la faction des Colonna, fortifiée par l'or et les intrigues de Philippe, balançait dans le sacré-collège l'influence des amis et des créatures de Boniface VIII. Enfin, de guerre lasse, les deux partis en vinrent à une transaction : il fut convenu que la faction italienne, celle des amis de Boniface, désignerait trois candidats parmi les prélats français étrangers au sacré-collége, et que la faction française, dans les quarante jours, choisirait le pape entre les trois. Les Italiens désignèrent trois archevêques qui devaient leur promotion à Boniface VIII, et qui passaient pour hostiles à Philippe le Bel. Dès que les trois candidats furent connus, le cardinal del Prato, chef du parti français, dépêcha un courrier à Philippe pour lui porter leurs noms et l'avertir de prendre ses mesures en toute hâte. Le courrier fit tant de diligence qu'il arriva de Pérouse à Paris en onze jours. Un des trois prélats désignés était Bertrand du Goth[1], gentilhomme gascon du Bazadois et sujet du roi d'Angleterre, ancien protégé de Boniface VIII, qui l'avait élevé à l'archevêché de Bordeaux. Bertrand avait toujours montré beaucoup d'attachement à son patron et de malveillance pour le roi de France; mais Philippe, qui savait juger les hommes, connaissait trop bien cet archevêque pour le redouter : Bertrand était de ces âmes vulgaires qui ne peuvent s'élever à la véritable ambition, et qui ne voient dans les grandeurs humaines qu'un moyen d'assouvir leurs passions sensuelles et cupides.

C'était bien là l'homme qu'il fallait à Philippe. Le roi imposa, dit-on, à Bertrand, six conditions qu'il accepta sans balancer; Bertrand promit 1° de réconcilier Philippe avec l'église romaine; 2° de révoquer toutes les censures fulminées contre les officiers, sujets et alliés de Philippe; 3° de lui octroyer la dîme de tous les revenus du clergé de France pendant cinq ans, en raison des dépenses de la guerre de Flandre, comme si la guerre de Flandre eût été une guerre sainte; 4° de condamner et *anéantir* la mémoire du pape Boniface; 5° de rétablir les Colonna, proscrits par Boniface, dans tous leurs biens et honneurs, et d'élever au cardinalat plusieurs des amis du roi de France. Quant à la sixième condition, Philippe ne la révéla point à l'archevêque de Bordeaux; mais il requit Bertrand de jurer sur l'hostie qu'il remplirait cette condition, quelle qu'elle fût, à la première sommation. Bertrand se soumit à tout, et donna en otages un de ses frères et deux de ses neveux[2].

1. Par corruption, d'Agoût.
2. Suivant G. Villani, que tous les historiens ont suivi, Philippe aurait donné rendez-vous à Bertrand, à Saint-Jean-d'Angéli, en Saintonge, pour traiter l'af-

Philippe renvoya aussitôt à Pérouse le courrier du cardinal del Prato, et, le 5 juin 1305, le trente-cinquième jour après le départ de la dépêche du cardinal, Bertrand du Goth fut élu par les cardinaux français et reconnu par les italiens ; le nouveau chef de l'Église prit le nom de Clément V. Au lieu de passer les Alpes pour aller recevoir la tiare à Rome, il convoqua les cardinaux à Lyon, où il se fit sacrer, le 14 novembre, « dans l'église du château royal, dite l'église de Saint-Just », en présence de Philippe le Bel, du vieux don Jayme, roi de Majorque, et d'une foule de prélats et de barons. Les cardinaux italiens avaient bientôt reconnu qu'on les avait cruellement joués : « Vous voilà donc venu à vos fins, avait dit le doyen de la faction italienne, Matheo dei Orsini, au cardinal del Prato : vous nous menez au-delà des monts ; l'Italie ne reverra de longtemps le saint-siége ».

Le vieux Matheo disait vrai : le saint-siége était pour bien des années fixé en France : la question de suprématie du spirituel sur le temporel venait d'être retournée ; à peine la cause de l'indépendance mutuelle des deux puissances semblait-elle avoir vaincu, que déjà l'insaisissable limite était dépassée, et que le temporel asservissait à son tour le spirituel.

Le couronnement de Clément V fut signalé par une catastrophe de lugubre présage : au sortir de l'église de Saint-Just, située dans le château de Lyon, qui relevait de la France, Clément était monté à cheval, conduit en grand honneur par le roi qui marchait près de lui, « par une pieuse humilité », et qui tenait la bride de son cheval. A la sortie de la cour, le roi remit Clément aux comtes de Valois et d'Évreux, et à Jean, duc de Bretagne, qui le conduisirent en même façon jusqu'à son logis. Une innombrable multitude de peuple s'étant amassée à ce spectacle, un pan de mur, ébranlé par le poids de la foule, s'écroula avec fracas ; le duc de Bretagne fut écrasé sous les ruines, ainsi qu'un frère du pape ; le comte de Valois fut grièvement blessé ;

---

faire de vive voix. M. Rabanis, en publiant l'*Itinéraire* de l'inspection pastorale que fit l'archevêque de Bordeaux dans sa province, de 1304 à 1305, a prouvé que Bertrand du Goth n'avait pas mis le pied en Saintonge à l'époque indiquée. Il n'eut donc pas d'entrevue personnelle avec le roi, et l'affaire fut apparemment conclue avec quelque affidé de Philippe. *v. Itinéraire de Clément V*, etc., extrait des mss. des Archives de la Gironde ; Bordeaux, 1850.

beaucoup d'autres personnes furent tuées ou meurtries, et le pape lui-même tomba de cheval et eut sa tiare mise en pièces (Contin. Nangii).

Quelques jours après, à la suite d'un repas donné après la première messe pontificale de Clément V, il s'éleva entre ses gens et ceux des cardinaux une si violente querelle qu'un autre de ses frères y perdit la vie (Math. de Westminster). Clément ne démentit point ces funestes augures.

Clément se hâta d'acquitter en grande partie le prix de son marché simoniaque : le 15 décembre 1305, il fit une promotion de neuf cardinaux français, tous affidés du roi ou parents et amis du pape; l'un d'eux était le confesseur du roi et le cousin du *chambrier* Enguerrand de Marigni, personnage qui gouvernait tout le fait de l'administration et des finances, et qui « sembloit un second roi », dit le biographe de Clément V (Bernard Guidonis) : d'autres étaient d'anciens professeurs en droit civil. Le 1er février 1306, Clément révoqua la bulle *Clericis laïcos*, qui interdisait au roi de faire des levées d'argent sur le clergé, et, sans révoquer positivement la bulle *Unam sanctam*, qui établissait la souveraineté du pape sur tous les rois, il déclara qu'elle ne pouvait porter préjudice au roi ni au royaume de France, ni les rendre plus sujets à l'église romaine qu'ils n'étaient auparavant. Clément accorda ensuite au roi la dîme des revenus de l'église gallicane pour cinq années. L'église de France était, comme dit le contemporain Walsingham, entre *Hérode et Pilate :* Clément, tout en livrant la part du roi, faisait largement la sienne. Après avoir dévoré l'église de Lyon en six mois de séjour, il avait repris avec sa cour le chemin de Bordeaux, son ancien diocèse, au lieu de la route d'Italie : partout où il passait, il mettait évêques et abbés à la mendicité. Il mangea ainsi Mâcon, Cluni, Nevers, Bourges surtout et Limoges. L'archevêque de Bourges fut réduit par ce terrible hôte à une telle indigence qu'après le départ du pape, il lui fallut, pour ne pas mourir de faim, aller recevoir sa « portion congrue » au chapitre comme un simple chanoine. Les parisis et les tournois des prélats de France coulaient à flots dans le giron de la belle et insatiable Brunissende de Foix, femme du comte Talleyrand de Périgord, qu'entretenait presque publiquement le saint-père. Les légats et tous les officiers de la cour papale imitaient le maître et pillaient à l'envi : le scandale de leurs déprédations fut si énorme que Philippe craignit qu'on ne lui laissât rien, et adressa au pape de vives remontrances [1].

Philippe voulait bien payer les services de son pape, mais non pas à si haut prix ; bien que la royauté n'eût plus à supporter les dépenses de la lutte contre Rome ni de la guerre de Flandre, elle n'avait pas trop de toutes les ressources de la France pour elle seule. Elle abusait étrangement de ces ressources.

Philippe, devenu plus hardi dans la tyrannie, ne croyait plus avoir besoin de tant de ménagements envers les bourgeois. Une sourde irritation, causée par une misère toujours croissante, fermentait parmi le peuple des villes. En 1304, une *béguine* ou dévote, ayant prophétisé contre le roi, avait été torturée, puis enfermée : un écolier de l'université, ayant parlé trop librement des affaires publiques, avait été pendu par ordre du prévôt de Paris : l'université cessa ses leçons ; l'official de Paris enjoignit aux curés et au peuple d'aller en procession jeter des pierres contre la maison du prévôt, en criant : *vade retro, Satana :* le prévôt fut obligé d'aller demander absolution en cour de Rome. Durant l'hiver de 1304 à 1305, une cruelle disette avait désolé le nord de la France : « le setier de froment se vendit à Paris jusqu'à six livres tournois. Le roi ayant publié un édit qui défendoit de vendre le setier plus de quarante sous parisis, la cherté augmenta à un point excessif au lieu de diminuer. Elle ne diminua peu à peu que lorsque l'édit eut été révoqué, et que les greniers des

---

[1]. Ce que je ouis dire
Ne quiers dédire ;
Car Jésus-Christ
Nous fait savoir
Que né pour *voir* (pour vrai)
Est Ante-Christ.

—

Plus n'est lié,
Car délié
Court par le règne ;

Le pape sert ;
Au roi dessert,
Comment il règne.
. . . .
Coutume bonne
Partout se mue (se change).
. . . .
Pape Clément
. . . .
Tu n'as amie
Fors la pécune.

Chanson du pape, du roi et des monnoies, ap. *Bulletin de la Société de l'Hist. de France,* t. II, p. 221.

riches eurent été fouillés ». Philippe avait sans doute visé à la popularité en taxant le blé et en forçant les détenteurs à vendre ; mais, en même temps, il ne cessait d'altérer les monnaies : pendant l'année 1305, il changea cinq fois le poids et le titre du numéraire, bouleversant ainsi toutes les existences, rendant les transactions commerciales presque impossibles, et, pour retirer des falsifications monétaires un profit momentané, tarissant ses propres revenus par l'apauvrissement de ses sujets. Le Languedoc, la province la plus commerçante du domaine royal, était la plus grièvement atteinte par les altérations de monnaies : les idées de l'évêque Bernard de Saisset recommencèrent à agiter les têtes, et une conspiration, sérieuse cette fois, s'ourdit dans plusieurs villes pour se donner, dit-on, au fils du roi de Majorque. Ce complot, dont le succès était impossible, fut découvert ; les huit consuls de Carcassonne furent pendus avec six de leurs concitoyens, pour crime de haute trahison ; quarante citoyens de Limoux subirent le même sort, et les villes de Carcassonne, Limoux, Narbonne et Lodève furent privées de leurs consulats[1].

Ce mouvement s'était rattaché à une violente réaction contre la tyrannie des inquisiteurs, réaction qui alla jusqu'à une recrudescence combinée du manichéisme et de la religion du Saint-Esprit. Les idées de l'*Évangile éternel* se relevaient parmi les franciscains, et ce fut un Frère Mineur, appelé Bernard, qui se mit à la tête du mouvement contre l'Inquisition d'abord, puis contre le roi, parce que le roi, après avoir paru quelque temps disposé à réprimer les inquisiteurs, trouvait plus utile de les prendre pour instruments[2].

Avec ces premiers mouvements hostiles de la bourgeoisie, coïncide un édit tout opposé à la politique habituelle du roi. Par

1. *Hist. de Languedoc*, l. LXXIX, c. 6, 7. « En ce même an, dit la chronique de Saint-Denis, se mut une grand' dissension à Beauvais entre l'évêque Simon et le peuple, en telle manière que ledit évêque n'osoit plus entrer en la cité. C'est pourquoi l'évêque fit alliance avec les nobles hommes contre ceux de la cité, car il étoit noble homme ; et il fit tant qu'il prit quelques bourgeois par embûches et *ardit* (brûla) les faubourgs. Quand le roi sut cela, il manda l'une et l'autre partie, et leur commanda de cesser les hostilités et les fit punir ; car les deux parties avoient excédé les bornes légitimes l'une contre l'autre ».

2. *v.* Schmidt, *Hist. des Cathares*, t. I, p. 346 et suiv.

une ordonnance du 1er juin 1306, Philippe permit les gages de bataille dans les accusations capitales, lorsqu'elles ne pouvaient être prouvées par témoins, et régla le cérémonial des combats à outrance. Il voulait sans doute s'assurer l'appui de la noblesse, pour le cas où les troubles populaires acquerraient plus de gravité. Les partisans du droit de l'épée ne furent peut-être pas seuls à se réjouir de cette ordonnance, tant la nouvelle procédure avait enfanté de fraudes, de parjures et de scandales.

Quelques semaines après, Philippe fit arrêter en un seul jour tous les Juifs de ses états, s'empara de leurs biens meubles et immeubles, et leur ordonna de sortir de France, sous peine de mort. Les débiteurs des Juifs ne profitèrent de cette grande iniquité que par la remise des intérêts de leurs dettes, car ils furent forcés d'en solder le capital au fisc. L'espèce de protection dont les Juifs avaient joui jusqu'alors sous Philippe avait dû les rendre moins défiants; le coup de filet ne fut peut-être pas cependant aussi magnifique que l'avait pensé le roi; les Juifs savaient mettre à couvert une bonne partie de leurs richesses : ils avaient déjà inventé la lettre de change, ce talisman protecteur du négoce moderne. Les dépouilles des Juifs ne suffirent pas au roi : les altérations réitérées des monnaies avaient opéré d'immenses perturbations : le marc d'argent, qui donnait sous Philippe le Hardi 2 livres 15 sous 6 deniers tournois, était monté à 8 livres 8 sous de la monnaie de Philippe le Bel, et la livre tournois était tombée de sa valeur primitive de 20 francs à celle d'environ 5 francs 95 centimes; mais les monnaies falsifiées avaient fini par n'être plus admises dans le commerce que pour leur poids et leur titre réels, tandis que le trésor était obligé de les accepter au taux des ordonnances. Le roi, se voyant à son tour victime de sa propre déloyauté, frappa soudain de nouvelles monnaies au titre de celles de saint Louis, et fit proclamer par tout le royaume, qu'à compter de la Notre-Dame d'août, toutes les recettes de revenus et remboursements de dettes s'opéreraient « au prix de la nouvelle monnoie », tandis que « l'autre » ne serait reçue que pour le tiers de la valeur que lui avaient assignée les ordonnances (8 juin).

La patience populaire était à bout : les propriétaires des maisons ayant voulu exiger de leurs locataires les loyers en « forte monnoie, la multitude du commun peuple fut désolée de voir le prix accoutumé triplé de la sorte ». On ne s'en tint pas longtemps à la plainte. « Bientôt s'émurent plusieurs du menu peuple, comme foulons, tisserands, taverniers, et autres ouvrant d'autres métiers, qui firent alliance ensemble, et se tournèrent contre un bourgeois appelé Étienne Barbette, homme riche et puissant, directeur de la monnoie et de la *voierie* de Paris». La foule, armée de bâtons, commença par envahir et incendier un des beaux *courtils* (courtilles, maisons de campagne) qu'Étienne Barbette avait hors les murs; puis elle se rabattit sur la rue Saint-Martin, où était l'hôtel d'Étienne Barbette, et saccagea l'hôtel. Le roi était accouru au Temple, dans le voisinage de l'émeute. La multitude alla droit au Temple, criant qu'elle voulait parler au roi. Philippe fit fermer les portes. Le peuple l'assiégea dans le Temple, « si bien que nul n'osoit ni entrer ni sortir, et les viandes que l'on apportoit pour le roi, ils les jetèrent en la boue. Philippe leur dépêcha le prévôt de Paris et les maîtres de l'hôtel le Roi, lesquels, par douces paroles et *blandissements,* les engagèrent à retourner paisiblement en leurs maisons, avec promesses que dorenavant mieux seroit pourvu aux affaires du peuple». Une fois l'émeute dissipée, « le roi commanda que, pour la viande qu'ils lui avoient épandue et jetée en la boue, et pour le fait dudit Etienne Barbette, vingt-huit hommes fussent pendus aux principales entrées de Paris; ce qui causa grand'douleur au menu peuple » (Chroniq. de Saint-Denis).

Le roi, néanmoins, recula après s'être vengé, et modifia son ordonnance au bout de quelques semaines. On ne fut plus obligé de solder en bonne monnaie les engagements contractés lorsque la mauvaise avait cours. Les esprits se calmèrent un peu, et l'hiver se passa sans encombre.

Au printemps de 1307, le roi partit pour aller tenir avec le pape, à Poitiers, une conférence annoncée depuis un an, et attendue dans toute l'Europe : on ne parlait que de croisade, que de la recouvrance de Constantinople et de Jérusalem ; on annonçait à grand bruit que le frère du roi, Charles de Valois, qui avait épousé l'héritière des empereurs de la maison de Courtenai, allait marcher à la conquête de l'empire d'Orient: le pape lui accorda deux décimes des revenus de l'église gallicane, et bien d'autres faveurs ; en même temps, les grands-maîtres du Temple et de l'Hôpital avaient été mandés du fond de la Chypre, pour débattre, disait-on, l'entreprise de la Terre-Sainte. Tous les yeux étaient tournés vers Poitiers ; le pape eût bien voulu, comme le peuple, pouvoir prendre au sérieux les démonstrations qui masquaient les projets réels de Philippe : le pacte simoniaque commençait à accabler Clément, qui mesurait avec effroi l'abîme où l'avaient entraîné ses passions. Il en était malade de chagrin et de terreur. Tant qu'il ne s'était agi que de rançonner l'Église de compte à demi avec le roi, et d'ouvrir le sacré-collége aux créatures de Philippe, la conscience de Clément ne s'était pas troublée pour si peu ; mais, maintenant, Philippe réclamait impérieusement l'exécution d'une autre promesse, la condamnation de Boniface. Les conséquences en étaient bien autrement effrayantes : si Boniface était condamné comme hérétique et usurpateur du saint-siége, tous ses actes étaient annulés ; s'il avait été « faux pape », tous les cardinaux, tous les évêques qu'il avait nommés, étaient « faux cardinaux, faux prélats » ; le sacré-collége était dissous, l'Église bouleversée, la chaîne traditionnelle rompue ; l'élection même de Clément était illégitime, et tout s'abîmait dans une désorganisation immense ! Philippe, cependant, insistait, insistait toujours, et semblait sourire d'avance à ce chaos.

Le cardinal del Prato, premier auteur du pacte de Clément avec le roi, tira le pape d'embarras par un avis très sensé : ce fut de répondre au roi qu'il y avait de graves difficultés de la part des cardinaux, et que, dans l'intérêt même des desseins de Philippe, il convenait de déférer ce grand procès à un concile universel. Philippe, qui avait tant invoqué le concile, n'eut rien à répliquer ; il consentit, bien que d'assez mauvaise grâce, à laisser l'examen et la disposition de l'affaire au pape et à l'Église. On convint que le concile s'assemblerait à Vienne sur le Rhône, où les prélats ne paraîtraient pas être tout à fait sous la main de Philippe, quoique Vienne et ses dauphins fussent en réalité très soumis à l'influence du roi de France. Clément révoqua, en attendant, toutes les sentences d'excommunication ou autres peines portées contre le roi et les siens, y compris même

Nogaret, à condition que celui-ci subît la pénitence qui lui serait imposée (1ᵉʳ juin 1307)¹.

Mais l'affaire de Boniface VIII n'était pas le seul tourment du saint-père : ce n'était pas seulement la mémoire des morts qui avait été débattue entre le roi et le pape, mais aussi le sang des vivants, la vie d'une foule d'illustres personnages, l'existence d'un des grands ordres de l'Église ! Un des deux objets réels du congrès de Poitiers avait été la proscription de l'ordre du Temple, imposée à Clément V par Philippe le Bel. C'est ici l'épisode le plus hideux de cette hideuse époque, si digne d'inspirer les sublimes indignations du chantre de l'*Enfer*. Le cœur manque à l'historien, à l'entrée de ce dédale d'iniquités, où pénètre un jour douteux qui éclaire l'infamie des bourreaux sans éclairer l'innocence des victimes. Tout n'est que ténèbres et qu'horreur dans cette funeste histoire ; et les motifs de la persécution, et les crimes imputés aux accusés, et leurs aveux, et leur rétractation couronnée par une mort héroïque, tout jette dans une douloureuse perplexité l'esprit qui cherche la vérité à travers tant de mystères sinistres².

Durant le premier siècle de leur institution, les deux ordres

---

1. Philippe le Bel avait perdu en 1304 la reine Jeanne, son épouse, qui lui avait apporté en dot le royaume de Navarre et les comtés de Champagne et de Brie : cet héritage était passé au fils aîné de Philippe et de Jeanne, Louis, surnommé *Hutin* (tapage, bagarre), à cause de son humeur turbulente ; mais il paraît que beaucoup de nobles navarrois avaient résolu de soustraire leur pays à la domination de la maison de France, et que le gouverneur de Navarre, appelé Fortunio, favorisait le complot. Philippe le Bel, durant la conférence de Poitiers, envoya en Navarre le jeune Louis, avec le connétable Gaucher de Châtillon et force gens d'armes. « Loys, soumettant à main armée ledit Fortunio et ses complices, parcourut et pacifia son royaume, et fut couronné roi dans la ville de Pampelune (Contin. de Nangis) ».

2. Les historiens qui ont traité spécialement ce problème historique se sont divisés en deux camps : le gallican Dupuy et l'orientaliste Hammer condamnent les templiers ; M. Raynouard les a justifiés après les avoir chantés ; l'historien des Croisades, M. Michaud, a suivi M. Raynouard : M. Michelet nous paraît avoir fait faire un grand pas à la question, en distinguant deux époques dans l'histoire des templiers, la première, d'enthousiasme et d'austérité, la seconde, de décadence morale et religieuse, décadence dont il a déterminé les causes avec une grande connaissance du cœur humain ; mais nous avons quelques réserves à faire sur l'application de ses idées aux faits, et sur son explication du symbolisme de l'ordre. *v.* Michelet, *Hist. de France*, t. III, c. 3, 4. — M. Michelet a publié depuis, en 1841-1851, pour le recueil des *Documents inédits*, les deux premiers volumes des pièces du *Procès des Templiers*.

militaires, le Temple surtout, avaient joui d'une gloire et d'une vénération sans mélange : nul riche laïque ne croyait mourir saintement s'il ne laissait quelque legs aux infatigables défenseurs du saint sépulcre, aux protecteurs dévoués des pèlerins; princes et rois les comblaient à l'envi d'exemptions et de priviléges; les chevaliers étaient les meilleurs amis de Philippe-Auguste, les dépositaires de son trésor et de ses archives; ils étaient l'amour de la chrétienté, la terreur des infidèles. Mais la pureté de l'institution des ordres militaires ne tarda pas à s'altérer, comme toutes les institutions humaines et plus promptement que toute autre : cette association de la milice à l'état monastique était une monstruosité; on n'avait jamais rien imaginé d'aussi contraire à la nature que d'imposer les vœux ascétiques des solitaires à des hommes destinés à la vie active et passionnée entre toutes, à la vie du soldat, et du soldat en guerre perpétuelle. Les grandeurs et les richesses que les chevaliers devaient à leurs vertus, leur firent perdre ces mêmes vertus : les revers de la cause chrétienne en Orient ébranlèrent leur foi; le contact des voluptés syriennes corrompit leurs mœurs; l'orgueil, l'avidité, la turbulence, l'égoïsme, remplacèrent le dévouement austère des premiers temps, ou du moins le dévouement n'exista plus que pour l'ordre et non pour la chrétienté : l'intrépide valeur des chevaliers, qui seule de toutes leurs vertus ne se démentit jamais, fut moins employée désormais à défendre la chrétienté qu'à servir les ambitions de l'ordre, qui sembla se considérer comme son but à lui-même. La perte de Jérusalem, le mauvais succès des efforts tentés pour recouvrer la cité sainte, démenti de tant de prophéties, avaient porté un coup irrémédiable à leurs croyances. La pensée de l'abandon ou de l'impuissance du Christ fit parmi eux de terribles ravages.

Ce ne fut pas chez les templiers, cependant, mais chez les hospitaliers, qu'apparurent les premiers soupçons d'hérésie, comme l'atteste une lettre du pape Grégoire IX, écrite dès 1238[1] : ce germe fut étouffé dans l'ordre de l'Hôpital-Saint-Jean, et n'y laissa point de traces; les hospitaliers, mondains, dissolus, adonnés aux

---

1. Fleuri, *Hist. ecclés.* t. XVII, p. 223.

femmes, menaient la vie des guerriers du siècle ; mais cela inquiétait peu le pouvoir ecclésiastique ; la majeure partie du clergé proprement dit n'avait pas des mœurs plus régulières, et cela ne concernait point la foi. Rien n'indique que, jusqu'à la fin du treizième siècle, la cour de Rome ait suspecté les templiers : ils avaient mérité la continuation de ses bonnes grâces, en prenant son parti avec acharnement contre les Hohenstauffen ; cependant les habitudes de l'ordre du Temple avaient quelque chose d'étrange : les templiers ne passaient pas pour plus tempérants que les chevaliers de Saint-Jean, ainsi que l'atteste notre vieux proverbe : « Boire comme un templier[1] »; mais ils étaient plus réservés, plus sombres ; ils vivaient entre eux dans un isolement superbe ; médiocrement charitables, encore moins hospitaliers, ils entouraient de mystère toutes leurs cérémonies. On racontait qu'ils tenaient leurs chapitres et leurs réceptions la nuit, portes closes, après avoir fait sortir tous les serviteurs, tout ce qui n'était pas chevalier ; qu'ils allaient jusqu'à placer des sentinelles sur le toit de l'église ou du cloître, où se tenait l'assemblée, pour s'assurer que personne n'en pouvait approcher[2]. Eux-mêmes accréditaient par des propos imprudents les bruits qui commençaient à s'élever contre eux : le recteur de la maison du Temple à Laon répéta maintes fois au jurisconsulte Raoul de Presle, qu'il y avait, dans le chapitre général, une chose si secrète que, si le roi lui-même la voyait par malheur, ceux qui tiennent le chapitre le mettraient à mort sur l'instant. Plusieurs templiers nouvellement reçus avaient protesté contre les formes de réception, ou avaient quitté l'ordre ; d'autres, disait-on, avaient été plongés dans d'affreux cachots, dans des *oubliettes* impénétrables. De sourdes rumeurs circulaient et se propageaient parmi les masses, mal disposées pour l'ordre : le peuple haïssait l'arrogance et la dureté des chevaliers ; les moines jalousaient leur richesse ; leurs confrères les hospitaliers étaient leurs pires ennemis ; le grand-maître et les

---

1. En Angleterre, il courut sur leur compte un dicton populaire, qui peut s'interpréter soit comme un reproche de perfidie, soit comme l'accusation d'un vice infâme. — *Omnes pueri clamabant vulgariter unus ad alterum : — Custodiatis vobis de osculo Templariorum.* Concil. Britan. p. 360; dans Michelet, *Hist. de France,* t. III, p. 132.

2. Dupuy, *de la Condamnation des Templiers,* 1700; p. 166.

autres dignitaires du Temple avaient repoussé dédaigneusement la réunion des deux ordres projetée à plusieurs reprises.

Les historiens ne s'accordent pas complétement sur l'incident qui amena la catastrophe : d'après le récit le mieux circonstancié, un templier toulousain d'assez haut rang, le prieur de Montfaucon, que le grand-maître « avoit condamné[1] pour hérésie et pour mauvaise vie », rencontra en prison un autre coupable condamné par les officiers du roi : celui-ci, selon Villani, était Florentin, templier apostat, et se nommait Noffo Dei; selon Amauri de Beziers, l'historien contemporain des papes, c'était un bourgeois de Beziers, appelé Squin de Florian. Les deux captifs se firent des confidences réciproques, et complotèrent d'obtenir leur grâce par une dénonciation terrible contre l'ordre du Temple. Noffo Dei, ou Squin, déclara qu'il avait à révéler au roi « des choses qui lui seroient plus utiles que l'acquisition d'un royaume », et se fit ainsi conduire à Paris. Philippe accueillit le dénonciateur avec la joie du tigre à qui l'on jette une proie inattendue; il y avait là de quoi satisfaire toutes ses passions à la fois en sûreté de conscience : les trésors des templiers ne tentaient pas moins sa cupidité besogneuse, que leur indépendance et leur pouvoir n'offusquaient son despotisme, et, si l'on veut, son esprit d'ordre et d'unité; leur orgueil avait sans doute plus d'une fois heurté le sien; quinze mille chevaliers, dont la moitié peut-être étaient Français[2], une multitude d'affiliés, plus de dix mille manoirs en Europe, c'était là certes une redoutable puissance. A Paris même, les templiers avaient leur cité en face de la cité du roi; le Temple de Paris, centre de l'ordre, rivalisait avec le Louvre : cette forteresse, il est vrai, servit d'asile au roi sur ces entrefaites contre l'émeute des monnaies; mais c'était un de ces services que les rois ne pardonnent pas. Les templiers n'avaient jamais tourné leurs forces contre Philippe, ni à l'occasion du démêlé avec Boniface, ni en aucune autre circonstance, mais ils pouvaient le faire, et cette faculté seule était un crime à ses yeux. Depuis l'évacuation de la

---

1. Ceci semblerait attester l'orthodoxie du grand-maître.
2. Ce chiffre est si énorme, que nous pensons qu'il doit comprendre les frères servants.

Terre-Sainte, un grand nombre d'entre eux, réunis en Sicile, étaient partis de là, avec des aventuriers siciliens et catalans, pour bouleverser la Grèce, prendre Thessalonique sur les Grecs, Athènes sur les Latins, et porter la dévastation sur les deux bords de l'Archipel. Si ces hommes audacieux se concentraient dans leurs vastes domaines de France, combien ne pourraient-ils pas devenir dangereux à un gouvernement dont la puissance, plus étendue que solide, n'avait pour base ni l'affection du peuple ni le dévouement d'une grande armée permanente! Philippe avait tâché d'avoir à la fois une garantie et un moyen d'appliquer à ses intérêts les ressources de l'ordre en s'y affiliant; il avait été refusé. Les templiers n'avaient pas voulu être à lui; il résolut de les détruire. Rétablir ses finances en se délivrant d'un grave souci et en détournant la fermentation publique qui grondait autour de son trône, il n'en fallait pas tant à Philippe : peut-être d'ailleurs croyait-il réellement venger Dieu, et prenait-il pour de la justice cette soif de répression impitoyable qui le tourmentait, lui et ses durs légistes?

Les révélations faites au roi étaient antérieures à l'élection de Clément V : Philippe s'ouvrit au pape à cet égard dès l'époque du couronnement de Clément à Lyon; l'orage s'amassa pendant deux ans. Clément reculait de tous ses vœux l'explosion; Philippe luimême n'était pas prêt : il voulait avoir sous la main le grandmaître et les autres dignitaires; il les fit mander par le pape sous prétexte des intérêts de la Terre-Sainte. Le grand-maître, Jacques de Molai, vieil et brave gentilhomme de Franche-Comté, vint sans défiance d'outre-mer avec tous ses amis et le trésor de l'ordre, cent cinquante mille florins d'or, sans la monnaie d'argent, « qui faisoit la charge de dix mulets[1] » : Philippe le reçut à merveille, et lui emprunta une forte somme pour le mariage qui allait se célébrer entre la princesse Isabelle et Édouard d'Angleterre, fils du roi Édouard Ier. Le grand-maître arrivé, le roi ne laissa plus de repos au pape.

Les templiers avaient vent de quelque chose; plusieurs d'en-

---

1. Raynouard, *Monuments relatifs à la condamnation des chevaliers du Temple*, p. 45.

tre eux montraient de tristes pressentiments[1]; on sait, par une bulle de Clément V (dans Dupuy, p. 117), que le grand-maître et les dignitaires sollicitèrent fièrement eux-mêmes près du pape une enquête sur les rumeurs qui inculpaient leur ordre; le pape hésitait toujours; les templiers ne soupçonnaient pas d'où soufflait la tempête. Philippe se lassa des tergiversations de Clément. Le 14 septembre 1307, le roi expédia à tous les sénéchaux et baillis du royaume l'avis de se tenir prêts et en armes pour le 12 octobre suivant, avec des lettres-closes qu'ils ne devaient ouvrir, à peine de la vie, que dans la nuit du 12 au 13 octobre. Ces lettres renfermaient l'ordre d'arrêter au point du jour les chevaliers du Temple et de s'emparer de leur maison : l'ordre fut exécuté le même jour dans toute l'étendue du royaume. Il n'y eut aucune résistance : on n'avait rien négligé pour endormir les victimes et les empêcher de mettre en état de défense leurs redoutables forteresses. Le 12 octobre, Jacques de Molai avait été invité par le roi à tenir le poêle aux funérailles de sa belle-sœur; le 13, le Temple fut envahi par une troupe d'hommes d'armes que conduisait Nogaret, l'exécuteur ordinaire des hautes-œuvres du roi : Jacques de Molai fut arrêté avec cent quarante chevaliers, et le roi vint le même jour prendre possession du Temple et y installer son trésor et ses chartes. Le lendemain, le roi fit proclamer, dans la Sainte-Chapelle du Palais et dans toutes les paroisses de Paris, les forfaits imputés aux chevaliers, tandis que le chancelier Nogaret allait faire en personne la même communication à l'université, et qu'une lettre royale dénonçait l'ordre du Temple à toute la France avec une violence inouïe. « C'est chose horrible à penser, terrible à entendre; chose exécrable de scélératesse, détestable d'infamie!... Tout esprit doué de raison s'épouvante en voyant une nature qui s'exile elle-même hors des bornes de la nature, qui oublie son principe, qui méconnaît sa dignité, qui s'assimile aux bêtes dépourvues de sens, que dis-je, qui dépasse la brutalité des bêtes elles-mêmes! »... D'autres

---

1. On rapporte qu'un templier anglais dit à un de ses confrères nouvellement reçu : « Monte sur le clocher de Saint-Paul de Londres, et regarde tout autour de toi, tu ne verras pas de plus grandes misères que celles qui t'adviendront avant que tu meures ». *Concil. Brit.* p. 387.

lettres analogues furent adressées au jeune roi d'Angleterre, Édouard II, qui venait de succéder à Édouard I*er*, mort le 7 juillet précédent, ainsi qu'au roi de Naples, comte de Provence, au duc de Bretagne, et aux souverains d'Espagne et de Teutonie.

Rien ne semblait plus pouvoir étonner la France après les scandales du *différend* de Boniface VIII ; cependant la France fut saisie de stupéfaction et d'horreur aux paroles tombées du haut du trône ; tant l'accusation dépassait les rêves des imaginations les plus sombres. L'accusation affirmait que, dans ces réceptions dont le mystère excitait si vivement la curiosité publique, le nouveau templier, après avoir reçu les *draps de l'ordre* (le manteau blanc à la croix rouge), était conduit en un lieu secret, où on lui prescrivait de cracher sur la croix et de la fouler aux pieds, en reniant Jésus comme un imposteur et un faux prophète mis à mort pour ses crimes ; que les récalcitrants étaient punis par la prison ou même par la mort, réservée aussi aux révélateurs ; que les templiers adoraient à la place du Christ un Dieu inconnu, un démon, dont chaque chapitre possédait l'image ; c'était une tête humaine à longue barbe blanche, « ayant, en la place des yeux, escarboucles reluisantes comme la clarté du ciel », avec un crâne humain et une peau humaine : certaines de ces idoles étaient à trois faces, et montées sur quatre pieds ; on en avait saisi une au Temple de Paris. Les mœurs des templiers n'étaient pas moins exécrables que leur impiété : ils foulaient aux pieds la loi naturelle aussi bien que la loi divine ; ils étaient initiés par une cérémonie immonde et dégoûtante[1] ; ils prêtaient serment de s'abstenir du commerce des femmes, mais on leur permettait entre eux le péché contre nature ; et le grand-maître ou les autres dignitaires autorisaient les chevaliers à cacher, dans la confession, les choses qui leur faisaient peine à dire « pour la honte de la chair », et professaient qu'il était licite d'acquérir *per fas et nefas* pour l'accroissement de l'ordre ; le seul péché impardonnable étant de s'approprier ce qui appartenait en commun à tous les frères[2].

---

1. *Recipiens et receptus sese osculabantur in ore, in umbilico et in fine spinæ dorsi.* Acte d'accusation et interrogatoires, *passim*.

2. *Procès des Templiers, passim.* — L'acte d'accusation dans Dupuy ; p. 159-168

Tous les prisonniers avaient été enfermés dans les geôles du roi, et les informations avaient été commencées sur-le-champ par le grand-inquisiteur Guillaume de Paris, dominicain qui était le confesseur et l'un des plus intimes confidents de Philippe[1]; dans toutes les provinces, les sénéchaux et les baillis eurent ordre d'entamer également l'instruction, avec l'assistance des évêques et des délégués du grand-inquisiteur, qui se multipliait avec une effrayante activité : il était presque en même temps à Paris, en Champagne, en Normandie. On usa envers les captifs des dernières rigueurs de la procédure inquisitoriale, qui avait ajouté, dans ces derniers temps, la torture physique aux tortures morales qu'elle faisait subir aux accusés d'hérésie. Le saint-siége, qui avait tant de fois foulé aux pieds les droits d'autrui, voyait à son tour violer avec audace une de ses prérogatives les plus incontestées : la juridiction exclusive qu'il s'était réservée sur les templiers, dans les priviléges accordés et confirmés à l'ordre par un si grand nombre de papes. Si asservi qu'il fût à Philippe, Clément V se plaignit assez vivement, suspendit les pouvoirs de l'inquisiteur et des évêques qui avaient prêté leur ministère, et dépêcha au roi deux cardinaux entre les mains desquels il le somma de remettre les personnes et les biens des templiers (27 octobre).

Philippe rembarra rudement le saint-père, et lui répondit que « Dieu détestoit les tièdes »; qu'il devrait exciter les évêques à faire leur devoir au lieu de les en empêcher; que les prélats ne pouvaient souffrir qu'on leur ôtât la défense de la foi, qui leur était confiée de Dieu, et que lui ne le supporterait pas. « Quel sacrilége, saint-père, a osé vous conseiller de mépriser les évêques, ou plutôt Jésus-Christ dont ils tiennent leur mission?... Souvenez-vous que plusieurs ont dit que le pape pouvoit encourir

---

(1700). — *Concil. Brit.* t. II, p. 383. Nous n'énumérons ici que les chefs d'accusation sérieux, sans parler des bruits qui couraient parmi le peuple, de ces histoires d'enfants rôtis pour oindre l'idole de leur graisse, etc. *V.* la *Chronique de Saint-Denis.* Un de ces contes trouve place dans l'acte d'accusation : c'est l'apparition du diable sous la forme d'un chat dans certains chapitres. Nous ne parlons pas non plus des imputations de connivence avec les Sarrasins, de trahison envers la chrétienté; on appuya beaucoup là-dessus pour remuer l'opinion publique; mais on n'en fit pas la base du procès.

1. L'interrogatoire dirigé par Guillaume est dans le t. II du *Procès,* publié par M. Michelet, p. 275 et suiv. Il dura du 19 octobre au 24 novembre.

les sentences canoniques, surtout en la cause de la foi!... Les templiers espèrent que, si la cause est renvoyée devant vous, elle ne prendra jamais fin... Vous avez grandement péché, saint-père, par l'ignorance du fait ». Philippe adoucit un peu toutefois la brutalité de sa réponse par d'autres lettres, où il promettait de remettre les personnes des accusés aux délégués du pape et de consacrer les biens de l'ordre au secours de la Terre-Sainte; il était aussi sincère dans l'une que dans l'autre de ces promesses!

Philippe, cependant, était arrivé à ses fins : la première enquête, poussée à grand renfort de gênes et de tortures, avait été achevée nonobstant la suspension des pouvoirs inquisitoriaux par le pape, suspension dont le roi avait retardé la signification par toute sorte de subterfuges. Avant la fin de novembre, Philippe avait en main une masse effrayante de témoignages et d'aveux qui ne permettaient plus au pape d'étouffer le procès. La plupart des templiers pris à Paris, au nombre de cent quarante, confessèrent qu'on les avait obligés de renier le Christ et de profaner la croix lors de leur réception, tout en prétendant qu'ils l'avaient fait par contrainte et violence, qu'ils avaient protesté extérieurement ou intérieurement, etc.; un très grand nombre avouèrent qu'on les avait initiés par une cérémonie bizarre et ignoble, et qu'on leur avait permis le péché contre nature, « de peur que l'ordre ne fût diffamé par les femmes ». Ils protestèrent, pour la plupart, n'avoir point usé de la permission. Plusieurs reconnurent avoir vu et adoré la mystérieuse tête. Le grand-maître repoussa les imputations relatives au vice contre nature, mais reconnut le *reniement* du Christ. Un des chevaliers, qui avait été reçu en Angleterre, fit une déposition remarquable sur le fait du *reniement* : il déclara qu'ayant refusé absolument de renier Jésus, il obtint que le supérieur qui le recevait passât sur ce refus, à condition qu'il serait censé avoir renié; que ce supérieur lui dit que cette coutume avait été introduite par un mauvais grand-maître, lequel, étant prisonnier du soudan, acheta sa liberté en reniant le Christ et en jurant qu'il le ferait renier à ses frères. D'autres en reportaient l'introduction aux grands-maîtres Roncelin et Thomas Bérard, gens de « détestables doctrines », ou assuraient que « c'étoit à l'imitation et en mémoire de saint Pierre[1], qui renia trois fois le Christ ».

A Troies, à Bayeux, à Caen, à Pont-de-l'Arche, à Cahors, en Bigorre, à Carcassonne, à Beauvais, beaucoup d'aveux confirmèrent ceux des templiers de Paris ; les uns arrachés par la torture, les autres obtenus sous promesse de pardon. Ces interrogatoires, surtout l'enquête de Carcassonne, contiennent des faits très curieux et très obscurs. Un dignitaire de l'ordre (le *précepteur* d'Aquitaine) déclara qu'à sa réception, on lui avait fait jurer, sur un certain livre, de croire en Dieu créateur, « qui n'est mort ni ne mourra », puis saluer une idole dorée à barbe d'argent, devant laquelle on se prosternait par trois fois en reniant par trois fois le Christ et en crachant trois fois sur la croix. Celui qui le recevait lui avait dit que cette figure, ou l'être inconnu qu'elle représentait, « étoit un ami de Dieu, qui parloit à Dieu quand il vouloit et qui étoit le protecteur de l'ordre ». Deux autres chevaliers, dans des dépositions analogues, disent que cette idole était faite « en forme de Baphomet » (*in figuram Baphometi*) ; l'un d'eux ajoute que le supérieur qui présidait à la réception baisa cette

---

1. Cette dernière explication a servi de base au système de M. Michelet, qui ne voit dans le reniement qu'un symbole, « une de ces pieuses comédies dont l'Église antique entourait les actes les plus sérieux de la religion ». Le sens en aurait été peu à peu altéré et perverti à mesure que l'ordre s'éloignait de son premier esprit. Cette interprétation ingénieuse souffre de grandes difficultés : il y a loin des plus étranges licences que se soit permises le moyen âge dans les fêtes des *fous* et de l'*âne*, ou dans les *mystères*, jusqu'à ces effrayantes profanations : qu'on se rappelle avec quelle indignation saint Louis repoussa la formule de serment que lui demandaient les émirs : « Si je ne tiens les choses promises, serai-je réputé parjure comme le chrétien qui a renié Dieu et son baptême... et qui, en dépit de Dieu, crache sur la croix ? » Comment admettre qu'un ordre constitué, organisé par saint Bernard, eût érigé en règle pratique, à bonne intention, un sacrilège dont saint Louis refusait, au péril de sa vie, d'énoncer la seule pensée, même par forme d'imprécation et d'anathème ? Nous chercherions plutôt le sens du reniement dans la première des explications offertes, c'est-à-dire dans la tradition réelle ou allégorique de ce grand-maître qui vendit sa foi aux Sarrasins victorieux. Si les templiers renièrent le Christ, ce fut pour se venger de ce qu'il les avait reniés, de ce qu'il avait abandonné la cause de ses serviteurs. Serait-il surprenant que cette institution contre nature de prêtres-soldats eût abouti à la conclusion matérialiste et païenne que le Dieu qui ne défendait pas sa tombe et sa cité, était un faux dieu ? Cette conclusion a pu mener les chevaliers apostats, non point à l'athéisme ni à l'impiété pure et simple, mais à une croyance dont nous essaierons tout à l'heure d'indiquer le caractère, et qui ne paraît pas avoir été révélée généralement aux simples membres de l'ordre.

figure, en prononçant le mot sarrasin d'*Yalla* (Allah, le nom arabe de Dieu).

Ce nom bizarre de *Baphomet* ou *Baphumet* a reçu une double interprétation. On n'y a vu, le plus communément, qu'une altération de *Mahomet*, et, en effet, *Baphom, Baphomerie*, sont quelquefois pris, dans les troubadours et dans les chroniqueurs, pour *Mahom* et *Mahomerie* (culte musulman).

Suivant une autre opinion, *Baphomet* serait « le Dieu qui baptise selon l'esprit » (Βαφή-μήτιδος); le Dieu des gnostiques et des manichéens[1]. Ces deux versions signalent deux systèmes qui paraissent opposés sur ce qu'on a nommé «l'hérésie des templiers». Ce qui est certain pour nous, c'est qu'il faut d'abord écarter tout rapport, au moins direct, entre l'hétérodoxie du Temple et la grande secte cathare ou albigeoise : le dieu ou le génie androgyne et barbu, dont les images ont été retrouvées de nos jours[2], ce *sauveur* matériel, maître des récompenses terrestres, « de qui procède la puissance et l'opulence, qui fait produire la terre et germer les plantes », et qui tolère chez ses adorateurs des voluptés immondes, n'est certes pas le maître des purs esprits, le Christ céleste du manichéisme. Il ressemble bien plutôt à son rival, au « grand Satan, père de ce monde[3] ».

Les templiers n'ont point passé par le manichéisme albigeois. Ils commencèrent, selon toute apparence, à s'écarter de Rome et de la voie commune par le mysticisme héroïque et indépendant du *Saint-Graal*[4]; ils contractèrent quelques affinités avec la religion du Saint-Esprit (leur grande fête était la Pentecôte); puis, quand

---

1. C'est l'opinion du savant orientaliste Hammer. Nous ferons remarquer que la *Mété* des gnostiques n'a pas seulement le sens d'Esprit, comme μῆτις, mais aussi de μήτηρ, de *mère*, de Nature ou cause physique, le sens de la *Math* des bardes. On verra tout à l'heure le but de cette observation.

2. On n'a pas retrouvé les fameuses *têtes;* mais on a retrouvé, dans divers lieux qui avaient appartenu aux templiers, des images sculptées sur des coffrets. Le plus curieux monument de ce genre est le coffret du cabinet de M. le duc de Blacas. Les emblèmes fort extraordinaires qui y sont figurés, nous paraissent tout à fait contraires à l'esprit du manichéisme cathare, mais peuvent se rapporter à des sectes orientales. Pour se rendre compte nettement de la question, il faut comparer l'*Hist. des Cathares ou Albigeois*, de M. Schmidt, et les *Dissertations sur le manichéisme des templiers*, présentées par M. Mignard, de Dijon, à l'*Acad. des inscriptions*. Le dieu androgyne pourrait être l'Esprit-Nature, μῆτις-μήτηρ.

3. *V.* ci-dessus, p. 9, 10.   4. *V.* notre t. III, p. 392.

vinrent les revers, le doute, le relâchement, ils tombèrent des hauteurs de cet ascétisme, point romain, mais tout chrétien, dans un vrai chaos moral et religieux. En contact perpétuel avec cette étrange secte des Ismaéliens, qui, formée dans l'Islam, avait rompu avec l'orthodoxie de l'Islam, ainsi qu'eux-mêmes tendaient secrètement à rompre avec le christianisme, ils subirent l'influence des doctrines ismaéliennes, et se forgèrent sans doute un amalgame d'idées et de rites empruntés moitié aux récentes hérésies musulmanes, moitié à de vieilles hérésies chrétiennes qui ne s'étaient jamais éteintes complétement en Orient, amalgame où dominait un sentiment de réaction contre la *spiritualité* chrétienne au profit d'une religion de la force et de la matière. Ce sont des débris de gnosticisme, dénaturé et matérialisé, qui ont fait croire à tort les templiers affiliés aux cathares. Ils gardaient, dans tous leurs rites, des formules ternaires qu'ils ne comprenaient plus[1]; ils interdisaient aux prêtres de leur ordre les paroles sacramentelles de la messe : « Ceci est mon corps », profanaient la croix et respectaient l'Évangile, sur lequel ils prêtaient serment ; spécialement l'Évangile le plus *spirituel*, l'Évangile de saint Jean[2]. Tout cela, en effet, semblait se rapprocher du manichéisme, mais tout ce qui, là dedans, rappelle le culte de l'*Esprit-Saint*, était contradictoire avec le caractère matérialiste de leur croyance dominante, de leur *Sauveur* ou *Baphomet*. Il n'y avait pas là un grand système religieux comme dans le manichéisme, mais une confusion, une dégénération qui explique la profondeur de leur chute morale[3].

---

1. La *tête à trois faces* est un symbole trinitaire qui se rencontre dans des monuments très orthodoxes.

2. Un évangile grec de saint Jean a été conservé, jusqu'à nos jours, par celle des sociétés maçonniques qui prétend descendre immédiatement des templiers, et il paraît bien établi que ce manuscrit, d'un âge assez reculé, provient des grands-maîtres du Temple.

3. Si l'on trouve des affinités à l'hérésie du Temple en Europe, ce n'est pas chez les cathares, mais chez cette secte des *lucifériens*, qui était l'antithèse des cathares, et qui adorait Satan ou Lucifer, *Celui à qui on a fait tort*, le créateur de la terre, injustement chassé du ciel. Cette secte a été quelque temps répandue en Allemagne et chez les Slaves. Les Stadingues de la Basse-Allemagne, au treizième siècle, avaient été en butte à peu près aux mêmes accusations que les templiers. *v.* Raynald. *Annal. eccles.* an. 1234. Les *lucifériens* se rattachaient à une secte plus ancienne, les *ophites* (ceux qui honorent le serpent).

L'esprit de corps, d'isolement et d'orgueil les précipita bien plus bas que ne l'eût fait naturellement leur nouvelle croyance; ils n'avaient pas voulu se reprendre à vivre comme les autres hommes, rentrer dans le monde par l'amour des femmes; de là des aberrations étranges et des vices monstrueux [1].

Le seul interrogatoire qui n'eût obtenu qu'un résultat purement négatif était celui de l'inquisiteur de Metz, Toul et Verdun, qui avait agi dans sa province impériale à la prière du roi. Les enquêtes ordonnées par le roi d'Angleterre, dans les premiers mois de 1308, vinrent à l'appui des enquêtes de France [2]. Philippe le Bel avait agi avec sa célérité et son énergie ordinaires : il avait fait toute sorte de promesses au pape, et avait obtenu que Clément écrivît au roi de Chypre d'arrêter les nombreux templiers de son île; mais Clément ne rendait pas encore au grand-inquisiteur et aux évêques leurs pouvoirs. Philippe jugea nécessaire de provoquer contre les templiers une démonstration nationale, pareille à celle qui l'avait si bien servi contre Boniface VIII, et il convoqua un *parlement* général des trois ordres à Tours, après la Pâque de 1308 (mai). La plupart des grands et des prélats n'y siégèrent que par procureurs, et les villes, peu sensibles encore à l'honneur de prendre part aux affaires générales du pays, ne payèrent qu'à contre-cœur les frais de voyage des députés qu'on les obligea d'expédier à Tours; les huit principaux barons du Languedoc donnèrent procuration à Nogaret [3]. Peu importait au roi, qui obtint l'effet moral qu'il avait souhaité.

---

1. Vices qu'il faudrait pourtant se garder de croire universellement répandus dans l'ordre. *V.* l'acte d'accusation rédigé en cour de Rome, dans Dupuy, p. 159-168, et le Procès des Templiers, *passim*. — Raynouard, *Monuments de la condamnation*, etc. — Hammer, *Mines d'Orient*. — Michelet, *Hist. de France*, t. III, c. 3-4. — Chaque templier était astreint à porter sur la chair nue une cordelette qui avait touché l'idole; mais la plupart la recevaient de leurs supérieurs sans connaître cette circonstance. Cette ceinture rappelle d'une manière frappante le fameux cordon des brahmanes et des *destours* (les mages). Il est probable que les coffrets sculptés qu'on a retrouvés servaient à serrer ces ceintures. Les inscriptions de ces coffrets sont en arabe, indice de plus des relations des templiers avec les sectes orientales. L'usage de la langue arabe était tout à fait inusité chez les cathares, qui eussent emprunté leurs légendes au grec ou à l'esclavon.

2. M. Michelet a insisté avec raison sur cette circonstance; car les templiers ne furent pas traités en Angleterre avec la même cruauté qu'en France, et leurs aveux ne furent point extorqués par les tourments.

3. *Histoire du Languedoc*, t. IV, l. XXIX, c. 18.

L'opinion était déchaînée contre les templiers, et les agents de Philippe eurent peu de peine à entraîner l'assemblée, qui les laissa adresser en son nom une harangue furibonde au roi : on y rappelait à Philippe que « Moïse n'avoit pas demandé le consentement du grand-prêtre Aaron pour exterminer les adorateurs du veau d'or... Pourquoi le roi très-chrétien ne procéderoit-il pas ainsi, *même contre tout le clergé*, si le clergé erroit ou soutenoit ceux qui errent? (ap. Raynouard, p. 42.) »

L'université de Paris, qu'on avait réunie pendant ce temps en présence du peuple parisien, ne s'exprima pas de la sorte, et réclama en faveur des droits de l'Église ; elle servit toutefois les projets du roi, en faisant comparaître devant elle le grand-maître et les autres dignitaires, et en envoyant leurs confessions à Philippe (fin mai). On avait, dit-on, déterminé Jacques de Molai à écrire une circulaire dans laquelle il invitait ses confrères à suivre son exemple par une sincère confession; mais l'authenticité de cette lettre a été contestée.

Philippe crut alors pouvoir forcer la main au pape. Il se rendit de Tours à Poitiers, où était Clément V, accompagné d'un grand nombre de *procureurs* ou commissaires des trois ordres, et traînant après lui soixante-douze templiers captifs, qui réitérèrent leurs aveux devant le saint-père. Clément, si peu élevée que fût son âme, ne supportait pas sans amertume et sans impatience le rôle qui lui était imposé : il était sensuel et cupide, mais non pas cruel, et les projets sanguinaires de Philippe l'épouvantaient. Il tâcha de se dérober à la tyrannie du maître impérieux qu'il s'était donné : il voulut s'enfuir de Poitiers à Bordeaux. « Il tenta plusieurs fois de s'échapper déguisé, avec un petit nombre de domestiques et quelques mulets chargés d'or et d'argent ; mais, reconnu par les serviteurs du roi, il fut toujours forcé de rentrer dans Poitiers avec les bagages qu'il vouloit emporter[1] ».

Il n'eut pas le courage de s'en aller sans son or. Il resta, il céda, il rendit au grand-inquisiteur et aux évêques leurs pouvoirs, se réservant seulement le jugement du grand-maître et des dignitaires (5 juillet 1308), et il autorisa chaque évêque à continuer les

---

1. Joannis, canonic. s. Victor. Paris. *Vita Clementis V*, etc.

poursuites dans son diocèse, en prenant pour assesseurs deux chanoines, deux Prêcheurs et deux Mineurs. Les bulles se succédaient de jour en jour : dans toutes, Clément loue avec emphase le zèle du roi, « qui n'agit point par avarice, qui ne veut rien s'approprier du bien des templiers », qui a promis de laisser transférer leurs revenus et leurs personnes hors du royaume, s'il y a lieu, etc. Il le loue de son désintéressement pour l'engager à être désintéressé; peine perdue! ni l'argent ni les personnes ne sortirent des mains du roi. Philippe n'était pas sûr de pouvoir garder les immeubles sans un trop grand scandale; mais, quant aux richesses mobilières entassées dans les coffres de l'ordre, il sut bien les faire disparaître sans qu'on en ouït jamais parler. Il y a, dans le Recueil de Dupuy (p. 107), l'extrait d'une pièce tout à fait significative : ce sont des « articles accordés entre le roi et le pape ». On y convient que le pape et les prélats institueront « de fidèles gardiens des biens du Temple; toutefois le roi en pourra nommer en secret qui seront agréés » : ils en rendront bon compte par commissaires députés par le pape et les prélats, « ou nommés par le roi en secret ».

Clément n'obtint pas même, pour prix de ses complaisances, qu'on lui amenât le grand-maître et les principaux dignitaires : le grand-maître, le maître de Chypre, le visiteur de France et les précepteurs d'Aquitaine et de Normandie furent conduits de Paris jusqu'à Chinon; mais, là, on les retint sous prétexte de maladie, et Clément fut réduit à envoyer près d'eux une commission de cardinaux pour les interroger : Philippe avait craint sans doute que le pape ne s'entendît avec Jacques de Molai. Les cardinaux rapportèrent au pape que les chefs de l'ordre avaient réitéré leurs aveux devant eux. Les cardinaux, vu leur « repentance », les réconcilièrent à l'Église, et les recommandèrent à la clémence du roi (août). Les individus pouvaient obtenir le pardon de l'Église, mais l'ordre du Temple ne pouvait plus être pardonné après de tels et de si nombreux aveux : c'était ce que voulait Philippe. Le roi ne put toutefois amener le pape à prononcer l'abolition de l'ordre avec le seul concours du sacré-collége, et Clément renvoya cette grande cause, avec l'affaire de Boniface, au concile qu'il avait annoncé et qu'il convoqua, sur ces entrefaites, pour le mois d'octobre 1310. En même temps, il expédia un ordre d'information générale dans tous les royaumes de la chrétienté[1], confia la garde des personnes des templiers à l'évêque de Préneste, son légat, et institua, pour la France et le royaume d'Arles, une commission extraordinaire, composée de l'archevêque de Narbonne, des évêques de Bayeux, de Limoges et de Mende, et de quatre autres ecclésiastiques (août).

C'était revenir indirectement sur les pouvoirs rendus au grand-inquisiteur et aux tribunaux diocésains; mais Clément n'eut pas le cœur d'énoncer franchement sa volonté, et les conséquences de sa couardise furent terribles. Le roi et les évêques ne reconnurent la commission que comme chargée d'informer sur les faits généraux concernant l'ordre, et de juger les dignitaires que le pape s'était réservés. Philippe se prépara à annuler tous les effets des actes de Clément par cette équivoque, et ne témoigna pas de mécontentement: une autre préoccupation faisait diversion chez lui au procès des templiers; il avait enfin réclamé du pape l'accomplissement de la « sixième condition », jurée naguère par Clément, sans objet déterminé : cette condition fut de favoriser par toute l'influence papale l'élection de Charles de Valois à l'Empire, en remplacement d'Albert d'Autriche, assassiné, le 1er mai 1308, par son neveu, dont il détenait l'héritage. La maison capétienne siégeait déjà sur quatre trônes, ceux de France, de Navarre, de Naples et de Hongrie, et dominait l'Italie centrale

---

1. Cette information devait être partout accompagnée de l'arrestation des chevaliers et du séquestre de leurs biens. En Angleterre, Édouard II avait paru d'abord vouloir défendre l'ordre contre son beau-père, et avait écrit en faveur des templiers au pape, aux souverains espagnols, au roi de Sicile; mais il se ravisa presque aussitôt, et se mit en mesure de saisir sa part des dépouilles de l'ordre (janvier 1308). Presque tous les souverains tinrent la même conduite, par politique et par cupidité, mais sans y mettre l'acharnement et la barbarie de Philippe le Bel. Les templiers de Provence avaient été arrêtés dès janvier 1308; ceux de Bretagne, bientôt après; mais le peuple de Nantes chassa les commissaires du roi, qui voulaient mettre la main sur les biens des chevaliers, et le duc Arthur II s'en empara pour son propre compte. Les templiers de Chypre s'étaient mis en défense, à la nouvelle des instructions envoyées contre eux au régent de Chypre par le pape, dès la fin de 1307 ; ils déposèrent toutefois les armes et se rendirent à condition d'être convenablement traités. Les templiers furent pris également en Italie et en Castille; mais ceux d'Allemagne ne se laissèrent pas emprisonner, et ceux d'Aragon se défendirent vaillamment contre les troupes du roi dans le château de Monçon et dans d'autres forteresses. En Portugal, on leur laissa liberté entière.

par ses créatures de Rome et de Florence : lui donner la couronne impériale, c'était lui livrer l'Europe ; Clément promit toutefois son concours, et écrivit, dès le 1er juillet, une lettre officielle aux sept électeurs du Saint-Empire en faveur du frère de Philippe. Le roi alors ne vit plus de motif de retenir Clément à Poitiers, et le laissa repartir pour le Midi, et voyager lentement de cité en cité jusqu'à Avignon : Clément fixa sa résidence dans le Venaissin, au commencement de 1309. Le pape n'était plus là sur les terres du royaume, mais bien sur celles du saint-siége : c'était une sorte de compromis entre la résidence en France et le retour à Rome, que Philippe interdisait absolument à son auguste esclave. Le saint-siége resta là soixante-dix ans, période que les Italiens ont comparée emphatiquement à la *captivité de Babylone*.

Avant que Clément fût arrivé à Avignon, Philippe avait reçu de fâcheuses nouvelles d'Allemagne : les électeurs du Saint-Empire, effrayés des prétentions envahissantes de la maison de France, avaient écarté Charles de Valois, et élu roi des Romains le comte Henri de Luxembourg (27 novembre 1308). Ce comte et son frère l'archevêque de Trèves, un des sept électeurs, étaient fort bien avec le pape, qu'ils avaient visité à Poitiers au printemps dernier, et Clément, tout en écrivant ostensiblement pour Charles de Valois, avait averti secrètement les électeurs, par l'entremise du cardinal del Prato, de ne tenir aucun compte de sa dépêche. Philippe n'eut point de preuve de la duplicité de Clément, mais sa conduite semble prouver qu'il la soupçonna et qu'il voulut s'en venger. A peine Clément était-il établi dans Avignon que les gens du roi reprirent avec la dernière violence la poursuite de la mémoire de Boniface VIII, et qu'une multitude de témoins à charge, rassemblés de tous les coins de l'Italie, passèrent les Alpes sous la conduite de Rinaldi de Supino, ce capitaine qui avait secondé Nogaret et Sciarra Colonna dans l'attaque d'Anagni. Clément avait été obligé de promettre l'ouverture d'une enquête, afin d'éclairer la religion du concile qui aurait à rendre sur Boniface un arrêt posthume; mais les parents et les amis de Boniface, qui étaient puissants encore, et qui avaient regagné jusqu'à un certain point le sacré-collége, tentèrent un coup d'une singulière audace pour rendre le procès impossible : ils embusquèrent une troupe de gens armés à trois lieues d'Avignon, avec ordre de massacrer Supino et tous les témoins à charge. Supino, prévenu à temps, échappa, non sans peine, avec la plupart de ses compagnons, qui se dispersèrent et regagnèrent l'Italie (avril 1309).

La colère du roi fut extrême; il ne se rebuta pas : il renoua les fils de la trame qui venait d'être rompue, prit des mesures pour garantir dorenavant la sûreté des témoins, et força Clément V de déclarer l'enquête ouverte, et d'annoncer l'ouverture du procès à la mi-carême 1310, sans attendre le concile. C'était en vain qu'on avait voulu sauver par le meurtre l'honneur du pape et du saint-siége : il fallut entendre toutes ces immondes dépositions ramassées dans la boue pour être jetées à la face d'un mort; il fallut souffrir que Nogaret et Plasian vinssent soutenir arrogamment par-devant le consistoire, non-seulement leurs accusations contre l'orthodoxie et les mœurs privées de Boniface, mais les maximes les plus hardies des nouvelles théories monarchiques; « que le roi », par exemple, « pouvoit de plein droit prendre les biens des églises et des prélats, contre leur gré, en cas de nécessité ». A la vérité, par compensation, ils relevèrent avec emphase l'autorité papale, lorsque les défenseurs officiels de Boniface prétendirent que leur client n'était justiciable que de Dieu, ou tout au plus du concile : Nogaret et Plasian soutinrent que le pape était le juge naturel de son prédécesseur, et, dérogeant sans scrupule à leurs propres maximes, selon l'intérêt du moment, ils insinuèrent que le pape représentait tout le corps de l'Église et n'avait pas besoin de concile [1]. Il était plus commode, en effet, pour Philippe de n'avoir qu'une seule tête à faire ployer pour mettre l'Eglise sous le joug. Clément ne céda pourtant pas sur ce point, et n'accepta pas le surcroît d'autorité qu'on lui concédait si libéralement; mais il laissa l'enquête suivre son cours : cela remplit

---

1. Baillet, *Démêlés de Boniface VIII*, etc., p. 292-293. Les accusateurs demandèrent aussi que Boniface fût traité comme les accusés traduits devant l'Inquisition, et qu'on ne lui donnât pas de défenseur. Ainsi, comme le fait observer M. de Sismondi, les lois cruelles de l'inquisition étaient retournées contre ceux qui les avaient faites.

toute l'année 1310, qui ne vit pas la réunion du concile prorogé par Clément jusqu'en octobre 1311.

Le procès de Boniface fut le digne pendant de celui des templiers, au moins par le scandale. Une multitude de témoignages très détaillés vinrent à l'appui des furibondes déclamations de Nogaret et de Plasian : les uns représentaient le vieux pontife comme adonné, malgré son âge, aux plus honteuses débauches ; les autres, sans parler de la banale imputation de sorcellerie, l'accusaient d'avoir professé hautement, non pas telle ou telle doctrine suspecte, mais une incrédulité complète. Le religieux qui passait pour son confesseur affirma n'avoir pas reçu sa confession une seule fois en trente ans, et plusieurs citoyens notables des diverses républiques italiennes, ainsi que des moines de Rome, assurèrent l'avoir ouï nier l'immortalité de l'âme, traiter le Christ de faux prophète et d'hypocrite, et déclarer que tous les plaisirs de la chair étaient chose indifférente. Ses opinions auraient été celles de l'ancien ennemi de la papauté, Frédéric II, celles de la petite école matérialiste qui s'était montrée un instant dans l'université de Paris, et qui prêchait que le monde seul était éternel et les âmes périssables. Le matérialisme n'était pas rare dans les écoles, surtout chez les adeptes des sciences occultes et hermétiques, qui cherchaient à résoudre les grands problèmes de la nature en dehors de la solution catholique. Il n'y a rien d'impossible à ce que Boniface ait été mécréant au fond de l'âme ; mais on a peine à admettre qu'il ait lui-même sapé les fondements de sa puissance en blasphémant presque publiquement contre le Christ, contre la Vierge, contre tous les dogmes de l'Église. La vanité d'esprit-fort ou l'intempérance de langue pouvait-elle emporter à de si monstrueuses inconséquences un vieux politique comme lui ? Les témoins qui l'accusent à cet égard sont pourtant les plus graves et les moins suspects de vénalité ; car l'infamie notoire de la plupart de ceux qui inculpent ses mœurs ne permet pas d'ajouter foi à leurs dépositions, et il en résulte seulement une impression générale très fâcheuse contre l'homme qui avait pu approcher de sa personne de pareils misérables, et leur donner part dans sa familiarité. Les efforts des défenseurs de Boniface pour écarter l'enquête à tout prix ne produisent pas non plus un effet avantageux à sa mémoire, et n'indiquent pas qu'ils eussent une grande confiance dans leur cause[1].

Tandis que ces ignominieux débats se prolongeaient à Avignon, un procès plus tragique avait recommencé à Paris. L'affaire des templiers était restée une année en suspens; le roi prenait patience : il tenait les biens sous sa main et gardait les personnes au fond de ses cachots, sauf celles que le chagrin, la misère, la violence des tortures ou le suicide avaient déjà soustraites à son implacable rigueur. Le pape, de son côté, ne cherchait qu'à traîner le procès en longueur : la commission extraordinaire qu'il avait instituée dès le mois d'août 1308 ne s'établit à Paris qu'en août 1309; elle cita l'ordre entier à comparaître en la grand'salle de l'évêché le lendemain de la Saint-Martin d'hiver; mais elle ne rencontra chez le roi et ses officiers que mauvais vouloir : elle avait beau ouvrir ses séances, personne ne comparaissait; elle obtint avec bien de la peine qu'on lui amenât le grand-maître, le 26 novembre. Jacques de Molai, interpellé s'il voulait défendre l'ordre en général, répondit que, dans l'état d'isolement et de captivité où on l'avait réduit, il n'avait ni le savoir ni les ressources nécessaires pour supporter convenablement un tel fardeau; que cependant il s' « estimeroit vil et misérable s'il ne défendoit selon son pouvoir un ordre dont il avoit reçu tant de biens et d'honneurs ». Les commissaires lui firent observer que sa résolution présente s'accordait mal avec les aveux qu'il avait faits à Chinon devant les cardinaux délégués par le pape, et lui firent relire ses aveux, entre les pièces du procès. A cette lecture, Jacques de Molai « fit par deux fois le signe de la croix, comme grandement étonné de ce qu'il entendoit, et s'écria que, si les seigneurs-commissaires étoient d'autre condition, il sauroit bien ce qu'il auroit à dire; et, comme on lui faisoit observer qu'ils n'étaient pas gens à recevoir un gage de bataille, ledit grand-maître répliqua que ce n'étoit pas là ce qu'il entendoit, mais bien qu'il plût à Dieu qu'on observât en pareil cas contre de tels pervers (contre les cardinaux) la coutume des Sarrasins et Tartares, à savoir de leur abattre la tête ou de leur couper le corps en deux ». Prenez

---

1. *V.* les divers témoignages dans Dupuy, *Différend de Boniface VIII, preuves*, et l'analyse dans M. de Sismondi, *Hist. des Français*, t. IX, p. 239-248.

garde! s'écrièrent les commissaires irrités, l'Église livre les hérétiques obstinés au bras séculier.

Molai, effrayé des conséquences de son emportement, hésita, demanda conseil à un des affidés du roi, Guillaume de Plasian, qui assistait à la séance « sans y avoir été appelé par la commission », et sollicita un délai de deux jours pour réfléchir sur ce qu'il avait à faire. Le malheureux grand-maître se confia à Plasian, « parce que c'étoit un chevalier », quoiqu'il se mêlât davantage de procès que de batailles. Plasian lui témoignait beaucoup d'intérêt et ne demandait peut-être pas mieux, en effet, que de lui sauver la vie : ce que voulait le maître de Plasian, ce n'était pas que Molai fût condamné à mort, c'était qu'il ne rétractât pas ses aveux. Molai se rendit aux avis de l'homme du roi, et, le surlendemain, il déclara renoncer à la défense de l'ordre devant la commission, priant avec instance qu'on l'envoyât au plus tôt vers le pape; il ajouta seulement, « pour la décharge de sa conscience », quelques mots en faveur de l'ordre, à savoir : qu'en aucune *religion* (ordre religieux) le service divin ne se célébrait avec plus de pompe et de solennité; que nulle part on ne faisait de plus grandes aumônes; que nulle sorte de gens n'avaient versé tant de sang pour la chrétienté. Nogaret était là, surveillant tout, et fit ramener le grand-maître dans sa prison.

Cependant le roi avait été enfin obligé de mander à ses officiers qu'ils envoyassent à Paris, non pas tous les membres de l'ordre, ainsi que le prescrivaient les commissaires pontificaux, mais au moins les membres qui déclareraient avoir l'intention de défendre l'ordre en général. Dieu sait quels moyens de séduction et de violence furent employés pour empêcher que le Temple trouvât des défenseurs. Il s'en trouva cependant, et en très grand nombre, malgré la défection du grand-maître : l'esprit de corps s'était réveillé avec une haute énergie parmi les captifs; cinq cent quarante-six d'entre eux furent amenés de tous les points du royaume, et entassés au Temple, à Saint-Martin-des-Champs, à l'hôtel du comte de Savoie et dans d'autres maisons. Le 14 mars 1310, on les fit comparaître en masse devant la commission, dans le préau de l'évêché, et on les invita à constituer des procureurs chargés de poursuivre la défense au nom de tous : leur réunion momentanée leur avait rendu force et courage ; ils entendirent avec des frémissements de colère la lecture de l'acte d'accusation, et réclamèrent avec violence contre les traitements que leur avaient infligés les hommes du roi : « On ne nous demandait pas, s'écriait l'un d'eux, quand on nous mettait dans les *gênes* (à la torture), si nous voulions être torturés par procuration ! » Leur exaltation effraya les commissaires, et l'on ne réunit plus à l'évêché cette masse d'hommes exaspérés : la commission envoya dans chacune des maisons où ils étaient détenus pour s'enquérir de leurs intentions : partout, ils déclarèrent que tous les articles de la bulle (de l'acte d'accusation) étaient faux, iniques et mensongers, et l'œuvre de faux témoins et de calomniateurs infâmes; que la religion du Temple était pure et immaculée ; que la règle primitive, approuvée par le saint-siége, y était et y avait toujours été en vigueur, professée et observée, dans le monde entier, par tous les frères dudit ordre, depuis sa fondation jusqu'au jour présent ; que quiconque disait et croyait d'autre sorte, péchait mortellement, et que ceux qui avaient suggéré de si horribles mensonges au pape et au roi étaient des hérétiques et des séducteurs.

Tout l'orgueil de l'ordre revivait dans cette téméraire assertion de l'impeccabilité de tous ses membres. Les templiers ajoutèrent qu'ils ne pouvaient constituer officiellement de procureurs sans l'autorisation de leur chef, du grand-maître ; cependant ils chargèrent quelques-uns d'entre eux de parler pour les autres, à savoir : les prêtres Pierre de Boulogne et Renaud de Pruin (Pruym), et sept chevaliers ou frères servants, dont un de la maison de Foix, en se réservant de les désavouer s'ils ne soutenaient pas convenablement l'honneur du Temple. Les délégués ne manquèrent point à leur mission ; leur défense fut aussi fière qu'habile : ils rendirent aux sicaires de Philippe le Bel opprobres pour opprobres, et leur imprimèrent sur la face des stigmates ineffaçables ; ils firent valoir avec éloquence l'ancienne gloire de l'ordre, ses grands services, et tous les faits, toutes les inductions morales qui militaient en sa faveur ; ils protestèrent contre tout ce qui avait été ou pourrait être avoué par leurs confrères au désavantage de l'ordre, tant qu'ils seraient dans les fers, représentant ces confessions faites sous les verrous, comme œuvres de crainte, de violence et de séduction. On montrait à nos frères, dirent-ils, des lettres munies du sceau royal, qui leur garantissaient la vie, la liberté, l'exemption de toutes peines, et de grands revenus pour le reste de leurs jours, à condition d'avouer; ceux qui n'avouaient pas, on leur déboîtait les membres sur le chevalet, on leur brisait les jambes dans les ceps, on leur chauffait les pieds à un feu ardent! Tous les jours encore, les défenseurs de l'ordre, par paroles, par messages, par lettres, sont menacés du bûcher s'ils ne se désistent.... « On ne doit pas s'étonner que plusieurs mentent, mais bien qu'il s'en trouve encore qui disent la vérité! S'il est quelque chose de surprenant, c'est qu'on ajoute foi à ces menteurs qui ont porté un faux témoignage pour sauver leur corps, ou à ces malheureux que l'horreur des tortures a privés de tout libre arbitre, plutôt qu'à ceux qui sont morts dans les tourments en si grand nombre (*multi et multi*), comme martyrs du Christ, pour la défense de la vérité, ou qui souffrent encore chaque jour pour la même cause! »

Ils requirent l'éloignement de tous les laïques, comme Nogaret, Plasian et autres, qui assistaient illégalement aux débats pour intimider ou gagner les témoins, l'arrestation provisoire de certains frères, qui avaient été remis en liberté après avoir témoigné contre l'ordre, et prièrent qu'on interrogeât tous les autres prisonniers sur les motifs qui les avaient empêchés de prendre part à la défense commune.

Les témoins que la commission interrogeait en présence des délégués du Temple, ne confirmaient que trop leurs plaintes sur les expédients employés par les gens du roi : — « J'ai été torturé trois fois, dit le chevalier Humbert du Puy; on m'a gardé trente-six semaines au fond d'un cachot méphitique, au pain et à l'eau »... Un autre avait été pendu par les parties génitales!... Le chevalier Bernard du Gué montra deux os qui lui étaient tombés des talons par la violence du feu auquel on avait exposé ses pieds.

Ces abominations transpiraient au dehors; le peuple apprenait avec stupeur les crimes trop réels commis par les hommes qui poursuivaient les crimes problématiques des templiers; l'opinion publique, d'abord si déchaînée contre l'ordre, hésitait et menaçait de se retourner contre les persécuteurs : hors de France, en Allemagne, en Espagne, dans une partie de l'Italie, elle se prononçait vivement en faveur de l'ordre : au point où les choses avaient été poussées, Philippe le Bel n'avait plus à reculer, et ne pouvait sauver son autorité qu'en redoublant d'audace et de barbarie. La commission papale n'était ni assez perverse pour le servir, ni assez courageuse pour lutter ouvertement contre lui : il s'était réservé les moyens de se passer d'elle, et il en usa. L'année précédente, il avait en quelque sorte forcé Clément V de transférer sur le siége archiépiscopal de Sens Philippe de Marigni, évêque de Cambrai, frère du chambellan-trésorier Enguerrand de Marigni ; au commencement de mai 1310, le nouvel archevêque de Sens, une des âmes damnées du roi, convoqua un concile provincial à Paris, en vertu des pouvoirs que Clément avait restitués aux ordinaires, en juillet 1308, et qui n'avaient point été explicitement révoqués par l'établissement de la commission : il traduisit à la barre de son concile les membres de l'ordre qui avaient été pris à Paris et dans le reste de la province, et traita comme relaps ceux qui, après avoir avoué dans les tortures, étaient revenus sur leurs aveux. La jurisprudence inquisitoriale ne suffisant même pas aux desseins du roi, Marigni renchérissait sur les impitoyables fondateurs de l'Inquisition, afin d'extorquer des arrêts de mort à leur procédure impudemment faussée : il assimilait les templiers qui rétractaient leur confession et soutenaient leur innocence, aux hérétiques retombés dans l'hérésie après abjuration.

A cette effrayante nouvelle, les délégués du Temple interjetèrent appel avec des instances déchirantes devant la commission papale, devant le pape lui-même, devant les « saints apôtres » (le saint-siége apostolique) (10 mai). « Tout le secours que leur avait ménagé le pape sur lequel ils comptaient, et dont ils se recommandaient comme de Dieu, fut une timide et lâche consultation, où il avait essayé d'avance d'interpréter le mot de *relaps,* dans le cas où l'on voudrait appliquer ce nom à ceux qui avaient rétracté leurs aveux : — Il semble en quelque sorte contraire à la raison de juger de tels hommes comme relaps... En telles choses douteuses, il faut restreindre et modérer les peines[1] »... La commission n'osa pas même faire valoir cette consultation : elle déclara qu'elle ne pouvait arrêter l'archevêque de Sens. « Il a ses pouvoirs, comme nous les nôtres ».

Cependant, au bruit que l'arrêt du concile de Sens était rendu et que cinquante-quatre templiers allaient être livrés aux flammes, la commission fut prise d'un mouvement d'humanité; elle tenta un faible effort; elle envoya deux ecclésiastiques communiquer l'appel à l'archevêque de Sens, et l'inviter à délibérer mûrement et à différer (12 mai). Marigni et son maître n'étaient pas gens à se laisser ainsi arracher leur proie : en deux séances, la procédure du concile provincial avait été expédiée. Ceux des templiers qui avaient le mieux servi l'accusation par leurs aveux, avaient été graciés, simplement ou moyennant pénitence, ainsi qu'on le leur avait promis; d'autres, condamnés temporairement à la prison; d'autres, parmi lesquels ceux qui avaient toujours nié, devaient être *enmurés* pour leur vie; ceux qui se rétractaient étaient livrés au bras séculier, comme relaps, après avoir été dégradés par leurs évêques. Cinquante-quatre des défenseurs de l'ordre, appartenant à la province de Sens, persistèrent dans la rétractation qui allait leur coûter la vie. Les envoyés de la commission ne purent parvenir jusqu'à Marigni : on feignit de croire qu'ils ne parlaient pas officiellement au nom des commissaires; pendant ce temps, les victimes étaient traînées au supplice. « Le roi avoit fait faire, en un champ voisin de l'abbaye Saint-Antoine (dans le faubourg de ce nom), un grand parc fermé de palissades; il y fit lier les condamnés chacun à un poteau, et commanda qu'on leur mît le feu aux pieds, puis aux jambes, de manière à les *ardre* peu à peu et l'un après l'autre, en les avertissant que celui d'entre eux qui reconnoîtroit son péché seroit délivré de ce supplice. Leurs amis et leurs parents les exhortoient à tout confesser et à ne pas se laisser torturer de la sorte; mais aucun d'eux ne céda. Au contraire, parmi les pleurs et les cris, ils protestoient qu'ils étoient innocents et fidèles chrétiens; ils appeloient à leur aide le Christ, la vierge Marie et tous les saints,

---

1. Michelet, *Hist. de France*, t. III, p. 178.

et, à demi consumés, ils perdirent tous la vie dans ce martyre ».

Tel est du moins le récit de Villani (l. VIII, c. 92); le continuateur de Nangis dit seulement qu'ils persistèrent jusqu'à la fin à nier les crimes qu'on leur imputait, « criant toujours qu'on les livroit à la mort injustement et sans cause. Ce que beaucoup d'entre le peuple ne purent voir sans un grand étonnement et une stupeur profonde ».

La commission s'assembla le lendemain, 13 mai, et continua ses vaines procédures en présence des bûchers fumants : elle se fit amener un chevalier nommé Aimeri de Villars; mais celui-ci, « pâle et frappé de terreur, priant Dieu que, s'il mentoit, une mort subite le précipitât corps et âme dans l'enfer en présence des seigneurs-commissaires, se frappant la poitrine du poing, fléchissant les genoux et levant les mains vers l'autel, dit que les erreurs imputées à l'ordre étoient toutes fausses, quoiqu'il en eût confessé quelques-unes parmi les tortures des gens du roi. — Toutefois, s'écria-t-il, comme j'ai vu emmener sur des charrettes cinquante-quatre de mes frères pour les brûler, que j'ai ouï dire qu'ils avoient été brûlés, et que je ne me sens pas la force d'endurer le feu, je confesserai, si l'on veut, toutes les erreurs possibles plutôt que de mourir ainsi; *j'avouerai même que j'ai tué Notre-Seigneur*, si on l'exige de moi ! » Puis il supplia les commissaires de ne point révéler aux gens du roi ce qu'il venait de dire. Les paroles entrecoupées, l'épouvante de ce malheureux, avaient un caractère de vérité plus saisissant encore que l'énergique résistance et la sombre résignation de ses confrères. La commission fut émue et rougit du misérable rôle qu'elle jouait. Elle n'était pas au bout; on poussa plus loin encore à son égard la dérision et l'insolence; l'archevêque de Sens enleva le principal des délégués du Temple, celui qui avait organisé la défense, Pierre de Boulogne; on le réclama inutilement, et d'autres délégués eurent le même sort. La plus grande partie des défenseurs de l'ordre cédèrent et renoncèrent à la défense; la commission s'ajourna au mois de novembre, et laissa le champ libre aux conciles provinciaux, qui s'étaient partout réunis à l'instar du concile de Paris. On n'a de détails que sur le concile de la province de Reims, qui se tint à Senlis : neuf templiers furent brûlés à Senlis, et protestèrent de leur innocence dans les flammes, comme leurs frères de Paris. Il y eut sans doute quelques autres exécutions.

La commission ne rouvrit ses séances qu'à la fin de décembre : elle était réduite à trois membres; elle traîna cinq mois encore ses informations, interrogeant ceux des templiers qu'on lui envoyait comme par grâce : presque tous avouaient ce qu'on voulait; quelques-uns soutinrent pourtant l'innocence de l'ordre; il y en eut un, entre autres, qui, sur la promesse qu'on ne révélerait pas ses paroles, révoqua ses premiers aveux, et déclara s'en être confessé à un frère Mineur, qui lui avait enjoint de ne plus porter de faux témoignage. L'information fut close le 5 juin 1311, après l'audition de deux cent trente et un témoins[1]. Philippe le Bel n'avait point à s'applaudir des conséquences; les révélations faites sur l'horrible régime de ses prisons, les rétractations soutenues jusque sur le bûcher, la fin héroïque d'un si grand nombre de chevaliers, produisaient en France un effet que les manœuvres et les déclamations des agents de la couronne ne pouvaient entièrement étouffer. Hors du royaume, les procédures, universellement entamées par les évêques, assistés de commissaires du pape, avaient des résultats fort divers : nulle part, les templiers n'avaient été livrés à la torture comme en France, ce qui donne plus de valeur à leurs dépositions, et, nulle part, on ne les fit monter sur le bûcher. En Angleterre, il y eut des témoignages très graves touchant les mœurs de l'ordre et la fameuse idole; les dignitaires nièrent tout, et furent condamnés à la pénitence perpétuelle dans leurs couvents ou dans d'autres monastères. En Toscane et en Lombardie, on obtint également des aveux confirmant les confessions faites en France, et les templiers furent condamnés; mais, à Ravenne, à Bologne, en Castille, ils furent déclarés innocents; en Aragon, le roi don Jayme II avait été obligé d'emporter de vive force leurs principales maisons; à Mayence, vingt d'entre eux se présentèrent brusquement devant le concile provincial, récriminèrent avec violence contre les bourreaux de leurs frères de France, et se retirèrent absous.

L'opinion de la chrétienté flottait incertaine : la décision du

---

1. *v. Procès des templiers*, t. II, 1841-1851. L'information des commissaires du pape remplit le premier volume et la moitié du deuxième.

concile général était douteuse, si le pape lui remettait la libre disposition de l'affaire ; Clément V allait peut-être profiter de la réunion du concile pour relever la tête : Philippe et son conseil jugèrent la situation d'un coup d'œil ferme et sûr, et prirent leur parti sans hésitation, sinon sans regret : Philippe se résigna à lâcher les immeubles des templiers, pour se justifier du reproche de cupidité, et à faire, pour s'assurer de Clément V, une concession plus pénible encore à son âme vindicative. Après s'être fait bien prier par ses prélats, par ses barons, par son frère Charles de Valois, il consentit à abandonner la poursuite de la mémoire de Boniface VIII, à condition que ses motifs et ceux de ses agents fussent déclarés purs et exempts de soupçon.

Clément s'estima heureux d'en finir, à quelque prix que ce fût, et une bulle du 27 avril 1311 termina cette grande querelle. Clément V déclara que, bien que les accusations portées contre la mémoire de Boniface ne fussent aucunement prouvées, les dénonciateurs n'avaient point été mus par une malignité perverse, mais par un zèle sincère pour la foi ; que le roi et ses adhérents, étant exempts de péché à cet égard, devaient donc être absous de toutes sentences fulminées contre eux par le pape Boniface ; en conséquence, il commanda d'effacer, dans les registres de la cour de Rome, lesdites sentences, excommunications et interdits, et de détruire toutes lettres, cédules, parchemins et actes publics ou privés où il était fait mention de ces sentences et procédures. Il n'excepta de l'absolution définitive que Guillaume de Nogaret, Rinaldi de Supino, Arnulfi et les autres auteurs de l'invasion d'Anagni : encore Nogaret fut-il relevé de l'anathème *ad cautelam*, moyennant quelques pèlerinages et l'obligation de se joindre à la prochaine croisade, pour passer le reste de sa vie à la Terre-Sainte[1]. La prochaine croisade n'arriva jamais. Les vivants devaient payer pour le mort, les templiers, pour Boniface : Clément s'était engagé à l'abolition de l'ordre avec ou sans le consentement du concile.

Le concile de Vienne s'ouvrit enfin le 16 octobre 1311 : trois

---

1. Dupuy, *Preuves du différend*, etc., p. 592-682.—Le continuateur de Nangis prétend que Nogaret, pour obtenir l'absolution *ad cautelam*, fit le pape son héritier. — *Ad an.* 1311.

cents prélats des diverses régions de la chrétienté avaient obéi à l'appel de Clément V, qui les avait invités à venir délibérer sur la *recouvrance* de la Terre-Sainte, sur la réformation de l'Eglise et sur le procès des templiers. Les deux premiers motifs de la convocation n'étaient que de pure forme[1]. Les notaires de la cour romaine ayant publié, dans la première session du concile, que les défenseurs de l'ordre accusé, s'il en était, pouvaient se présenter dans le délai de dix jours, au milieu de l'assemblée apparurent tout à coup neuf chevaliers portant sur leurs cottes et leurs manteaux blancs la croix rouge du Temple. Ils déclarèrent qu'ils venaient plaider pour la sainte maison du Temple, en leur nom et en celui de quinze cents ou deux mille chevaliers qui erraient sans asile dans les bois et dans les montagnes. Clément, effrayé, fit arrêter ces neuf députés et les fit jeter au fond d'un cachot, sans vouloir les entendre; mais les pères du concile ne paraissaient pas disposés à se rendre solidaires d'une si grande iniquité. Quelle que fût leur opinion sur la culpabilité des templiers, ils déclarèrent presque tous, dans des conférences particulières, qu'ils ne pouvaient condamner les templiers sans ouïr leur défense; furent seuls d'avis contraire les archevêques de Sens (Marigni), de Reims et de Rouen, et un évêque italien (décembre 1311).

Clément était dans une grande perplexité : Philippe accourut à son aide; après avoir convoqué un parlement de barons à Lyon, il se rendit à Vienne avec ses fils, ses frères et une suite nombreuse de nobles et de grands, pour « faire triompher, disait-il, l'affaire de Jésus-Christ ». Du 16 octobre 1311 au commencement d'avril 1312, le concile n'eut plus de séance générale ni publique; tout l'hiver s'était passé en menées obscures pour gagner isolément les prélats; le roi et le pape ne parvinrent pas à obtenir le concours actif de la majorité; mais, à défaut de concours, ils s'assurèrent de ne pas rencontrer de résistance. Le 22 mars 1312,

---

[1]. Les évêques les avaient pris au sérieux. Sur l'avertissement du pape, ils avaient tous apporté au concile des mémoires sur la réforme de l'Église; on a conservé celui de l'évêque de Mende, un des membres de la commission papale qui venait de siéger à Paris pour le fait des templiers; il propose le mariage des prêtres, à l'exemple de l'église grecque, comme un remède au scandale de l'incontinence presque universelle du clergé.

Clément appela en consistoire secret les cardinaux et ceux des évêques sur lesquels le roi et le pape pouvaient compter, et là, « par voie de provision plutôt que de condamnation, il cassa et annula l'ordre des templiers, en réservant à lui-même et à l'Église la disposition de leurs personnes et de leurs biens ». Les évêques qui n'avaient point été appelés au consistoire ne réclamèrent pas; et, le 3 avril suivant, le pape célèbre la seconde session du concile, dans laquelle cette abolition de l'ordre du Temple fut publiée en présence du roi, de son frère Charles de Valois, et de ses trois fils. « Ainsi fut anéanti l'ordre du Temple, après avoir exercé la milice cent-quatre-vingt-quatre ans, et avoir été comblé de richesses et orné des plus beaux priviléges par le siége apostolique[1] ! » Le concile joua un rôle purement passif dans cette grande décision. La sentence fut promulguée par une bulle peu de jours après. Clément V y déclare « que les confessions obtenues rendent l'ordre grandement suspect; que, de plus, les rumeurs pleines d'infamie, les soupçons véhéments, l'accusation portée à grande clameur par les prélats, ducs, comtes, barons et communautés du royaume de France, ont causé un scandale qui ne pourroit s'étouffer tant que l'ordre subsisteroit... Il croit donc devoir supprimer l'ordre, non par sentence définitive, les enquêtes et procès susdits ne suffisant pas pour qu'il le puisse faire selon le droit, mais par voie de provision et autorité apostolique[2] ».

Ainsi l'arrêt même porté contre les templiers par l'instrument servile de leur persécuteur, semble affecter de laisser planer un doute éternel sur le problème de leur culpabilité. La mémoire de ce célèbre et malheureux ordre n'a cessé d'être ballotée de la honte du crime à la gloire du martyre; on la voit tour à tour sanctifiée et vouée à l'infamie par les dissertations des historiens et par les traditions populaires[3]; les lumières que l'étude des

---

1. Bernardi Guidonis *Vita Clementis V*, ap. Sismondi, t. IX, p. 258.—Bernard avait été inquisiteur, témoin et acteur dans tout le procès.
2. Raynaldi *Annal. eccles., ad an.* 1312.
3. Les traditions sont tout à fait contradictoires : il semble qu'en général celles du Nord soient hostiles aux templiers, et que celles du Midi leur soient favorables. Les deux plus frappantes que nous connaissions sont la légende de Gavarnie et la ballade bretonne des *Moines rouges* (la Villemarqué; *Barzaz-Breiz*, t. I, p. 305). La légende bretonne représente les templiers comme de féroces débau-

documents originaux a jetées sur la question, semblent permettre aujourd'hui de condamner moralement l'ordre, mais avec de grandes réserves pour les individus. Quant aux personnes, entre les juges et les accusés, l'histoire n'a droit de condamnation bien assuré que sur les juges.

Clément V statua sur les biens du Temple après avoir statué sur l'ordre même : Philippe, dans la requête par laquelle il en demandait officiellement l'abolition, avait engagé le saint-père à fonder un nouvel ordre qu'on doterait des biens du Temple; mais ce projet fut abandonné, et « le saint-père, dit le continuateur de Nangis, régla, du consentement du roi et des prélats, que les grandes possessions de l'ordre en France seroient dévolues aux Frères de l'Hôpital (ou chevaliers de Saint-Jean), afin de leur donner plus de force et de zèle pour recouvrer la Terre-Sainte; ce qui n'arriva point, car ces biens, au contraire, les rendirent pires qu'auparavant ». Les hospitaliers, qui en ce moment établissaient le siége de leur ordre dans l'île de Rhodes, qu'ils venaient d'enlever aux Turks, héritèrent des propriétés du Temple dans toute la chrétienté, excepté en Espagne, où ces biens furent attribués à des ordres fondés spécialement pour guerroyer contre les Maures; les templiers espagnols se fondirent dans ces ordres-là; celui du *Christ*, en Portugal, ne fut, à vrai dire, que le Temple ressuscité sous un autre nom [1]. Les souverains, du reste, se firent partout une large part : en France, les hospitaliers faillirent être ruinés par leurs nouvelles richesses; le roi ne leur délivra que très lentement et de fort mauvaise grâce les immeubles du Temple; et non content de l'argent qu'il avait saisi dans les mai-

chés qui enlèvent les jeunes filles sur les chemins pour les retenir captives dans leurs maisons, et les faire périr ensuite *avec leurs fruits*. La tradition pyrénéenne de Gavarnie est toute contraire; on montre respectueusement à Gavarnie six (ou sept) têtes qu'on prétend être celles des templiers *martyrisés*, et l'on raconte que, chaque année, la nuit de l'anniversaire de l'abolition de l'ordre, une figure, armée de toutes pièces et portant le manteau blanc à croix rouge, apparaît dans le cimetière, et crie par trois fois : « Qui défendra le saint Temple? Qui affranchira le sépulcre du Seigneur ?...... » — Alors les sept têtes se réveillent, et, par trois fois, répondent : « Personne! personne! le Temple est détruit! » Nous tenons de M. Augustin Thierry cette curieuse légende que nous n'avons vue reproduire nulle part.

1. *V.* là-dessus une dissertation de M. Corréa de Serra, dans les *Archives littéraires de l'Europe*, t. VII; 1805.

sons des templiers, il réclama d'énormes frais de séquestre ; quelques mois après sa mort, les hospitaliers cédèrent à son successeur les deux tiers des biens meubles et des dettes actives du Temple ; mais la couronne ne s'en contenta pas, et, un peu plus tard (en 1316), le pape Jean XXII se plaignait de ce que les gens du roi saisissaient et vendaient les propriétés de l'Hôpital, toujours pour indemnité de ces terribles frais de séquestre [1].

Quant aux personnes des templiers, le pape se réserva les chefs, et abandonna définitivement les autres aux conciles provinciaux : les « innocents » durent être nourris sur les anciens revenus de l'ordre ; les coupables, soumis à l'emprisonnement ou à des pénitences plus ou moins graves ; les contumaces, qui étaient rares dans le royaume de France, mais très-nombreux partout ailleurs, furent ajournés à un an par-devant les conciles provinciaux. Beaucoup d'entre eux ne se présentèrent pas et restèrent cachés dans les lieux où ils avaient trouvé asile ; pendant que leurs chefs demeurés captifs allaient donner à la chrétienté le spectacle d'une nouvelle et plus terrible tragédie, ces fugitifs resserraient dans l'ombre leurs liens de fraternité. Le Temple ne se releva jamais au grand jour ; mais les associations des templiers, en Allemagne et en Écosse surtout, se recrutèrent et se perpétuèrent à travers les siècles sous diverses dénominations, et l'on peut suivre leur trace jusque dans les sociétés secrètes des temps modernes [2].

Le concile eut à s'occuper de diverses autres matières : après le terrible éclat qu'avait eu le procès de Boniface, il fallait bien que la conclusion en fût proclamée dans l'assemblée qui avait été convoquée en grande partie pour cet objet ; cela compensa un peu le triomphe de Philippe. Il est singulier qu'on ne trouve rien à cet égard dans les actes du concile. Auraient-ils été mutilés par la même main qui falsifia les registres pontificaux de Boniface VIII ? On est obligé de s'en tenir au témoignage de Villani, qui prétend que les

---

1. Dupuy, *Condamnation*, etc.
2. Aucune de ces sociétés n'ayant été accusée des mœurs monstrueuses qu'on imputait aux templiers, il y a là un indice que ces mœurs n'avaient été qu'exceptionnelles en fait. Les étranges doctrines, les rites *baphométiques* disparurent aussi ; il resta, ou se releva, un certain mysticisme mêlé d'alchimie et de cabale, celui des *rose-croix*, qui s'est effacé à son tour lorsque la maçonnerie moderne s'est développée.

défenseurs de Boniface lurent leur plaidoyer devant le concile, et que deux chevaliers catalans, apparaissant tout à coup au milieu de l'assemblée, offrirent le gage de bataille à quiconque voudrait soutenir que Boniface avait été faux pape. Cet incident romanesque est plus que douteux. Quoi qu'il en soit, le concile, à ce qu'il paraît, déclara que Boniface avait été pape légitime et catholique, mais que le roi et ses serviteurs étaient exempts de reproche par l'intention. Philippe se consola par l'octroi que fit le concile au pape et à lui de la dîme des revenus du clergé français pendant six ans, « afin qu'il pût employer six années au recouvrement de la Terre-Sainte » ; il venait de s'engager à la croisade et avait promis de partir dans un an avec ses trois fils, son gendre le roi d'Angleterre, ses deux frères et toute sa chevalerie. Il n'avait pas plus intention de tenir ce serment que le pape d'en exiger l'exécution.

Le concile se sépara au commencement de mai[1] : Clément V

---

1. Le concile de Vienne condamna diverses *erreurs* nées dans le sein de l'ordre de saint François, où fermentait toujours l'esprit de Jean de Parme et de l'*Évangile éternel*. Les plus exaltés des membres de l'ordre s'étaient séparés de leurs confrères, sous le titre de *spirituels*, pour pratiquer plus exactement la charité et la pauvreté évangéliques ; ils regardaient presque saint François comme une nouvelle incarnation de Jésus, et sa règle comme un nouvel évangile, et annonçaient que l'âge de rénovation chrétienne et l'abolition de la propriété avaient commencé avec la venue de saint François, l'*ange du sixième sceau de l'Apocalypse*, prédit par saint Jean. Ils avaient modifié la doctrine de Jean de Parme, en admettant qu'on était seulement arrivé au sixième et avant-dernier âge avant le retour du Christ. Le concile de Vienne réprouva les *spirituels*, ainsi qu'une autre secte qui se rattachait au tiers-ordre de saint François, les *Béguins* ou *Begghards*, dévots d'Allemagne et des Pays-Bas, qui prêchaient que l'homme pouvait arriver à la perfection et à la béatitude en cette vie, et que les parfaits, vivant dans la liberté de l'esprit divin, n'étaient plus soumis à aucune loi dans leurs actions ni dans leur culte. Les *fraticelli* d'Italie, pendant tout ce temps, en vertu du principe de charité et d'abolition de la propriété, prêchaient la communauté des femmes : quelques années avant le concile de Vienne (de 1306 à 1308), ils s'étaient insurgés en Piémont, et avaient voulu fonder sur le mont Gazari la *Cité des Frères* ; on prêcha la croisade contre eux et on les extermina. Un peu auparavant, « une vierge très belle et de grande éloquence étoit venue d'Angleterre, se disant le Saint-Esprit incarné pour la rédemption des femmes, et baptisant les femmes au nom du Père, du Fils et au sien ». *Annal. Dominican. Colmar. apud Urstitium.* Ce fait est très digne d'attention : cette femme croyait sans doute que le Saint-Esprit, l'Amour-Divin, devait s'incarner dans une femme, comme le Verbe dans un homme. — Un décret du concile de Vienne ordonne la fondation de chaires d'hébreu, d'arabe et de chaldaïque en cour de Rome et dans les universités de Paris, d'Oxford, de Bologne, de Salamanque, « afin de faciliter la conversion des infidèles ». Ce

reprit la route du Venaissin ; Philippe le Bel retourna de Vienne à Lyon, qui était tombée à son tour, après tant d'autres cités, sous la domination envahissante de la royauté française. Cette grande et florissante ville, république partagée entre quatre suzerains (le roi, l'empereur, l'archevêque et le chapitre, sans compter le comte de Forez), s'était jusqu'alors à peu près maintenue en équilibre entre tant de prétentions rivales ; mais elle devait céder enfin au mouvement de concentration de la nationalité française. Elle ne le fit pas sans résistance et sans regret : le sort des sujets de Philippe le Bel n'était point assez heureux pour faire envie à leurs voisins. Longtemps les discordes des bourgeois de Lyon avec les archevêques et le chapitre avaient été fomentées par le prévôt qui représentait le roi de France dans la partie française de la ville. Récemment encore, les bourgeois avaient invoqué l'assistance du prévôt royal contre l'archevêque Pierre de Savoie, élu en 1307 ; mais ce prélat parvint à leur faire comprendre qu'ils allaient se donner un maître bien plus redoutable que lui : le parti municipal et le parti archiépiscopal se réunirent tout à coup contre l'ennemi commun ; les bourgeois assaillirent et emportèrent de vive force le château de Saint-Just qu'occupait le prévôt du roi, et « s'empressèrent de fortifier eux et leur ville par de grands retranchements ». Le roi, très-satisfait d'une provocation qui lui servait de prétexte, envoya aussitôt contre Lyon son fils aîné Louis Hutin, roi de Navarre, avec ses deux autres fils, ses deux frères et une nombreuse armée. Les Lyonnais avaient sans doute compté sur l'appui de l'empereur Henri de Luxembourg ; mais Henri était assez occupé à se faire reconnaître en Italie, et n'avait ni le temps ni les moyens d'intervenir en France. Quand les Lyonnais se virent seuls en face des armées de Philippe le Bel, la peur les prit, et ils se soumirent à Louis Hutin. L'archevêque Pierre de Savoie fut con-

décret, sollicité depuis bien des années par le célèbre Raimond Lulle, n'eut point alors grand effet, à Paris et à Oxford surtout ; l'esprit public ne se préoccupait plus assez vivement de l'Orient. Les chaires de droit romain, non celles de langues orientales, étaient le chemin de la fortune et de la renommée : les écoles d'Orléans et d'Angers étaient, pour le droit civil, ce qu'était l'université de Paris pour la théologie et les arts ou l'université de Montpellier pour la médecine : le centre de la science. Les écoles de Montpellier avaient été érigées en université par le pape, en 1289.

duit à Paris par le comte Amédée de Savoie, chef de sa famille, qui obtint pour lui le pardon du roi, moyennant la cession de presque tous les droits de la suzeraineté archiépiscopale. Le pape ne ratifia pas le traité au concile de Vienne, comme Philippe l'eût souhaité; mais il n'osa le déclarer nul, et la réunion de Lyon au royaume fut consommée sans opposition.

Ce fut ainsi que l'antique reine de la Gaule romaine rentra dans l'unité gauloise, et que la France prit possession de sa seconde capitale, le Paris du Midi. L'Empire ne réclama pas sérieusement : il y avait longtemps que Lyon et le royaume d'Arles lui étaient étrangers par le fait. L'empereur Henri de Luxembourg était absorbé par les affaires d'Italie : il mourut au fond de la Toscane (24 août 1313), au moment où il relevait le parti impérial en Italie, et guerroyait vivement contre le roi de Naples Robert, successeur de son père Charles II, et allié de Philippe le Bel. On prétendit que Henri avait été empoisonné par un dominicain, son confesseur, avec du vin consacré (les laïques communiaient donc encore sous les deux espèces?), et que cet homme avait été l'instrument du parti guelfe.

La mort de ce prince brave et actif débarrassait la maison capétienne d'un adversaire qui eût pu devenir redoutable : tout concourait à assurer en Occident la prépondérance de Philippe le Bel; un mineur, Alphonse XI, régnait en Castille ; en Angleterre, la faiblesse et les vices honteux d'Édouard II ramenaient les tristes jours de Henri III; les barons, soulevés contre les mignons de ce lâche prince, lui avaient arraché le pouvoir des mains et imposé de nouvelles « Provisions d'Oxford ». Philippe, à la sollicitation de la reine d'Angleterre, sa fille, envoya le comte d'Évreux et le ministre Enguerrand de Marigni ménager en Angleterre une pacification à laquelle consentirent les deux partis. Après la conclusion du traité, Édouard II et sa femme Isabelle vinrent assister à Paris à une cérémonie splendide. Le jour de la Pentecôte, 3 juin 1313, Philippe le Bel conféra l'ordre de chevalerie à ses trois fils, Louis, Philippe et Charles, à Hugues V, duc de Bourgogne, et à beaucoup d'autres jeunes nobles du royaume, devant tous les ducs, comtes et barons de France[1].

---

1. « Pour l'honneur de la dite chevalerie, fut la ville noblement *encourtinée* de soie et de lin ; dans chaque rue brillèrent le soir des lumières infinies. Tous les bour-

Toutes ces pompes cachaient de grandes misères et de menaçants présages. Le gouvernement devenait toujours plus oppressif, plus avide, plus vexatoire ; ni la dépouille des templiers, ni les dîmes levées sous prétexte de la guerre sainte, ni les aides perçues pour la chevalerie des fils du roi et pour le mariage de sa fille, ce fatal mariage dont sortit Édouard III, ne rassasiaient le fisc royal ; les *maltôtes* mêmes ne suffisaient pas. La maltôte, impôt non consenti, qui assimilait, en quelque sorte, tous les sujets aux serfs taillables à merci, était au moins franchement arbitraire et illégale ; mais les « mutations de monnoies » surprenaient perfidement les citoyens au milieu de leurs transactions et de leurs échanges, et portaient à chaque instant la perturbation dans la société, faisant aux sujets un mal hors de toute proportion avec le bénéfice qu'obtenait le pouvoir. Il y avait là autant d'ignorance que de perversité, et l'on a peine à concevoir l'ineptie que montrait en matière de finances ce gouvernement de gens de loi, si habile sous d'autres rapports. Les ordonnances de Philippe le Bel sur les monnaies sont un vrai chaos : tantôt le roi prend un ton paternel, et affecte de combiner les changements monétaires afin que les sujets soient le moins lésés possible ; tantôt il jette le masque, et défend d'essayer ou de peser les monnaies royales, à

geois de Paris, en robes neuves, à pied et à cheval, ordonnés par métiers et par confréries, avec trompes, tambourins, buccines et ménestriers, et bien jouant de très-beaux *jeux* (pantomimes mêlées de chants dialogués), entrèrent en l'île de la Cité par-dessus un pont de bateaux nouvellement construit, et vinrent à grand'-joie en la cour du palais du roi (le Palais-de-Justice), où il étoit avec Édouard, roi d'Angleterre, son gendre, son fils aîné Loys, roi de Navarre, et maints autres princes et seigneurs. Lesdits bourgeois, par leurs costumes et feintises, représentoient le paradis, l'enfer et la procession du renard (empruntée au roman de ce nom), où maintes gens feignoient d'exercer leurs métiers sous le déguisement de divers animaux. Et, après dîner, les bourgeois retournèrent en pareil ordre au Pré-aux-Clercs, proche Saint-Germain-des-Prés, où Isabeau, reine d'Angleterre, fille au roi Philippe, étoit parée en une *tournelle* (tourelle), avec plusieurs dames et damoiselles ; et cette fête leur plut fort, et tourna à grand honneur au roi de France et aux gens de Paris. Le quatrième jour de la fête, le roi de France, ses trois fils, ses deux frères, le roi d'Angleterre et tous les nouveaux chevaliers prirent la croix, ainsi que leurs femmes. Le cinquième jour, tous les citoyens et bourgeois, partant du cloître Notre-Dame, défilèrent devant les fenêtres du palais, sous les yeux du roi et des nobles hommes : on estima qu'il y avait 20,000 chevaux et 30,000 hommes de pied, dont le roi d'Angleterre et les siens furent grandement ébahis » (Continuat. de Nangis.—Johan. Canonic. S. Victor). Les 20,000 chevaux sont évidemment une exagération.

peine de perdre les espèces soumises à l'essai, et « d'être de corps et d'avoir en la merci du roi » (*Ordonn.* t. I, p. 475). — Nul ne peut acheter ni argent ni billon qu'aux hôtels des monnaies du roi (Ordonn. d'après la Pâque 1308). — L'importation des florins d'or de Florence et autres espèces étrangères est défendue, « sous peine de corps et d'avoir » (pour empêcher la comparaison). — Puis Philippe chasse de la circulation une partie de ses propres monnaies, sous prétexte qu'elles ont été contrefaites et altérées par d'autres, par des faux-monnayeurs, lombards, etc. Les Juifs et les Lombards sont toujours là pour servir de boucs émissaires aux iniquités royales. On les expulse de nouveau, en 1311-1312, avec les confiscations d'usage. En 1310, grande refonte des monnaies ; chacun est obligé de livrer ce qu'il possède d'espèces aux directeurs des monnaies royales, qui remboursent en monnaie neuve, fort inférieure en poids et en titre au cours qu'on lui attribue. Le roi veut faire de la popularité aux dépens des créanciers, en ordonnant que tous les paiements s'acquitteront en nouvelle monnaie, malgré toutes stipulations contraires antérieurement convenues ; dans le même but, après avoir fixé un maximum (15 à 20 pour 100 par an !) à l'intérêt exorbitant de l'argent, il finit par prohiber toute *usure,* c'est-à-dire tout intérêt. Si les usures étaient criantes, c'était aux persécutions du roi contre les capitalistes, contre les Juifs, contre les banquiers italiens, qu'on devait s'en prendre : le taux de l'argent augmente naturellement avec les chances de perte auxquelles est exposé le prêteur. Philippe ne fit ainsi qu'accroître les entraves de l'industrie et le mécontentement public.

Une ordonnance de juin 1313 dépassa en hardiesse toutes les précédentes : le roi ne se contentait plus de manier sa monnaie à son gré ; il voulait avoir aussi celle des barons, et prétendait être le seul faux-monnayeur de son royaume. Il avait, par transactions amiables, par usurpations, par tous les moyens possibles, réduit de plus de moitié le nombre des seigneurs battant monnaie. Il annonça, dans le préambule de son édit, l'intention de ramener toutes les monnaies françaises « à leur cours et ancien état » (du temps de saint Louis, apparemment), et interdit à tous prélats et barons de frapper de nouvelles monnaies jusqu'à nouvel ordre. Il agissait, disait-il, d'après le conseil de « grand'-planté de bonnes gens des bonnes villes de son royaume », et cherchait à s'appuyer sur la bourgeoisie contre le ressentiment des seigneurs. Les bourgeois, en effet, dans d'autres temps, eussent vu très-volontiers les seigneurs privés du droit de battre monnaie, droit dont ils abusaient singulièrement; mais, sous Philippe le Bel, on n'avait pas grand'chose à y gagner? L'ordonnance même de juin 1313 introduisait des changements plus désastreux que par le passé. Toutes les classes de la société étaient frappées à la fois et également irritées, à l'exception des légistes et de quelques gros bourgeois, qui se faisaient percepteurs, fermiers ou monnayeurs pour le compte du roi.

Philippe défia le mécontentement général en redoublant de cruauté. Le moindre murmure était dénoncé par les espions et puni par les bourreaux du roi. On ne voyait que gens fouettés et piloriés; tous les tribunaux laïques et ecclésiastiques s'armaient d'une rigueur impitoyable. On brûla en Grève une béguine mystique du Hainaut, Marguerite de la Porette (Cont. Nangii). Bientôt un supplice plus célèbre émut Paris et toute la France. Les quatre principaux chefs de l'ordre du Temple, le grand-maître ou « maître d'outre-mer », le visiteur de France, et les maîtres ou précepteurs d'Aquitaine et de Normandie, languissaient depuis plus de six ans dans les geôles du roi; on ne pouvait les laisser mourir sans jugement au fond des cachots. Le pape, qui s'était réservé la décision de leur sort, nomma enfin une commission composée du cardinal d'Albano et de deux autres cardinaux, qui s'adjoignirent l'archevêque de Sens et quelques autres prélats et docteurs en théologie et en droit canon. Les quatre dignitaires captifs, traduits devant leurs juges, renouvelèrent, dit-on, tous les aveux faits par leurs confrères et par eux-mêmes. On voulut entourer leur arrêt d'une grande solennité, et en faire, comme on disait, un *sermon* public. Le tribunal prit séance sur un échafaud tendu de rouge, en la place du parvis Notre-Dame de Paris. On amena au pied de l'échafaud les quatre accusés, qui réitérèrent leurs aveux devant tout le peuple; puis on leur signifia leur sentence : ils étaient condamnés à être *enmurés* à perpétuité. « Mais, au moment où les cardinaux croyoient avoir mis fin à l'affaire, voici que tout à coup le maître d'outre-mer (Jacques de Molai) et le maître de Normandie (Gui, frère du dauphin d'Auvergne), revinrent sur leur confession et la renièrent tout entière, se défendant avec obstination, à la grande surprise de tout le monde, contre le cardinal qui avoit fait le sermon, et contre l'archevêque de Sens (Continuat. Nangii) ».

La commission, frappée d'étonnement et d'une sorte d'effroi par cet incident inattendu, ne savait à quoi se résoudre : elle s'ajourna au lendemain pour délibérer à loisir, et remit le grand-maître et son compagnon au prévôt royal de Paris pour les garder jusqu'au lendemain. La nouvelle de ce qui venait de se passer au parvis Notre-Dame fut portée sur-le-champ au roi, qui était alors dans le Palais de la Cité. Philippe, saisi d'une inquiétude égale à sa colère, manda en toute hâte les plus affidés de ses conseillers, « sans appeler les clercs » (les membres de la commission). Le parti auquel il s'arrêta fut le plus audacieux et le plus atroce qui se pût imaginer : à la nuit tombante, il fit conduire les deux templiers dans une petite île de la Seine[1], « entre le jardin du Palais de la Cité et l'église des Frères-Hermites » (le couvent des Grands-Augustins), et les y fit brûler ensemble. « Ils virent préparer leur bûcher d'un cœur si ferme et si résolu, persistèrent si bien dans leurs dénégations jusqu'à la fin, et souffrirent la mort avec tant de constance, qu'ils laissèrent dans l'admiration et la stupeur tous les témoins de leur supplice » (11 mars 1314). (Continuat. Nangiac.)

Le pouvoir ecclésiastique dévora cet outrage comme tant d'autres, et ne demanda aucun compte au roi du double assassinat commis sur deux hommes qui n'étaient pas ses justiciables, et qu'il avait traités en relaps de sa seule autorité. Clément V, au reste, languissait déjà, et ne survécut guère aux malheureux qu'il avait vendus à leur persécuteur : il mourut le 20 avril. Un historien italien (Ferrettus ou Feretti de Vicence) prétend que Jacques de Molai, du haut de son bûcher, avait ajourné le roi et le pape devant le tribunal de Dieu, Clément sous quarante jours, Philippe en dedans une année.

---

1. L'emplacement de cette île, aujourd'hui réunie à la Cité, est occupé par la place Dauphine, une partie du Pont-Neuf et le môle où se trouve la statue de Henri IV.

Philippe, en effet, approchait du terme de sa sinistre carrière. La dernière année de son règne en devait être la plus sanglante ; la France fut épouvantée par des scènes plus hideuses que tout ce qu'on avait encore vu, même dans les exécutions des templiers, et la tragédie, cette fois, se joua au pied du trône, dans la famille royale. Les trois fils du roi, Louis Hutin, roi de Navarre et comte de Champagne et de Brie, Philippe, comte de Poitiers, et Charles, comte de la Marche, avaient épousé, le premier Marguerite, sœur de Hugues V, duc de Bourgogne, et les deux autres Jeanne et Blanche, filles d'Othes ou Othelin, comte de Bourgogne ou de Franche-Comté. Au printemps de 1314, les trois jeunes épouses des trois fils du roi furent arrêtées tout à coup comme accusées de scandaleux déportements : Marguerite, reine de Navarre, et Blanche, comtesse de la Marche, avaient, disait-on, commis maintes fois le péché d'adultère, « même dans les plus saints jours », avec Philippe et Gautier d'Aulnai, jeunes chevaliers normands attachés au service de ces princesses. On ne permit pas aux frères d'Aulnai de défendre par le gage de bataille leur innocence et celle de leurs maîtresses ; on leur arracha par la torture l'aveu de leur crime, et les princesses, « dépouillées de tous honneurs temporels, après avoir reçu la tonsure, furent emprisonnées, Marguerite au château Gaillard d'Andeli, et Blanche à l'abbaye de Maubuisson, afin qu'en une étroite réclusion, privées de toute consolation humaine, elles terminassent leur vie dans le désespoir » (Continuat. Nangii).

Le sort de leurs amants fut plus affreux encore. Peut-être les frères d'Aulnai pouvaient-ils être légalement punis de mort, les coutumes féodales qualifiant de haute trahison la séduction de la femme du suzerain par le vassal, et le droit romain traitant cette offense de crime de lèse-majesté ; mais leur mort ne suffisait pas à satisfaire le féroce orgueil de Philippe, outragé dans l'honneur de sa race : les plus épouvantables raffinements de barbarie qu'ait inventés l'imagination des tyrans orientaux furent épuisés par les hommes du roi sur ces malheureux jeunes gens. Leur faute fut punie par des atrocités inouïes. On les conduisit sur la place du Martroi Saint-Jean, à Paris, et là on les écorcha vifs, on leur coupa les parties génitales, on ne les décapita qu'après avoir épuisé sur eux la science infernale de prolonger les souffrances d'une victime sans lui donner une mort immédiate (fin avril). « Un huissier, qui paroissoit fauteur ou complice de Philippe et de Gautier d'Aulnai, et beaucoup de gens, tant nobles que de moindre condition, *soupçonnés* d'avoir favorisé ou *connu* ledit crime, furent appliqués à la question, cousus dans des sacs et jetés en la rivière, ou secrètement mis à mort ». Un dominicain, accusé d'avoir favorisé les amours des princesses par philtres et sortiléges, fut livré à l'Inquisition et ne reparut jamais.

Jeanne de Bourgogne, comtesse de Poitiers, plus heureuse que sa sœur Blanche et que la reine de Navarre, fut déclarée pure et non coupable par le parlement, où vinrent siéger les frères du roi et les grands barons ; elle fut « réconciliée à son époux ». Jeanne de Bourgogne était l'héritière de la Franche-Comté : on ne pouvait la condamner comme adultère et faire casser son mariage sans renoncer à la riche dot qu'elle apportait à la maison royale ; sa richesse fit peut-être son innocence.

Un sombre prestige est resté sur la mémoire des brus de Philippe le Bel. On a prétendu que l'une d'elles, soit Marguerite, soit Jeanne, était l'héroïne de la lugubre et bizarre légende de *la tour de Nesle*, que les bonnes gens de Paris, deux siècles et demi après, narraient encore le soir aux étrangers, en leur montrant la tour noire et croulante qui attristait la rive méridionale de la Seine, en face du Louvre. « C'étoit, dit Brantôme, une reine qui se tenoit à l'hôtel de Nesle, à Paris, faisant le guet aux passants ; et ceux qui lui revenoient et agréoient le plus, de quelque sorte de gens que ce fussent, elle les faisoit appeler et venir à soi de nuit, et, après en avoir tiré ce qu'elle en vouloit, les faisoit précipiter du haut de la tour dans l'eau, et les faisoit noyer ». Robert Gaguin, historien de la fin du quinzième siècle, raconte qu'un écolier, nommé Jean Buridan, ayant échappé à ce péril, posa dans les écoles le célèbre *sophisme : Licitum est occidere reginam* (il est permis de tuer une reine) ! « lequel Buridan fut, au temps que régna Philippe de Valois, très renommé régent ès-arts libéraux ». Selon d'autres récits, la cruelle reine aurait, au contraire, attenté à la vie du savant docteur

Buridan, un des chefs de la secte philosophique des *nominaux* (nominalistes), parce qu'il détournait ses écoliers des *illicites amours* de cette Messaline du moyen âge. Gaguin ajoute que l'aventure en question est attribuée fabuleusement par le vulgaire à Jeanne de Navarre, femme de Philippe le Bel, princesse *moult pieuse et sage*. Cette *pieuse et sage* personne, qui voulait, dit-on, faire égorger les bourgeoises de Flandre, pour les punir d'avoir de trop belles robes, paraît avoir été une assez méchante femme; néanmoins, rien n'autorise à admettre sur son compte une tradition qui ne fut peut-être qu'une légende populaire, fondée sur l'espèce de terreur vague qui environnait le souvenir de Philippe le Bel et de sa femme, et sur l'aventure défigurée de leurs malheureuses brus[1].

Les exécrables spectacles que Philippe le Bel avait donnés au peuple exerçaient une influence funeste sur les mœurs publiques, et faussaient le caractère national sans atteindre le but du roi et sans inspirer l'obéissance passive par la peur. Les premières explosions de l'esprit de résistance, qui couvait partout, eurent lieu au contraire presque immédiatement après les horreurs qui venaient d'ensanglanter le palais. Le contre-coup des affaires de Flandre agitait vivement l'intérieur: les Flamands, après avoir payé les deux cent mille livres garanties au roi par le traité de 1305, réclamaient la restitution de la Flandre wallonne, qu'ils prétendaient n'avoir remise au roi qu'en gage. Philippe soutenait l'avoir acquise en toute propriété; les termes du traité prêtaient à l'équivoque. Philippe voulut agir avec sa hauteur accoutumée, et saisit les comtés de Nevers et de Rethel, qui appartenaient au comte Robert de Flandre et à son fils aîné.

---

1. Bayle a rassemblé et discuté, à l'article BURIDAN, les diverses versions de cette histoire, qui ne se trouve dans aucun auteur contemporain. La mort de Jeanne de Navarre avait été l'occasion d'un autre drame plus authentique, le procès de Guichard, évêque de Troies. Jeanne avait tant tourmenté et persécuté cet évêque que Guichard résolut, dit-on, de la faire mourir par maléfice; on prétend qu'il avait gagné une sorcière et un ermite. « On fit une reine de cire, avec l'assistance d'une sage-femme; on la baptisa Jeanne, avec parrain et marraine, et on la piqua d'aiguilles » (Michelet, *Hist. de France*, t. III, p. 207). La reine mourut peu après. L'ermite fit des révélations: Guichard fut arrêté en 1309 sur commission papale, et resta en prison jusqu'en 1313, que son innocence fut, dit-on, reconnue.

Les princes flamands répondirent à cette agression en assiégeant Lille. Philippe, pour les frais de la guerre, mit une gabelle de six deniers par livre sur toutes les marchandises, et en général sur toutes les ventes et transactions. L'impôt devait être acquitté simultanément par le vendeur et par l'acheteur (Contin. Nangii). Le roi avait, à ce qu'il semble, obtenu ou extorqué le consentement d'une assemblée de délégués des bonnes villes : néanmoins les vexations infinies auxquelles donna lieu la perception de cette sorte d'impôt, la pire de toutes les inventions fiscales, ne furent pas longtemps supportées. Des émeutes éclatèrent dans les principales villes du nord, et la noblesse, à son tour, commença de remuer d'une manière formidable, encouragée sous main par les grands, qu'exaspéraient les attaques du roi contre leurs priviléges monétaires. La noblesse et la bourgeoisie, chose aussi extraordinaire qu'alarmante pour la royauté, firent trêve à leur antipathie mutuelle, se rapprochèrent, s'entendirent dans plusieurs grandes provinces; les nobles et les communiers (*li communs*) d'Artois, de Champagne, de Bourgogne, de Forez, d'une partie de la Picardie, se liguèrent pour résister aux exactions du roi : on a conservé la proclamation par laquelle les coalisés champenois font connaître l'adhésion des comtés d'Auxerre et de Tonnerre à leur ligue.

« A tous qui verront ou ouïront ces présentes lettres, les nobles et les communiers (*li communs*) de Champagne ; pour nous, pour les pays de Vermandois, de Beauvoisis, de Ponthieu, de la Fère, de Corbie, et pour tous les nobles et *communs* de Bourgogne, et pour tous nos alliés et adjoints étant dedans les parties du royaume de France, salut. Sachent tous que, comme très excellent et très puissant prince, notre très cher et redouté sire, Philippe, par la grâce de Dieu, roi de France, a fait et relevé plusieurs tailles, subventions, exactions non dues, changements de monnoies, etc.; par quoi les nobles et les *communs* ont été *moult* grevés, apauvris... Et n'appert pas qu'ils soient tournés en l'honneur et profit du roi ni du royaume, ni en défense de profit commun. Desquels griefs nous avons plusieurs fois requis et supplié humblement et dévotement ledit sire le roi que ces choses voulût défaire et délaisser, de quoi rien n'en a fait. Et encore, en cette présente année 1314, ledit notre sire le roi a fait imposition non duement, sur les nobles et les *communs* du royaume... Laquelle chose ne pouvons souffrir ni soutenir en bonne conscience, car ainsi perdrions nos honneurs, franchises et libertés, et nous et ceux qui après nous viendront. Par lesquelles choses dessus dites, nous les nobles et *communs* dessus dits, et pour nous, et pour nos parents et alliés et autres du royaume de France, en la manière que dessus est dit, avons juré et promis par nos serments, *léaument* (loyalement) et en bonne foi, pour nous et nos hoirs, aux comtés d'Auxerre et de Tonnerre, aux nobles et aux *communs* desdits comtés, leurs alliés et adjoints, que nous, en la subvention de la présente année et tous autres griefs et *novelletés* non duement faites et à faire que le roi de France, notre sire, ou autre, leur voudront faire, leur aiderons et secourrons, à nos propres coûts et dépens..... Et à savoir qu'en cette chose faisant, avons retenu et retenons, voulu et voulons que toutes les obéissances, féautés, *léautés* et hommages, jurés ou non jurés, et toutes autres droitures que nous devons au roi de France, notre sire, et à nos autres seigneurs, et à leurs successeurs, soient gardés, sauvés et réservés[1] ».

Cet acte, où le respect des droits établis s'associe d'une manière si remarquable à la résistance contre le despotisme, semblait indiquer que la France entrait dans la même voie que l'Angleterre.

Entre les sceaux des barons ligués figurait en première ligne celui du sénéchal de Champagne, le sire de Joinville, l'ami, l'historien de saint Louis, presque centenaire ! C'était le treizième siècle qui sortait du tombeau pour protester contre son triste successeur !

L'effroi de Philippe égala sa fureur : son gouvernement se détraquait de toutes parts ; il avait cru pouvoir perpétuellement balancer et contenir nobles et bourgeois, les uns par les

---

[1]. Boulainvilliers, *Lettres sur les anciens Parlements*, t. II, p. 29-31. C'est à Boulainvilliers, le théoricien de la féodalité, qu'on doit la publication de cette pièce importante. Sept autres actes analogues existent aux archives de France; *Trésor des Chartes* ; layette intitulée : *Ligues des nobles*.

autres ; s'ils se réunissaient contre lui, ce n'était pas ses gens de loi et ses sergents qui pouvaient le défendre. Il n'avait pas songé, chose étrange! à se ménager le seul appui réel des tyrans; il n'avait pas d'armées mercenaires comme celles que les Plantagenêts avaient autrefois opposées aux barons anglais. Il recula : il abandonna l'impôt des ventes pour apaiser le peuple; il protesta qu'il ne donnerait plus de sujet de plainte quant à la monnaie, et appela à Paris les députés de plus de quarante villes, afin de conférer avec eux sur le règlement de cette matière (1er octobre). Les députés demandèrent que les monnaies fussent reportées au poids et au titre du temps de saint Louis, et que le roi obtînt des barons qu'ils n'en fabriquassent plus de nouvelles avant onze ans, « pour qu'on eût le temps de remplir le royaume de bonne monnoie, sur laquelle le roi ne prendroit plus aucun profit » (*Ordonnances*, t. I, p. 548). Cette requête attaquait davantage les priviléges des grands que l'autorité royale; mais la réaction contre le despotisme n'était pas prête à s'arrêter là. La population des villes était plus irritée que ses magistrats municipaux n'osaient le témoigner, et la noblesse se disposait de son côté à passer des paroles aux actes. Philippe, dévoré de chagrin, d'inquiétude, peut-être de remords, se voyait enfermé dans un cercle de périls d'où il ne pouvait sortir qu'en courbant la tête, qu'en abjurant son système, qu'en faisant amende honorable devant ses sujets soulevés. Une maladie de langueur, causée par une chute de cheval qu'il avait faite à la chasse dans la forêt de Fontainebleau, et rendue mortelle par les soucis qui le consumaient, épargna ce châtiment à son orgueil.

« Il se fit transporter par les siens à Fontainebleau, lieu de sa naissance, pourvut avec soin à sa maison et à ses affaires domestiques, ordonna de cesser les exactions de la maltôte, et offrit des conseils salutaires et sages à son fils aîné ». Il expira le 29 novembre 1314, âgé de quarante-six ans, après vingt-neuf ans du règne le plus dur et le plus oppressif qui eût encore pesé sur la France.

Tout n'avait pourtant pas été anti-français dans ce règne, qui nous a donné Lyon, et qui nous a affranchis de la domination de

Rome ; mais la reconnaissance pèse envers un tel bienfaiteur. Les efforts de Philippe le Bel pour constituer l'unité administrative et judiciaire ont été et ont dû être diversement jugés : le principe en était conforme à la tendance générale des destinées de la France; mais l'application fut désastreuse : l'unité ne saurait être bonne et désirable que là où le gouvernement est très éclairé, la civilisation très avancée et très active, là où le mouvement de l'industrie et du commerce renouvelle et accroît incessamment la richesse publique, et met l'équilibre entre les ressources de l'État et les vastes besoins de la centralisation. Rien de tout cela n'existait sous Philippe le Bel; le peuple n'était ni bien riche ni bien actif : le pouvoir avait aussi peu de lumières que de moralité, et ce n'est pas peu dire ! Les obstacles aussi, on doit l'avouer, étaient bien grands. Les changements opérés dans l'état politique du pays, changements que multipliait Philippe sans mesure et sans respect pour le droit d'autrui, demandaient impérieusement la création d'un nouveau système d'impôts; mais ce système était fort difficile à établir d'une façon régulière et générale ; le clergé, qui supportait, sans trop se plaindre, tant d'extorsions motivées par des prétextes spécieux, eût crié au sacrilége si l'on eût soumis franchement ses terres à un impôt annuel ; quant aux possesseurs de fiefs, on ne pouvait leur demander l'*écuage* qu'en cas de guerre, et seulement lorsqu'ils ne desservaient pas leurs fiefs. Quoi qu'il en fût, la royauté, qui avait osé tant de choses, n'essaya pas celle-là, qui était le complément naturel de tout le reste, et qui s'accordait si bien avec les idées des légistes : la royauté ne sut que prendre des deux mains, par tous les moyens bons et mauvais, étouffant l'industrie nationale, chassant le commerce étranger, détruisant les ressources à mesure que grandissaient les besoins et les exigences. Les seigneurs se modelaient sur le roi, et la fiscalité descendait tous les degrés de l'échelle sociale : la féodalité, de guerrière et juridique, se faisait fiscale ; le paysan, pressuré tour à tour par son *sire* et par les gens du roi, payait cher l'avantage de n'être plus si souvent exposé aux irruptions violentes et aux incendies des temps féodaux. Clercs et nobles, bourgeois et vilains, tout le monde souffrait, tout le monde était mécontent. La royauté, si longtemps soutenue par les vœux populaires, avait atteint le comble de la puissance : qu'en faisait-elle? quel était le sort du peuple? misère d'une part, tyrannie de l'autre. Etait-ce là cet ordre florissant, ce règne de justice qu'avait rêvé le peuple depuis Louis le Gros jusqu'à saint Louis! La déception était cruelle!

On allait donc entrer dans une ère de réaction, de divisions, de tiraillements entre la royauté, la noblesse, les communes dans; une de ces époques de décadence, de confuse transition, où l'on est fort contre ses compatriotes, faible contre l'étranger : les forces vives de la société française avaient été s'amortissant depuis un demi-siècle; les bourgeois avaient perdu les habitudes guerrières de ces temps où, chaque jour, le beffroi communal les appelait aux combats contre les seigneurs ; l'esprit héroïque de la féodalité était presque éteint chez la noblesse ; la faiblesse intérieure de l'Etat était grande sous sa puissance apparente; on ne le reconnut que trop tôt quand vinrent les jours de péril.

LIVRE XXVIII.

FRANCE FÉODALE

(SUITE).

Réaction féodale. Les fils de Philippe le Bel. Louis Hutin. Persécutions contre les légistes et les financiers. Restauration partielle des principes féodaux. La réaction promptement arrêtée. Ordonnance pour l'émancipation des serfs du domaine. — Loi salique appliquée au trône. Exclusion des femmes par les États Généraux. Philippe le Long. — Persécutions contre les franciscains *spirituels*, contre les sorciers, contre les lépreux. — Charles le Bel. Nouveaux troubles de Flandre. Nouvelle saisie de la Guyenne. — Seconde application de la Loi Salique. — Philippe de Valois préféré à Édouard III d'Angleterre.

1314 — 1328.

La mort de Philippe le Bel précipita et généralisa la réaction qui avait éclaté dans plusieurs provinces et qui entraîna tout. Les trois ordres avaient également lieu de se plaindre et de demander justice; mais partout ce fut la noblesse qui se mit à la tête du mouvement : elle lui imprima un caractère tout féodal; la féodalité, si longtemps chassée de position en position, faisait enfin volte-face, et redressait ses mille têtes mutilées avec des cris de vengeance contre les usurpateurs de ses droits. Il n'y eut point toutefois de guerre civile : l'absence même de résistance amortit la crise; la réaction féodale avait eu lieu dans le palais comme au dehors : les chevaliers remplaçaient les gens de loi et les banquiers dans la faveur du nouveau souverain, et les mécontents eurent à présenter leurs griefs à leurs propres amis et non plus aux ministres détestés de Philippe le Bel, tombés des marches du trône au fond des cachots le lendemain de la mort de leur maître.

Le nouveau roi Louis, jeune homme de vingt-cinq ans, dont la raison était fort au-dessous de son âge, n'aimait que le bruit et le désordre, ainsi que l'indique son surnom de *Hutin*. « Il étoit prodigue et dissipateur, dit le chanoine de Saint-Victor, et n'avoit que les goûts de l'enfance, quoiqu'il eût été à plusieurs reprises châtié à ce sujet par son père ». Roi seulement dans les cours plénières et les tournois, il se déchargea du fardeau des affaires sur l'aîné de ses oncles, et le vrai roi de France fut le comte Charles de Valois. Charles, esprit médiocre, présomptueux et violent, méprisait les légistes et avait en horreur les ministres de son frère, qui l'avaient tenu dans l'ombre sous le règne de Philippe le Bel, et ne lui avaient pas laissé prendre la part de pouvoir à laquelle il prétendait. Le premier usage qu'il fit de son autorité, fut de persécuter avec fureur quiconque avait eu la confiance de son frère. Peu de jours après la mort de Philippe, le chancelier Pierre de Latilli, évêque de Châlons, un des agents les plus dévoués du feu roi, fut privé du sceau royal, et emprisonné, du consentement de son métropolitain Pierre de Courtenai, archevêque de Reims, puis traduit devant un concile provincial sous une double accusation d'empoisonnement et de maléfice contre son devancier au siége de Châlons et contre le roi Philippe même. Raoul de Presle, fameux jurisconsulte, « avocat principal » (avocat-général) au parlement, fut, sous le même prétexte, arrêté et mis à la torture. Raoul eut la force de résister à tous les tourments sans qu'un aveu sortît de sa bouche : aucun indice n'existait contre lui, et l'on finit par le remettre en liberté ; mais on ne lui rendit pas ses biens envahis ou dilapidés pendant sa captivité.

L'arrestation de Latilli et de Raoul de Presle n'avait été que le prélude d'un autre procès plus fameux. Parmi les conseillers de Philippe le Bel, il en était un qui avait joué un plus grand rôle et assumé sur sa tête une responsabilité plus redoutable. « Enguerrand de Marigni, chevalier normand, homme gracieux en ses manières, cauteleux, habile et prudent, avoit été établi au-dessus de la nation en grande autorité et puissance par le roi Philippe », qui l'avait créé comte de Longueville, grand chambellan, garde du trésor et châtelain du Louvre. « Devenu, pour ainsi dire, plus que maire du palais, il étoit vraiment le coadjuteur du royaume de France et dirigeoit les plus difficiles affaires de l'État ». (Continuat. Nangii. — Bernard. Guidonis, etc.) Sa statue se voyait au

Palais à côté de celle du roi. Il dirigeait, comme nous dirions aujourd'hui, les finances et l'intérieur. C'était lui qui, avec le directeur des monnaies, Étienne Barbette, avait conseillé à Philippe d'établir l'impôt sur les ventes, « pour laquelle chose ledit Enguerrand *chut* en haine et malveillance très-griève du *populaire* » (Chronique de Saint-Denis). On lui imputait aussi les altérations de monnaies et bien d'autres « mauvaises et grevables choses ». Enguerrand vit venir l'orage, et fit quelques efforts pour s'y soustraire : il sollicita la protection du roi d'Angleterre, gendre de Philippe le Bel, qui écrivit en sa faveur à Louis Hutin. Édouard II, qui ne pouvait arracher ses propres favoris à la hache de ses barons, ne sauva pas le favori de son beau-père. Enguerrand fut enfermé dans la tour du Louvre. « Le comte de Valois manda à tous, tant pauvres que riches, auxquels Enguerrand avoit fait tort, qu'ils vinssent en la cour du roi faire leurs plaintes, et qu'on leur feroit très-bon droit; puis il engagea le roi à tirer Enguerrand du Louvre pour l'envoyer au Temple, jadis hôtel des templiers, où il fut conduit à belle compagnie de sergents chevauchant autour de lui et de peuple menant grand' joie, puis retenu en prison étroite » (Chronique de Saint-Denis et continuat. de Nangis). On prit avec Enguerrand la plupart des officiers appartenant aux administrations qui relevaient de lui, les officiers de la prévôté de Paris, et même les clercs de l'official : plusieurs furent appliqués à la question.

« Le samedi d'avant Pâques fleuries », Enguerrand comparut au château du bois de Vincennes, devant le roi et devant une assemblée de prélats et de barons; des gens du parlement, il n'en fut pas question. Un « savant clerc, maître Jehan d'Asnières », par le commandement du comte de Valois, prononça contre l'accusé une de ces déclamations dont les agents de Philippe le Bel, les amis d'Enguerrand, avaient si largement usé. — Enguerrand, conclut Jean d'Asnières, je t'accuse devant tous d'avoir altéré les monnaies, pillé et *forfaité* de grands deniers destinés au pape Bertrand de Goth (Clément V), d'avoir saccagé les forêts royales à ton profit, reçu de l'argent des bourgeois de Flandre pour trahir ton seigneur le roi, et commis maints autres péculats et concussions.

« Enguerrand pria très-instamment qu'on lui accordât d'être ouï sur sa justification ; mais il ne put l'obtenir, en étant empêché par le grand crédit du comte de Valois. Le jeune roi cependant, d'abord disposé à traiter Enguerrand avec douceur et modération, étoit content qu'on l'exilât en Chypre, jusqu'à ce qu'il lui plût de le rappeler. Mais voici tout à coup que le comte Charles de Valois, sur la foi de bon nombre de témoins, vint rapporter au roi qu'un certain Jacques, dit Delor, nécromant de profession, et sa femme et son serviteur avoient, à la sollicitation de la femme et de la sœur d'Enguerrand, voire d'Enguerrand lui-même, fabriqué certaines images de cire à la ressemblance du roi, du comte Charles et d'autres barons, afin de procurer par sortilége la délivrance d'Enguerrand, et de jeter un maléfice sur lesdits roi et seigneurs; lesquelles images maudites étoient en telle manière *ouvrées* que, si longuement elles eussent duré, lesdits roi, comte et barons, n'eussent fait chaque jour qu'*amenuiser* (diminuer, maigrir), sécher et languir jusqu'à la mort. Le roi Loys dit à Charles, son oncle : — J'ôte de lui ma main : or faites de lui ce que vous verrez expédient.

« Charles de Valois avoit déjà fait prendre et emprisonner au Louvre la dame de Marigni et sa sœur, avec la femme et le valet du nécromant Jacques Delor ; celui-ci s'étoit étranglé. Charles de Valois fit assembler au bois de Vincennes plusieurs barons et chevaliers, avec aucuns pairs de France, et là furent démontrés quelques-uns des forfaits d'Enguerrand de Marigni, et les félonies et diableries faites par sa femme à son instigation. Par le jugement des pairs et barons, Enguerrand fut condamné à être pendu. Le lendemain donc, devant grand'tourbe de gens accourant de toutes parts à pied et à cheval, et de ce merveilleusement joyeux, icelui Enguerrand, proche le Grand-Châtelet de Paris, fut mis en une charrette, disant et criant : — Bonnes gens, pour Dieu, priez pour moi ! Et ainsi fut mené et pendu au gibet commun des larrons, à Montfaucon (30 avril 1315).

« Et la semaine suivante, la Boiteuse, femme de Jacques Delor, et son serviteur Paviot, furent conduits audit gibet, et, après que les *voults* (les *vœux*, les figures de cire) eurent été montrés au peuple, la Boiteuse en un très ardent feu fut *arse*, et Paviot, pendu sous son seigneur Enguerrand. La dame de Marigni et sa sœur furent encloses au Temple en bons et forts cachots[1] ».

Deux ans après, les parents et amis d'Enguerrand obtinrent la permission de détacher ses restes du gibet, et de les ensevelir dans le chœur des chartreux de Paris.

C'était le gouvernement de Philippe le Bel qu'on avait pendu à Montfaucon dans la personne d'Enguerrand. Le peuple, qui avait plaint jadis un autre favori, Pierre de la Brosse, vit le doigt de Dieu dans le traitement sans pitié qu'essuyaient les impitoyables ministres de Philippe. Le plus odieux de tous, pourtant, le juge servile et cruel des templiers, Philippe de Marigni, demeura impuni, à ce qu'il semble, dans son archevêché de Sens, où il venait de provoquer par sa cupidité une révolte accompagnée de circonstances étranges. « Dans la province de Sens, dit le continuateur de Nangis, beaucoup de gens du peuple se liguèrent ensemble, contraints, pour ainsi dire, à se soulever par les extorsions iniques et vexatoires qu'ils avoient journellement à subir, dans les causes portées devant la cour de justice de l'archevêque, de la part des avocats et procureurs de cette cour. Ces gens, parmi leur multitude toute laïque, élurent un roi, un pape et des cardinaux, résolus à rendre le mal pour le mal, et voulant répondre par une haine opiniâtre à la méchanceté de leurs ennemis. Quoique le clergé les eût excommuniés, ils se déclaroient absous et s'administroient entre eux les sacrements ecclésiastiques, ou se les faisoient administrer de force par des prêtres ». C'étaient les Pastoureaux qui renaissaient. Les prélats conjurèrent le roi et ses conseillers d'étouffer au plus tôt la rébellion. Les rebelles sénonais furent facilement réprimés, et un grand nombre d'entre eux « reçurent la punition que méritoient leurs excès, de peur qu'un pardon trop facile n'excitât le reste du peuple aux mêmes délits ».

La couronne comprima violemment cette révolte de pauvres serfs d'Église, mais s'inclina au contraire devant les ligues féodales, qui lui intimaient en ce moment même leurs impérieuses exigences. Tandis que les ministres de Philippe le Bel expiaient

---

1. Cont. Nangiac. — Chron. de Saint-Denis.

sous la main du fils les services rendus au père, les ordonnances de réformation se succédaient avec rapidité, et faisaient droit successivement aux réclamations des diverses provinces. La Normandie eut la priorité : « sur les graves plaintes des barons, chevaliers et autres nobles hommes, et des prélats du duché de Normandie », le roi rendit, le 19 mars 1315, une ordonnance de réforme, restée célèbre sous le nom de *Charte aux Normands :* elle statuait que les monnaies « parisis et tournois », au même poids et au même titre que du temps de saint Louis, auraient seules cours en Normandie à l'avenir ; que les feudataires de ce duché ne pourraient être ni retenus ni rappelés sous la bannière royale, une fois leur service militaire accompli, et que le roi ne pourrait rien exiger de plus, dans ce cas, de leurs sous-tenanciers ; qu'on ne pourrait plus exiger le droit de *prise* (réquisition forcée pour le service du roi) que sur lettres patentes du roi ou de son maître-d'hôtel, et en payant comptant les objets pris ; que nul homme libre ne serait plus appliqué à la question sans véhémente présomption de crime capital, et que, même en ce cas, la torture ne devrait jamais être poussée jusqu'à causer la mort ou la perte d'un membre. De trois ans en trois ans, le roi enverra des *enquêteurs* pour réprimer les excès de ses officiers. L'échiquier de Rouen jugera en dernier ressort et sans appel au parlement de Paris. La prescription en Normandie sera de quarante années [1].

Les nobles hommes du duché de Bourgogne, des diocèses de Langres, d'Autun, de Chalon, du comté de Forez et de la seigneurie de Beaujeu, « agissant tant en leur nom qu'en celui des religieux et non-nobles des mêmes pays », obtinrent des concessions plus étendues que les Normands : le gage de bataille, déjà rétabli en partie par Philippe le Bel, fut déclaré licite dans tous les cas, sauf celui de crime notoire et flagrant ; la saisie provisoire des villes, châteaux, terres ou autres biens des nobles, fut abrogée, sauf pour crime ; le droit de requérir *assurement* fut fort restreint, et le droit de guerre privée fut rétabli avec quelques limites ; le roi ne put plus acquérir de biens dans les seigneuries

1. Ordon., t. I, p. 551-587.

des nobles et des religieux, si ce n'est pour forfaitures ou *échûtes* de fiefs à la couronne. Le maximum des amendes fut réduit à 60 livres pour les nobles, et 60 sous pour les hommes de *pooste* (de poëste, de *potestate*). Pour la monnaie, même promesse que dans la *Charte aux Normands* : elle sera réduite à 52 sous tournois le marc. Les officiers royaux ne s'entremettront plus de justicier sur les terres où les nobles ou religieux ont justice, si ce n'est pour appel ou *défaute* de droit [1].

La Picardie eut son tour : l'ordonnance pour les nobles des bailliages d'Amiens et de Vermandois est du 15 mai ; elle interdit les détentions et saisies préventives. Les sujets seront jugés dans les prévôtés et châtellenies où ils demeurent, sans être attirés au parlement ou ailleurs, si ce n'est par appel (semblable disposition se trouve dans la *Charte aux Bourguignons* et dans les autres). — La noblesse picarde demandait le rétablissement du droit de guerre privée dans toute sa sauvagerie primitive, l'abolition des assûrements, des trêves légales, etc. ; à peine si elle admettait la *Quarantaine-le-Roi*, pour la protection des absents. Les nobles bourguignons revendiquaient leur ancienne juridiction sur les rivières, les chemins et les lieux consacrés. La cour, toute féodale qu'elle fût redevenue, s'effraya et répondit évasivement que l'on consulterait « les registres de monsieur saint Loys », aux « bonnes coutumes » de qui en appelaient ceux-là mêmes qui voulaient renverser son œuvre. — Les jugements sont ôtés aux baillis, prévôts, etc. ; l'officier royal doit seulement recevoir le serment des assesseurs qui représentent les pairs ou *hommes de fiefs*, et se retirer pour les laisser juger librement : les conseillers redeviennent ainsi vrais *jugeurs*. Ceci est un retour aux vrais principes. — Les prévôts ne pourront être plus de trois années en charge (comme les baillis). — Le gage de bataille est rouvert en cas de meurtre, de larcin, de rapt, de trahison et de *roberie* (pillage), si les cas ne peuvent être prouvés par témoins. La froide cruauté de la procédure nouvelle, l'exécrable abus de la torture faisaient presque de ce retour à la jurisprudence du glaive un bienfait pour l'humanité [2].

---

1. *Ordon.*, t. III, p. 557 (avril 1315).   2. *Ordon.*, t. I, p. 561.

La charte de Champagne est aussi du mois de mai [1] : le roi restitue aux seigneurs champenois le droit de sous-inféoder leurs fiefs comme bon leur semblera, mais seulement au profit de gentilshommes, et pourvu que les fiefs n'en soient point trop *amenuisés* (diminués) : mêmes dispositions que la charte de Bourgogne sur les acquêts du roi, les justices des seigneurs, etc.
— Les bâtards, nés de femmes de corps, sont taillables et mainmortables des seigneurs de leurs mères. Les nobles ne sont justiciables que des baillis, non des prévôts, ni officiers inférieurs. Les nobles de Champagne prétendaient que le roi ne les pouvait faire chevaucher hors de leur comté sans les défrayer de tout : le roi répondit qu'il examinerait. Les nobles ne pourront être mis à la question que sur violente présomption de crime capital. — Le roi ne pourra plus lever l'aide pour l'*host* sur les taillables et vilains des nobles.

Une autre ordonnance statue que les procès criminels seront instruits et jugés publiquement, sauf ce qui regarde la torture [2], saine jurisprudence qui, malheureusement, disparaîtra de nouveau, aussi bien que le jugement par les pairs.

Le clergé et la noblesse de Lyon et du Languedoc obtinrent aussi le redressement de divers griefs; celles des seigneuries d'église qui étaient autrefois exemptes du service militaire recouvrèrent ce privilége; les nobles eurent droit de donner leurs fiefs et leurs alleux, soit aux églises, soit à des non-nobles. Les villes eurent leur part (décembre 1315 - janvier 1316). Le bailliage d'Auvergne redemanda ses « bonnes coutumes » (décembre 1315). Le roi renonça à s'immiscer dans les affaires intérieures de la Bretagne, et à troubler le cours des justices du duc, en réservant seulement ses droits de suzeraineté pour le cas d'appel et de *défaute* de droit (mars 1316). Les empêchements mis par les agents de Philippe le Bel au libre transit de la Seine furent révoqués, en vertu d'un traité passé entre le roi et les

---

1. Les comtés de Champagne et de Brie, ainsi que le royaume de Navarre, se trouvaient réunis à la couronne de France par l'avénement de Louis *Hutin*, héritier, par sa mère, de la maison de Champagne : ses deux frères avaient eu leur part de succession en argent.

2. *Ordonn.*, t. XII, p. 486.

« marchands et voituriers de l'eau de Paris », représentés par le prévôt des marchands et les échevins, chefs de cette puissante compagnie de commerce. Les délégués de Rouen et des autres villes intéressées à la navigation de la Seine prirent part à ce pacte, qui accorda au roi un péage temporaire sur les marchandises transportées par la Seine, jusqu'à concurrence de 60,000 livres parisis[1] (juillet 1315). Les priviléges de l'université de Paris furent renouvelés vers la même époque (2 juillet).

Telle fut l'issue pacifique de cette réaction qui avait eu le roi pour complice contre la royauté. La royauté avait perdu beaucoup de terrain et sortait très-affaiblie du conflit, sans que la noblesse eût assuré ses avantages par des garanties permanentes. Aucune institution nouvelle ne résultait de ces grands mouvements, et la noblesse, fidèle à son esprit d'indépendance individuelle, se contentait de ressaisir ses franchises, sans s'occuper des moyens de les conserver à l'avenir et sans en organiser collectivement la défense. Le moment avait été solennel : il eût suffi que les ligues provinciales s'érigeassent en ligue nationale pour que la France conquît aussi sa Grande Charte et entrât dans la même voie constitutionnelle que l'Angleterre. Rien de cela n'eut lieu : le mouvement resta provincial et fragmentaire, et n'enfanta pas le germe d'une constitution nationale. La noblesse ne sut ni devenir un corps politique, ni lier ses intérêts à ceux du peuple[2], et l'hostilité du noble et du roturier, un moment suspendue, se raviva bientôt, et désormais sans retour. On ne vit pas chez nous, comme en Angleterre, la liberté politique s'organiser indépendamment de l'égalité civile et de l'unité sociale ; le peuple français était réservé à d'autres destinées : il ne devait point perpétuer dans son sein, avec de lentes modifications, et transformer régulièrement la société féodale ; il devait chercher à la briser par une révolution radicale, puis, acceptant

---

1. *Ordon.*, t. I, p. 598.
2. Il y a là-dessus un passage caractéristique dans la *Chronique de Flandre*. « Comment qu'ils fussent tous jurés ensemble, si n'étoient-ils mus tous d'une volonté ; car aucuns tendoient à ce que les mauvaises coûtumes fussent ôtées, et les autres tendoient à mettre les bonnes villes et le plat pays tout au bas, si qu'ils pussent être maîtres d'eux ». *Ap.* Kervyn de Lettenhove, *Hist. de Flandre*, t. II, p. 201.

de la royauté ce qu'il n'avait pas su se donner par une démocratie trop faible encore, chercher l'égalité, même aux dépens de la liberté, et passer par une monarchie absolue, renouvelée de l'empire romain, jusqu'à ce que la monarchie, emportée enfin par le plus grand orage populaire de l'histoire, laissât la nation, rentrée en possession de sa souveraineté, se lancer à la poursuite d'un avenir inconnu où se doivent unir la liberté et l'égalité !

Il faut redescendre, de ces hautes généralités, parmi des faits confus et de médiocres figures. On n'eût point deviné, à l'aspect de la cour de France, qu'il venait de s'opérer une espèce de contre-révolution. Le jeune roi était peu sensible aux échecs de son autorité ; il paraissait croire que les seuls vaincus étaient ces gens de loi qu'on lui avait fait prendre en haine. Il se remaria, sur ces entrefaites, avec une de ses cousines, Clémence de Hongrie, nièce du roi Robert de Naples et sœur de Charobert (Charles-Robert), roi de Hongrie. Son premier mariage avec Marguerite de Bourgogne, condamnée pour adultère, n'eût point été un obstacle dans les anciens temps de l'Église, où l'adultère était considéré comme annulant le mariage ; mais l'Église avait adopté peu à peu des principes plus absolus sur l'indissolubilité du mariage, tandis qu'elle se relâchait de ses rigueurs outrées contre les alliances entre parents. L'on coupa court à la difficulté en étouffant entre deux matelas la malheureuse Marguerite, dans sa prison du Château-Gaillard (avril 1315). La responsabilité de ce crime doit retomber sur Charles de Valois. Pendant ce temps, Clémence de Hongrie était en route pour la France ; mais son futur époux, « las de l'attendre, lâchoit la bride à son incontinence » (*Joan. Canon. S. Victor.*), et faisait retentir de ses plaisirs bruyants les sombres palais de Philippe le Bel. Le manque d'argent, l'impossibilité de s'en procurer par des exactions arbitraires, était le seul frein des folies de Louis Hutin. Il avait trouvé vide le trésor de son père, spolié vraisemblablement par Charles de Valois, qui avait rejeté ce méfait sur Enguerrand de Marigni. Le roi avait si peu d'argent qu'il comptait sur la dot de Clémence pour subvenir aux dépenses de son sacre ; mais la princesse napolitaine fit naufrage sur les côtes d'Italie, et arriva en France dénuée de tout. Il fallut célébrer le mariage sans grande pompe, dans un château des environs de Troies (à Saint-Lié), et sacrer le roi et la reine, à Reims, aux moindres frais possible (15 août 1315).

La guerre arrivait fort mal à propos au milieu d'une telle pénurie. Cependant Louis Hutin était décidé à porter ses armes en Flandre. A la suite de l'attaque de Lille par les Flamands, Philippe le Bel avait signé une trêve d'un an avec le comte Robert de Flandre. Louis Hutin, en montant sur le trône, avait sommé le comte de venir lui rendre hommage en personne et de proroger la trêve. Robert de Flandre ne répondit que par de nouvelles courses dans le Tournaisis et la châtellenie de Lille. Louis convoqua les pairs pour juger le vassal rebelle. La prétendue cour des pairs ne se composa que du comte Charles de Valois, de la comtesse Mahaut d'Artois, fille du comte Robert II, tué à Courtrai; de l'archevêque de Reims, des évêques de Langres, de Beauvais et de Laon. Le roi adjoignit à ces six pairs douze personnes de son choix, et cette assemblée condamna le comte de Flandre par contumace, et le déclara déchu de son fief (28 juin 1315).

L'arrêt était facile à rendre : il s'agissait de l'exécuter. Les maltôtes n'étaient plus de saison; il fallut recourir à d'autres ressources. Le roi contracta des emprunts en donnant pour gage une partie des revenus de la couronne; les prêteurs furent, en outre, dispensés de l'*host* et *chevauchée*[1]. Un sou pour livre fut levé sur tous les biens mobiliers et marchandises des commerçants italiens, qui se multipliaient en dépit des vexations royales[2]. A cette condition, on les exempta d'*host* et *chevauchée* et de toute autre exaction. Les Juifs, à leur tour, furent rappelés pour douze ans; on leur rendit celles de leurs maisons et synagogues qui n'avaient point été vendues ou détruites, et on leur permit de poursuivre devant les tribunaux le recouvrement de celles de leurs créances que n'avaient pu découvrir les agents de Philippe

---

1. *Ordonn.*, t. I, p. 581.
2. *Ordonn.*, t. I, p. 595. — On voit, dans cette ordonnance (t. I, p. 585), que les principales cités d'Italie entretenaient en France des consuls à poste fixe : on avait assigné pour résidence habituelle aux marchands italiens les quatre villes de Paris, Saint-Omer, Nîmes et la Rochelle, en les laissant du reste circuler de foire en foire. Les foires les plus renommées étaient celles de Champagne et de Brie, dans le Nord; de Nîmes et de Narbonne, dans le Midi.

le Bel, à condition que les deux tiers des recouvrements appartiendraient au roi[1]. Pendant ce temps, les bonnes villes réglaient à l'amiable avec les gens du roi l'aide qu'elles étaient tenues de lui fournir pour sa guerre. On a conservé le traité entre le roi et la ville de Paris, qui consent à faire marcher à ses frais deux mille hommes de pied et quatre cents cavaliers, portant bannières *au signe* (aux armes) de la ville, pourvu que le roi conduise l'armée en personne[2].

Enfin on suggéra au roi un dernier expédient bien autrement remarquable. Louis se persuada que les serfs et les hommes de main-morte avaient tous quelque pécule enfoui, qu'ils dérobaient aux recherches des collecteurs royaux, et qu'on tirerait d'eux de grands secours en leur offrant la liberté à prix d'argent. Une ordonnance fut donc, dans les premiers jours de juillet 1315, adressée à tous les sénéchaux et baillis du royaume : « Loys, par la grâce de Dieu, roi de France et de Navarre, à tous nos amés et féaux, etc. Comme, selon LE DROIT DE NATURE, chacun doit naître *franc*, et, par anciens usages et coûtumes qui de grand'ancienneté ont été introduites et gardées jusques ici en notre royaume, moult de personnes de notre commun peuple sont chues en liens de servitude de diverses conditions, ce qui moult nous déplaît ; nous, considérant que notre royaume est dit et nommé le royaume des *Francs,* et voulant que la chose s'accorde vraiment avec le nom, par délibération de notre grand-conseil, avons ordonné et ordonnons que, généralement par tout notre royaume, tant comme il peut appartenir à nous et à nos successeurs, telles servitudes soient ramenées à *franchise,* et qu'à tous ceux qui sont chus ou pourront choir en liens de servitude, *franchise* soit donnée à bonnes et convenables conditions... et pour ce... que les autres seigneurs qui ont hommes de corps, prennent exemple de nous de eux ramener à franchise, nous vous commettons et mandons que vous alliez dans la *baillie* de etc... et à tous les lieux, villes et communautés et personnes singulières, qui ladite franchise vous requerront, trai-

---

1. Sous le règne suivant, il fut établi que les Juifs n'étaient pas mainmortables, et que leurs biens passaient à leurs héritiers.
2. *Ordonn.*, t. I, p. 602.

tiez et accordiez avec eux de certaines compositions par lesquelles suffisante recompensation nous soit faite des émoluments qui desdites servitudes pouvoient venir à nous et à nos successeurs, et à eux donniez, de tant comme il peut toucher nous et nos successeurs, générale et perpétuelle franchise, en la manière que dessus est dite [1] ».

Peu importe le motif intéressé qui avait dicté l'ordonnance, c'était une grande chose que cet appel fait par le pouvoir lui-même au *droit de nature* contre l'injustice du fait régnant. Le parlement n'était pas mort avec Marigni. On pouvait bien se passer de lui pour exercer des vengeances sous le nom de justice, mais non pas pour administrer. C'était lui qui parlait sous le nom de *grand-conseil*. C'était son esprit qui se manifestait dans ce qu'il avait de vrai et de juste, et qui semblait vouloir effacer les souillures des légistes de Philippe le Bel. Sous Philippe même, au reste, le même langage s'était récemment fait entendre, et le tyran Philippe le Bel avait le premier, entre nos rois, confessé solennellement le droit de liberté naturelle ! Dans une ordonnance rendue en 1311, pour confirmer l'affranchissement des serfs du Valois, octroyé ou vendu par le comte Charles, Philippe s'était exprimé ainsi : — Attendu que toute créature humaine, qui est formée à l'image de Notre-Seigneur, « doit généralement être franche par droit naturel », et, en aucuns pays, « de cette naturelle liberté et franchise », par le joug de la servitude qui tant est *haineuse* [2], soit si effacée et obscurcie que les hommes et les femmes qui habitent ès lieux et pays dessus dits, en leur vivant sont réputés ainsi comme morts (les *main-mortables*), etc... ».

On regrette de ne pas savoir les noms des rédacteurs de ces deux ordonnances. Tandis que l'esprit anglais, dès le commen-

---

1. Ordonn., t. I, p. 583. — On a les exemplaires adressés aux baillis de Senlis et de Caen.

2. Ainsi, dès le quatorzième siècle, les légistes donnaient au droit féodal, en ce qui concernait les rapports des seigneurs avec leurs sujets, l'énergique qualification de *droit haineux*, par opposition au droit romain. — Cet édit de Philippe le Bel est enfoui dans le tome XII du recueil des *Ordonnances* (p. 387), au lieu de se trouver parmi les ordonnances de ce roi, dans le tome I; c'est probablement ce qui l'a fait passer inaperçu des historiens : M. Michelet est, si nous ne nous trompons, le premier qui l'ait cité.

cement de son histoire politique, cherche exclusivement appui sur des chartes, des priviléges, des droits positifs, l'esprit français fait appel au droit métaphysique, aux principes généraux, par la bouche des légistes des treizième et quatorzième siècles, comme dès le dixième siècle par la bouche des paysans normands [1].

L'effet immédiat ne répondit pas à l'importance morale de l'édit de Louis Hutin. Le roi s'était grandement abusé sur les facultés pécuniaires des serfs ruraux. La plupart de ces malheureux, vivant au jour le jour sous le coup des exactions et des corvées, étaient hors d'état de profiter des offres royales, et ceux d'entre eux qui avaient péniblement amassé quelques deniers ou quelques doubles, hésitèrent à s'en dessaisir. On ne sentit pas frémir dans les campagnes la fibre énergique du douzième siècle. Soit abrutissement chez les uns, soit défiance chez les autres, fort peu répondirent à l'appel du roi, ainsi que l'atteste une seconde ordonnance promulguée peu de temps après par Louis Hutin. — « Comme il pourroit être qu'aucun, par mauvais conseil et par faute de bons avis, tomberoit en déconnoissance de si grand bénéfice et si grande grâce, si que il voudroit mieux demeurer en la chétiveté de servitude que venir à état de franchise, nous vous mandons et commettons que de telles personnes, pour l'aide de notre présente guerre, vous leviez si suffisamment et grandement comme la condition et la richesse des personnes pourront bonnement souffrir [2] ».

Ce n'est pas une des moindres bizarreries de l'histoire que ces serfs achetant la liberté par force. Il est probable que le nombre des affranchis malgré eux fut peu considérable, et que le roi retira peu d'argent de cette singulière mesure.

Quoi qu'il en soit, les opérations militaires contre la Flandre ne purent être entamées avant la fin de l'été : Louis Hutin, qui avait lancé contre les Flamands, le 14 juillet, un manifeste où il les menaçait d'excommunication *ipso facto* [3], de confiscation universelle,

---

1. « Nous sommes hommes comme ils sont ». *V.* notre tome III, page 57-59.
2. D'Acheri; *Spicilegium*, t. III, p. 707.
3. En vertu d'un ancien traité, ratifié par le pape, qui autorisait le roi de France à faire déclarer les Flamands excommuniés s'ils manquaient à leurs engagements envers lui.

d'esclavage et d'extermination, vint, vers le milieu d'août, entre Lille et Courtrai, prendre le commandement de dix mille cavaliers et d'une grande multitude de fantassins. La Flandre fut attaquée simultanément par le roi de France et par son allié Guillaume d'Avesnes, comte de Hainaut, de Hollande et de Zélande : les Flamands n'avaient à attendre d'assistance de personne ; Édouard II avait même expulsé d'Angleterre leurs compatriotes, conformément au traité d'alliance de Philippe le Bel et d'Édouard Ier ; mais la courageuse Flandre ne s'abandonna pas elle-même : elle n'eut point d'ailleurs à renouveler les héroïques efforts de Courtrai et de Mons-en-Puelle. Les éléments combattirent en sa faveur. A peine les troupes royales étaient-elles entrées dans le pays ennemi que des pluies violentes détrempèrent le sol et rendirent impraticable cette contrée basse et humide. Dans l'impossibilité d'avancer et de combattre, le roi, voyant les maladies affaiblir l'armée et l'hiver approcher sans que la saison s'améliorât, se décida en frémissant à brûler ses tentes, à abandonner ses bagages, « et à s'en retourner inglorieux et sans rien faire ».

La fâcheuse issue de la campagne de Flandre augmenta le désordre que la réaction avait traîné à sa suite : ce n'étaient que violences, que guerres privées, que faux-monnayages. Les grands, à commencer par le chef du conseil du roi[1], Charles de Valois, se partageaient, pour ainsi dire, l'héritage de Philippe le Bel, et les barons et prélats qui avaient le privilége de battre monnaie inondaient la France d'espèces falsifiées : le mal était allé si loin que le roi, sur la clameur publique, fut obligé de réagir contre la réaction, et qu'une ordonnance de novembre 1315, renouvelant les dispositions de saint Louis, interdit la circulation des monnaies seigneuriales hors des terres des seigneurs qui les avaient frappées. Les seigneurs battant monnaie n'étaient plus qu'au nombre de trente et un. Un autre édit fixa la loi, le poids et la marque de leurs espèces[2].

Les gens de loi reparaissaient sur l'horizon : l'œuvre de Phi-

---

1. Le conseil qu'on peut appeler privé, composé des princes, des grands officiers de la couronne et des barons que le roi y appelait.
2. *Ordon.*, t. I, 624.

… lippe le Bel était mutilée, mais non détruite; si peu l'était-elle à l'égard de l'Église, que la papauté ne put pas profiter de l'état du royaume pour s'affranchir et repasser les monts. Les cardinaux gascons, dont Clément V avait rempli le sacré-collége, neutralisèrent les Italiens : après la mort de Clément V, le conclave resta enfermé à Carpentras plusieurs semaines sans résultat. Un beau jour, le feu ayant pris au palais du conclave à la suite d'une rixe entre les valets des cardinaux gascons et ceux des italiens, le consistoire fut obligé de s'évader par une fenêtre, et les cardinaux « se dispersèrent comme des perdrix effrayées » (22 juillet 1314). Ceci s'était passé avant la mort de Philippe le Bel; près de deux ans s'écoulèrent sans qu'il fût possible de réunir derechef le conclave. Au commencement de 1316, Louis Hutin envoya à Lyon son frère Philippe le Long, comte de Poitiers, qu'il venait d'élever à la pairie[1], et le chargea d'aviser à terminer l'interrègne papal. Les cardinaux exigèrent du comte la promesse écrite de ne point attenter à leur liberté dans le cas où ils voudraient se retirer sans rien conclure, et arrivèrent à Lyon les uns après les autres. Mais à peine Philippe le Long était-il entré en pourparlers avec eux pour tâcher de rapprocher les deux partis, qu'il reçut la nouvelle de la mort subite du roi, son frère. Le comte de Poitiers, après quelque hésitation, « violant saintement ses serments » sur l'avis de quelques prêtres, enferma les cardinaux dans la maison des frères Prêcheurs de Lyon, en mura les portes, et confia la garde du conclave au comte de Forez, en lui recommandant de resserrer étroitement les captifs « jusqu'à ce qu'ils eussent fait nouveau pape », puis il reprit en toute hâte le chemin de Paris (28 juin 1316).

Le roi Louis était trépassé au château de Vincennes, le 5 juin, avant d'avoir accompli sa vingt-septième année. « Comme, suivant ses goûts de jeunesse, dit le chanoine de Saint-Victor, il s'étoit fort échauffé au jeu de la paume dans un préau de ce château royal, il descendit en une cave glaciale, et, s'abandonnant indiscrètement à l'appétit de ses sens, il se mit à boire sans mesure du vin très frais. Le froid pénétra ses entrailles, et il fut porté au

---

1. Il y eut dorénavant pour l'ancienne Aquitaine deux pairies, celle de Guyenne et celle de Poitou.

lit, où il ne tarda pas à mourir ». Il légua 10,000 livres aux enfants d'Enguerrand de Marigni, marque significative du revirement qui s'était opéré dans son esprit. Il ne laissait qu'une fille ; mais sa femme était enceinte [1].

« Le comte Philippe, en arrivant à Paris (12 juillet), après avoir fait célébrer à Saint-Denis les obsèques du monarque défunt, résolut d'agir en roi, et de se mettre en possession du royaume, du moins jusqu'à ce qu'il en eût été décidé autrement par les barons. Il se saisit donc du palais, et en fit fermer toutes les portes, excepté une (Canon. S.-Victor.) ». Suivant la chronique de Flandre, citée par l'historien de Paris (Félibien, I, 535), Charles de Valois avait tâché de disputer la régence à l'aîné de ses neveux ; mais le connétable Gaucher de Châtillon, à la tête des bourgeois de Paris, avait chassé du Louvre les gens d'armes du comte Charles, très odieux à la bourgeoisie. « La reine veuve Clémence étoit demeurée dans la désolation au château du bois de Vincennes, sans autre appui que le comte de Valois, qui lui avoit promis de la défendre fidèlement, elle et l'enfant qu'elle portoit dans son sein ; elle dénonça pour lors à Philippe sa grossesse d'une manière formelle. Les barons du royaume ayant été convoqués, il fut ordonné que le comte Philippe de Poitiers seroit gouverneur du royaume de France ; qu'il en percevroit tous les revenus, et qu'il fourniroit à la reine le nécessaire ; que, si la reine accouchoit d'un fils, le comte retiendroit la garde dudit royaume pendant vingt-quatre ans [2], et, dans la vingt-cinquième année, résigneroit librement le royaume à l'héritier royal, et lui obéiroit ensuite comme à son seigneur ; que si, au contraire, il naissoit une fille, le comte Philippe seroit reconnu de tous comme roi, et pourvoiroit au sort de cette enfant, selon que le droit et la coutume le requièrent. Ces choses convenues et promises, les princes et les barons firent hommage à Philippe, comme le tenant pour gouverneur, excepté le duc Eudes de Bourgogne, qui,

---

1. Il avait voulu réunir Verdun à la couronne de France, comme son père avait fait pour Lyon, et, par lettres de juillet 1315, il avait déclaré cette réunion irrévocable ; Verdun cependant retourna encore une fois à l'Empire.

2. Suivant le chanoine de Saint-Victor, et dix-huit ans seulement, suivant le continuateur de Naugis, ce qui paraît plus vraisemblable.

de peur de quelque embûche, voulut avoir en son pouvoir sa nièce, fille de sa sœur la feue reine de Navarre (Marguerite de Bourgogne), que le roi Louis avoit reconnue légitime malgré la condamnation de sa mère. Elle lui fut en effet remise pour l'élever (Joan. canon. sanct. Victor.) ». La jeune princesse se nommait Jeanne.

Tel est le récit du chanoine de Saint-Victor, écrivain contemporain; mais ce récit paraît inexact quant au point essentiel : un acte authentique que l'on a conservé, et les événements qui suivirent, semblent prouver que les barons ne tranchèrent pas d'une manière absolue la grande question de la successibilité féminine, et, en confirmant à Philippe la régence dont il s'était emparé, ne décidèrent pas qu'il prendrait immédiatement le titre de roi si la reine accouchait d'une fille. L'acte en question est un traité entre le comte Philippe et le duc de Bourgogne, du 17 juillet. Le jeune duc Eudes IV, successeur de son frère Hugues V, avait senti combien il serait difficile de soutenir les prétentions de sa nièce contre un prince ambitieux et actif, qui avait la force en main et pour qui se prononçait évidemment l'opinion publique : il transigea ; il signa avec Philippe des conventions, aux termes desquelles la petite Jeanne et sa sœur, si la reine veuve était mère d'une fille, devaient avoir en héritage le royaume de Navarre et les comtés de Champagne et de Brie, pourvu que, « quand l'une et l'autre seroient venues à droit âge de se marier, elles fissent quittance (à Philippe) de tout le *remenant* du royaume de France; et, s'il ne leur plaisoit de faire quittance, elles reviendroient à leur droit » ; c'est-à-dire qu'elles pourraient faire valoir leurs prétentions sur la France, et Philippe, les siennes sur la Navarre et la Champagne. Eudes de Bourgogne, à ces conditions, approuvées par le comte de la Marche, frère de Philippe le Long, par les comtes de Valois et d'Évreux, ses oncles, par le comte de Clermont, son cousin, par le comte de Saint-Pol, le dauphin de Viennois, le connétable Gaucher de Châtillon, etc., reconnut Philippe régent de France, de Navarre, de Champagne et de Brie, jusques à tant que Jeanne et la fille encore à naître de la reine Clémence, si c'était une fille, « fussent venues à leur âge[1] ». Philippe prit le

---

1. Secousse, *Preuves des mémoires sur Charles le Mauvais, roi de Navarre*, p. 2.

titre de « fils du roi des François, régent des royaumes de France et de Navarre ».

Ce pacte étrange destinait la France à un interrègne de quinze ou vingt ans, en confiant le pouvoir provisoire à l'homme qui avait le plus d'intérêt à faire cesser l'interrègne. C'était là un de ces traités qu'on peut considérer comme violés d'avance.

A peine Philippe le Long fut-il investi de la régence, qu'il employa les forces de l'État à défendre, pour son intérêt personnel, dans un des grands fiefs de la couronne, ce droit de successibilité féminine qu'il attaquait dans l'héritage royal. Une querelle de succession, qui eut de bien graves résultats pour la France, troublait depuis plusieurs années le comté d'Artois; Robert II, comte d'Artois, tué à Courtrai en 1302, avait laissé une fille, Mahaut, mariée au comte Othon de Bourgogne, et un petit-fils, Robert III, né de son fils Philippe, qui avait péri à la bataille de Furnes. Dans presque tous les pays régis par les coutumes féodales, même ceux où le droit des femmes était le mieux établi, le fils du fils eût écarté la fille sans contestation; mais Mahaut d'Artois, comtesse de Bourgogne, était la belle-mère d'un fils de Philippe le Bel, de Philippe le Long, précisément. Philippe le Bel n'était pas homme à manquer l'occasion de prendre l'Artois pour son fils. Mahaut réclama l'héritage paternel et en obtint la possession provisoire : on prétendit que la représentation n'avait pas lieu en Artois, et que le petit-fils ne représentait pas les droits de son père. La cour des pairs, en 1309, adjugea le comté à Mahaut, au préjudice du jeune Robert, que Philippe le Bel investit du comté de Beaumont-le-Roger et de quelques autres fiefs en Normandie, par forme de dédommagement.

L'enfant, arrivé à l'âge d'homme, ne s'estima nullement dédommagé et reprit opiniâtrement la poursuite de ses droits. Il trouva de nombreux adhérents parmi la noblesse des provinces du Nord, et en appela aux armes. Dès la fin de l'année 1315, du vivant de Louis Hutin, la guerre avait éclaté entre la comtesse d'Artois et les barons confédérés de Vermandois et de Champagne. La noblesse artésienne se déclara pour Robert, qui repoussa le connétable Gaucher de Châtillon, envoyé par Philippe le Long au secours de Mahaut, s'empara d'Arras et de Saint-

Omer, et refusa de comparaître au parlement de Paris. Philippe le Long convoqua le ban féodal à Amiens, prit l'oriflamme à Saint-Denis le 30 octobre, et marcha contre Robert. Celui-ci, malgré ses premiers succès, ne se trouva point en état de donner bataille au régent du royaume : il consentit à se constituer prisonnier à la tour du Louvre, jusqu'à ce que les pairs et les grands *sires* de France eussent décidé de nouveau entre lui et Mahaut, d'après les droits et coutumes existant à la mort de Robert II : l'Artois fut confié en sequestre aux comtes de Valois et d'Évreux, et Philippe, de son côté, consentit à ce que le jugement de l'an 1309 fût estimé non avenu.

Philippe reprit la route de Paris, et reçut en chemin une importante nouvelle : « le quinzième jour de novembre, dans la nuit du samedi au dimanche, la reine Clémence accoucha au Louvre d'un enfant mâle, qui, né pour régner dans le Christ et appelé Jehan, fut, de vrai, l'enfant de la douleur, et ne vécut que jusqu'au vendredi d'après. Le jour suivant, il fut enterré en l'église de Saint-Denis, aux pieds de son père, par le seigneur Philippe, comte de Poitou, qui le porta lui-même au tombeau[1] ».

Philippe avait eu tout le temps de se préparer à l'événement : il avait employé les quatre derniers mois à renforcer son parti, et n'hésita pas un instant à rompre ses conventions avec le duc de Bourgogne. L'enfant-roi Jean était mort le 21 novembre; les pairs et les barons de France furent convoqués à Reims pour le 9 janvier, afin d'assister au sacre du roi Philippe cinquième. Une partie des princes et des barons refusèrent de répondre à l'appel du régent : le duc de Bourgogne protesta au nom de Jeanne, fille unique et « droite héritière » du feu roi Louis, et somma l'archevêque de Reims et les autres prélats de ne point procéder au sacre; le propre frère de Philippe, Charles le Bel, comte de la Marche, qui avait suivi son frère jusqu'à Reims, quitta la ville le matin même de la cérémonie; les comtes de Valois et d'Évreux restèrent près de leur neveu Philippe, mais avec un mécontentement si peu déguisé, qu'ils avaient l'air de protester plutôt que d'adhérer par leur présence. Philippe, et l'archevêque de Reims, Pierre

---

1. Cont. de Nangis. — Joan. canonicus sanct. Victor.

de Courtenai, qui lui était dévoué, ne se laissèrent point intimider : on ferma les portes de la ville; on y fit bonne garde, et la cérémonie fut célébrée sous la protection d'une grosse troupe de gens de guerre. En remplacement des pairs absents, Mahaut, comtesse d'Artois, belle-mère du roi, tint la couronne durant l'office. Le roi d'Angleterre, Édouard II, cité comme duc de Guyenne, n'était pas venu, mais il avait reconnu la royauté de Philippe dans la lettre par laquelle il s'excusait de passer la mer. Ainsi les Plantagenêts reconnurent d'abord ce principe de l'inadmissibilité des femmes au trône de France, qu'ils contestèrent depuis avec de si terribles conséquences pour la France et pour l'Angleterre.

Philippe, « oint et consacré », repartit aussitôt de Reims pour Paris, où il convoqua les États-Généraux pour le commencement de février. L'assemblée fut nombreuse, sans être générale ni régulière; l'esprit public n'était pas assez formé pour que les villes un peu éloignées comprissent combien il leur importait d'avoir voix délibérative dans les grands intérêts de l'État; elles ne voyaient encore dans le gouvernement central qu'une machine à impôts, dont il fallait se tenir à l'écart le plus possible. Le Languedoc et sans doute d'autres provinces encore n'envoyèrent point de délégués à Paris. Mais la bourgeoisie parisienne afflua, non par députés, mais par masses, à l'ouverture des États, et y représenta dignement le Tiers-État de France.

« Vers la Purification de la sainte Vierge se rassemblèrent, en la présence du cardinal d'Arablai, chancelier de Philippe le Long, beaucoup de grands, de nobles, de hauts-hommes et de prélats, avec la plupart des bourgeois de Paris; ils approuvèrent tous le couronnement du roi Philippe, et jurèrent de lui obéir comme à leur roi, et, après lui, à son fils aîné Loys. Les docteurs de l'université de Paris approuvèrent aussi d'une voix unanime le couronnement de Philippe, mais ils ne jurèrent rien; alors aussi fut-il déclaré que les femmes ne succèdent pas à la couronne de France[1] ».

L'effet de l'assemblée de Paris fut décisif : les nuages menaçants

---

1. Contin. de Nangis.

qui couvraient l'horizon se dissipèrent : la guerre civile n'éclata point. Le nouveau pape, Jean XXII (le Gascon Jacques de Cahors), élu le 7 août 1316, reconnut sur-le-champ Philippe. Le comte Charles le Bel se rapprocha de son frère, dont il devenait en ce moment l'héritier par la mort du fils de Philippe (18 février 1317). Tous les barons rendirent successivement hommage à Philippe, qui avait partout la bourgeoisie pour lui[1]. Les délégués des sénéchaussées languedociennes, qui n'avaient point comparu à Paris, vinrent trouver Philippe à Bourges et lui jurer fidélité, moyennant la conservation de toutes les coutumes et libertés du Midi. Le duc de Bourgogne céda à son tour ; il fit plus que de se rendre à la nécessité : il trafiqua honteusement des droits de sa nièce. Philippe lui donna en mariage sa fille, tout enfant encore, avec cent mille écus d'or et la comté de Bourgogne en dot. Eudes, moyennant la réunion des deux Bourgognes à son profit, renonça, au nom de Jeanne, à tout droit, non-seulement sur le royaume de France, mais sur la Navarre, la Champagne et la Brie ; 5,000 livres une fois payées et 50,000 sous parisis de rente étaient le seul dédommagement octroyé à Jeanne, qu'on maria au fils aîné du comte d'Évreux, quoiqu'elle n'eût guère plus de six ans.

Ainsi fut décidée, pour toute la durée de la royauté française, une des questions les plus fondamentales qui puissent être soulevées dans un état monarchique. Depuis l'origine de la monarchie féodale, les descendants de Hugues Capet s'étant succédé de

---

1. Les députés de la bourgeoisie, dans l'assemblée de Paris, avaient requis Philippe que « les bonnes villes et autres, et les gens d'icelles, fussent garnis d'armures, pour le droit du roi et le leur défendre ». Philippe, par ordonnance du 12 mars, établit à ses frais un capitaine dans chaque ville, et un capitaine général dans chaque bailliage, et chargea les baillis et sénéchaux de faire, avec l'aide des plus « preud'hommes » de chaque ville, le recensement des personnes « qui, par leur pouvoir et état, pouvoient tenir chevaux et gens d'armes, et des menus (petites gens), lesquels pourront avoir armures pour gens de pied ». Ce n'était pas toutefois sans quelque défiance que la couronne armait ainsi le peuple des villes, comme le prouve la fin de l'ordonnance ; le roi y prescrit que les armures « aux menues gens » soient mises en lieu sûr et convenable, pour leur être délivrées seulement en cas de besoin, sur l'ordre du roi ou de ses officiers.

L'institution des capitaines des villes déplut fort aux seigneurs suzerains, et le roi fut obligé de protester qu'il n'entendait porter atteinte aux droits ni aux justices de qui que ce fût. On a la lettre adressée à ce sujet à l'archevêque de Reims. *Ordonn.*, t. I, p. 635-636.

mâle en mâle, en ligne directe, nulle occasion ne s'était présentée jusque-là de débattre l'admissibilité des femmes à la couronne. Les coutumes féodales n'avaient pas de principe absolu à l'égard de la successibilité féminine [1]. La tradition des lois barbares, qui interdisaient aux femmes la possession de la terre, s'était perpétuée dans quelques pays; mais c'était là une exception, comme le maintien de la propriété allodiale en certains cantons ; l'usage le plus commun était l'admission des filles à l'héritage, quand il n'y avait point de fils. Deux siècles plus tôt, la coutume la plus générale eût été presque indubitablement appliquée à la succession royale comme à toute autre succession; mais, depuis ce temps, un grand mouvement d'opinion avait eu lieu en Europe et particulièrement en France : le roi n'était plus seulement le premier des détenteurs du sol ; grâce aux prêtres et aux légistes, la royauté s'était placée peu à peu dans une sphère à part; l'héritage du gouvernement d'un grand peuple n'était plus tout à fait assimilé à l'héritage d'une terre ou d'un troupeau, et l'idée des fonctions et des devoirs de la magistrature suprême modifiait la notion grossière de l'hérédité par droit de naissance. Aussi, dès que la question surgit, l'instinct national surgit avec elle, et la trancha indépendamment de tout précédent. Il est vrai que les gens de loi, partisans de l'exclusion des femmes, exhumèrent du fond des cartulaires le vieux texte de la Loi Salique pour y trouver un argument capable de faire impression sur les gentilshommes, qui avaient en grande vénération ces anciens *Francs*, dont ils se glorifiaient de descendre. Le nom de Loi Salique en est resté fort improprement à la loi qui exclut les femmes de la royauté, tandis que la véritable Loi Salique ne contient aucune disposition à ce sujet. Mais ce ne fut pas là ce qui entraîna la France; les historiens contemporains ne parlent même pas de la Loi Salique ; l'opinion fut emportée par quelque chose de plus puissant dans le fond, de plus vague dans la forme. « Le royaume de France, s'écriait-on, est si noble, qu'il ne peut aller à femelle » (Froissart, c. iv).

D'où venait cette répulsion pour le règne des femmes ? Était-ce

---

[1]. *V.* notre t. III, p. 16 et *passim.*

un mépris brutal pour le sexe faible, pour le sexe impropre aux armes? Les mœurs et les idées de la France chevaleresque rejettent bien loin cette interprétation du sentiment public. C'est dans l'essence même de notre nationalité que se trouve l'explication d'un instinct de conservation qui ne se rendait nullement compte de lui-même. Les peuples chez lesquels une situation excentrique a développé une nationalité exclusive et fortement resserrée en elle-même, l'Espagne, l'Angleterre, par exemple, ont pu sans inconvénients graves, peut-être même parfois avec avantage, élever au trône des princes étrangers, ainsi qu'il arrive nécessairement aux états où la successibilité féminine est admise. Là, les influences venues de l'extérieur avec les maris des reines ou les descendants des filles des rois ont pu être quelquefois plus utiles que nuisibles. La France, au contraire, touchant à tous les peuples par sa position centrale, ouverte, par son caractère, à tous les souffles du dehors, avait besoin de conserver au cœur de son gouvernement une institution fixe, exclusive de tout élément étranger, qui contînt un peu cette expansion excessive, et qui compensât cette multiplicité d'impressions extérieures, si essentielle, sous d'autres rapports, à la grandeur et à la variété du génie français; il lui fallait quelque chose d'immuable au fond et au centre, sous cette surface et entre ces extrémités éternellement mobiles. L'établissement d'une dynastie se perpétuant de mâle en mâle, à l'exclusion des femmes et des étrangers, était, dans l'ancienne société française, la seule institution politique qui pût résoudre le difficile problème de la permanence dans la mobilité. La prétendue *Loi Salique* a été une des principales garanties de la nationalité française durant plusieurs siècles.

Le revirement politique commencé dans les derniers mois de Louis le Hutin fut complet sous Philippe le Long : la faction féodale n'avait pu retenir dans ses mains inhabiles les rênes de l'État, et la royauté revenait tout naturellement à ses vrais intérêts. Les hommes de loi ressaisirent le pouvoir à la faveur des services rendus au nouveau souverain : l'ex-chancelier Latilli, après un long emprisonnement, fut acquitté de l'absurde accusation d'avoir empoisonné Philippe le Bel : Raoul de Presle fut indemnisé, anobli, réintégré dans sa charge d'avocat général, et une série d'ordonnances, rendues de 1317 à 1320, attesta les louables efforts des conseillers de Philippe le Long pour rétablir l'ordre dans les finances et dans l'administration de la justice. L'esprit monarchique était contenu dans de certaines bornes par le souvenir tout récent de la crise de 1315, et le retour immédiat à la tyrannie de Philippe le Bel eût été impossible.

Plusieurs édits de Philippe le Long importent à mentionner. Une ordonnance du 21 décembre 1316 réunit au domaine royal les terres que Philippe avait posssédées en apanage (le Poitou et la Saintonge) : c'était la première application d'un principe dont la royauté ne se départit jamais. L'an d'après (juin 1317), toutes les monnaies seigneuriales furent mises provisoirement « en la main du roi », afin d'arrêter les altérations et de forcer les fabricateurs à subir une loi commune et immuable. On renouvela l'édit de Louis Hutin pour engager les serfs à acheter leur liberté (janvier 1318). Plusieurs ordonnances règlent le gouvernement intérieur de « l'hôtel le roi » : elles ont ceci de remarquable, que le pouvoir royal y prend des précautions contre lui-même, et que le roi semble se défier de l'homme privé. Ainsi, Philippe, dans ces édits rendus, dit-il, par le conseil de son oncle de Valois, de son frère de la Marche, etc., décide que le roi n'accordera dorénavant de grâces, de dons, de remises d'amendes, que séant en son grand conseil (ou parlement). — Le roi n'aliénera ni ne donnera viagèrement ni héréditairement aucune portion du domaine royal, mais seulement les biens qui lui écherront par forfaiture ; le chancelier ne devra sceller aucunes lettres royales contraires à ces dispositions. — Nul ne prendra doubles gages (c'est-à-dire que le cumul est interdit, sauf quelques exceptions). Il y aura toujours avec le roi deux *poursuivants*, un clerc et un laïque, lesquels recevront les requêtes dans l'intervalle des sessions du parlement, etc. — Un édit supprime les garnisons des châteaux qui ne sont point « ès frontières » (juillet-novembre 1318). L'inaliénabilité du domaine de la couronne, établie par ces ordonnances, fut érigée en principe et défendue avec une inébranlable persévérance par les parlements. L'interdiction d'aliéner le domaine fut suivie de la révocation des dons excessifs faits par Philippe le Bel et Louis Hutin ; les héritiers de Pierre Flotte, de Nogaret et de Plasian (l'édit le nomme Plaisieu) furent frappés spécialement par cette mesure, qu'avaient suggérée les princes et les seigneurs plutôt que les légistes (29 juillet 1318)[1].

Après l'hôtel du roi, le parlement eut son tour, et reçut divers règlements. — Les parties seront *délivrées* selon l'ordre de présentation, sans faveur ni passe-droit, sauf que, « le jour où le roi viendra à Paris pour ouïr les causes qu'il aura réservées, toutes autres querelles (procès) cesseront ». — Il est enjoint à tout membre du parlement de jurer « qu'il ne recevra informations ni paroles privées dans sa maison ou ailleurs, ou par lettres et messages, fors seulement en parlement, les parties étant présentes et montrant leur droit (novembre 1318). — Il n'y aura nuls prélats députés au parlement, car le roi fait conscience de les empêcher au gouvernement de leurs *espérituautés* (de leurs spiritualités). Toutefois, l'entente du roi n'est point que les prélats qui sont de son conseil en soient pour ce hors. — En parlement il y aura un baron ou deux.... huit clercs et douze laïques (en la grand'chambre), outre le chancelier et l'abbé de Saint-Denis, quatre personnes aux requêtes (l'ordonnance de décembre 1320 dit trois clercs et deux laïques), et, aux deux chambres des enquêtes, huit clercs et huit laïques jugeurs et vingt-quatre rapporteurs (3 décembre 1319) ». La chambre des comptes, qui n'était auparavant qu'une simple commission du parlement, fut organisée, en avril 1319, par une ordonnance en vingt-cinq articles; on y voit que les sénéchaux, baillis et leurs subalternes ne pouvaient plus recevoir de deniers pour le compte du roi, ce qui était réservé à des receveurs et commissaires spéciaux. Les finances étaient ainsi séparées de la justice et de l'administration. La division des fonctions commençait à s'établir[2].

Philippe le Long et ses conseillers, une fois les grands débats

---

1. *Ordonn.*, t. I, p. 665-727.
2. Nous ne faisons pas mention d'une prétendue réunion d'États-Généraux qui aurait eu lieu à Paris, à la Chandeleur de 1319, suivant une ordonnance insérée par Laurière au t. I du recueil des *Ordonnances des rois*, p. 678. C'est par erreur que Laurière a attribué cet édit à Philippe le Long, à la date du 25 janvier 1318 (1319) : il est de Philippe de Valois, du 15 février 1346, et les États qu'il mentionne sont ceux de 1346. Il se retrouve à sa vraie place dans le t. II des *Ordonnances*, publié par Secousse, p. 238. — Le nombre des membres du parlement fut augmenté sous Philippe de Valois.

de la succession terminés, avaient pu vaquer sans obstacle aux réformes intérieures : chacun des états voisins de la France était absorbé par ses propres affaires, et la politique extérieure était presque annulée. La querelle avec la Flandre était le seul embarras de la couronne.

Louis Hutin avait conclu avec les Flamands un armistice avant de mourir. La France et la Flandre demeurèrent jusqu'en 1320 dans une situation incertaine, qui n'était ni la paix ni la guerre. Tout le nord de l'Europe, et la Flandre plus qu'aucun autre pays, avait souffert, en 1316, d'une disette et d'une épidémie terribles. Les grandes communes flamandes avaient peine à s'en remettre, et souhaitaient, même au prix de l'abandon de la France wallonne, la cessation d'un état de choses qui ruinait leur industrie. Le lien était faible entre la véritable Flandre *flamingante* et tudesque, et le pays wallon, qu'en séparaient la langue et la race, et qui avait ses vrais rapports avec l'Artois, la Picardie et le Hainaut. C'était en ce moment la famille régnante, et non la population flamande, qui se refusait à la paix. Après des négociations plusieurs fois rompues et renouées, dans lesquelles le pape Jean XXII s'était activement entremis, les Flamands obligèrent leur vieux comte, Robert III, à se rendre à Paris, au mois d'avril 1320, avec son fils Louis, comte de Nevers et de Rethel, et les fondés de pouvoirs des communes de Flandre, afin de rendre hommage au roi Philippe et de traiter définitivement avec lui. Le comte fit hommage au roi comme à son suzerain ; « mais, au jour fixé pour discuter les articles de paix, le comte ne voulut rien conclure à moins qu'on ne lui rendît Béthune, Lille et Douai. Le roi, saisi de colère, jura publiquement qu'il ne lui remettroit jamais la souveraineté de ces villes, et pria son frère Charles, comte de La Marche, le seigneur comte de Valois, tous les princes du sang royal et les autres barons présents, de répéter ce serment, ce qu'ils firent tous. Robert s'éloigna donc de Paris sans avoir pris congé de son hôte ; mais les fondés de pouvoir des communes, au sortir de la ville, lui envoyèrent ce message : « Nous sommes sûrs que si nous retournons vers ceux qui nous ont envoyés, sans avoir conclu la paix avec le roi, il ne nous restera plus de têtes à mettre sous nos capuchons ; c'est pourquoi vous pouvez être assuré que nous ne quitterons point la France, sinon après la concorde rétablie entre nous et le roi ».

« Le comte, sachant bien que si les communes se révoltoient contre lui, il perdroit toute sa comté, revint à Paris, confirma la paix par serment, et consentit au mariage d'une fille du roi avec Loys de Rethel, fils de son fils Loys. Cette paix fut ratifiée par les échevins et par tout le menu peuple de Flandre[1] ».

Les premières années de Philippe V marquent honorablement dans notre histoire par la proclamation d'une grande loi nationale et par une suite de sages et utiles mesures; mais des événements étranges allaient imprimer au reste de ce court règne le caractère le plus sinistre. Les papes et les rois, soit sincèrement, soit par une sorte de convenance, parlaient encore fréquemment de croisade, comme pour se faire pardonner la destruction du Temple. Le peuple des campagnes, dans le sein duquel fermentaient encore ces vagues et fanatiques ardeurs qui avaient causé autrefois de si terribles mouvements, prenait au sérieux les paroles des chefs de l'Église et de l'État. Il s'impatienta d'attendre si longtemps le signal du départ pour la Terre-Sainte.

« L'année 1320, dans le royaume de France, éclata un mouvement d'hommes inattendu et impétueux comme un tourbillon de vent. Un ramas de pastoureaux et de gens du commun se rassemblèrent en une seule bataille, disant qu'ils vouloient aller outre-mer combattre les ennemis de la foi, et assurant que par eux seroit reconquise la Terre-Sainte. Ils étoient soulevés par des *truffeurs* (trompeurs), à savoir un prêtre qui avoit été dépouillé de son église à cause de ses méfaits, et un autre clerc, déserteur de l'ordre de saint Benoît. Tous deux avoient tellement ensorcelé ces hommes simples, qu'abandonnant porcs et brebis dans les champs, ils accouroient en foule, sans avoir ni denier ni maille, munis seulement d'une besace et d'un bâton. Ils formèrent bientôt une grande armée[2] ».

Il en fut de cette levée de paysans comme de la grande insurrection du temps de saint Louis. Les pastoureaux commencèrent

---

1. Cont. de Nangis. — Joan. canonic. S. Victor. — Oudegherst.
2. Chroniq. de Saint-Denis. — Cont. de Nangis.

par traverser pacifiquement villes et châteaux, vivant de la charité des fidèles; puis les aumônes diminuèrent, les besoins augmentèrent, les *ribauds* et les *routiers* se joignirent aux campagnards, les bandits aux fanatiques. Alors commencèrent les excès, les désordres, les pillages, et aussi la répression violente partout où les baillis et les prévôts étaient assez forts pour courir sus aux turbulents pèlerins. Les pastoureaux se défendirent à main armée. Un certain nombre d'entre eux ayant été enfermés dans les prisons de Paris, leurs compagnons entrèrent en masse dans la ville, forcèrent la geôle de l'abbaye Saint-Martin-des-Champs et la prison royale du Grand-Châtelet, précipitèrent du haut en bas de l'escalier du Châtelet le prévôt de Paris, et délivrèrent les prisonniers; « puis, craignant d'être attaqués par les gens d'armes du roi, ils se préparèrent à combattre sur le pré Saint-Germain, dit Pré-aux-Clercs; mais personne n'osa s'armer contre eux, et on les laissa sortir librement de Paris et suivre la route d'Aquitaine[1] ».

Ils étaient, dit-on, au moins quarante mille lorsqu'ils arrivèrent en Languedoc. Dans toute la Gascogne et le Toulousain, ils poursuivirent les Juifs avec un acharnement impitoyable; les *Hébrieux* avaient plus encore à redouter le fanatisme du menu peuple que la rapacité des rois et des barons, que la froide et implacable haine des clercs. Cinq cents Juifs toulousains s'étant réfugiés dans le donjon de Verdun-sur-Garonne, les pastoureaux mirent le feu au château; les Juifs s'entr'égorgèrent pour ne pas tomber entre les mains de leurs bourreaux. Les pastoureaux n'épargnèrent que les enfants, auxquels ils administrèrent le baptême, et poursuivirent leur route vers la mer, « continuant leurs méfaits par le chemin », sans que les gens du pays voulussent obéir au sénéchal de Carcassonne, qui avait commandé de porter secours aux Juifs « comme étant sujets du roi ». Le pape, qui était à Avignon, effrayé de l'approche de ces hordes furieuses, anathématisa quiconque se croisait sans attendre le signal de l'Eglise. Le sénéchal de Carcassonne prit des mesures plus efficaces, rassembla contre les pastoureaux des forces considérables,

---

1. Joan. canon. Sanct. Victor. — Cont. de Nangis.

leur ferma les portes d'Aigues-Mortes, où ils voulaient s'embarquer, les resserra et les bloqua dans les plaines marécageuses qui entourent cette ville, jusqu'à ce qu'ils se dispersassent d'eux-mêmes. « Beaucoup furent tués ou emprisonnés; le sénéchal les fit pendre aux arbres, vingt dans un endroit, trente dans un autre, pour laisser au reste un terrible enseignement. Ce fut ainsi que cette expédition déréglée s'évanouit en fumée ».

Les fureurs des pastoureaux et leur sanglante répression n'étaient que le prélude de catastrophes plus bizarres et plus atroces encore : ce fut, à ce qu'il semble, le nouveau pape qui y donna lieu. Jean XXII (Jacques d'Euse ou d'Ossa), homme de basse naissance (il était fils d'un savetier de Cahors) et d'une physionomie ignoble, mais d'un caractère persévérant, âpre et rusé, s'était élevé au cardinalat par l'intrigue autant que par une capacité réelle. Le sacré-collége, forcé par Philippe le Long de procéder à l'élection d'un pape après une vacance de deux ans, chargea, dit-on, Jacques d'Ossa, cardinal-évêque de Porto, de nommer le souverain pontife : Jacques d'Ossa se nomma lui-même (Villani, l. IX, c. 79). On put dire de lui, ainsi que de Boniface VIII, qu'« il était monté au trône comme un renard, et qu'il régna comme un lion ». La situation de la papauté changea avec lui : à la vérité, il ne sépara pas ses intérêts de ceux des rois capétiens; il était le chef du parti franco-gascon dans le sacré collége, et renforça ce parti par une promotion de cardinaux gascons et languedociens; il resta en France, mais pour régenter la royauté et non pour être régenté par elle. Il débuta par envoyer au jeune roi des préceptes de conduite, tels qu'on eût pu les adresser à un écolier, et par ériger en France, de sa seule autorité, sans consulter ni roi ni concile, un nouvel archevêché (Toulouse) et seize nouveaux évêchés (Montauban, Saint-Papoul, Rieux, Lombez, Aleth, Saint-Pons, Castres, Condom, Sarlat, Saint-Flour, Vabres, Maillezais, Luçon, Tulle, Lavaur, Mirepoix) (1317). C'était une innovation hardie que de démembrer ainsi arbitrairement l'église gallicane, qui conservait depuis tant de siècles les circonscriptions primitives de ses antiques diocèses.

En même temps, le pape témoigna une grande ardeur pour la réforme des universités et des écoles en général. Ses premiers actes, quoi qu'on en pût penser, annonçaient un homme docte et actif; mais cette science était sans lumières et sans élévation d'esprit; cette activité était sombre, inquiète et cruelle par peur. Jean XXII réchauffa le zèle sanguinaire de l'Inquisition, en le dirigeant vers un autre but que ses devanciers : c'étaient les sorciers qu'il poursuivait plus que les hérétiques. Il se croyait toujours entouré de nécromants, d'empoisonneurs[1], d'*envoulteurs*, c'est-à-dire, de ces gens qui fabriquaient des images de cire à la ressemblance des personnes qu'ils voulaient faire périr par art magique, ainsi qu'on l'a dit dans le procès de Marigni. La ville d'Avignon et la cour pontificale virent avec effroi l'atroce supplice d'une victime d'un rang élevé : le pontife de la ville natale du pape, Hugues Géraud, évêque de Cahors, fut condamné par Jean XXII et par le sacré-collége, dégradé de clergie, et livré au magistrat séculier d'Avignon, qui le fit écorcher vif, tirer à quatre chevaux et brûler, pour avoir attenté à la vie du saint-père par voie de sortilége (mai 1317). Beaucoup d'autres personnages de moindre condition eurent le même sort.

Les persécutions contre les magiciens ne donnèrent point toutefois de relâche aux opinions religieuses dissidentes. Ce n'était plus désormais hors de l'Église, mais dans l'Église, que frappait l'Inquisition. Après les templiers, les franciscains eurent leur tour. Une scission qui s'était opérée dans le sein de l'ordre le préserva d'être proscrit en masse : le parti de Jean de Parme et de l'*Évangile éternel* avait repris vigueur sous l'impulsion du Languedocien Pierre-Jean d'Olive, un des plus hardis commentateurs de l'Apocalypse. Les *spirituels*, comme ils se nommaient, s'étaient séparés du gros de leurs frères, et s'étaient érigés en ordre à part, se disant la véritable église, celle qui devait réaliser,

---

1. Dans tout le cours du moyen âge, on ne cessa de confondre les empoisonneurs avec les sorciers, parce que les poisons n'étaient guère manipulés que par des gens qui se mêlaient de sortiléges, et qu'on était persuadé que la composition des poisons était un art enseigné par les mauvais esprits. Cette croyance remontait jusqu'aux sorciers de l'antiquité grecque et romaine. Il n'est pas complétement vrai que la sorcellerie ne soit qu'un reste défiguré des cultes païens, qu'une protestation des anciens dieux, changés en démons, contre la religion victorieuse. La sorcellerie, c'est-à-dire l'art néfaste de communiquer avec les puissances malfaisantes et ténébreuses, était bien connue de l'antiquité classique. Elle doit être issue du dogme des deux principes.

non-seulement les préceptes, mais les *conseils* de Jésus-Christ, et condamnant absolument toute propriété, toute réserve, même collective, de deniers et même de denrées. Ils prenaient à la lettre la prière du *pain quotidien.* Les *spirituels* s'étaient répandus surtout en Sicile, en Provence et en Languedoc, où ils rencontraient une vive sympathie parmi les populations. Quatre d'entre eux, ayant refusé de se rétracter et d'obéir au pape, furent condamnés par l'Inquisition et brûlés à Marseille, le 7 mai 1318. Bernard Délicieux, de Montpellier, franciscain célèbre par la courageuse lutte qu'il avait soutenue toute sa vie contre l'Inquisition, fut *enmuré* à perpétuité. C'était lui qui disait que « saint Pierre et saint Paul ne se pourroient défendre d'hérésie, s'ils revenoient en ce monde, et qu'on les poursuivit comme faisoient les inquisiteurs ». Il s'était efforcé de coaliser toutes les communes du Languedoc pour chasser les inquisiteurs, et avait été autrefois le chef du complot tramé à Carcassonne contre Philippe le Bel. L'origine de ce complot était la duplicité de Philippe, qui maintenait la tyrannie des dominicains, après l'avoir flétrie dans ses édits.

Les rigueurs du pape et de ses tribunaux ne firent qu'exaspérer les haines qu'excitait l'Inquisition, et deux membres du sanglant tribunal furent massacrés à Montfil en Valentinois. Le pape lança ses foudres sur les meurtriers et leurs fauteurs, en même temps qu'il réitérait avec une violence délirante ses bulles contre les sorciers. Tous les esprits étaient agités de terreurs fantastiques; on n'entendait parler que de pactes, de maléfices, de conjurations, de sabbats, et les sorciers, ou les malheureux insensés qui se croyaient tels, se multipliaient sous la flamme des bûchers. La sorcellerie était une sorte de monomanie, qui fascinait une foule d'imaginations dépravées par les atrocités qu'on avait vues depuis dix ans. La société était prise d'un de ces vertiges qui enfantent des folies épidémiques si monstrueuses que la postérité n'y veut pas croire, faute de les pouvoir comprendre[1].

Entre les diverses classes de la société, il en était deux surtout accessibles aux sombres rêveries de la magie; l'une, celle des bergers, par sa sauvage oisiveté; l'autre, celle des lépreux, par

---

1. Fleuri, *Hist. ecclés.* l. XCII, *passim.*

l'horreur de sa situation exceptionnelle. Les lépreux formaient une classe à part, une véritable caste, les *parias* de la chrétienté. Séparés du reste des hommes par des cérémonies funèbres, obligés, sous peine de mort, quand ils sortaient, d'annoncer de loin leur approche par le son criard d'une *cliquette* de bois, afin que chacun eût le temps de s'éloigner d'eux et d'éviter les émanations de leurs corps et de leurs habits, parqués dans de vastes hospices bâtis hors des villes sous le titre de *lazareries* ou *ladreries*[1], ils vivaient, non point isolés, mais en corps, en famille, et se perpétuaient comme un peuple hideux dans ces cités empestées. Comblés longtemps des dons pieux des fidèles, ils n'avaient inspiré que pitié, que respect même, durant la ferveur des croisades, alors que le fléau prenait partout ses victimes, et que chaque famille tour à tour voyait quelqu'un des siens passer sous le drap noir dont on couvrait le front du *mésel*[2], en le déclarant mort au monde; mais le dégoût et l'horreur l'emportaient peu à peu sur cette religieuse compassion, à mesure que les communications avec l'Orient, devenant plus rares, cessaient de renouveler les invasions du mal[3], et que la lèpre se resserrait dans les ladreries et s'y maintenait sans plus faire de grands ravages au dehors[4].

« Sur ces entrefaites, au printemps de 1321, raconte le continuateur de Nangis, le roi de France, visitant sa comté de Poitou, avoit convoqué les États-Généraux à Poitiers, pour délibérer sur les affaires du royaume (14 juin), et se proposoit de faire long séjour en cette ville, lorsque, vers la fête de saint Jean-Baptiste (24 juin), le bruit vint aux oreilles du roi, que, dans toute l'Aquitaine, les sources et les puits avoient été ou seroient bientôt infectés de poison par un grand nombre de lépreux. Plusieurs, confessant leur crime, avoient déjà été condamnés à

---

1. Du nom du *Lazare* de l'Évangile, appelé par corruption saint Ladre, dont on avait fait le patron des pauvres, des malades, de tous les *souffreteux*, et spécialement des lépreux. Le nom de *lazareth* en est resté aux établissements où l'on fait faire quarantaine aux voyageurs dans nos villes maritimes pour prévenir les maladies contagieuses.

2. Lépreux, nom celtique.

3. Ou peut-être à mesure que la maladie avait perdu de sa puissance d'expansion et de contagion.

4. Elle n'était encore que trop répandue : le libérateur de l'Écosse, le vainqueur des Anglais, Robert Bruce, en mourut en 1329.

mort et brûlés dans la Haute-Aquitaine. Leur dessein étoit, comme ils l'avouèrent au milieu des supplices, de faire périr tous les chrétiens, ou du moins de les rendre lépreux comme eux, et ils vouloient étendre cet horrible maléfice sur toute France et Allemagne ». Le seigneur de Parthenai écrivit au roi qu'un lépreux de haut rang, arrêté sur ses terres, avouait avoir été excité à ces attentats par un riche juif. Il déclarait que le poison était composé avec du sang humain, de l'urine et trois herbes dont il ignorait le nom ; on y ajoutait *le corps du Christ* (une hostie consacrée); puis le tout était broyé, réduit en poudre, enfermé dans un sac, et l'on jetait le paquet, attaché à une pierre, au fond des puits et des fontaines [1]. Le chroniqueur anonyme qui rapporte ces détails (Contin. de Nangis), assure avoir vu, dans une ville du Poitou, un sachet abandonné par une lépreuse qui était parvenue à se dérober à la justice : « C'étoit un chiffon contenant une tête de couleuvre, des pieds de crapaud, et des cheveux de femme imprégnés d'une liqueur noire et fétide ». Le roi s'en retourna précipitamment en *France*, et ordonna, par tout son royaume, d'emprisonner les lépreux ; en attendant qu'on décidât de leur sort « conformément à la justice ».

On sait comment procédait alors la *justice* criminelle : les lépreux furent traités avec une incroyable barbarie par toutes les juridictions royales, baroniales et cléricales. Les magistrats du roi avaient d'abord exclusivement revendiqué le jugement des lépreux, comme « cas royal », attendu qu'il s'agissait de haute trahison contre le roi et le royaume ; mais le roi Philippe permit (18 août 1321) à tous juges clercs et laïques de *justicier* les lépreux qui se trouvaient dans leurs districts respectifs, et « d'exercer sur eux le plein jugement de la vengeance ». Un second édit, bornant aux seuls coupables avérés le châtiment qui semblait décrété contre tous les lépreux, ordonna que les *ladres* innocents fussent reclus en leurs ladreries, sans en pouvoir sortir

---

1. Il est remarquable que le seigneur de Parthenai, le dénonciateur du lépreux, ait été lui-même poursuivi pour sorcellerie quelque temps après. *V.* cont. de Nangis, *ad an.* 1323. Ceci confirme ce que nous avons dit plus haut sur la propagation de cette monomanie contagieuse.

dorénavant; mais une multitude de ces malheureux avaient déjà péri dans les flammes.

Le continuateur de la chronique de Nangis explique de la façon la plus étrange les folles et criminelles tentatives des lépreux : il prétend que le roi maure de Grenade avait gagné les Juifs pour détruire la chrétienté par maléfice, et que les Juifs, à leur tour, avaient engagé les *ladres* à faire tomber en *ladrerie* tous les chrétiens, afin que, tout le monde devenu « mésel », personne ne fût plus « déprisé ni tenu en abjection pour cause de mésellerie ». Le roi de Grenade était assurément fort innocent du fait : la seule chose admissible, c'est qu'un certain nombre de lépreux, adonnés aux sciences occultes, avaient réellement tramé d'impuissants complots et composé de prétendus maléfices, qui n'étaient probablement pas capables d'empoisonner une seule fontaine ni de donner la mort à un seul homme.

Après avoir frappé les lépreux, on retomba, comme de coutume, sur les malheureux Juifs. « On les livra tous indistinctement aux flammes dans quelques pays, surtout en Aquitaine. Dans le bailliage de Tours, au château de Chinon, on creusa une très grande fosse, on y alluma un grand feu, et l'on y brûla pêle-mêle cent soixante Juifs des deux sexes. Beaucoup d'entre eux, hommes et femmes, s'élancèrent dans le feu, en chantant comme s'ils fussent allés à la noce; plusieurs veuves jetèrent leurs propres enfants aux flammes, de peur que les chrétiens ne les enlevassent pour les baptiser. A Paris, ceux qui s'avouèrent coupables furent seuls brûlés; on condamna les autres à un exil perpétuel; les plus riches furent retenus en prison jusqu'à ce qu'on eût vérifié le montant de leurs créances, qui furent adjugées au fisc royal : on dit que le roi en retira cent cinquante mille livres » (Cont. de Nangis).

Ce n'était pas seulement par ces cruelles exécutions que le gouvernement de Philippe V commençait à ressembler à celui de Philippe le Bel : depuis que le jeune roi se sentait affermi sur le trône, le fisc reprenait sa dévorante activité; tous les prétextes étaient bons pour sucer en détail la nation, qu'on n'osait pressurer en masse. Le pouvoir, on doit pourtant le reconnaître, n'abandonnait pas les idées d'ordre qu'il avait montrées à l'avénement de Philippe V, et les légistes avaient suggéré à ce prince une grande pensée : c'était d'établir dans le royaume une mesure uniforme pour le vin, le blé et toutes les marchandises, et de réduire toutes les monnaies à un même poids et titre ; mais l'intelligence publique n'était pas au niveau de ce projet prématuré : l'organisation de la France n'en comportait pas encore l'exécution ; le pays n'en comprit que les difficultés et les grands frais, et n'y vit que l'occasion de nouvelles rapines. Le pouvoir ne justifiait que trop cette opinion. « Le roi Philippe, par le mauvais conseil d'aucuns, qui plus aimoient leur profit que celui du royaume, voulut lever de tous ses sujets trop grande exaction; car il vouloit avoir le *quint* (le cinquième) du revenu de chacun, et déjà étoient *semons* (sommés) de payer les bourgeois de Paris et des autres bonnes villes, et ils s'en émerveilloient et disoient : — Où s'en sont allés les revenus du royaume, et les dîmes, et les annates, et la subvention des Lombards et des Juifs? Le roi ne paie nulles dettes ni aumônes que ses prédécesseurs ont données aux Filles-Dieu et aux religieuses, et n'a « tenu chevauchées » (n'a point fait d'expéditions) ni construit édifices comme son père : où donc tout est-il fondu? »

« Et l'on pensoit que les ennemis du peuple, qui étoient autour de lui, l'avoient engagé de faire cette exaction pour mieux embourser... Et encore avoit-il requis du pape la dîme des revenus ecclésiastiques, sous couleur d'aller à la croisade outre-mer ; et le pape la lui avoit accordée, pourvu que les prélats y consentissent; mais les prélats répondirent que le passage d'outre-mer n'étoit pas prêt, pour lequel il eût convenu donner dîmes ; mais que, quand il seroit prêt, ils bailleroient volontiers la dîme, ou iroient eux-mêmes en Terre-Sainte.

« Sur ces entrefaites, vers le commencement d'août, le roi fut attaqué d'une double maladie, dyssenterie et fièvre quarte, qui le fit languir sur son lit cinq mois consécutifs. Quelques-uns crurent que sa maladie étoit causée par les malédictions du peuple. L'abbé et les religieux de Saint-Denis vinrent processionnellement, nu-pieds, au château de Longchamp, où gisoit le roi, et lui apportèrent à baiser le bois de la vraie croix, le *clou du Seigneur* et un bras de saint Simon. Le roi éprouva un mieux subit et passa un moment pour guéri; mais, faute de précautions, il retomba bientôt en son mal... Lors furent de nouveau faites processions pour obtenir sa guérison; mais ni prières, ni *physiciens* (médecins), ne purent empêcher qu'il ne trépassât le tiers jour de janvier (1322), et, le lendemain de l'Épiphanie, il fut enseveli dans l'église de Saint-Denis [1] ». Il n'avait pas encore trente ans.

Son frère Charles, comte de la Marche, surnommé *le Bel*, âgé d'environ vingt-huit ans, lui succéda sans opposition [2]. Philippe le Long n'avait laissé que des filles, et personne ne réclama en leur nom contre la nouvelle loi qui avait porté leur père sur le trône au préjudice de la fille de Louis Hutin; seulement le duc de Bourgogne, Eudes IV, au nom de la petite Jeanne, sa femme, fille de Philippe le Long, revendiqua les domaines qu'avait eus ce prince avant de régner. Eudes IV fut débouté par arrêt du parlement, dès le 22 janvier. La fille de Louis Hutin et son mari, Philippe d'Évreux, eussent revendiqué plus légitimement la Navarre et la Champagne, usurpées par Philippe le Long en dépit de coutumes consacrées par le temps; ils se contentèrent d'une pension de 15,000 livres tournois de rente, assise sur les revenus des comtés d'Angoulême et de Mortain, plus une somme de 70,000 livres [3].

Le troisième fils de Philippe le Bel, en ceignant les couronnes de France et de Navarre, songea premièrement à éviter le sort de ses deux frères, tous deux trépassés sans « hoirs mâles » issus de leur corps : il obtint du pape, sous prétexte de parenté et d'alliance, la cassation de son mariage avec Blanche de Bourgogne, qui continuait, dit-on, ses débordements jusque dans la prison du Château-Gaillard, si toutefois cette malheureuse princesse n'avait pas été la victime des odieuses machinations de ceux qui avaient

---

1. Chronique de Saint-Denis. — Cont. de Nangis.
2. On devrait l'appeler Charles V, en commençant à Charlemagne la série des Charles; Charlemagne étant Charles Ier; Charles le Chauve, Charles II; Charles le Gros, Charles III; Charles le Simple, Charles IV; mais les historiens modernes, appliquant bizarrement aux vieux temps leurs idées de légitimité monarchique, ont rayé de leur autorité privée Charles ou Karl le Gros de la liste des rois, pour en faire un régent du royaume pendant la minorité de Charles le Simple.
3. Secousse, *Preuves des Mémoires sur Charles le Mauvais*, p. 11.

intérêt à l'avilir[1]. Une fois libre, Charles IV épousa Marie de Luxembourg, fille du défunt empereur Henri VII et sœur de Jean, comte de Luxembourg, qui était parvenu au trône de Bohême (21 septembre 1322). Le pape accorda la dispense, quoique Charles et Marie fussent cousins issus-de-germains. Ce mariage était d'une bonne politique : l'alliance de la maison de Luxembourg augmentait l'influence des Capétiens sur les provinces d'entre Rhin et Meuse et sur l'Allemagne. Les Luxembourg s'attachèrent fidèlement à la France.

Le surnom de *Bel* indique quels avantages extérieurs distinguaient le roi Charles entre toute une race généralement remarquable par la beauté physique; mais le caractère de ce prince nous est peu connu, et son règne, qui offre peu d'intérêt, n'a guère d'autres monuments que la chronique du continuateur de Nangis et le recueil des Ordonnances royales.

Dans le courant de 1322, Charles régla que les hospices et hôtels-Dieu, et les villes et villages sur le territoire desquels se trouvaient des *ladreries*, seraient tenus de fournir à la subsistance des lépreux, auxquels il interdit de quêter désormais eux-mêmes. Il avait accordé, un peu auparavant, aux tristes restes des Juifs la permission d'emporter hors de France les débris de leur fortune, moyennant une forte rançon payée au fisc. Il renouvela l'édit de Philippe V sur la restitution des portions du domaine aliénées : on exigeait cette restitution avec une rigueur outrée et inique; les personnes qui avaient reçu les dons des prédécesseurs du roi étaient obligées de rendre, outre le fonds, les revenus perçus. On considérait comme portion du domaine et fonds exploitable non-seulement les terres et les maisons, mais les gardes de sceaux, les offices de scribes, de notaires, etc., et jusqu'aux geôles. Charles le Bel reprit tous les offices qui avaient été donnés à titre gratuit, pour les vendre ou les mettre à ferme. Les fonctionnaires, ainsi exploités par la couronne, se dédommageaient aux dépens

---

[1] « Elle fut engrossée, dit le continuateur de Nangis, par son gardien ou par d'autres ». La comtesse Mahaut d'Artois, sa mère, afin de lui épargner le sort de Marguerite de Bourgogne, déclara faussement qu'elle avait été la marraine du roi, ce qui servit de prétexte au pape pour casser le mariage de Charles avec sa sœur *spirituelle*, quoique ce genre d'empêchement fût dès lors facilement levé par des dispenses. *v.* Fleuri, *Hist. ecclés.*, p. 61.

du peuple. Les falsifications monétaires de Charles soulevèrent bien plus violemment la clameur publique. Il avait affecté de consulter les bonnes villes pour une refonte de monnaies; mais on s'aperçut bientôt de sa mauvaise foi[1] : « Il suivit, dit la chronique, les traces de son père contre le bien public, et causa au peuple d'innombrables dommages ». Il avait pris autrefois la croix en 1313, avec son père et ses deux frères, sur le bruit de la conquête du royaume d'Arménie par les musulmans. A la faveur de ces préparatifs de croisade, il obtint du pape, pour quatre ans, la dîme ecclésiastique que le clergé avait refusée à Philippe-le-Long; mais la croisade n'eut pas lieu, et le roi garda l'argent.

Le pouvoir rachetait un peu le mal qu'il faisait par ses exactions en maintenant avec vigueur la paix du pays, sans acception de personnes. Il se fit, en 1323, un grand exemple contre les brigands féodaux.

Il y avait au pays de Toulouse un haut et puissant baron, nommé Jourdain de Lille, seigneur de Casaubon, qui avait épousé une nièce du pape. « Cet homme, très-noble par sa naissance, mais très-vil par sa conduite, avoit déjà été cité devant la cour du roi, pour dix-huit accusations, dont chacune, selon la coutume de France, étoit digne de mort. Le roi lui remit sa peine, à la prière du seigneur pape; mais Casaubon, méconnaissant un tel bienfait, continua d'entasser crime sur crime, violant les jeunes filles et les religieuses, pillant les moûtiers et les voyageurs, soudoyant force larrons et meurtriers, et favorisant tous les brigands. Il osa même assommer un sergent royal, qui le venait citer à comparaître en cour de parlement, avec son propre bâton fleurdelisé ». Casaubon finit pourtant par se rendre à la citation; il vint à Paris sans rien perdre de son arrogance, et « entouré d'une pompeuse foule de comtes, de barons et de gentilshommes d'Aquitaine, qui soutenoient son parti ». Mais ni sa brillante escorte, ni son alliance avec le saint-père n'intimidèrent les gens du parlement : il fut enfermé au Châtelet, jugé à mort, traîné à la queue des chevaux, et enfin pendu, « comme bien il le méritoit », au gibet de Montfaucon (21 mai 1323).

---

1. *Ordon.*, t. I, p. 762-778.

Trois ans auparavant, Henri Caperel, prévôt royal de Paris, avait subi le même supplice pour avoir fait pendre un pauvre homme innocent à la place d'un riche coupable (Contin. de Nangis).

Entre les ordonnances de Charles le Bel, on en remarque une par laquelle les receveurs des finances sont supprimés, et leurs fonctions réunies à celles des baillis ; c'était un pas rétrograde. Les gages des baillis, après cette réunion, furent portés à cinq cents livres tournois. Un édit de janvier 1323 établit que les frais des procès seront dorenavant payés par la partie perdante. Un autre édit, de mai 1324, octroie aux prévôt des marchands et échevins de Paris le privilége de ne plaider que devant le parlement.

Ainsi qu'on l'a déjà fait observer, l'importance de la bourgeoisie, prise en masse, allait grandissant dans les principaux centres de population ; mais les libertés politiques des communes moins considérables s'amoindrissaient de plus en plus. La commune de Laon, qui avait figuré avec tant d'éclat dans les révolutions municipales du douzième siècle, fut abolie en 1323, par suite de ses perpétuels débats avec l'évêque et le chapitre : on ôta aux Laonnois maire et jurés, trésor municipal, beffroi, cloches et sceau ; bref, le gouvernement communal tout entier.

Le signe le plus évident de la décadence du régime communal, c'est que sa suppression n'était pas toujours un malheur aux yeux des populations : dans plus d'une ville, le monopole des élections et des magistratures était tombé entre les mains de certaines corporations, de quelques familles, de petites oligarchies de paroisses, aussi tracassières et aussi malfaisantes que les agents du fisc eux-mêmes ; c'était déjà quelque chose d'analogue aux trop fameuses corporations anglaises. Ailleurs, les conflits continuels de juridiction entre les magistrats communaux et les seigneurs clercs et laïques, au lieu de se vider, comme autrefois, à la pointe des piques, entraînaient la commune dans d'interminables et ruineux procès. On se lassait de libertés si coûteuses ; on n'en avait plus besoin pour éviter les violences des nobles, et elles ne préservaient pas des griffes du fisc royal, le seul tyran qu'on eût désormais à redouter. On renonçait volontairement, non sans quelques regrets, à la république de l'échevinage, et l'on se laissait aller, avec ce dégoût et ce découragement auxquels l'esprit français n'est que trop enclin, entre les bras du roi ou du principal seigneur, qui se trouvait du moins par là intéressé à protéger la ville. Ainsi les gens de Meulan, en 1320, avaient rendu leur charte communale à leur sire, le comte Philippe d'Évreux, « pour ce qu'ils étoient grièvement grevés et dommagés des tailles, levées, contributions, faites par les maire et échevins pour soutenir leurs droits et privilèges ». La ville céda ses rentes et revenus afin d'être déchargée de ses dettes. Une commune plus renommée, Soissons, à la suite de longs procès avec l'évêque et le chapitre, renonça à son maire et à ses échevins, pour appeler un prévôt royal (1325). Les Soissonnais, à la vérité, s'en repentirent et redemandèrent leurs magistrats. Le régime prévôtal tendait à remplacer la mairie et l'échevinage[1] ; certaines villes cumulaient ces deux systèmes, et avaient un maire élu par le peuple à côté d'un prévôt royal; Soissons fut régi de la sorte à plusieurs reprises. C'était aussi le régime de Paris ; car le prévôt des marchands était devenu véritablement le maire de cette grande cité. Paris croissait en liberté quand d'autres s'abaissaient.

Quelques ordonnances relatives au commerce sont dignes d'attention. Un édit de décembre 1324 établit un droit d'exportation sur les denrées ; un autre, de juin 1325, contraint les marchands italiens, provençaux, et de tous autres pays étrangers, à ne trafiquer qu'aux foires de Nîmes, de Champagne et de Brie. Le commerce ne souffre pas qu'on lui prescrive ainsi arbitrairement sa route et ses marchés, et le progrès national souffrit beaucoup de ce genre d'entraves.

Le Languedoc, habitué à traiter en corps d'état avec la couronne, était un peu plus ménagé, sous le rapport du commerce, que le reste du royaume : les ordonnances sur l'exportation et l'importation se faisaient ordinairement d'accord avec les États Provinciaux. Charles le Bel visita cette contrée dans l'hiver de 1323 à 1324. On rapporte à ce voyage l'origine des *jeux floraux* de Tou-

---

1. *v.* Guizot, *Histoire de la civilisation en France*, t. V. — Aug. Thierry, *Lettres sur l'histoire de France*. Il ne faudrait pas trop généraliser : beaucoup de villes défendaient encore de leur mieux les droits communaux.

louse, qui ne furent pas institués, comme on le croit vulgairement, par Clémence Isaure; cette femme célèbre leur donna seulement un nouveau lustre. A l'occasion de la venue du roi à Toulouse, sept bourgeois toulousains, prenant le titre des *sept trobadors de Tolosa*, proposèrent à tous les poëtes de la langue d'oc un concours poétique, promettant une violette d'or et le titre de docteur du *gai saber*, ou de la gaie science, à l'auteur de la meilleure pièce de vers. Mais les beaux jours de la poésie provençale n'étaient plus et ne pouvaient renaître, et le fils de Philippe le Bel ne daigna pas même attendre le jour fixé pour le couronnement du lauréat.

Au retour de ce voyage, la reine Marie de Luxembourg mourut à Issoudun des suites d'un accouchement avant terme (avril 1324). Charles le Bel épousa en troisièmes noces, dès le 5 juillet suivant, Jeanne, fille de feu Louis de France, comte d'Évreux, et sœur du comte régnant, Philippe d'Évreux. Jeanne était la cousine-germaine du roi, et la complaisance avec laquelle le pape accorda la dispense canonique excita un grand scandale, non que l'opinion fût contraire aux alliances entre parents, mais parce qu'on se rappelait sous quel frivole prétexte Jean XXII avait cassé le mariage du roi et de Blanche de Bourgogne. Pour que le lien qui unissait la maison de Luxembourg-Bohème à la race capétienne ne se rompît pas, Charles IV fit épouser une fille de son oncle Charles de Valois à l'héritier de Bohème, qui était élevé à la cour de France et qui monta depuis sur le trône impérial.

La Flandre, sur ces entrefaites, était devenue le théâtre de troubles graves dans lesquels intervint le roi de France. Le vieux comte Robert III était mort le 17 septembre 1323, devancé dans la tombe par son fils aîné Louis, comte de Nevers et de Rethel. Louis, sire de Créci, fils du comte de Nevers, avait succédé à son aïeul, malgré les prétentions de Robert, sire de Cassel, second fils du vieux Robert III, qui prétendait que le droit de représentation n'avait pas lieu en Flandre, et que le fils puîné devait l'emporter sur le fils du fils aîné. La cour de France, qui avait combattu le droit de représentation en Artois, le protégea en Flandre, et le parlement adjugea le comté au jeune Louis. Le nouveau comte, élevé au milieu de la chevalerie française, en avait les mœurs et les préjugés ; il oublia que sa famille, dépouillée et captive, n'avait dû un retour de fortune qu'au courage et à la puissance des communes flamandes, et il se livra aux dangereux conseils d'un de ses vassaux, ennemi héréditaire des Flamands ; c'était l'abbé de Vézelai, fils du chancelier Pierre Flotte, tué devant Courtrai avec Robert d'Artois : l'abbaye de Vézelai relevait du comté de Nevers.

Le plus grand intérêt du prince d'un peuple de fabricants eût été d'étudier les besoins du commerce et de l'industrie, ne fût-ce que pour apprendre où il pouvait porter ses exigences fiscales sans tarir les sources de la richesse publique, et sans exciter trop vivement le mécontentement de ses sujets. Louis, ignorant, avide, dédaignant ce qu'il ne comprenait pas, n'y prit pas tant de précaution, et multiplia au hasard les péages et les impôts. Une première révolte, à Bruges, fut apaisée par voie de transaction ; mais les sujets de querelle entre le comte et les communes se renouvelèrent tous les jours. Louis soupçonna son oncle Robert de Cassel d'entretenir la discorde, pour tâcher de faire valoir ses anciennes prétentions sur le comté ; il projeta de surprendre Robert et de le mettre à mort comme traître ; « mais le chancelier dudit comte Louis en avertit par avance Robert, qui s'éloigna au plus vite ».

Le comte fit arrêter son chancelier :

— Pourquoi as-tu livré mon secret ? lui demanda-t-il avec colère. — Pour garder votre honneur, en vous épargnant un crime, répondit fièrement l'autre. (Oudegherst, c. 150.)

Le comte jeta le chancelier en prison, et se dirigea vers Courtrai, où l'appelaient de nouveaux démêlés. D'après les précédents traités, la Flandre était encore redevable de quelque argent à la couronne de France. Le comte avait chargé un certain nombre de gentilshommes et de riches bourgeois de répartir entre les communes ce qui restait à payer ; mais on soupçonna ces percepteurs, sans doute d'accord avec le comte, de lever beaucoup plus d'argent qu'il n'en était dû au roi : les communes demandèrent des comptes aux percepteurs ; ceux-ci refusèrent et vinrent trouver Louis à Courtrai ; des députés de Bruges les suivirent ; le comte Louis fit arrêter les députés ; les Brugeois marchèrent sur Courtrai. Le comte fit couper les ponts de la Lys et incendier les faubourgs, afin d'arrêter les assaillants. Des faubourgs, le feu gagna la ville (13 juin 1325). Les habitants de Courtrai coururent aux armes, taillèrent en pièces ou firent prisonniers les gentilshommes de la suite du comte, se saisirent de sa personne, et le livrèrent aux Brugeois, qui l'emmenèrent captif à Bruges, et qui proclamèrent régent [1] de Flandre le seigneur Robert de Cassel. Le comte Louis eut la douleur et la honte de voir exécuter, comme incendiaires et meurtriers, sous les fenêtres de sa prison, vingt-sept de ses conseillers et de ses compagnons d'armes.

Bien que les Gantois, par jalousie contre Bruges, fussent restés dans le parti du comte, Louis demeura près d'un an et demi prisonnier des communes liguées[2]; enfin, en novembre 1326, grâce à la médiation du roi, Louis sortit de captivité et fut réintégré dans ses droits seigneuriaux sur la Flandre, après qu'il eut juré de respecter dorénavant toutes les franchises des communes, de suivre les avis de ses peuples dans les affaires de *la comté*, et d'obliger les Gantois à entrer dans la confédération des villes libres.

Mais à peine le comte fut-il délivré, qu'il viola ses serments, et courut à Paris demander justice au roi et au parlement « de la détention et des outrages qu'il avoit subis »; son traité avec les communes fut déclaré nul, et de grands préparatifs militaires commencèrent en France. Les *communiers* craignirent d'avoir à soutenir en même temps une guerre extérieure contre les armées du roi Charles, et une guerre civile contre les fauteurs du comte Louis, soutenu par toute la noblesse du comté et par les riches bourgeois de Gand : ils reculèrent, non devant les périls de la guerre, mais devant la ruine de leur industrie ; ils envoyèrent des députés au roi et au comte, achetèrent le maintien de leurs libertés moyennant une énorme rançon de cent mille livres tournois pour le comte et deux cent mille pour le roi ; de plus, trois cents des principaux citoyens des villes flamandes se soumirent à divers pèlerinages, en expiation de l'emprisonnement de leur seigneur[3].

1. *Ruwaërt*, gardien de la paix.
2. Il fut détenu dans ces halles de Bruges que surmonte une tour de 300 pieds de haut, un des chefs-d'œuvre de l'architecture du moyen âge.
3. Oudegherst, c. 161-152. — *Contin. Nangiac.*

Tandis que les troubles de Flandre agitaient le nord de la France, l'est et le midi avaient été violemment remués par une lutte acharnée entre deux princes de langue française qui relevaient de l'Empire : le comte Édouard de Savoie et le dauphin de Viennois, Guigues VIII, gendre de Philippe le Long. Les Dauphinois l'emportèrent et défirent complétement les Savoyards à Saint-Jean-le-Vieux, près de Véretz (7 août 1323), quoique les principaux barons de la Bourgogne ducale eussent pris parti pour le comte de Savoie. Cette victoire accrut beaucoup la puissance territoriale des dauphins.

L'argent des opulents *vilains* de Flandre était arrivé fort à propos pour Charles le Bel, qui, depuis trois ans, avait épuisé son fisc à fomenter les troubles d'Allemagne : vivement appuyé par le pape Jean XXII, il espérait enlever la couronne impériale à la faveur des longs débats des deux concurrents qui se la disputaient depuis dix ans, Frédéric d'Autriche et Louis de Bavière. Frédéric, vaincu et pris à Muhldorf par son rival (22 septembre 1322), ne pouvait plus soutenir la lutte : Charles IV alors, comptant sur son beau-frère le roi de Bohème et sur plusieurs autres princes du « Saint-Empire », poussa le pape à excommunier Louis de Bavière, pour s'être arrogé le titre de roi des Romains avant d'avoir été reconnu par le saint-siège (mars 1324). Les manœuvres de Charles le Bel échouèrent : les princes teutons s'effrayèrent des prétentions du roi de France, et les efforts de Charles n'aboutirent qu'à réconcilier le vainqueur et le vaincu, Louis de Bavière et Frédéric d'Autriche. L'Empire resta au Bavarois en dépit des foudres papales.

Les relations de la France avec l'Angleterre, à la même époque, ont plus d'importance, et sont destinées à avoir des suites bien autrement graves. L'Angleterre, après le règne brillant d'Édouard Ier, se voyait retombée sous un méprisable prince qui avait inauguré son règne par le désastre de Bannockburn[1], qui humiliait le pays devant les étrangers, et qui entravait à l'intérieur le progrès politique et social, immense en Angleterre depuis un demi-siècle. Le roi de France profitait des querelles d'É-

---

1. Dans la plaine de Sterling. Robert Bruce y défit complétement une formidable armée anglaise, et assura par cette victoire l'indépendance de l'Écosse (1314).

douard II et de ses indignes favoris avec le baronage anglais, pour empiéter incessamment sur les droits du roi d'Angleterre en Aquitaine. Les sénéchaux de Toulouse, de Cahors, de Périgueux envahissaient tous les jours la justice du sénéchal de Bordeaux, et attiraient à eux les causes des sujets d'Édouard, bien que ces causes ne dussent ressortir qu'au parlement par voie d'appel. Édouard II envoya réclamation sur réclamation à Charles le Bel; le monarque français ne daignait pas même répondre. Le titre de beau-frère n'était pas une recommandation pour Édouard auprès de Charles; car la reine d'Angleterre, sœur du roi de France, avait en horreur son mari, qui vivait avec d'infâmes mignons. Édouard eût tout souffert sans recourir aux armes, mais les Gascons, ses sujets, furent moins endurants.

Un baron de Gascogne, le seigneur de Montpezat, ayant construit un château à Saint-Serdos (*Sanctus Sacerdos*), en Agenais, les gens du roi de France affirmèrent que cette forteresse était située sur le territoire français et non point anglais : le parlement rendit un arrêt favorable à cette prétention, et une garnison d'hommes d'armes royaux fut mise dans le *castel*. Le seigneur de Montpezat appela à son aide le sénéchal anglais de Gascogne; ils emportèrent le fort d'assaut, tuèrent tout ce qu'ils y trouvèrent, et Montpezat ruina de sa propre main les murs qu'il avait bâtis, afin qu'ils ne retombassent point au pouvoir du roi Charles.

Charles, transporté de colère, somma le roi d'Angleterre de lui livrer le sénéchal et le seigneur de Montpezat. Édouard offrit de punir lui-même les coupables; mais, tandis qu'on négociait encore, le comte Charles de Valois et Philippe de Valois, son fils, étaient déjà entrés en Guyenne à la tête d'une armée[1]. Agen, Condom, Bazas, la Réole, et toutes les autres places de l'Aquitaine anglaise, hormis Bordeaux, Bayonne et Saint-Sever, furent occupées presque sans résistance. Edmond, comte de Kent, frère du roi d'Angleterre, capitula dans la Réole, et signa une trêve jusqu'au printemps prochain avec le comte de Valois (septem-

---

1. La ville de Paris fournit 200 hommes d'armes pour quatre mois, et les solda au moyen d'un impôt du denier pour livre sur toutes les marchandises. *Ordonn.*, t. I, p. 785.

bre 1323). Le lâche Édouard II ne sut qu'appeler au pape et aux cardinaux, et envoyer sa femme Isabelle de France demander la paix au roi Charles. La confiscation de la Guyenne eût été par trop criante, et Charles le Bel ne se sentit pas la résolution d'un acte si violent : il accorda la paix à sa sœur, à condition que la Guyenne fût séquestrée aux mains d'un sénéchal français, jusqu'à ce que le roi Édouard eût rendu au roi Charles l'hommage du duché.

Édouard II ne vint pas toutefois rendre l'hommage en personne : son favori Hugues Spencer ou *le Despensier* appréhenda que le roi Charles et les barons de France, pour complaire à la reine Isabelle, n'excitassent Édouard à le disgracier; il détourna ce prince de passer la mer, et le roi anglais envoya à sa place son fils aîné, le jeune Édouard, comte de Chester (depuis le célèbre Édouard III), qu'il investit de ses seigneuries de France, à savoir, du duché de Guyenne et du comté de Ponthieu.

Sur ces entrefaites, le comte Charles de Valois, qui avait presque constamment dirigé les affaires du royaume sous les règnes de ses trois neveux, fut frappé de paralysie. « Les souffrances, qui éveillent le remords, rappelèrent à sa conscience le supplice d'Enguerrand de Marigni, qu'il avoit fait pendre autrefois. Il ordonna qu'on distribuât de l'argent à tous les pauvres de Paris; et, à chaque pauvre qui recevoit un denier, les gens chargés de la distribution disoient : « Priez pour le seigneur Enguerrand et pour le seigneur Charles! » car il avoit voulu que le nom d'Enguerrand fût mis avant le sien » (Cont. de Nangis). Après avoir longtemps langui, le frère de Philippe le Bel mourut, le 16 décembre 1325 : ses seigneuries furent partagées entre ses fils, dont l'aîné, Philippe de Valois, allait atteindre bientôt une plus haute destinée.

Les affaires d'Angleterre étaient en ce moment le principal objet de l'attention publique; l'envoi de la reine Isabelle, et surtout du prince Édouard, en France, était la plus grande faute qu'eût pu commettre Édouard II : Isabelle, une fois sur le continent, ne songea qu'à tramer la perte de son époux et du favori Spencer. La paix qu'elle obtint n'était qu'un leurre pour décevoir le roi d'Angleterre. Elle retint son fils à la cour de France, et, de concert avec son amant, Roger Mortimer, et d'autres barons anglais, elle résolut de se servir du jeune prince, qui n'avait guère que treize ans, comme d'un instrument pour abattre Édouard II. Elle refusa ouvertement de retourner à la cour d'Édouard, parce que sa vie, disait-elle, était menacée par Hugues *le Despensier*, et se mit à enrôler des chevaliers et des gens d'armes français, pour faire la guerre à son mari. Charles le Bel, hésitant à se compromettre dans cette levée de boucliers, ordonna à sa sœur de quitter la France, mais ne cessa de lui fournir secrètement toute sorte de secours. Isabelle se retira chez le comte de Hainaut et de Hollande, beau-frère de Philippe de Valois, fiança son fils Édouard avec une fille du comte de Hainaut, et assembla, à Dordrecht en Hollande, une petite armée d'aventuriers avec laquelle elle comptait prendre l'offensive. Pendant ce temps, la France se déclarait enfin, et les hostilités recommençaient entre les deux couronnes.

Les événements marchèrent avec rapidité : Isabelle partit de Dordrecht, le 23 septembre 1326, avec une escadre chargée d'un millier d'hommes d'armes, et débarqua, le 26, près de Harwich, dans le Suffolkshire. Avant quinze jours, elle fut à la tête d'une armée formidable. La nation entière se leva contre son lâche souverain. Édouard II et son favori prirent la fuite, sans qu'une seule épée fût tirée en leur faveur : ils voulurent se réfugier en Irlande; les vents les rejetèrent sur les côtes du Glamorgan; ils tombèrent au pouvoir du comte de Lancastre, dont le roi avait fait décapiter le frère à la suggestion de Hugues *le Despensier*. On livra le favori à un supplice effroyable; on enferma Édouard II au château de Kenilworth, et les barons, les chevaliers et les communes d'Angleterre, assemblés en parlement, déclarèrent Édouard II déchu du trône, et proclamèrent roi son fils Édouard III (24 janvier 1327). Édouard II ratifia tout pour sauver sa vie. Il n'obtint pas même la conservation de cette existence misérable et flétrie : l'implacable Isabelle avait trop peur que quelqu'une de ces vicissitudes si communes dans l'orageuse Angleterre ne rendît le pouvoir au roi détrôné; elle tira Édouard des mains du comte de Lancastre, qui le traitait avec égards, et le remit à la garde de deux scélérats, qui l'assassinèrent de la manière la plus barbare. On fit courir le bruit qu'il était mort de maladie (octobre 1327).

Isabelle et son amant Mortimer affermirent ainsi pour quelque temps l'autorité qu'ils exerçaient sous le nom du jeune Édouard III. La chute d'Édouard II avait été suivie d'un traité entre les couronnes de France et d'Angleterre, aux termes duquel Charles IV promit de rendre le duché de Guyenne à son neveu Édouard III, moyennant une indemnité de 50,000 marcs sterling. Charles garda pourtant l'Agenais et d'autres cantons encore.

Tandis que l'Angleterre déposait son roi pour cause d'indignité, et accomplissait une révolution dont le caractère reste grand et hardi, malgré le crime privé qui en souilla le dénouement, les annales françaises sont à peu près muettes. En 1326, le parti papal ou guelfe ayant éprouvé de grands revers au delà des monts, dans sa lutte contre les gibelins et les hommes du roi des Romains Louis de Bavière, « le pape, qui se voyoit apauvri, demanda un subside aux églises et aux clercs du royaume de France, pour la guerre d'Italie : le roi Charles refusa d'abord ce subside, contraire aux bonnes coutumes de France ; mais, après une lettre que lui écrivit le seigneur pape, il se soumit au proverbe : *donne-moi pour que je te donne !* et il accorda un subside si considérable, que chacun de ceux qui tenoient des bénéfices ecclésiastiques payèrent un an de leur revenu. Le pape, en retour, octroya au roi, pour deux ans, la dîme sur le clergé. *Ainsi, pendant que l'un tond la malheureuse Église, l'autre l'écorche*[1] ».

L'année d'après, Charles le Bel érigea en duché-pairie la seigneurie de Bourbon, au profit de Louis, comte de Clermont, petit-fils de saint Louis. Les chefs de cette branche de la maison royale prirent dès lors le titre de ducs de Bourbon (1327). Le comté d'Étampes fut aussi érigé en pairie sur la tête de Charles d'Évreux, frère du comte Philippe d'Évreux.

« Le jour de Noël 1327, le roi Charles fut pris d'une grande maladie : il en souffrit longuement, et mourut au château du bois de Vincennes, la veille de la Purification de la Sainte Vierge (31 janvier 1328), sans hoir mâle de son corps, bien qu'il eût été trois fois marié (Cont. de Nangis) ». Il était âgé de trente-quatre ans : ses

---

1. Contin. de Nangis.

deux frères, Louis Hutin et Philippe le Long, étaient morts, le premier à vingt-sept ans, le second à trente. De même que Louis Hutin, il laissait une veuve enceinte.

« Après la mort du roi Charles, les barons s'assemblèrent pour délibérer sur le gouvernement du royaume : la reine étant enceinte, personne n'osoit prendre le titre de roi ; il s'agissoit seulement de savoir à qui confier le gouvernement du royaume[1]. Les Anglois prétendoient que ledit gouvernement, et le trône même, si la reine n'avoit pas d'enfant mâle, devoit appartenir au jeune Édouard, roi d'Angleterre, fils de la sœur du feu roi, plutôt qu'à Philippe, comte de Valois, qui n'étoit que cousin-germain dudit roi Charles. Beaucoup de docteurs en droit canon et en droit civil soutenoient cet avis : ils disoient qu'Isabelle, roine d'Angleterre, mère d'Édouard, n'étoit écartée du trône qu'à cause de son sexe, mais que la couronne revenoit au fils de ladite Isabelle, qui, se trouvant le plus proche parent par sa naissance, étoit apte à régner par son sexe. D'un autre côté, ceux du royaume de France, ne pouvant souffrir d'être soumis à la domination des Anglois, répondoient que, si le fils d'Isabelle avoit quelques droits au trône, il ne pouvoit les tenir que de sa mère : or, la mère, n'ayant aucuns droits, ne pouvoit les transmettre à son fils (Contin. de Nangis) ».

« Ceux de France » répondaient au point de vue de la Loi Salique, et maintenaient le principe de la décision rendue en faveur de Philippe le Long. Mais la Loi Salique n'eût-elle point été admise, qu'Édouard n'en eût pas eu plus de droits au trône de France. « Si les femmes possédoient ou transmettoient les droits au trône, disaient encore les partisans de Philippe de Valois, il y auroit de plus directs héritiers que le roi anglois : le petit Philippe, fils au duc de Bourgogne (Eudes IV), n'est-il pas né de Jehanne de France, fille au roi Philippe le Long ? et, pour plus haut remonter, la comtesse Jehanne d'Evreux n'est-elle pas fille au roi Loys le Hutin ? Voilà deux meilleurs titres que celui de madame Isabelle ». L'argument était sans réplique : si l'on admettait que les femmes transmissent à leurs fils les droits qu'elles ne pouvaient

---

[1]. Suivant Froissart, c. XLIX, le roi mourant avait décerné la régence à son cousin Philippe de Valois.

exercer par elle-mêmes, l'héritier du trône était le fils de la duchesse de Bourgogne, au nom de qui l'on n'élevait aucune réclamation.

La masse de la nation repoussait d'ailleurs instinctivement le prétendant étranger, et la noblesse aimait les Valois, qui, dans la réaction de 1315, avaient figuré à la tête du parti féodal : l'université de Paris, consultée sur le point de droit, décida, comme le baronage, en faveur de Philippe de Valois; « l'administration du royaume lui fut remise, avec le titre de régent de France, mais non point l'administration de la Navarre, parce que Philippe, comte d'Évreux, revendiquoit sur ce royaume les droits de sa femme Jehanne, fille de Loys Hutin, laquelle affaire demeura quelque temps en suspens (Contin. de Nangis) ».

Philippe de Valois tâcha de se rendre populaire pendant sa régence. Il publia une ordonnance pour la réforme du Châtelet, c'est-à-dire de la juridiction du prévôt de Paris et de ses assesseurs, qui siégeaient au grand Châtelet. Il réduisit le nombre et le salaire des notaires, procureurs, sergents, et enjoignit à son lieutenant d' « examiner du jour au lendemain » les personnes qui auraient été emprisonnées; « parce que le plus souvent les pauvres gens sont pris pour légères causes ». Vers le même temps, fut arrêté Pierre Remi, principal trésorier du feu roi Charles. Accusé « par beaucoup de gens considérables » d'avoir amassé à force de spoliations l'énorme somme de 1,200,000 livres, il ne put rendre compte de sa gestion des finances, et, condamné à être pendu, il fut, dit-on, traîné à un grand gibet qu'il avait récemment fait construire et fut le premier qu'on y pendit[1]. (25 avril 1328). (Contin. de Nangis). Plusieurs autres agents du fisc suivirent à la potence leur chef Pierre Remi[2].

C'était le troisième ministre qui montait au gibet, depuis le temps de Philippe le Hardi. La faveur des rois coûtait cher. Chaque nouveau règne débutait par livrer à la colère du peuple ou des grands le principal agent du règne expiré. La riche dé-

1. Ceci a l'air d'avoir été imaginé pour rendre la catastrophe plus dramatique; on a dit la même chose d'Enguerrand de Marigni.
2. Le président Hénault (année 1328) rapporte qu'un riche bourgeois de Compiègne, nommé Simon Pouillet, fut aussi mis à mort pour avoir embrassé le parti du roi d'Angleterre.

pouille de Pierre Remi entra tout entière dans les coffres royaux, car Philippe était déjà roi. Trois semaines auparavant, à savoir « le vendredi saint, qui étoit le premier jour du mois d'avril, la roine Jehanne, veuve du feu roi, étant accouchée d'une fille qu'on nomma Blanche, le régent Philippe, comte de Valois, âgé d'environ trente-six ans, fut dès lors appelé roi, et, la ligne directe des rois de France étant ainsi rompue, le royaume passa à une ligne collatérale (Contin. de Nangis) ». Philippe de Valois fut sacré à Reims le 29 mai.

La lignée des Capétiens primitifs avait fourni sans interruption quatorze rois à la France.

Il semblait que la colère divine eût balayé Philippe le Bel et sa race. En moins de quatorze ans, le père et les trois fils avaient été précipités dans la tombe, le premier encore dans la force de l'âge, les trois autres dans la fleur de leur brillante jeunesse. Les gens d'église eurent beau jeu à exploiter le souvenir de la malédiction de Boniface VIII. Le peuple se rappelait plutôt l'*ajournement* de Jacques de Molai. Il est des instruments de la Providence qui ne châtient le mal que par le mal, et qu'elle brise après s'en être servie.

L'avénement des Valois ne préparait point à la France des jours meilleurs. Les maux soufferts sous Philippe le Bel et ses fils devaient être effacés par des calamités bien plus terribles. L'ère fatale des Guerres des Anglais allait s'ouvrir.

FIN DU TOME QUATRIEME.

ÉCLAIRCISSEMENTS.

I

BEAUMANOIR.

Le plus grand service peut-être qu'ait rendu le parlement dans la première phase de son histoire, c'est d'avoir tendu avec persévérance à développer le droit coûtumier, le droit bourgeois et roturier, en même temps qu'à restreindre le droit féodal; c'est d'avoir travaillé à rectifier et à améliorer les coûtumes, à les rapprocher d'un type commun sans les fausser ni les violenter [1].

Un homme supérieur a résumé cette tendance, combinée avec le mouvement de réaction contre la féodalité au profit de la monarchie.

Cet homme ne fut pas Pierre de Fontaine. Le seigneur de Fontaine-Uterte (près Saint-Quentin), bailli de Vermandois en 1253, membre du parlement, chargé par saint Louis de réunir et de mettre en écrit les coûtumes de France et de Vermandois pour l'éducation de Philippe, fils de saint Louis, voulut non-seulement concilier, mais confondre le droit coûtumier avec le droit romain, en ramenant le premier au second. Il y échoua [2]. Trop d'éléments anciens et nouveaux, dans le droit coûtumier, se refusaient à cette absorption. Les rédacteurs mêmes des *Établissements de saint Louis* échouèrent en grande partie, pour avoir tenté prématurément un code du droit coûtumier avant que les principes de ce droit eussent été suffisamment définis et fixés [3].

Le péril de la nouvelle voie législative où entrait la France était donc dans un enthousiasme trop exclusif, trop absolu pour ce droit romain, où il fallait assurément chercher des lumières et un modèle, puisqu'il était de toutes les législations humaines la plus rapprochée du droit naturel, mais qu'il ne fallait pas viser à reproduire par un calque servile.

Ce fut ce que comprit Philippe de Beaumanoir [4]. Plus clairvoyant que Fontaine,

---

1. V. dans l'*Introduction* aux *Coustumes de Beauvoisis*, par M. le comte Beugnot (t. I, p. vj-viij) des détails intéressants sur les enquêtes faites par ordre du parlement pour constater les coûtumes.
2. V. le *Conseil* de Pierre de Fontaines, nouvelle édition, publiée par M. Marnier, 1 vol. in-8°. Paris, 1846.
3. Beugnot, *Coustumes de Beauvoisis*, Introduction, p. xij-xiv.
4. Picard comme Pierre de Fontaine. Il fut conseiller au parlement sous saint Louis; bailli de Senlis en 1273; de Clermont en Beauvaisis, en 1280; sénéchal de Saintonge en 1289; bailli de Tours, en 1292; de Senlis, pour la seconde fois, en 1292; mort vers 1295 ou 1296. Il écrivit son livre avant 1280.

cet esprit net et ferme, étendu et lumineux, vit qu'il y avait un droit coutumier français en dehors du droit romain et du droit canonique. Ce fut ce droit qu'il chercha à fixer. La coutume du comté de Clermont en Beauvaisis, sa patrie, n'est pour lui qu'un point de départ : il constate les variétés et cherche la concordance des coutumes locales, « le droit commun à tous ès coustumes de France », en s'éclairant, mais indirectement, du droit romain et du droit canonique, qu'il ne cite pas, qu'il ne commente pas, réserve et sobriété bien exceptionnelles au moyen âge. C'est que, par-dessus les codes civil et religieux des deux Rome, il aperçoit le droit d'où procède tout ce que cette double législation contient de justice et de vérité, c'est-à-dire le droit naturel.

Le but est donc pour lui le droit naturel, l'équité, comme règle des relations civiles. Le moyen, c'est une autorité centrale dominant tout et appliquant partout la règle du droit commun, au lieu de ces mille autorités divergentes fondées sur le droit exceptionnel. Il ne résume pas sa pensée avec cette rigueur systématique; mais c'est là le fond. Par là, il se rattache à ce droit impérial romain qu'il ne professe pas directement.

« Qui lui plait à faire (au roi) doit être tenu pour loi[1]. »

Il va ainsi, d'un bond, jusqu'à l'extrémité de l'absolutisme impérial, jusqu'à l'attribution du plein pouvoir législatif au roi sans intervention de la part des sujets. Dans l'application, son sens pratique lui fait apporter quelques restrictions à cette maxime téméraire; toutefois, il s'efforce partout d'assurer et d'étendre la souveraineté royale.

« Chacun baron est souverain en sa baronie. Vrai est que le roi est souverain par-dessus tous, et a, de son droit, la générale garde de son royaume, par quoi il peut faire tels établissements comme il lui plait, pour le commun profit, et ce qu'il etablit doit être tenu ». (T. II, p. 22, n° 41.)

Il maintient ici pleinement sa maxime[2]; mais, ailleurs, il l'atténue. Il distingue entre le temps de paix et le temps de guerre. « Le temps de paix doit être régi par les us et coutumes de long temps accoutumés. En temps de guerre, il convient faire aux rois, aux princes, aux barons et aux seigneurs *moult* de choses que, s'ils les faisoient en temps de paix, ils feroient tort à leurs sujets; mais le temps de nécessité les excuse. — Si comme il a été accoutumé commander... qu'écuyers et gentilshommes soient chevaliers, et que riches hommes et pauvres soient tous garnis d'armures, chacun selon son état, et que chacun se soit appareillé de mouvoir quand le roi le commandera[3]... et chacun baron aussi en sa terre, *mès* (pourvu) que ce ne soit contre le roi. » (T. II, p. 259, n° 1)[4].

C'est lui qui donne le premier, en France, une forme dogmatique à l'idée de la souveraineté de la juridiction royale.

1. *Coustumes de Beauvoisis*, t. II, p. 57, n° 27. De là le fameux axiome : « Si veut le roi, si veut la loi ». *v.* Loysel, *Institutes Coustumières*, t. I, p. 1.

2. Sous la réserve, toutefois que, « si le roi faisoit établissement contre Dieu et contre les bonnes mœurs, les sujets ne le devroient pas souffrir » (II, 259, n° 1).

3. Tout ceci en dehors du service féodal.

4. « En temps de paix, nul ne peut faire établissement, ni nouveau marché, ni nouvelles coutumes, fors que le roi. »

«Toute *laie* (laïque) juridiction du royaume est tenue du roi en fief et en arrière-fief. » (T. I, p. 163, n° 12).

Il proclame l'intervention du roi entre les seigneurs et leurs vassaux et sujets, nobles ou non nobles, en toute matière où ceux-ci peuvent avoir des plaintes à faire (I, 362, n° 7). C'est le renversement de toute la tradition féodale au profit commun de la couronne et du peuple.

« Il n'y a nul si grand dessous le roi qui ne puisse être *trait* (attiré) en sa cour par *defaute* de droit ou par *faux jugement.* » (T. II, p. 22, n° 41).

Il attribue la garde générale des églises au roi; la garde spéciale à chaque baron dans sa baronie; mais, si le baron fait tort ou laisse faire tort aux églises, elles se peuvent « traire au roi comme à souverain, et, ce prouvé contre le baron, la garde spéciale demeure au roi. » (T. II, p. 241, n° 1).

Partout il reconnaît nominalement le droit féodal, et l'annule en fait.

Il n'est pas plus favorable aux libertés communales qu'à l'indépendance féodale.

Il conseille aux seigneurs d'empêcher, par les dernières rigueurs, qu'il ne se forme de nouvelles communes par voie de conjuration et de soulèvement, ou que les villes et bourgades ne se liguent entre elles. « Nul ne peut faire ville de commune au royaume de France sans l'assentiment du roi, parce que toutes *nouvelletés* sont défendues. » (T. II, p. 264, n° 2).

Le roi peut et doit intervenir dans les communes des seigneurs pour y rétablir la paix, etc.

Beaumanoir insiste beaucoup sur les abus qu'il a vus dans les communes, sur les débats des pauvres contre les riches, ou des riches les uns contre les autres, sur l'accaparement de l'administration de maintes bonnes villes par les riches au détriment des pauvres et des *moyens*, en sorte que lesdits riches font ce qu'ils veulent des finances de la ville, et ne se rendent de comptes qu'entre eux. (T. II, p. 255, n° 5, p. 267, n° 7).

Qu'il y ait lieu à un certain arbitrage, à une intervention régulière du pouvoir central en cas de troubles dans les communes, rien de mieux ; mais conclure de l'abus contre l'usage est un vice de raisonnement qui a trop souvent ruiné en France les meilleures institutions. On voit déjà poindre chez Beaumanoir le système de destruction des libertés communales.

Hostile aux communes, comme corps politiques, il est favorable à la bourgeoisie et à la roture en général, comme classe. Il veut que les bourgeois et même les gens de *poëste* puissent tenir des fiefs, et cherche les moyens d'éluder l'ordonnance de Philippe-Auguste ou de saint Louis qui le leur interdisait[1]. Les choses, dit-il à ce propos, « doivent être faites selon raison, les mauvaises coûtumes abattues et les bonnes amenées avant. » (T. II, p. 254, n° 1).

Voilà, certes, une vigoureuse profession de foi rationnelle, pour un légiste du treizième siècle.

Le tableau qu'il fait du servage atteste que, si le nombre des serfs proprement dits avait beaucoup diminué, leur condition n'était point améliorée.

1. Cette partie du livre a donc été écrite avant l'ordonnance de Philippe le Hardi qui autorisa les roturiers à acquérir des fiefs.

« Les uns des serfs sont si sujets à leur seigneur, que leur sire peut prendre *quanques* (tout ce que) ils ont à mort et à vie (soit à leur mort, soit pendant leur vie), et les corps tenir en prison toutes les fois qu'il lui plait, soit à tort, soit à droit, qu'il n'en est tenu à répondre fors à Dieu. Et les autres sont tenus plus débonnairement; car, tant comme ils vivent, les seigneurs ne leur peuvent rien demander, s'ils ne méfont, fors leur cens et leurs rentes et leurs redevances qu'ils ont accoutumé à payer pour leurs servitudes. » (T. II, p. 233, n° 31).

Ceux-ci sont les serfs *abonnés* ou mainmortables : ils différent des vilains libres, en ce que le seigneur, à leur mort, réclame partie de l'héritage, s'ils laissent des enfants, et tout l'héritage, s'il n'y a pas d'enfants. Ces demi-serfs commencent à entrer dans le droit, dans la coutume. Les premiers sont encore en dehors du droit, comme l'esclave antique.

« Selon le droit naturel, ajoute Beaumanoir, chacun est franc; mais cette franchise est corrompue. »

Cette grande parole avait déjà été dite, avec moins de précision et de force, par les jurisconsultes d'Alphonse de Poitiers[1]. Ajoutons encore ce passage intéressant sur la source de la *franchise*, de la condition libre.

« *Gentillesse* (noblesse) est rapportée de par les pères et non de par les mères; mais autrement est de la franchise des hommes de *poësté*; car ce qu'ils ont de franchise vient de par la mère, et quiconque naît de mère franche, il est franc. » (T. II, p. 232, n° 30).

Ami de la liberté civile, Beaumanoir, nous l'avons dit, est l'ennemi des libertés politiques; il n'est pas davantage l'ami de l'égalité domestique, et ses sentiments ne sont pas plus chevaleresques que féodaux.

« En plusieurs cas peuvent les hommes être excusés des griefs qu'ils font à leurs femmes, ni ne s'en doit la justice entremettre; car il *loist* bien (il est bien permis) à l'homme battre sa femme, sans mort et sans *méhaing* (sans blessure), quand elle le fait mal, si comme quand elle est en voie de faire folie de son corps, ou quand elle dément son mari ou maudit, ou quand elle ne veut obéir à ses raisonnables commandements. » (T. II, p. 333, n° 6).

La brutalité antique reparaît tout à coup ici chez ce légiste, qui représente, à beaucoup d'égards, la cause de la justice et de la civilisation, mais qui réagit contre ce que le moyen âge a produit d'éclatant et d'original dans le bien comme dans le mal. Le droit naturel, auquel doit aspirer le légiste, est pourtant autre chose que le droit du plus fort!

Pour ce qui regarde la condition civile des femmes, on trouve chez Beaumanoir une observation importante, c'est qu'avant Philippe-Auguste, « nulle femme n'avoit douaire, fors tel comme il étoit convenancié au marier ». En 1214, le douaire a été établi en règle générale; dans la plus grande partie du royaume, « la femme emporte moitié de ce qu'a l'homme au jour de mariage, sauf pour la couronne et plusieurs baronies tenues du royaume ». En Touraine, Anjou et Maine, la femme n'a que le tiers[2].

1. V. ci-dessus, p. 250.
2. T. I, p. 216, n° 12. — V. aussi *Établissements de saint Louis*, l. I, c. xiv.

Nous étions loin de la chevalerie, tout à l'heure : nous voici loin, maintenant, de la justice par les pairs, principe, à bon droit, si cher à la chevalerie! Le droit féodal n'admettait pas que le seigneur ni son bailli pussent juger par eux-mêmes; les juristes établissent non-seulement qu'ils peuvent juger, mais juger *seuls!* Suivant Beaumanoir, le bailli n'est pas obligé de faire toujours *plaid ordonné*, (assises régulières), mais doit « courir au devant des méfaits, et justicier selon le méfaire; toutefois se doit bien garder de mettre nul à mort sans jugement. » (T. I, p. 40, n° 35).

Ainsi le désordre social et la négligence des hommes libres ou nobles à user de leurs droits et à remplir leurs devoirs, poussait en plein dans l'absolutisme ; éternelle leçon de l'histoire ! C'est en toute conscience et avec des sentiments sincères de bien public, que Beaumanoir suit cette voie : on le reconnaît assez au noble tableau qu'il trace des devoirs de ces magistrats auxquels il attribue un pouvoir si exorbitant, et aussi à ses efforts contre l'esprit de fraude et de chicane qui s'introduit avec la jurisprudence nouvelle[1] (T. I, p. 17, n° 2).

Nous nous sommes beaucoup étendu sur son livre : c'est qu'il n'en est guère de plus important pour l'histoire. C'est le résumé d'une vaste transformation sociale. Il domine tout le développement du droit depuis le treizième siècle jusqu'à la Renaissance, jusqu'à Cujas et Dumoulin. A ses contemporains, il donne la théorie sur laquelle s'appuie la révolution monarchico-judiciaire; pour l'avenir, il fonde cette école juridique coutumière, qu'on pourra nommer nationale par opposition à l'école purement romaine et classique. En lui s'est concentré et peut être jugé équitablement l'esprit des légistes du moyen âge avec tout ce qu'il eut pour notre patrie et d'excellent et de funeste.

II

LA TAILLE SOUS SAINT LOUIS.

Nous donnons ici, d'après le recueil des *Ordonnances*, l'extrait du règlement de saint Louis pour la perception des tailles, ou impôts directs, un des points les plus importants de l'histoire administrative.

Soient élus trente hommes ou quarante, ou plus ou moins, bons et loyaux, par le conseil des prêtres de leurs paroisses et des autres hommes de religion, et

---

1. Ajoutons deux remarques à ce que nous venons d'extraire des *Coustumes de Beauvoisis* : 1° la peine du talion tendait à disparaître (I, 416, n° 18); 2° Beaumanoir énumère les affaires qui appartiennent, suivant lui, à la compétence des cours d'église. Il y en a de onze sortes : accusations de foi (d'hérésie); mariages ; dons et aumônes aux églises; biens d'église ; procès des croisés; procès des veuves; testaments; garde des lieux saints; bâtardise, sorcellerie; dîmes (I, 156, n° 1). Ainsi les légistes les plus hardis reconnaissent encore pleinement à l'Église la décision de tout ce qui regarde les mariages, les testaments, la légitimité, la possession d'état! — A propos de sorcellerie, nous ferons observer que Beaumanoir se montre assez éclairé; s'il ne nie pas que l'*ennemi* (le diable) puisse quelquefois se mêler des choses humaines, quand Dieu le permet, il nie, du moins, la vertu des paroles magiques, des *herbes*, etc. (I, 159, n° 26).

ensement (ensemble) des bourgeois et des autres preudhommes, selon la quantité et la grandeur des villes; et ceux qui seront en cette manière élus, jureront sur les saints Évangiles que, d'entre eux mêmes ou d'autres preudhommes *d'ichelles* (de ces) villes mêmes éliront douze hommes *d'icheux*, qui seront les meilleurs, à *ichelle* taillie asser (pour asseoir cette taille); et les autres douze hommes nommés jureront sur les saints Évangiles, que bien et diligemment ils asserront ladite taillie, ne n'espargneront nul, ne ils n'engraveront nul, par haine, ou par amour, ou par prière, ou par crainte, ou en quelconque autre manière que ce soit, et asserront ladite taillie à leur volonté, la livre *équaument* (à tant par livre), et la moitié des choses meubles sera *aproisié* (apprécié) à la moitié des choses non meubles. En l'assise devant ladite taillie, et ensement o (ensemble avec) les douze hommes dessus nommés, seront élus quatre hommes, et soient escripts les noms *segréement* (secrètement); et soit fait si sagement que leur élection ne soit *peuplée* (publiée) à âme qui vive, ains soit gardée comme chose sagrée, de si à tant (jusqu'à ce) que *icheux* douze hommes aient la taillie assise dessus dite, si comme nous avons dit par dessus; laquelle chose faite, devant que la taillie soit peuplée par escripture et faite, les quatre hommes qui sont élus des douze pour la taille faire loiaument, n'en doivent mot dire, de si atant que les douze hommes leur aient fait faire serment par devant la justice que ils, par leur serement, bien et loialement asserront la taillie dessus dite, en la forme et en la manière que les devant dit douze hommes l'auront ordonné et fait, selon l'ordonnance que nous avons dit par devant. » (*Ordonn.* t. 1, p. 291 et 292).

III

CHANSON FÉODALE

CONTRE LES ÉTABLISSEMENTS DE SAINT LOUIS.

(Extrait du *Recueil des Chants historiques français*, publié par M. Leroux de Lincy, t. I, p. 218. — Cette chanson est précédée de plusieurs autres chansons très curieuses contre la reine Blanche et Thibaud de Champagne.)

Gent de France, mult estes esbahie !
Je di à tous ceux qui sont nez des fiez :
Si m'aît Dex, franc n'estes vous mès mie ;
Mult vous a l'en de franchise esloigniez,
Car vous estes par enqueste jugiez.
Quant deffense ne vos peut faire aïe,
Trop iestes cruelment enginguiez,
  A touz pri.
Douce France n'apiaut l'en plus ensi,
Ançois ait non le païs aus sougiez
  Une terre acuvertie,

ÉCLAIRCISSEMENTS. 573

 Le raigne as desconseilliez,
 Qui en maint cas sont forciez.

Je sai de voir, que de Dieu me vient mie
Tel servage, tant soit il esploitié.
Hé! loiauté, povre chose esbahie,
Vous ne trouvez qui de vous ait pitié;
Vous eussiez force et povoir et pié,
Car vos estes à nostre roi amie;
Mais li vostre sont trop à cler rengié
  Entor lui.
Je n'en conois qu'un autre seul o lui,
Et icelui est si pris du clergie
  Qu'il ne vous peut fere aie.
  Tout ont ensemble broié
  L'aumosne et le péchié.

Ce ne cuit nus que je pour mal le die
De mon seigneur, se Dex me face lie!
Mais j'ai poor que s'ame en fust périe,
Et si aim bien saisine de mon fié.
Quant ce saura tost l'aura adrecié,
Son gentil cuer ne ne souffreroit mie;
Pour ce me pleit qu'il en soit acointié
  Et garni,
Si que par ci n'ait nul povoir seur lui
Deable anemi qui l'avoit aguetié.
  G'eusse ma foi mentie
  Se g'eusse ensi lessié
  Mon seigneur desconseillié.

———

Gent de France, vous voilà bien ébahie!
Je dis à tous ceux qui sont nés des fiefs:
Que Dieu m'aide! Francs n'êtes-vous plus;
On vous a bien éloignés de franchise;
Car vous êtes jugés par enquête.
Puisque vous ne vous pouvez défendre,
Trop cruellement déçus êtes-vous,
  A tout prix.
Douce France! ne l'appelons plus ainsi,
Mais qu'elle ait nom le pays aux sujets,
  Une terre asservie,
  Le royaume aux gens sans bon conseil,
  Qui en maints cas sont menés par force.

Je sais, de vrai, que de Dieu ne vient point
Tel servage, tant soit-il exploité.
Ah! loyauté, pauvre chose ébahie,
Vous ne trouvez qui de vous ait pitié!
Vous devriez avoir force et pouvoir et pied,
Car vous êtes aimée de notre roi;
Mais les vôtres sont trop clair semés
   Autour de lui.
Je n'en connais qu'un seul autre avec lui,
Et celui-là est si dominé du clergé,
  Qu'il ne vous peut porter aide.
  Ils ont tout ensemble broyé
  La charité et le péché.

Que Dieu ne me fasse joie si je dis cela pour mal dire
De mon seigneur; que personne ne le croie!
Mais j'ai peur que son âme en périsse,
Et j'aime bien libre possession de mon fief.
Quand il saura cela, il l'aura bientôt redressé.
Son noble cœur ne le souffrirait point;
Pour cela me plaît-il qu'il en soit averti
  Et bien avisé,
Afin que par-là n'ait nul pouvoir sur lui
Le diable ennemi qui lui avait dressé embûche
  J'aurais menti à ma foi,
  Si j'eusse ainsi laissé
  Mon seigneur sans bon conseil.

IV

LE ROMAN DE LA ROSE.

Nous devons revenir ici sur ce célèbre poëme pour en préciser davantage le caractère. Nous n'avions pas assez formellement distingué l'esprit très différent des deux auteurs, Guillaume de Lorris et Jean de Meung. Guillaume de Lorris, qui n'a écrit que les 4,000 premiers vers sur les 22,000 du roman, n'a ni la licence d'idées ni l'énergie de verve de Jeang de Meung. Talent gracieux et facile, il n'a que le tort de prendre l'initiative d'un mauvais genre, l'épopée allégorique, en personnifiant les abstractions de la métaphysique amoureuse; mais, subtil dans la forme, il est cependant naïf dans l'esprit, et appartient encore, d'intention, à la poésie chevaleresque. Jean de Meung, qui continue Lorris quarante ans après (vers 1290 à 1300), est d'un autre monde! C'est, comme nous l'avons dit, un Rabelais du moyen âge, et l'on peut dire qu'il dépasse d'avance Rabelais dans la négation, car le cynisme est chez lui moindre dans le langage et plus radical dans le fond; et il est loin d'avoir, au même degré que Rabelais, ces entrailles humaines, cette philosophie de bon cœur et de grand sens qui rachète la licence du curé de Meudon.

Et, cependant, ce n'est pas un homme qu'on puisse définir et juger en quelques mots, il n'a pas seulement « une certaine érudition », comme nous le disions, il est très savant, aussi savant, du moins, qu'il était alors possible de l'être, et dans les lettres et dans les sciences naturelles, et il fait vaillamment la guerre à la plupart des préjugés et des superstitions vulgaires. Il est philosophe, car il exprime des idées saines, parfois en beaux vers, sur Dieu, sur la création volontaire et libre, sur le libre arbitre que n'enchaîne pas l'influence des astres. Aucun poëte métaphysicien ne le désavouerait quand il dit, dans deux vers si hardiment jetés, que Dieu voit le passé, le présent et l'avenir,

> La triple temporalité
> Sous un moment d'éternité.

Et quand il définit le beau, cette *source sans fond ni rive*, que Dieu fit jaillir :

> Lorsque beauté mit en nature ;

Cette beauté devant laquelle tous les Zeuxis et tous les Apelles *useront en vain leurs mains* sans la pouvoir pleinement *pourtraire*.

Nous nous arrêterons peu à ses attaques contre les moines, les Mendiants ; Rutebœuf et d'autres l'avaient devancé ; il les surpasse, à la vérité, en vigueur :

> Nous sommes, ce vous fais savoir,
> Ceux qui ont tout sans rien avoir.
> . . . .
> Suis le curé de tout le monde...
> De l'apostoile en ai la bulle.

Mais il est bien autrement hardi et nouveau en politique ; et c'est ici qu'on a quelque peine à concevoir la faveur dont le couvrit Philippe le Bel.

Le passage si connu :

> Un grand vilain entre eux élurent, etc.

n'est pas, à beaucoup près, le plus fort.

Le roi pouvait admettre qu'il s'en prît à la noblesse :

> Nul n'est vilain fors par ses vices ;
> Noblesse vient de bon courage ;
> Car gentillesse de lignage
> N'est pas gentillesse qui vaille,
> Si la bonté de cœur y faille.

Mais il ménage encore moins les princes.

Les princes, dit-il à propos des comètes :

> . . . Les princes ne sont pas dignes
> Que les corps du ciel donnent signes
> De leur mort plus que d'un autre homme ;
> Car leur corps ne vaut une pomme
> Plus que le corps d'un charretier.

Et, ailleurs :

> Les peuples
> ... Quand ils voudront,
> Leur aide au roi retireront,
> Et le roi tout seul restera,
> Sitôt que le peuple voudra.

Ce n'est pas de ces sortes de hardiesses que nous lui ferons un crime : il nous siérait mal d'être plus monarchiques que Philippe le Bel ; mais les passages politiques et ceux d'une philosophie avouable ne sont que l'accessoire, et le principal, le fond du sujet est d'une autre philosophie, c'est-à-dire d'un brutal naturalisme qui s'entrechoque de la façon la plus étrange avec la métaphysique parfois élevée dont nous avons cité quelques exemples. Il est parfaitement hérétique en tout ce qui regarde le sentiment et les femmes, ne déguise pas son mépris pour le sexe qui était l'objet du culte de la chevalerie, travestit en une donnée grossièrement physique la conception raffinée, mais délicate, de Guillaume de Lorris, et fait de sa *Charte de nature* « l'Évangile de la matière et des sens », comme dit très bien M. Ampère, à qui nous renvoyons les lecteurs qui voudront prendre une idée juste de l'ensemble du poëme, sans en aborder les 22,000 vers. V. Ampère, le *Roman de la Rose*; *Revue des deux-Mondes*, t. XXIV, p. 441, an 1843. La bonne édition du *Roman de la Rose* est celle de Méon ; Paris, 1814 ; 4 vol. in-8°.

Ajoutons quelques remarques sur l'histoire littéraire, à la suite de ce qui regarde le *Roman de la Rose* : 1° L'institution des concours poétiques que nous avons signalée chez les troubadours, était en pleine vigueur au treizième siècle, parmi les trouvères, sous le nom de *Puy*, qui nous paraît indiquer que ces concours étaient venus du Midi, avec les cours d'amour, auxquelles ils survécurent longtemps. 2° La littérature dramatique a commencé chez nous par ces petites pièces ou *jeux* (*ludi*) en vers latins, qu'on jouait dans les monastères, et auxquelles on mêla peu à peu des vers *romans*. La première œuvre dramatique complètement française est le *Jeu de saint Nicolas*, par Jean Bodel, d'Arras (fin du douzième siècle). On ne tarda pas à sortir des sujets religieux, et des pièces de pure imagination, tantôt naïves et touchantes, tantôt mêlées de bouffonneries satiriques tout à fait aristophanesques, furent jouées dans les réunions des Puys, dès le treizième siècle. Un autre trouvère artésien a donné les exemples les plus notables des deux genres dans les *Jeux de la Feuillie* et de *Robin et Marion*. V. les intéressants articles de M. Paulin Paris sur Jean Bodel et Adam de la Halle, dans le t. XX de l'*hist. litter*. 3° Nous n'avons pas fait assez fait ressortir les signes de la décadence littéraire dans une partie des ouvrages d'Adenès : quel que soit le mérite de sa *Berte* et de son *Cléomadès*, la diffusion, l'affaiblissement de l'inspiration, se fait bien sentir, quand on compare ses *Enfances Ogier* avec les poëmes du douzième siècle. V. l'art. de M. P. Paris, *ibid*., sur Adenès. On a conservé une ancienne version d'*Ogier* ; peut-être même, suivant M. Paris, celle du onzième siècle, citée par le faux Turpin.

FIN DES ÉCLAIRCISSEMENTS.

TABLE DES MATIÈRES

CONTENUES DANS LE TOME QUATRIÈME.

DEUXIÈME PARTIE.—France du moyen age. - Féodalité.

LIVRE XXIII. — France féodale (*Suite*).

Pages.

Suite et fin du règne de Philippe-Auguste. — La philosophie arabe dans nos écoles. — Manichéens. Vaudois. Religion du Saint-Esprit. — Guerre des Albigeois. Innocent III ordonne la croisade contre le Midi. Simon de Montfort. Arnaud Amauri. Saint Dominique. Massacre de Beziers. Prise de Carcassonne. Le roi d'Aragon secourt Toulouse. Il est vaincu et tué à Muret. Toulouse se rend aux croisés. Puissance de Simon de Montfort. Désolation du Midi. — Condamnation des livres d'Aristote et de l'école panthéiste de Paris. — Quatrième concile de Latran. Le principe de la persécution et de l'inquisition consacré. — Fondation des dominicains et des franciscains. — La guerre recommence entre Philippe-Auguste et Jean-sans-Terre. Coalition de l'empereur Othon, du roi Jean et des princes des Pays-Bas contre la France. Double attaque par le Poitou et par la Flandre. Jean est défait en Poitou. Bataille de Bovines. Victoire de Philippe sur Othon. — Révolution en Angleterre. La Grande Charte. Les barons anglais appellent au trône Louis de France, fils de Philippe-Auguste. Chute et mort de Jean-sans-Terre. Le parti des Plantagenêts se relève. Henri III, fils de Jean-sans-Terre, est couronné. Louis capitule et évacue l'Angleterre. — Soulèvement de Toulouse et de tout le Midi contre Simon de Montfort. Simon est tué. Délivrance du Midi. — Mort de Philippe-Auguste (1206-1223). . . 1

LIVRE XXIV. — France féodale (*Suite*).

Apogée de la monarchie féodale. — Louis VIII. Conquête des pays de la Charente et d'une partie de la Guyenne. — Croisade de Louis VIII contre les Albigeois. Siége d'Avignon. — Louis IX (saint Louis). Régence de Blanche de Castille. Révolte des barons. Blanche et Thibaud. — Fin de la Guerre des Albigeois. Le Languedoc assuré à la maison royale. — Nouvelle lutte entre l'Empire et la papauté. Frédéric II, Grégoire IX et Innocent IV. Commencement de décadence morale de la papauté. Progrès moral de la royauté. Mouvements de la noblesse contre le clergé. — Victoires de Louis IX sur Henri III d'Angleterre à Taillebourg et à Saintes. — La Provence passe dans la maison royale. Puissance des Capétiens. — Louis IX part pour la croisade (1223-1248). 116

LIVRE XXV. — France féodale (Suite).

Transformation de la monarchie féodale. Suite et fin du règne de saint Louis. — Louis IX en Égypte. Ses revers. Sa captivité. Son séjour en Palestine. — Marguerite de Provence. — Seconde régence de la reine Blanche. — Les Pastoureaux. — Mort de Blanche et retour de Louis IX. — Transaction avec les Plantagenêts. — L'université de Paris et les ordres mendiants. L'*Évangile éternel*. La philosophie scolastique. Saint Thomas d'Aquin. — Établissements de saint Louis. Le parlement. Les légistes. Altérations du droit féodal. — Progrès du droit romain au profit de la royauté. Beaumanoir. — Résistance à la papauté. La pragmatique sanction. — Le livre des Métiers. — Réforme monétaire. — Conquête des Deux-Siciles par Charles d'Anjou, frère de saint Louis. — Seconde croisade de saint Louis. Descente en Afrique. Mort de saint Louis. — Les beaux-arts sous saint Louis. Splendeur de l'architecture ogivale (1248-1270). 217

LIVRE XXVI. — France féodale (Suite).

Transformation de la monarchie féodale. Monarchie administrative et fiscale. — Philippe le Hardi. — Réunion du Languedoc à la couronne. La Champagne et la Navarre entrent dans la maison de France. — Pierre de la Brosse et Marie de Brabant. — Littérature. Adenès. Le *Roman de la Rose*. — *Vêpres siciliennes*. Guerre contre la Sicile et l'Aragon. Invasion française en Catalogne. — Philippe le Bel. — Transaction avec l'Aragon. — Gouvernement des légistes et des banquiers. Réaction contre les gens d'église. Le parlement. Les impôts en *ferme*. — Perte de la Terre-Sainte. Fin de l'ère des croisades. — La *maltôte*. — Saisie de la Guyenne. — Boniface VIII. Première querelle avec la papauté. Bulle *Clericis laïcos*. Transaction avec le pape et le roi d'Angleterre. — Confiscation de la Flandre (1270-1300). 346

LIVRE XXVII. — France féodale (Suite).

Monarchie administrative et fiscale. Lutte de la royauté contre la papauté. Philippe le Bel et Boniface VIII. Bulle *Ausculta fili*. Convocation des États-Généraux. Les États se déclarent contre la papauté. — Révolte de la Flandre. La chevalerie défaite par les vilains à Courtrai. — Bulle *Unam sanctam*. — Réorganisation du parlement. — La Guyenne restituée à l'Angleterre. — Appel au concile. Arrestation et mort de Boniface VIII. — Bataille de Mons-en-Puelle. Traité avec la Flandre. — Clément V. La papauté dans les mains du roi. Le pape à Avignon. — Exactions du roi et du pape. Le roi *faux monnoyeur*. Émeutes. — Procès et supplice des templiers. *Hérésie* des templiers. Concile de Vienne. Abolition de l'ordre du Temple. — Lyon réuni à la France. — Procès des brus de Philippe le Bel. — Réaction contre le despotisme. Coalition de la noblesse et de la bourgeoisie contre la royauté. — Mort de Philippe le Bel (1300-1314). . . . 420

LIVRE XXVIII. — France féodale (Suite).

Réaction féodale. Les fils de Philippe le Bel. Louis Hutin. Persécution contre les légistes et les financiers. Restauration partielle des principes féodaux. La réaction promptement arrêtée. Ordonnance pour l'émancipation des serfs du domaine.— Loi SALIQUE appliquée au trône. Exclusion des femmes par les États Généraux. Philippe le Long.— Persécutions contre les franciscains *spirituels*, contre les sorciers, contre les lépreux.— Charles le Bel. Nouveaux troubles de Flandre. Nouvelle saisie de la Guyenne.— Seconde application de la Loi Salique. — Philippe de Valois préféré à Édouard III d'Angleterre (1314-1328).. 432

ÉCLAIRCISSEMENTS. 567

FIN DE LA TABLE DES MATIÈRES DU TOME QUATRIÈME.

www.ingramcontent.com/pod-product-compliance
Lightning Source LLC
Chambersburg PA
CBHW050732240426
43665CB00053B/1330